Benedikt Sturzenhecker
Demokratiebildung in der Jugendsozialarbeit

Benedikt Sturzenhecker

Demokratiebildung in der Jugendsozialarbeit

Konzepte, Methoden und Erfahrungen aus Nordrhein-Westfalen

BELTZ JUVENTA

Der Autor

Prof. Dr. Benedikt Sturzenhecker ist Universitätsprofessor im Ruhestand für Erziehungswissenschaft unter besonderer Berücksichtigung der Sozialpädagogik und außerschulischen Bildung an der Fakultät für Erziehungswissenschaft der Universität Hamburg.

Gefördert durch das Ministerium für Kinder, Jugend, Familie, Gleichstellung, Flucht und Integration des Landes Nordrhein-Westfalen

Ministerium für Kinder, Jugend, Familie, Gleichstellung, Flucht und Integration des Landes Nordrhein-Westfalen

in Kooperation mit den Landesjugendämtern Rheinland und Westfalen-Lippe.

MIX
Papier | Fördert gute Waldnutzung
FSC® C089473
FSC www.fsc.org

Dieses Buch ist erhältlich als:
ISBN 978-3-7799-9048-2 Print
ISBN 978-3-7799-9049-9 E-Book (PDF)
DOI 10.3262/978-3-7799-9049-9

1. Auflage 2026

Verlagsgruppe Beltz
Werderstraße 10, 69469 Weinheim
service@beltz.de

Satz: Helmut Rohde, Euskirchen
Druck und Bindung: Beltz Grafische Betriebe, Bad Langensalza
Beltz Grafische Betriebe ist ein Unternehmen mit finanziellem Klimabeitrag
(ID 15985-2104-1001)
Printed in Germany

Weitere Informationen zu unseren Autor:innen und Titeln finden Sie unter: www.beltz.de

Inhalt

Einleitung: Demokratiebildung in der Jugendsozialarbeit

Der 16. Kinder- und Jugendbericht (BMFSFJ 2020) beschreibt die Jugendsozialarbeit (JSA) als „unterschätzten Raum“ politischer Bildung. Der Bericht argumentiert, dass die JSA bisher kaum eine differenzierte Fachdebatte zur einer demokratischen politischen Bildung in ihren Einrichtungen geführt habe. Es ließen sich aber für dieses Handlungsfeld große Entwicklungsbedarfe ebenso wie -potenziale für Prozesse politischer Bildung erkennen.

Diesen Impuls hat das Jugendministerium in Nordrhein-Westfalen im Zusammenwirken mit den Landesjugendämtern Rheinland und Westfalen-Lippe aufgegriffen. Seit 2021 wurden Modellprojekte gestartet, die erprobten und erforschten, wie eine politische Bildung als Demokratiebildung in unterschiedlichen Handlungsbereichen der Jugendsozialarbeit praktiziert werden kann. Zum ersten Projektteil von 2021 bis 2022 sind zwei Berichte als Arbeitshilfen für die Praxis online erschienen: 1. LWL-Landesjugendamtes Westfalen (2022) (Hrsg.): „Demokratiebildung in der Jugendsozialarbeit Erkenntnisse, Arbeitshilfen und Praxisbeispiele aus der Entwicklungswerkstatt des LWL-Landesjugendamtes Westfalen und 2. Becker, Helle (2023): Mehr politische Bildung und Demokratiebildung in der landesgeförderten Jugendsozialarbeit in NRW – Eine Arbeitshilfe.

Die vier Teile des Buches

Aufbauend auf diesen Projekterfahrungen hat das Landesjugendamt Westfalen-Lippe im Auftrag des Jugendministeriums in NRW von 2022 bis 2024 drei weitere Teilprojekte zur Demokratiebildung in der JSA durchgeführt:

(1) Teilprojekt 1: Eine Onlineberatungsgruppe für GEBe-erfahrene Fachkräfte aus Jugendwerkstätten der landesgeförderten Jugendsozialarbeit. In diesem Modell erprobten Fachkräfte die Anwendung der Methode der „Förderung gesellschaftlich-demokratischen Engagements von benachteiligten Kindern und Jugendlichen“ (= GEBE-Methode).
(2) Teilprojekt 2: Modellhafte Entwicklung von Methoden der Demokratiebildung in Beratungsstellen der JSA in NRW.
(3) Teilprojekt 3: Strukturelle Verankerung demokratischer Partizipation in Jugendwerkstätten.

In diesem Buch werden die Arbeitsweisen und Praxiserfahrungen dieser drei Teilprojekte berichtet und ausgewertet. Sie werden ergänzt um einen vierten Teil, dessen Bedarf sich durch neu auftauchende Fragestellungen in den Projekten ergab:

(4) Sozialpädagogischer Umgang mit Emotionen in der Demokratiebildung im Feld der Jugendsozialarbeit.

Alle drei Teilprojekte waren so strukturiert, dass zusammen mit Fachkräften und Einrichtungen bzw. Trägern Konzepte von Demokratiebildung in konkrete Arbeitsweisen und Methoden übersetzt und gemeinsam erprobt wurden. Dabei wurde generell angenommen, dass Demokratie durch ihre Ausübung angeeignet wird. Eine politische Bildung als Praxis und Reflexion demokratischer Partizipation an Entscheidungen zur Regelung des gemeinsamen Lebens und Arbeitens in den Einrichtungen nennen wir Demokratiebildung. Entsprechend galt es in den Projekten, den Jugendlichen direkt Rechte und Verfahren des Mitsprechens, Mitentscheidens, Mithandelns und Mitverantworten zu eröffnen. Zudem wurden die Jugendlichen auch als Bürger:innen der sie umgebenden demokratischen Kommune und Republik adressiert, deren Interessen an der politischen Regelung der gesellschaftlichen Lebensführung insgesamt aufgegriffen werden müssen. Dieses Verständnis von Demokratiebildung beruht auf der Annahme, dass Jugendliche unabhängig von ihrem Alter mündig sind, d.h. sie sind fähig, zu den Angelegenheiten, die sie betreffen, auf der Basis von Argumenten mit anderen Beteiligten Lösungen auszuhandeln. Negativ ausgedrückt: Jugendliche müssen nicht erst durch Sozialpädagogik befähigt werden, demokratisch über das mitzuentscheiden, was sie angeht; sie können das bereits. Und zwar genauso gut, wie die anderen Mitglieder der Demokratie in Deutschland, denen das Grundgesetz zutraut und zumutet, ihre gleichen Rechte der Mitsprache und Mitentscheidung ohne Vorrausetzungen auszuüben. Insofern ist es dann Aufgabe einer sozialpädagogischen Demokratiebildung, den Jugendlichen Rechte und Verfahren der Mitentscheidung zur Verfügung zu stellen und ihrer Aneignung demokratischer Partizipation Assistenz anzubieten.

Im *Teilprojekt 1* wurde versucht herauszuarbeiten, wie aus den lebensweltlichen Themen der Jugendlichen, die sich im Alltag von Jugendwerkstätten zeigen, Inhalte und Projekte von Demokratiebildung in den Einrichtungen entwickelt werden können. Dazu beobachten die Fachkräfte das Handeln der Jugendlichen und gewinnen daraus Hypothesen über deren Themen, Fragen und Konflikte zur gemeinsamen Regelung des gemeinsamen Lebens und Arbeitens in der Einrichtung und in der Kommune. Im Dialog mit den Jugendlichen werden daraus konkrete Projekte und Strukturen demokratischer Mitentscheidung zur Gestaltung des Zusammenlebens in der Einrichtung entwickelt, ebenso wie zu politischen Themen in Gesellschaft und Welt.

Im *Teilprojekt 2* war es das Ziel, zu erproben, wie politische Bildung und demokratische Mitentscheidung auch in Beratungsstellen der JSA möglich gemacht werden könnten. Die Beratungsstellen mit ihrer individuumszentrierten Arbeit unterscheiden sich von den Jugendwerkstätten oder Gruppenangeboten der JSA, in denen Kollektive über ihr Zusammenleben diskutieren und bestimmen können. Es wird also nach methodischen Möglichkeiten gesucht, wie politische Bildung und Mitentscheidung auch in Jugendberatungsstellen der JSA eröffnet werden könnten. Das schließt ein, sich auch die strukturellen Grenzen politischer Bildung und Demokratiebildung in diesem institutionellen Setting der JSA klarzumachen und trotzdem auch hier demokratische Partizipation der Jugendlichen zu fördern.

Im *Teilprojekt 3* wurde in zwei Einrichtungen mit insgesamt vier Jugendwerkstätten untersucht, ob und wie demokratische Partizipation strukturell so verankert werden kann, dass den Jugendlichen klar definierte Rechte, Gremien und Verfahren der Mitentscheidung zur Verfügung stehen. Ziel dieser strukturellen Verankerung ist es, zu sichern, dass die demokratischen Rechte des Mitsprechens und der Mitentscheidung für die Jugendlichen auch tatsächlich einlösbar sind.

Die Darstellungen zu den drei Teilprojekten analysieren jeweils die Problemstellung der Realisierung von Demokratiebildung unter dem spezifischen Blickwinkel des Einzelprojekts. Die konzeptionellen Grundannahmen, die Ziele und Arbeitsweisen werden dargestellt und die Projekterfahrungen werden ausgewertet. Daraus werden Folgerungen für die Möglichkeiten und verbleibende Schwierigkeiten der Realisierung von Demokratiebildung in der JSA gezogen.

Der vierte Teil entwickelt Methoden zur Frage des Umgangs mit Emotionen in der Demokratiebildung in der JSA. Dieser Schritt war erforderlich, weil in den Praxiserfahrungen deutlich wurde, dass Fachkräfte häufig auf intensive Gefühle von Jugendlichen stoßen, die sich aus den konkreten Themen der gemeinsamen Lebensgestaltung in den Einrichtungen, aber auch aus allgemeinen und weltbewegenden politischen Fragen ergeben. Es war für die Fachkräfte ungewohnt und oft schwierig, Gefühle als Ausgangspunkt demokratischer Debatten anzuerkennen und aus ihnen Argumente zur Vorbereitung von Entscheidungen zu gewinnen. Da sich diese Frage in allen vorherigen Teilprojekten stellte, wurde dieses vierte Kapitel erarbeitet, um Fachkräfte zu unterstützen, den politischen Charakter von Gefühlen besser zu verstehen und sie im demokratischen Diskurs mit den Jugendlichen stärker integrieren zu können.

Inhalte der Teile

All vier Teile des Buches sind einzeln lesbar. Leser:innen können sich auf die Themen ihres Interesses fokussieren und Schwerpunkte herauspicken, aber selbstverständlich können sie auch das Buch von vorne nach hinten lesen.

Im *Teil 1* werden zunächst die für alle vier Teile des Buches bedeutsamen konzeptionellen Grundlagen erarbeitet, und auch das Grundverständnis der Projekte zu Bildung, Demokratie, Demokratiebildung und politischer Bildung in der JSA wird dargestellt. In diesem Teil geht es dann insbesondere um die Fallgeschichten, an denen die beteiligten Fachkräfte aus der Praxis erprobten, wie aus den lebensweltlichen Themen der Jugendlichen mithilfe der GEBe-Methode politische Bildung und demokratische Mitentscheidung entwickelt werden können. Alle, die sich besonders für eine alltagsnahe, niederschwellige Demokratiebildung interessieren, werden hier fündig. Im Teilprojekt 1 wird ein Grundverständnis von Bildung des Subjekts eingeführt, das Selbstbildung als Reflexion der eigenen Bildungsprozesse kennzeichnet und definiert. Deshalb wird schließlich methodisch an einem Beispiel aus den Projekten demonstriert, wie solche Reflexion eigener Demokratiepraxis als Assistenz der Bildungsprozessen der Jugendlichen gestaltet werden kann.

Teil 2 zur Demokratiebildung in Jugendberatungsstellen der JSA klärt zunächst ein Verständnis von Politik und Politischem, um mithilfe dieser Kategorien auswerten zu können, wo und wie Politik/Politisches aus der lebensweltlichen Perspektive der Jugendlichen überhaupt in Beratungsstellen relevant wird. Das geschieht an Fallbeispielen aus der Praxis der teilnehmenden Fachkräfte. Es werden Methoden vorgestellt, wie politische Themen aus dem Leben der Jugendlichen aufgegriffen werden könnten. Bei deren Erprobung mussten die Projektteilnehmenden erkennen, dass der hohe Problemdruck bei Jugendlichen in der Einzelberatung und die Kurzzeitigkeit der Beratung strukturelle Hindernisse dabei darstellen, politische Themen jenseits des engeren Hilfebedarfs aufzugreifen. Die Projektgruppe erkannte jedoch auch, dass die Jugendlichen in den Beratungsstellen eher nicht als Träger:innen von Rechten der Mitentscheidung über die Gestaltung der Beratungsleistung (und ihrer organisatorisch-institutionellen Settings) adressiert wurden. Stattdessen werden sie oft nur als hilfsbedürftig definiert, und das erzeugt Risiken, sie als Objekte professioneller Unterstützung zu behandeln. Dagegen wurden im Projekt Verfahren erprobt, wie die Jugendlichen als mitentscheidungsberechtigte Nutzer:innen der Beratungsleistungen und -settings thematisiert werden könnten. Dazu wurden Methoden der Rechteklärung sowie Feedback- und Beschwerdeverfahren entwickelt und in den beteiligten Einrichtungen erprobt.

Teil 3 zur strukturellen Verankerung demokratischer Partizipation in Jugendwerkstätten erklärt fünf konzeptionelle Grundschritte:

(1) Die Rechte der Beteiligten bestimmen.
(2) Demokratische Gremien und Verfahren einführen.
(3) Demokratische Öffentlichkeit ermöglichen.
(4) Durch Reflexion demokratischer Prozesse Demokratiebildung und Übergänge demokratischen Handelns in die Kommune und Gesellschaft ermöglichen.
(5) Partizipation mit Beschwerdeverfahren und Schutzkonzepten kombinieren.

Die Praxiserfahrungen konzentrieren sich auf die strukturelle Einführung eines Jugendrates im Berufsausbildungszentrum Ahaus einerseits und andererseits auf die Bestimmung von Rechten, Pflichten und Verfahren der Jugendlichen wie Mitarbeitenden in Bezug auf Selbstbestimmung, Mitbestimmung, Anhörung und Information in drei Jugendwerkstätten der Jugendhilfe Köln e.V.

Teil 4 zum Sozialpädagogischer Umgang mit Emotionen in der Demokratiebildung im Feld der JSA geht von einem in der Praxis entdeckten Problem aus: Ein Reihe von Fachkräften unterstellt den Jugendlichen tendenziell, so von eigenen Emotionen bestimmt zu sein, dass eine ‚vernünftige' demokratische Auseinandersetzung über Argumente und darauf aufbauende Entscheidungen kaum möglich seien. Um zu zeigen, dass Emotionen sehr wohl ein wichtiger Ausgangspunkt demokratischen Streitens und Argumentierens sein können, werden eine sozialphilosophische und eine psychologische Theorie angeboten, die die Entwicklung von Emotionen der Individuen als einen sozialen Prozess kennzeichnen. Damit wird deutlich: Emotionen sind politisch und somit nicht aus demokratischem Streit herauszuhalten. Jedoch können Emotionen auch be- oder verhindern, dass sich unterschiedliche Beteiligte gleichberechtigt, aber auf eine ihnen jeweils gerecht werdende Weise in Debatten und Entscheidungen einbringen können. Darauf antwortend, werden schließlich eine ganze Reihe von methodischen Detailvorschlägen entwickelt, wie Gefühle in demokratischen Auseinandersetzungen konstruktiv aufgegriffen werden und zu komplexen Argumentationen und Entscheidungen beitragen können.

Danksagung

Die hier berichteten Modellprojekte wären ohne die Initiative und das Engagement von Petra Beckersjürgen nicht zustande gekommen. Als damalige Leiterin der Gruppe Fachberatung Jugendsozialarbeit des LWL-Landesjugendamtes Westfalen-Lippe hat sie auf die Kritiken des Bundesjugendberichts am Entwicklungsstand politischer Bildung in der JSA von 2020 reagiert und beim Jugendministerium NRW Mittel für Modellprojekte zur Demokratiebildung eingeworben und damit auch die Gesamtreihe der Projekte gestartet – dafür vielen herzlichen Dank! Den reibungslosen Übergang zu den in diesem Buch dokumentierten Folgeprojekten hat im Landesjugendamt Westfalen-Lippe Kerstin Jung gemanaged, in Kooperation mit Maren Eschmeier, die kompetent und engagiert die Projektkontinuität über die gesamte Laufzeit gesichert hat. Als Fachberater Jugendsozialarbeit im Landesjugendamt Westfalen-Lippe hat Ferahs Hafez die fachliche Begleitung der Projektarbeit übernommen und die Arbeit aktiv gestützt und vorangetrieben. Frank Rauhaus als Gruppenleiter der Fachberatung und Servicestelle Jugendbeteiligung sowie die Sachbereichsleiterin Mareile Kalscheuer haben alles Nötige für das Gelingen des Projekts getan. Ich sage allen Kooperationspartner:innen im LWL-Landesjugendamt Westfalen-Lippe ganz herzlichen Dank für Ihre Unterstützung! Von Seiten des LVR-Landesjugendamtes Rheinland haben Michelle Magaletta und Inga Ackermann aus dem Team Jugendförderung die Zusammenarbeit der beiden Landesjugendämter in den Projekten koordiniert – merci vielmals! Jürgen Schattmann (Gruppenleiter Jugend und Kinderschutz im Ministerium für Kinder, Jugend, Familie, Gleichstellung, Flucht und Integration des Landes Nordrhein-Westfalen) hat mit seiner großen Fachkenntnis zum Feld der Jugendsozialarbeit und der politischen Bildung die Projekte unterstützt und qualifiziert, und dafür sage ich großen Dank.

Die Projektarbeit an den Modellstandorten war nur möglich, weil Leitungen und Fachkräfte der beteiligten Einrichtungen der JSA engagiert und fachlich kompetent neue Handlungsmöglichkeiten von Demokratiebildung und politischer Bildung erproben und reflektieren wollten. In den einzelnen Kapiteln des Buches habe ich den jeweils beteiligten Fachkräften dafür besonders gedankt. Ohne ihre vertrauensvolle Kooperation und ihr Engagement für die Weiterentwicklung der JSA hätten die Projekte nicht so intensiv verlaufen und Erkenntnisse erbringen können.

Vielen Dank sage ich meinen langjährigen Diskussionspartner:innen des Instituts für Partizipation und Bildung Kiel (besonders Raingard Knauer und Rüdiger Hansen) und der Hamburger Schule der Demokratiebildung. Sie haben mir enorm geholfen, Konzepte und Argumentationen zu präzisieren und weiterzuentwickeln. Helle Becker hat sehr kooperativ mit mir das Verhältnis von politischer Bildung zur Demokratiebildung diskutiert, dafür herzlichen Dank.

Im Verlag Beltz Juventa haben Frank Engelhardt, Julia Petri und Cornelia Klein mit ihrer immer schnellen und hilfsbereiten Unterstützung das Buch vorangebracht – Dankeschön!

Lutz Peters hat das Lektorat besorgt und ich bin sehr froh und dankbar, dass er als Mitglied der Hamburger Schule der Demokratiebildung mir und dem Buch seine hohe sprachliche und inhaltliche Expertise geschenkt hat. Hannah Reaksmey Peters hat die grafische Einrichtung der Abbildungen geleistet, auch ihr sage ich vielen Dank.

Teilprojekt 1: Auswertung der Onlineberatungsgruppe für GEBe-erfahrene Fachkräfte aus Jugendwerkstätten der landesgeförderten Jugendsozialarbeit

In den hier berichteten und ausgewerteten[1] Projekt wurde eine Online-Beratungsgruppe angeboten, die sich an Teilnehmende aus dem ersten Projekt „Demokratiebildung und politischen Bildung in der landesgeförderter Jugendsozialarbeit NRW“ (Sturzenhecker 2022a) richtete. In dem ersten Projektteil wurde den Teilnehmenden die GEBe-Methode vermittelt, mit vollem Titel: Methode zu Förderung Gesellschaftlich-demokratischen Engagements von benachteiligten Kindern und Jugendlichen.[2] Die Methode zielt darauf, die lebensweltlichen Themen und Interessen der Jugendlichen mit ihnen partizipativ zu erkunden und in demokratisch gemeinsam gesteuerten Projekten zu realisieren. Die Methode hält genaue Arbeitsschritte vor, nach denen Fachkräfte und Teams vorgehen können. Grundsätzlich wird angenommen, dass demokratische Beteiligung in sozialpädagogischen Einrichtungen wie der JSA (und in der Kinder- und Jugendhilfe ganz allgemein) ausgehen muss von den Inhalten, Problemen, Konflikten und Interessen, welche die Jugendlichen in den Einrichtungen und in ihrer Kommune beschäftigen. Die Methode hilft, diese Themen mit den Kindern und Jugendlichen zu erkunden und zu klären, und so ihre Bildungsinteressen und Motive an der gemeinsamen, demokratischen Gestaltung der Lebensführung in den Einrichtungen aufzugreifen. Die Methode initiiert eine demokratische Partizipation, die von ihren Betroffenheiten ausgeht und sie unterstützt, ihre Interessen möglichst partizipativ selbst umzusetzen.

Arbeitsweise der Onlineberatungsgruppe (OBG)

In dem hier ausgewerteten, neuen Teilprojekte der OBG (2022–2023) konnten Fachkräfte, die an dem ersten Projekt teilgenommen hatten, die Arbeitsweise vertiefen. Es wurde ein kollegiales Unterstützungsnetzwerk gebildet, das sich in regelmäßigen Abständen bei der Umsetzung der GEBe-Methode und der durch sie entstehenden Demokratiebildungs-Projekte online beraten konnte. Die OBG konnte auf die alltäglichen Umsetzungsprobleme der Methode eingehen und sehr

---

1 Einen sehr herzlichen Dank richte ich an Petra Beckersjürgen, als Expertin für Jugendsozialarbeit in NRW, und an Dr. Helle Becker, als Expertin für politische Bildung, die einen ersten Entwurf zu diesem Bericht kritisch-konstruktiv kommentiert haben.

2 Die Abkürzung GEBe-Methode bezieht sich auf das **G**esellschaftlich-demokratische **E**ngagement von **Be**nachteiligten.

konkrete Handlungsmöglichkeiten für die beteiligten Fachkräfte entwickeln. Ziel war es, praxisrelevant eine politisch-demokratische Bildung zu stärken, die bei den lebensweltlichen Themen der Jugendlichen in den Einrichtungen ansetzt.

In der Projektlaufzeit wurden insgesamt sieben je dreistündige Beratungstreffen im Abstand von etwa vier Wochen angeboten, die als Online-Videokonferenzen stattfanden. So konnten Teilnehmende aus ganz Nordrhein-Westfalen ohne großen Aufwand die OBG nutzen.

Aktiv beteiligt waren:

- Alessandra Adam, VHS Castrop-Rauxel;
- Gerlinde Bade, Jugendhilfe Köln e.V.;
- Sebastian Böhl, Werkhof Dortmund;
- Elisabeth Emmanouil-Maß, Jugendwerkstatt KULTUR FARE gGmbH Rheda-Wiedebrück;
- Ralf Kitzmann, Berufsbildungsstätte Westmünsterland Ahaus;
- Michael Koitka, SBH West GmbH Paderborn;
- Maren Eschmeier, LWL Landesjugendamt.

Diesen Mitwirkenden sage ich ganz herzlichen Dank, ohne ihr Engagement und ihre Fachlichkeit wäre das Projekt nicht möglich gewesen.

Den Text dieses Berichts haben die am Projekt beteiligten Fachkräfte vorab zugestellt bekommen. Sie hatten die Gelegenheit, den von mir erstellten Bericht zu prüfen, ihn zu korrigieren und ihm gegebenenfalls zu widersprechen. Der vorliegende Text ist das geteilte Ergebnis dieses Partizipationsprozesses.

Die Teilnehmenden mussten bereit sein, nach der Arbeitsweise der GEBe-Methode zu jedem Beratungstreffen vorher eine eigene Beobachtungsgeschichte über Jugendliche im Alltag der Werkstatt in ein gemeinsames Online-Dokument einzustellen. Die GEBe-Methode sieht ein Verfahren vor, mit dem Alltagshandeln von Jugendlichen in der Praxis beobachtet werden kann, und einzelne Sequenzen solcher Beobachtungen werden dann als ‚Beobachtungsgeschichte' zusammengefasst. In jeder Beratungseinheit wurde dann mit den Teilnehmenden eine dieser Praxisbeobachtungen ausgewählt und mithilfe der klar systematisierten Handlungsschritte der GEBe-Methode bearbeitet. In jeder Sitzung wurde auch die Anstrengung zur Verstetigung der Anwendung der GEBe-Methode im Alltag der einzelnen Werkstätten beraten. Aus der gemeinsamen Arbeit ergaben sich teilweise Erkenntnisse und Themen, die eine fachliche Vertiefung der Methode und ihre Umsetzung in der JSA nötig machten. Themen wie Erkenntnisse wurden gemeinsam bearbeitet und fließen in den hier vorliegenden Bericht ein.

Im Bericht wird zunächst in die konzeptionellen Grundlagen der GEBe-Methode und damit der Arbeit in der Beratungsgruppe eingeführt. Dazu werden die grundsätzlichen, im Projekt verwendeten Begriffe von Bildung,

Demokratiebildung und politische Bildung in der JSA näher bestimmt. Dieser Teil des Berichts antwortet darauf, dass JSA bisher häufig ausschließlich als Behebung von Beeinträchtigung und Defiziten der Jugendlichen im Blick auf schulische und berufliche Ausbildung sowie auf die Eingliederung in die Arbeitswelt gestaltet wurde. Wie der 16. Kinder und Jugendbericht der Bundesregierung (BMFSFJ 2020) verdeutlicht, kann die JSA als ‚unterschätzter Raum' politischer Bildung betrachtet werden. Gleichzeitig stellt der Bericht klar, dass auch die JSA einen Auftrag zur politischen Bildung hat. Der Bericht bestimmt politische Bildung als Demokratiebildung. Deshalb wird in diesem Teil des Berichts zur OBG ein spezifisches Verständnis von Bildung gegenüber einem Konzept von Ausbildung eingeführt. Dann wird ein Konzept von Demokratie verdeutlicht, und in der Kombination der Begriffe von Bildung und Demokratie kann dann auch Demokratiebildung definiert werden. Dieser Ansatz von Demokratiebildung wird durch eine zeitgenössische Vorstellung von politischer Bildung ergänzt.

Den Kern der Beratungsarbeit bildeten die Beobachtungsgeschichten über die Jugendlichen im Alltag der Jugendwerkstätten. Hier werden einige dieser Geschichten ausgewählt, um daran die Arbeitsweise der GEBe-Methode zu erläutern und die Schwierigkeiten und Chancen der Ermöglichung von demokratischer Partizipation zu reflektieren. Dabei geht es um die Fragen, wie eine politische, demokratische Bildung ausgehend von den Interessensthemen der Jugendlichen gestaltet werden kann.

Aus dem Ansetzen bei den Interessethemen der Jugendlichen ergab sich auch die Notwendigkeit, diese nicht immer nur projektorientiert aufzugreifen, sondern auch Rechte, Gremien und Verfahren demokratischer Partizipation der Jugendlichen in den Werkstätten strukturell zu verankern. Deshalb wird an konkreten Beispielen erläutert, wie solche Partizipationsstrukturen eingeführt und konkret im Alltag realisiert werden können.

Eine der zentralen Erkenntnisse der OBG war es, dass in den Beobachtungsgeschichten und den daraus folgenden Handlungsansätzen zwar oft auf die Themen der Jugendlichen eingegangen und konstruktive Mitbestimmungsprozess initiiert wurden. Aber sie wurden nicht zum Gegenstand einer Prozessdokumentation und ihrer Reflexion gemacht. Deshalb gibt es ein Kapitel, das wiederum an Beispielen aus der Beratungsgruppe zeigt, wie eine solche Reflexion gestaltet und dadurch Möglichkeiten der Demokratiebildung bei den Jugendlichen initiiert werden kann.

1 Bildung, Demokratiebildung und politische Bildung in der Jugendsozialarbeit

Der Arbeitsweise in der OBG liegt ein bestimmtes Verständnis von Demokratiebildung und politischer Bildung (ganz allgemein, und hier in der JSA) zugrunde. In beiden Konzepten wird der Bildungsbegriff verwendet und muss also zunächst erläutert werden. Die Begriffe Bildung, Demokratiebildung und politische Bildung werden in der fachwissenschaftlichen Debatte aktuell intensiv (teils kontrovers) diskutiert (vgl. z. B. Wohnig 2022), und so ist es nötig, hier zu klären, was der Ausgangspunkt der Beratung in der OBG war.

1.1 Zum Bildungsbegriff

Bildung ist etwas, das die Person selbst tut und an sich erfährt. Bildung ist ein aktives Handeln der Person, durch das sie sich die Welt aneignet und dabei gleichzeitig ihre Persönlichkeit entwickelt. In der Bildungstheorie wird dabei immer wieder der Begriff des ‚Subjekts' verwendet, um diese Selbsttätigkeit zu bezeichnen. Ein Subjekt ist eine Person, die zunehmend nach Selbstbewusstsein (im Sinne eines reflexiven Bewusstseins über die eigene Person und ihre Bildungsprozesse) strebt, ebenso wie nach der Ausweitung ihrer Selbstbestimmung (vgl. z. B. Scherr 2003). Und ein Subjekt ist eine Person, die von anderen, in unserm Zusammenhang gerade durch sozialpädagogische Fachkräfte und Institutionen, als Subjekt, d. h. als selbstbestimmungs- und aushandlungsfähig thematisiert wird.

Bildung ist also einerseits ein Prozess, den das Subjekt selbsttätig entwickelt. Andererseits können Bildungsprozesse nie unabhängig von den sozialen Rahmenbedingungen des Lebens in einer bestimmten (sich historisch entwickelnden) Gesellschaft geschehen, ebenso wie selbstverständlich nicht außerhalb der materiell-natürlichen und individuell-körperlichen Rahmenbedingungen menschlichen Lebens. Bildung entwickelt sich nicht allein durch das Subjekt, sondern in Abhängigkeit und kommunikativer Auseinandersetzung mit den anderen und den gesellschaftlich-kulturellen Lebensverhältnissen. Bildung kann so immer als soziale Bildung (vgl. Sting/Sturzenhecker 2021) verstanden werden. Das bedeutet auch, dass sich das Subjekt mit seinen Eingebundenheiten und Abhängigkeiten aktiv und kritisch auseinandersetzt. Im Sinne der Ausweitung von Selbstbestimmung geht es dann ebenso um eine Hinterfragung der gesellschaftlichen Verhältnisse und ihrer Macht- und Herrschaftsstrukturen sowie, angesichts dessen, um die eigene Suche nach Möglichkeiten für mehr Autonomie. Zu Bildung gehört eine Reflexion, die eine solche kritische Auseinandersetzung überhaupt ermöglicht. Denn es wird nötig, das, was einem im Handeln unter gesellschaftlichen Bedingungen widerfährt, in Begriffe zu fassen. Die Analyse der Prozesse und der dahinterliegenden Strukturen wird erst durch sprachlich-symbolische Begriffe möglich, die benennen und aufschlüsseln, wie gesellschaftliche Strukturen und eigenes Handeln zusammenhängen. Die Entwicklung der eigenen Person in kritischer Auseinandersetzung mit diesen Bedingungen ist also mit der Reflexion des eigenen Handelns und der damit verbundenen Veränderung der Selbst- und Weltverhältnisse erreichbar.

Relevant werden solche Prozesse besonders durch Konflikte und Konfrontation mit Problemen. Bildung beinhaltet insofern auch „Prozesse der gesellschaftlichen Problemwahrnehmung und Problemlösungsversuche" (Marotzki 1990, S. 53). Solche Problemstellungen und Konflikte bestehen besonders darin, dass sich Differenzen „zwischen dem individuellen Wollen und Können einerseits, [und] dem sozialen Rahmen der Möglichkeiten und Grenzen anderseits" auftun (Hamburger 2003, S. 14ff.). Das, was das Individuum für sich aus seinem Bildungsprozess als wollenswert ansieht und wie es versucht, dieses Wollen umzusetzen, stößt auf gesellschaftliche Rahmenbedingungen, die dieses Wollen und Können ermöglichen und/oder begrenzen, unter Umständen sogar verhindern. Die Person ist (besonders als Kind oder Jugendliche:r) zunächst einmal in die gesellschaftlichen Verhältnisse und ihre pädagogische Vermittlung eingebunden; sie handelt in und mit dem vorhandenen Rahmen. Das geschieht ganz konkret in den gesellschaftlichen Institutionen, in denen die Individuen leben, in der Familie, der Schule, den Einrichtungen der Sozialpädagogik, in Vereinen usw. Hier ist das Individuum eingefügt in sozialer Handlungsstrukturen, handelt aber auch selbst mit. „Tritt nun in diesem Mittun ein eigener Wille [der Person, des Kindes oder bei Jugendlichen, BeSt] zur selbstbewussten Mitgestaltung hervor, der über ein bloßes Zulassen hinausgeht und auch einen Widerstand zum Ausdruck bringen kann, dann möchte ich von Bildung sprechen" (Richter 2019, S. 5). Bildung ist demnach (u. a.) dadurch gekennzeichnet, dass die Person selbst etwas will und aktiv zu bestimmen sucht, was für sie bei der Aneignung von Selbst- und Weltverhältnissen bedeutsam ist und wie sie diese Aneignung realisieren kann. Bildung ist also durch ein Streben nach der Selbstbestimmung gegenüber Bildungsinhalten und Bildungsformen geprägt. Und dieses findet als Auseinandersetzung mit und in den sozialen und gesellschaftlich-kulturellen Bedingungen – auch konflikthaft – statt.

Der Wille des Individuums wird hier als zentrales Charakteristikum von Bildung verstanden, auch wenn er sich (nur) unter bestimmten gesellschaftlichen Rahmenbedingungen (und auch im Konflikt mit diesen) entfalten kann. Ähnlich beschreibt Anke Grotlüschen (2010) den Begriff der Entwicklung von Interessen des (erwachsenen) Subjekts. Anknüpfend an Bourdieu sieht sie Handlungsmöglichkeiten von Menschen durch die ungleichen gesellschaftlichen Rahmenbedingungen stark beeinflusst. Sie beschreibt diese Einschränkung als einen „Korridor", der „jedoch nicht für alle Menschen gleich [ist], sondern ungleich verteilt. Er ist durch die sozioökonomische Lage strukturiert. So muss also das Subjekt innerhalb des Korridors auf sein Thema stoßen, darüber stolpern und in einem Umfeld leben, in dem solche Zusammentreffen möglich sind. Kurz: Interesse entsteht selbst bestimmt – jedoch nicht von selbst“ (Grotlüschen 2010, S. 288 f.). Die Entwicklung dieser Interessen im Rahmen der Korridore verläuft prozesshaft: „Interessen ‚sind‘ nicht, sondern sie ‚werden‘“ (Grotlüschen 2010, S. 37). Die Konfrontation mit möglichen Themen und die individuelle Auswahl von solchen Themen als persönliche Interessensthemen hängt also von den gesellschaftlichen und klassen- bzw. milieuspezifischen Rahmenbedingungen ab. Aber es ist doch das Subjekt, das sich Interessen wählt und sie entwickelt. Es „[…] sind jedem Subjekt Lebensinteressen zugesprochen, die beinhalten, die eigene Welt zu begreifen und zu gestalten. Interesse schließt den Wunsch nach Verfügungserweiterung ein: Ich will etwas, das ich nicht habe“ (Faulstich/Grotlüschen 2006, S. 56). Man könnte sagen: Bildungsinteressen oder Bildungsthemen entstehen prozesshaft durch den Willen der Subjekte, allerdings bedingt und begrenzt durch ihre gesellschaftliche Position.

1.2 Bildung und Politik

Eine solche Bildung ist immer auch Auseinandersetzung mit Politik. Politik wird verstanden als die „Gesamtheit der Aktivitäten und Strukturen, die auf die Herstellung, Durchsetzung und Infragestellung allgemein verbindlicher und öffentlich relevanter Regelungen in und zwischen Gruppierungen von Menschen abzielt“ (BMFSFJ 2020, S. 8). Wenn sich das Subjekt die Welt aneignet und versucht, in Eingebundenheit und Abhängigkeit von sozialen und gesellschaftlichen Strukturen Selbstbewusstsein und Selbstbestimmung zu entwickeln, stößt es – wie oben gezeigt – auf die Regelungen, die es in diesen gesellschaftlichen Gruppierungen bzw. Strukturen schon gibt. Zwischen dem individuellen Wollen und den vorhandenen gesellschaftlichen Regelungen kann es zu Konflikten kommen. Das geschieht besonders, wenn sich das Subjekt nicht einfach anpasst, die Regeln lernt und unhinterfragt ‚mitspielt‘, sondern wenn es selbst ein eigenes (kritisches) Verhältnis dazu herstellen will. Insofern ist dann Bildung immer auch eine politische Bildung, die sich an der „Herstellung, Durchsetzung und Infragestellung“ solcher Regelungen der gemeinsamen Lebensführung in der Gesellschaft abarbeitet, und darüber eigene Selbst- und Weltverhältnisse entwickelt und verändert.

1.3 Reflexivität als Kernelement von Bildung

Bildung kann also als eine selbst gewählte, selbst gestaltete und zunehmend komplexe Aneignung und Veränderung von Selbst- und Weltbezügen begriffen werden, die immer unter den ermöglichenden bzw. begrenzenden Bedingungen sozioökonomischer Lebenslagen stattfindet.

Ein zentrales Charakteristikum dieses Prozesses ist eine spezifische Reflexion. Mithilfe der Sprache kann das Subjekt vor sich selbst und anderen beschreiben und benennen, was ihm wie widerfährt und mit welchen Wirkungen/Veränderungen es darauf antwortet. Reflexion oder Reflexivität meint „die Fähigkeit des Menschen, das eigene Denken und Handeln zum Gegenstand des Nachdenkens zu machen" (Foster 2014, S. 589), und das geschieht in einer gewissen Distanzierung vom Handeln und mithilfe von Sprache. Bildung und ihr zentrales Charakteristikum der Reflexion sind sprachvermittelt. Mithilfe der Sprache kann die Person in sich soziale Handlungsprozesse rekonstruieren und analysieren. Sie kann begrenzende und behindernde Rahmenbedingungen benennen und kritisieren und die eigenen Versuche und Prozesse bezeichnen, damit umzugehen. Darüber kann die Person sich mit anderen austauschen und andere Perspektiven und Begriffe mit einbeziehen, diskutieren und verwenden. Indem die Sprache die gesellschaftlichen Verhältnisse widerspiegelt, wird die Reflexion einerseits durch sie bestimmt, andererseits kann sie auch das Bestehende befragen, hinterfragen und zu neuen Begriffen kommen. Es wird wiederum das Muster erkennbar, dass sprachvermittelte Bildung vom Gesellschaftlichen abhängig ist, aber gerade mithilfe von Sprache eine kritische Analyse und Hinterfragung der gesellschaftlichen Verhältnisse erlaubt. Damit werden Möglichkeiten eröffnet, sich von der (Fremd-)Bestimmung nicht allzu sehr bestimmen zu lassen, sondern nach Potenzialen der Ausweitung von Selbstbestimmung zu suchen. Mithilfe solcher, durch sprachlich-symbolische Reflexion gewonnenen Begriffe bzw. Kategorien über die Inhalte und Formen der eigenen Aneignungsprozesse in sozialen, gesellschaftlichen Zusammenhängen, kann das Subjekt neue Perspektiven und Handlungsmöglichkeiten für sich erschließen. „Indem das Subjekt sich zur Welt kategorial anders verhalten kann, kann es sich auch zu sich selbst anders verhalten und umgekehrt" (Marotzki 1990, S. 43).

Es ist Aufgabe einer bildungsorientierten Sozialpädagogik, „Heranwachsenden Bildungsprozesse zum Subjekt, d. h. Entwicklungsmöglichkeiten in Richtung auf eine selbstbewusstere und selbstbestimmtere Lebenspraxis zu eröffnen" (Scherr 1997, S. 9). Oben ist schon verdeutlicht worden, dass solche Bildungsprozesse häufig konflikthaft sind, gerade wenn das ‚Wollen und Können' von Jugendlichen auf gesellschaftlich eingrenzende und benachteiligende Bedingungen stößt. Der Sozialpädagoge Franz Hamburger (2003) sieht diese Konflikte – und damit auch deren (politisches) Bildungspotenzial – zwischen (jugendlichem) Individuum und Gesellschaft und deren gesellschaftliche Bearbeitung als den Gegenstand von

Sozialpädagogik an. Aus seiner Sicht geht es darum, Kinder und Jugendliche dabei so zu begleiten und zu unterstützen, dass ihre konflikthaften Bildungsprozesse nicht destruktiv verlaufen, sondern letztlich die Fähigkeit zum Mitbestimmen und Mithandeln in der Gesellschaft steigern. Dabei versucht Sozialpädagogik, die institutionellen und gesellschaftlichen Rahmenbedingungen zu beeinflussen und Verhältnisse zu schaffen, die solche Bildungsprozesse ermöglichen und stärken (vgl. Winkler 2006). Da Bildung jedoch nur durch die Subjekte selbst angeeignet werden kann, und sie aufgrund ihres Willens und ihrer Interessen auswählen, mit was/wem und wie sie sich bildend auseinandersetzen wollen, kann Bildung nicht von außen hergestellt werden. Sozialpädagogik kann dann Jugendlichen nur bei ihrer Bildung assistieren (vgl. Sturzenhecker 2021). Sozialpädagogische Assistenz von Bildung zielt darauf, eine „Mannigfaltigkeit der Situationen" (Wilhelm von Humboldt) zu eröffnen, die auch für Jugendliche aus benachteiligenden, prekären Lebenslagen Chancen der selbsttätigen Bildung eröffnen. Anders gesagt, es geht darum, die begrenzenden ‚Korridore' (Grotlüschen 2010) auszuweiten, die als sozioökonomische Lebenslagen die Handlungsfähigkeiten und Bildungsmöglichkeiten der Subjekte begrenzen.

Wenn man das, was einem widerfährt, was man also mit den sozialen und materiellen Dingen tut und von ihnen ‚erleidet' (Dewey), reflexiv einholt, d. h. im Nachhinein begrifflich fassen und so erkennen und benennen kann, entstehen Chancen einer veränderten bzw. erweiterten Selbst- und Weltsicht und daraus folgenden (neuen) Handlungsmöglichkeiten. Unterstützt Sozialpädagogik bzw. JSA eine solche „Reflexion über den eigenen Prozess der Aneignung von Selbst und Welt, geraten dabei immer auch die Verhältnisse der Welt, hier besonders der Gesellschaft in den Blick. Für die Jugendlichen wird reflektierbar, wie ihre persönliche Lebenslage und ihre Chancen, mannigfaltige Bildungsmöglichkeiten wahrzunehmen, durch gesellschaftliche Verhältnisse mitbestimmt sind. Damit können auch die Ungleichheit und Ungerechtigkeit dieser Verhältnisse erkannt und eine kritische Perspektive darauf eingenommen werden. Damit geht es nicht mehr nur darum, für sich selbst individuelle Bildungschancen zu ergreifen, sondern darüber hinaus gesellschaftliche Behinderung und Verhinderungen von Bildungsmöglichkeiten zu kritisieren und sich für gleichere und freiere Möglichkeiten von Bildung einzusetzen. Die Selbstbildung der Subjekte und ihrer Gruppierungen erlangt so eine politische Dimension" (Sturzenhecker 2021, S. 1238 f.).

Dieser Bildungsanspruch scheint mir besonders für die Jugendlichen in der JSA relevant zu sein, deren Bildung in und zur Selbstbestimmung und gesellschaftlichen Mitbestimmung durch ihre benachteiligenden Lebenslagen vielfältig eingeschränkt wird. Es geht nicht nur darum, ihre Subjektbildung zu stärken, sondern auch ihre Demokratiebildung im Sinne einer Ausweitung ihrer Möglichkeiten, mindestens an der Gestaltung ihrer sozialpädagogischen Einrichtungen und darüber hinaus in Kommune, Staat und Gesellschaft mitzuentscheiden.

1.4 Ausbildung und Bildung in der Jugendsozialarbeit

Dieses sozialpädagogische Bildungskonzept unterscheidet sich allerdings von einem schulischen bzw. qualifizierenden Ausbildungsverständnis, wie es sich im gesetzlichen Auftrag der JSA wiederfindet. Danach soll Jugendsozialarbeit die „schulische und berufliche Ausbildung, Eingliederung in die Arbeitswelt und ihre soziale Integration fördern" (§ 13 Absatz 1 SGB VIII). In ‚schulischer und beruflicher Ausbildung' geht es nicht darum, welche Inhalte einzelne Jugendliche oder ihre Gruppierungen für ihre eigene Bildung auswählen und wie sie sie gestalten möchten. Stattdessen wird ihnen durch Lehrpläne vorgegeben, was sie lernen müssen, und es wird mit Noten bewertet, inwieweit das aus Sicht der Ausbildungsverantwortlichen erfolgreich war. Der Erwerb solcher Qualifikationen ist unumgänglich, um sich in die ‚Arbeitswelt eingliedern' zu können. Das bezieht sich nicht nur auf Jugendliche in der JSA, sondern ganz allgemein auf junge Menschen zwischen 6 und 18 Jahren, für die die Schulpflicht gilt. Die gesellschaftlich organisierte Erziehung soll dafür sorgen, dass alle junge Menschen die Qualifikationen bzw. die Ausbildung erhalten, die sie benötigen, um sich durch Berufstätigkeit ökonomisch selbst erhalten und so auch an Gesellschaft teilhaben zu können. Damit werden sie einerseits befähigt, als Wirtschaftsbürger:innen, als egoistisch unabhängige Privatmenschen zu handeln, die sich auf ökonomische Selbstsicherung durch Erwerbsarbeit richten, andererseits erwerben sie allerdings auch Kenntnisse und Kompetenzen, die es ihnen ermöglichen, als (kritische) Staatsbürger:innen in Kommunikation mit anderen die gesellschaftliche Situation zu analysieren und zu beeinflussen und sich so für die Allgemeinheit bzw. das Gemeinwohl zu engagieren (vgl. Richter 2004). Ausbildung hat also ein Doppelgesicht: Sie erzwingt, sich den kapitalistischen Produktions- und Gesellschaftsverhältnissen anzupassen und in ihnen zu funktionieren, andererseits können Wissen, Kenntnisse und Perspektiven erworben werden, die Potenziale enthalten, diese Bedingungen kritisch zu analysieren und sich nicht – zumindest nicht völlig – von ihnen funktionalisieren zu lassen.

Obschon dieses Konzept einer schulischen Ausbildung für alle seit mehr als 100 Jahren existiert (1919 wurde es in der Weimarer Verfassung festgeschrieben), gelingt es Schule bis heute nicht, allen Kindern und Jugendlichen gleichermaßen Ausbildungschancen zu eröffnen. So nimmt die „Bildungsungerechtigkeit" weiter zu (vgl. z. B. Bildungsbericht 2022.) Die soziale Herkunft hat in Deutschland großen Einfluss darauf, welche Ausbildungsmöglichkeiten Kinder bekommen. Verkürzt gesagt: Kinder aus armen Familien und/oder mit Migrationsgeschichte sind in der Schule weniger erfolgreich und erreichen weniger hohe Bildungsabschlüsse. Diese strukturelle Ungleichheit und Ungerechtigkeit führen in einer ganzen Reihe von Fällen dazu, dass Kinder und Jugendliche nicht die an sie gestellten Anforderungen der Einfügung in schulische und berufliche Ausbildung erfüllen. Damit droht ihnen die Gefahr, dass ihre ‚Eingliederung in die Arbeitswelt und ihre soziale Integration' misslingen. Deshalb soll JSA dafür sorgen, dass möglichst viele Jugendliche, die Schwierigkeiten mit schulischem und beruflichem Lernen haben, trotzdem solche Qualifikationen erhalten.

Die Analyse, warum Jugendliche mit einem bestimmten sozialen Hintergrund im Ausbildungssystem scheitern, ist hochkomplex. Sie kann in unserem Zusammenhang nicht näher aufgeschlüsselt werden. Doch angesichts der gesellschaftlichen Aufforderung, sich den Ausbildungszwängen zu fügen, entstehen immer wieder Konflikte zwischen diesem gesellschaftlichen Auftrag und dem Wollen und Können einzelner Jugendlicher (und ihren Gruppierungen). Wissens- und Kompetenzerwerb funktionieren nicht, wie es sich das Ausbildungssystem vorstellt. Das führt zu Konflikten mit den für die Vermittlung von solchen Lerninhalten verantwortlichen pädagogischen Fachkräften und mit den Institutionen, die für erfolgreiche Qualifikationen sorgen sollen. Es lässt sich jedoch zeigen, dass gerade in den Problemen und Konflikten von Jugendlichen mit den Ausbildungserfordernissen auch Bildungspotenziale enthalten sind. Wenn oben nachvollziehbar begründet wurde, dass Konflikte Bildungspotenziale mit sich bringen, entsteht also in der JSA ein Bedarf der Jugendlichen, sich mindestens mit den gesellschaftlichen Qualifikationsanforderungen und deren Vermittlern und Institutionen auseinanderzusetzen, d. h. also auch mit den ‚politischen' Regelungen dazu. Solche Konflikte sind für JSA typisch, und sie können aus der Perspektive der Bildungsorientierung so unterstützt werden, dass sie auf bildende, reflexive, Selbst- und Mitbestimmung fördernde Weise durch die Jugendlichen bearbeitet werden. Statt mit Kontrolle und Disziplinierung zu versuchen, Lernen und Qualifikation zu erzwingen, können zumindest die Konflikte darum auf bildungsförderliche Weise ausgetragen werden.

Oben habe ich auch argumentiert, dass solchen Konflikten eine doppelt politische Dimension innewohnt (siehe die Definition von Politik oben). Zum einen geht es ganz konkret in der JSA selbst um die Frage, welche Regelungen die Betroffenen und Beteiligten in den Einrichtungen für ihre gemeinsame Lebensführung, das Lernen, entstehende Konflikte und zur weiteren Umsetzung von Bildungsinhalten zusammen bestimmen wollen. Politik kann auf demokratische Weise geschehen und die Regelungen können dann gemeinsam nach *demokratischen* Prinzipien bestimmt werden.[3] Wenn man sich auf demokratische Weise mit den konkreten Konflikten zwischen den Beteiligten in pädagogischen Einrichtungen auseinanderersetzt, entstehen Möglichkeiten der Demokratiebildung. Die Betroffenen können sich Demokratie aneignen, indem sie konkret an den Entscheidungsprozessen über Regelungen mitbestimmen und diese Prozesse reflexiv einholen.

---

3 Der Bezug auf *demokratische* Prinzipien ist essentiell, denn auch in autoritären, totalitaristischen Regimen findet politische Bildung statt. Menschen müssen sich auch dort die Weisen der „Herstellung, Durchsetzung und Infragestellung" von Regelungen der Lebensführung aneignen.

Zum anderen sind die Konflikte der Jugendlichen mit den gesellschaftlichen Forderungen nach Qualifikation und Integration in die Arbeitswelt durch gesellschaftliche Macht- und Ungleichheitsverhältnisse bedingt und geprägt. Die konkreten Konflikte der Jugendlichen in den Einrichtungen der JSA bearbeiten also immer auch gesellschaftliche Widersprüche und Kämpfe. Damit geht es nicht nur um die Ermöglichung einer bildenden und demokratiebildenden Konfliktbearbeitung in den Einrichtungen, sondern darüber hinaus auch um die Eröffnung von Möglichkeiten der Jugendlichen, sich zu ihren gesellschaftlichen Erfahrungen (gerade der Benachteiligung) zu positionieren und sich politisch dazu zu verhalten.

JSA hat den Auftrag der Förderung und Unterstützung der benachteiligten Jugendlichen, um ihre Ausbildungs- und Qualifikationschancen zu eröffnen, zu erhöhen und (auch) darüber gesellschaftliche Integration zu ermöglichen. Sie kann sich also nicht einfach in eine Art Schule verwandeln und ihren Auftrag mithilfe von Lernsettings, Unterricht, Noten, Kontrolle und Disziplinierung ‚durchziehen'. Stattdessen ist JSA aufgrund ihres spezifischen Förderauftrags unweigerlich mit Bedarfen der Assistenz von Bildung allgemein und speziell der Ermöglichung von politischer, d. h. hier: demokratischer Bildung konfrontiert. Auch die Förderung der Teilnahme an Demokratie ist ein Element der Unterstützung der gesellschaftlichen Integration benachteiligter Jugendlicher.

1.5 Bildungsinteressen von Jugendlichen im Alltag der Jugendsozialarbeit

Aber auch über die sich aufdrängenden Bedarfe nach einer demokratisch-politischen Bildung der kritischen Mitgestaltung von Gesellschaft durch die Benachteiligten hinaus kann argumentiert werden, dass JSA ihr ausbildungsorientiertes Lehren und Lernen durch eine sozialpädagogische Bildungsorientierung ergänzen muss. Das liegt nicht nur an Bildungsbedarfen, die sich aus Konflikten um Ausbildung ergeben, sondern auch daran, dass durch den geteilten Lebensalltag in den Einrichtungen der JSA immer auch weitere Bildungsthemen der Jugendlichen deutlich werden. In den ganztägigen Settings der JSA können kaum (wie es häufig im schulischen Unterricht versucht wird) lebensweltliche Interessen und Problemstellungen der Jugendlichen ausgeblendet werden. Stattdessen zeigen sie sich fortwährend im Handeln der Jugendlichen und können dort auch pädagogisch erkannt werden (das ist der Ausgangspunkt der GEBe-Methode). JSA sieht sich also auch deshalb genötigt, der Verdeutlichung von Themen und Interessen der Jugendlichen zu assistieren, die nicht zum Kern ihres Auftrags gehören. Wenn Bildung grundsätzlich die Aneignung und Weiterentwicklung von Selbst- und Weltverhältnissen beinhaltet, und JSA generell den Auftrag hat, die Jugendlichen so zu stärken, dass sie möglichst selbstbestimmt und selbstbewusst an der Arbeitswelt und der Gesellschaft teilnehmen können, wird sie sich der Unterstützung von deren (politisch-demokratischen) Bildungsprozessen nicht verweigern können.

Will JSA sich also an einem sozialpädagogischen Bildungsverständnis orientieren, gilt es, den Jugendlichen breitere und tiefere Bildungsmöglichkeiten zu eröffnen, auch im Sinne einer Ermöglichung von mehr Reflexivität. Das wird genauer in Kapitel „Demokratiebildung in Reflexion von Partizipationserfahrungen ermöglichen" erläutert.

In der folgenden Liste werden Charakteristika von Bildung und Ausbildung sowie der Rolle der JSA in Bezug auf diese beiden zusammengefasst:

Charakteristika von Bildung

- Bildung ist Selbsttätigkeit des Subjekts.
- Bildung zielt auf Erweiterung des Selbst-Bewusstseins und der Selbstbestimmung.
- Bildung beinhaltet die reflexive Erweiterung und Veränderung von Selbst- und Weltverhältnissen.
- Bildung geschieht in Eingebundenheit in und Abhängigkeit von sozialen und gesellschaftlich-kulturellen Rahmenbedingungen, und d. h. auch unter Verhältnissen der Behinderung und Verhinderung von Bildungsprozessen.
- Bildung zielt auf eine kritische Auseinandersetzung mit diesen Verhältnissen und, trotz der Einschränkungen durch sie, auf Intensivierung kritischen (Selbst-)Bewusstseins und auf die Ausweitung eigener Selbstbestimmungsmöglichkeiten.
- Damit ist Bildung auch politische Bildung, weil sie sich mit den gesellschaftlichen Regelungen der Lebensverhältnisse auseinandersetzt.
- Bildung ist frei-willig; sie erwächst aus dem Willen des Individuums, das bestimmt, was und wie es sich etwas aneignen will. Insofern kann sie nicht von außen hergestellt oder erzwungen werden.
- Bildung ist Tätigkeit des Individuums, die sich allerdings nur sozial vollziehen kann.
- Bildung geschieht sozial und sprachvermittelt; es geht um die denkend-sprachliche und damit kommunikative sowie reflexive Erkenntnis und Benennung der eigenen Aneignungsprozesse, ihrer Inhalte und Formen, ihrer Hindernisse, Zwischenstände, Folgen und Perspektiven.
- Bildung geschieht auch in Entfaltung von Eigensinn und Widerständigkeit.

Charakteristika von Ausbildung/Qualifikation

- Ausbildung ist Qualifikation für die Beteiligung des Individuums an der (kapitalistischen) Arbeitsgesellschaft.
- Ausbildung wird gesellschaftlich verlangt und vermittelt.
- Ausbildung in Schule beruht auf Zwang, der Schulpflicht.
- Ausbildung zielt auf das Individuum als Wirtschaftsbürger:in, auf die Qualifikation und den Verkauf der Ware Arbeitskraft, die ökonomische Integration und Selbstsicherung ermöglichen soll.

- Ausbildung hat aber auch Effekte auf die Qualifikation der einzelnen Staatsbürger:innen, die sich dem Gemeinwohl und der demokratischen Mitgestaltung der Gesellschaft verpflichtet sehen und sich dafür engagieren.
- Ausbildung zielt auf Anpassung des Individuums an gesellschaftlich-ökonomische Erwartungen/Verhältnisse.
- Ausbildung kann aber für das Subjekt zum Anlass werden, sich Inhalte und Fähigkeiten im Rahmen persönlicher Bildung anzueignen.

JSA in Bezug auf Ausbildung und Bildung

- JSA hat den Auftrag, schulische und berufliche Ausbildung zu fördern und ihre Adressat:innen in die Arbeitswelt einzugliedern.
- JSA ist darüber hinaus mit Bildung konfrontiert:
  a) durch Bildungsanlässe, die sich Jugendliche durch Aneignung der vorgegebenen Lerninhalte und -formen wählen,
  b) durch die Konflikte zwischen dem Wollen und Können der Jugendlichen einerseits und den gesellschaftlichen Regelungen, Möglichkeiten und Grenzen andererseits und
  c) durch die lebensweltlichen Bildungsthemen und Bildungsweisen, die die Jugendlichen in die Einrichtungen mitbringen.
- JSA kann Bildungsprozessen der Jugendlichen assistieren, wenn sie deren Motive, Konflikte und Themen aufgreift.
- JSA kann Demokratiebildung eröffnen, wenn sie sich auf den sozial-kommunikativen Charakter von Bildungsprozessen einlässt und die Ausweitung von Selbstbestimmung als und in Berechtigung zur Mitbestimmung von Regelungen in Einrichtungen und Gesellschaft beantwortet und diese demokratisch gestaltet.

1.6 Demokratie und Demokratiebildung

Ich beziehe mich hier auf das Konzept einer sozialpädagogischen Demokratiebildung, wie es die Hamburger Schule der Demokratiebildung vertritt (vgl. z. B. Sturzenhecker 2020; Richter et al. 2016). Zunächst wird erläutert, wie der Demokratiebegriff in diesem Ansatz bestimmt wird. Demokratie wird mit Habermas als ‚deliberative Demokratie' verstanden: ‚Deliberativ' (aus dem Englischen: abwägend aushandeln) meint in diesem Zusammenhang die auf eine Öffentlichkeit bezogene Demokratie, in der die Bürger:innenschaft über anliegende Themen/Probleme öffentlich verhandelt und, wenn nicht selbst entscheidet, so doch die Entscheidungen der repräsentativen Gremien vorbereitet. Dabei werden „[…] die demokratischen Grundsätze der Beteiligung und Entscheidung unter besonderer Berücksichtigung einer argumentativ abwägenden, verständigungsorientierten Beratschlagung auf alle gesellschaftlichen Bereiche […]" angewendet, „[…], um so zu gewährleisten, dass sich die Adressaten von Rechtsnormen zugleich als ihre vernünftigen Urheber verstehen dürfen" (Habermas 1992, S. 52). Die Betroffenen bzw. Beteiligten können solche Entscheidungen als legitim und zwingend respektieren, weil sie prinzipiell selbst an deren Entstehung und Entscheidung mitwirken konnten. Auf dieser Basis haben sie das demokratische Verfahren und dessen Gültigkeit akzeptiert.

Die Gleichzeitigkeit von Urheber:innen- und Adressat:innenschaft bedeutet, dass, wer von etwas betroffen ist, das Recht und die Fähigkeit hat, über diese Angelegenheit mitzuentscheiden, und dass die gemeinsam gefällte Entscheidung dann aber auch für die Mitwirkenden gilt. Demokratie unterstellt ihren Mitgliedern eine gleichberechtigte Mündigkeit, d. h. sie sieht sie als fähig an, in den Angelegenheiten, die sie betreffen, auf der Basis von Argumenten mit anderen zu streiten und Lösungen auszuhandeln. Achtung: Mündigkeit im Hinblick auf die (im weitesten Sinne) Themen, von denen sie im sozialen/gesellschaftlichen Handeln betroffen sind, wird auch für Kinder und Jugendliche angenommen.

Habermas weist jedoch darauf hin, dass eine solche ideale demokratische Kommunikation in kapitalistischen Gesellschaften nicht durchgängig existiert. Er analysiert, dass im Kapitalismus eine Differenz zwischen System und Lebenswelt besteht (Habermas 1981), und dass diese Folgen für die Möglichkeiten der Bürger:innen hat, auszuhandeln, was für sie gelten soll. System und Lebenswelt sind durch unterschiedliche Vergesellschaftungsprinzipien gekennzeichnet. „So zeichnet sich das System, zu dem die staatliche Verwaltung und der Markt gehören, dadurch aus, dass Entscheidungen hier erfolgs- bzw. machtorientiert getroffen werden, demokratisch-diskursive Prozesse also immer unter dem Vorbehalt zweckrationalen Handelns (Geld, Macht) stehen. In der Lebenswelt hingegen, die den Bereich der Familie und die zivilgesellschaftlichen Institutionen (Vereine, Verbände, Initiativen) umfasst, werden Entscheidungen grundsätzlich verständigungsorientiert herbeigeführt, d. h. hier steht das zweckrationale Handeln unter Vorbehalt, und zwar unter dem Vorbehalt, dass alle an den Entscheidungen Beteiligten und von diesen Entscheidungen Betroffenen einem solchen Handeln zustimmen" (Richter et al. 2016, S. 113). Während in den Systembereichen von Politik, Verwaltung und Wirtschaft damit gerechnet werden muss, dass Kommunikation den strategischen Zielen von Macht und Geld untergeordnet bzw. von ihnen deformiert wird, sieht Habermas in der Lebenswelt Chancen, dass die Beteiligten Entscheidungen diskursiv treffen, d. h. solange offen und ehrlich miteinander diskutieren, bis sie dem vorläufig besten Argument zustimmen können.

1.7 Demokratiebildung und die GEBe-Methode

Das sozialpädagogische Konzept der Demokratiebildung vertritt, dass eine solche diskursive, handlungsorientierte demokratische Praxis am ehesten noch alltäglich in der lebensweltlichen Interaktion geschieht, in der die Menschen verständigungsorientiert aushandeln, was für sie gelten soll. Als Potenzial dafür werden besonders sozialpädagogische Institutionen verstanden, die sich nicht ausschließlich auf eine Qualifikation für ökonomische Zwecke richten (und insofern Teil des Systems würden). Damit werden die sozialpädagogischen Einrichtungen mit John Dewey (1899/1915, S. 15) als „miniature community, an embryonic society", also als Gesellschaft im Kleinen verstanden. Das ‚Volk' der Demokratie ist dabei analog die Entscheidungsgemeinschaft der Mitglieder einer solchen (sozialpädagogischen) Institution. Sie verfügen dann prinzipiell über das Recht, gleichrangig zu bestimmen, was sie bezüglich der kooperativen Gestaltung der gemeinsamen Lebensführung in der Einrichtung betrifft.

In sozialpädagogischen Einrichtungen gibt es allerdings Grenzen dieser demokratischen Selbstbestimmung einer Entscheidungsgemeinschaft (zum Beispiel durch die Schutzverantwortung von erwachsenen Fachkräften gegenüber jungen Kindern in der Kita). Dennoch besteht die Möglichkeit, sozialpädagogische Einrichtungen so zu strukturieren, dass Kindern und Jugendlichen Rechte, Gremien und Verfahren zur Verfügung gestellt werden, über die sie partizipieren können. Sind Interaktionen und Institutionen auf solche Weise demokratisch strukturiert, eröffnet sich für die Beteiligten die Möglichkeit von Demokratiebildung: Sie können ihre demokratischen Rechte ausüben und sich wechselseitig sowohl in demokratischer Kommunikation als auch zu den in Rede stehenden Sachen bilden. Es lässt sich für Deutschland zeigen, dass Jugendliche aufgrund des Grundgesetzes, der UN-Kinderrechtskonvention sowie vieler Gemeindeverfassungen und Schulgesetze der Bundesländer das Recht haben, an der Gestaltung der demokratischen Gesellschaft und ihren pädagogischen Institutionen zu partizipieren. Sich Demokratie anzueignen, indem man aktiv an ihr partizipiert, ist also ein Recht.

Zusammenfassend: Demokratiebildung und Sozialpädagogik

Demokratiebildung, als selbsttätige Aneignung von Demokratie, geschieht durch aktive Wahrnehmung des Rechts zur Ausübung von Partizipation in demokratischen Diskussions- und Entscheidungsprozessen.

Sozialpädagogische Assistenz von Demokratiebildung muss dann vielfältige Handlungsmöglichkeiten der Ausübung des Rechts zur demokratischen Partizipation eröffnen und die Aneignungsprozesse und ihre Ausweitung unterstützen.

Hier knüpft im Rahmen des Konzeptes von Demokratiebildung die GEBe-Methode an (vgl. Sturzenhecker 2023). Diese Arbeitsweise liefert Fachkräften in der Jugendhilfe eine differenzierte methodische Abfolge, wie sie im alltäglichen Handeln von Jugendlichen deren lebensweltlich relevanten Interessensthemen entdecken und diese mit den Beteiligten zusammen klären und projekthaft umsetzen können. Die Methode versteht sich als ein Weg der Ermöglichung von

Demokratiebildung, weil sie den Jugendlichen nicht vorgibt, welche Themen sie in ihren sozialpädagogischen Settings bearbeiten sollen, sondern sowohl die inhaltliche Auswahl als auch die Umsetzungsweise demokratisch mit diesen zusammen bestimmt. Sie wird ergänzt durch die strukturelle Verankerung von Rechten, Gremien und Verfahren demokratischer Partizipation in den sozialpädagogischen Einrichtungen (vgl. Sturzenhecker/Peters 2023).

1.8 Zum Verständnis von politischer Bildung

Dieses sozialpädagogische Konzept von Demokratiebildung sieht sich in der fachwissenschaftlichen Debatte einem Konzept von ‚politischer Bildung' gegenübergestellt, das im Wesentlichen aus der schulischen Politikdidaktik stammt (Wohnig 2022), aber auch in der außerschulischen politischen Jugendbildung Verbreitung findet (Becker 2023). Anders als im Konzept der Demokratiebildung, wird in diesem Ansatz Mündigkeit bei jungen Menschen nicht unterstellt, sondern sie soll ihnen zunächst vermittelt werden, bis junge Menschen, schließlich erwachsen geworden, kompetent partizipieren dürfen.

Das geschieht über drei grundsätzliche Elemente (so Wohnig 2023 in Bezug auf Gagel 2000):

1. Politische Bildung zielt auf die Vermittlung politischen Wissens. Inhalte werden durch die politischen Bildner:innen über Unterricht oder Seminare aufbereitet und den Teilnehmenden gelehrt.
2. Das bedeutet auch, den jeweiligen Gegenstand – und das sind vorrangig politische, gesellschaftliche, ökonomische sowie soziale Probleme und Konflikte – kritisch zu analysieren und sich dazu ein begründetes Urteil zu erarbeiten.
3. Damit sollen die Teilnehmenden befähigt werden, ihr Urteil in die Öffentlichkeit zu tragen und so politisch zu partizipieren.

Wissensvermittlung (1), kritische Analyse und Beurteilung (2) sowie politisches Handeln in Blick auf die jeweiligen politischen Gegenstände bzw. Konflikte (3) stellen also den Kern dieser Vorstellung politischer Bildung dar.

Damit ist es nötig zu definieren, was unter Politik verstanden werden soll. In unserem Projekt meint Politik „die Art und Weise, wie Menschen gemeinsam ihre öffentlichen Angelegenheiten regeln" (AGJ 2017, S. 2). Der 16. Kinder- und Jugendbericht der Bundesregierung differenziert das noch. Er definiert Politik als die „Gesamtheit der Aktivitäten und Strukturen, die auf die Herstellung, Durchsetzung und Infragestellung allgemein verbindlicher und öffentlich relevanter Regelungen in und zwischen Gruppierungen von Menschen abzielt" (16. KJB 2020, S. 8). Der Inhalt der „Angelegenheiten" bzw. der „Regelungen" ist im weitesten Sinne die kooperative Lebensführung in einer Einrichtung bzw. Gesellschaft. Wenn „die Art und Weise, wie Menschen gemeinsam ihre öffentlichen Angelegenheiten regeln", demokratisch strukturiert ist, können die Beteiligten sich Politik durch aktive Teilnahme an der Demokratie aneignen, also Demokratiebildung praktizieren (Ahlrichs et al. 2022).

1.9 Zur Kritik politischer Bildung aus Sicht von Demokratiebildung

Mit der Behauptung, Jugendliche seien unmündig und durch Pädagogik (hier durch politische Bildung) zu einer zukünftigen Mündigkeit zu führen, wird eine Hierarchie zwischen schon mündigen Erwachsenen/Pädagog:innen und noch-nicht-mündigen Jugendlichen geschaffen. Es entsteht eine essentielle Ungleichheit, die die Erwachsenen bzw. Pädagog:innen/Bildner:innen in die überlegene Machtposition setzt. Jugendliche werden damit zu Objekten einer ‚Bemündigung' durch die Erwachsenen. Man kann das als Adultismus bezeichnen. Dem Anspruch von Demokratie, dass alle Beteiligten gleichberechtigt sind und keine Vorrausetzungen für Partizipation erfüllen müssen, wird hier nicht entsprochen. Damit wird eine demokratisch-egalitäre Beziehungsstruktur zwischen den Beteiligten verhindert. Die Binnenverhältnisse zwischen jugendlichen und erwachsenen Beteiligten können somit nicht als demokratisch qualifiziert werden. Und so gerät eine politische Bildung, die sich als bemündigend für (spätere) Demokratiepraxis versteht, in einen inneren Widerspruch: Sie möchte demokratische Haltungen und Wissensbestände, macht- und herrschaftskritische Urteilskraft sowie demokratisch-politische Handlungsbereitschaft vermitteln, tut diese aber in nicht-demokratischen Binnenverhältnissen.

Die sozialpädagogische Demokratiebildung geht hingegen von einer Mündigkeit aller Menschen ab Geburt aus. Mündigkeit bedeutet die Fähigkeit und den Willen, angesichts der eigenen Betroffenheit von anstehenden Fragen der kooperativen Lebensführung, mit den anderen Beteiligten Geltungen und Lösungen auszuhandeln. Solche Verständigung muss nicht sprachlich geschehen, sondern kann andere geteilte non-verbale Zeichen nutzen. Betroffenheit wird also per se als Expertise verstanden. Die Themen der Aushandlungsprozesse zu Fragen der kollektiven Lebensführung verändern/erweitern sich mit zunehmendem Alter, so kann z. B. ein Baby aus-handeln, wie das Stillen in Kooperation geschehen soll, die Energiewende beschäftigt es nicht.

Diese Unterstellung von Mündigkeit bezieht sich auch auf Art. 1 GG, nach dem die Würde des Menschen unantastbar ist. Diese ‚Würde' wird in Bezug auf Kant definiert als Autonomie, als Selbstbestimmung. Der Rechtsphilosoph von der Pfordten (2016, S. 62) formuliert das so: „Menschenwürde meint die Fähigkeit des Menschen zur Selbstbestimmung gegenüber den eigenen Belangen." Daraus folgert er im Blick auf Kinder, dass ihre Selbstbestimmung ab Geburt respektiert werden muss (vgl. von der Pfordten a. a. O., S. 82). Selbstbestimmung der Einzelnen lässt sich aber immer nur in Kooperation bzw. Abstimmung mit anderen Beteiligten realisieren. So wird im Sozialen aus Selbstbestimmung notwendigerweise Mitbestimmung.

Das Recht auf Selbst- und Mitbestimmung gilt immer, auch wenn Menschen zeitweilig eine hohe Verletzbarkeit und Sorgebedürftigkeit aufweisen. Judith Butler (z. B. 2005) hat argumentiert, dass die grundsätzliche Verletzlichkeit aller Menschen zu ihrer konstitutiven Angewiesenheit auf Andere führt. Das gilt in besonderer Weise für bestimmte Lebensphasen wie Kindheit, Pubertät oder hohes Alter. „Die altersspezifisch und/oder Teilgruppen betreffende Vulnerabilität und Sorgeangewiesenheit darf allerdings keine Entmündigung der Betroffenen und eine einseitige Bemächtigung ihrer Fürsorgenden nach sich ziehen. Einzelne Menschen können gleichzeitig von der Sorge anderer abhängig sein (etwa in der Krippe oder im Altenheim), und doch gehen sie damit ihrer Würde als Recht auf Selbst- und Mitbestimmung nicht verlustig. Ihre Verletzlichkeit oder auch situative Handlungs-/Entscheidungsunfähigkeit ist nur ein Aspekt ihres Lebens und ihrer Lebensführung, der nicht alle anderen Rechte – und schon gar nicht die der demokratischen Partizipation – einschränken darf. Die Rechte von Kindern und Jugendlichen auf Selbst- und Mitbestimmung sind stets – auch angesichts von Schutz- und Fürsorgebedürftigkeit – konkret einlösbar zu gewährleisten" (Sturzenhecker/Peters 2023).

Mit der Unterstellung gegenseitiger Mündigkeit schafft das Konzept der Demokratiebildung sehr konkrete Verhältnisse der Gleichberechtigung zur Mitentscheidung, z. B. in pädagogischen Einrichtungen. Gleichberechtigung bedeutet aber nicht Gleichmacherei, denn Jugendliche unterscheiden sich voneinander und erst recht von ihren erwachsenen Pädagog:innen. Die Differenz der Beteiligten muss ebenso anerkannt und berücksichtigt werden wie ihre gleiche Berechtigung zur Teilnahme an demokratischen Entscheidungen. Die erwachsenen Pädagog:innen sollen ihr Wissen und ihre Erfahrungen einbringen. Das allerdings verschafft ihnen keine grundsätzliche Überlegenheitsstatus, sondern sie beteiligen sich damit an der argumentativen Aushandlung von Entscheidungen. So wird ein demokratisches Binnenverhältnis hergestellt, das Jugendlichen eröffnet, demokratische Partizipation auszuüben. Das Ziel der Ermöglichung von Demokratiebildung ist kongruent mit den Bedingungen der gemeinsamen Demokratiepraxis.

In den (eher von der Fachdidaktik geprägten) Ansätzen politischer Bildung folgt aus der Unmündigkeitsunterstellung ein überlegenes Wissen der Fachkräfte, das diese didaktisch passgenau unterschiedlichen Zielgruppen vermitteln sollen. Daraus ergibt sich die Struktur von Belehrung statt gegenseitiger Bildung.

In einer globalisierten, hochkomplexen Welt, ist es kaum für einzelne Personen möglich, für alle in Politik auftretenden Themen, Fragen und Probleme über passendes und differenziertes Wissen zu verfügen. Streng genommen könnte in politischer Bildung also nur das Wissen vermittelt werden, über das einzelne Bildner:innen verfügen. Das würde dann aber oft nicht die Themen treffen, die die Teilnehmenden lebensweltlich beschäftigen, ihnen müssten also umso mehr Themen ‚aufgedrückt' werden. Demokratiebildung verlangt von den beteiligten Fachkräften nicht überlegenes Wissen. Stattdessen sollten sie über Fähigkeiten verfügen, mit den Jugendlichen a) Fragen differenziert zu formulieren, b) Wissensquellen zu suchen und auf ihre Qualität hin zu bewerten und c) daraus wieder weiter, neue Fragen abzuleiten. Anders gesagt, sie müssen nicht über spezifisches Wissen verfügen, sondern wissen, wie man es suchen, finden und dann auswerten kann, um zu einem eigenen kritischen Urteil zu kommen. Ein solcher Prozess der Klärung, welches Wissen nötig ist, um besser argumentieren und entscheiden zu können, gehört zum demokratischen Diskurs- und Entscheidungsprozess.

Damit ergibt sich ein Berührungspunkt zwischen politischer Bildung und Demokratiebildung: Letztere erkennt die Notwendigkeit der Aneignung sachlicher Informationen und kritischer Analyse an, behandelt diese aber als Element demokratischer Prozesse mit spezifischen jugendlichen Teilnehmenden zu deren spezifischen Fragen. Wissen wird dann gesucht, wenn das Thema es nötig macht und die Teilnehmenden es wissen wollen. Kritisches Urteilen wird aus- und eingeübt durch die Notwendigkeit, besser zu argumentieren.

Mit der starken Bindung politscher Bildung an Wissensvermittlung entsteht die Gefahr, den Beteiligten die inhaltlichen Lernthemen und die darauf schon zugeschnittenen Lernmethoden zu verordnen – ein Risiko, dass zeitgenössischen Ansätzen politischer Bildung durchaus bewusst ist und das durch stärkere Orientierungen an den Teilnehmenden und deren lebensweltlichen Themen gemindert werden soll. Der hier vertretene Ansatz von Demokratiebildung hat dieses Problem nicht. Für ihn beginnt der demokratische Prozess erst, wenn Teilnehmende Betroffenheit zeigen. Inhalt soll nur werden, was für die Teilnehmenden in Einrichtung und Lebenswelt relevant ist, was aus ihrer Selbstbestimmung erwächst und ihre Mitbestimmung, ihre Mithandeln und Mitverantworten stärkt. Das ist allerdings häufig der Fall, wenn man genau hinsieht. Demokratiebildung will nicht mit didaktischen Tricks und Verlockungen die Teilnehmenden zu etwas motivieren, auf das sie selbst kaum gekommen wären, sondern will sich mit den lebensweltlichen Motiven verbinden, die die Betroffen antreiben.

So findet Demokratiebildung auch den für politische Bildung schwierigen Übergang zum Handeln. Settings der Wissensvermittlung (besonders in Schule) sind selten in lebensweltliches Handeln eingebunden und müssen die Übertragung des Gelernten in alltägliches politisches Handeln mit besonderen Maßnahmen herstellen (Transferproblem). Demokratiebildung ermöglicht schon direkt demokratische Praxis durch die demokratische Gestaltung der gemeinsamen Lebensführung in der Einrichtung. Sie zielt auf den Zusammenhang von demokratischem Mitdiskutieren, Mitentscheiden, Mithandeln und Mitverantworten. Denn was die Urheber:innen selbst entscheiden, gilt dann auch für sie, und sie müssen die Entscheidungen umsetzen und ggf. revidieren.

Politische Bildung versucht heute oft auch (unter dem Stichwort ‚Aufsuchende – politische – Bildung'), sich in lebensweltlich bzw. sozialräumlich konkrete Themen und Konflikte einzubringen und die Entwicklung von Handlungsperspektiven mit den Teilnehmenden zu entwickeln. Anderseits verweist sie darauf, dass sich die Themen, Probleme und Konflikte, die auch Demokratiebildung aufgreifen will, selten nur auf den ‚kleinen' Radius der Lebenswelt und Kommune beschränken. Im Gegenteil: Viele Themen der Jugendlichen sind komplex mit der Gesellschaft, und d. h. heute auch global verwoben. Soziale, ökonomische, technische, politische, gesundheitliche usw. Phänomene sind vielfältig verbunden und beeinflussen sich gegenseitig. Entsprechend multidimensional muss auch das heranzuziehende Wissen sein. Reduktionen auf simple Formeln, Schwarz-Weiß-Denken und Ressentiments vertreten schon Populismus und Extremismus. Demokratische politische Bildung muss differenziertes Wissen und Argumentieren entfalten. Sie muss also mit ihren Teilnehmenden auch über Lebenswelt, Sozialraum und Kommune hinausschauen.

Damit entstehen Schnittstellen zwischen Demokratiebildung und politischer Bildung. Politische Bildung macht für die Demokratiebildung nochmal klar, dass demokratische Entscheidungsproesse meistens auf eine sachliche Informationsphase angewiesen sind und kritische Analyse und Argumentation komplexes Wissen benötigt. Sie zeigt außerdem, dass die einrichtungs- und kommunenbezogen Perspektive nicht zu einer Verengung von Wissensaneignung und kritischer Analyse führen darf; Demokratiebildung darf nicht provinziell werden. Deshalb wird in der unten folgenden Analyse der Erfahrungen in den einzelnen Beobachtungsgeschichten aus den Jugendwerkstätten auch immer nach Bedarfen und Möglichkeiten der Erweiterung der konkreten Demokratiebildung um Perspektiven politischer Bildung gesucht. Es geht darum, in den konkreten Themen der Jugendlichen zur Lebensführung in den Einrichtungen und Kommunen politische Themen zu entdecken und sie auch mit Mitteln politischer Bildung zu bearbeiten.

Dabei hilf ein konzeptioneller Versuch von Helle Becker (2023), die Möglichkeiten begründet, drei Modi politischer Bildung bzw. Demokratiebildung zu integrieren, ohne ihr jeweilige Spezifik aufzulösen.

1.10 Drei Modi politischer Bildung bzw. Demokratiebildung und ihr Zusammenwirken

Helle Becker (2023, S. 12 ff.) hat vorgeschlagen, in Bezug auf die Praxis von Demokratiebildung und politischer Bildung drei grundsätzliche Settings zu unterscheiden, die sie analytisch getrennt bezeichnet, die aber in der Praxis oft ineinander übergehen und integriert werden können. Sie nennt drei Modi:

1. Politische Bildung/Demokratiebildung als anlassbezogene Thematisierung politischer Inhalte: Fachkräfte beobachten (etwa mithilfe der GEBe-Methode), ob und wie im alltäglichen Handeln der Jugendlichen Themen, Fragen oder Konflikte auftauchen, die sich auf Politik, also die Regelung der gemeinsamen Lebensführung in Einrichtung, Kommune oder Gesellschaft beziehen. Sie klären partizipativ mit den Beteiligten, um was es ihnen genau geht und wie die Themen gemeinsam bearbeitet werden sollen. Das geschieht häufig in Form von Projekten.
2. Politische Bildung/Demokratiebildung als Erfahrung der/in Partizipationsstrukturen des Handlungsfeldes/der Institution: Die pädagogischen Institutionen werden demokratisch strukturiert, indem Jugendliche dort Rechte und Verfahren der demokratischen Partizipation erhalten. So können die Beteiligten in ihren Einrichtungen (aber auch davon ausgehend in der Kommune) konkrete Erfahrungen der demokratischen öffentlichen Diskussion, der Mitentscheidung, des Mithandelns und der Mitverantwortung machen.
3. Politische Bildung/Demokratiebildung als gesonderte Auseinandersetzung in eigens arrangierten, thematischen Settings: Manche Themen verlangen vertieftes Wissen und eine präzisere Analyse der politischen Zusammenhänge, damit man begründeter diskutieren und urteilen kann. Dafür braucht es besondere Settings und methodische Arrangements, die den Jugendlichen ermöglichen, auf für sie geeignete Weise kritisches Wissen anzueignen, zu differenzierteren Urteilen zu kommen und schließlich auch Perspektiven politischen Handelns zu entwickeln.

Die Bildungsmodi 1 und 2 entsprechend der GEBe-Methode und dem Ansatz der Demokratiebildung. Der Modus 3 spiegelt eher die klassische politische Bildung wieder.

Alle drei Bildungsmodi sind für die JSA relevant. Deshalb wird im Folgenden in den Beobachtungsgeschichten aus der Praxis der teilnehmenden Jugendwerkstätten herausgearbeitet, wie mithilfe der GEBe-Methode anlassbezogen politische Themen entdeckt und partizipativ umgesetzt werden können. Das sind Themen, die sich aus dem Zusammenleben in der Einrichtung und aus den Interessen und Themen der Jugendlichen ergeben (Modus 1). Dabei wird deutlich, dass es eine ganze Reihe von Themen gibt, die nicht nur die demokratische

Regelung der gemeinsamen Lebensführung in der Einrichtung betreffen, sondern die darüber hinaus politische Themen und Konflikte des Lebens der Jugendlichen in der Gesellschaft generell beinhalten. Deshalb wird an solchen Stellen reflektiert, wie mithilfe des Modus 3 politische Bildung im Sinne der Aneignung von Wissen, der Entwicklung kritischen Urteilens und des Übergangs in politisches Handeln möglich werden könnte. Die Beobachtungsgeschichten zeigen außerdem viele Anlässe, die es nötig machen würden, dass in den Einrichtungen demokratische Strukturen durch Rechte, Gremien und Verfahren der demokratischen Partizipation der Jugendlichen eingerichtet würden (Modus 2). Es fragt sich also auch, wie der Übergang von partizipativen Projekten und politischer Bildung in eine strukturelle Verankerung demokratischer Praxis in den Einrichtungen möglich werden könnte.

1.11 Lebensbewältigung, politische Bildung oder Demokratiebildung in der Jugendsozialarbeit

Obwohl die drei Modi politischer Bildung bzw. der Demokratiebildung ineinandergreifen, bekommen sie doch in der JSA eine bestimmte logische Reihenfolge. Diese ergibt sich, wenn JSA ihre Aufgabe der Ermöglichung von politischer Bildung bzw. Demokratiebildung umsetzt. Das kann sie jedoch nur im Zusammenhang mit ihren Kernaufgaben tun, wie sie in § 13 SGB VIII beschrieben sind. Auch aus Sicht der benachteiligten Teilnehmenden selbst gibt es deshalb häufig dringendere Probleme und Fragestellungen als demokratische Partizipation und Bildung. Das sind nämlich die häufig drängenden Themen der Bewältigung des Alltagslebens und die Aufgaben der Qualifikation und Integration in das Berufsleben. Deshalb sind die Jugendlichen ja in den Einrichtungen der JSA, und sie selbst bringen diese Problemperspektive auch mit dorthin und suchen nach Unterstützung für ihre Bewältigungsversuche.

Deshalb gilt: ‚First things first!' Das Wichtigste zuerst. Will man die Jugendlichen sozialpädagogisch als Subjekte ernst nehmen, muss man ihre Perspektiven auf ihre Themen berücksichtigen und diese mit ihnen angehen. Wenn die Bewältigungsprobleme für die Jugendlichen dringend sind, müssen diese Vorrang haben. Dennoch lassen sich die Bewältigungsprobleme nicht von ihren politischen Zusammenhängen trennen, und häufig berührt die Bewältigung auch die Frage nach den Regelungen des Zusammenlebens in der Einrichtung. Sie betrifft darüber hinaus politische Entscheidungen und Verhältnisse z. B. rund um Schulpflicht, Berufszugang, Armut, Aufenthaltsrecht usw.

Immer stellt sich die Frage, was Vorrang für die Jugendlichen hat. Deshalb beginnt sozialpädagogisch alles mit der Beobachtung des alltäglichen Handelns der Jugendlichen. Dabei können Fachkräfte Hypothesen über mögliche relevante Themen der Jugendlichen bilden, sei es über dringende Fragen der

Lebensbewältigung, über Themen des Zusammenlebens in der Einrichtung oder zu Interessen der Personen und Gruppierungen ganz allgemein. Die GEBe-Methode unterstützt dabei, solche Problem-, Frage- oder Themenstellungen zu entdecken und sie dann mit den Jugendlichen im Dialog präziser zu klären. Dabei wird in solchen gegenseitigen Aushandlungsprozessen deutlich, was Vorrang haben muss. Die GEBe-Methode hilft aber auch dabei, nicht immer nur die Lebensbewältigungsprobleme in den Vordergrund zu stellen, sondern darüber hinaus die Themen der allgemeinen und politischen Bildung der Jugendlichen wichtig zu nehmen.

Damit ist die Partizipation der Jugendlichen an der Bestimmung der Themen und der Entscheidung über ihre Bearbeitungsweisen ein zentrales Arbeitsprinzip einer subjekt- und demokratieorientierten Sozialpädagogik. Die Aushandlungsprozesse, die dem Subjekt sein Recht auf Selbstbestimmung und Ausweitung seiner Autonomie gewähren, sind Kern sozialpädagogischen Handelns. Das gilt für die Individuen, aber auch für das Zusammenleben in den Einrichtungen.

Damit diese Berechtigung zur Partizipation an der Entscheidung über die Fragen, die das eigene Leben und das der Einrichtungsgemeinschaft beinhalten, nicht willkürlich oder nur auf Einzelfälle bezogen durch die Fachkräfte realisiert wird, ist eine demokratische Strukturierung der Einrichtung nötig. Diese gewährleistet, dass die Jugendlichen systematisch über Rechte der Partizipation und Verfahren ihrer Realisierung verfügen können.

Wenn also gesichert ist, dass JSA bei den konkret drängenden Fragen der Lebensbewältigung und den lebensweltlichen Themen der Jugendlichen in den Einrichtungen ansetzt, und dieses auf der Basis von rechtlichen Strukturen der Beteiligung tut, dann wird es auch möglich, darüber hinaus allgemeine politische Gegenstände im Rahmen von Settings politischer Bildung aufzugreifen. Und andersherum: Eine politische Bildung, die nicht zunächst die drängenden Lebensfragen der Teilnehmenden angehen, und die nicht zunächst ihre Rechte der demokratischen Partizipation sichern würde, würde abgehoben von lebensweltlichen Betroffenheiten und Themen in einen inneren Widerspruch geraten. Eine solche politische Bildung wäre dann nur eine kognitive Belehrung und würde nicht in den konkreten politischen Strukturen und Praxen demokratischer Partizipation fußen. Das, was sie politisch lehren wollte, nämlich Mündigkeit, Wissen, Urteilskraft und politisches Handeln, bliebe völlig abstrakt, wenn es sich nicht auf die konkreten politischen Verhältnisse in den Einrichtungen und im Leben der Jugendlichen beziehen würde.

2 Potenziale und Schwierigkeiten von Demokratiebildung in Beobachtungsgeschichten aus der Jugendsozialarbeit

Im Folgenden werden fünf Beobachtungsgeschichten aus der Praxis von Fachkräften aus der Onlineberatungsgruppe (OBG) ausgewertet. Sie spiegeln einerseits das Spektrum von Beobachtungen, die in der Gruppe beraten wurden, andererseits bieten sie die Möglichkeit, inhaltliche Fragen und methodische Ansätze von Demokratiebildung durch die GEBe-Methode zu vertiefen. Zudem werden – wo naheliegend – auch Ansatzmöglichkeiten politischer Bildung aufgefächert.

Alle an der Auswertung der Beobachtungen beteiligten Fachkräfte haben diesen Bericht vor seiner Fertigstellung erhalten. Sie hatten die Gelegenheit, meine Darstellung und meine Argumente zu prüfen, sie gegebenenfalls zu korrigieren oder ihnen zu widersprechen. Alle Korrekturvorschläge sind in die hier vorliegende Endfassung eingegangen, grundsätzlichen Dissens gab es nicht.

2.1 Kurzeinführung in die GEBe-Methode

Die Vorgehensweise der GEBe-Methode ist genauer in unserer Publikation zum Vorgängerprojekt im Text „Demokratiebildung in der Jugendsozialarbeit – Das Konzept der GEBe-Methode zur Förderung gesellschaftlich-demokratischen Engagements von benachteiligten Jugendlichen" (Sturzenhecker 2023) erläutert. Hier wird abkürzend in der Abbildung 1 der Ablauf der Arbeitsschritte der Methode verdeutlicht. In den Beobachtungsgeschichten sind die Schritte 1 „Beobachten" und 2 „Dokumentieren" zusammengefasst. Auf der Basis dieser Beobachtungsdokumente begann die Arbeit in der OBG jeweils mit Schritt 3 „Beobachtungen auf Zacks und Hopplas prüfen". Was das bedeutet und welche Fragen zu Reflexion der Beobachtungsgeschichte dabei gestellt und beantwortet wurden, wird jeweils im Folgenden genauer erläutert.

Abb. 1: Der GEBe-Kreislauf

2.2 Beobachtungsgeschichte 1: Individuelle Bewältigung von Qualifikationsaufgaben unterstützen

In den Beobachtungen aus dem Alltag der Jugendwerkstätten, die die Teilnehmenden an der OBG dokumentiert und gemeinsam bearbeitet haben, finden sich auch Themen, die mit dem Kernauftrag der JSA zu tun haben. Dieser Auftrag lautet nach § 13 SGB VIII, die schulische und berufliche Ausbildung zu fördern. Bei den daraus entstehenden Inhalten und Handlungen stehen häufig einzelne Jugendliche mit ihren individuellen Problemen im Mittelpunkt. Das sozialpädagogische Handeln richtet sich darauf, sie zu unterstützen, diese Probleme zu bewältigen, besonders im Blick auf die Erreichung von Schulabschlüssen. Aus der Perspektive der GEBe-Methode und dem Ziel, demokratische Partizipation zu eröffnen, sind solche Themen nicht besonders geeignet, denn sie beziehen sich kaum auf die Jugendwerkstatt oder Einrichtung als Gemeinwesen im Kleinen. Wenn es nur um die Förderung der individuellen Bewältigung geht, findet die Arbeit zwischen Fachkraft und Jugendlichen statt. Die anderen Anwesenden in der Werkstatt sind dann meistens außen vor bzw. bekommen die Prozesse nur indirekt mit. Die Ermöglichung von demokratischer Partizipation würde ja ein Einbezug anderer bzw. des Kollektivs der Werkstatt nötig machen. Demokratie startet dann, wenn die Beteiligten einer Entscheidungsgemeinschaft ein Thema, das sie gemeinsam betrifft, öffentlich diskutieren und dazu Lösungen und Entscheidungen finden.

Dennoch wird hier im Folgenden eine ‚typisch' jugendsozialarbeiterische Handlungssequenz als erster Schritt der Annäherung an die GEBe-Methode und die Perspektive der Förderung demokratischer Partizipation aufgegriffen. Dabei wird die Vorgehensweise der GEBe-Methode (und mit ihr die Arbeitsweise der

OBG) an diesem Beispiel verdeutlicht. Den Teilnehmenden an der OBG wurde auch dadurch klar, dass es bei den Beobachtungen um Fälle gehen muss, in denen nicht individuelle Schwierigkeiten und Entwicklungsziele im Vordergrund stehen, sondern die aufgeworfenen Themen mindestens mehrere andere im kleinen Gemeinwesen der Einrichtung beschäftigen müssen. Aber zunächst zur Beobachtungsgeschichte, in der der männliche Jugendliche A. ein Problem mit einer Lehrerin hat, die ihn aus dem Unterricht verwiesen hat.

Beobachtungsgeschichte 1: Aus dem Unterricht verwiesen
Name der dokumentierenden Fachkraft: Michael Koitka (Dipl. Sozialpädagoge)
Name der Einrichtung bzw. des spezifischen Teils der Einrichtung, in dem die Beobachtung stattfand: SBH West GmbH, Werkbereich Bäcker
Datum der Beobachtung: 29.11.2022
Übersicht über die Teilnehmenden in der Beobachtungssequenz: A. (m., 17 J.), B. (m., 17 J.) und C. (w., 18 J.)
Beobachtung:
Im Werkbereich Bäcker diskutieren A., B. und C. Ich komme hinzu.
A. hat heute eigentlich Unterricht, um den HSA 9 nachzuholen. Er war morgens auch im Unterricht. Eine Lehrerin der durchführenden Schule hat A. heute Vormittag wegen andauerndem Stören aus dem Unterricht verwiesen.
A. zeigt sich maulig und schimpft. Er sagt, da geht er nie mehr hin. Die Lehrerin hätte ihm gar nicht zugehört. Die Aufgaben seien ihm viel zu leicht. Dann hätte sie ihn rausgeschmissen.
B. lacht und meint, die Lehrerin sei auch blöd.
C. schüttelt den Kopf und sagt, dann bekäme A. aber auch seinen Hauptschulabschluss nicht.
A. antwortet, er sei ja nicht abgehauen, sondern in die Backstube gegangen.
Ich frage ihn nach einer Aussprache mit der Lehrerin. Er bollert los, mit der würde er nicht mehr reden.

GEBe-Schritt 3: Beobachtungen auf pädagogische Wahrnehmungsverzerrungen prüfen

Im ersten Auswertungsschritt der GEBe-Methode (nach Beobachtungen und Dokumentation) geht es darum, die pädagogischen *Verzerrungen in der Wahrnehmung/Bewertung* der beobachteten Szene zu analysieren, besonders in Blick auf eine Defizitorientierung. Abgekürzt werden in der GEBe-Methode solche schnellen Einordnungen der Jugendlichen in negative ‚Schubladen' als ‚Zacks' bezeichnet, damit ist der Sound des Einrastens einer solchen Schublade gemeint. Ziel dieser Reflexion ist es, die persönlichen und die aus dem beruflichen Habitus entstehenden Gefühle gegenüber den Jugendlichen in der beobachteten Situation zu erkennen und zu benennen. Damit entsteht die Chance, sich von deren spontaner Wirkmacht zu distanzieren und bewusst zu entscheiden, ob und wie welche dieser Gefühle und (Vor-)Urteile in das pädagogische Handeln eingehen sollen. In den gemeinsamen Reflexionen in der OBG schildern alle Teilnehmenden die Gefühle, die in ihnen angesichts der Fallgeschichte spontan aufkommen. Das hat auch den Sinn und Effekt, dass alle sich in die Szene hineindenken, besser hineinfühlen und aktiv an deren Reflexion mitwirken. Das steigert zudem die Möglichkeit für alle, aus der Fallgeschichte zu lernen.

Das weitere Element dieser Reflexion schlägt vor, die in der Szene schon erkennbaren oder bei ihrer Deutung in den Beteiligten auftauchenden *Interventionswünsche* zu erkennen. Das immer wieder schnelle Eingreifen von Fachkräften in konkreten Situationen bzw. die Fantasie, dieses zu tun, die bei der Reflexion der beobachteten Szene auftauchen, nennen wir ‚Hoppla'; das steht symbolisch für das (ggf. vor-)schnelle Starten einer Einmischung.

Inhaltlich haben wir in unserer Besprechung wenige potenzielle Zacks in der Dokumentation der Beobachtung gefunden. Uns sind einige Beschreibungen des Jugendlichen A. aufgefallen: Er mault, schimpft und bollert los. Infolgedessen könnte der Jugendliche als nervig und anstrengend eingeordnet werden. Dann würde das Risiko entstehen, sich nicht intensiv genug dem Problem zu widmen, dass ihn anscheinend so aufregt. Deshalb schlug jemand vor, die Übung ‚Umwertung der Abwertung' durchzuführen. Wenn er ‚mault' könnte man das ja auch als ‚das Maul aufmachen' positiv verstehen. Anderen gegenüber öffentlich sein Problem einzubringen ist ja auch die Voraussetzung einer demokratischen Thematisierung einer Problemstellung. Seinen Streit mit der Lehrerin öffentlich vorzustellen, hat auch etwas Mutiges. Wer jedenfalls den Mund aufmacht, benötigt auch eine Antwort auf seine Expression. Aber die Antworten seiner Peers scheinen ihm nicht wirklich weiterzuhelfen. Gerade die Nachfrage des Pädagogen führt zu weiterem ‚Bollern' und es entsteht kein Dialog, in dem sein Problem auch zusammen mit den anderen genauer analysiert werden könnte, um so möglicherweise neue Handlungsperspektiven zu eröffnen.

In der Auswertungsrunde werden zunächst viele Gefühle geäußert wie: „Ach, immer dasselbe", „Das kommt mir doch irgendwie bekannt vor", „Ich glaube, A. ist viel zu viel von sich überzeugt, mit der Realität hat das nicht viel zu tun", „Wenn er weiter Zoff mit den Lehrer:innen macht, wird das mit dem Hauptschulabschluss nicht klappen." Wir analysierten diese Zacks dahingehend, dass die Geschichte von A. Wiedererkennen und damit auch Routine auslöst. Aus sozialpädagogischer Sicht haben wir diese Probleme schon ‚1.000 Mal gesehen'. Das kann schnell zur Folge haben, nicht mehr genau hinzuschauen, um mit Standardperspektiven und Lösungen zu antworten. Das Problem bliebe dann ausschließlich auf seiner Seite, und er solle es gefälligst so lösen, dass er die Anforderung des Schulabschlusses erfüllt. Seine Motivation dazu bzw. die Probleme, seinen Wunsch nach einem Schulabschluss tatsächlich auch in die Tat umzusetzen, werden nicht genauer mit ihm erkundet. Wo genau seine Schwierigkeiten liegen, warum er sauer auf die Lehrerin ist, ob er tatsächlich unterfordert ist usw. werden nicht zusammen mit ihm in einem Dialog offen erkundet. Die Fachkraft Michael berichtete uns allerdings auch, dass es zwischen ihm und A. Ansätze zu einem Dialog gebe, der auch immer wieder positive Folgen hätte, wenngleich A. einen kontinuierlichen Schulbesuch bisher nicht schaffe. Allerdings zeigt sich darin auch, dass stets das Ziel des Hauptschulabschlusses im Vordergrund steht.

Die Hopplas bestehen in dieser Geschichte möglicherweise darin, dass dem Jugendlichen immer wieder zu schnell Lösungen vorgeschlagen oder gar vorgeschrieben werden, ohne genauer mit ihm den konkreten Konflikt mit der Lehrerin und seine gesamte Lebenslage aufzuschlüsseln. Das Problem der routinisierten Intervention besteht hier darin, dass nicht im Dialog mit ihm nach Ursachen des Problems und seinen eigenen Vorstellungen von Handlungsperspektiven gesucht wird.

In unserer Diskussion dazu wurde deutlich, dass sich die Fachkräfte der JSA häufig unter Druck sehen, die Jugendlichen ein- und anzupassen und ein normales Funktionieren von Schulbesuch und Berufstätigkeit anstreben. Sie geben quasi ‚Passformen' vor, in die die Jugendlichen hereingezwängt werden sollen. Dabei stehen die Fachkräfte ja auch selbst unter einem institutionellen Druck, denn das ist auch der Auftrag der JSA. Andererseits reflektierte die Gruppe auch, dass so etwas nicht funktionieren kann, ohne ein Arbeitsbündnis mit den Jugendlichen selbst, das an deren Perspektiven und Motive anknüpft. Dazu müssen ihre Sichtweisen auf die Aufgabenstellung (der Beendigung von Schule und die Integration in das Berufsleben) und ihre Probleme, diese zu bewältigen, mit ihnen intensiver erkundet werden. Auch in dem Fall von A. versetzen wir uns zu wenig in seine Lage und in die Probleme einer kontinuierlichen Teilnahme an Schule, die für ihn konkret daraus entstehen. Wir stellen seinem Leben einfach nur ultimativ die Anpassung an die Vorgaben gegenüber, ohne mit ihm selbst einen möglichen Zugang zu entwickeln.

GEBe-Schritt 4: Hypothesen zu möglichen Themen der Jugendlichen bilden

Nach dieser selbstkritischen Analyse von möglichen Verzerrungen durch Wahrnehmungen, Defizitunterstellungen und Interventionsroutinen wurde danach gefragt, was denn möglicherweise für A. selbst *das Thema* sei.

Es entstand die Hypothese, dass er sich beleidigt fühlt und zurückgesetzt wird, weil seine Argumente nicht aufgenommen werden. Er scheint sich von der Lehrerin nicht gesehen und verstanden zu fühlen. Das wiederholt sich in der Szene, da zwischen den anderen Jugendlichen und dem Pädagogen sehr schnell die Drohung des verpassten Schulabschlusses aufgebracht wird. Auf A.'s persönliche

Sicht auf das Problem in der Schule wurde nicht eingegangen, stattdessen wird er dafür verantwortlich gemacht, das Problem zu lösen, immer auch im Blick auf den Erhalt der Chance zum Schulabschluss.

GEBe-Schritt 5/6: Mögliches Thema auswählen und dazu Resonanz geben

Im nächsten Schritt der GEBe-Methode wird nach Möglichkeiten gesucht, den ja bisher nur hypothetisch erschlossenen Themen des Jugendlichen *eine Resonanz, eine Antwort* zu geben, sodass daraus ein genauerer Dialog darüber entstehen würde, um was es ihm in der Situation eigentlich genau ging. Die Gruppe war sich einig, dass eine Resonanz versuchen müsste, mit ihm erneut in ein Gespräch zu kommen: a) darüber, was mit der Lehrerin schief gegangen ist, und wie er b) seine Schwierigkeiten einschätzt, kontinuierlich an der Schule teilzunehmen, sowie c) welche Lösungsmöglichkeiten dazu aus seiner Sicht erprobt werden könnten. Damit sind Fragen gestellt, die aus dem Auftrag der Jugendsozialarbeit (hier Integration in Schulausbildung) entstehen. Darüber hinaus müsste eine Resonanz dem Jugendlichen eröffnen, seine ganz eigene Perspektive auf die Problemstellung und mögliche Lösungen zu entwickeln.

Dazu haben wir einige methodische Ansätze vorgeschlagen:

- Ein Vorschlag war ein Backrezept (die Jugendwerkstatt ist ja eine Bäckerei), nach dem ein aus der Sicht der JSA idealer Jugendlicher gebacken werden soll, zu dem im Vergleich ein realistischer Jugendlicher von den beteiligten Jugendlichen entworfen und gebacken wird.
- Vorgeschlagen wurde auch eine Art Foto-Quartett, in dem A. mit Tierbildern mögliche Gefühlszustände in der beschriebenen Situation zur Verfügung gestellt werden, um darüber ein Gespräch einzuleiten und genauer zu eruieren, wie es ihm ergangen ist und wie die Sache aus seiner Sicht aussieht.
- Man könnte auch aus dem Internet eine kleine Foto-Collage zusammenstellen, mit einem Jugendlichen in der Mitte, dem alle ihre besserwissenden Vorschläge entgegen brüllen und der sich nur noch die Ohren zuhalten will.
- Man könnte eine Wandzeitung aufhängen mit dem Satzanfang: ‚Lehrer:innen sind blöd, wenn sie…‘ und allen Jugendlichen vorschlagen, den Satz zu vervollständigen.

GEBe-Schritt 7: Resonanz geben und klärenden Dialog führen

Die Hoffnung ist, dass auch mit solchen spielerisch-humorvollen und bildhaft-medialen Resonanzen eine intensivere gemeinsame Auseinandersetzung über A.'s Problem eintreten kann. Das könnte so geschehen, dass andere Jugendliche sich ‚einklinken' können, die ja sowohl Probleme mit Lehrer:innen und der Erreichung des Schulabschlusses kennen, als auch den Druck, diese Aufgabe zu bewältigen. Ob die Resonanzen geeignet sind, einen solchen Dialog anzuregen, ist nicht gewiss. Die Resonanzen können für die Jugendlichen unpassend sein, oder das Thema ist für sie nicht wirklich relevant. Wenn sie jedoch ‚anbeißen', steht ein Doppeltes an: Zunächst müssen die verschiedenen Beiträge, die Jugendliche einbringen, wieder so dokumentiert werden, dass sie öffentlich erkennen können, dass eine Diskussion stattfindet, an der sie selbst aktiv beteiligt sind. Ganz einfach geht das durch Wandzeitungen oder Fotos, die ihre Beiträge dokumentieren. Dann ist wieder zu beobachten und zu klären, in welche inhaltliche Richtung die Diskussion geht. Um was geht es den Jugendlichen wirklich vorrangig, und welche Ansätze gibt es in ihren Beiträgen, die einen möglichen (projekthaften) Umgang mit dem Thema orientieren könnten? Daraus kann sich dann eine weitere gemeinsame Auseinandersetzung über das Thema entwickeln, die immer wieder dadurch gekennzeichnet werden muss, dass die Jugendlichen entscheiden, was Inhalt und Arbeitsweise sein sollen.

In Bewältigungsfragen Themen politischer Bildung erkennen, z. B. im Problem der Schulpflicht

Es wurde oben behauptet, Themen der Lebensbewältigung (von Jugendlichen in der JSA) seien so gut wie immer mit ‚Politik' verwoben. Das böte Gelegenheiten, daran anzuknüpfen und nach Möglichkeiten zu suchen, mit den betroffenen Jugendlichen dazu politische Bildung bzw. Demokratiebildung zu entfalten. Um es Fachkräften der JSA zu erleichtern herauszufinden, ob und welche Fragen von Politik in konkreten Bewältigungsthemen enthalten sind, wird hier ein Analyseinstrument dafür vorgeschlagen. Es nimmt die Elemente der Definition von Politik in eine Tabelle auf. Sie kann ausgefüllt werden, um dann im Einzelnen zu entdecken, ob und ggf. wie Politik im jeweiligen Thema vorkommt.

Hier noch einmal die Definition des 16. Kinder- und Jugendberichts der Bundesregierung: Politik meint die „Gesamtheit der Aktivitäten und Strukturen, die auf die Herstellung, Durchsetzung und Infragestellung allgemein verbindlicher und öffentlich relevanter Regelungen in und zwischen Gruppierungen von Menschen abzielt" (BMFSFJ 2020, S. 8).

Politik im Thema Schulpflicht

Die Elemente der Definition werden in der folgenden Liste aufgeschlüsselt verwendet, um zu analysieren, ob und inwiefern das Thema Schulpflicht (das in der Beobachtungsgeschichte 1 über einen Jugendlichen in einer Jugendwerkstatt der JSA auftauchte) als Thema von ‚Politik' (als allgemein verbindliche und öffentliche Regelung) und damit von politischer Bildung verstanden werden kann.

Thema der Regelung	Schulpflicht und Zugangsregeln zu Berufen/Berufsausbildungen; Lehrplan, Unterricht (einzelne Schulen und Klassen), individuelle Leistungsbenotung
Betroffene und Beteiligte	Junge Menschen zwischen 6 und 18 Jahren (neun bzw. zehn Schulbesuchsjahre), Eltern, einzelne Schulen/Lehrer:innen und Schüler:innen, sozialpädagogische Fachkräfte, Verwaltung der Schulpflicht, Polizei
Aktivitäten zur Herstellung der Regelung	Gesetzgebung durch Länderparlamente, vorangehende Diskussionen in Öffentlichkeit und Parteien
Aktivitäten zur Durchsetzung der Regelung	Schulanmeldepflicht durch die Eltern; lokale Verwaltung der Schulanmeldung und Schulpflicht; differenzierte Aktivitäten von Eltern und pädagogischen Fachpersonen zur Begründung der Pflicht und Motivierung junger Menschen, diese einzuhalten; spezielle pädagogische Programme zur Durchsetzung der Schulpflicht in problematischen Fällen; zur Not Durchsetzung durch Ordnungsbehörden (Ordnungswidrigkeit, Bußgeld, teilweise Freiheitsstrafen, Entzug des Personensorgerechts der Eltern)
Aktivitäten zur Infragestellung der Regelung	Im konkreten Fall: stören, maulen, schimpfen, bollern durch den Betroffenen; allgemeiner: Schulverweigerung; öffentliche Kritik an der Schulpflicht; wissenschaftlich-politische Kritik an der Schulpflicht (z. B. ‚Entschulung')
Strukturen der Herstellung der Regelung	Repräsentative, föderale Demokratie (Bundes- und Landesgesetze); demokratische Öffentlichkeit
Strukturen der Durchsetzung der Regelung	Schule, Verwaltung der Schulpflicht, sozialpädagogische Programme (Schulsozialarbeit, Jugendsozialarbeit, Sonderprogramme), Polizei, Gerichte
Strukturen der Infragestellung der Regelung	[wurden nicht gefunden]

Politische Bildung zum Thema Schulpflicht

Im Folgenden werden die Elemente politischer Bildung (nach Wohnig 2023) genutzt, um im Blick auf das Thema der Schulpflicht zu sehen, wie politische Bildung das Thema inhaltlich und methodisch aufgreifen würde. Dabei wurden die Elemente in einer Übersicht geordnet und mögliche Wissensinhalte und Methoden der Vermittlung dazu exemplarisch angedacht.

Element	Inhalte	Methoden
Bestimmung des Konflikts	• zwischen individuellem Wollen und Können des jungen Menschen und dem staatlichen Schulzwang • zwischen Individuum und (kapitalistischer) Ökonomie • zwischen jugendlichen Individuen und erwachsenen Vertreter:innen der Schulpflicht und ihrer Institutionen	Bestimmung der Beteiligten bzw. Konfliktparteien; medial unterstützte Präsentation des Konflikts (Wer hat hier Zoff mit wem?)
Vermittlung von Wissen	• Geschichte der Schulpflicht • Regelungen der Schulpflicht und ihrer Durchsetzung; (formale und biografische) Folgen der Schulverweigerung	Erstellung von (medialen) Informationsmaterialien; Erstellung/Umsetzung didaktischer, zielgruppenbezogener Vermittlungsvarianten
Förderung kritischer Analyse und Urteilsbildung	• gesellschaftlich-demokratische Funktionen von Schule und Ausbildung • gesellschaftlich ökonomische Funktionen von Schule und Ausbildung • Pro und Contra Schulpflicht • Erkennen der Widersprüche zwischen Bildung und Ausbildung, zwischen Citoyen und Bourgeois • Kritik am Widerspruch zwischen Schulpflicht und Bildungsungleichheit • Kritik an der Objektivierung des jugendlichen Subjekts	didaktische Herausforderung der (individuell) Teilnehmenden zu kritischen Positionierungen und Argumenten; Konfrontation/Diskussion der Positionen der Teilnehmenden; Input zusätzlicher analytischer Begriffe
Eröffnung Politischen Handelns	öffentliche Kritik an Schulpflicht, Schulsystem, Bildungsungleichheit usw.	Hinweis der Teilnehmenden auf Handlungsmöglichkeiten

Demokratiebildung in Bezug auf das Thema Schulpflicht

Für die Demokratiebildung wurden die Arbeitsschritte eines demokratischen Prozesses aufgefächert, um daran zu zeigen, wie das Thema Schulpflicht im Rahmen dieses Ansatzes angegangen werden könnte. Dabei werden die Schritte der GEBe-Methode zur Klärung des Themas berücksichtigt und anschließend die Prozessschritte aufgeführt, die für eine demokratische Bearbeitung eines Themas relevant sind. Diese Analyse bezieht sich zunächst auf methodische Handlungsweisen von Demokratiebildung in der ‚kleinen Gesellschaft' der Einrichtung. Darüber hinaus werden, wo es möglich scheint, auch Übergänge des Themas und seiner Bearbeitung in die ‚große Gesellschaft' (Kommune, Bundesland, Staat, …) gesucht.

Das im Handeln des Jugendlichen in der Beobachtungsgeschichte 1 entdeckte *Thema* lautet (Probleme mit der) Schulpflicht. *Betroffene und Beteiligte* sind: Jugendliche/Schüler:innen, sozialpädagogische Fachkräfte, Lehrer:innen, Eltern, Schulverwaltung, …

Prozessschritt	Methodische Handlungsweisen in der ‚kleinen Gesellschaft' der Einrichtung
Betroffenheit entdecken	*GEBe-Methode*: Beobachtung des Handelns von Jugendlichen in der Einrichtung und Rückmeldung von möglichen Themen, die im weiteren demokratischen Prozess bearbeitet werden könnten. Klärung des Themas und Suche nach Möglichkeiten der Artikulation.
Mitsprechen (öffentliche Artikulation und Resonanz)	Ermutigung des Schülers, seine Kritik in der Einrichtung öffentlich zu machen; Unterstützung bei der Findung und Nutzung passender Medien dafür; Bestimmung anderer Beteiligter (wer nimmt am demokratischen Bildungs- und Entscheidungsprozess teil – Kerngruppe –, wer ist noch betroffen?); differenzgerechte Ermöglichung von Resonanzen/Antworten anderer Beteiligter; Dokumentation der Artikulationen und Resonanzen.
Mitverhandeln (Streit und Argumentation, Sachinformation)	Wandzeitung, Bildschirm o. ä. mit aufgelisteten Argumenten (warum Schulpflicht Scheiße ist, warum Schulpflicht richtig ist); Befragung anderer, nicht so nah Beteiligter und Expert:innen (was spricht gegen und für Schulpflicht?); Wandzeitung mit offenen Sachfragen und deren Priorisierung mit Betroffenen; Aktivitäten zur Beantwortung von priorisierten Sachfragen; Recherche von Handlungsspielräumen und -grenzen; einzelnen Beteiligten Anerkennung für Mitwirkung vermitteln; Analyse der Handlungsspielräume (was können wir tun?); Formulierung von Handlungs- bzw. Entscheidungsvarianten und Abschätzung der jeweils möglichen Folgen. ***Übergang zur ‚großen Gesellschaft' (Kommune, Bundesland, Staat …)*** Befragung anderer Beteiligter und/oder Interessierter aus der Kommune; Bericht über Projekt in lokaler Presse
Mitentscheiden (Lösung bestimmen)	Klärung der Entscheidungsberechtigten, der Entscheidungsgemeinschaft; Klärung der Entscheidungsverfahren (Mehrheitsregeln, Minderheitenschutz usw.); letzte öffentlich-argumentative Begründung von Entscheidungsvorschlägen („Ich bin dafür, dass…, weil, …"), Abstimmung
Mithandeln (umsetzen)	Zeit- und Handlungsplan, Verteilung von Aufgaben und Zuständigkeiten; Unterstützung konkreter Umsetzungsaktivitäten ***Übergang zur ‚großen Gesellschaft' (Kommune, Bundesland, Staat …)*** Möglicherweise Aktionen im Blick auf Öffentlichkeit, Schulpolitik und Schulverwaltung
Mitverantworten (Folgen tragen, Entscheidungen revidieren)	Rückblick auf Dokumentation des bisherigen Prozesses; Reflexion der inhaltlichen und sozialen Entwicklung der Beteiligten (Erkenntnisse und persönliche Veränderungen); Reflexion positiver und negativer Aspekte des Prozesses; Verfolgung der Wirkungen der eigenen Umsetzungsaktivitäten und Suche nach weiteren Handlungsmöglichkeiten; Umgang mit Resonanzen anderer Beteiligter; … ***Übergang zur ‚großen Gesellschaft' (Kommune, Bundesland, Staat …)*** Reflexion und Bearbeitung der Außenwirkung; Beantwortung von Initiativen anderer; Veränderung der eigenen Handlungsweisen und Argumente

2.3 Beobachtungsgeschichte 2: Gemeinsame Verantwortung für Regelungen des Zusammenlebens

Jugendlichen in den Werkstätten demokratische Partizipation zu eröffnen, thematisiert die Werkstatt als eine Gesellschaft im Kleinen. Demokratie richtet sich prinzipiell auf die kollektive Regelung der Lebensführung eines Volkes durch sich selbst. Für die Werkstätten fragt sich also, welche Themen, Konflikte, Probleme Interessen usw. der Jugendlichen aufkommen, die die gemeinsame Lebensführung in der Einrichtung betreffen. Hier geht es nicht darum, die je individuelle Bewältigung zu stärken, sondern mit allen Betroffenen gemeinsam (dazu gehören außer den Jugendlichen auch alle Beschäftigten, und möglicherweise andere Beteiligte, die mit dem jeweiligen Thema zu tun haben) zu diskutieren und zu entscheiden, wie man die Themen- oder Problemstellung regeln oder lösen will. Dazu eine weitere Beobachtungsgeschichte:

Beobachtungsgeschichte 2: Krach mit den Nachbarn?
Name der dokumentierenden Fachkraft: Michael Koitka (Dipl. Sozialpädagoge)
Name der Einrichtung bzw. des spezifischen Teils der Einrichtung, in dem die Beobachtung stattfand: SBH West GmbH, Apartmenthaus
Datum der Beobachtung: 01.02.2023
Übersicht über die Teilnehmenden in der Beobachtungssequenz: A. (m., 18 J.), B. (m. 17 J.), C. (m., 17 J.) und D. (w., 19 J.)
Beobachtung:
Der Werkbereich Bäcker unserer Jugendwerkstatt befindet sich im Untergeschoss eines Gebäudes, in dem sich in den darüberliegenden Stockwerken Apartments befinden, die vermietet werden. Man gelangt durch dasselbe Treppenhaus nach unten in den Bäckereibereich sowie in die oberen Stockwerke.
An diesem Tag beobachte ich mehrere Jugendliche in der Pause, wie sie im Eingangsbereich des Gebäudes stehen, zwischendurch lebhaft rein und raus laufen und sich lautstark unterhalten.
Immer wieder gab es in der Vergangenheit Beschwerden von Mieterinnen und Mietern der Appartements. Sie fühlen sich gestört und erwarten, dass sich die Jugendlichen angemessen verhalten.
Die Fachkräfte haben die Erwartungshaltung an die Jugendlichen, dass sie sich so verhalten, dass es keine Probleme gibt.
Ich fordere die Jugendlichen auf, leiser zu sprechen und nicht so die Türen zu schlagen. Sie verdrehen die Augen, befolgen aber mehr oder weniger meine Aufforderung.

In der Gruppendiskussion der OBG waren wir der Meinung, dass die Beobachtung relativ nüchtern dokumentiert wird. Lediglich in der Beschreibung des Handelns der Jugendlichen als „lebhaft rein und raus laufen und sich lautstark unterhalten" tauchen Bewertungen des Mitarbeiters zu diesem Verhalten auf. Allerdings wird sehr deutlich, dass er die ganze Situation als ein Problem definiert: Die Jugendlichen tun etwas, das die Nachbarn stört und damit potenziell Beschwerden und neue Probleme für die Mitarbeiter:innen erzeugt. In der Gruppe konnten wir uns sofort in den Kollegen hineinversetzen. Andere Teilnehmende kennen das Gefühl des Genervtheit, wenn man die Jugendlichen beobachtet und schon weiß, dass ihr Handeln Konflikte mit anderen (wie den Nachbarn) hervorrufen wird. Die Jugendlichen werden so zu Störer:innen, die Ärger produzieren, weil sie die Vorschriften der Pädagog:innen nicht einhalten. Das fasst die Beobachtung klar zusammen in dem Satz, „dass sie sich so verhalten, dass es keine Probleme gibt." Uns fiel auf, dass in diesem Satz gar nicht klar ist, worin denn genau ein solches Verhalten bestehen würde bzw. was die Jugendlichen unterlassen sollen. Stattdessen ergeht ein ganz genereller Wunsch an die Jugendlichen: „Macht (uns) keine Probleme!" Nun ist es aber so, dass die Jugendlichen ja wegen ihrer Probleme in der JSA sind. Zugespitzt könnte man sagen, es ist ihre Aufgabe, Probleme zu machen. Diese Probleme scheinen die Fachkräfte (und die Mitglieder der OBG entdeckten auch solche Haltungen bei sich) allerdings so bearbeiten zu wollen, dass es damit keine unvorhersehbaren oder nicht zu ihrem pädagogischen Plan gehörigen Probleme geben soll. Daraus würde folgen, dass die Fachkräfte eine Routine haben, mit der sie genau definieren, was Probleme sind, die die Jugendlichen angemessen zum Auftrag der JSA haben dürfen und wie diese Probleme dann pädagogisch bearbeitet werden sollen.[4] Mit der Formel „Macht uns keine Probleme!" erfolgt dann eine (auch implizite) Aufforderung an die Jugendlichen, sich an die gewünschten Routinen der Einrichtung und ihrer Fachkräfte anzupassen. Es ist zu fragen, ob damit nicht gegenseitige Bildungschancen, die nicht mit Routinen bearbeitbar sind, verpasst oder gar verhindert werden.

In der Gruppe erkannten wir auch, dass mit der Konstruktion der Jugendlichen als Problem-Macher:innen eine bestimmte Rollenverteilung zwischen Mitarbeitenden und Jugendlichen entsteht. Es sind dann die sozialpädagogischen Fachkräfte, die die Verantwortung tragen, und die Jugendlichen sind die Verantwortungslosen. Die Fachkräfte bestimmen, dass Jugendliche Verantwortung lernen sollen und definieren, was ‚gute' Übernahme von Verantwortung wäre. Die Fachkräfte setzen Regeln (in unserem Fall: leise sprechen und nicht mit

4 Organisationstheoretische Positionen des Neoinstitutionalismus denken hier noch kritischer: Sie nehmen an, dass Organisationen über vorhandene Lösungen verfügen und dann nach Problemen suchen, die dazu passen, bzw. dafür passend gemacht werden.

den Türen schlagen), verlangen eine Befolgung dieser Regeln, kontrollieren deren Einhaltung, ermahnen bei Übertretungen und bestrafen unter Umständen Regelbrüche. Die Jugendlichen geraten dann in die Gegenrolle und werden zu potenziellen Regelbrecher:innen, zu Objekten der Regelung, der Kontrolle und der Sanktionierung. In der Gruppe hatten wir alle schon die Erfahrung gemacht, dass sich solche negativen Rollenmuster zwischen Fachkräften und Jugendlichen ‚festfressen' können und die Interaktion erstarrt und immer wieder nur in diesen Mustern abläuft. Das ist allerdings für beide beteiligten Seiten außerordentlich unbefriedigend und sozialpädagogisch kaum zielführend. Statt Selbst- und Mitbestimmung, statt sozialer Mitverantwortung und demokratischer Lösungssuche für gemeinsame Problemstellungen, wird Anpassung an Mächtige und deren Regeln eingeübt.

Damit waren wir bei den Hopplas, also den schnellen Interventionen oder Interventionswünschen von Fachkräften, hier bezogen auf die geschilderte Beobachtung. Der Kollege hat das Problem zu seinem gemacht und sich damit in die Rolle des ermahnenden und auf die Regeln verweisenden Mitarbeitenden gebracht. In der Gruppe fielen uns eigene Erfahrungen ein, in denen wir so gehandelt hatten, mit dem ‚Erfolg', ständig die Jugendlichen kontrollieren zu müssen, ohne das Problem wirklich zu lösen. Jemand sagte, dass damit eigentlich eine doppelte ‚Arschkarte' verteilt würde: der Mitarbeiter wird zum ‚Kontrolletti' und die Jugendlichen werden zu nervenden Regelbrecher:innen.

Aus demokratischer Perspektive werden die Fachkräfte damit zu den Regierenden und die Jugendlichen zu einem regierten Volk. Es kommt zu einer Herrschaft der Expert:innen, die zwar möglicherweise in ihrem Team untereinander demokratisch beraten und entscheiden, aber doch den Jugendlichen gegenüber Regeln bestimmen und unter Umständen auch Sanktionen verhängen. Damit wird den Jugendlichen als Volk auch unterstellt, die Problemstellungen der Regelungen eines sozialen Zusammenlebens nicht zu erkennen und vernünftig lösen zu können. Das müssen die Expert:innen für sie entscheiden und tun.

Exkurs: Grenzen der Mitbestimmung in sozialpädagogischen Einrichtungen

Demokratische Partizipation statt Demokratie

Machtverhältnisse in pädagogischen Einrichtungen rühren von der strukturell ungleichen Machtverteilung her, die das grundsätzliche Generationenverhältnis widerspiegeln. Erziehung besteht einerseits aus der unumgehbaren Fürsorge, die junge Menschenkinder benötigen, um aufwachsen zu können. Sie sind auf die Kooperation und Sorge der Erwachsenen angewiesen, um überleben zu können. Andererseits besteht Erziehung aus der ebenfalls unumgehbaren Einführung der Nachgeborenen in die jeweilige gesellschaftliche Lebensweise. In modernen Gesellschaften hat Erziehung die Aufgabe, junge Menschen zu befähigen „als ein Subjekt" zu handeln, „das zur Beteiligung am gesellschaftlichen Leben fähig ist" (Mollenhauer 1982, S. 42 f.). Darin sieht Mollenhauer die Fähigkeiten, sich sowohl in gesellschaftliche Zusammenhänge einzufügen, als diese auch zu erkennen und zu verändern. Erziehung vermittelt die grundsätzlichen Normen und geteilten Werte einer spezifischen Gesellschaft und die notwendigen Qualifikationen, um in ihr angemessen handeln zu können. Das bedeutet in einer spätkapitalistischen Gesellschaft insbesondere, ökonomisch selbstständig sein zu können, aber in einer demokratischen Gesellschaft eben auch, sich in öffentliche Diskurse und Entscheidungsfindungen aktiv einbringen zu können. Erziehung in einer kapitalistisch-demokratischen Gesellschaft (wie der unsrigen) zielt darauf, dass junge Menschen als Wirtschaftsbürger:innen (Bourgeois) an Arbeit und Konsum *teilhaben* können, und doch auch als Staatsbürger:innen (Citoyen) aktiv und mitverantwortlich an der demokratischen Gestaltung von Staat und Gesellschaft *teilnehmen* können. Der 15. Kinder und Jugendbericht des BMFSFJ (2017, S. 49) spricht ähnlich von den Kernaufgaben der Qualifizierung und (ökonomischen und politischen) Verselbstständigung, sowie der Selbstpositionierung.

JSA richtet sich von ihrem Auftrag eher vorrangig auf die Ermöglichung von Qualifizierung und ökonomischer Integration, darin ähnelt sie Schule. Sie richtet sich aber als Teil der Kinder- und Jugendhilfe auch auf die Ermöglichung von Selbst- und Mitbestimmung. Ihr Qualifizierungsauftrag begrenzt die Entscheidungsfreiheit der Jugendlichen und Erwachsenen in den Einrichtungen. JSA hat einen Auftrag, den weder Einzelne noch Gruppen von Teilnehmenden in spezifischen Einrichtungen demokratisch verändern können. Ihre Teilnahme an den Maßnahmen der JSA (die ja gelegentlich auch zwangsweise geschieht, wenn die Schulpflicht noch nicht erfüllt ist) setzt sie diesen machtvollen Verhältnissen aus. Hinzu kommen andere Machtpotenziale der erwachsenen Fachkräfte: „Die Fachkräfte bleiben, während die jugendlichen Teilnehmenden wechseln. Fachkräfte sind nicht nur Erwachsene, sondern auch für ihre Tätigkeit spezifisch ausgebildet. Sie haben Machtvorteile aufgrund von Tradierung ihres Handelns, von generationaler Differenz und professionellem Wissen und Können. Die Fachkräfte bekommen Geld für ihre Arbeit und müssen die Aufträge der Institution erfüllen. All das gibt ihnen strukturell Chancen sowie den Auftrag, die kollektiven Handlungsweisen gegenüber den teilnehmenden Jugendlichen zu bestimmen" (Sturzenhecker 2022a, S. 14).

Es sind also erst einmal die Fachkräfte, die ‚das Sagen' haben. Und diese generationalen Machtverhältnisse kennen Jugendlichen schon aus Familie und Schule. Kein Wunder, dass es in vielen Situationen in den Jugendwerkstätten dazu kommt, dass die Erwachsenen bestimmen und die Jugendlichen gehorchen (wenn auch, wie in der Fallgeschichte, ‚mit rollenden Augen' oder anderen unterschwelligen Protestgesten). Das liegt auch daran, dass es keine klar definierten Rechte gibt, was die Jugendlichen als Personen selbst bestimmen und als Gruppe mit den Erwachsenen zusammen mitbestimmen können. Ebenfalls gibt es in den meisten Einrichtungen keine Gremien und Verfahren, die sichern würden, wie die Jugendlichen zu ihrem demokratischen Mitbestimmungsrecht kommen. Einerseits sind in pädagogischen Einrichtungen (wie denen der JSA) solche Selbst- und Mitbestimmungsrechte immer begrenzt, andererseits ist damit die Aufgabe nicht aufgehoben, Jugendlichen so weit wie möglich Rechte, Gremien und Verfahren der demokratischen Mitgestaltung der Einrichtungen zur Verfügung zu stellen. Deshalb sprechen wir (vgl. Richter et al. 2016) bezüglich sozialpädagogischer Einrichtungen nicht von ‚Demokratie', weil deren Besucher:innen dort (wie ebenso die Fachkräfte, Träger etc.) nur je ein *Teil* des Ganzen (lat. ‚pars'), also der *geteilten* Lebenswirklichkeit sind, wenngleich sie ggf. die im Wesentlichen Betroffenen von Entscheidungen sind. Aber möglich ist eine *‚demokratische Partizipation'*, die die Rechte der Jugendlichen auf Selbst- und Mitbestimmung klärt und umsetzbar macht.

Zurück zu unserer Fallgeschichte: Bezüglich der schnellen defizitorientierten Einordnungen der Jugendlichen (Zacks) und der pädagogischen Interventionen, die das Heft des Handelns häufig (vor-)schnell selbst in die Hand nehmen (Hopplas), entwickelten wir in der Fallbesprechung die Deutung, dass die Jugendlichen als Störende und die Fachkraft als Regelungsverantwortlicher konstruiert wurden. Damit liegt die Regierungsaufgabe bei den Fachkräften, und die Jugendlichen bestimmen und verantworten dabei nichts mit. Die Deutung in der Fallbesprechung lief darauf hinaus, dass die Fachkräfte, aufgrund der strukturellen Machtverhältnisse, immer wieder die Bestimmungsmacht ausüben und selbst kaum noch (und schon besonders nicht in einzelnen Stresssituationen) prüfen, welche Rechte, aber auch Fähigkeiten der Selbst- und Mitbestimmung zu anstehenden Konflikten oder Problemen die Jugendlichen eigentlich hätten.

Das bedeutet aber nicht nur, die Jugendlichen an der Ausübung ihrer Rechte zu (be-)hindern, sondern auch, ihnen Bildungschancen zu nehmen. Wenn Erziehung nach § 1 SGB VIII ermöglichen will, dass Jugendliche eine selbstbestimmte und gemeinschaftsfähige Persönlichkeit entwickeln, dann müssen sie sich auch praktisch in der Lage befinden, selbstbestimmt und mitbestimmend Konflikte und Problemstellungen zu bearbeiten und zu lösen, die sich aus dem Leben der Gemeinschaft ergeben. Darum ging es auch in der Fallgeschichte: eine Problemstellung der Bestimmungsmacht zwischen erwachsenen Fachkräften und jugendlichen Teilnehmenden und die (mögliche) Teilung von Verantwortung. Die Fallgeschichte böte eine Chance, dass die Jugendlichen sich an diesen echten Problemen bilden würden, d. h. sie eigenaktiv zu bedenken, zu bearbeiten und mit den anderen Betroffenen zu lösen. Dadurch könnten sie bildende Erfahrungen machen, statt sich nur von den Erwachsenen bestimmen zu lassen.

GEBe-Schritt 4: Hypothesen zu möglichen Themen der Jugendlichen bilden

In der Sammlung möglicher Themen der Jugendlichen kamen wir als erstes auf die Idee, dass sie sich als aufeinander bezogene soziale Gruppe inszenieren. Aus der Praxis kannten viele von uns das Phänomen, dass Cliquen zusammenstehen und quatschen, aber auch immer wieder woanders hinlaufen, um zu schauen, ob woanders etwas los ist (manchmal bilden sie das ja parallel auch auf ihren sozialen Medien ab). Die Inhalte sind dabei vielleicht gar nicht so wichtig, weil es darum geht, dabei zu sein, mitzukriegen was läuft, sich selbst einzubringen,

Rückmeldungen von den anderen zu erhalten usw. Für Jugendliche ist es wichtig, in Peergroups integriert zu sein und gemeinsam zu handeln. Wir waren der Meinung, dass wir hier zunächst so etwas im Flur der Einrichtung sehen. Die Jugendlichen sind völlig okkupiert von ihren sozialen Interaktionen und denken gar nicht über den Ort und seine Rahmenbedingungen nach, an denen diese stattfinden – so unsere Deutung. Sie gehen also ihrem Interesse nach, sich irgendwo informell aufhalten zu können und ihr Cliquenleben zu entfalten.

Erst die Perspektive der Fachkraft unterbricht diese, in dem Moment selbstverständliche und für sie unproblematische Aktion der Jugendlichen. Indem er sie auffordert, „leiser zu sprechen und nicht so die Türen zu schlagen", wird aus ihrer jugendtypischen Interaktion eine Regelübertretung und eine Aufforderung, Regeln einzuhalten. Implizit wird damit auf die Nachbarn und deren Wünsche nach Ruhe verwiesen; die Jugendlichen kennen das schon und wissen, um was es geht. So entsteht ein zweites Thema der Jugendlichen, in dem es um ihr Verhältnis zu der Regelsetzung der Fachkraft und indirekt damit auch zu den Nachbarn geht. Erkennbar ist, dass sie zwar der Fachkraft gehorchen, aber einen Protest deutlich machen, indem sie mit den Augen rollen. Damit kritisieren sie implizit den Zusammenhang als nervig, unangemessen, störend usw. Sie thematisieren auch die Machtverhältnisse, indem sie nicht sprechen, sondern nur mit einer mimischen Geste einen Protest ausdrücken. Das Thema handelt nun davon, welches Verhältnis die Jugendlichen zur regelnden Fachkraft, zu den gesetzten Regeln und damit auch zu den Nachbarn haben. Es geht auch darum, wie mit ihren Bedürfnissen und Interessen (der lockeren sozialen Interaktion in der Gruppe) umgegangen wird. Ihre Interessen werden in der Situation nicht thematisiert und sie können nur indirekt auf sie verweisen. Die Jugendlichen sind betroffen von den Regelungen der gemeinsamen Lebensführung und dem Versuch der Fachkraft, diese durchzusetzen, sie sind betroffen von den Interessen der Fachkräfte (keinen Ärger mit den Nachbarn) und den Interessen der Nachbarn (Ruhe).

GEBe-Schritt 5/6: Mögliches Thema auswählen und dazu Resonanz geben

Wir waren uns über die Hypothese einig, dass es für die Jugendlichen darum ging, dass ihre Interessen ignoriert und sie nicht an der Regelung des Ruheproblems mit den Nachbarn beteiligt wurden.

Ganz allgemein diskutierten wir daraufhin den Bedarf an einem demokratischen Mitbestimmungsverfahren für Jugendliche in der Werkstatt, wie zum Beispiel einem gewählten Werkstattrat. Damit könnten die Rechte, Gremien und Vorgehensweisen der kollektiven Entscheidung über Fragen der gemeinsamen Lebensführung in der Werkstatt definiert werden, und die Jugendlichen wüssten, wie sie ihre Beteiligungsinteressen einbringen und umsetzen könnten.

Kurzfristig entwickelten wir folgende Ideen für mögliche Resonanzen mithilfe von medialen Ausdrucksmitteln:

- Die Geschichte für die Jugendlichen und Fachkräfte mit der Überschrift „Scheiße gelaufen, oder was?“ kopieren und sie an die Jugendlichen verteilen.
- Mit dem Handy eine Soundaufnahme aus dem Flur machen und sie in der Werkstatt über Sound Box abspielen.
- Den Jugendlichen die Geschichte noch einmal erzählen und sie bitten, untereinander Handyfotos von sich mit ‚rollenden Augen‘ zu machen; Fotos dann ausdrucken und ausstellen.
- Das könnte eine allgemeine Methode sein, um Kritik der Jugendlichen in der Werkstatt zu sammeln: Sie könnten Post-Its an die Porträts mit den ‚rollenden Augen‘ kleben, mit aufgeschriebenen Themen, die sie nerven.

2.4 Beobachtungsgeschichte 3: Themen von Bewältigung und Politik werden greifbar

An den beiden vorangegangenen Beobachtungsgeschichten konnte gezeigt werden, dass Fachkräfte der JSA oft mit ihrem Kern-Auftrag und den individuellen Problemen der Jugendlichen bei der Bewältigung von Qualifikationsaufgaben konfrontiert sind. Auch bezüglich dieser Themen das Recht der Jugendlichen auf Selbstbestimmung über ihre Biografie und auf Mitbestimmung der Arbeitsweisen und Initiativen der Jugendwerkstatt zu eröffnen und zu sichern, ist ein Element der Stärkung demokratischer Partizipation. Diese richtet sich darüber hinaus aber besonders auf die Partizipation der Jugendlichen bei der Regelung der Fragen der gemeinsamen Lebensführung in der Einrichtung; dafür stand die Beobachtungsgeschichte zum Konflikt über Krach im Flur.

Immer wieder lassen sich aber auch Themen entdecken, in denen es nicht nur um das engere Zusammenleben in den Einrichtungen geht, sondern in denen die gesellschaftlichen Lebensverhältnisse und Rahmenbedingungen, die die Jugendlichen erleben, von ihnen vorgebracht werden. Hier geht es im weiteren Sinne um politische Bildung, also um grundsätzliche Fragen der Regelung der gemeinsamen Lebensverhältnisse. Das sind politische Fragen. Damit geht es zum einen um politische Inhalte, zum anderen aber auch darum, wie diese partizipativ mit den Jugendlichen in der Einrichtung bearbeitet werden können.

Die fachliche Aufgabe ist es dann, Settings zu schaffen, in denen sie ihren Bildungsthemen auf möglichst selbstbestimmte Weise nachgehen können. Es sollen also nicht nur die Themen politischer Bildung von den Jugendlichen ausgehen, sondern auch die Behandlung dieser Themen soll durch sie mitbestimmt werden. So entstehen Chancen einer doppelten Demokratiebildung: Die Jugendlichen erleben zunächst Demokratie, indem sie über ihre Bildungsinhalte und Settings in der Einrichtung mitbestimmen, und sie erfahren die demokratische Bearbeitung von Konflikten, Themen und Interessen in der Gesellschaft insgesamt. Demokratiebildung geht von Einrichtung als Gesellschaft im Kleinen zur Gesellschaft im Großen über. Dafür steht die folgende Beobachtungsgeschichte.

Beobachtungsgeschichte 3: Burger selbst machen

Name der dokumentierenden Fachkraft: Elisabeth Emmanouil-Maß (Sozial- und Theaterpädagogin)

Name der Einrichtung bzw. des spezifischen Teils der Einrichtung in dem die Beobachtung stattfand: FARE gGmbH I Jugendwerkstatt Kultur I große Lehrküche

Datum der Beobachtung: 24.11.2022 (Uhrzeit 11:30, Vorbereitung der ‚Mittagsbrote‘)

Übersicht über die Teilnehmenden in der Beobachtungssequenz:

A. (m., 14 J.), B. (m., 14 J.), FK. (Sozial- und Theaterpädagogin)

Beobachtung:

Die Jugendwerkstatt kocht meistens 1 x pro Woche ein warmes Essen mit einigen TN für alle und 1 x pro Woche ein ‚Kleingruppen‘-Angebot für die ‚sozial phobischen‘ TN. Die VHS stellt uns dafür die große Lehrküche zur Verfügung. Wir essen dort 3 x pro Woche an den langen Tagen meist ‚Mittagsbrote‘.

Die Jugendlichen schneiden selbstständig Wurst (Hähnchen) auf und Möhren und Gurken, decken den Tisch, kochen Tee.

B.: ... ey, wir sind gestern McDonald's gewesen ... Digga, der Big Mac kostet 4,29 Euro.

A.: ja... und wir am Samstag Döner bei Brothers 5, 90 Euro, Alter, sis ... echt krass ... voll Scheiße, mein Kumpel musste mir Geld leihen, weil ich nur 'nen 5er hatte.

B.: Wir haben uns so vollgehauen ... Alter, am Ende haben wir über 30 Euro bezahlt.

A. Elisa, können wir mal in der Küche Burger machen?

FK.: Ja, klar. Mit selbst gebackenen Brötchen und so?

B.: Kann man das; diese Dingsbrötchen selber machen?

FK.: Ja, und ist auch billiger.

A.: Wenn wir den selber machen, was müssen wir dann dafür zahlen?

FK.: Wir versuchen ja immer mit 2,50 hinzukommen pro Person. Könnten wir für die Burger ja ausprobieren. Oder überhaupt mal ein Brot selber machen ... oder auch Brötchen.

B.: Da brauch man dann aber so viele Sachen ... meine Mutter backt auch öfter. Jetzt so, wenn wir feiern.

FK.: Ist das dann ein besonderes Brot? Also: sind da Gewürze oder so drin?

B.: Nein, halt normal, so weißes Brot.

FK.: Nächsten Montag – eigenes Brot backen, ja?

Alle stimmen zu.

A.: Und wann machen wir dann die Burger?

FK.: Sollen wir die in der letzten Woche vor Weihnachten selber machen?

B.: Auch mit Zwiebeln und Soße und so?

FK.: Wir machen eine Einkaufsliste und gucken, dass wir für ca. 10 Personen mit 2,50 Euro hinkommen. Wieviel Geld haben wir dann zur Verfügung?

Pause
A.: Ich glaube ...ungefähr 25 Euro???
FK.: Jepp. Genau. 25 Euro.
B.: 25 Euro? Digga dafür kriegste vielleicht fünf Burger oder so.
FK.: Wir probieren es aus.
(Die Backstube am kommenden Montag war ein Erfolg und sehr lustig mit den Jugendlichen; wir haben für zwölf große Brötchen ‚Materialkosten' von 3,17 Euro gezahlt.)

Die Theaterpädagogin Elisabeth Emannouil-Maß demonstriert hier eine Adhoc-Realisierung der GEBe-Methode. Sie greift das Thema der Jugendlichen sofort bestätigend auf und ermöglicht es ihnen, ihre eigenen Aneignungsideen umzusetzen. Wir sehen einen Partizipationsprozess im Kleinen, in dem die Fachkraft den Jugendlichen assistiert, ihre Bildungsinteressen zu benennen und anzugehen. In der OBG haben wir ihr dazu gratuliert, aber auch überlegt, wie sie den Bildungs- und Partizipationsprozess noch vertiefen könnte.

Auch ‚kleine' Handlungsprozesse mit den Jugendlichen reflektieren – so wird Bildung möglich

Die GEBe-Methode schlägt vor, den Jugendlichen methodisch zu ermöglichen, sich selbst in einer nachträglichen Dokumentation als die aktiven Mitbestimmer:innen und Mitgestalter:innen erkennen zu können. In der Sozialpädagogik geschieht es häufiger, dass Partizipation, ähnlich wie in Elisabeths Beispiel, erfolgreich verläuft, aber die Beteiligten – außer einem momentan positiven Erlebnis – gar nicht erkennen können, dass sie hier auch als Subjekte mitbestimmt und mitgehandelt haben. Bildung tritt aber erst ein, wenn man nicht nur Erlebnisse hat, sondern Erfahrungen macht, d. h. nachträglich erkennen und reflektieren kann, was einem warum wie widerfahren und wie man selbst damit umgegangen ist. Bildung braucht also eine begleitende, teilweise nachträgliche Reflexion. Sie wird zu einer politischen Bildung, wenn das politische Handeln der Jugendlichen für sie selbst erkennbar wird.

Politisches Handeln fand hier statt, weil die Jugendlichen die Lebensführung der kleinen Gesellschaft der Einrichtung in einer entscheidenden Frage mitgestaltet haben. Die Gestaltung von Mahlzeiten ist eine zentrale gesellschaftliche Aufgabe. Gesellschaftlichkeit besteht in der Regelung dessen, wie die ‚Überlebensmittel' kooperativ hergestellt und untereinander verteilt werden. Deshalb ist die gemeinsame Gestaltung von Essenssituationen in den Einrichtungen der JSA ein großes Potenzial für politische Bildung. Dazu gehört aber – wie gesagt –, dass die Jugendlichen selbst Gelegenheit bekommen, ihre Beteiligung zu erkennen. Das kann man methodisch durch eine Dokumentation des Prozesses befördern und würde hier zum Beispiel ganz schlicht schon dadurch geschehen können, dass Elisabeth ihre anschaulich-szenenhafte Beobachtungsgeschichte mit den

Jugendlichen teilen würde. Sie könnte die Geschichte mit Kommentaren vergrößert auf einer Plakatwand öffentlich ausstellen und die positive Kooperation und Mitgestaltung der Beteiligten hervorheben. Dazu könnten ‚Like-Herzchen' auf Papier angeboten werden, in die auch andere Teilnehmende des Essens ihre positiven Rückmeldungen bekannt geben könnten. Eine andere Methode wäre es, den Prozess mit Fotos zu begleiten, daraus eine kleine Fotostory auszudrucken und zu veröffentlichen. Hier könnten alle Teilnehmenden mit Post-Its ihre Kommentare anheften. Möglicherweise würden aus solchen Kommentaren wieder Themen für weitere Partizipation an der Essensgestaltung oder an anderen Themen eröffnet. Wie eine solche Reflexion zur Förderung von Bildungsprozessen gestaltet werden kann, wird in Kapitel „Demokratiebildung in Reflexion von Partizipationserfahrungen ermöglichen" genauer erläutert.

Politische Bildung zum Thema Armut ermöglichen

In der Diskussion haben wir erkannt, dass an der Geschichte auch die aktuelle gesellschaftliche Situation von Benachteiligten, und d. h. hier: armen Jugendlichen deutlich wird. Sie können sich bestimmte jugendkulturell bedeutende Aktivitäten (wie Essen bei McDonald's) nicht mehr leisten. Einerseits hat die Backaktion den Jugendlichen konkret geholfen zu lernen, die Armutssituation ansatzweise zu bewältigen: Selbst kochen ist finanziell günstiger, als bei McDonald's essen zu gehen. Diese Perspektive, mit knappen Ressourcen wirtschaftlich umzugehen, ist für die Jugendlichen durchaus relevant, darf aber nicht die einzige bleiben. Denn die JSA tendiert strukturell dazu, die gesellschaftlich verursachten Probleme als Probleme von Individuen zu bearbeiten. Und obschon es stimmt, dass letztendlich auch das Individuum die eigene Lebensführung in die Hand nehmen und bewältigen muss, ist es doch nicht verantwortlich für die strukturell prekäre Situation, in denen es sich gesellschaftlich befindet. Mit anderen Worten: Die Jugendlichen sind nicht schuld an ihrer prekären Lebenssituation. Wenn man sich jedoch nur darauf beschränkt, dass sie individuell diese Lebenssituation bewältigen, muss es ihnen so erscheinen, als lägen die Probleme ausschließlich an ihnen. Die gesellschaftlich-politische Verantwortung für strukturelle Ungleichheit und Ungerechtigkeit (wie zum Beispiel von Armut) wird dann nicht mehr erkennbar. Schon gar nicht wird sie politisch öffentlich kritisierbar und veränderbar.

Nun werden die einzelnen Jugendlichen die strukturellen Krisenerscheinungen und Ungerechtigkeitsphänomene des Spätkapitalismus nicht ohne Weiteres ändern. Aber es macht einen Unterschied, ob man sich gleichzeitig individuell schuldig und gesellschaftlich machtlos fühlt, oder ob man sich wenigstens in der Lage sieht, die gesellschaftliche Ungerechtigkeit zu erkennen und dann deren tatsächlichen Ursachen öffentlich zu skandalisieren. Mit solchem Handeln gelangt man a) überhaupt erst in eine macht-politische Öffentlichkeit und wird

b) als demokratisch berechtigte:r Bürger:in relevant(er), die/der sich in die gesellschaftliche Gestaltung der Lebensführung einmischt und deren Ungerechtigkeit problematisiert.

In weiteren Schritten müsste es dann darum gehen, dass auch benachteiligte Jugendliche unterstützt werden, mit anderen Betroffenen und Beteiligten Konflikte um gesellschaftliche Nachteile und Ungleichheiten zu debattieren und auszutragen.[5] Über das unmittelbare Lebensumfeld hinaus öffentlich die Stimme zu erheben und Ungerechtigkeit zu kritisieren, ist für viele Jugendliche in den Einrichtungen der JSA noch ein sehr großer Schritt. Aber er kann nur unternommen werden, wenn Fachkräfte mit ihnen über die individualisierende Behandlung ihrer Probleme hinausschauen und mit ihnen zusammen auch deren strukturelle Ursachen erkennen und politisch angehen. Das bedeutet mit Blick auf das Thema der hier angesprochenen Armut, in wenigstens minimaler Weise öffentlich die eigene Betroffenheit zu artikulieren und auf die strukturellen Probleme von Armut im Jugendalter hinzuweisen.

Wir haben dann diskutiert, dass die Jugendlichen ja häufig selbst Scham über ihre Situation empfinden. So war – wie Elisabeth berichtete – der Jugendliche, der in der Beobachtungssequenz erzählte, dass er sich Geld leihen musste, davon durchaus beschämt. Diese Scham ist nachvollziehbar eine große Hürde, die eigene Problemstellung in eine Öffentlichkeit zu bringen, und zwar so, dass sie nicht als individuelles Problem, sondern als grundsätzliche Frage erscheint, die alle angeht. Andererseits erzeugt ja gerade die Individualisierung des Problems die Scham, und sie verhindert, dass die Betroffenen ihre Probleme selbst öffentlich politisieren und eine Veränderung in die Hand nehmen. Damit werden die Betroffenen gesellschaftlich noch weiter geschwächt und an den Rand der gesellschaftlichen Auseinandersetzung über Ungerechtigkeit geschoben: Sie haben dann keine Stimme. Und wer nicht zu sehen und zu hören ist – gibt es den überhaupt? So heißt es in der Dreigroschenoper von Brecht: „Denn die einen sind im Dunkeln/Und die anderen sind im Licht./Und man siehet die im Lichte/Die im Dunkeln sieht man nicht."

Es bleibt allerdings die Schwierigkeit, wie man in der JSA Jugendlichen eröffnen könnte, ihre strukturellen Problemstellungen in einer Weise gesellschaftlich öffentlich einzubringen, die gleichzeitig für sie nicht beschämend ist. In Elisabeth Emmanouils Theaterpraxis ist das durchaus möglich. Die Stücke, die die Jugendlichen selbst über ihre Situation erstellen und dann vor Publikum aufführen, demonstrieren einer (Teil-)Öffentlichkeit, worin die Jugendlichen die gesellschaftlichen Probleme sehen. In dem Projekt, das Elisabeth in unserer Publikation zum Vorgängerprojekt berichtet hat (Emmanouil-Maß 2022), hat sie zum Beispiel möglich gemacht, dass die Jugendlichen dramaturgisch geplant Masken

5 Wie es zum Beispiel auf Twitter über den #ichbinarmutsbetroffen in Deutschland mit vielen Millionen von Beiträgen geschehen ist.

trugen. Sie konnten sich so öffentlich positionieren, ohne als Person allzu schnell erkannt zu werden. Eine solche anonyme Stellungnahme kann zumindest ein erster Schritt in politische Öffentlichkeiten sein, den die Jugendlichen vielleicht noch wagen könnten. Im Bericht des ersten Teilprojekts (Sturzenhecker 2022b, S. 76) zur Demokratiebildung in der JSA werden verschiedene Möglichkeiten deutlich gemacht, wie „Risikostufen öffentlicher Artikulation" ausgewählt werden können.

Die bisherige Interpretation der Geschichte weist Momente politischer Bildung auf, die es in Bezug auf JSA einzuschätzen gilt. In der kleinen schnellen Aktion von Elisabeth Emmanouil ging es erst einmal nur um Bewältigung von Armut, indem kostengünstige Möglichkeiten des Selbst-Kochens erprobt wurden. Hier wären Optionen entstanden, über das Thema der Burgerpreise kritische Informationen und Analysen zu erschließen. Das hätte durchaus wieder den Interessensspuren der Jugendlichen folgen können, aber ohne dass eine Fachkraft an einer solchen Stelle von sich aus politisch-ökonomische Hintergründe ansprechen und problematisieren würde, kämen die Jugendlichen kaum auf die Idee, dies zu tun. Hier können Fachkräfte den Jugendlichen Angebote einer inhaltlichen Vertiefung machen (zum Beispiel zu untersuchen, wie die Burgerketten Profit machen) und dann wiederum dialogisch mit ihnen klären, welche solcher Themen sie weiter bearbeiten möchten. Das kann nur klappen, wenn die Fachkräfte selbst die politischen Themen kennen, erkennen und auch (zumindest rudimentär) inhaltliches Wissen dazu haben. Sie benötigen eine grundsätzliche „politische Informiertheit" (Naddaf/Thimmel 2021), ohne die ihnen die Potenziale inhaltlich politischer Bildung gar nicht auffallen würden, die sich in den Themen der Jugendlichen verstecken.

Vielleicht wirkt der Anspruch auf „Informiertheit" schon als zu weitgehend. Man könne diese Anforderung missverstehen als Verfügung über angemessene sachliche Kenntnisse zu Politik, Gesellschaft, Ökonomie usw. Angesichts der vielfältigen und komplexen Problemstellungen, mit denen Jugendliche heute in der Welt konfrontiert sind und die sie auch selbst etwa aus Jugendkulturen mitbringen, kann Informiertheit nicht ein vorhandenes Wissen meinen, sondern vielleicht eher eine politische Interessiertheit[6]. Damit ginge es um die Bereitschaft, sich auf unbekannte Themen einzulassen und auch mit den Jugendlichen zu recherchieren und sich ein eigenes Urteil zu bilden. Nur Ignoranz und Vermeidung gehen gar nicht.

Dafür könnten Fachkräfte wieder auf die Übersicht zur Analyse der Politikgehalte dieses Themas zurückgreifen. Ich habe sie auf der Basis meiner begrenzten ‚politischen Informiertheit' zum Thema ausgefüllt. Damit kann also keine umfassende politische Analyse zu ‚Armut als Politik' behauptet werden.

6 Diesen Begriff verdanke ich dem Kollegen Michael Trödel.

Thema der Regelung	Armut
Betroffene und Beteiligte	Arme, Reiche, Politik, Unternehmen, öffentliche und freie Organe des Wohlfahrtstaats (Sozialamt, Jugendamt, Arbeitsverwaltung, Sozialarbeit, Sozialpädagogik, Jugendsozialarbeit …)
Aktivitäten zur Herstellung der Regelung	historische Entwicklung des Kapitalismus und des Wohlfahrtsstaates – damit auch der Sozialen Arbeit; Gesetzgebung (zum Umgang mit Ökonomie, mit Steuern, Arbeit und Armut) in der repräsentativen Demokratie; öffentliche Debatte und Programme der Parteien; Wahlen; Lobbyismus
Aktivitäten zur Durchsetzung der Regelung	Aktivitäten der öffentlichen und freien Organe des Wohlfahrtstaats auf der Basis gesetzlicher Regelungen (Sozialamt, Jugendamt, Arbeitsverwaltung, Sozialarbeit, Sozialpädagogik, Jugendsozialarbeit …); Verwaltung von Exklusionsrisiken und Exklusion, Individualisierung von Armut; ‚Fördern und Fordern'
Aktivitäten zur Infragestellung der Regelung	öffentlich-politische Kritik und Debatte; Lobbyismus/PR von Unternehmen, freien Wohlfahrtsverbände und Interessensorganisationen; individuelle Verweigerung; lokale Proteste; öffentliche Skandalisierung und Solidarisierung (z. B. #ichbinarmutsbetroffen); Entwicklung von alternativen Modellen und deren Aufnahme in Parteiprogramme
Strukturen der Herstellung der Regelung	kapitalistische Produktionsweise; repräsentative Demokratie und Parteien; Eigentum; Steuersystem; Gesetzte zu Schuldenregelung etc.; Wohlfahrtsstaat
Strukturen der Durchsetzung der Regelung	kapitalistische Arbeitsökonomie (Verkauf der Ware Arbeitskraft, individualisiertes Leistungs- und Konkurrenzprinzip), Wohlfahrtsstaat/Soziale Arbeit; Ideologien und öffentliche Meinungsmache
Strukturen der Infragestellung der Regelung	Kritische Öffentlichkeit; strukturelle demokratische Ermöglichung von sozialen Bewegungen

Schnell wird sogar an meinem nur laienhaften Versuch der politischen Aufschlüsselung des Armutsthemas deutlich, dass dieses zum Kern der Probleme des herrschenden Konsumkapitalismus und der damit verbundenen Gesellschaft führt. Und damit in eine enorme Komplexität einer politisch-ökonomischen Analyse, die vielschichtige Wissensbestände einbeziehen müsste. Darauf könnte man in der JSA reagieren, indem man spezialisierte politischen Bildner:innen als Kooperationspartner:innen gewinnen würde, die wiederum in der Lage sein müssten, ihre Vermittlung eng an die Bildungsinteressen und -weisen der Jugendlichen aus der Beobachtunggeschichte anzuschließen. Das würde zudem genügend Zeit für gemeinsame politische Bildung erfordern, die wiederum aus den Zeitressourcen der Jugendwerkstatt genommen werden müssten. Und das würde alles nur klappen, wenn die Jugendlichen weiter beim Thema blieben und sich nicht inhaltliche Abzweigungen ergäben. Ich sehe angesichts dieser

Anforderungen die Praktiker:innen schon mit dem Kopf schütteln. Mit ultimativen Anforderungen an politische Bildung, wie hier zum Thema Armut, kommt man wahrscheinlich weder bei Fachkräften noch Zielgruppen der JSA weiter.

Dran bleiben: Versuche ‚kleiner' politscher Bildung

ABER das kann darf nicht dazu verleiten, die fachliche Forderung aufzugeben. Stattdessen müssen niederschwellige, manchmal kurzzeitige, flexible methodische Möglichkeiten gesucht und probiert werden, wie man doch die politischen Dimensionen des lebensweltlichen Themas (hier der teuren Burger und der Schulden) virulent halten könnte. Dazu einige Ideen: So hätte man hier zum Beispiel ein Plakat mit den Zahlen zu Jugendarmut in Deutschland aufhängen können. Man hätte fragen können, womit McDonald's wirklich Geld verdient (zu beidem findet man Informationen im Internet). Man hätte ein Infoplakat zur Inflation machen können: Was ist Inflation und warum wird im Moment alles teurer? Oder: Was sind die Aktien von McDonald's im Vergleich zu anderen Unternehmen wert?

Ob die Jugendlichen hier ‚anspringen' würden, ist unklar. Aber es ist anzunehmen, dass sie in irgendeiner Weise reagieren würden, auch wenn das in einer Ablehnung solcher Themenvorschläge bestünde. Dann setzt wieder der Anfang der GEBe-Methode ein: Über was sprechen Jugendliche wie (warum lehnen Sie die politischen Infoposter ggf. ab und wie tun sie das)? Was ist ihr Thema, und wie kann dieses Thema mit einer Resonanz aufgegriffen und in einem Dialog weiter geklärt werden? All das kann aber nicht passieren, wenn die Fachkräfte selbst gar keine herausfordernden politische Themen vorbringen, die sie in den Handlungsweisen der Jugendlichen entdecken können. Auch wenn Fachkräfte schon beim ersten misslingenden methodischen Versuch aufgeben („Die Kids wollen das nicht, sie können das nicht!"), verpassen sie die Chance, aus dem Fehlschlag zu lernen. Das würde man nach den GEBe-Prinzipien ja mit den Jugendlichen selbst tun, und sie bitten zu erklären, warum Inhalt und Methoden ‚floppen'. Wenn man nicht ‚dran bleibt', kann man Konzepte nicht weiterentwickeln. Das aber würde verhindern, die Jugendlichen überhaupt als berechtigte und befähigte Subjekte in Demokratiebildung und politscher Bildung anzuerkennen. Wenn sozialpädagogische Mitarbeitende, nur weil sie nicht den passenden Zugang zu den Jugendlichen und ihren Themen finden, den Jugendlichen die Schuld am Scheitern der Versuche geben, verfehlen sie die Grundansprüche fachlicher Ethik und professionellen methodischen Arbeitens. In unserem Fall würde daraus folgen, das Recht der (benachteiligten) Jugendlichen auf Teilnahme an der Demokratie als aktive Bürger:innen zu missachten.

2.5 Beobachtungsgeschichte 4: Politische Themen: Verspätete Straßenbahnen? Identität durch nationale Teesorten?

In der folgenden Geschichte entdeckten wir in der OBG zwei politische Themen: Zum einen beschwerten sich die Jugendlichen über verspätete Straßenbahnen, womit die Frage im Raum stand, wie man damit umgehen könne. Daraus entstand eine kleine ‚Battle' zwischen den Jungen über die beste ‚nationale' Teezubereitung. Beide Fragen lassen sich wieder doppelt für Demokratiebildung nutzen: zunächst im Blick auf die partizipative demokratische Gestaltung der kleinen Gesellschaft der Einrichtung und dann im Blick auf die gesamtgesellschaftlich relevanten politischen Fragen der Beeinflussbarkeit öffentlich-kommunaler Regelungen (hier des Straßenbahnverkehrs) sowie des Umgangs mit nationalkulturellen Identitätsentwürfen von gesellschaftlichen Teilgruppen sowie der globalen Frage nach der Produktion und Konsumtion von Tee.

Beobachtungsgeschichte 4: Wer hat den besten Tee?
Name der dokumentierenden Fachkraft: Sebastian Böhl (Fachanleiter)
Name der Einrichtung bzw. des spezifischen Teils der Einrichtung, in dem die Beobachtung stattfand: Dortmund Schüler und Jugendwerkstatt (Holzwerkstatt).
Datum der Beobachtung: 25.11.2022
Übersicht über die Teilnehmenden in der Beobachtungssequenz. A. (m., 15 J.), B. (m., 16 J.), C. (m., 17 J.), D. (m., 17 J.), E. (m., 16 J.), F. (m., 17 J.), FK1. (Psychologin), FK2 (Fachanleiter).
Beobachtung:
Die Reflexionsrunde wurde durch die FK1. geleitet und durch mich unterstützt.
Wir waren mit den TN im Schulungsraum. Dabei wurde erst einmal in die Runde gefragt, wie sie die Woche so fanden (wie waren Schule und Werkbereich?). Die TN berichten ohne nennenswerte Vorfälle über die Woche.
FK1. stellte die Frage, ob es denn etwas gibt, was nicht so gut ist? Daraufhin sagte C., dass wenn er etwas sagen müsse, dann, dass die Straßenbahn immer Verspätung habe und sie lange auf die nächste warten müssten. Das finde er nicht so gut, vor allem, da es jetzt so kalt ist.
Daraufhin sagte FK1., dass wir darauf keinen Einfluss nehmen könnten, aber es wäre sicher als Vorschlag möglich, eine Thermosflasche oder Becher mitzubringen, sodass man sich kurz vor dem Feierabend ein Heißgetränk, wie Tee, machen könne.
FK1. schaute mich dahingehend an und fragte, ob es in dem Werkbereich dafür eine Möglichkeit gäbe. Ich antwortete, dass sie es gerne so machen könnten, wenn die Teilnehmer es wollten.
In diesem Moment sagte E., der beste Tee sei Marokkanischer Tee. Ich fragte ihn, was in dem Tee drin wäre, dass er so gut sei. Daraufhin sagte er, der Tee sei mit Minze, und den Rest wisse er nicht.

A. erwiderte E. daraufhin, dass der einzig wahre Tee Chai-Latte sei und verneinte E.s Ansicht. Dann ging eine Diskussion zwischen den beiden los. (Nein, der Tee ist besser! Nein, der Tee ist doch viel besser! – und andere Sachen auf ihrer Muttersprache, was ich dann aber nicht mehr verstehe.)
Auf einmal bringt sich C. mit in das Gespräch ein und sagt, beide haben Unrecht, der beste Tee sei der Türkische Tee, es gibt nichts besseres! Daraufhin ging es erst mal zwischen den dreien hin und her.
Auf einmal sagte E.: „Ich schwöre, Sie müssen den Marokkanischen Tee trinken!" A. sagte „Nee!", machte jedoch den Vorschlag, dass er seinen Tee mitbringe und E. könne seinen eigenen Tee mitbringen, um einen Vergleich zu machen. Beide fanden den Vorschlag erst mal gut.
Doch es folgte eine Diskussion, wer den Tee beurteilen solle. Mein Gegenvorschlag war daraufhin, dass ich den Vergleich mache und ich sehr gespannt bin, welcher Tee wie schmeckt. A. entgegnete: „Das machen wir so am Mittwoch! Jeder von uns bringt das mit und dann schauen wir, wer Recht hat."
Damit wurde das Gespräch erst mal beendet.

Im Folgenden wird zunächst die Diskussion der OBG zur Beobachtungsgeschichte entlang der Reflexionsschritte der GEBe-Methode dokumentiert. Danach werden dann die weitergehenden Potenziale politischer Bildung in der Beobachtungsgeschichte diskutiert.

GEBe-Schritt 3: Pädagogische Wahrnehmungsverzerrungen reflektieren

Nach den Arbeitsschritten von Beobachtung und Dokumentation haben wir in der Gruppe nach Zacks und Hopplas in der Geschichte gefragt. Wir haben keine negativen Zuschreibungen an die Jugendlichen entdeckt. Auch die Selbstbefragung der Gruppenmitglieder mit Blick auf ihre spontan-emotionalen, negativen Zuschreibungen gegenüber den Jugendlichen erbrachte nur schwache Ansätze. Zum Beispiel könnte man als beteiligte Fachkraft denken, dass das Problem der Straßenbahn nur von einem Jugendlichen eingebracht wurde, um die fragende Fachkraft mit irgendetwas zufriedenzustellen. Es könnte auch sein, dass die Einleitung der gesamten Situation etwas zu sehr negativ gepolt ist: Pädagogisch angeboten werden nur die Möglichkeiten ‚keine Vorkommnisse' oder die Frage, was denn nicht gut gewesen sei. Die Möglichkeit, im Rückblick auf die Woche in der Werkstatt positive Highlights hervorzuheben, wird so nicht genutzt.

Wir diskutierten zwei mögliche Hopplas: Einerseits fanden wir die Intervention der Psychologin gut, die das Straßenbahnproblem der Jugendlichen ernsthaft aufgegriffen hat. Auch ihre Resonanz und Lösungsidee führte ja weiter, nämlich zu der Teediskussion, die noch viele positive Möglichkeiten der Weiterarbeit anbietet. Andererseits fällt die Kollegin mit ihrer Intervention jedoch zwei wichtige Entscheidungen über die Köpfe der Jugendlichen hinweg: Sie bestimmt, dass man an dem Straßenbahnproblem nichts ändern könne und bietet den Jugendlichen dafür eine schnelle praktische Lösung an, die diese dann aufgreifen – man bringt sich für das Warten in der Kälte halt warmen Tee mit. Mit der Beendigung des Straßenbahnproblems werden die Jugendlichen doppelt zu Objekten fremder Entscheidungen: Erstens über den öffentlichen Nahverkehr (ÖPNV), an dessen Problem sie angeblich nichts ändern könnten, und zweitens die pädagogische Intervention, die jegliche Suche für einen gemeinsamen Umgang mit dem Problem der verspäteten Straßenbahn abwürgt. Im Sinne der GEBe-Methode wäre es offener gewesen, beide Probleme der Jugendlichen aufzugreifen und sie den Jugendlichen als offene Fragestellung zurückzugeben: Was könnte man gegen die Verspätung der Straßenbahnen tun? Und wie könnte man sich vor dem Frieren schützen? Das hätte die Jugendlichen zu Subjekten gemacht, also zu Personen, die gemeinsam nach Lösungen für Probleme der alltäglichen Lebensführung suchen und diese dann auch angehen. Sie wären damit als politische Subjekte thematisiert worden, die sich in die Prozesse der Regelung der gemeinsamen Lebensführung (in der ‚großen' Gesellschaft in Bezug auf den ÖPNV, und in der Werkstatt – der kleinen Gesellschaft – in Bezug auf das Frieren) aktiv einbringen.

GEBe-Schritt 4: Hypothesen zu möglichen Themen der Jugendlichen bilden

Im nächsten Schritt haben wir Hypothesen zu möglichen Themen der Jugendlichen in der Szene entwickelt:

- Es könnte um Identität und deren Anerkennung gehen. Wie kann ich meinen eigenen Identitätsentwurf mithilfe meiner kulturellen Verbundenheiten stärken? Wie kann meine Identität (hier in Bezug auf die Tee-Vorlieben einer Teilkultur) ausgedrückt werden und wie erlange ich Anerkennung von den anderen dafür?
- Das hat vielleicht auch den Aspekt, dass die Sicherheit der noch unsicheren Identität gestärkt werden soll, indem man sich bei einem übergreifenden Identitäts*konstrukt* bedient. Kultur, Ethnie, Nationalität etc. summieren als Konstrukte scheinbar ‚natürliche' Zugehörigkeiten und kollektiv-solidarische Absicherungen von Identität, ohne individuelle (und kollektive) Identitätsbildungsprozesse oder die reflexive Aneignung der Konstrukte selbst zu erfordern.
- Vielleicht versuchen die Jugendlichen, die eigene Kollektiv-Zugehörigkeit zu stärken, indem sie behaupten, diese sei besser als die von anderen. Vielleicht gibt es einen Konkurrenzkampf um Besonderheit, die man vor anderen darstellen und für die man die anderen als Publikum gewinnen muss, um die persönliche Performance zu bestätigen (‚Likes'). In diesem Sinne inszenieren sie eine Tee-Battle.

- Das könnte auch mit Machtrollen und Machtprozessen in der Gruppe der Jugendlichen in der Jugendwerkstatt selbst verbunden sein. Wer hat dort etwas zu sagen, wer hat die meiste Anerkennung, wer sticht mit Besonderheit heraus?
- Möglicherweise gibt es hinter dem Konkurrenzkampf versteckt auch einen Wunsch nach einer schönen Gemeinschaft, mit der man in Ruhe Tee trinken kann.
- Und vielleicht gibt es den Wunsch an die Fachkräfte – etwa im Beispiel an Sebastian – als eine Art ‚guter Vater' die Konkurrenzkonflikte aufzulösen, indem er bestimmt, was das Beste ist.
- Die Jugendlichen wollen ernst genommen werden mit ihren Alltagsproblemen, wie der regelmäßigen Verspätung der Straßenbahn und dem Warten an der kalten Haltestelle.

GEBe-Schritt 5/6: Mögliches Thema auswählen und dazu Resonanz geben

Im nächsten Schritt haben wir mögliche Resonanzen gesucht:

- Sebastian könnte ganz einfach die noch nicht umgesetzte Idee einer Verkostung wieder aufgreifen und ein Plakat mit der Aufforderung erstellen, die Teeverkostung gemeinsam umzusetzen.
- Er könnte kurze YouTube-Videos zeigen, in denen Modelle von Verkostungen gezeigt werden.
- Er könnte eine Pyramide basteln (wir befinden uns doch in der Holzwerkstatt!) und mit Tassensymbolen für die verschiedenen Teesorten und -aromen bestücken, die verschoben werden können. Welcher Tee steht warum an der Spitze der Pyramide?
- Er könnte verschiedene Duftproben von Teesorten und Aromen in Tees mitbringen: Pfefferminze, Bergamotte, Chai Gewürze (Ingwer, Nelken, Kardamom, schwarzer Pfeffer, Zimt) und die Jugendlichen zum Schnuppern und Raten auffordern.
- Er könnte Fotos von unterschiedlichen schönen Tee-Gemeinschaftssituationen aushängen und mit der aufgeschriebenen Frage verbinden: Wie soll es bei uns gemütlich werden?
- Er könnte eine Fotogeschichte mit den Jugendlichen machen, die zitternd auf die Straßenbahn warten.

Demokratiebildung zwischen Förderung von Gruppenidentitäten und/oder Kooperation?

In der OBG kam die Diskussion auf, ob es denn angemessen sei, einen Identitätskampf von sich national-symbolisch identifizierenden Teilgruppen – hier mit dem Thema der Teevarianten – zu fördern. Einerseits wird durch die Beobachtung mit der GEBe-Methode offensichtlich, dass die Jugendlichen nationale Identitätssymbole für sich beanspruchen und diese auch in eine Art Wettkampf gegeneinanderstellen. Die GEBe-Methode vertritt ja gerade, dass es darum geht, die politischen Themen der Jugendlichen aufzugreifen, so wie sie sich im Alltag stellen. Das Problem der überindividuell ‚national/kulturell/ethnisch' thematisierten Identitätskonstrukte und die damit häufig verbundenen Abwertung anderer ‚Identitäten' kann jedoch nicht ignoriert werden. Auch die Frage der Verbindung je individueller mit kulturell-ethnisch-national konstruierter Gruppen-Identität tritt damit auf.

Das ‚doing difference', also die Erzeugung von Unterschieden, die mit Ungleichheitskonstruktionen und Benachteiligung verbunden sein können, ist hier nicht besonders scharf. Es gibt nur die relativ milde Hierarchie, dass die eine, als national unterstellte Teekultur besser sei als die andere. Dabei gibt es allerdings keine eindeutig polare Konstruktion, denn es sind noch mehr Teevarianten denkbar als nur marokkanische und türkische (zum Beispiel indische). Es gibt nicht nur die zwei Möglichkeiten, von denen dann eine automatisch schlechter wäre als die andere. Und mit ggf. national mehrheitlich bevorzugten Teevarianten allein ist noch keine Diskriminierung verbunden, durch die Menschen entlang ihrer Vorlieben für andere Tees Nachteile erfahren würden. Dennoch scheint in der nationalen Zuordnung von Teepraxen schon das Risiko auf, dass nicht nur einfach eine (potenziell ja auch bereichernde) kulturelle Unterschiedlichkeit bezeichnet wird, sondern dass aus dem Anderssein der Anderen eine Abwertung abgeleitet werden könnte.

Andererseits beziehen sich individuelle Identitätsentwürfe zumeist *auch* auf etablierte Identitätskonstruktionen. So verlangt – um im Beispiel zu bleiben – die Erfahrung, als Deutsche und Ostfriesin mit den regionalen Teepraxen konfrontiert zu sein, irgendeine Positionierung zu dieser Identitätszuschreibung. Man kann sie übernehmen, sie zelebrieren, sie ignorieren, sie aktiv negieren usw. Die Teevorliebe kann ein (wenn auch wahrscheinlich nicht besonders zentrales) Merkmal der persönlichen Identität werden, das sich aus der kulturell geprägten Identitätsbildung und ihren Wirkungen ableitet. Gerade für Jugendliche stellt sich die Aufgabe einer „Identitätsarbeit" (Keupp), mittels derer sie aus vielfältigsten Einflüssen und Angeboten ihr eigenes Selbst so herausbilden müssen, dass ein für sie lebbarer, kohärenter Zusammenhang entsteht. Dazu gehören nicht nur Elemente wie Vorlieben für Tees, bestimmte Nahrungsmittel und Zubereitungsweisen, Musiken, Kleidungsstil usw., sondern auch die politische

Selbstpositionierung ist ein Aspekt der Identitätsarbeit. Sich als zugehörig zu einer Gruppierung zu definieren, hat auch Folgen für andere, weitere Identitätsfragen nach Geschlecht, Körper, Arbeit, Religion usw., und damit insgesamt für die Orientierungen bei die Regelung der kollektiven Lebensführung, also für Politik. Jugendliche stehen vor der Aufgabe der Verselbstständigung und Selbstpositionierung, Identitätsfragen sind deshalb für sie altersbedingt besonders relevante und vielfältige Themen. In Hinblick auf demokratieorientierte politische Bildung werden die politischen Aspekte solcher Identitätsentwürfe relevant. Dabei geht es darum, ob Identitätskonstruktionen so gestaltet werden, dass andere abgewertet und ausgegrenzt werden, oder ob eine offene (dann zunächst die je praktisch aktuelle Gruppenkonstellation betreffende) Kommunikation zwischen den Identitätsentwürfen und den daraus folgenden politischen Perspektiven möglich bleibt und Konflikte (zumindest intern) über Aushandlung gelöst werden können.

Eine an den lebensweltlichen Themen der Jugendlichen orientierte, demokratisch bildende JSA wird sich deshalb dem Thema der individuell und/oder auf Konstrukte bezogenen Identitätsprojekte der Jugendlichen stellen müssen. Sie wird versuchen, den Jugendlichen Möglichkeiten der Erprobung von Identitätskonstruktionen zur Verfügung zu stellen. Sie wird vorhandene Identitätsmuster anerkennend aufgreifen und sie doch daraufhin befragen, ob damit Risiken undemokratischer Ab- und Ausgrenzung verbunden sind. Sie wird fördern, dass Jugendliche sich an ihren (und anderen) Identitätsmodellen bilden, deren Inhalte und deren Folgen reflektieren und ebenfalls kritisch die Risiken einer Identitätsbildung über Abwertung und Diskriminierung anderer problematisieren können.

Pädagogische Assistenz von Identitätsbildungsprozessen kann nicht umhin, die Differenz der Identitätsmodelle aufzugreifen. In unserem Beispiel: Wenn man die Identifikation mit Tee-Kulturen ernst nimmt, kann man der Benennung und damit je ‚eigenen' Bewertung spezifischer Teepraxen kaum entkommen. Man muss dann über türkische und marokkanische Teesitten sprechen. Damit thematisiert man unumgehbar die Existenz und ggf. nur zugeschriebener Differenz nationaler Gepflogenheiten des ‚Türkischen' und ‚Marokkanischen' und damit entsteht schnell die Frage, ob und was besser bzw. überlegen sei.

Eine Verkostung von Teevarianten könnte unversehens in einen Wettkampf geraten, der nicht nur fragt, welcher Tee von den Testenden am liebsten gemocht wird, sondern welcher besser *ist*. Das wird dann schnell als eine Bewertung einer z. B. nationalen Identitätskonstruktion wahrgenommen. Statt einzelne Symbole kultureller Herkunft (wie die Tees) als positives Elment von Identität, aber auch von Vielfalt in gegenseitiger Gleichrangigkeit kennenzulernen, entsteht ein Kampf um ‚besser oder schlechter'. Auch für die Einzelpersonen geht es dann weniger um ihre spezifische und sehr persönliche Identitätsgeschichte, sondern nur noch um die Zugehörigkeit zu Gruppen, Nationen etc., denen spezifische, schon der eigenen Präferenz wegen: überlegene Qualitäten zugewiesen werden.

Deshalb kann eine demokratieorientierte, Identitätsentwürfe und Identitätsarbeit ernst nehmende JSA nicht nur bei diesen Orientierungen stehen bleiben. Es wird hier vorgeschlagen, die Bildung der Identität auch immer zu ergänzen bzw. zu unterlegen mit einer Förderung von Kooperation der sich als unterschiedlich definierenden Gruppierungen oder Einzelnen. Eine reine Stärkung von Identitäten über Gruppenzugehörigkeiten gerät immer wieder in Gefahr, die je eigene Identität über Abgrenzung zu andern zu sichern – und Abgrenzung führt schnell zu Ausgrenzung und Aggression.

Vertiefung: Sozialpädagogische Identitätskonstruktionen und/oder Identitätsbildung in Kooperation fördern?

Das zeigt auch das klassische Forschungsprojekt, das Sherif et al. 1954 durchgeführt haben. In diesem Ferienlagerexperiment (Robbers-Cave-Experiment) veranstalteten die forschenden Psycholog*innen ein Ferienlager mit 22 Jungen im Alter zwischen 11 und 12 Jahren. Diese wurden in zwei Untergruppen mit jeweils elf Mitgliedern eingeteilt. Die Gruppen wurden mit den bekannten sportlichen Konkurrenzspielen beschäftigt: Football, Baseball, Tauziehen um die Wette usw. Gewinner erhielten Preise und Vorteile. Die beiden Gruppen entwickelten in Abgrenzung voneinander Gruppenidentitäten. Sie nannten sich Eagles and Rattlers (‚Adler' und ‚Klapperschlangen'), bastelten sich dazu eigene Flaggen mit ihrem Emblem und pflegten ihre eigenen Rituale. Zunehmend richteten sich Aggressionen gegen die anderen, die sie wahlweise als „Stinker", „Memmen" oder „Kommunisten" verhöhnten. Eines Abends verbrannten die Adler die Fahne der Klapperschlangen. Kurz darauf rächten sich die Klapperschlangen, indem sie die Hütte der Adler überfielen, die Vorhänge herunterrissen und die Betten umschmissen. Schließlich eskalierte der Konflikt: Beide Lager bewaffneten sich mit ihren Baseballschlägern, um gegen die anderen in den Krieg zu ziehen. Die Strategie, Gruppen-Identitäten im Wettkampf gegeneinander stark zu machen, führte direkt zur Gewalt.
Und dann zerstörte die psychologische Leitung die Wasserzufuhr des Ferienlagers. Die beiden Jungengruppen mussten kooperieren, um Wassertank und Leitung zu reparieren. Und so ging es weiter: Wie es der ‚Zufall' so wollte, fuhr sich der Essenslieferant im Schlamm fest und die Jungen mussten den Wagen herausziehen. Die Teile für die Zelte beim Campingausflug waren so durcheinandergebracht, dass man sie nur kooperativ sortieren und aufbauen konnte.
Mit der Notwendigkeit zu Kooperation und erfolgreicher Problembewältigung gingen die Feindseligkeiten zurück. Schließlich entstand eine gemeinsame Gruppe, mit gegenseitiger Unterstützung und Freundschaften über die alten Grenzen der Teilgruppen hinweg. Künstlich erzeugte, aber doch reale Aufgaben der Lösung von Problemen des gemeinsamen (Über-)Lebens führten zu Verständigung, Kooperation und erfolgreicher Krisenbewältigung.

Wir haben diskutiert, inwiefern wir einerseits die individuellen Identitäten auch im Blick auf ihre Verwurzelung in kultureller Identität respektieren und fördern können, ohne diese jedoch in einen Konkurrenzkampf mit anderen zu treiben. Es ging darum, wie die differenten persönlichen und kulturellen Identitäten in ihrer Produktivität für das Soziale, für die gemeinsame Lebensführung gefördert werden konnten. Es geht aber auch darum, Erfahrungen zu ermöglichen, die herausfordern, tatsächlich vorhandene Fragen und Problemstellungen der gemeinsamen Lebensführung in der kleinen Gesellschaft der Einrichtung ebenso wie in der großen Gesellschaft kooperativ anzugehen. Im Alltag der JSA bieten sich zahlreiche Gelegenheiten, ‚echte' Probleme der gemeinsamen Lebensführung zu entziffern und mit den Jugendlichen zusammen an deren Lösung zu arbeiten. In den bisher berichteten Beobachtungsgeschichten ist das zum Beispiel die Lösung des Konfliktes mit den Nachbarn um Lautstärke, der Umgang mit teurem Fast Food durch eigenes Kochen und die Initiative zur Kritik und dem Umgehen mit der Unpünktlichkeit der Straßenbahn. Demokratie geht davon aus, dass es unterschiedlichste (Teil-)Gruppierungen mit unterschiedlichen Lebensweisen und Interessen in einer Gesellschaft gibt (zum Zusammenhang von Differenz und Demokratie, gerade in der Jugendhilfe und im Zusammenhang mit der GEBe-Methode vgl. Plößer/Sturzenhecker 2021). Die daraus unvermeidbar resultierenden Konflikte sind eben der Inhalt einer demokratischen Konfliktklärung und Entscheidung. Die Konfliktparteien klären ihre Konflikte auf der Basis einer gegenseitigen Anerkennung als berechtigte Beteiligte und unter Akzeptanz der Grundregeln einer gewaltfreien und argumentativen Konfliktklärung. Das ist allerdings nur möglich, wenn alle unterschiedlichen Gruppierungen, trotz ihrer Verschiedenartigkeit, gleichberechtigten Zugang zur demokratischen Öffentlichkeit und zu Entscheidungsstrukturen bekommen. Einerseits geht Demokratie also von der unterschiedlichen Identität der Beteiligten aus, schützt diese vor Diskriminierung und versucht, ihren Zugang zu öffentlichen Diskursen und Entscheidungen zu sichern. Andererseits schafft sie Kooperation, indem die Beteiligten auf der Basis gegenseitiger Anerkennung doch gemeinsame Lösungsmöglichkeiten für ihre Konflikte finden und diese in Entscheidungen umsetzen müssen. Beide Aspekte sollten sich auch in einer demokratieorientierten JSA wiederfinden.

Politische Bildung: Wer bestimmt über die Straßenbahn und woher kommt der Tee?

Wie schon angedeutet, hätte es auch in der Fallgeschichte zwei Einsatzmöglichkeiten gegeben, die Jugendlichen mit allgemeineren politischen Verhältnissen und Sachfragen zu konfrontieren.

Auch hier werden wieder niederschwellige Vorschläge gemacht, wie man versuchen könnte, politische Dimensionen des Themas aufzugreifen. So hätte man, ausgehend vom konkreten lebensweltlichen Problem der Jugendlichen mit der unpünktlichen Straßenbahn, Informationen eingeben können, wer in der Stadt der Jugendwerkstatt den öffentlichen Nahverkehr betreibt. Man hätte untersuchen können, ob es Beschwerdeverfahren gibt, und auch, ob eine direkte

Kommunikation mit dem lokalen Verkehrsbetrieb möglich gewesen wäre. Die öffentlichen Dienstleistungen erscheinen den Jugendlichen (wie den meisten Bürger:innen) einfach irgendwie selbstverständlich. Wer diese Dienstleistung unter welchen Bedingungen wie Finanzen, Macht- und Entscheidungsprozessen, technischen Möglichkeiten, Klimafragen usw. herstellt und wer davon wie profitiert, vollzieht sich jenseits der Aufmerksamkeit und Kenntnis der meisten Betroffenen. Das bedeutet aber auch, sich den vorgegebenen Bedingungen der Verkehrsdienstleistungen ausgesetzt zu sehen und sich nicht als mögliche Einflussnehmer:in zu verstehen. Dabei ist der öffentliche Nahverkehr gerade für die benachteiligten Jugendlichen und ihre oft sehr begrenzten Mobilitätsressourcen ein wichtiges Element einer selbstbestimmten Lebensführung im Sinne der Teilhabe am gesellschaftlichen Leben. Zudem betrifft die Gestaltung des ÖPNV zentrale Fragen der Ökonomie und Ökologie einer Kommune, es kann den Bürger:innen also nicht egal sein, was der öffentliche Transport kostet und wie klimafreundlich er geschieht. Hier ergäben sich entsprechend genug Anlässe, eine Beschäftigung der Jugendlichen mit diesem Thema herauszufordern. Die GEBe-Methode würde auch hier wieder danach suchen, wie die Jugendlichen sich nicht nur Kenntnisse aneignen, sondern auch in Aktion kommen können. Es geht darum, Demokratie konkret erfahrbar zu machen, indem man sich mit eigenen Themen und Konflikten öffentlich einbringt und Diskussionen und Auseinandersetzungen führt.

Was für das Thema der Straßenbahn und des öffentlichen Nahverkehrs angedeutet wurde, kann ähnlich auf das Thema des Tees übertragen werden. Auch hier könnten Informationen über Hintergründe der weltweiten Teeproduktion veröffentlicht werden, vielleicht in Bezug auf die etwa gleichaltrigen Jugendlichen, die (oft unter schweren Bedingungen) im Teeanbau arbeiten.

2.6 Beobachtungsgeschichte 5: Es braucht demokratische Öffentlichkeit und demokratische Gremien

Beobachtungsgeschichte 5: Alles gleichzeitig

Name der dokumentierenden Fachkraft: Gerlinde Bade, Abteilungsleiterin

Name der Einrichtung bzw. des spezifischen Teils der Einrichtung in dem die Beobachtung stattfand: Jugendwerkstatt Ehrenfeld, Pausenraum mit Sitzgelegenheiten, Kicker, Billard, …

Datum der Beobachtung: 27.02.2023, 11.20 Uhr bis 11.27 Uhr

Übersicht über die Teilnehmenden in der Beobachtungssequenz:

A. (m., 16/17 J.), B. (m., 16/17 J.), C. (m., 16/17 J.), D. (m., 16/17 J.), E. (m., 16/17 J.), FK.1 (Abteilungsleiterin), FK.2 (Praxissemesterstudentin), FK.3 (Berufsfeldpraktikantin)

Beobachtung:
E. klopft laut ans Fenster, bzw. schlägt an die Scheibe und betritt den Pausenraum, in dem sich die anderen befinden.
D. zu mir: „Wollen sie den nicht rausschmeißen?"
FK1: „Wieso sollte ich das tun?"
D.: „Weil der an die Scheibe geschlagen hat."
FK.1: „Ach so, ich dacht er hätte uns freundlich begrüßt."
E.: „Ja genau", lacht.
E. sagt etwas (nicht ganz verständlich) „... neue Freundin."
C: „...echt, biste mit der zusammen? Habt ihr schon zu Hause getanzt?"
D. lacht (wiederholt) „... schon zu Hause getanzt."
E. geht zu C. und zeigt ihm etwas auf dem Handy (vermutlich Foto der Freundin)
FK.1: „Warum seid ihr eigentlich grad' alle hier?" (hier im Pausenraum – Beobachtung erfolgt während der Arbeitszeit)
C.: „Weil FK.2 hier ist – die ist die beste Frau und die ist morgen weg." (Ende des Praktikums)
FK.1: „Ah, ich verstehe, aber FK.2 bleibt uns ja noch erhalten." (erhält Honorarvertrag)
A. fragt: „Ey, wann ist die Küche fertig?"
(nebenbei sprechen FK.2 und E – nicht verständlich)
FK.1 zu A.: „Hast du mich gefragt?"
FK.2: „Das heißt: FK.1, wissen sie, wann die Küche fertig ist, wann wir sie wieder benutzen können?" (Die Küche wurde gerade in Eigenarbeit umgebaut)
A. lacht.
FK.1: „Keine Ahnung, was habt ihr denn bisher gemacht an der Küche – und was müsst ihr noch machen?"
C. und A. gleichzeitig: „Wir haben gar nichts mit gemacht in der Küche."
FK.1: „Also – die Antwort ist, ich weiß es nicht genau, aber ich glaube, es dauert nicht mehr lange. Herr K. hat schon viel fertig machen können."
Gespräch FK.2 – E. wird lauter, „ja, ich brauche so ein ... (ital. Begriff), sie brauchten das doch auch neulich."
FK.1: „Was braucht ihr?"
FK.2: „Es gibt so eine Veränderung. In Italien hatten wir immer noch einen Papierausweis, jetzt brauchen wir aber auch so Ausweiskärtchen." (FK.2 und E. sind italienischer Herkunft)
A. (Blickrichtung FK.1): „Können sie mir die Augenbrauen zupfen?"
FK.1: „Meinst du mich mit der Frage?"
A.: „Ja." (grinst)
FK.1: „Wie kommst du darauf, dass ich dir die Augenbrauen zupfen würde?"
A.: „Weil sie nett sind." (lacht)
FK.1: „Also nein – ich habe noch niemals jemanden die Augenbrauen gezupft – und ich werde es sicher auch nicht bei dir machen. Oder meinst du, ich soll mir die Augenbrauen zupfen?"
A.: „Nee, mir".

A. zu B.: „Kannst du mir die Brauen zupfen?"
E. in den Raum: (undeutlich) etwa: „Hab' ich schon mal gemacht, tut voll weh."
B. zu FK.2: „Ich brauch ein Pflaster, mein Finger ist entzündet."
FK.2: „Ja, ich gehe mal mit dir ins Büro, alle anderen gehen jetzt zurück in den Werkbereich."
Alle stehen auf und verlassen den Raum.

GEBe-Schritt 4: Hypothesen zu möglichen Themen der Jugendlichen bilden

In der OBG hatten wir schnell das Bedürfnis, das Wimmelbild der Beobachtungsgeschichte zu sortieren. Wir wollten uns nicht mit Zacks und Hopplas aufhalten, sondern sofort darüber diskutieren, welche Themen sich möglicherweise in dieser komplexen Szene verstecken könnten. In unserer Besprechung entdeckten wir folgende mögliche Themen der Szene im Pausenraum (dabei folgt die Darstellung hier dem Ablauf der Themen in der Situation):

- Die Szene beginnt mit dem Klopfen eines Jugendlichen an das Pausenraumfenster. Vielleicht macht er damit auf sich aufmerksam, führt sich in die Szene ein, bietet eine vielleicht provokative Interaktion an. Das zeigt sich in der Antwort eines Jugendlichen, der sich fragt, ob die Abteilungsleiterin das Klopfen als aggressive Geste oder als nette Kontaktaufnahme deuten wird. Sie tut Letzteres und das Problem löst sich auf. Dahinter liegen möglicherweise Themen darüber, wer wie gesehen, erkannt und anerkannt wird. Was ist nötig, um sich als anerkanntes Mitglied des sozialen Gemeinwesens der Einrichtung erkennen zu können?
- Zudem geht es möglicherweise um Regeln: Wer darf wen rausschmeißen (z. B. wenn er unangemessen an die Scheibe klopft)? Wer bestimmt die Regeln und wer setzt sie wie durch?
- Vielleicht geht es um Benimmregeln, um basale Höflichkeit und Respekt den anderen gegenüber, damit indirekt auch um die Art und Weise des Zusammenlebens unter den beteiligten Gruppen und zwischen ihnen.
- Wie kommt das Thema von (Liebes-)Beziehungen auf („neue Freundin"), was bedeutet es, eine Freundin zu haben, wie führt man eine (Liebes-)Beziehung?
- Die Abteilungsleitung bringt das Thema des Pausenraumes auf und fragt, warum während der Arbeitszeit so viele Jugendliche dort sind. Auch hier geht es um Regelungen: Wer bestimmt die Pausenzeiten, wer braucht welche Pausenrhythmen, wer kontrolliert die Pausenregelungen, wie wird mit Übertretungen der Regeln umgegangen? Es geht damit auch um die Verhältnisse und Hierarchien zwischen den Jugendlichen und den erwachsenen Fachkräften. Damit könnten auch Themen der Gerechtigkeit aufgerufen werden, also die Frage, wer wie gleichermaßen zu seinem Recht kommt.

- Das betrifft auch das Verhältnis zu sozialen Situationen, die offen und weniger formell sind als eine Teilnahme an der geregelten Werkstattarbeit. Wann kann sich wer wie non-formell oder informell treffen? Was sind die Orte dafür, wer bestimmt das, wo und wie wird das geregelt?
- Sehr kurz wird thematisiert, ob die Praktikantin die Einrichtung verlässt, und was das für den oder die Jugendlichen bedeutet. Wird vielleicht eine ‚ordentliche' Verabschiedung(-sfeier) nachgefragt? Aber das Thema löst sich wieder auf, weil die Praktikantin noch weiter beschäftigt werden wird. Es lässt sich schließen, dass die Jugendlichen nicht genau über die Stellenstruktur und Einstellungen oder Personalwechsel in der Einrichtung (und die damit verbundenen finanziellen Fragen) informiert sind.
- In Blick auf die Renovierung der Küche ergibt sich das Thema, wer dafür verantwortlich ist und mitgearbeitet und mitbestimmt hat. Die Jugendlichen wissen nicht, wann die Küche fertig wird, und einige haben auch nicht daran mitgearbeitet. Die Küche ist ja ein zentraler Ort der Grundversorgung und der sozialen Kommunikation. Es ist also nicht egal, wie es dort aussieht und wer über die Küche bestimmt. Es stellen sich damit einige Fragen: Wer hat die Küche geplant, wer hilft beim Bau und wer bestimmt wie worüber? Und auch die Frage, wie wer Informationen bekommt und deshalb kompetent mithandeln kann. Die Nachfrage der Jugendlichen kann auch auf mangelnde Transparenz des durch die Fachkräfte bestimmten Geschehens hinweisen. Die Jugendlichen wissen nicht, was passiert, und müssen nachfragen. Sie sind zwar Mitglieder der kleinen Gesellschaft der Einrichtung, aber sie bestimmen wenig das Geschehen und haben wenig Kenntnisse darüber.
- Dann geht es zwischen der Praktikantin und einem italienischstämmigen Jugendlichen kurz um dessen Aufenthaltsstatus und die dafür notwendigen Nachweise. Der Status von Beteiligten als Migranten wird aufgerufen und deren Probleme mit der deutschen Bürokratie und ihren Regeln. Es geht hier um den formalen Status als Bürgerin der Bundesrepublik Deutschland und damit im weiteren Sinne auch um das Recht auf Partizipation an der Demokratie.
- Und was bedeutet die Anfrage des Jugendlichen an die Chefin zum Augenbrauenzupfen? Verweist er damit auf sich als körperlich gepflegten und auf seine Schönheit achtenden Mann? Flirtet er mit der deutlich älteren Abteilungsleiterin? Oder geht es um eine Bitte um fürsorgliche Unterstützung bei der Körperpflege? Es deutet sich kurz an, dass die gegenseitige Unterstützung bei der Körperpflege auch zwischen den Jugendlichen geschehen könnte.
- Und wo man schon das Thema Pflege und Fürsorglichkeit behandelt, bittet einer der Jugendlichen um ein Pflaster und eine einfach medizinische Versorgung. Die Fachkraft wird in der Frage um das Augenbrauenzupfen deutlicher als verantwortlich für eine solche Care-Aufgaben angesprochen als ihre Kollegin.

- Die Praktikantin beendet die Szene, indem sie die Rolle der Fachkraft einnimmt, offiziell die inoffizielle Pause zu Ende bringt und den ‚Verletzten' versorgt.

Manche der Themen verweisen darauf, dass Anforderungen an die Fachkräfte bestehen, demokratischere Strukturen dauerhaft einzuführen. Dabei geht es besonders um die Frage der Transparenz des Geschehens in der Einrichtung. Die Jugendlichen benötigen eine Öffentlichkeit, in der für sie zunächst erkennbar und verstehbar wird, was sich im kleinen Gemeinwesen der Einrichtung tut, und dann geht es darum, wie sie sich in dieser Öffentlichkeit zu den anstehenden Fragen selbst artikulieren können. Demokratie ist zentral darauf angewiesen, dass sich ihre Mitglieder über die anstehenden Fragen, Probleme, Interessen, Konflikte usw. informieren und austauschen können. Eine solche Öffentlichkeit benötigt Medien und Verfahren, die helfen, den Jugendlichen und Erwachsenen immer wieder deutlich zu machen, was in der Einrichtung passiert, an welchen Stellen sie mitentscheiden können, wie sie handeln können, welche begründeten Entscheidungen der Fachkräfte und Leitungen es gibt und wie Regeln und Bestimmungen gerecht entschieden und umgesetzt werden können.

Die Küche ist ein zentraler Raum einer solchen Öffentlichkeit. Hier kommen alle informell und locker zusammen und können sich über die vielfältigen Anliegen des aktuellen Zusammenlebens austauschen. Sie können sich als Person präsentieren, Themen vorbringen, Informationen einholen und Positionen beziehen. Einerseits stellen die Küche bzw. der Pausenraum einen Raum dafür dar, andererseits wird durch die aufkommenden Themen deutlich, dass den Jugendlichen auch Informationen und Auseinandersetzung über das aktuelle Geschehen fehlen. Es gibt Ansätze einer Öffentlichkeit, aber um die Jugendlichen auch in die Lage zu versetzen, demokratisch mitzuentscheiden, müsste noch mehr geschehen.

Andere Inhalte verweisen auf pädagogische Bedarfe. Dabei geht es zum Beispiel um das Thema der Anerkennung, des Gesehen- und Respektiert-Werdens und darum, Aufmerksamkeit zu erhalten. Hier stellt sich die Frage, wie die Fachkräfte immer wieder im Blick auch auf die Einzelpersonen (etwa mithilfe von Medien) Möglichkeiten schaffen können, dass die Jugendlichen selbst in der Einrichtung sichtbar werden, Feedback erhalten und sich über solche Rückmeldungen selbst besser erkennen und ggf. verändern zu können.

Es zeigt sich auch ein großes Thema, das als die Frage nach der gegenseitigen Fürsorglichkeit (engl. Care) bezeichnet werden könnte. Wie sorgt man füreinander, dass man gut zu essen hat, sich um Körperpflege kümmert, (körperliche und möglicherweise seelische) Verletzungen heilt, Gemeinschaftseinrichtungen der Versorgung (wie die Küche) zusammen einrichtet und pflegt? Und immer wieder geht es um die Frage, wie diese Aufgaben gemeinsam geregelt und fair verteilt werden können.

Vertiefung: Demokratische Care-Politik in der Einrichtung?

In dem kleinen Gemeinwesen der Einrichtung geht es um Politik, also um die kollektive Regelung von Fragen, Konflikten oder Problemen bei der gemeinsamen Lebensführung. Eines der zentralen Themen der Lebensführung ist die Ermöglichung gegenseitiger Fürsorglichkeit. Die amerikanische Politikwissenschaftlerin Joan. C. Tronto (2000) verwendet dafür den Begriff „Care". Care bezeichnet die umfassende fürsorgliche gesellschaftliche Praxis, deren Ziel es ist, „‚die Welt' so zu erhalten, fortdauern zu lassen und wiederherzustellen, dass wir so gut wie möglich in ihr leben können" (Tronto 2000: 26).

Brückner (2010, S. 43) verwendet den Begriff etwas enger: „Care umfasst den gesamten Bereich weiblich konnotierter, personenbezogener Fürsorge und Pflege, d. h. familialer und institutionalisierter Aufgaben der Versorgung, Erziehung und Betreuung, und stellt sowohl eine auf asymmetrischen Beziehungen beruhende Praxisform, als auch eine ethische Haltung dar." Hier ist für das Feld der JSA der Bezug auf Versorgung, Erziehung und Betreuung relevant.
In Brückners Definition wird schon deutlich, dass Care auch eine institutionelle und erzieherische Aufgabe ist. Care kennzeichnet auch Tätigkeit der Professionellen in der JSA.

Aber die Care-Begrifflichkeit von Tronto geht weit über Haushalts- und Familienarbeit im engeren Sinn hinaus, ebenso wie über die organisierte Care-Arbeit in Pflege und Sozialpädagogik. Ihr Verständnis von „Lebenssorge" (Klinger 2013) bezieht sich auf die Grundlage der Existenz aller Individuen und Gesellschaften. Dazu gehört die Anerkennung menschlicher Verletzlichkeit und Bedürftigkeit (vgl. auch Butler 2005), die nicht zuletzt zu einem spezifischen Verständnis von Autonomie führt. Autonomie besteht demnach stets innerhalb von Abhängigkeiten in den fürsorglichen Beziehungen mit und für andere Menschen (Tronto 2000: 29 f.).

Von daher stellt Tronto Anforderungen an eine „Demokratie als fürsorgliche Praxis" (ebd.). Sorgebeziehungen (vgl. zum Folgenden auch Jurczyk/Rerrich 2015) sind danach unter dem Aspekt von Gerechtigkeit und Teilhabe zu gestalten, sodass aus differenten Bedürftigkeiten – je nach Lebenslage und Lebensphase, aber auch je nach sozialer und nationaler Herkunft – keine manifest fortdauernden Ungleichheiten werden. Damit stellt sich einerseits die Frage von Verteilungsgerechtigkeit, also: Wer sorgt tagein, tagaus für wen und mit welchen Folgen? Andererseits geht eine demokratische Organisation von Care über zwischenmenschliches Handeln von Individuen hinaus. Fürsorglichkeit muss vielmehr Teil institutionellen Handelns, z. B. auch von Wirtschaftsorganisationen, öffentlichen Einrichtungen und Verwaltungen sein. Und d. h. hier: auch Teil der JSA.

Fisher und Tronto (1990, S. 40) definieren 4 Merkmale/Phasen von Care: (1) caring about, (2) taking care of; (3) caregiving, (4) care-receiving, also:

(1) sich um etwas sorgen, Aufmerksamkeit auf etwas lenken, das eines Sich-Kümmerns bedarf;
(2) sich um etwas kümmern, Verantwortung übernehmen für Aktivitäten, die auf die beim Sich-Sorgen wahrgenommenen Umstände reagieren;
(3) Für-Sorgen, die konkreten Aufgaben und die praktischen Sorgearbeiten;
(4) Fürsorge erhalten, also die Antworten derjenigen, auf die sich das Caring im Sinne einer Koproduktion richtet.

Tronto erweitert die ursprüngliche Unterscheidung der vier Phasen der Fürsorge, indem sie „caring with" als das fünfte Element des Sorgeprozesses einführt, und identifiziert Pluralität, Kommunikation, Vertrauen, Respekt und Solidarität als die wichtigsten moralischen Qualitäten, die ‚caring mit' erfordert (Tronto 2013, 35f.; vgl. auch Heier 2020).

Ein:e Bürger:in in einer Demokratie zu sein bedeute, so Tronto, sich um die Bürger:innen und für die Demokratie selbst zu sorgen (vgl. Tronto 2013). Dies erfordere, dass die Bürger:innen die kollektive Verantwortung für das ‚Kümmern umeinander' ernst nehmen und als demokratische Politik folgendes zentral setzen: „assigning responsibilities for care, and [...] ensuring that democratic citizens are as capable as possible of participating in this assignment of responsibilities" (Tronto 2013, S. 7). Es geht also – so übersetzte ich den Satz – um die Aufgabe der Zuweisung von Verantwortlichkeiten für die Fürsorge und für die Sicherstellung, dass die demokratischen Bürger:innen so gut wie möglich in der Lage sind, an dieser Zuweisung von Verantwortlichkeiten teilzunehmen.

Eine paternalismuskritische Sozialpädagogik und JSA erkennt in den Formulierungen von Tronto allerdings Risiken. Die Praxis von Fachkräften in Institutionen der Kinder- und Jugendhilfe besteht allzu häufig darin, über die Köpfe bzw. die Mitentscheidung der Adressat:innen hinweg zu bestimmen, auf wen und auf was die Aufmerksamkeit von Sorge gerichtet werden soll. Professionelle definieren mit ihrer Diagnose dann auch, wie sie auf diese von ihnen selbst definierte Sorgebedürftigkeit reagieren wollen. Den Empfänger:innen wird Fürsorglichkeit nicht angeboten, sondern zugemutet. Aus Sicht der Institution JSA (und anderer beteiligter Institutionen wie Schulen und Jugendämtern) werden bei bestimmten Jugendlichen Phänomene von ‚Benachteiligung und Beeinträchtigung' diagnostiziert, die Jugendliche zu Klient:innen der Organisationen machen. Ob aber die betroffenen Jugendlichen *selbst* diese Wahrnehmung der Institutionen teilen und sich als „in erhöhtem Maße auf Unterstützung angewiesen" (§13 SGB VIII) sehen, kann nicht als selbstverständlich unterstellt werden. Da das Grundgesetz mit Art. 1 „Die Würde des Menschen ist unantastbar" auch für Jugendliche gilt und Würde als Recht auf Selbstbestimmung verstanden wird, muss also zunächst mit den Subjekten ausgehandelt werden, ob und gegebenenfalls unter welchen Bedingungen sie sich *selbst* als unterstützungsbedürftig ansehen. Care darf nicht verordnet werden. Einer ‚Caring Democracy' vorangestellt oder zugrunde gelegt ist also die ‚Democracy of Dignity', die die Unverfügbarkeit der Würde des Einzelnen zum Ausgangspunkt nimmt und unter der Perspektive von Care sichern muss, dass die Frage, ob Fürsorge, Unterstützung und Sozialpädagogik zustande kommen und wie sie koproduktiv ausgeübt werden, durch die und mit den Betroffenen entschieden wird. Das bedeutet, dass niemand aufgrund eines vordefinierten Zustandes als Kind, Jugendlicher, Benachteiligter usw. von vornherein als hilfebedürftig behandelt werden darf. Und schon gar nicht, dass ihm ohne seine Zustimmung Fürsorge aufgenötigt werden kann.

Gerade der demokratische Anspruch des Care-Begriffs von Tronto würde dazu anleiten, die Bestimmung von Sorgebedürftigkeit und die Form der Sorgeausübung immer in einem demokratischen Diskurs zwischen Adressat:innen und Fachkräften vorzunehmen. Das heißt dann auch, im gesamten Prozess Care wechselseitig bezüglich ihrer Inhalte und gemeinsamen Vorgehensweisen zusammen zu entscheiden und kooperativ handelnd herzustellen. Das gilt sowohl für das Zustandekommen von Care, für individuelle Hilfe(-plan-)verfahren, als auch für die demokratisch-kollektive Gestaltung der Zusammenarbeit in der Einrichtung.
Aus dieser Argumentation folgt, dass die Klärung von Bedürftigkeit und die unter Umständen ausgehandelte Realisierung von Fürsorge eine gemeinsame Verantwortung (siehe das Zitat von Tronto oben) der Beteiligten in der Einrichtung bleiben. Auch wenn für ein Subjekt Care geleistet wird, ist ihm nicht nur das Entscheidungsrecht zu sichern, sondern auch das aktive Mithandeln und Mitverantwortung an der gemeinsamen Erstellung der Hilfe. Mitentscheiden, Mithandeln und Mitverantwortung sind in der Demokratie der Würde untrennbar und müssen sich auch in einer ‚Caring Democracy' wiederfinden (vgl. Knauer et al 2011).

Mithilfe dieser Perspektive einer demokratischen Care-Politik lässt sich auch die Beobachtungsgeschichte interpretieren. Sie zeigt eine ganze Reihe von Themen, in denen es um Care-Fragen geht (Körperpflege, Kochen und Essen, Sorge um Aufenthaltsstatus, medizinische und emotionale Versorgung). In der beobachteten Situation wird die Verantwortlichkeit für diese Care-Aufgaben von den Jugendlichen den Fachkräften zugewiesen. Die Jugendlichen scheinen selbstverständlich davon auszugehen, dass die Professionellen (und in der Szene sind das zwei Frauen!) sich um diese Bedürfnisse kümmern. Es schimmert kurz durch, dass auch die Jungen selbst sich an der Einrichtung der Küche beteiligen können und dass sie sich auch untereinander Augenbrauen zupfen könnten, gerade weil die Fachkraft diese zugemutete Aufgabe nicht übernimmt. Vorrangig aber handeln die Jugendlichen eher wie Kunden einer Dienstleistung oder wie Kinder in einer Familie. Auch wenn Dienstleistungen nicht ohne Beteiligung der Kunden selbst erbracht werden können (Koproduktion), wählen die jungen Männer doch eher eine passive Position. Ihre coole Selbstinszenierung verdeckt das etwas, aber es sind die weiblichen Fachkräfte, die über Informationen, Fähigkeiten und Verantwortung verfügen und Fürsorge ausüben (sollen).

Aus dem Blickwinkel einer ‚Caring Democracy' ginge es darum, diese Zuweisung von Verantwortlichkeit für Care an eine bestimmte Gruppe (die weiblichen Fachkräfte) zu problematisieren und die jungen Männer als Mitentscheidende und Mitverantwortliche bezüglich der zu erbringenden Fürsorgeaufgaben in die Pflicht zu nehmen. Das bedeutet auch, sie aufzufordern, an dieser demokratischen Auseinandersetzung über die Zuweisung von Care-Verantwortung mitzuwirken. Dafür benötigen sie die entsprechenden Beteiligungsrechte, aber auch die aktive Ermöglichung ihre eigenen Beteiligung an gegenseitiger Fürsorge in der kleinen Gesellschaft der Einrichtung, inklusive der Aneignung der dafür notwendigen (praktischen) Fähigkeiten.

Eine demokratische Care-Politik in der Einrichtung würde bedeuten, die Jugendlichen aus ihrer passiven Empfängerrolle von Dienstleistungen herauszuholen und sie zu aktiven, mitentscheidenden und mitgestaltenden Produzenten gegenseitiger Fürsorge zu machen. Konkret würde dies erfordern, ihnen mehr Rechte, Gremien und Verfahren der demokratischen Mitbestimmung über die Angelegenheiten der gemeinsamen Lebensführung in der Einrichtung zu gewährleisten. Weiter müssten dann die Care-Themen, die sich im geteilten Alltag zeigen, besser erkannt und benannt werden. Die unterschiedlichen Bedürfnisse und Bedürftigkeiten, die daraus erwachsenden Aufgaben und Tätigkeitsformen ebenso wie die bisherigen Muster der Zuweisung von Verantwortung müssten offengelegt werden. Daraus würden für die Jugendlichen und die Fachkräfte Möglichkeiten entstehen, an einer (auch in Bezug auf die Geschlechter) gerecht geteilten Zuweisung und Umsetzung von Fürsorgeverantwortung teilzunehmen, in Gegenseitigkeit Fürsorgeaufgaben wahrzunehmen und über deren Verteilung und Erbringung gemeinsam zu bestimmen. Und es sei noch einmal daran erinnert, dass als Grundvoraussetzung dieser gegenseitigen ‚Care-Demokratie' das grundgesetzliche Würde-Recht des Einzelnen gilt, über die eigene Bedürftigkeit zu entscheiden, wenn auch immer in wechselseitiger Auseinandersetzung mit den anderen Beteiligten.

Die Beobachtung zeigt, wie sich in nur 7 Minuten ein vielfältiges Panorama von Themen und Interessen von Jugendlichen zur Gestaltung des Lebens in der kleinen Gesellschaft der Einrichtung ergeben. Man könnte sogar sagen, dass die GEBe-Methode einen solchen Überreichtum an Themen der gemeinsamen Lebensgestaltung erkennbar macht, dass diese kaum alle gleichzeitig in Partizipationsgremien abgearbeitet werden können. Es zeigt sich aber damit grundsätzlich auch, wie viele Potenziale demokratischer Partizipation inhaltlich vorhanden sind. Die GEBe-Methode schlägt ja auch vor, Prioritäten zu setzen und die Themen aufzugreifen, die für die Jugendlichen besonders wichtig sind.

Professionelle Ermöglichung demokratischer Partizipation in den ‚wimmeligen' sozialen Situationen der Gleichzeitigkeit

Die in der Beobachtungsdokumentation berichtete Situation ist typisch für die sozialen Interaktionsverhältnisse in den Einrichtungen der JSA (aber nicht nur in diesen, sondern ähnlich auch in der Kita, der Offenen Kinder- und Jugendarbeit, der stationären Jugendhilfe usw.). Alle möglichen Beziehungsmuster und Inhalte finden gleichzeitig und vermischt miteinander statt. Unterschiedlichste

Bedürfnisse und Interessen werden geäußert, Selbstdarstellungen inszeniert, Beziehungen geführt, Regeln (manchmal provokativ) hinterfragt, Probleme gelöst, Emotionen bearbeitet usw. Insgesamt ist dies ein typisches Setting von Haus- bzw. Familienarbeit. Das sind Care-Arbeiten, die in unserer Gesellschaft immer noch überwiegend von Frauen wahrgenommen werden und die wenig anerkannt und häufig schlecht bezahlt sind.

Solche Care-Arbeit ist einerseits enorm wichtig für die Unterstützung des Aufwachsens und zur Ermöglichung von Erziehung und Bildung der Jugendlichen in der JSA, andererseits tendiert sie zur Unsichtbarkeit. Die komplexen Leistungen von Care werden von den Konsument:innen bzw. Koproduzent:innen ebenso wie von Organisationen/Trägern und Öffentlichkeit selten erkannt und anerkannt. Hinzu kommt, dass die Anlässe von Care-Arbeit in der Bedürftigkeit und Sorgeangewiesenheit nie aufhören. Care-Arbeit endet nicht, sondern ihre Leistung wird konsumiert und schon steht sie von neuem an. Die Belastung, die diese Arbeit mit sich bringt, ist vielfältig und groß. „Sie besteht nicht nur in den immer wieder schnell wechselnden unterschiedlichsten Anforderungen, Menschen und ihren Bedürfnissen situativ gerecht zu werden, sich aktuell empathisch auf sie einzustellen, angemessen zu kommunizieren und spontan vor Ort in vorhandener Zeit angemessene Lösungen mit den Beteiligten zu entwickeln. Sondern sie besteht auch darin, dass sich diese Vielfältigkeit und Gleichzeitigkeit nur schwer reflektieren und kaum darstellen und anderen vermitteln lässt" (Sturzenhecker 2022c, S. 5).

Der Charakter der Gleichzeitigkeit, der Vielfältigkeit und Komplexität, also der ‚Wimmeligkeit', ist in der Beobachtungsgeschichte gut zu erkennen. Die Fachkräfte in der Szene gehen kompetent damit um, so etwas kennen und können sie. Wenn man sich allerdings vorstellt, dass ihr Alltag aus vielen aneinandergereihten Situationen wie dieser besteht, kann man durchaus die Anstrengung einer solchen Arbeit erahnen. Die Komplexität dieser typisch sozialpädagogischen Situationen führt aber auch dazu, dass sie kaum im Nachhinein erinnert und reflexiv aufgearbeitet werden kann. In einem solchen Alltag passiert einfach zu viel. Deshalb hat die GEBe-Methode auf die klassische sozialpädagogische Arbeitsweise hingewiesen, dass das Alltagsgeschehen mit den Jugendlichen bewusst beobachtet und eben auch schriftlich dokumentiert werden muss. Nur dann lassen sich wenigstens einige beispielhafte Situationen bewusst erfassen und können zum Inhalt professioneller Reflexivität und Planung werden. Die durch die GEBe-Methode entstandene Beobachtungsgeschichte bietet jetzt den Fachkräften, wie gezeigt, einen Reichtum an thematischen Anregungen und methodischen Aufforderungen zum Ausbau der Möglichkeiten der Eröffnung demokratischer Partizipation der Jugendlichen in der Werkstatt. Ohne eine solche bewusste Dokumentation und intensive Interpretation (im Team der Fachkräfte der Werkstatt und mit der OBG) wären die demokratischen Potenziale der Szene überhaupt nicht aufgefallen, denn es handelt sich einfach um ganz normalen

Alltag. Wenn Fachkräfte also Jugendlichen in der JSA demokratische Partizipation eröffnen wollen, benötigen sie professionelle Methoden der Beobachtung, Dokumentation, Auswertung und Handlungsplanung zu solchen Alltagssituationen. Zudem benötigen sie Settings, in denen sie mit anderen Fachkräften zusammen in genügend Zeit solche Beobachtungen mithilfe wissenschaftlicher Methoden und Wissensbeständen sowie professioneller Reflexion auswerten können. Daraus entstehen dann neue Handlungsperspektiven, in unserem Fall zu einer intensiveren Ermöglichung demokratischer Partizipation.

Die Beobachtungsszene in ihrer ganzen ‚Wimmeligkeit' verdeutlicht also nicht nur die inhaltlichen Themen und formalen Bedarfe demokratischer Partizipation, sondern sie zeigt auch, dass Fachkräfte die Komplexität des pädagogischen Alltags kontinuierlich reflektieren sollten, um darin Chancen der Eröffnung von Demokratiebildung zu entdecken.

3 Von der non-formalen zur formalen demokratischen Partizipation in den Jugendwerkstätten

Wenn man noch einmal auf die Beobachtungsgeschichte 5 ‚Alles gleichzeitig' schaut, wird dort erkennbar, dass viele der in der beschriebenen Situation erkennbaren Themen eine grundsätzliche Partizipationsstruktur verlangen. In ihr müssen Rechte, Gremien und Verfahren so geklärt sein, dass die Jugendlichen wissen, worin ihre Rechte der Selbst- und Mitbestimmung bestehen und wie sie sie durch Gremien und Verfahren einlösen können. Wenn es keine solchen Rechte und demokratischen Strukturen gibt, hängt die Partizipation der Jugendlichen von der willkürlichen Entscheidung der Fachkräfte ab. Dann kann von Demokratie keine Rede sein. Es geht also darum, wie man demokratische Partizipation strukturell verankern kann. Das kann und sollte davon ausgehen, welche Partizipationsformen es in der Praxis schon gibt.

3.1 Vorhandene non-formale Partizipationsformen in den Jugendwerkstätten

Alle Teilnehmenden der OBG berichten von partizipativen Settings und Gesprächen mit den Jugendlichen über den gemeinsamen Alltag und dessen Gestaltung. Die demokratische Strukturierung der angebotenen Settings ist unterschiedlich.

Folgende Varianten werden berichtet:

(1) Unregelmäßig stattfindende und durch die Fachkräfte einberufene Gruppenmeetings, in denen die Jugendlichen Anliegen vorbringen und mit den Fachkräften besprechen können. Dabei gibt es keine formale Gesprächsstruktur und formalen Entscheidungsverfahren (wie Sammlung von Tagesordnungspunkten, deren Abarbeitung, Entscheidung mit Mehrheiten oder Protokollierungen). (Michael Koitka)
(2) Regelmäßig stattfindende Morgenrunden behandeln aktuelle Themen der Jugendlichen. Dabei sind keine festen Regeln oder Strukturen vorgegeben. (Elisabeth Emmanouil-Maß)
(3) In einem regelmäßig (etwa wöchentlich) stattfindenden ‚Gruppenrat' (in dem nur die Jugendlichen und Fachkräfte einer einzelnen Werkstattgruppe teilnehmen) werden Themenvorschläge der Jugendlichen gesammelt, in einer Tagesordnung strukturiert (für alle sichtbar auf Flipchart) und dann nacheinander diskutiert. Argumentationen und Lösungsmöglichkeiten werden auf Flipcharts dokumentiert. Dann werden – so weit wie möglich – Entscheidungen nach dem Mehrheitsprinzip getroffen. Diese Entscheidungen über gemeinsame bestimmte Regeln und Verantwortlichkeiten werden wiederum protokolliert und die Jugendlichen unterschreiben das Protokoll. (Sebastian Böhl)
(4) Eine Variante einer solchen formalen Gruppenbesprechung (regelmäßige Reflexionsrunde) mit *allen* beteiligten Jugendlichen geht ähnlich vor. Es wurde allerdings versucht, die manchmal etwas sehr lebendige Diskussion in der großen Gruppe zu vereinfachen, indem Delegierte in eine Art Sprecherrat gewählt wurden. Das hat allerdings bisher noch nicht geklappt, da die gewählten Jugendlichen zu selten anwesend waren. (Alessandra Adam)
(5) In den unterschiedlichen Werkstattgruppen wählen die Jugendlichen Delegierte für einen Jugendwerkstattrat. In dem werden Anliegen gesammelt, in einer Tagesordnung strukturiert, mit inhaltlichen Argumentationen diskutiert und schließlich entschieden. Prozess und Ergebnis werden in einem Protokoll festgehalten und an die anderen Jugendlichen der jeweiligen Werkstattgruppe durch die Delegierten kommuniziert. (Gerlinde Bade)

Damit bestehen zunächst einmal in allen Einrichtungen demokratieförderliche Grundstrukturen gemeinsamer Besprechungen zu Themen der Regelung der gemeinsamen Lebensführung in der Einrichtung. Wir stellten allerdings fest, dass damit zwar unterschiedliche Formen von Partizipation möglich werden (also die Jugendlichen sich in irgendeiner Weise beteiligen können), allerdings der Demokratiecharakter der Besprechungen teilweise schwach bleibt oder erst rudimentär ausgearbeitet wurde.

Die formale Stärke des Modells Jugendrat besteht hier in der Wahl und dem Status, den jugendliche Mitglieder des Jugendwerkstattrates dadurch erlangen. Einen solchen legitimierten Rat und die Entscheidungen der gewählten Mitglieder können die Fachkräfte und die Leitung nicht ohne weiteres ignorieren.

Andererseits bestehen keine genau definierten Rechte darüber, was die Jugendlichen mitbestimmen dürfen und welche Entscheidungen sich die Fachkräfte und die Leitung vorbehalten. Insofern bleiben die Rechtsstruktur und die formale Macht des Gremiums doch im Ungewissen. In der konkreten Arbeit des Jugendwerkstattrates stellte sich zudem die Frage, wie die jugendlichen Delegierten lebensweltliche Themen aus dem gemeinsamen Alltag entziffern und im Gremium thematisieren und entscheiden können. Die Verbindung zwischen ‚Basis' und repräsentativen Gremium ist unsicher.

Dem formalen Werkstattrat steht das non-formale, von den Fachkräften bestimmte und einberufene Gremium des Gruppenmeetings gegenüber. Weder gibt es hier festgelegte Rechte, noch Verfahren der inhaltlichen Bestimmung von Themen und Entscheidungen. Damit sind die Jugendlichen auf die ‚Gnade' der Fachkräfte angewiesen, die ihnen eine Besprechung ermöglichen und dabei bestimmen, inwieweit dort Themen diskutiert und mindestens Meinungsbilder zur Entscheidung erstellt werden können. Zudem gibt es kein formales Verfahren, wie die Diskussion strukturiert wird, sodass alle Beteiligten Bescheid wissen und sich orientieren können, um was es geht. Das stärkt wiederum die Macht der Fachkräfte, Themen ignorieren oder fallen lassen zu können.

Die anderen Formen haben eine formale Zeitstruktur (regelmäßige Treffen) und verwenden auch Methoden, die es ermöglichen, Themen vorzubringen und diese strukturiert zu diskutieren. Gerade die Regelmäßigkeit bietet ja Chancen, mit sonst möglicherweise ungehörten Themen doch noch Gehör zu finden. Aber auch in diesem Modell fehlt die formale Definition von Rechten der Mitbestimmung. Letztlich bestimmen also die Fachkräfte, ob und was Thema werden kann und wie weit die Beteiligung der Jugendlichen reichen darf. Aber immerhin entsteht dadurch eine gewisse demokratische Öffentlichkeit, denn die Jugendlichen haben regelmäßig die Chance, Themen vorzubringen, und sie sehen und hören gegenseitig, wer welche Positionen vertritt, Argumente vorbringt und sich überhaupt für das Gemeinwesen engagiert.

Alle diese Formen der öffentlichen Diskussion und auch formaler Gremien bieten Chancen, die demokratische Partizipation der Jugendlichen auszubauen.

3.2 Ebenen demokratischer Entscheidungsstrukturen, auch in den Jugendwerkstätten

Um in den kleinen Gesellschaften der Einrichtungen demokratisch über die Angelegenheiten der gemeinsamen Lebensführung bestimmen zu können, braucht es drei Ebenen, über die Demokratie realisiert wird. Das wird in der folgenden Abbildung 2 verdeutlicht:

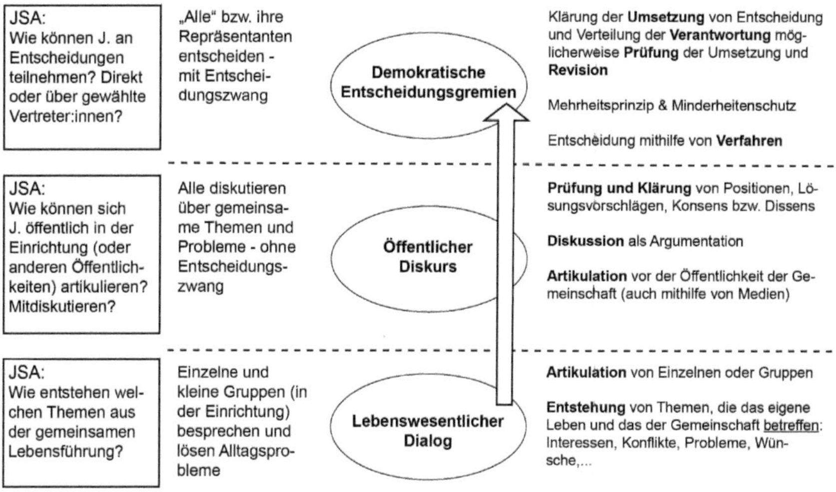

Abb. 2: Handlungsebenen von Demokratie

Alles beginnt ‚unten‘, im *lebensweltlichen Dialog*. Im alltäglichen Zusammenleben besprechen die beteiligten einzelnen Menschen und kleinen Gruppen ständig, was sie zusammen tun, welche Aufgaben und Probleme sich stellen und wie sie diese am besten gemeinsam lösen. Das betrifft zum einen Fragen des Zusammenarbeitens: Werkstattgruppen müssen Arbeits- und Pausenzeiten bestimmen, Aufträge genau bestimmen und planen, kooperative Arbeitsabläufe strukturieren und realisieren, (technische) Probleme der Aufgabenerfüllung lösen usw. Dabei wird immer schon auch zusammengelebt, es entstehen Beziehungen, und man konzentriert sich nicht immer nur voll auf die Arbeitsaufgabe, sondern es geht auch mal um andere Dinge. Das ‚Zusammenleben in einer Werkstatt‘ ist also durchaus mit der rein effizienzlogisch strukturierten Arbeit verbunden, geht aber auch über diese Logik und Kommunikations-Bestimmung hinaus. Es entstehen eben auch persönliche Beziehung zwischen den Beteiligten, man ist zusammen, man kommentiert Arbeitsprozesse und Kolleg:innen, man gestaltet Pausen zusammen, redet über interessante und private Themen von außerhalb, gibt sich Lebenstipps, streitet sich über politische und/oder weltanschauliche und kulturelle Fragen, entwickelt Vorstellungen über gemeinsame Freizeit usw. So entstehen mögliche Themen in der lebensweltlichen Verständigung der Beteiligten, die das individuelle Leben, aber auch das Leben im Kollektiv der Einrichtung betreffen. Es geht um Konflikte, Probleme, Wünsche, Interessen etc. All das entsteht im gemeinsamen informellen Handeln bzw. Sprechen. Hier verdichten sich kleine Impulse, erste Ideen, kuriose Vorschläge, freche Kommentare, starke Emotionen usw. zu gemeinsamen Themen. Im alltäglichen gemeinsamen Sprechen – neben der Effizienzlogik der Arbeit – entstehen so auch Themen und Vorschläge für die Regelung der gemeinsamen Angelegenheiten, von den Arbeitsbedingungen bis hin zu privaten Umgehensweisen damit oder alternativen Lebensentwürfen. Das kann von Einzelnen ausgehen, die andere mit ihrem Thema ‚anstecken', oder aus zunächst eher nebensächlichen Bemerkungen und Äußerungen wird zunehmend eine gemeinsame Artikulation entwickelt, die man auf den Begriff bringen, also bezeichnen kann. So kann zum Beispiel aus wiederkehrenden Konflikten zur Handynutzung der Jugendlichen bei der Arbeit, den Reaktionen der Fachkräfte und den Kommentaren der Jugendlichen dazu ein gemeinsames Thema entstehen, indem die Jugendlichen die Regelung der Handynutzung durch die Fachkräfte kritisieren und neue Lösungen verlangen. Aus einer Geschichte eines Teilnehmenden über einen Ausflug am Wochenende kann Interesse anderer geweckt werden und die Idee entstehen, zusammen mal einen solchen Ausflug zu machen. So entwickeln sich Themen, die Inhalte einer demokratisch öffentlichen Diskussion der Entscheidungsgemeinschaft der Einrichtung und schließlich der Entscheidungsfindung in Gremien werden können.

Dazu bedarf es eines weiteren Schrittes, bei dem die Themen breiter und tiefer diskutiert und angedacht werden. Es braucht einen *öffentlichen Diskurs*, in dem alle Beteiligten die Möglichkeit haben, Themen vorzubringen und sie mit den anderen zu diskutieren. Hier gibt es keinen Entscheidungszwang, sondern man kann frei Ideen, Vorschläge, Kritiken entwickeln und sich darüber mit den anderen streiten. Damit alle die Möglichkeit haben, die Diskussion zu verfolgen und sich in sie einzuschalten, helfen Medien (Wandzeitungen, Flugblätter, Werkstattzeitungen, interne Gruppen in sozialen Medien, Monitore mit Werkstattneuigkeiten etc.). Die Diskussion dient dazu, besser zu klären, um was es genau geht und welche Vorschläge oder Meinungen im Raum stehen. Dazu müssen manchmal Sachinformationen eingeholt werden, um besser zu verstehen, mit was die jeweilige inhaltliche Frage zusammenhängt und funktioniert. Sachliche Informationen müssen wiederum gemeinsam debattiert und bewertet werden. Bewertungen, Positionen und Entscheidungsvorschläge müssen mit Argumenten begründet werden. Argumente werden dann geprüft, bis sich die Beteiligten einigen, eine Argumentation als gültig anzuerkennen (Konsens), oder bis sie feststellen, dass sie teilweise oder grundsätzlich in unterschiedlichen Positionen verbleiben (Dissens). Das alles kann nur funktionieren, wenn alle Beteiligten und Betroffenen auch tatsächlich Zugang zu diesen Diskussionen haben und sich mit ihren Interessen und Positionen einbringen können.

Was so in den Öffentlichkeiten der Entscheidungsgemeinschaft problematisiert und diskutiert wird, bereitet inhaltlich und argumentativ vor, was dann auf der nächsten Ebene der Entscheidungsfindung bestimmt werden muss.

Dazu benötigt man *demokratische Entscheidungsgremien*. Während in der Öffentlichkeit ohne direkten Entscheidungszwang diskutiert und verhandelt werden konnte, muss oft dann doch irgendwann eine Entscheidung gefällt werden. Probleme, Interessen und Konflikte verlangen nach einer Lösung und es entstehen Handlungszwänge. Diese Entscheidungsstrukturen richten sich an alle

Beteiligten (Vollversammlung, Urabstimmung, o. Ä.), was naheliegt, wenn die Entscheidungsgemeinschaft nicht zu viele Mitglieder und nicht zu viele komplexe soziale Unterstrukturen hat. In größeren Entscheidungsgemeinschaften werden häufig repräsentative Verfahren verwendet; die Mitglieder der Entscheidungsgemeinschaft wählen Vertreter:innen, Delegierte oder Repräsentant:innen, die dann in einem Entscheidungsgremium zusammenkommen und nach geregelten Verfahren der Beschlussfassungen (Mehrheitsregeln, Minderheitenschutz usw.) schließlich entscheiden, wie mit einem Thema, Konflikt, Problem und ähnlichem umgegangen werden soll.

In dem Gremium ist auch zu klären, wer welche Mitverantwortung für die Umsetzung der Entscheidung übernimmt. Mitzuentscheiden heißt auch, die Entscheidung durch eigenes Mithandeln umzusetzen. Dabei können die Mitglieder der Gemeinschaft prüfen, ob ihre Entscheidung ‚funktioniert' und das Problem auf für alle gute und gerechte Weise bearbeitet. Wenn das nicht der Fall ist, können sie das Thema erneut aufrollen und die Entscheidung revidieren. Demokratie ist ein Verfahren, in dem (auch) gelernt wird – die Beteiligten können aus Entscheidungsfehlern Schlüsse ziehen und zu neuen, besseren Entscheidungen kommen.

Die drei Ebenen müssen gegenseitig durchlässig sein. Themen müssen ‚von unten nach oben' auf der lebensweltlichen Ebene des alltäglichen Zusammenlebens entstehen können, in der Öffentlichkeit unter Beteiligung aller Betroffenen diskutiert werden und transparent und argumentativ nachvollziehbar in denen Entscheidungsgremien zur Entscheidung gebracht werden. Aber auch andersherum, von ‚oben nach unten', muss es Transparenz und Durchlässigkeit geben. Die Entscheidungen der Gremien müssen wieder in der Öffentlichkeit geprüft und diskutiert werden. Sie müssen sich in ihrer Bedeutung und Funktionalität für die lebensweltlich infrage stehenden Themen beweisen. Im Alltag müssen die Betroffenen erkennen und verstehen können, wie der Weg von ihrer Themenstellung durch die Öffentlichkeit zu Entscheidung durchlaufen wurde und warum es wie zu welchen Entscheidungen kam, die für ihre konkrete alltägliche Lebensführung relevant werden.

In der demokratischen Praxis in der Bundesrepublik Deutschland gibt es zurzeit auf all diesen Ebenen und in ihren kommunikativen Verbindungen große Probleme. Demokratie ist ein Anspruch, der nicht einfach umzusetzen ist und mit dem auch immer wieder etwas schief geht. Diese Probleme sind geradezu ein Kennzeichen von Demokratie, und sie selbst enthält die Mittel, wie mit diesem Problem umgegangen werden kann. Die kleinen demokratischen Gesellschaften der Jugendwerkstätten sind weniger komplex als die Demokratie in der Bundesrepublik, aber auch sie können von Problemen getroffen werden, die es ebenso in der großen Gesellschaft gibt. Hier wurden zunächst einmal die grundsätzlichen und idealen Ansprüche, Ebenen und Kommunikationsweisen demokratischer

Partizipation vorgestellt. Nur wenn man sich an ihnen orientiert, hat man Maßstäbe dafür, Demokratie – auch und gerade in pädagogischen Einrichtungen – überhaupt zu realisieren und sie angesichts von Problemen besser zu machen.

Deshalb werden im Folgenden noch einige Anregungen gegeben, wie die Ebenen und Handlungsmuster demokratischer Partizipation in der JSA umgesetzt werden können.

3.3 Die GEBe-Methode hilft, Themen der demokratischen Mitentscheidung zu bestimmen

Die GEBe-Methode richtet sich besonders auf die Ebene des lebensweltlichen Alltags. Sie gibt den Fachkräften methodische Vorschläge an die Hand, wie sie die Jugendlichen unterstützen können, aus deren alltäglichem Handeln bzw. Sprechen Themen abzuleiten, die sie beschäftigen und betreffen. Indem die Fachkräfte den Jugendlichen diese Themen als Hypothesen wieder zurückgeben und sie in einem Dialog mit ihnen genauer klären, beginnt schon ein demokratischer Auseinandersetzungsprozess zwischen den Ebenen des lebensweltlichen Dialogs und der demokratischen Öffentlichkeit. Das führt in vielen Fällen zu konkreten Projekten, indem Themen, Interessen und Fragestellungen erkannt und gemeinsam angegangen werden. Die Partizipation findet dann in diesen Projekten statt, deren Themen und Arbeitsweisen im gemeinsamen Aushandlungsprozesse entstanden sind und im Prozess zusammen bestimmt werden.

Im Blick auf die Ebenen der demokratischen Diskussion und Entscheidungsprozesse findet sich die GEBe-Methode, ausgehend von der Lebenswelt, im Übergang zur Öffentlichkeit wieder. Damit kann sie auch der Einstieg in formalere demokratische Partizipation in einer Einrichtung werden. Wenn, durch die GEBe-Methode sensibilisiert, gemeinsam bestimmte Themen entstehen, können diese auch in die formalen Entscheidungsstrukturen eingegeben werden. Das in der OBG geschilderte Problem von non-formalen und formalen Mitbestimmungssettings, bei denen die Jugendlichen nicht so genau wissen, was denn eigentlich Thema von Besprechungen und Entscheidungen werden soll, kann durch die GEBe-Methode aufgelöst werden. Wenn die Fachkräfte die Methode transparent anwenden, lernen die Jugendlichen selbst, sie auch im Alltag zu nutzen und kommen eigenständig damit zu inhaltlichen Vorschlägen.

3.4 Strukturen demokratischer Partizipation in Bezug auf die Beobachtungsgeschichte ‚Alles gleichzeitig'

Am Beispiel des Problems einer gerechten Verteilung von Care-Aufgaben unter den Beteiligten Jugendlichen und Erwachsenen in der Beobachtungsgeschichte 5 wurde deutlich, dass die Jugendlichen über Rechte, Gremien und Verfahren der Partizipation verfügen können müssen. Wenn sie nicht wissen, welche Rechte der Selbstbestimmung als Person und Mitbestimmung im Kollektiv der Einrichtung sie haben, entstehen Folgeprobleme. Sie sind dann einerseits selbst nicht in der Lage, solche Rechte und Verfahren der demokratischen Mitbestimmung einzuklagen, und andererseits verbleibt die Entscheidung darüber, wann sie sich bei welchen Fragen beteiligen (dürfen), in der Willkür der Fachkräfte.

In der Beobachtungsgeschichte wird an verschiedenen Stellen deutlich, dass eine gemeinsam getragene demokratische Struktur der Partizipation der Jugendlichen die Themen der geteilten Lebensführung in der Einrichtung aufgreifen und Prozesse der Mitbestimmung dazu einleiten könnte. Wie oben schon erläutert, sind die Rechte der Mitbestimmung der Jugendlichen in einer pädagogischen Organisation (wie der Jugendwerkstatt) begrenzt. Das bedeutet umso mehr, dass die Rechte, über die sie verfügen *können*, genau geklärt, transparent verfügbar und nutzbar sein müssen. Rechte nutzen kann man nur, wenn es Gremien und Verfahren gibt, die sichern, wie die Jugendlichen zu ihren Rechten kommen. Die Einrichtung hatte – wie oben berichtet – begonnen, einen Jugendwerkstattrat einzurichten. In den unterschiedlichen Gewerken (wie zum Beispiel Holz oder KFZ) wählen die Jugendlichen Vertreter:innen in den Jugendwerkstattrat. Dieser Rat soll dann über die anstehenden Fragen (die auch mithilfe der GEBe-Methode entdeckt wurden) beraten und entscheiden. Mit einem solchen Gremium und den Verfahren demokratischer Diskussion und Entscheidungsfindung kann die Partizipation der Jugendlichen strukturell verankert werden. Das Gremium kann aber nur funktionieren, wenn alle Beteiligten wissen, auf der Basis welcher Rechte die Jugendlichen hier mitentscheiden, mithandeln und mitverantworten können.

Entscheidungen in den Gremien müssen in demokratischer *Öffentlichkeit* vorbereitet werden. Dafür braucht es soziale Gelegenheiten bzw. Orte, an denen sich die Mitglieder der Entscheidungsgemeinschaft oder mindestens Teilgruppen treffen und ungezwungen miteinander sprechen können. Ebenfalls sind Medien nötig, also Mittel, die die Sachinhalte, die geäußerten Positionen und Argumente sowie mögliche Lösungsvorschläge allen Betroffenen vermitteln, und die gleichzeitig ermöglichen, diese Fragen auf der Ebene von Medien breiter zu diskutieren und weiter zu verbreiten. Wichtig ist dabei, dass die unterschiedlichen Betroffenen unterschiedliche Zugänge benötigen, um sich an solchen öffentlichen Diskursen zu beteiligen. Es muss sichergestellt werden, dass auch alle mitbekommen, was diskutiert wird und was Sache ist. Es muss sichergestellt werden, dass alle Beteiligten jeweils auf ihre spezifische Weise ihre Stimme erheben und sich an der Diskussion beteiligen können. Es muss sichergestellt werden, dass niemand aufgrund von besonderen Merkmalen diskriminiert und von der Diskussion ausgeschlossen wird. Anders gesagt, die demokratischen Gremien und Verfahren, ebenso wie die Öffentlichkeit, müssen differenzgerecht sein. Dieses Prinzip stellt zum Beispiel die Frage nach den verwendeten Sprachen und der für alle gesicherten Verständlichkeit der Verständigung. Es stellt damit die Frage, ob nicht auch Symbole und Bilder verwendet werden müssen, um für alle die Inhalte zugänglich zu machen. Es fragt sich, wer in der Entscheidungsgemeinschaft der Einrichtung schnell am Rande steht oder ausgeschlossen wird – diesen Personen sind spezifische Zugänge zur Öffentlichkeit zu sichern.

Die Küche in unserer Beobachtungsgeschichte ist ein solcher Ort, an dem sich eine informelle Öffentlichkeit ergeben kann, aber nicht muss. Es braucht also neben einem Ort noch formalere Settings, in denen die Beteiligten Themen des Zusammenlebens aufbringen und diskutieren können. Das könnten zum Beispiel Morgen- oder Abendrunden in jedem Gewerk sein (oder eine Besprechung am Ende der Woche), in denen alle Beteiligten auf den Tag/die Woche zurückblicken und Themen, Fragen, Probleme und Konflikte aufmachen können, die sich im Zusammenleben und Zusammenarbeiten ergeben haben. Die Beteiligten an der OBG berichten ja von solchen Formen. Hier wäre der Zugang für alle Jugendlichen und Erwachsenen formal gesichert, weil zunächst die Fachkräfte diese Runden einberufen und ihre Diskussionsqualität herstellen würden. Aber damit ist dann auch die Aufgabe gestellt, gemeinsam die Diskussionskultur solcher Öffentlichkeiten zu reflektieren und zu verbessern, sodass alle sich auf eine für sie passende und mögliche Weise gleichermaßen beteiligen können.

Solche Diskussionen und dabei entstehende Themen, die zusammen intensiver diskutiert und angegangen werden müssen, könnten in eigenen Medien der Jugendwerkstatt aufgegriffen werden. Das beginnt bei Infotafeln und schwarzen Brettern, es könnte in Form von Flugblättern und Werkstattzeitungen geschehen, man wird aber heute wahrscheinlich auch elektronische Medien nutzen müssen, weil die Jugendlichen diese schon vorrangig verwenden. So könnte es eine nur für Teilnehmende zugängliche Instagram-Seite geben, auf der man Fotos und Kommentare einstellen kann. Denkbar ist, eine ‚Gruppe' in einem sozialen Medium zu schaffen, in der sich Teilnehmende austauschen können. Man benötigt auch große Bildschirme oder Beamer, mit denen solche Kommunikationen in der Werkstatt wieder für alle sichtbar gemacht werden können. Solche öffentlichen Debatten spitzen Themen zu und bereiten sie für die Behandlung in den demokratischen Gremien vor. Diese können auch wiederum Fragen und Entscheidungsvorschläge an die Öffentlichkeit der Einrichtung zurückgeben und erneute Diskussionen einleiten. Schließlich benötigt man aber eine rechtlich gesicherte Struktur, wer dann mit welchen Verfahren wie Entscheidungen trifft.

3.5 Partizipative Besprechungen demokratisch strukturieren

Um Mitbestimmungsrechte umsetzbar zu machen, braucht es Gremienstrukturen und in den Gremien Verfahren, wie Themen diskutiert und Entscheidungen gefällt werden. Erst wenn klare Rechte der Mitbestimmung definiert sind und diese Rechte über Gremien und Verfahren einlösbar werden, kann man von Demokratie sprechen.

In pädagogischen Einrichtungen bleiben die Mitbestimmungsrechte der Jugendlichen begrenzt (siehe dazu den Exkurs oben). Aufgrund des pädagogischen Auftrags und auch der Schutzaufgabe von Pädagogik, aber auch aufgrund der Organisationsstrukturen der Einrichtungen, bleiben eine ganze Reihe von Entscheidungsrechten allein bei den Fachkräften, Leitungen oder den Trägern. Deshalb kann nicht von Demokratie in der Einrichtung gesprochen werden, durchaus aber von demokratischer Partizipation, soweit Mitbestimmungsrechte, Gremien und Verfahren für die Jugendlichen definiert und nutzbar sind.

Deshalb steht für die Gesprächssettings in den Einrichtungen an, ihre demokratische Strukturierung zu prüfen und weiterzuentwickeln. Das kann in Form von ‚Verfassungen' geschehen, in denen die Rechte, Gremien und Verfahren der Mitbestimmung der Jugendlichen *und* der Fachkräfte festgehalten werden. Genau hier muss noch einmal betont werden, dass Fachkräfte und Jugendliche viele Themen der alltäglichen Lebensführung gemeinsam entscheiden müssen, da sie als Teilgruppen zu der Entscheidungsgemeinschaft (dem ‚Volk') der Einrichtung gehören und trotz ihrer unterschiedlichen Interessen und Perspektiven doch den Alltag kooperativ regeln müssen.

Doch auch schon ohne eine ‚Verfassung' können die Besprechungen demokratischer strukturiert werden, indem jeweils für die anstehenden Themen geklärt wird, welche Entscheidungsrechte die Beteiligten dazu haben. Dabei hilft es, zwischen den Rechten auf Information, auf Anhörung, auf Selbstbestimmung und auf Mitbestimmung zu unterscheiden. Das wird in der Abbildung 3 zusammengefasst.

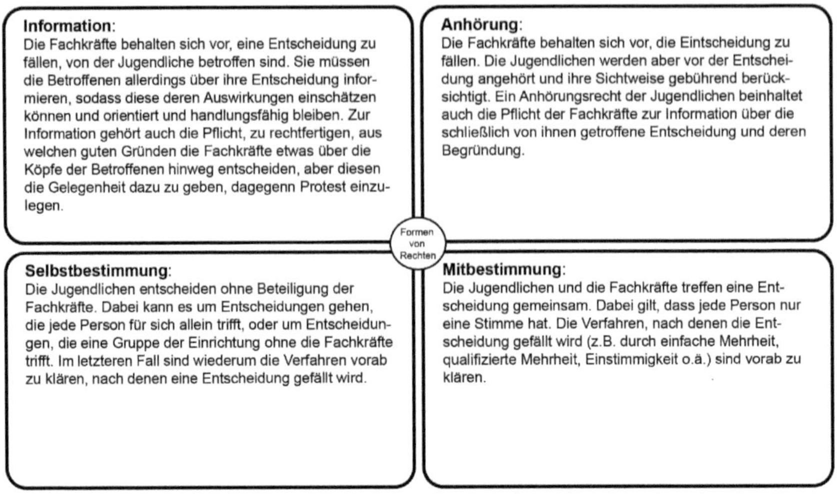

Abb. 3: Rechte der Jugendlichen auf Information, Anhörung, Selbstbestimmung und Mitbestimmung

Damit können die Fachkräfte Partizipationsbesprechungen vorbereiten und auch in den Besprechungen klären, unter welches Mitbestimmungsrecht ein bestimmtes Thema fällt.

Eine Klärung der demokratischen Rechte wurde in der OBG sehr deutlich durch die Beschreibung, die eine männliche Fachkraft von einer Sitzung des Jugendwerkstattrates in seiner Einrichtung gab. Er sagte, es sei eine ‚nette Geste' der Fachkräfte gewesen die Jugendlichen über den Beginn der Arbeitszeit mitbestimmen zu lassen. Der Rat entschied inhaltlich gegen das Votum der Fachkräfte für einen flexiblen Arbeitsbeginn in einer bestimmten Zeitphase (bei gleichzeitiger Selbstverantwortung erst spät ankommender Jugendlicher, sich in das Geschehen einzufädeln). Die ‚nette Geste' verweist darauf, dass die Fachkräfte aus ihrer Macht willkürlich und im Einzelfall den Jugendlichen ein Mitbestimmungsrecht einräumen, das sie unter Umständen aber auch wieder entziehen können. Das bedeutet, die Jugendlichen bleiben Objekte der Herrschaft der Fachkräfte, statt mit klaren, wenn auch begrenzten Rechten der Mitbestimmung ausgestattet zu sein. Nur wenn die Jugendlichen über geklärte Rechte verfügen (inklusive der Gremien und Verfahren, um diese Rechte einzulösen), können sie sich als berechtigte Bürger:innen der demokratischen Regelung des Zusammenlebens in ihrer Einrichtung erkennen. Und nur wenn es solche Rechte gibt, wird die pädagogische Macht (die – wie wir wissen – in Willkür und Machtmissbrauch umschlagen kann) ‚gezähmt', weil es Rechte und Strukturen gibt, die dafür sorgen, dass die Ausübung dieser Macht mit den Jugendlichen geteilt wird.

4 Demokratiebildung in Reflexion von Partizipationserfahrungen ermöglichen

Am Beispiel der Beobachtungsgeschichte 3: ‚Burger selbst machen' wurde oben gezeigt, wie die Fachkraft die Interessensthemen der Jugendlichen zur Inflation und zur Armut (die an dem teuren Burger-Essen deutlich wurde) aufgriff und Jugendliche dazu in Aktion brachte. Es kam ein die Jugendlichen interessierendes Thema auf, dieses wurde durch die Fachkraft schnell erkannt und ihnen zurückgespielt, und die Jugendlichen beteiligten sich aktiv an seiner Bearbeitung. Es wurden Bewältigungsmöglichkeiten ausprobiert, wie man selbst mit einem niedrigen Budget Burgerbrötchen und Burger herstellen könnte.

Trotz dieses erfolgreichen Eingehens auf die Interessen der Jugendlichen hätte es in dieser Aktion noch mehr Bildungspotenziale gegeben. Diese hätten ‚gehoben' werden können, wenn die gemeinsame Aktion mithilfe der Fachkraft dokumentiert worden wäre. Dann hätte man den Prozess noch einmal im Rückblick beschreiben, die darin wichtigen Themen formulieren und Erkenntnisse sichern können. Ohne eine solche Dokumentation und Reflexion konnten die Jugendlichen sich nicht ausdrücklich als Partizipierende erkennen, die mit ihren Interessen das Thema der Aktion bestimmten und weiterentwickelten. So haben die Jugendlichen vielleicht eine Wirksamkeit ihrer Partizipation verspürt, aber sie wurden nicht dabei unterstützt, sie auch zu benennen, d. h. sie bewusst zu erkennen. Es fehlte eine Reflexion, die helfen würde, die eigenen Erlebnisse im Prozess zu versprachlichen, und damit auch die eigenen Themen erkennen und die eigene Entwicklung beschreiben zu können. Will man der Bildung von Jugendlichen (in der JSA) assistieren, müsste man solche Erlebnisse durch gemeinsame Reflexion in formulierbare und verfügbare Erfahrungen verwandeln.

Eine solche fehlende Anregung von Reflexion ist allerdings nicht nur in der JSA, sondern ebenso in vielen anderen Handlungsfeldern der Kinder- und Jugendhilfe zu erkennen. Das liegt einerseits an der bisher bestehenden methodischen Unklarheit (auch in der GEBe-Methode), wie Partizipationsprozesse durch bildende Reflexionsanstrengungen begleitet werden könnten.

Andererseits führen auch die ‚gemischten' alltäglichen Interaktionssituationen in der Jugendwerkstatt (und der Sozialpädagogik ganz allgemein) dazu, dass die Fachkräfte den Alltag gemeinsam mit den Jugendlichen bewältigen und situativ mithilfe ihrer Routinen intervenieren. Nicht immer, aber doch häufiger, greifen die Fachkräfte dabei durchaus die Bildungsthemen der Jugendlichen auf und ermöglichen ihnen ein partizipatives Handeln dazu – wie in der o. g. Beobachtungsgeschichte. Aber solche Situationen werden dann zumeist weder durch die Fachkräfte über einen nachträglichen reflexiven Austausch im Team analysiert, noch für die Jugendlichen selbst reflexiv erkennbar gemacht. Es soll im Folgenden darum gehen, differenziert aufzufächern, wie eine Assistenz von Reflexion zur Stärkung von Bildungsprozessen in politisch-demokratischer Bildung genauer gestaltet werden könnte.

Mit diesen Hinweisen auf mögliche Vertiefungen von Bildungspotenzialen formuliere ich Ansprüche an professionelles Handeln, die zunächst kurz genauer erläutert werden sollen. Dabei beziehe ich mich auf die beiden Grundaufgaben von Sozialpädagogik, Erziehung und Bildung möglich zu machen.

4.1 Ansprüche an professionelle Erziehung

Erziehung hat in modernen Gesellschaften die Aufgabe, jungen Menschen zu ermöglichen, „als ein Subjekt" zu handeln, „das zur Beteiligung am gesellschaftlichen Leben fähig ist" (Mollenhauer 1982, S. 42 f.). Erziehung vermittelt das, was Kinder und Jugendliche brauchen, um in einer spezifischen Gesellschaft oder Kultur angemessen mithandeln zu können. Das geschieht, wenn Erziehende intentional, also absichtsvoll, den zu Erziehenden vorleben (präsentieren) und zeigen (repräsentieren), wie sie sich solches Handeln vorstellen und was sie diesbezüglich von den zu Erziehenden erwarten. Die Erziehenden stellen bewusst und entschieden den zu Erziehenden Inhalte und Handlungsmodelle vor, um ihnen die Option zu eröffnen, sich sowohl in bestehende soziale bzw. gesellschaftliche Zusammenhänge einzufügen, als auch diese zu erkennen und zu verändern.

Damit solche Erziehung professionell genannt werden kann, muss sie den Anspruch erfüllen, dass die Fachkräfte ihre Erziehungsziele bewusst formulieren und fachlich begründen können. Dazu müssen sie diese Ziele dreifach rechtfertigen können: 1. vor dem Hintergrund einer professionellen Ethik, 2. vor dem Hintergrund einer mithilfe wissenschaftlicher Kenntnisse durchgeführten Analyse der Lebenslagen und Erziehungsbedarfe der Adressat:innen (also vor dem Hintergrund von Professionswissen) und 3. vor den Adressat:innen selbst (vgl. dazu v. Spiegel 2021). Wenn Erziehung auf Selbstbestimmung und Mitbestimmung zielt (vgl. SGB VIII), kann sie nur im Dialog zwischen den beteiligten Subjekten der Erziehenden und der Adressat:innen hergestellt werden. Letztlich muss professionelle Erziehung die Autonomie der Adressat:innen befördern, und deshalb müssen Erziehungsziele vor ihnen gerechtfertigt und für sie zustimmungsfähig werden. Daran anknüpfend muss (auch wieder mithilfe wissenschaftlicher Erkenntnisse) begründet werden, warum ausgewählte Arbeitsprinzipien und konkrete methodische Arbeitsweisen in der Lage sein sollen, die Ziele zu erreichen.

In unserer Beobachtungsgeschichte 3 ‚Burger selbst machen' entscheidet die Fachkraft spontan, das Thema der teuren Burger und die Scham über Armut aufzugreifen. Wahrscheinlich kann sie im Nachhinein Erziehungsziele ihres Eingehens auf diese Themen benennen. Man kann begründbar vermuten, dass sie darauf zielt, den Jugendlichen Bewältigungsweisen von Armut zu vermitteln (‚Es ist billiger selbst zu kochen, als teuer essen zu gehen'). In der erzieherischen Situation entscheidet die Fachkraft jedoch spontan und ohne explizit vorgeschaltete Analyseschleife, was sie wie aufgreift. Wahrscheinlich fanden im Vorfeld Teambesprechungen statt, in denen grundsätzliche pädagogische Zielorientierungen der Jugendwerkstatt besprochen wurden. Inwieweit die Ziele dabei mithilfe wissenschaftsgestützter Analysen zur konkreten Lebenssituation der Jugendlichen reflektiert und begründet wurden, können wir im Nachhinein nicht feststellen. Erkennbar ist jedoch, dass die Fachkraft die Ziele den Jugendlichen nicht transparent macht und sie ihnen nicht begründet. Sie probiert, was ihr gerade zum Thema als Aktion einfällt, und bewertet das Mitmachen der Jugendlichen als Zustimmung. Wie oben schon angedeutet, geschieht solches spontanes erzieherisches Handeln im pädagogischen Alltag der Kinder- und Jugendhilfe wahrscheinlich sehr häufig. Und wenn die Fachkräfte damit auf die Interessensthemen der Kinder und Jugendlichen eingehen, statt unabhängig von deren Annahmebereitschaft zu bestimmen, was Ziel und Inhalt ihrer Interventionen sein soll, sind ja schon bestimmte Ansprüche an sozialpädagogische Professionalität erfüllt.

Allerdings fehlen die Aspekte der Begründung und dialogischen Klärung der Erziehungsziele und Arbeitsprinzipien mit den Betroffenen. Angesichts der vielfältigen, gleichzeitigen und zeitintensiven Interaktionen in sozialpädagogischen Alltagssituationen, ist es nicht besonders verwunderlich, dass eine solche reflexive Auseinandersetzung mit den Adressat:innen oft nicht geführt wird. Gerade angesichts der Arbeitsbelastung wird häufig ein derartig bewusstes Vorgehen in Teamsitzungen nicht entworfen. Vor lauter Überforderung durch Organisationsaufgaben fehlt die Zeit, anhand der Beobachtungen alltäglicher Situation mit den Jugendlichen (wie hier zum ,Burger machen') herauszuarbeiten, um was es dabei gehen könnte und wie man sich erzieherisch mit Zielen und Arbeitsprinzipien darauf beziehen will. Auf der Basis solcher Überlegungen könnten die Professionellen jedoch entwickeln, wie sie den Jugendlichen transparent machen wollen, welche Erziehungsziele sie warum ausgewählt haben und wie die Fachkräfte diese zusammen mit den Jugendlichen realisieren wollen. Dann hätten auch die Jugendlichen die Möglichkeit, sich als Subjekte auf diese Zielvorschläge zu beziehen, deren Sinnhaftigkeit für sich und die Entwicklung ihrer Lebensplanung und Autonomie zu prüfen und die Angemessenheit von Arbeitsweisen zu diskutieren.

Mit dieser dialogischen Konzipierung von Erziehung ergibt sich schon ein Übergang zur einer demokratisch-sozialpädagogischen Systematisierung, die ja die argumentative Auseinandersetzung und Entscheidungsfindung über anstehende Themen der gemeinsamen Lebensführung zum Kern hat. Damit kann auch an die Aufgabe der Bildungsassistenz angeknüpft werden.

4.2 Professionelle Bildungsassistenz

Der Unterschied von sozialpädagogischer *Erziehung* zu einer sozialpädagogischen Assistenz bei Bildung besteht darin, dass Erziehende Themen, Inhalte und Vermittlungsweisen bestimmen und anbieten und diese dann in einen Dialog mit den Adressat:innen bringen müssen. Anders in der *Bildungsassistenz*: Da es bei Bildung um die eigensinnigen Interessen der Jugendlichen geht, muss Sozialpädagogik schon von vornherein mit einer dialogischen Klärung von Themen beginnen. Die Fachkräfte bestimmen als Bildungsassistent:innen nicht, was Sache sein soll, sondern das geschieht in Auseinandersetzung mit den Jugendlichen entlang an deren Interessen und Relevanzen. Deshalb lässt sich die GEBe-Methode ganz darauf ein, zunächst das praktische/kommunikative Handeln der Jugendlichen bewusst wahrzunehmen und daraus Hypothesen über mögliche Bildungsinteressen abzuleiten, die dann gemeinsam ggf. akzeptiert, genauer bestimmt und entwickelt werden. Erziehung bringt in den Dialog ein, was die Erwachsenen für wichtig und für nötig halten, Bildungsassistenz greift die Bildungsinhalte und die Bildungsweisen der Jugendlichen selbst auf. Das dialogische Moment bildet die Schnittstelle zwischen einer solchen Erziehung und der Assistenz bei Bildung.

Im Sinne des Bildungskonzeptes geht es um Identitätsbildung, also darum, die Entwicklung von Selbstbewusstsein, Selbstbestimmung und Mitbestimmung der Subjekte in ihrer Aneignung von Gesellschaft bzw. Welt zu stärken – so trägt es das SGB VIII in verschiedenen Paragrafen der Kinder- und Jugendhilfe auf. Das bedeutet gerade auch, das Bildungselement der Reflexion bewusst und systematisch anzubieten. Bildungsassistenz will so die Begriffsbildung anregen, mit der die Subjekte ihre sozialen Erfahrungen kritisch bezeichnen und sich dazu positionieren können. Das bedeutet auch, die Konflikte zwischen dem Wollen, also den Bildungsinteressen der Jugendlichen einerseits, und deren individuellen Bedingungen und ggf. behindernden Rahmenbedingungen andererseits erkennbar zu machen. Erst das eröffnet Chancen darauf, eine kritische Veränderung und Erweiterung eigener Selbst- und Weltbezüge wahrzunehmen.

4.3 Folgerung: Intersubjektive Reflexion als Erfahrungs- und Bildungsprozess

Zunächst einmal ergibt sich der schlichte Anspruch an Fachkräfte, überhaupt Professionalität zu realisieren, indem in diskursiven Teamsitzungen Erziehungsziele im Hinblick auf die Analyse der Lebenslagen der Adressat:innen und ihrer Bedarfe festgestellt werden. Über solche Arbeitsweisen im Team kann auch der nächste Schritt angegangen werden, den Jugendlichen systematisch solche Erziehungsziele zu begründen und Methoden zu ihrer Erreichung zu diskutieren und zu bestimmen. Es entsteht also aus einem Konzept einer dialogisch-professionellen

Erziehung schon der Anspruch auf eine mit den Jugendlichen gemeinsam auszuübende Reflexion, hier im Blick auf die von Fachkräften definierten Ziele und vorgeschlagenen Arbeitsweisen. Gemeinsam muss man sich vom Handlungsfluss distanzieren und methodische Settings schaffen, in denen die Fachkräfte eine kritisch-diskursive Reflexion ihrer Ziele ermöglichen. Wenn solche professionelle Reflexivität[7] in Teamsitzungen und (dann nachträglichen) Reflexionen mit den Jugendlichen fehlen, ist die Professionalität von Fachkräften (in der Kinder- und Jugendhilfe ganz allgemein) geschwächt oder nicht mehr vorhanden.

Aus der Perspektive sozialpädagogischer Bildungsassistenz wären solche Reflexionen noch zu intensivieren, indem zunächst die Themen und Ziele der Jugendlichen selbst erkundet würden. Oben habe ich erläutert, dass eine gemeinsame Reflexion von Bildungsprozessen eine begriffliche Distanzierung und Reformulierung dieser (Bildungs-)Erfahrungen nötig macht. So können die Potenziale der Subjekte durch Kommunikation gestärkt werden, sich bewusst zu ihren Bildungsprozessen zu positionieren und ihre Veränderungen von Selbst- und Weltverhältnissen zu erkennen und zu betreiben.

Aber wie soll das konkret geschehen? Wie kann eine solche Ermöglichung von Reflexivität in den Erziehungs- und Bildungsprozessen in den Einrichtungen geschaffen werden? Dabei hilft das Konzept der Erfahrung und Reflexion, das der amerikanische Pädagoge und Philosoph John Dewey Anfang des 20. Jahrhunderts entwickelt hat.

4.4 Deweys Erfahrungskonzept

Ein Konzept von Bildung durch Reflexion findet sich in John Deweys Begriff der Erfahrung. Er verwendet als Amerikaner den deutschen Begriff ‚Bildung' nicht, sondern spricht von ‚education'. Es wird im Weiteren allerdings deutlich, dass seine Vorstellung von ‚education' als Bildungskonzept gelesen werden kann.

Für Dewey ist Erfahrung nicht einfach nur erworbenes Wissen und Können, sondern ein aktiver und reflexiver Umgang der Person mit dem, was ihr in und durch Handeln widerfährt. „Wenn eine Betätigung hineinverfolgt wird in ihre Folgen, wenn die durch unser Handeln hervorbrachte Veränderung zurückwirkt auf uns selbst und in uns eine Veränderung bewirkt, dann gewinnt die bloße Abänderung Sinn und Bedeutung; dann lernen wir etwas" (Dewey 1916/2000, S. 187). Erfahrung tritt nach Dewey dann ein, wenn Menschen reflexiv einen Zusammenhang herstellen zwischen dem eigenen Tun und dessen Folgen. Das „absichtliche Bemühen, zwischen unserem Handeln und seinen Folgen die

7 Den Begriff der *Reflexion* beziehe ich hier auf Subjekte und intersubjektive Gruppeninteraktionen allgemein. Davon unterscheide ich eine *professionelle Reflexivität*, die den spezifischen Anspruch auf analytisches und planendes Handeln (auf der Basis fachwissenschaftlicher Kenntnisse) von Fachkräften bezeichnet.

Beziehungen im Einzelnen aufzudecken, so daß die beiden zu einem Zusammenhang verschmelzen" (a.a.O., S. 195), nennt Dewey ‚Denken'. Menschen bilden sich also nicht durch einfaches Handeln oder Mithandeln (meistens in schon vorhandenen pädagogischen oder gesellschaftlichen Strukturen), sondern erst, wenn in der Reflexion aus solchen Erlebnissen Erfahrung wird. Damit erkennen die Handelnden auch die zukünftigen Folgen ihres Handelns an und übernehmen dafür Verantwortung (Dewey 1916/2000, S. 196). Mit dieser Verantwortung wird schon der soziale Charakter von Erfahrung deutlich: ‚Denken' beschränkt sich nicht auf eine egozentrierte Perspektive, sondern bezieht die anderen Beteiligten mit ein; es geht also um eine (zumindest durch Begriffe) ‚geteilte' Erfahrung. Was durch Denken aus der Erfahrung gefolgert wurde, muss durch Handeln überprüft und möglicherweise revidiert werden. Die so verstandene Erfahrung ist suchend und experimentierend, bleibt offen für Neues und für Veränderungen. Erfahrungen und erfahrungsbezogenes Denken passen zum demokratischen Verfahren des Einbezugs (möglichst) aller anderen Beteiligten eines Gemeinwesens und ihrer vielfältigen Interessen sowie den aus der freien und gleichberechtigten Wechselwirkung mit ihnen entstehenden Wandlungsprozessen.

Dewey argumentiert, dass solche Erfahrungen eigenen Handelns angesichts der Konfrontation mit „echten oder wirklichen" statt „vorgetäuschten oder angeblichen Problemen" (a.a.O., S. 206 f.) voraussetzen. Solche Probleme entstehen im Alltag, im „Gemeinschaftsleben" der Gesellschaft und der pädagogischen Einrichtungen. Es sind diese „Gemeinschaftsaufgaben" der alltäglichen gemeinsamen Lebensführung, aus denen Probleme und Schwierigkeiten entstehen, die als „lebenswichtige Zwecke" Handeln, und damit geteilte Erfahrung und neues Denken und neue Handlungsantworten verlangen. Auf diese Weise kann Demokratie als „Form des Zusammenlebens, der gemeinsam und miteinander geteilten Erfahrung" (a.a.O., S. 121) praktiziert werden. Bei diesen Themen setzt die GEBe-Methode und ihr Versuch einer demokratischen Bildung an.

Das oben ‚Denken' genannte ‚absichtliche Bemühen' besteht in einer gesteigerten, kollektiven und sprachlich bewussten Verfügung über Inhalte und Formen des eigenen Erfahrungsprozesses – in unserem Fall des (demokratischen) Handelns im Gemeinwesen der Einrichtung der JSA.

4.5 Der Erfahrungsprozess

Deweys erfahrungsbasierte Bildung in und durch Gruppeninteraktion kann wie in der Abbildung 4 schematisch als ‚offener Kreislauf' dargestellt werden.

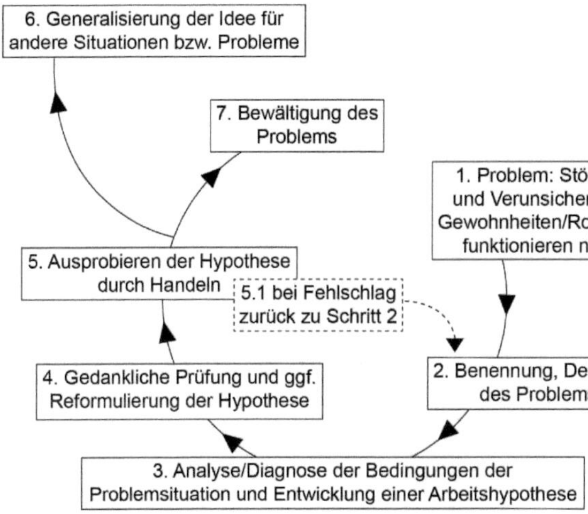

Abb. 4: Erfahrungsprozesse nach Dewey

Quelle: Eigene Darstellung nach Miettinen 2000, S. 65; ähnliche Schritte finden sich bei Rodgers 2002, S. 851.

In der alltäglichen Lebenspraxis handeln Menschen auf der Basis von erwartbaren Situationen und kennen und können die dazu passenden Handlungsmuster. Sie wissen schon aus vorangegangenen Situationen, wie etwas funktioniert (sowohl im Umgang mit den Dingen als auch im Sozialen) und wie sie entsprechend handeln müssen. Das führt zu Gewohnheiten und Routinen des Handelns in selbstverständlichen Situationen. Wenn etwas aber nicht funktioniert wie gewohnt, entsteht ein Problem. Es kommt zu Störungen, Irritationen und Zweifeln – eine Auseinandersetzung mit dem Problem, seinen Ursachen und Bedingungen sowie der Entwicklung von möglichen neuen Handlungsantworten für die Beteiligten wird nötig (1.). Daraus folgt, dass man sich dem Problem annähern muss, indem es anerkannt, benannt und (so gut es geht, ggf. vorläufig) nachvollziehbar definiert wird (2.). Damit eröffnet sich eine Analyse der Bedingungen bzw. Zusammenhänge des Problems (3.). Dabei geht es sowohl um die materiellen wie die sozialen Bedingungen, und mit der Diagnose ihrer Zusammenhänge und Folgen entstehen auch Perspektiven auf die Mittel und Ressourcen, die zum Umgang mit dem Problem zur Verfügung stehen. So entwickelt man eine vorläufige Arbeitshypothese darüber, worin das Problem besteht und wie es möglicherweise bewältigt werden könnte. Dieser provisorische Erklärungs- und Handlungsentwurf kann nun einer gedanklichen Prüfung unterzogen werden (4.). Als gedankliches

Experiment kann durchgespielt werden, ob der Handlungsplan aufgehen könnte, sowie welches Wissen und welche Ressourcen zur Verfügung stehen (müssten), um erfolgversprechend handeln zu können. Man kann die Möglichkeiten und Bedingungen diskutieren und Argumente dafür oder dagegen finden. Das kann auch bedeuten, dass die Arbeitshypothese erweitert oder noch einmal ganz verändert wird. Es lässt sich aber nicht umgehen, die Arbeitshypothese und den Handlungsplan in die Tat umzusetzen und konkret auszuprobieren, ob und wie sie funktionieren, um das Problem zu bewältigen (5.). Wenn der Versuch mit der Arbeitshypothese nicht funktioniert, geht man zurück auf Schritte (2.) und muss neu benennen und analysieren, was das (neue) Problem sein könnte. Jeder Erfahrungsprozess kann zu einer Generalisierung von Erkenntnissen werden (6.): Das geschieht, indem das Ergebnis des Reflexions- und Handlungsprozesses verallgemeinert wird und als grundsätzlichere Idee, abstrakterer Plan und/oder als differenzierterer Begriff auch an weitere Problemstellungen herangetragen werden kann. Daraus entsteht eine aufsteigende Spiralbewegung der individuellen und gemeinsamen Erfahrung: Abzweigend mit Schritt (6.) steht neues Wissen und Können zur Verfügung, mit dessen Hilfe neu auftretende Probleme angegangen werden können. Diese aufsteigende Erfahrungsspirale wird in Abbildung 5 grafisch dargestellt.

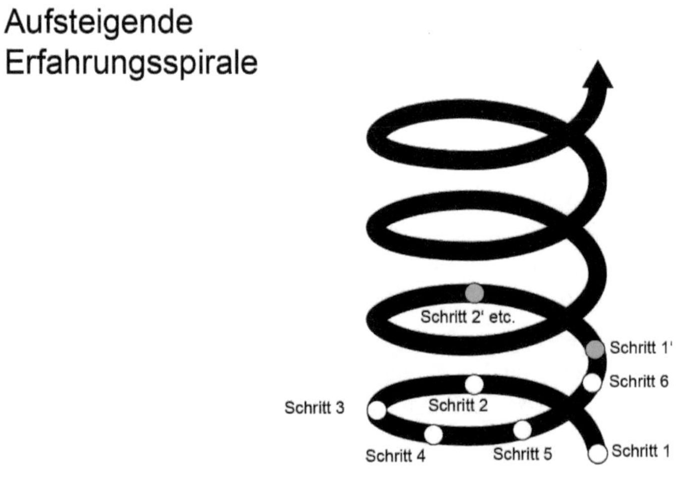

Abb. 5.: Aufsteigende Erfahrungsspirale

Die (dialektische) Systematik eines ‚ganzen' Bildungsprozesses erschließt sich theoretisch erst rückblickend in einem zweiten/folgenden Bildungsprozess, und dort bei Schritt 3. in der Analyse/Diagnose:: „Zu reflektieren bedeutet zurückzublicken auf das, was getan wurde, um daraus Kernbedeutungen zu folgern, die wiederum einen Fundus für einen intelligenten Umgang mit weiteren

Erfahrungen darstellen" (Dewey 1938/1997, S. 87; eigene Übersetzung[8]). Die *analytische* Reflexion geschieht also nicht in der Aktion selbst, sondern im Rückblick. Wir lernen nicht durch Erfahrung. Wir lernen durch Reflexion über Erfahrung" (Dewey 1933, S. 78, eigene Übersetzung[9]). Und diese reflektierten Erfahrungen gehen wieder in neue Erlebnisse und Erfahrungen ein, können diese orientieren, verändern und qualifizieren, aber auch selbst wiederum revidiert werden (vgl. Dewey 1938/1997).

4.6 Reflexion als Rekonstruktion von Erfahrung aus Distanz

Den reflexiven Erfahrungsprozess konzipiert Dewey nicht als isolierten und nur auf die je einzelne Identitätsbildung wirkenden Prozess, sondern stets als sozial und gesellschaftlich eingebundenen Vorgang – und nur dadurch kann der Prozess überhaupt (auch individuell) ‚auf den Begriff gebracht' und denkend als Erfahrung wahrgenommen werden. Alles Handeln, das überhaupt zu Problemen und Erfahrungsmöglichkeiten führt, ist also immer schon sozial und gesellschaftlich gerahmt. Erfahrungen sind (immer: begrifflich) geteilte Erfahrungen in einem gesellschaftlich geteilten Handeln. Insofern geschieht die Reflexion in Erfahrungen nicht individuell und abgekoppelt von anderen, sondern in Kommunikation mit ihnen (und sei es nur über einen inneren Dialog). Erfahrungen des Individuums mit einem Problem, bzw. seine Betroffenheit von einem geteilten Problem müssen vor anderen formuliert, man könnte sagen: veröffentlicht und mit ihnen auf beschriebene Weise reflektiert werden. „Um sie [die Erfahrung] zu formulieren, muss man sich ihr gegenüberstellen, sie so sehen, wie sie ein anderer sehen würde, muss überlegen, welche Berührungspunkte mit dem Leben des anderen sie hat, sodass sie in einer Form gebracht werden kann, die es ihm möglich macht, ihre Bedeutung abzuschätzen" (Dewey 1916/2000, S. 20 f.). Im Reflexionsprozess von Gruppen tritt man zusammen aus dem Handlungsfluss heraus, rekonstruiert die Erfahrung aus der Distanz und bringt sie in eine begriffliche Form. Das geschieht im gemeinsamen Denken und Formulieren mit den anderen Betroffenen. Man trägt Ideen zur Problemanalyse und zu möglichen Hypothesen zusammen, prüft diese gemeinsam mithilfe von Argumenten, bis man zu einer vorläufig untereinander akzeptablen Position kommt, die man dann im Handeln erprobt.

8 Originalzitat: „To reflect is to look back over what has been done so as to extract the net meanings, which are the capital stock for intelligent dealing with further experiences."

9 Originalzitat: „We do not learn from experience. We learn from reflecting on experience."

4.7 Rekonstruktion von Erfahrungen eröffnet Bildung

Für Dewey ist die Ermöglichung und Intensivierung einer rückblickenden Reflexion auf Erfahrung der Kern von ‚education'. Diesen Begriff könnte man im Sinne der oben getroffenen Unterscheidung von Erziehung und Bildung hier als Bildung übersetzen. Für ihn ist ‚education' „diejenige Rekonstruktion und Reorganisation der Erfahrung, die die Bedeutung der Erfahrung erhöht und die [jemandes] Fähigkeit, den Lauf der folgenden Erfahrung zu leiten, vermehrt" (Dewey 1916/2000, S. 108). ‚Education' ist für Dewey also nicht Belehrung und Vermittlung von Qualifikationen für das Leben in einer bestimmten Kultur oder Gesellschaft (oder Arbeitswelt), sondern die Ermöglichung von Erfahrungen in dieser Gesellschaft durch Konfrontation mit Problemstellungen und deren reflexiver Bearbeitung. Damit zeigt sich dieses Verständnis von ‚education' als ein Konzept der Assistenz von Bildung. Diese Assistenz zielt auf eine Unterstützung von (sozial geteilten) Bildungsprozessen, indem sie den Beteiligten anbietet, ihre Erfahrungen zu rekonstruieren und zu reorganisieren. So können sie die in konkreten Handlungen (auch Konflikten) gemachten Erfahrungen begrifflich fassen, verallgemeinert auf andere Situationen beziehen und sich komplexer bilden.

4.8 Erfahrung und Demokratiebildung

Deweys Erfahrungskonzept kann als ein Modell von Demokratiebildung verstanden werden. Die kollektiv betreffenden Handlungsprobleme finden in einer bestimmten Gesellschaft, deren Institutionen oder Einrichtungen (zum Beispiel der JSA) statt und verweisen auf den Bedarf an Politik, also der Beantwortung von Problemstellungen durch „Aktivitäten und Strukturen, die auf die Herstellung, Durchsetzung und Infragestellung allgemein verbindlicher und öffentlich relevanter Regelungen in und zwischen Gruppierungen von Menschen" (BMFSFJ 2020, S. 8) abzielen. Deweys Verständnis von Erfahrung eröffnet nun eine *demokratische* Behandlung von Problemstellungen, indem die Herstellung, Durchsetzung und Infragestellung von Regelungen im reflexiven Diskurs der Beteiligten erfolgt. Die Beteiligten sind darin gleichberechtigte und gleichermaßen denk- bzw. reflexionsfähige Akteure, die argumentativ aushandeln, welche Lösung oder Regelung sie für eine konkrete Problemstellungen ausprobieren wollen. Als gemeinsam Betroffene und gleichberechtigte Beteiligte an der diskursiven Aushandlung des Umgangs mit Problemstellungen können sie zugleich die Erfahrung einer demokratischen Bestimmung von Regelungen machen. Sie bilden sich nicht nur inhaltlich in Bezug auf konkrete Inhalte, sondern auch demokratisch durch die Praxis der gegenseitigen Analyse und Abwägung von Handlungsperspektiven.

Dewey verwendet ganz ähnliche Begriffe, um zu verdeutlichen, wie Demokratie sich immer wieder auf neue Erfahrungen aufgrund sich wandelnder gesellschaftlicher Verhältnisse einstellen muss, wie er sie in seinem Verständnis von ‚education' gebraucht. Für ihn gehören Demokratie und ‚education' zusammen. So schreibt er: „Die Idee der Demokratie selbst, die Bedeutung der Demokratie muss immer wieder neu erforscht werden; sie muss ständig entdeckt und wiederentdeckt, neu gestaltet und umgestaltet werden, während die politischen, wirtschaftlichen und sozialen Institutionen, in denen sie verkörpert ist, neu gestaltet und umgestaltet werden müssen, um den Veränderungen zu entsprechen, die in der Entwicklung neuer Bedürfnisse der Menschen und neuer Ressourcen zur Befriedigung dieser Bedürfnisse vor sich gehen" (Dewey 1937/1987, S. 182; eigene Übersetzung[10]). Genau wie ‚education' nach Dewey Erfahrungen immer wieder rekonstruieren und reorganisieren muss, um offen für neue Bildungsprozesse zu bleiben, muss auch die Demokratie stets weiter verändert und an die Lebensbedingungen angepasst werden.

4.9 Ein Erfahrungsprozess an einem Beispiel aus der Jugendsozialarbeit

Elisabeth Emmanouil-Maß aus der OBG hatte uns von einer Gruppe Jugendlicher berichtet, mit der sie ein Theaterprojekt vorbereiten wollte, das mit dem durch die Jugendlichen entwickelten Thema „Gaming, Autorennen und soziales Drama" ihre digitalen und sozialen Praxen aufgreifen sollte. Elisabeth erzählte auch, dass bei diesen Jugendlichen soziale Unsicherheiten und Ängste typisch seien. Bei den ersten Versuchen, in ein szenisches Spiel zu kommen, stellte sich bei Elisabeth zunehmend Irritation ein. Die Jugendlichen wirkten verschüchtert, trauten sich wenig und gingen nicht ins Spiel. Für Elisabeth stellte sich also ein Problem, das sie trotz ihrer langjährigen Erfahrung als Theaterpädagogin nicht einfach auflösen konnte. Mit dieser Verunsicherung beginnt also hier der Erfahrungsprozess: Es stellt sich ein Problem (1.). Elisabeth reagiert darauf nicht, indem sie es – wie pädagogisch häufig üblich – ausschließlich für sich selbst bedenkt und eine Lösung ohne die Teilnehmenden bestimmt, sondern indem sie die Jugendlichen fragt, was los sei. Sie legt ihre Irritation offen, benennt ihre Schwierigkeit und eröffnet damit ein gemeinsames Problem, denn die Jugendlichen steigen sofort ein und beschreiben und analysieren, worin die Schwierigkeit mit der Situation besteht (2.). Sie schildern Gefühle von Unsicherheit und entdecken, dass diese

10 Originalzitat: „The very idea of democracy, the meaning of democracy must be continually explored afresh; it has to be constantly discovered and rediscovered, remade and reorganized; while the political and economic and social institutions in which it is embodied have to be remade and reorganized to meet the changes that are going on in the development of new needs on the part of human beings and new resources for satisfying those needs."

eine gemeinsame Ursache haben: Der Proberaum kann von anderen eingesehen werden, und das hat zur Folge, dass die Jugendlichen sich nicht trauen, mit Spielszenen zu experimentieren. Damit haben sie eine Arbeitshypothese entwickelt (3.), auf deren Basis sie diskutieren können, ob die Hypothese stimmt und was daraus ggf. folgt. Es wird deutlich, dass es nicht um eine Abwehr des Theaterspielens selbst geht, sondern sie einen von anderen uneinsehbaren Raum benötigen, der ihnen genug Sicherheit gewährt, um sich auf das Erproben von möglichen Theaterszenen einzulassen. Auf der Basis der Vertiefung und Diskussion der Hypothese (4.) suchen die Jugendlichen mit Elisabeth nach möglichen Lösungen für das Problem. Jemand fragt, ob man nicht den Yoga-Raum nutzen könne, in dem die Gruppe vorher schon Yoga geübt hatte, und der die Ansprüche an einen geschützten Raum erfülle. Die Beteiligten sind sich sofort einig, dass eine Verlegung der Theaterprobe in diesen Raum ihr Problem lösen würde. Sie erkundigen sich nach den Möglichkeiten, den Raum für ihr Theaterspiel zu nutzen, und ob eine Verlegung der Probe dorthin möglich ist. Sie probieren aus, ob die Sicherheit im neuen Raum tatsächlich mehr Freiraum für szenische Experimente eröffnet, und stellen fest, dass das der Fall ist. Sie haben Ihre Hypothese im Handeln erprobt und es stellt sich heraus, dass das Problem so gelöst werden kann (5. und 7.). Die Abbildung 6 fasst den Erfahrungsprozess in diesem Beispiel zusammen.

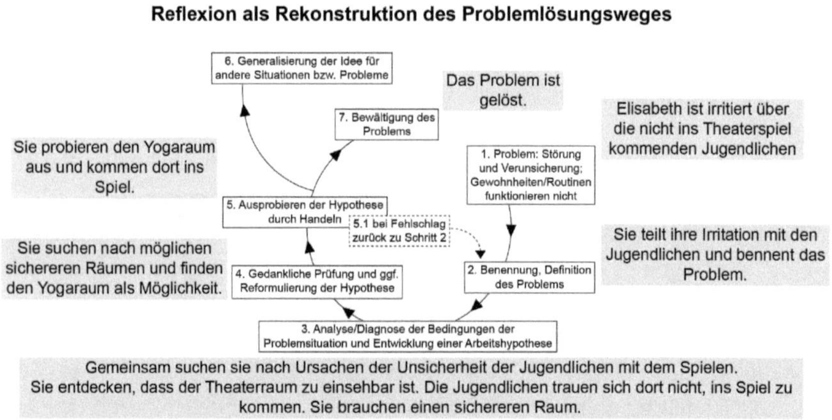

Abb. 6: Erfahrungsprozess am Beispiel

4.10 Erweiterung der Reflexion: Demokratiebildung

In unserem Beispiel ist es Elisabeth, die das Problem ‚hat' und es unter Einbezug der beteiligten Jugendlichen löst. Damit ist zunächst sie es, die den Erfahrungsprozess initiiert, steuert und Beteiligung an der Problembearbeitung ermöglicht. So werden das Problem und seine Bewältigung zunehmend geteilt; die Gruppe wirkt an der Analyse der Problemstellung und der Lösungsfindung mit. Es ist nicht nur Elisabeth, die handelt, denkt, analysiert und Hypothesen entwickelt und prüft, sondern die Jugendlichen kommen ebenso selbst in diese Tätigkeiten. Sie nehmen an einem reflexiven Prozess einer Problembearbeitung teil und bringen eigene Hypothesen und Vorschläge ein. Indem sie an diesem Handlungsmuster partizipieren, können sie – zumindest ein wenig – lernen, wie auf solche Weise mit Problemstellungen umgegangen werden kann. Bewusst bezeichne ich diesen Prozess als Möglichkeit des Lernens und noch nicht als Bildung, denn es fehlt ein erkennbares Bildungselement einer ausgeweiteten, vom bloßen Erleben plus Reflexivität zu Erfahrung werdender Verarbeitung. Sicherlich gibt es eine erste grundlegende Erfahrung, weil ja die Gruppe unter Elisabeths Leitung das Problem durch ihr kollektives Denken und die Hypothesenentwicklung bewältigt, und es könnte auch sein, dass einzelne Mitglieder der Gruppe diesen Prozess für sich erkennen und benennen können. Gerade wenn sie häufiger mit Elisabeth solche Situationen erleben würden, könnten die Jugendlichen etwas *lernen*, aber sie hätten es möglicherweise noch nicht ‚*begriffen*'. Sie hätten (Lern-)Erlebnisse, aber es würde deren Übergang in die Qualität von (geteilter) Erfahrung fehlen.

Bisher finden wir in dieser Szene keine spezifischen (methodisch gestalteten) Anstrengungen der „Rekonstruktion und Reorganisation der Erfahrung, die die Bedeutung der Erfahrung erhöht und die [jemandes] Fähigkeit, den Lauf der folgenden Erfahrung zu leiten, vermehrt" (Dewey 1916/1993, S. 108). Solche Prozesse würden erst eintreten, wenn Elisabeth als Assistentin des Bildungsprozesses der Jugendlichen ihnen ermöglichen würde, ihre kollektive Problemlösung selbst in einem Rückblick zu reflektieren. Das geschähe durch eine im Nachhinein gestaltete Rekonstruktion der Erfahrung, als eine Art Nacherzählung oder Nachinszenierung, jedenfalls aber durch eine gemeinsame Begriffsfindung. Dabei könnten Medien (Mittel) verwendet werden, indem der Prozess mit Stichworten aufgeschrieben, durch kleine Zeichnungen abgebildet, durch eine Fotogeschichte nachgestellt oder durch ein Stegreifspiel reinszeniert würde. Schon dabei würden die Jugendlichen noch einmal zusammentragen, was geschehen ist, wer sich wie beteiligt hat, wer welche Ideen einbrachte, wie sich eine Hypothese abzeichnete und wie diese schließlich angenommen und in die Tat umgesetzt wurde. Man könnte analysieren, was den Prozess vorangebracht hat und welche sozialen und materiellen Ressourcen zur Gewinnung der Lösung beigetragen haben, ebenso wie Einschränkungen erkennbar werden könnten. Es könnte deutlich werden, wie gemeinsames Denken und Problembearbeiten funktioniert, wie Argumente geprüft und Entscheidungen gefällt werden. Möglicherweise würde auch ein Blick auf die materiellen und sozialen Rahmenbedingungen möglich, in denen das Problem auftrat und die seine Lösung behinderten oder beförderten. Abbildung 7 zeigt, welche Fragen zu den einzelnen Handlungsschritten des Erfahrungsprozesses die rekonstruktive bzw. erweiternde Reflexion anregen könnten; die Fragen sind nur Beispiele für mögliche Fragestellungen.

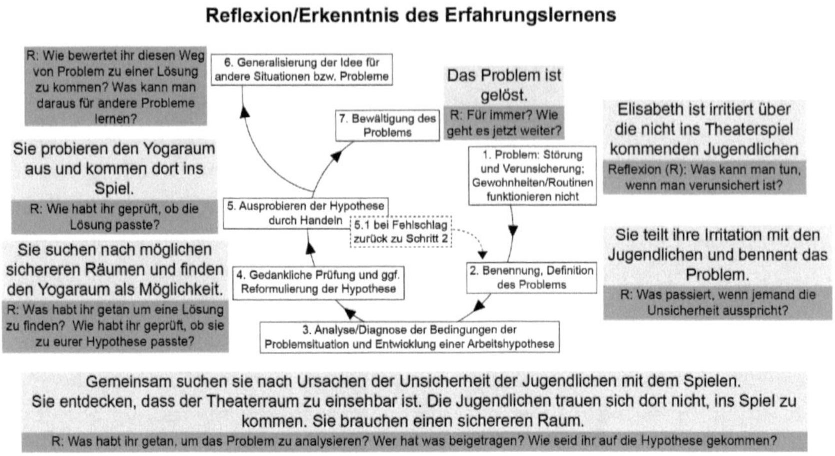

Abb. 7: Reflexivität (R) im Erfahrungsprozess am Beispiel

Damit würden sowohl die inhaltlichen Erkenntnisse als auch die für jeden Schritt typischen Handlungsweisen erkennbar und benennbar. Erst damit träte auch der Schritt (6.) als Bildungsoption ein, denn es würde eine Generalisierung des Erfahrungsprozesses möglich. Die Jugendlichen könnten erkennen, wie sie zusammen mit Ihrer Unsicherheit umgegangen sind und kollektiv denkend eine Problemlösung entwickelt haben. Sie könnten generalisieren, dass es angesichts von Verunsicherungen hilft, diese auszusprechen und mit anderen zu teilen, Ursachen der Unsicherheit zu analysieren und Ressourcen zu ihrer Behebung zu suchen und gefundene Lösungsmöglichkeiten zu erproben. Ein solcher Bildungsprozess wäre gerade für diese Jugendlichen bedeutsam, die – wie eingangs berichtet – mit sozialen Unsicherheiten und Ängsten belastet sind. Bildung würde möglich, weil sie nicht nur eine mehr oder weniger einmalige Lernsituationen erlebt hätten, sondern sich im gemeinsamen reflexiven Erfahrungsprozess aneignen könnten, wie man mit Verunsicherung umgehen kann. Es ergeben sich Möglichkeiten, das eigene Selbst- und Weltverhältnis in Bezug auf Unsicherheit, Scham und sozialen Rückzug anders zu sehen und zu bewerten – und vielleicht zu verändern.

Über die generalisierbaren Erkenntnisse des konkreten Erfahrungsprozesses (die Suche nach einem sicheren Spielraum) hinaus, könnte allerdings auch noch eine weitere Reflexionsebene erreicht werden. Diese läge darin, dass die Jugendlichen unterstützt würden, den Erfahrungsdurchgang selbst als Modell des kollektiv reflektierenden und problemlösenden (demokratischen) Handelns zu begreifen. Damit würde der Erfahrungsprozess von der Einzelgeschichte abgelöst und stünde verallgemeinert als grundsätzliche Option zur Verfügung, kollektiv Probleme und Konflikte zu bewältigen. Diese kollektive Handlungserfahrung und die daraus ja auch je individuell verarbeiteten Erkenntnisse könnten so als Modell und Anregung auch zukünftiger Veränderung und Erweiterung der Selbst- und Weltverhältnisse dienen.

Ob dieses Angebot einer nachträglichen Rekonstruktion und Reflexion des Problemlösungsprozesses bei allen beteiligten Jugendlichen (und der Fachkraft) zu Bildungsprozessen führen wird, ist vorher nicht zu sagen. Das liegt daran, dass Bildung eben neben der Reflexivität auch durch ‚Wollen' gekennzeichnet ist. Der gesamte Prozess wird für die Einzelnen also nur relevant, wenn er ihre Bildungsinteressen betrifft und sie ihre eigenen Motive einbringen können. Da Bildung nun jedoch eine Selbsttätigkeit des Subjekts verlangt, kann sie nicht von außen hergestellt werden. Auch noch so clevere methodische Arrangements der Rekonstruktion von Erfahrungen gewährleisten nicht, dass einzelne Beteiligte sich den Reflexionsprozess und seine Ergebnisse zu eigen machen. Da sich die Jugendlichen in Elisabeths Geschichte allerdings aktiv in den Problemlösungsprozess einbrachten, kann durchaus davon ausgegangen werden, dass sie hier eigene Motive und Interessen entdeckten und angingen. Voraussetzungen für Bildungsprozesse waren also vorhanden, und der von Elisabeth initiierte erste Schritt eines Lernens durch Erfahrung hätte – wie gezeigt – durch Erweiterung der Reflexivität Bildung vertiefen und erweitern können.

4.11 Eine Reflexionsschleife politischer Bildung

Bisher wurden zwei Möglichkeiten des Durchgangs durch den Erfahrungsprozess im Beispiel thematisiert: 1. zur Bewältigung der konkreten Problemsituation der Unsicherheit beim szenischen Improvisieren und 2. eine Rekonstruktion dieser Erfahrung als reflexiver Bildungsprozess. Es lässt sich allerdings noch eine weitere Reflexionsschleife drehen, die sich von der konkreten Situation ablöst. Der Reflexionsschritt (6.), die Generalisierung, geht schon in eine allgemeinere Richtung: Die konkrete Erfahrung der Unsicherheit ist nicht auf diese eine Situation beschränkt, sondern verweist auf ein grundsätzlicheres Unsicherheitsproblem der Jugendlichen, das nicht nur beim Theaterspielen auftaucht.

Es kann angenommen werden, dass diese Probleme nicht nur individuell-biografisch zustande gekommen sind, sondern dass sie (auch) grundsätzlichere gesellschaftliche Ursachen haben. Diese könnten zum Beispiel in den vielen sozialen Diskriminierungspraxen liegen, die benachteiligte Jugendliche erfahren: Zum Beispiel im ‚Lookism', der Diskriminierung aufgrund des Aussehens einer Person, hinter der gesellschaftliche Ansprüche an modisches, gesundes, fittes, schönes etc. Äußeres einer Person stecken. Oder im ‚Abelismus', die für diese Jugendlichen häufig bekannte Diskriminierung aufgrund von körperlichen, psycho-sozialen und/oder lernbezogenen Beeinträchtigungen oder Schwierigkeiten. Herabwürdigung oder Ausschluss können auch durch in jugendlichen Peer

Groups anzutreffende Vorstellungen eins ‚Normal-Seins' eintreten. Als Voraussetzung für soziale Integration in die Gruppe werden dann direkt oder indirekt Ansprüche an sozial akzeptable Kleidungs-, Bewegungs-, Geschmacks-, Sexualitäts-, Handlungsmuster und vieles mehr erhoben. Diskriminierungspraxen und die darin unterlegten Normalitätsvorstellungen und -forderungen verweisen selbst noch einmal auf gesellschaftliche Verhältnisse der Ungleichheit und Ungerechtigkeit, denen sozioökonomische Verhältnisse in der spätkapitalistisch-neoliberalen Gesellschaft zugrunde liegen. Von diesen gesellschaftlichen Bedingungen gehen starke Anpassungszwänge aus, in der kapitalistischen Produktions- und Konsumtionsweise zu funktionieren. Das hat wiederum Folgen für die Entstehung von Ressentiments, Vorurteilen, Hassgefühlen usw. (mit dieser These folge ich – sehr verkürzt – Grundannahmen der Kritischen Theorie). Diskriminierung und diskriminiert zu werden können als zusammengehörige Auswirkungen gesellschaftlicher Funktionalisierungen, Ungleichheiten und Ungerechtigkeiten verstanden werden. Mindestens jedoch ist festzuhalten, dass die Hemmungen, Unsicherheiten und Angststörungen der Jugendlichen in der JSA weder in ihrer biografischen Entstehung, noch in ihrer aktuellen Bearbeitung ausschließlich den einzelnen Individuen als Verantwortung aufgebürdet werden dürfen. Stattdessen würde eine demokratiebildende JSA die Jugendlichen unterstützen, auch die gesellschaftlichen Ursachen – in diesem Fall ihrer Unsicherheit – zu analysieren, öffentlich zu skandalisieren und politisch handelnd anzugehen.

Will man eine solche politische Bildung eröffnen, ist also noch eine weitere Reflexionsschleife nötig, die die konkreten Erfahrungen des Unsicher-Seins in der Einzelsituation verallgemeinert und über diese und die individuellen Ursachen hinaus nach strukturelleren Gründen für die Unsicherheitsprobleme der Jugendlichen sucht.

Das könnte geschehen, ausgehend von der konkreten Entdeckung des Problems in Erfahrungsschritt (1.), indem mit den Jugendlichen erkundet wird, in welchen anderen Situationen sie auch noch Unsicherheit verspüren. Das hieße, die Perspektive von der Ausgangssituation in der Einrichtung zu erweitern und andere gesellschaftliche Handlungsfelder der Jugendlichen mit einzubeziehen. In Schritt (2.) zur Benennung des Problems würde man versuchen, solche anderen Problemsituationen genauer zu beschreiben. Dabei wäre jeweils auch das gesamte soziale Setting einer solchen Situation mit einzubeziehen, und dazu gehören auch die Handlungsweisen anderer Beteiligter. Schritt (3.) stellt dann den Versuch dar, allgemeinere gesellschaftliche Ursachen für die Unsicherheit oder Angstgefühle der Jugendlichen mit ihnen zusammen herauszuarbeiten. In unserem Beispiel ginge es dabei darum, zu hinterfragen, ob und wie die Unsicherheit durch die Bewertung (oder auch die unterstellte Erwartung von Bewertung) von anderen geschieht, und ob und wie diese ggf. als Abwertung zu verstehen ist. Aus einer gesellschaftsbezogenen Analyseperspektive ist auch das Handeln konkreter Anderer nicht einfach nur deren individueller psychosozialen Verfasstheit zuzuschreiben, sondern liegt mitbegründet in gesellschaftlichen Verhältnissen, die sich im Fühlen und Handeln der Individuen niederschlagen. Solche Zusammenhänge zu analysieren, könnte den Jugendlichen zu erkennen helfen, dass sie nicht einfach nur zufällige Opfer ungünstiger konkreter sozialer Konstellationen und missgünstiger Einzelpersonen sind, sondern dass ihre Erfahrungen auch allgemeinere Ursachen haben. Nicht *sie* sind ‚falsch', sondern die Bewertungen und Diskriminierungen sind das Problem. Hinter diesen stecken dann weitergehende allgemeine Ursachen in den sozioökonomischen Verhältnissen der Gesellschaft. Es ginge hier also um eine komplexere soziopolitische Analyse der gesellschaftlichen Ursachen und Wirkungen von Diskriminierungspraxen.

Das Problem (auch) als politisch einzuordnen (d.h. als ein Thema, das die Regelungen der gemeinsamen Lebensverhältnisse betrifft), eröffnet im Schritt (4.) neue Perspektiven. Die betroffenen Jugendlichen könnten nach gemeinsamen Handlungsmöglichkeiten suchen, wie sie die erkannten Zusammenhänge öffentlich kritisieren bzw. skandalisieren könnten. Sie könnten mit anderen Betroffenen in Kontakt treten und sich untereinander unterstützen sowie solidarisieren und politisch aktivieren.

Eine solche verallgemeinernde, kritische Analyse kann nur stattfinden, wenn diese Themen tatsächlich die Bildungsinteressen der Jugendlichen treffen. Das gilt besonders für den Schritt (5.): Wenn die Jugendlichen in irgendeiner Form öffentlich politisch handeln wollen, muss das so geschehen, dass nicht wiederum neue Unsicherheiten ausgelöst werden. Deshalb muss man die Jugendlichen sozialpädagogisch unterstützen, die für sie machbare Form öffentlichen Handelns auszuwählen. In der GEBe-Methode wird ein differenziertes Verfahren vorgeschlagen, wie man sozialpädagogisch geeignete Öffentlichkeiten im Blick auf deren Risiko für die Jugendlichen einschätzen und mit ihnen zusammen bestimmen und beschreiten kann (Sturzenhecker/Glaw/Schwerthelm 2022, S. 76 ff.).

Die Abbildung 8 fasst Beispiele für Fragestellungen in den einzelnen Schritten in Bezug auf das Beispiel des Unsicherheitsproblems zusammen; weitere und andere Fragen sind möglich.

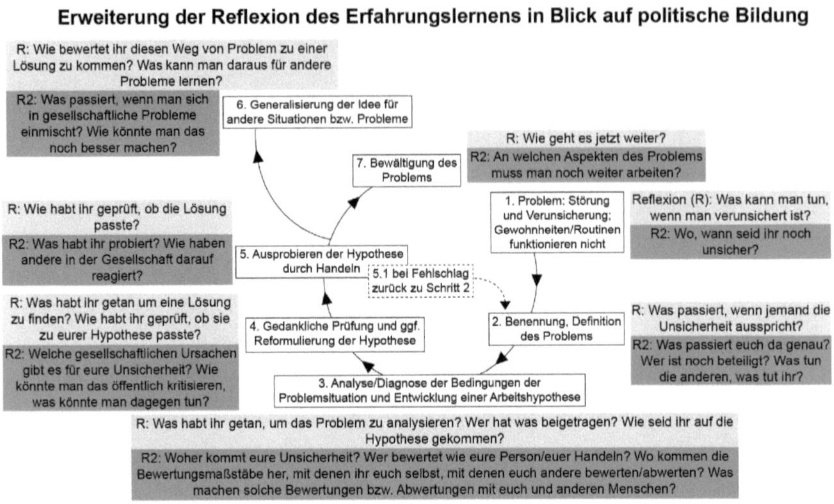

Abb. 8: Beispiel einer Erfahrungsreflexion im Blick auf politische Zusammenhänge

Die Reflexionsschritte (3.) bis (5.) können es inhaltlich nahelegen, die analysierten gesellschaftlichen bzw. ökonomischen und soziopsychischen Zusammenhänge mit vertiefendem Wissen zu differenzieren. Möglicherweise benötigen die Jugendlichen Informationen über Ursachen und Folgen von Diskriminierung (wenn denn diese eine Element der Analyse ihrer Unsicherheit sein sollte). Dabei könnten die Fachkräfte der JSA Expert:innen zu diesem Thema von außen hinzuziehen, so zum Beispiel von Trägern politischer Bildung. Das wäre auch nützlich bei der Vorbereitung und Durchführung von Handlungsschritten: Fachleute aus der politischen Bildung können spezielle Unterstützung für die Umsetzung politischen Handelns bieten (zum Beispiel mithilfe von Medien, die die Jugendlichen selbst gut finden und verwenden). Solche Träger haben Erfahrung darin, Vermittlung von politisch relevantem Wissen jugend- bzw. milieugerecht zu gestalten. So können Kooperation zwischen Einrichtungen/Trägern der JSA und der politischen Bildung vor Ort entwickelt werden. Beispiele und Analysen für Kooperationen zwischen Trägern der politischen Bildung und der Offenen Kinder- und Jugendarbeit können auch für die JSA Anregungen liefern (siehe dazu das Projekt OPEN der Transferstelle politische Bildung, 2022).

4.12 Zusammenfassung: Erfahrungsreflexion eröffnet Demokratiebildung

Es handelt sich also um zwei verbundene Reflexionsschleifen: Im ersten Prozess findet eine aktive gemeinsame Problemlösung statt, die in ihre Reflexion zu einer Erfahrung wird. Im zweiten Prozess wird diese Erfahrung noch einmal aus der

Distanz dokumentiert und reflektiert; so entsteht ein Bildungsprozess. Der Erfahrungsprozess 1 kann demokratisch genannt werden, weil ein Thema/Problem der Betroffenheit der Jugendlichen aufgegriffen und unter ihrer Partizipation mithilfe von Argumenten bearbeitet und gelöst wird. Der Erfahrungsprozess 2 ermöglicht, dass aus dieser demokratischen Praxis Demokratiebildung wird: Die Jugendlichen können damit benennen und erkennen, wie sie selbst aktiv partizipiert und mithilfe diskursiver Auseinandersetzung eine Problembearbeitung bzw. Lösung mitbestimmt haben.

Das wird in der Abbildung 9 verdeutlicht, in der sich die zwei aufsteigenden Spiralen der reflexiven Erfahrung parallel entwickeln.

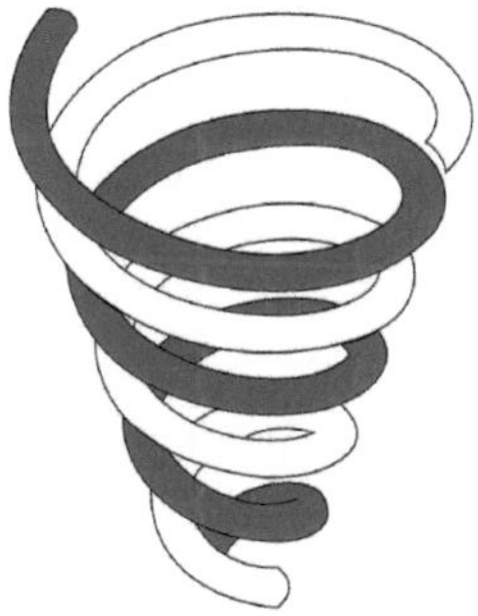

Abb. 9: Verschränkung der Erfahrungsprozesse

Methodisch ist für die Ermöglichung solcher Reflexionsschleifen schon viel gewonnen, wenn überhaupt eine prozessbegleitende kontinuierliche Dokumentation des Handelns und der Inhalte der gemeinsamen Arbeit gibt. Wenn man mit den Beteiligten während des Prozesses oder an dessen Ende die durchlaufenden Handlungsschritte mithilfe der Dokumentation aus der Distanz auswertet, ergeben sich Möglichkeiten, das konkrete demokratische Handeln in reflexiv gewonnene Demokratiebildung umzusetzen.

5 Probleme und Potenziale der Verstetigung der GEBe-Methode in den Teams der Jugendwerkstätten

Die OBG wurde von den teilnehmenden Fachkräften als sehr unterstützend für die Umsetzung der GEBe-Methode und weiterer Schritte demokratischer Partizipation in ihren Einrichtungen empfunden. Ein regelmäßiger Termin, der eine vertiefte professionelle Reflexion der Alltagserfahrung ermöglichte, wurde als sehr nützlich bewertet. Auch die Mischung unterschiedlicher Einrichtungen und damit die Möglichkeit, über den eigenen Tellerrand des Teams und der eigenen Jugendwerkstatt hinauszublicken, unterstützte die Fachkräfte.

Damit wurde aber auch deutlich, dass *erstens* fachliche Teamsitzungen, die mit Arbeitsweisen wie der GEBe-Methode das vielfältige alltägliche Geschehen in den Werkstätten reflektieren und daraus Handlungsperspektiven ableiten, eher eine Seltenheit darstellen. *Zweitens* ließ sich erkennen, dass es für die an der Beratungsgruppe beteiligten Fachkräfte nicht ohne weiteres möglich war, die Anwendung der GEBe-Methode in ihren Teams zu verstetigen.

In zwei Einrichtungen wurde durch Leitungsinterventionen die Aufforderung der GEBe-Methode zur Beobachtung und zur Auswertung der Beobachtungen zu einem Standardthema der Teamsitzungen gemacht. In einer Werkstatt wurde die Methode umgesetzt, indem wenigstens alle paar Wochen eine Teamsitzung mit ihrer Hilfe durchgeführt wurde. In zwei Werkstätten rangen die Teilnehmenden weiter darum, ihre Kolleginnen im Team zu überzeugen, die Methode häufiger anzuwenden.

5.1 Widerstände gegen die Einführung der GEBe-Methode

Obwohl drei Werkstätten zu einer gewissen Regelmäßigkeit in der Durchführung von Teamsitzungen mit professioneller Reflexivität gekommen sind, ist die Nutzung der GEBe-Methode im Projektzeitraum doch nirgendwo eine Selbstverständlichkeit geworden. In der OBG haben wir versucht, einige der Gründe dafür zu analysieren und sie werden hier als Hypothesen vorgestellt. In den jeweiligen Teams stellen sich diese Probleme einzeln oder in Kombination.

„Das kommt von oben!“

In einigen Teams haben Leitungen die Anwendung der Methode vorgeschrieben. Deren Verwendung entstand also nicht aus einer intrinsischen Motivation der Teams. Der Widerstand gegen die Vorgabe ‚von oben‘ verhindert, die Methode konstruktiv zu erproben und auf ihre Chancen und möglicherweise auch Probleme hin zu prüfen. So bleibt die Anwendung zäh und die Potenziale der Methode, die die OBG-Kolleginnen sehen, konnten sich bisher wenig entfalten.

„Wieso jetzt Partizipation?“

Der partizipative Grundgedanke der Methode wird in manchen Teams durch die Mehrzahl der Kolleg:innen nicht geteilt. Es besteht wenig Interesse an den Themen der Jugendlichen und an Versuchen, diese als Bildungsthemen in der eigenen Praxis mit ihnen aufzugreifen. In einer Einrichtung etwa haben die Jugendlichen einen Podcast zu ihren Themen entwickelt, den sich die Mitarbeitenden dann aber nicht angehört haben. Statt auf eine partizipative Auseinandersetzung mit den Interessensthemen der Jugendlichen wird eher auf eine verschulte Arbeit gesetzt.

„Habe ich denn bisher alles falsch gemacht?"

Die Aufforderung der GEBe-Methode, über die eigene Verzerrung bei der Wahrnehmung der Themen der Jugendlichen selbstkritisch nachzudenken, wird von manchen Mitarbeitenden als Bedrohung erlebt. Manche scheuen sich, die eigenen Vorannahmen und Perspektiven auf die Jugendlichen zu hinterfragen. Andere befürchten, sich nicht frei im Team vor den andern selbst kritisieren zu können, ohne sich der Gefahr von Abwertung oder Nachteilen auszusetzen.

„Bisher sind wir doch auch so ganz gut klargekommen!"

In einer Variante der Abwehr einer selbstkritischen Reflexion wird der fachliche Anspruch der GEBe-Methode als eine unnötige Innovation empfunden. Die eigenen Routinen werden als im Prinzip problemloses Funktionieren der eigenen pädagogischen Arbeit in der Jugendwerkstatt wahrgenommen, und jede Aufforderung zu einer Innovation scheint dieses Gefühl zu durchkreuzen. Die eigene Praxis auch selbstkritisch zu hinterfragen und wo nötig zu verbessern, wirkt als Bedrohung der gewohnten Routinen.

„Das machen wir doch sowieso immer schon!"

Der Klassiker der Abwehr fachlicher Innovationen in Teams wurde auch vorgebracht. Die Motive der Sorge um kritische Hinterfragung der eigenen Arbeit und Durchkreuzung von Routinen taucht hier auch wieder auf. Die Qualität der eigenen Arbeit wird angesichts von alternativen fachlichen Handlungsweisen verteidigt.

„Dafür haben wir keine Zeit!"

Das quer durch alle Teams verwendete Argument gegen die Nutzung der GEBe-Methode lautet, dass dafür keine Zeit sei. Einerseits weist das durchaus darauf hin, dass die Mitarbeitenden ihre pädagogische Arbeit als hoch verdichtet erleben. Zu viele Aufträge von oben, zu viele komplexe Einzelfälle, häufig zu wenig und dann auch noch oft wechselndes Personal, das sind einige der Gründe, die bei den Mitarbeitenden zu Zeitstress führen. Die Einführung der GEBe-Methode wird dann als zusätzliche Aufgabe und damit als ‚zuviel' wahrgenommen.

Andererseits kann man argumentieren, dass die GEBe-Methode keine zusätzliche Aufgabe von Praxis ist, sondern deren Grundlage. Sozialpädagogik fußt auf professioneller Reflexivität, die bei der Beobachtung des Handelns der Jugendlichen beginnt und darüber zu demokratischen Dialogen mit den Betroffenen führt. Es ist Aufgabe von Leitungen und Fachkräften, im Zusammenwirken professionelle Reflexivität zeitlich zu ermöglichen und methodisch zu qualifizieren. Die GEBe-Methode ist eine Variante, wie dieses geschehen kann, wenn sich die Einrichtungen und Fachkräfte als sozialpädagogisch und demokratisch verstehen wollen.

„Wichtig ist nur, was hinten rauskommt!"

Als Argument gegen die Nutzung der GEBe-Methode in den Teams wurde gelegentlich auch vorgebracht, dass es in den Jugendwerkstätten der JSA darum gehe, Erfolgszahlen zu produzieren. Es müsse nachgewiesen werden, dass Integration in Ausbildung und Arbeit in angemessener Anzahl von Fällen gelungen sei. Eine pädagogische Orientierung, die auf den Prozess setze und sich auf immer wieder neue Bildungsthemen von Jugendlichen einlassen wolle, sei hier eher eine Erschwernis bei der Umsetzung einer erfolgreichen Produktorientierung. Zumindest auf der Landesebene in NRW scheint diese Darstellung nicht zu stimmen. Stattdessen wird im Wirksamkeitsdialog und in der von den Landesjugendämtern jährlich erstellten Statistik erhoben, wie sich die Jugendlichen im Sinne der niederschwelligen Unterstützungsleistungen entwickelt haben und wo die Fachkräfte den ‚Lernerfolg' der Jugendlichen sehen. In spezifischem Sinne wird nach der Wirksamkeit der Angebote des Landesprogramms gefragt. Insgesamt geht es in der landesgeförderten JSA nicht um die Umsetzung einer erfolgreichen Produktorientierung, sondern es geht um Persönlichkeitsstabilisierung.

5.2 Umgang mit Widerständen

Manche der emotionalen, tieferen Gründe für den Widerstand gegen neue konzeptionelle Handlungsweisen lassen sich durch Argumente nicht beseitigen. Wer ein Problem hat, sich und seine Praxis zu hinterfragen, der wird sich auch durch das Argument, dass dieses aber ein Essential sozialpädagogischer Professionalität sei, nicht überzeugen lassen. Auch entstehen solche abwehrenden Stimmungen aufgrund von gruppendynamischen Prozessen in den Teams, untereinander und auch im Verhältnis zur Leitung. Häufig bringen Anforderungen, bisherige Routinen zu überwinden und professionelle Reflexivität (wieder) zu erringen, Konflikte ans Tageslicht, die andere Ursachen haben als eine argumentative

Auseinandersetzung über Professionsstandards. Solche Konflikte können aber durch die Methode selbst nicht gelöst werden, sondern hier wäre eine supervisorische Konfliktklärung angesagt.

Damit ist auch die Rolle der Leitungen für die Ermöglichung der Nutzung der GEBe-Methode angesprochen. Einerseits sind Leitungen dafür verantwortlich, dass es Ressourcen und Know-how gibt, um die Methode erproben zu können. Und Erprobung benötigt Fehlerfreundlichkeit. Wenn Leitungen erwarten, dass alles sofort reibungslos funktioniert und glänzende Erfolge erbringen, wird das eher hinderlich sein. Die Einführung einer Methode, die auf eine demokratische Beteiligung der Jugendlichen an der Regelung der gemeinsamen Lebensführung in den Einrichtungen setzt, thematisiert allerdings auch die Macht- und Beziehungsverhältnisse zwischen Mitarbeitenden und Leitung. Wenn demokratische Mitbestimmung für Jugendliche möglich sein soll, stellt sich die Frage, wie dieses denn auch für die Mitarbeitenden stärker möglich werden kann. Leitungen müssen sich dieser Fragen bewusst sein, wenn sie Partizipationsverfahren einführen wollen. Und sie müssen zusammen mit ihren Teams konkrete Lösungen dafür entwickeln. Die doppelte Aufgabe, sowohl die Jugendlichen stärker an der demokratischen Gestaltung des gemeinsamen Alltags zu beteiligen, als auch die Partizipationsmöglichkeiten der Mitarbeitenden zu klären, kann auch bei Leitungen zur Abwehr gegenüber der Einführung der Methode führen.

Wenn ich hauptsächlich emotionale, gruppendynamische Gründe dem Widerstand zugrunde lege, können fachliche Argumentationen über die Konzipierung einer demokratischen JSA nötig werden. JSA muss sich mit der Anforderung der Förderer auseinandersetzen, auch in diesem Handlungsfeld der Jugendhilfe demokratische Partizipation der Adressat:innen zu stärken. Eine fachliche Auseinandersetzung über Ziele und Arbeitsprinzipien von JSA kann sicher anstrengend sein und Zeit in Anspruch nehmen, bringt aber auch Vorteile. Wenn die Teams ihre fachlichen Konflikte öffentlich debattieren und fachliche Argumente abwägen, stärken sie ihre Kooperation. Sie finden dann mehr Einigkeit und mehr Bewusstsein für verbleibende Dissense. Das macht die alltägliche Zusammenarbeit einfacher, weil man sich auf eine gemeinsame fachliche Grundposition beziehen kann, oder auch weiß, wo es schwierig wird.

Insgesamt ist die GEBe-Methode *eine* der Möglichkeiten, das Handeln der Mitarbeitenden in der JSA weiter zu verfachlichen. Eine professionelle Reflexivität in Bezug auf die Lebenslagen, konkreten Themen und die Alltags- und Handlungsprobleme der Jugendlichen ist Kern sozialpädagogischer Professionalität. Ohne Settings und Methoden, in denen eine solche Reflexivität gesichert werden kann, verliert Professionalität an Qualität. Eine Profession, die gar keine Fallbesprechungen bzw. -analysen mehr durchführt, keine Prozesse dokumentiert und reflektiert, nicht in der Lage ist, Ziele und Interventionen am Einzelfall und mithilfe wissenschaftlicher Kenntnisse zu begründen, deprofessionalisiert sich selbst. Vielleicht sind das auch Argumente, die Mitarbeitende überzeugen können, Arbeitsweisen wie die GEBe-Methode zur Stärkung demokratischer Partizipation einzuführen.

In der OBG haben die Beteiligten positive Erfahrungen mit der Methode und ihren Wirkungen auf die Gestaltung von Partizipationsprozessen mit den Jugendlichen gemacht. Sie haben auch die selbstkritischen Elemente der Methode als positive Öffnung zu neuen Perspektiven und Handlungsweisen erfahren. Die beteiligten Fachkräfte haben konkret erkennen können, dass das Eingehen auf die Bildungsinteressen der Jugendlichen diese motiviert, und so gemeinsame Partizipationsprozesse initiiert werden können, die vorher kaum denkbar waren. Da die Methode nicht auf defizitorientierte Problembearbeitung setzt, sondern die Jugendlichen als befähigte und engagierte Mitgestalteter des Zusammenlebens in der Einrichtung thematisiert, antworten sie sehr positiv auf dieses Angebot. Das wiederum stärkt die Fachkräfte, die die Methode anwenden, weil sie erkennen können, dass man so zu mehr Mitentscheidung, Mithandeln und Mitverantwortung aller Beteiligten gelangt. Eine solche partizipative Gestaltung des gemeinsamen Alltags wiederum stärkt die Selbstwirksamkeitserwartungen aller Beteiligten. Erfahrungen sozialer Eingebundenheit in der Verbindung von Selbstbestimmung und Mitbestimmung, des besseren Nachvollzugs der gemeinsamen Fragen und Probleme und der darüber gesteigerten eigenen Handlungsfähigkeit lassen demokratische Partizipation als soziale und persönliche Erfahrung sinnvoll konkret werden. Eine solche demokratische Partizipation setzt nicht nur die Rechte der benachteiligten Jugendlichen auf Mitbestimmung um, sondern stärkt auch ihre grundsätzliche Handlungsfähigkeit in der demokratischen Gesellschaft. Damit wird wirksam ihre Integration gefördert – so, wie es der Auftrag der JSA verlangt.

Diese Einsicht kann man nur gewinnen, wenn man die Methode erprobt und sich auf sie einlässt. Dass Teilnehmende an GEBe-Fortbildungs- und Beratungsgruppen solche positiven Erfahrungen mit der Methode machen konnten, gibt Hoffnung, dass sie auch ihre Teams von der Qualität und Nutzbarkeit des Ansatzes überzeugen können.

Teilprojekt 2: Modellhafte Entwicklung von Methoden der Demokratiebildung in Beratungsstellen der Jugendsozialarbeit (JSA) in NRW

1 Problemstellung, Ziele und Arbeitsweisen im Teilprojekt 2

Das Teilprojekt 2 im Gesamtkonzept zur Demokratiebildung in der Jugendsozialarbeit (JSA) des Landesjugendamtes Westfalen-Lippe lief von Dezember 2022 bis Januar 2024. Ziel war es, zu entwickeln und zu erproben, welche Methoden von Politischer Bildung und Demokratiebildung[11] auch in Beratungsstellen der JSA in NRW möglich wären.

Diese Aufgabe ergab sich aus dem Startprojekt „Demokratiebildung in der Jugendsozialarbeit“, das in den Jahren 2021–2022 unter Leitung des Landesjugendamtes Westfalen-Lippe erprobte, wie Demokratiebildung in Jugendwerkstätten und Beratungsstellen der JSA gestaltet werden könnte. Dabei wurde insbesondere die GeBe-Methode verwendet, also die Methode zur Förderung gesellschaftlich-demokratischen Engagements von benachteiligten Kindern und Jugendlichen.[12] Die Ergebnisse dieses Projekts sind dokumentiert in der Publikation „Demokratiebildung in der Jugendsozialarbeit: Erkenntnisse, Arbeitshilfen und Praxisbeispiele aus der Entwicklungswerkstatt des LWL-Landesjugendamtes Westfalen“ (Landesjugendamt Westfalen-Lippe 2022). Schon an diesem Projekt nahmen zwei Beratungsstellen teil und es wurde klar, dass sich die strukturellen Möglichkeiten politischer Bildung und von Demokratiebildung in Jugendwerkstätten und Beratungsstellen stark unterscheiden. Es wurde ein weiteres Teilprojekt eingerichtet, in dem es darum ging, auf die spezifischen Rahmenbedingungen und pädagogischen Aufträge der Beratungsstellen einzugehen und davon ausgehend Möglichkeiten für Demokratiebildung auszuloten.

An diesem Projekt nahmen folgende Personen und Beratungsstellen teil:

- Friederike Bamberg, Beratungsstelle ‚Übergang Schule und Beruf‘ Werkhof Projekt gGmbH, Dortmund;
- Ivonne Feldner, Jugendberufshilfe Essen gGmbH;

11 Zur Definition der Begriffe vgl. Teilprojekt 1.

12 Vgl. die Kurzdarstellung in Teilprojekt 1.

- Beate Gesing-Erpenbeck und Ines Hartmann, Berufsorientierungszentrum (BOZ) der Berufsbildungsstätte Westmünsterland GmbH, Ahaus;
- Yvonne Sibbe, Fachstelle Jugendsozialarbeit im Fachbereich Kinder, Jugend und Familie der Stadt Recklinghausen;
- Uwe Wlódarczak, Berufsbildungszentrum Kreis Kleve e.V.

Diese Kolleg:innen haben sich mit großem Engagement und hoher Fachlichkeit in die gemeinsame Projektarbeit eingebracht. Die differenzierten Erkenntnisse des Projekts verdanken wir ihrem starken Einsatz – ganz herzlichen Dank. Die hier vorgestellten Ergebnisse der gemeinsamen Arbeit wurden zunächst als Entwurf den Mitwirkenden übermittelt. Dann konnten sie meine Darstellung prüfen, korrigieren und ihr ggf. widersprechen. Der vorliegende Text ist das abgestimmte Ergebnis dieses Partizipationsprozesses.

Die Problemstellung für die Beratungsstellen beginnt damit, dass sie traditionell keinen Fokus auf politische Themen und Demokratieerfahrung ihrer Adressat:innen richten. Beratungsstellen konzentrieren sich darauf, mit den einzelnen Jugendlichen gemeinsam zu verstehen, wie ihre Probleme bezüglich Persönlichkeitsentwicklung, Kompetenzstand, Schule, Beruf und Lebensplanung beschaffen sind. Sie müssen mit den Jugendlichen zusammen konkrete Bewältigungsschritte und Zukunftsperspektiven entwickeln und deren Umsetzung unterstützen. Das ist notwendigerweise zunächst sehr eng auf das Individuum und dessen Schwierigkeiten bezogen.

Damit stellt sich die Frage, wie sich in einer solch individuellen und problembezogenen Beratung überhaupt das Politische zeigt bzw. wie es entdeckt und aufgegriffen werden kann, und wie zudem – ggf. auch nur rudimentär – die Erfahrung demokratischer Praxis, also der Mitsprache und Mitentscheidung, möglich werden könnte. Um sich die Perspektive von Politik und Demokratie anzueignen, benötigen Fachkräfte in Beratungsstellen Kategorien, die ihnen helfen, das Politische im Leben sowie bei und in den Problemstellungen der einzelnen Jugendlichen mit diesen zu erkennen. Das kann immer nur geschehen, wenn sich in den lebensweltlichen Sichtweisen, persönlich-politischen Weltanschauungen und Handlungsmöglichkeiten der einzelnen Jugendlichen Ansatzpunkte dafür ergeben. Nur was aus Sicht des Subjekts selbst bedeutungsvoll ist, kann im Blick auf seine politisch-demokratische Bildung aufgegriffen werden. Wenn solche Themen und Perspektiven sichtbar werden, stellt sich als nächste Frage, welche Möglichkeiten politischer Bildung und demokratischer Beteiligung sich daraus ergeben. Ein solches demokratisch-politisches Handeln kann ebenfalls immer nur aus den Möglichkeiten der Jugendlichen selbst entwickelt und ihnen nicht von außen aufgedrückt werden.

Das Ziel bestand also darin, im Teilprojekt

(1) gemeinsam zu prüfen, ob und wie das Politische in Sicht- und Handlungsweisen der Jugendlichen selbst auftaucht und wie man es
(2) zusammen mit ihnen so aufgreifen könnte, dass sich für die einzelnen Jugendlichen Handlungsperspektiven demokratischer Beteiligung ergeben, die tatsächlich für sie machbar und nicht überfordernd sind.

Die Arbeitsweise bestand darin, zunächst mithilfe der Vorgehensweise der GeBe-Methode alltägliche Beratungsfälle mit Blick auf ihre politischen Themen zu untersuchen und daraus Handlungsmöglichkeiten in der Förderung von demokratischer Partizipation abzuleiten. Die GeBe-Methode sollte jedoch nicht von vornherein als feststehende Handlungsperspektive eingeführt werden, sondern zunächst nur als eine Orientierung, ein Verstehen politischer Prozesse, um in den Beratungsstellen selbst stets von den konkreten Fällen der Jugendlichen aus zu starten. Es galt für die Projektgruppe (PG) also, im ersten Schritt mithilfe der Analyse von Einzelfällen die strukturellen Rahmenbedingungen und Chancen für politische Bildung/Demokratiebildung in den Beratungsstellen zu erheben. Im zweiten Schritt sollte dann abgeleitet und soweit wie möglich erprobt werden, welche spezifischen Handlungsorientierungen in diesem Rahmen für die Beratungsstellen und ihrer Adressat:innen passend und machbar sein könnten.

Die Arbeitsweise war davon geprägt, dass die teilnehmenden Berater:innen nach einem konzeptionell-methodischen Input die darin enthaltenen Vorschläge diskutierten, um daraus Ideen für die Arbeit in der eigenen Beratungsstelle abzuleiten. Diese methodischen Versuche wurden dann in der je eigenen Praxis erprobt und beim nächsten Treffen der PG ausgewertet. So entstand eine Prozessorientierung, bei der die Beteiligten aus ihren Praxiserfahrungen gemeinsam lernten und sich neue Perspektiven für die politische Bildung/Demokratiebildung in den Beratungsstellen erarbeiteten. Das Projekt zielte darauf, Wahrnehmungsperspektiven und Handlungsmöglichkeiten zu erproben, die es bisher noch nicht in der Beratungsarbeit der JSA gab. Die Arbeitsweise war somit experimentell und hatte ein offenes Ergebnis. Insofern war es auch denkbar, Grenzen oder gar Unmöglichkeiten von politischer Bildung/Demokratiebildung in Beratungsstellen der JSA festzustellen.

Im Folgenden werden die inhaltlichen Schritte und die im Prozess erarbeiteten Erkenntnisse in ihrer Chronologie berichtet.

2 Das Politische in Einzelberatungen erkennen

Politische Positionen und Urteile der Jugendlichen sowie ihre Beteiligung an demokratischen Prozessen sind zunächst nicht Thema von Beratung. Diese fokussiert stattdessen darauf, mit den Klient:innen zu verstehen, mit welchen Lebensproblem sie konfrontiert sind und wie sich diese gerade im Blick auf das Erreichen von schulischen Qualifikationen und Ermöglichen des Berufseinstiegs bewältigen lassen.

Schon die Rahmenbedingungen verlangen eine Fokussierung auf die Einzelperson und deren Schwierigkeiten. Normalerweise trifft in einem Zweier-Setting eine beratende Fachkraft auf eine:n Jugendliche:n[13]. Häufig gibt es einen gewissen Handlungsdruck und damit auch Zeitdruck: Die Jugendlichen brauchen sehr konkrete Ansätze zur Ausbildung, um eine Integration in Arbeit zu bewältigen. Damit geht es um die Entwicklung möglichst direkter Lösungsansätzen zu akuten Problemstellungen und nicht um einen längerfristigen pädagogisch-beraterischen Beziehungs- und Entwicklungsprozess. Beratung im Rahmen der JSA ist also oft durch eine gewisse Kurzzeitigkeit gekennzeichnet, manchmal dauert sie überhaupt nur eine einzige Einheit lang. Das bringt es mit sich, dass die Teilnehmer:innen und die Berater:innen jeweils nur relativ kurz mit sehr unterschiedlichen und ggf. wechselnden Personen zu tun haben.

Die Struktur dieser (kurzzeitigen) Beratung führt zu einer Individualisierung. Es sind Einzelpersonen, die mit konkreten Schwierigkeiten und Fragen in die Beratung kommen, und es ist notwendig, für diese Probleme Antworten zu suchen bzw. zu entwickeln. Damit erscheinen die verhandelten Schwierigkeiten als individuell und begrenzt auf das soziale Umfeld sowie die zuständigen Dienste und Institutionen im Leben der betroffenen Jugendlichen zu sein. Aus der unabweisbaren Entwicklungsaufgabe jedes jungen Menschen, die eigene Biografie durch eigenes Handeln zu bewältigen, entsteht dann von außen manchmal die Zuschreibung einer individuellen Verantwortung für Probleme, Schwierigkeiten, Scheitern usw. Beratung fokussiert zunächst nachvollziehbar darauf, die Jugendlichen dabei zu unterstützen, ihre drängendsten Lebensprobleme anzugehen. Dabei wird dann allerdings so gut wie nie berücksichtigt, dass die Jugendlichen nicht ausschließlich individuell für ihre Problemlagen verantwortlich gemacht werden können. Diese sind in Gesellschaft und Wirtschaftsweise strukturell bedingt, zum Beispiel durch Ungleichheit und Armut. Eine kompetente psychosoziale Beratung in der JSA darf freilich nicht einfach die Perspektive umkehren und gesellschaftliche Strukturen von Ungleichheit und Benachteiligung in den Fokus der Beratung rücken. Eine Beratung, die zum Beispiel danach fragen würde,

13 Die Beratungsräume befinden sich überwiegend in Gebäuden, in denen auch andere Angebote der JSA (oder andere sozialer Dienste) angesiedelt sind. Insofern gibt es Publikumsverkehr, auch von anderen Jugendlichen, aber eher keine Kommunikation unter den Klient:innen.

wie Probleme mit Anorexie durch gesellschaftliche Geschlechterkonstruktionen bedingt seien, oder wie Probleme von Jugendlichen mit Migrationshintergrund, einen Ausbildungsplatz zu finden, mit der strukturellen Diskriminierung dieser Gruppen im deutschen Bildungssystem zusammenhängen könnten, würde den Jugendlichen nicht gerecht.

Es wäre unethisch, auf solche Themen zu reflektieren, statt auf das, was die Klient:innen konkret bedrängt. Denn man könnte eine zentrale Beratungsregel so bezeichnen: Was drängt, ist dran.

Will man jedoch den Anspruch nicht aufgeben, im bisher „unterschätzten Raum" (BMSFSJ 2020) der JSA und auch in ihren Beratungsstellen politische Bildung und Demokratiebildung zu entwickeln, ist zu fragen, wie diese Perspektive in den Beratungsstellen unter den geschilderten spezifischen Bedingungen eingenommen werden kann.

Es wäre nötig, sich in der Beratung nicht nur auf die individuelle Bewältigung der Belastungen zu fokussieren. Politische Bildung würde bedeuten, dass Personen ihre individuelle Lebensweise und deren Problem- und Fragestellung mit den kollektiven Regelungen der Lebensführung, also den gesellschaftlichen Verhältnissen in Verbindung bringen. Es würde dann in der Beratung trotz des Vorrangs von Bewältigung darum gehen, dass Jugendliche die eigenen Benachteiligungen und Lebensprobleme auch in ihren gesellschaftlichen Ursachen kritisch erkennen. Vielleicht wäre es ein Minimum einer politisch bewussten Beratung in der JSA, wenigstens die Individualisierung durch Schuldzuschreibungen (die die Jugendlichen selbst vollziehen und die ihnen von außen widerfahren) zu hinterfragen und in größere gesellschaftliche, ökonomische und politische Prozesse einzuordnen. Das enthebt die Einzelnen nicht von der Aufgabe, ihre Schwierigkeiten selbst anzugehen, relativiert aber die Schuldfrage. Statt sich in den scheinbar hochspezifisch individuellen Bedingungen des eigenen Lebens gefangen zu sehen, schafft diese Perspektive der Analyse gesellschaftlicher Ursachen dem Individuum ein Stück Distanz. Zudem rückt es die Person potenziell aus seiner individuellen Vereinzelung in ein politisches Kollektiv: das sind zunächst die ähnlich von benachteiligenden und ungerechten Strukturen betroffenen Menschen, aber auch alle Bürger:innen, die in einer demokratischen Gesellschaft aufgerufen sind, die Verhältnisse kritisch zu beurteilen und politisch-demokratisch zu verbessern.

Vielleicht kann eine solche Perspektive auch den einzelnen Jugendlichen eröffnen, politisch aktiv zu werden. So könnten sie Benachteiligungen, ungerechte Strukturen und Diskriminierungen im eigenen Leben in der Gesellschaft öffentlich problematisieren und andere damit konfrontieren. Die eigene Stimme zu erheben, der individualisierenden Schuldzuweisung zu widersprechen und sich in der Öffentlichkeit zu artikulieren, könnte der Beginn einer Debatte mit anderen sein, um die gesellschaftlichen Ursachen auszuloten, gemeinsam zu kritisieren und Lösungsmöglichkeiten zu suchen. Das müsste auf eine Weise geschehen, die für die Jugendlichen machbar und ihren kulturell medialen Ausdrucksweisen angemessen ist. Auch ein solches Betreten von Öffentlichkeit und die Entwicklung von demokratischen Diskursen mit anderen Beteiligten kann und muss sozialpädagogisch unterstützt werden. Das setzt allerdings voraus, dass a) Jugendliche ihre Probleme und Fragestellungen als auch gesellschaftlich relevante erkennen können und b) gestärkt werden, diese in geeignete Öffentlichkeiten (in der Räumen der JSA-Angebote selbst oder in sozialen Zusammenhängen der Kommune) einzubringen und zum Anlass demokratischer Aushandlungsprozesse zu machen.

Wollen die Beratungsstellen solche Demokratiebildung eröffnen, stehen sie vor der Frage, wie sie die Problemstellungen der Jugendlichen mit diesen nicht nur individuell, sondern auch als gesellschaftlich produziert und damit als politisch relevant erkennbar machen könnten. Das heißt, dass die Fachkräfte selbst im dialogischen Verstehen zusammen mit den Jugendlichen neben den individuellen Problemzusammenhängen auch nach politischen Deutungen und Positionen der Jugendlichen suchen müssten.

Die Fachkräfte müssten neben ihren psychosozialen Analysekategorien auch Kategorien entwickeln, mit denen sie in den biografischen Erzählungen und Problemschilderungen der Jugendlichen überhaupt Politik und Politisches entdecken könnten. Deshalb war einer der ersten Schritte in der PG, einen Begriff von Politik und dem Politischen, sowie damit auch von politischer Bildung einzuführen.

Politik wird hier in Anlehnung an den 16. Kinder- und Jugendbericht der Bundesregierung verstanden als die „Gesamtheit der Aktivitäten und Strukturen, die auf die Herstellung, Durchsetzung und Infragestellung allgemein verbindlicher und öffentlich relevanter Regelungen in und zwischen Gruppierungen von Menschen abzielt“ (BMFSFJ 2020, S. 8). Diese Regelungen betreffen Fragen der kollektiven Lebensführung in einer Gesellschaft, die durch Handlungsprobleme, Konflikte, soziale und technische Weiterentwicklung, ökonomische Prozesse usw. ausgelöst werden. Es geht also darum, wie Menschen und ihrer Gruppierungen in einer Gesellschaft in Bezug aufeinander ihr kollektives Leben durch Arbeit und Verständigung erhalten und gestalten. Die Begriffsbestimmung des 16. Kinder- und Jugendbericht nimmt Konzepte auf, die zwischen ‚Politik‘ und ‚dem Politischen‘ unterscheiden (vgl. Marchart 2010). ‚Politik‘ ist danach gekennzeichnet durch Ordnung und Ordnen (also der „Herstellung und Durchsetzung“ von Regelungen), während mit ‚dem Politischen‘ die gesellschaftlich unvermeidbaren, kontingenten Konflikte und Kämpfe thematisiert werden, mit denen die gesetzten Ordnungen kontinuierliche Infragestellungen erfahren.

Politik kann als demokratisch bezeichnet werden, wenn die Herstellung, Durchsetzung und Infragestellung von Regelungen der kollektiven Lebensführung auf demokratische Weise geschehen oder sie zu einer Demokratisierung der Ordnungen führen. Bezieht man sich auf das unseren Projekten zur Demokratiebildung in der JSA zugrunde gelegte Modell einer deliberativen Demokratie, partizipieren die berechtigten Mitglieder des Volkes an der Herstellung, Durchsetzung und Infragestellung als gleichberechtigte und gleichzeitige Urheber:innen und Adressat:innen von Entscheidungen zu Regelungen (vgl. Habermas 1992, S. 52).

Um die einzelnen Elemente der Begriffsbestimmung von Politik und dem Politischen in den Berichten und Positionierungen von Jugendlichen in der Beratung erkennen zu können, haben wir versucht, uns jeden Aspekt genauer klarzumachen und Fragen formuliert, um die Suche nach solchen Aspekten zu unterstützen. Dabei wurde in Bezug auf die Zielgruppen Benachteiligung und Behinderung von Teilhabe und Teilnahme mitgedacht.

Politik meint die „Gesamtheit der Aktivitäten und Strukturen, die auf die Herstellung, Durchsetzung und Infragestellung allgemein verbindlicher und öffentlich relevanter Regelungen in und zwischen Gruppierungen von Menschen abzielt" (BMFSFJ 2020, S. 8).

Aktivitäten

Was tun die Beteiligten wie, um Regelungen herzustellen, durchzusetzen und infrage zu stellen? Wie werden welche gesellschaftlichen Verhältnisse hergestellt? Welche Handelnden und Handlungsweisen haben ‚Erfolg', und welche werden be- oder verhindert?

Strukturen (und die darin schon repräsentierten Machtverhältnisse)

- Makroebene:
  Große Grundsysteme, die die Einzelnen vergesellschaften: ökonomisches System: Kapitalismus; politisches System: Demokratie; rechtliches System: Rechtsstaat. *Kulturelle und soziale Strukturen* (‚Verhältnisse') als Unterschiede und Ungleichheiten, inkl. der damit verbundenen Handlungsmuster (z. B. class, race, gender).
- Mesoebene: Institutionen, Teilsysteme (z. B. DIE Schule, DIE Jugendsozialarbeit), Verbände.
- Mikroebene: Handeln der Individuen in lebensweltlichen Zusammenhängen, wie z. B. Familien, Milieus und einzelnen Organisationen.

Herstellung

Wie geschieht die Erzeugung neuer Fragen oder Probleme bei der Regelung zwischen den Ebenen? Welche neuen Inhalte/Problemstellungen von Regelungen werden von wem wie vorgebracht (z. B. Rechte von LGBTIQ* oder Fridays for Future)? Wie (mit welchen Aktivitäten) werden Themen öffentlich diskutiert bzw. bearbeitet. Wie werden von wem wozu öffentlich verbindliche Entscheidungen gefällt? Wer ist darin einbezogen, wer nicht?

Durchsetzung

Wie setzen Systeme und Teilsysteme (Makro- und Mesoebene) Regelungen durch? Zu wessen Vor- und Nachteil? Wie werden im alltäglichen Handeln auf der Mikroebene Regelungen und Verhältnisse hergestellt/erhalten? Wie erfahren Gruppierungen und Individuen die Durchsetzung, wie gehen sie damit um bzw. was sind ihre Partizipationschancen?

Infragestellung

Wer kann wie als Individuum oder Gruppierung Regelungen/Verhältnisse infrage stellen? In welchen Situationen, auf welchen Bühnen oder in welchen Settings geschieht das? Auf welcher Ebene geschieht das? Wer tut das wie, also mit welchen Ausdrucksmitteln und Interaktionen? Wer antwortet darauf wie? Wer wird wie ignoriert, zum Schweigen gebracht? Wie wird die Infragestellung zu einem Element der Herstellung neuer Regelungen?

Regelungen

Was sind die Inhalte, Handlungsstrukturen und Handlungsmuster von Regelungen/Verhältnissen? Wessen Leben wird wie durch welche Regeln positiv oder negativ beeinflusst; wie wird Handeln beschränkt oder eröffnet?

Allgemein verbindlich und öffentlich relevant:

Bei Regelungen geht es also um die im Prinzip alle Mitglieder einer Gesellschaft betreffenden Fragen der gemeinsamen Lebensführung. Regelungen haben die Aufgabe, Verbindungen zwischen Gesellschaftsmitgliedern herzustellen, also zu vergesellschaften und dieses auf verbindliche Weise zu tun. Es geht nicht um private Regeln und Einzelfälle, sondern um das allgemeine, dass für alle öffentlich erkennbar und relevant für Handeln wird.

Gruppierungen

Der Begriff Gruppierungen ist bewusst offen und breit gewählt. Gruppierungen können einerseits institutionalisiert sein: z. B. als Parteien, als Wirtschaftsverbände, organisierte Interessensgruppierungen oder Berufsgruppen usw. Andererseits können auch lebensweltliche Gruppierungen gemeint sein: Zum Beispiel Familie, Freundeskreise, Vereine usw. Wer gehört welcher Gruppe an, wer wird wie welcher Gruppe zugeordnet? Welche Folgen hat das für die Chancen an der Regelerstellung zu partizipieren? Welche Konflikte und Problemstellungen zwischen welchen Gruppen führen zu Regelungsbedarf?

3 Überlagerungen von gesellschaftlichen Ungleichheitsstrukturen analysieren

Will man die Lebensverhältnisse der benachteiligten Jugendlichen analysieren, sollte man auch berücksichtigen, dass die Ungleichheitsstrukturen, in denen sie leben, sich häufig überlagern und verweben. Durch die oben skizzierten gesellschaftlichen Regelungsbereiche entstehen gesellschaftliche Ordnungen bzw.

kulturelle Verhältnisse, die die Beziehungen untereinander und die Formen des Zusammenlebens strukturieren. Regelungen sind also nicht nur einfache Regeln, etwa in Form von Gesetzen, sondern auch durch gesellschaftliches Handeln im Alltag hergestellte Verhältnisse. Diese Verhältnisse oder kulturellen Handlungsmuster ermöglichen und beschränken individuelles Handeln, bis hin zur Erzeugung von Unterschiedlichkeit, Ungleichheit und Ungerechtigkeit. So entstehen Differenzen zwischen gesellschaftlichen Gruppierungen aufgrund von kulturellen, sozialen, rechtlichen und ökonomischen Regelungen und Konstruktionen. Es entwickeln sich kulturelle Praxen, die Gruppen und Personen Unterschiedlichkeit zuweisen (wie auch ermöglichen), zum Beispiel aufgrund von Geschlecht, Klasse, Ethnie, Religion, Körper, usw. Diese im gesellschaftlichen Handeln hergestellten Differenzen können von Unterschiedlichkeit in Ungleichheit umschlagen und von dort in Diskriminierung. Die vielfältigen Möglichkeiten, Geschlecht zu leben, können Konstruktionen gegenüberstehen, die Ungleichheiten von Geschlechtern definieren, so z. B. Zuschreibungen von Männlichkeit und Weiblichkeit. Wenn mit dieser Ungleichheit möglicher Geschlechter für bestimmte Geschlechter eine Benachteiligung und Herabsetzung verbunden ist, spricht man von Diskriminierung. Wenn Frauen aufgrund ihres Geschlechts nicht die gleiche Bezahlung für gleiche Arbeit erhalten wie Männer, werden sie ökonomisch benachteiligt. Solche Diskriminierung kann sogar rechtlich festgelegt sein; es war zum Beispiel Frauen in Deutschland gesetzlich bis 1977 Berufstätigkeit nur erlaubt, wenn sie mit ihren Pflichten in Ehe und Familie vereinbar war. Diskriminierung tritt auch durch kulturelle Praktiken ein, wenn (um im Beispiel zu bleiben) Frauen weniger Vernunft zugeschrieben wird als Männern.

Menschen sind von verschiedenartigen Differenzkonstruktionen betroffen. Gerade benachteiligte Jugendliche machen die Erfahrung, dass ihr Leben von mehreren Differenzverhältnissen geprägt ist. So treffen bei manchen Personen gleichzeitig abwertende Konstruktionen von Jugend, Geschlecht, Ethnie/Migrationserfahrung und Klasse zusammen und verstärken einander gegenseitig zu Verhältnissen von Ungleichheit und Benachteiligung. Diese Überschneidungen der Zuschreibungen von Ungleichheit und damit verbundener Benachteiligung werden sich auch häufig bei Adressat:innen der Jugendsozialarbeit finden lassen. Von diesen Verhältnissen sind aber auch die Wahrnehmungen, Positionierungen und Handlungsperspektiven der Jugendlichen im Blick auf Politik und das Politische beeinflusst. Wenn man nach ihren politischen Themen und ihren demokratischen Handlungsmöglichkeiten sucht, gilt es also, auch die Überlagerung von diskriminierenden Zuschreibungen zu erkennen.

Exkurs: Intersektionalität

„Eine analytische Möglichkeit, die Verwobenheiten von Differenzlinien unter einer macht- und ungleichheitskritischen Perspektive wahrzunehmen, eröffnet das Konzept der Intersektionalität. Mit dem Begriff ‚Intersektionalität' verweist die Juristin Kimberlé Crenshaw (1994) auf die Wechselwirkungen zwischen den unterschiedlichen Differenzkategorien. Sie zeigt, dass die Diskriminierungserfahrungen von Menschen nur dann verstanden und erklärbar gemacht werden können, wenn diese als ‚intersections', als ‚Kreuzungen' mehrerer sozialer Ungleichheitskategorien begriffen werden. Dementsprechend will Crenshaw mit ihrem Konzept dafür sensibilisieren, dass und wie sich in spezifischen Situationen verschiedene Differenzkategorien überschneiden und entsprechend mit je spezifischen Diskriminierungserfahrungen verbunden sein können. [...] Intersektionalität kann also als Perspektive beschrieben werden, mittels derer die Bedeutungen sozialer Differenzkategorien wie Gender, Ethnizität, Klasse etc. in ihren Wechselwirkungen und Verwobenheiten bedacht werden können (vgl. Riegel 2011). Damit grenzt sich die intersektionale Perspektive von eindimensional und binär angelegten Analysen von Differenzverhältnissen ab, die beispielsweise nur Geschlecht oder nur Ethnizität als relevante Ungleichheitskategorien betrachten. Vielmehr kann Intersektionalität als Versuch gelesen werden, einem verkürzenden oder allein additiven Verständnis von Differenz zu entgehen, und stattdessen die mit Differenzverhältnissen einhergehenden und oben beschriebenen Ungleichheiten auf struktureller, institutioneller und symbolischer Ebene in ihrer Komplexität wahrzunehmen" (Plößer/Sturzenhecker, 2020, S. 299 f.).

Wenn man sich die Kategorien von Ungleichheitskonstruktionen klarmachen will, hilft eine Liste, die hier als Kategorienschema für die Auswertung von Differenzkategorien von Degele/Winker (2007, S. 14) übernommen ist.

Kategorien	Identität
Arbeit (Erwerbs-/Reproduktionsarbeit/Ehrenamt)	oben ~ unten, erwerbstätig ~ erwerbslos, normalbeschäftigt ~ prekär, bezahlt ~ unbezahlt
Einkommen/Vermögen	reich ~ arm
Bildung	gebildet ~ ungebildet
Soziale Herkunft/Familie/ Soziale Netze	bildungsnah ~ bildungsfern, vernetzt ~ isoliert, allein lebend ~ in Familie eingebunden
Generativität	kinderlos ~ Elternschaft
Geschlechtszuordnung	männlich ~ weiblich
Sexuelle Orientierung	heterosexuell ~ homosexuell
Nationalstaatliche Zugehörigkeit	drinnen~ draußen, deutsch ~ ausländisch, europäisch ~ außereuropäisch, geduldet ~ illegalisiert
Ethnizität	Weiß ~ Schwarz, dominante Gruppe ~ ethnische Minderheit, modern ~ traditionell, westlich ~ nicht westlich
Region	Stadt ~ Land, West ~ Ost
Religion/Weltanschauung	christlich ~ muslimisch, fortschrittlich ~ rückständig

Kategorien	Identität
Alter	jung ~ alt
Körperliche Verfasstheit/Gesundheit	gesund ~ krank, leistungsfähig ~ eingeschränkt leistungsfähig
Attraktivität	schön ~ unattraktiv, gepflegt ~ ungepflegt
Bei Bedarf weitere Kategorien	...

Zum Zwecke der Analyse von Lebensverhältnissen und Positionen zu Politik und politisch Teilnehmenden in der Jugendsozialarbeit kann man mithilfe dieser Liste etwa fragen: Wer erfährt in einer oder in mehreren Ungleichheitszuweisungen Ungerechtigkeit/Diskriminierung? Für wen verbindet sich die Überkreuzung von Ungleichheiten zu Ungerechtigkeit und Diskriminierung?

Eine weitere analytische bzw. reflexive Methode aus der politischen Bildung zu Fragen der Intersexualität ist die „Power-Flower" (Europahaus Aurich/Anti-Bias-Werkstatt 2007). Sie bildet insgesamt 16 Differenzkategorien als Sonnenblume ab, zu der je Kategorie ein dreigliedriges Blütenblatt eines der Segmente der Blüte darstellt.

Im inneren Kreis der Power Flower-Blüte finden sich die Differenzkategorien, die durch gesellschaftliche Regelungen bzw. Praktiken hergestellt werden. In den inneren Blütenblättern sind die zu den einzelnen Kategorien gehörigen, in der deutschen Gesellschaft strukturell privilegierten Gruppen benannt. In den äußeren Blütenblättern stehen die tendenziell nicht privilegierten Gruppen. Die Power-Flower kann dabei helfen, die Chancen auf ökonomische Teilhabe und politisch-demokratische Teilnahme von Adressat:innen in der JSA genauer zu bestimmen. Je mehr Kombinationen der inneren Blütenblätter auf eine Person oder Gruppierungen zutreffen, desto größer sind die allgemeinen Partizipationschancen. Je mehr Kombinationen von äußeren Blütenblättern sich finden, desto größere Diskriminierungs- und Exklusionsrisiken bestehen.

4 Politik und Politisches in Fallgeschichte 1: „Ich will die Schule abbrechen.“

Um in der PG unsere Aufmerksamkeitsrichtung auf Politik und Politisches zu erproben, haben wir eine einfache Alltagsszene genutzt, die Uwe Wlódarczak (Kleve) beobachtet hat. Er hatte eine 17-jährige Schülerin in einem Workshop der Arbeitsagentur zum Thema Bewerbungsmanagement kennengelernt. Einige Wochen später schrieb sie ihm eine Mail.

> „Ich wollte mal nachfragen, ob Sie Zeit für ein Gespräch hätten. Ich wollte die Schule abbrechen und bin seit zwei Wochen nicht dort gewesen. Dann habe ich erfahren, dass ich noch schulpflichtig bin und wollte mich bei Ihnen melden, weil ich auf dieser Schule keine Chance sehe. Da wollte ich Sie fragen, ob Sie Zeit hätten, um nach einer anderen Lösung zu gucken, da ich auch bald von hier wegziehen werde.“

Diese Mail haben wir nach den Regeln der GeBe-Methode diskutiert und uns besonders darauf fokussiert, in welcher Weise Politik und Politisches in ihrer Mail auftauchte. Das haben wir in einer Liste geordnet, in der ihre Aussagen und unsere Hypothesen zum Politischen einander gegenübergestellt wurden.

Beobachtung: Aussagen/Handlungen der Jugendlichen.	**Politisch? Gesellschaftliche Regelungen und Verhältnisse und die Beziehung des Individuums dazu.**
Ich will die Schule abbrechen.	Schulpflicht als die für Jugendliche vielleicht dominante Regelung in ihrem Leben. Schule abbrechen zu wollen ist eine (individuelle) Infragestellung der institutionellen Regelung der Qualifikationsaufgabe der Jugendphase. Ihre Verweigerung verweist auf das ‚Einbläuen‘ der Regel, dass man den Abschluss machen muss. Sie stellt dagegen: Ich mache nicht, was alle anderen wollen = ich will mich behaupten, mein Leben selbst bestimmen und Entscheidungen selbst treffen. Ich bin aber Verhältnissen und Regelungen, wie der Schulpflicht, ohnmächtig ausgeliefert. Aber ich kümmere mich um meine eigensinnige biografische Perspektive.
Ich bin seit zwei Wochen nicht dort gewesen.	Hier wird indirekt auf die Durchsetzung der Schulpflicht verwiesen. Es ist unklar, wie diese Regel ihr gegenüber durchgesetzt wird bzw. ob die Verletzung der Schulpflicht überhaupt jemandem auffällt, wer sich verantwortlich sieht und wer etwas unternimmt. Gibt es trotz der mächtigen Schulpflichtregel auch ein institutionelles Desinteresse, eine soziale Desintegration in Bezug auf das Schulsystem in Form konkreter Schulen und Lehrer:innen?
Ich bin noch schulpflichtig.	Die rechtliche Form der Regelung der Schulpflicht wird mitgeteilt. Auf uns wirkt das hier wie ein Zitat einer sachlichen, bürokratischen Information, die durch Dienste oder Behörden mitgeteilt wird. Möglicherweise nimmt sie sich als Objekt von Regeln wahr.

Beobachtung: Aussagen/Handlungen der Jugendlichen.	Politisch? Gesellschaftliche Regelungen und Verhältnisse und die Beziehung des Individuums dazu.
Ich melde mich, weil ich auf dieser Schule keine Chance sehe.	Mit dem Chancenbegriff wird auch auf die institutionelle Aufgabe des Schulsystems verwiesen: Schule verteilt die Chancen. Diese Aufgabe wird individualisiert auf die eigene Person bezogen und ihre Erfüllung abgestritten. Sie als Person hat an dieser Schule keine Chancen, die Chancen des Schulsystems wahrzunehmen. Der Konflikt wird allerdings nicht konkret berichtet, sondern ganz allgemein als negatives Urteil über die Schule formuliert. Die Schule wird zu einem abstrakten System, das dem Individuum keine Chance gibt. Die Person nimmt sich als Objekt einer abstrakten institutionellen Macht wahr.
Ich wollte nach einer anderen Lösung gucken.	Sie sucht aktiv nach einer alternativen Perspektive für Biografie, Ausbildung und/oder Berufseinstieg. Letztlich werden jedoch die gesellschaftlichen Regelstrukturen der Notwendigkeit von Schulabschluss und Berufsausbildung als unumkehrbare Aufgaben betrachtet, die bewältigt werden müssen. Die Beratungsstelle wird zu einer Schnittstelle zwischen Individuum und System, die bei der Bewältigung der individuellen Verantwortung für Biografie in gesellschaftlichen Regelstrukturen (Beruf) unterstützt.
Ich werde bald von hier wegziehen.	Hier werden die regionalen Zuständigkeitsregelungen von Diensten (auch der Beratungsstelle) angesprochen. Damit wird ein gewisser Status als deren Klientin und deren (?) Regelungen thematisiert. Andererseits nimmt sie ihre Biografie aktiv in die Hand und will Freiheitsrechte auf Wohnort und Berufswahl in Anspruch nehmen.

Im Folgenden ist ein Auszug aus dem Protokoll der Projektgruppe wiedergegeben. Das Protokoll wurde von mir geschrieben. Das Protokoll zeigt einerseits, wie in der PG Schritte der GeBe-Methode aufgegriffen wurden, und andererseits, welche inhaltlichen Diskussionen stattfanden.

Protokollauszug

Wir erkennen einerseits eine Wahrnehmung der jungen Frau von sich selbst als fremdbestimmtem Objekt der politischen Regelungen (Schulpflicht) und einer ihr keine Chancen gewährenden Schule. Damit erscheint ihr Schule als ungerecht. Sie unterstellt so auch den Anspruch, Schule solle Chancen – möglicherweise für alle Schüler:innen gleich – eröffnen. Andererseits erkennen wir einen persönlich Freiheits- und Bewältigungswillen. Sie sucht für sich aktiv nach Möglichkeiten für ihre weiteren biografischen Schritte. Gesellschaftliche (Zwangs-)Regelungen und (ungerechte) Verhältnisse werden sehr abstrakt bezeichnet. Aus Sicht der jungen Frau ist es ihre Schule, die ihre „keine Chance“ gibt. Die Erfahrung, Objekt zu sein, schlägt sich in einer Wahrnehmung des Politischen nieder, in der man dessen abstrakte Macht und seine eigene Auslieferung daran beschreibt und kritisiert. Individuell sucht die junge Frau nach Lösungen/Perspektiven, aber die

Verhältnisse erscheinen ihr als nicht beeinflussbar. Die Handlungsperspektiven richten sich deshalb nur auf die eigenen engeren Bewältigungsspielräume und nicht auf eine Veränderung der Macht-Verhältnisse oder deren öffentliche Kritik.

Es fällt auf, dass die Konstruktion von Schule als mächtigem Verweigerer von Chancen und der eigenen Ohnmacht demgegenüber ganz abstrakt beschrieben wird. In unserer Diskussion gab es andere Hinweise darauf, dass Jugendliche auf diese Weise Kritik üben: Sie sehen sich dann zum Beispiel generell Rassismus ausgesetzt, klagen Ungerechtigkeiten und Missachtungen ganz allgemein an, ohne sie jedoch auf konkrete Konflikte unter eigener Beteiligung zurückzuführen. So auch in dieser Beobachtung. Die Konflikte, die möglicherweise zu der Folgerung (‚Ich sehe keine Chancen auf dieser Schule') führen, werden nicht an konkreten Personen und Konfliktprozessen festgemacht, sondern generalisiert. Damit wird von vornherein die Möglichkeit gemindert bis ausgeschlossen, sich selbst in konkreten Konflikten zu engagieren und dadurch zu versuchen, mit konkreten Gegenübern eine andere, gemeinsame Umgangsweise und geeignete Lösungen für das Bestehen von Schule zu entwickeln. Die Möglichkeit, die Konflikte auszuhandeln und gemeinsam Lösungen zu finden (also rudimentär eine demokratische Kommunikation und Problemlösung zu praktizieren), wird nicht erkennbar oder greifbar. Es bleibt dann nur die Möglichkeit, immer wieder neu zu versuchen, sich individuell angesichts der übermächtigen Institution durchzuschlagen und einen machbaren Schulabschluss und Berufseinstieg zu schaffen.

Vertiefung

Wenn unsere Hypothese stimmt, dass sich die junge Frau (und auch andere Jugendliche aus den Beratungen) den gesellschaftlichen Verhältnissen als Objekte ausgeliefert fühlen, kann man das auch als ‚Entfremdung' beschreiben.
Die Sozialphilosophin Rahel Jaeggi (2016, S. 20) bestimmt Entfremdung als „Beziehung der Beziehungslosigkeit". Das Subjekt ist zwar irgendwie Teil von sozialen Zusammenhängen, aber diese Beziehung ist durch eine ‚Teilnahmslosigkeit' geprägt. Darin geht das Gefühl für die eigene Teilnahmefähigkeit, also das Gefühl der subjektiven Handlungsfähigkeit, verloren, und man wird selbst zum Objekt. Zudem wird das Teil-Sein nicht durch eine Antwort bzw. Resonanz der anderen bestätigt und beeinflusst. Institutionen und Dienste scheinen kein persönliches Interesse an der Person zu haben, sondern abstrakt bürokratisch zu reagieren.
Dass die junge Frau den Berater mit einer Mail anspricht, weist möglicherweise darauf hin, dass sie hier eine Chance sieht, als Person mit spezifischen Problemen und Bewältigungsversuchen anerkannt zu werden und Resonanz zu erfahren.

Der Soziologe Hartmut Rosa (2019, S. 218ff.) erläutert, wie wichtig eine solche Resonanz ist, damit sich Menschen als Personen und sozial anerkannte Teilnehmende am Sozialen erfahren und entwickeln können. Resonanz bedeutet für ihn, dass zwei Seiten (im Modell zwei Personen oder eine Person mit einer Sache, etwa der Natur oder einem Musikstück) in ein wechselseitiges Mitschwingen geraten, in dem sie sich gegenseitig beeinflussen. Solches Mitschwingen bedeutet aber nicht einfach ein Echo (wie in falsch verstandener klientenzentrierter Beratung), indem man einfach nur wiederholt, was das Gegenüber gesagt hat, sondern indem man eine Antwort gibt.

In solchen Antworten reagieren beide Seiten „mit eigener Stimme" (Rosa 2019, S. 285) aufeinander. So bestätigen sie sich gegenseitig, dass sie da sind und dass sie füreinander bedeutungsvoll sind, ohne sich gleich zu machen (oder eine Seite zu unterwerfen). Gerade die Antwort auf das Eigene ermöglicht es, dieses zu erfahren und zu entwickeln. Es entsteht eine grundsätzliche Anerkennung der Person und eine Befähigung, sich in antwortenden Beziehungen doch eigensinnig zu entwickeln und zu positionieren. Fehlen solche Resonanzbeziehungen oder werden Beziehungen und Welt ‚stumm' oder wird eine:r der Beteiligten nur als Mittel zum Zweck (also funktionalisierend) behandelt, entsteht Entfremdung und mit ihr ein Gefühl von Handlungsunfähigkeit und Ausgrenzung.

Das könnte man auch auf die Demokratieerfahrungen von (benachteiligten) Jugendlichen beziehen. Wenn die Jugendlichen in den Institutionen, in denen es ja um Entscheidungen über das gemeinsame gute Leben und über ihr persönliches gutes Leben geht, keine Resonanz erfahren, entsteht Entfremdung. Resonanz dort würde bedeuten, dass die Jugendlichen als Personen anerkannt und ihre ‚Stimme', also ihre Selbst-Positionierungen (durch welche Aussagen und Handlungen auch immer) eine Antwort erhalten. Und zu antworten kann auch heißen, den vorliegenden Deutungen der Situation auf der Basis von Anerkennung zu widersprechen.

Aus der Perspektive von Demokratiebildung würde dies bedeuten, dass die von den Jugendlichen bezeichneten Probleme und Konflikte als relevant für die gemeinsame Bearbeitung und demokratische Entscheidung angesehen würden. Man muss sich als Mitglied einer Entscheidungsgemeinschaft erfahren können, indem man das Recht realisieren kann, Themen und Konflikte einzubringen, auf die andere antworten. Das muss nicht einfach nur nachvollziehend sein. So entsteht idealerweise ein demokratischer Streit, ein Konflikt, ein Auseinandersetzungsprozess, in dem man gemeinsam die unterschiedlichen Positionen und Argumente prüfen und schließlich zusammen über Lösungsvorschläge entscheiden muss. Es geht nicht um die Erfahrung zu siegen und seine Position durchzusetzen, sondern darum, sich als berechtigte:r Teilnehmer:in zu erfahren und Entscheidungen akzeptieren zu können, weil man an deren Erzeugung aktiv mitwirken konnte.

Erfahren die Jugendlichen Schule – die für sie ein wichtiger Repräsentant von Gesellschaft insgesamt ist – als übermächtiges System, in dem sie als Personen keine Resonanz erhalten und nicht mitentscheiden können, schwächt das ihre Demokratiebildung. Demokratiebildung bedeutet, dass man sich Demokratie aneignet, indem man aktiv Interessen und Konflikte einbringen, mitdiskutieren und mitentscheiden kann. Solche Demokratieerfahrungen kann man nicht theoretisch vermitteln, sondern sie werden in der konkreten Interaktion zwischen den Beteiligten in Institutionen (wie der Schule oder den Beratungsstellen der JSA) gemacht. Wer sich schon in jungen Jahren als Objekt von Fremdbestimmung erfährt, wird behindert, sich als Person zu entwickeln, die in der Gesellschaft und im Staat ihr Recht auf Mitbestimmung wahrnimmt und sich dieses auch zutraut.

Man kann die Hypothese aufstellen, dass mangelnde Resonanzerfahrungen, mangelnde Anerkennungs- und Mitbestimmungserfahrungen nicht nur zu einer demokratischen Passivität führen, sondern auch Risiken der Entwicklung von Extremismus beinhalten. Gerade in den Verschwörungstheorien, die in den letzten Jahren viele Menschen übernommen haben, geht es darum, dass die Einzelnen sich ‚bösen Übermächten' ausgeliefert fühlen. Gerade die gesellschaftlichen Institutionen des Staates und der medialen Öffentlichkeit werden als solche Übermächte empfunden und abgelehnt. Das kann dazu führen, dass man anderen die Schuld an der eigenen Ohnmacht gibt und/oder einen Führer sucht, der stellvertretend die ‚bösen Mächte' bekämpfen soll. Hier wäre an Theorien des Ressentiments anzuknüpfen, wie sie zum Beispiel von Charim (2022), Fleury (2023) oder Große (2024) vorgetragen werden.

Will man diese Argumentation nachvollziehen, wird deutlich, warum es so wichtig ist, die Jugendlichen in den pädagogischen Institutionen (zu deren Besuch sie gesellschaftlich verpflichtet werden) Erfahrungen von persönlicher Resonanz, demokratischer Auseinandersetzung und Mitentscheidung zu ermöglichen. Das gilt auch für die Einrichtung der JSA inklusive der Beratungsstellen. Selbst in kurzzeitigen Beratungssituationen ist zu fragen, ob Fachkräfte mit ihrer Resonanz die Stimme der Jugendlichen als Person beantworten und ihnen die Möglichkeit geben, in Gegenseitigkeit Perspektiven für ihr Leben zu entwickeln, oder ob die Jugendlichen nur als Zwecke der Erfüllung der institutionellen Aufträge der Beratungseinrichtungen behandelt werden.

Nachdem wir in der PG Hypothesen zu den Themen des Politischen in der Mail der Jugendlichen aufgestellt hatten, ging es um die Frage, welche Resonanzen daraufhin möglich wären. Es geht in diesem Schritt der GEBe-Methode darum, Resonanzen zu suchen, die den Jugendlichen zeigen, dass ihre ‚Stimme', ihr Problem, ihre Positionen oder Darstellung in der Fachkraft ein Mitschwingen und eine Antwort auslöst, d. h. um die Bestätigung, dass die Jugendlichen mit ihren Themen und in ihrer Ausdrucksweise anerkannt werden und ihre Themen gelten und aufgenommen werden. Das geschieht nicht, indem man ihnen eine ‚Lösung' präsentiert (und erst recht nicht zu einem bestimmten Handeln auffordert oder dieses ‚befiehlt'), sondern indem ihr Thema in einer offenen Weise beantwortet wird, die es den Jugendlichen erlaubt, darauf erneut zu antworten. So entsteht ein gegenseitiger Dialog, ein Hin und Her von Verständigung, in dem es darum geht, dass den Jugendlichen ihre eigene Position und Perspektive klarer wird. Nur durch die Resonanz eines Gegenübers können sie für sich (etwas mehr) Klarheit entwickeln. Deshalb soll die Resonanz bei ihnen Antworten auslösen, die zu einem Dialog führen, der genauer hervorbringt, um was es ihnen geht.

Wir haben Ideen für mögliche Resonanzen in dem vorliegenden ‚Fall' gesammelt. Dabei ging es nicht darum, schon zu wissen, was die richtige Resonanz wäre, sondern mehrere Möglichkeiten zu sammeln, um sich für eine Variationsbreite von Resonanzen zu öffnen.

Folgende Resonanzideen wurden genannt:

- Man sollte der jungen Frau raten, ihren Lehrer:innen eine kritische Rückmeldung zu geben.
- Fragen: Was möchtest du mal jemanden richtig sagen, was mit dir Sache ist, was läuft verkehrt?
- Nachfragen über den Schulwechsel und was den motiviert. Was ist an der Schule vorgefallen?
- Wem könntest du erzählen, wie du dein Problem bewältigt hast? Hier ist eine Wandzeitung, schreib doch mal auf …
- Welche Gefühle hast du zu deinem Weggang?
- Was ist ungerecht, was gerecht, was heißt Freiheit für dich?

Die Suche endete mit der Idee, man könne ihr Gefühl gegenüber Schule mit einer kleinen improvisierten Skulptur abbilden: Einem Holzhammer mit einem aufgeklebten Foto eines großen Schulzentrums, der über einer kleinen Schülerinnenfigur (Playmobil) schwebt.

Daraus ergab sich eine Diskussion, ob eine solche Resonanz angemessen oder zu riskant sei. Die Positionen mit der Meinung ‚zu riskant' lauteten: Erst wenn ich eine Vertrauensbeziehung zu der Jugendlichen habe, würde ich eine solche Provokation wagen. Wir haben überhaupt nicht die Zeit, uns mit solchen intensiven Resonanzen auf das Thema der politischen Wahrnehmungen der Jugendlichen zu konzentrieren. Es muss doch erst einmal darum gehen, ihre Probleme zu sortieren und Lösungen aufzuzeigen.

Aus dieser Debatte entstand die gemeinsame Klärung eines grundsätzlichen Vorgehens in der Beratung (Abschrift der Wandzeitung).

(1) Ver-Stehen (im Sinne von: sich auf ihre Position stellen), Be-Griffe (die helfen zu begreifen) bilden; Probleme und Fragestellungen sortieren, Prioritäten der Hilfsbedarfe (Wo brennt es?) erkennen und benennen.
(2) Lösungen für prioritäre Probleme/Fragen aufzeigen und angehen.
(3) Herausforderung des Selbstverstehens (mithilfe der Resonanzen der Berater:innen) und Entwicklung von Vorstellungen des eigenaktiven Handelns der Jugendlichen. Das bedeutet dialogische Klärung: Um was geht es dir genau? Handlungsentwurf: Was könntest du (öffentlich) tun?

Die PG war übereinstimmend der Meinung, dass Beratungsstellen der JSA den Auftrag haben, die konkreten Hilfebedarfe der Jugendlichen zu beantworten und für drängende Probleme schnell konkrete Lösungsmöglichkeiten aufzuzeigen und angehbar zu machen.

Dabei muss Beratung in der JSA aber nicht stehen bleiben, sondern sie kann weitere Themen aufgreifen und in einem Dialog mit den Jugendlichen weiter eruieren, um was es genau geht, was mögliche Problemursachen sind und welche Handlungsmöglichkeiten sich ergeben könnten. Dabei muss es stets darum gehen, die Selbst- und Weltdeutungen der Jugendlichen für sie selbst erkennbarer zu machen. Das kann auch bedeuten, ihre Widersprüche, Selbstschwächungen, Ideologien und Verirrungen herauszuarbeiten und ihnen auf der Basis von Anerkennung und positiver Resonanz zu widersprechen. Letztlich muss jedoch alles dazu dienen, dass die Betroffenen Selbstdeutungen über sich, ihr Leben und die Welt entwickeln, die für sie zustimmungsfähig und umsetzbar sind. Zustimmungsfähig müssen diese Deutungen sein, weil sie sich – gerade in der Beratung – aus der Gegenseitigkeit der Kommunikation entwickeln, letztlich aber die Selbstbestimmung und Handlungsfähigkeit der Beratenen maximieren müssen.

Berater:innen in der JSA müssen einerseits konkrete Hilfe leisten und für dringendste Bewältigungsprobleme Lösungsmöglichkeiten aufzeigen. Andererseits müssen sie das dialogische Selbstverstehen der Jugendlichen und die Entwicklung ihrer autonomen Handlungsperspektiven fördern. Es ist zu vermeiden, dass die Hilfefunktion zu einer einseitigen Lösungsvorgabe wird, indem nur die Berater:innen wissen und bestimmen, was einzelne Jugendliche tun sollen und was für sie gut ist.

Man sollte die einzelnen Personen nicht nur als hilfsbedürftige Klienten behandeln, sondern auch als selbstbestimmungsfähige Personen UND als mitbestimmungsfähige *Bürger:innen* (Ivonne Feldner hat in der Diskussion der PG diesen Begriff für uns eingeführt), d.h. auch, sich in der Beratung nicht nur auf die Problemstellungen der Jugendlichen zu beziehen, sondern ebenfalls ihre Deutungs- und Handlungsmuster bezüglich des Politischen zu erkennen, sie ihnen per Resonanz zurückzuerstatten und im Dialog mit ihnen solche politischen Positionen zu klären und (auch kontrovers) zu diskutieren. Daraus wären dann potenziell politisch-demokratische Handlungsmöglichkeiten zu entwickeln, die für die jeweiligen Jugendlichen stimmig und machbar sein müssen.

Vertiefung

Ich möchte meine Argumentation zur Begründung meines Resonanzvorschlags (streng genommen war es nur eine mögliche Idee zu einer improvisierten Skulptur: Einem Holzhammer mit einem aufgeklebten Foto eines großen Schulzentrums, der über einer kleinen Schülerinnenfigur von Playmobil schwebt) noch einmal ausführlicher darlegen. In der häufig nur kurzen Dauer von Beratungsprozessen in der JSA wird man vielleicht häufig nicht zu solchen Dialogen über die politischen Positionen und mögliche Handlungsfolgen für die einzelnen Jugendlichen kommen können. Folgt man allerdings der Hypothese oben, dass auch die politischen Erfahrungen der Jugendlichen wichtig für ihr weiteres Leben in Gesellschaft und Demokratie sind, bleibt es Aufgabe der Berater:innen, wenigstens *neben* den Bewältigungsproblemen auch die politischen Themen zu entdecken. Nur wenn politische Themen und Positionierungen mindestens den Berater:innen erkennbar werden, können diese entscheiden, ob auch eine Resonanz dazu gegeben und ein politisches Thema eröffnet werden kann. Das bedeutet, die Jugendlichen nicht nur als problembehaftet wahrzunehmen, sondern als politisch denkende und partizipierende Subjekte.

Gerade die konzeptionelle Position der Lebenslagenorientierung (die sich besonders in der Pädagogik bei Behinderung und Benachteiligung entwickelt hat) macht deutlich, wie sehr eine Partizipation von Menschen an der Gestaltung des sozialen und gesellschaftlichen Lebens (ganz konkret in den Institutionen, an denen sie teilnehmen, und in den Kommunen, in denen sie leben) ihre individuelle Handlungsfähigkeit steigert.
„Der Begriff der Lebenslage bezeichnet den ‚Spielraum', den die gesellschaftlichen Umstände dem einzelnen zur Entfaltung und Befriedigung seiner wichtigen Interessen bieten. Sie stellt damit den Gesamtinbegriff der sozialen Chancen des einzelnen dar" (Nahnsen 1975, 148). Nahnsen (a. a. O., S. 150) benennt einen Versorgungs- und Einkommensspielraum, einen Kontakt- und Kooperationsspielraum, einen Lern- und Erfahrungsspielraum, einen Muße- und Regenerationsspielraum sowie einen Dispositionsspielraum (im Sinne von: verfügen können).
Im Kontext von Partizipation ist dabei insbesondere der Dispositionsspielraum hervorzuheben. Dieser wird „durch die Verhältnisse strukturiert, von denen es abhängt, wie maßgeblich der einzelne auf den verschiedenen Lebensgebieten mitentscheiden kann" (ebd.). Hier lässt sich ein klarer Bezug zu unserer Hypothese herstellen, dass die Jugendlichen besonders Schule, aber auch andere auf sie zugreifende Institutionen als ein ‚Lebensgebiet' erfahren, in dem ihre eigenen Interessen nicht wahrgenommen werden und in dem ihre Stimme nicht gehört wird, d. h. in dem sie kaum Partizipation im Sinne einer gegenseitigen Anerkennung und gemeinsamen Regelung der Lebens erfahren. Wie schon oben vermutet, kann argumentiert werden, dass solche Ohnmachtserfahrungen die Personen und ihre Selbstwirksamkeits-Erwartungen weiter schwächen.

Beck/Greving (2012, S. 29) zeigen, dass der Spielraum bzw. die „Optionen oder Gelegenheitsstrukturen", die einer Person für Partizipation zur Verfügung stehen, eine zentrale Bedingung dafür darstellen, ob und wie Interesse an Beteiligung entwickelt und artikuliert werden kann. Man könnte auch anders sagen: Nur die Möglichkeit von Partizipation, führt zu mehr Partizipation – und damit zu einer gestärkten Erfahrung, eine anerkennenswerte, sozial integrierte und handlungsfähige Person zu sein. „Damit aber schließt sich wieder der Kreis zu den äußeren Bedingungen, denn dem individuellen Kontrollgefühl und dem Erleben von Selbstwirksamkeit entspricht eine Umgebung, in der Beteiligung gelernt und ‚Wirksamkeit' erfahren werden kann, in der das Spannungsverhältnis von Macht und

Abhängigkeit immer wieder zugunsten symmetrischer, partizipativer Prozesse ausgerichtet wird" (a.a.O., S. 54). In einer Grafik (vgl. Abbildung 10) könnte das als gegenläufiger Wirkungsprozess dargestellt werden.
In der Behindertenpädagogik wird daher argumentiert, „dass erst durch Handlungsräume, in denen Mitwirkungen, aktive Gestaltung und Einflussnahme möglich sind, jene Voraussetzungen geschaffen werden, die für die Entwicklung und Stärkung dieser personalen Ressourcen notwendig sind" (Lenz 2006, S. 19).

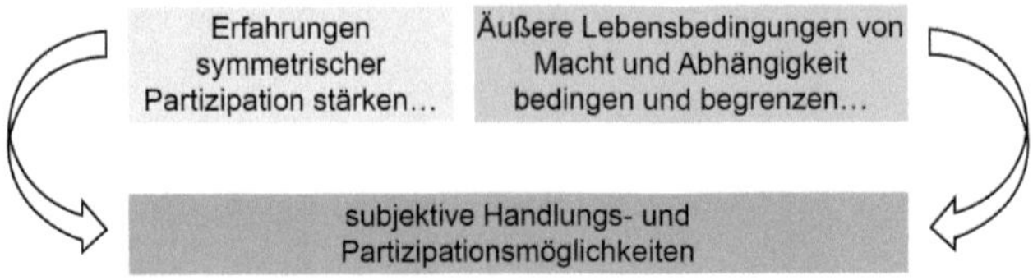

Abb. 10: Zusammenhang von Partizipationserfahrungen und subjektiven Handlungsmöglichkeiten

Daraus folgt streng genommen, dass es keine Trennung zwischen den dringenden Fragen der Lebensbewältigung der Jugendlichen und ihren realen Möglichkeiten zu Partizipation geben kann, die ihnen ihre Lebenslagen eröffnen oder verschließen. Ihre Lebensbewältigung zu stärken, ihre Problemlösungsfähigkeit zu maximieren, und ihnen zu helfen, konkrete Schwierigkeiten zu lösen, muss immer gleichzeitig ihre Partizipationsmöglichkeiten im Blick haben und deren Ausweitung unterstützen.

Unsere Annahme, dass in der Beratung erst die drängendsten Probleme gelöst werden müssen, ist beratungs- und lebenspraktisch sicherlich nicht falsch, aber sie wird nur richtig, wenn gleichzeitig mit in den Blick kommt, dass es auch um die Partizipationsmöglichkeiten in den Institutionen und in der Kommune gehen muss, in denen die Jugendlichen leben. Ihre politisch-demokratische Beteiligung zu stärken heißt damit, den Auftrag von JSA auf das Angebot von sozialpädagogischen Hilfen zu ‚schulischer und beruflicher Ausbildung, Eingliederung in die Arbeitswelt und Soziale Integration' (vgl. § 13 SGB VIII) umzusetzen.

5 Politik und Politisches in Fallgeschichte 2: „Leute wie ich bleiben immer unten“

Die folgende Fallgeschichte haben wir mithilfe der GeBe-Methode bearbeitet.

Jugendberufshilfe Essen gGmbH, Beratungsstelle
Fachkraft: Ivonne Feldner
J. wird seit ca. acht Monaten durch die Beratungsstelle begleitet. Er ist 22 Jahre alt, wuchs in einer Pflegefamilie auf und danach bis zu seinem 18. Lebensjahr in einer stationären Jugendhilfeeinrichtung. Mit 18 Jahren bezog er eine eigene Wohnung und lehnte jede weitere Unterstützung ab. Ab diesem Zeitpunkt bezog er Transferleistungen über das SGB II; Vermittlungsversuche durch die Arbeitsvermittlung des Jobcenters in berufsvorbereitende Projekte scheiterten. Es wurden wiederholt Sanktionen ausgesprochen.
Zum Beginn der Beratung gab J. folgende Anliegen und Ziele an: Sicherung des Wohnraums, Aufhebung der Stromsperre, Sicherung der SGB II Leistungen, Therapeutische Unterstützung, Ausbildung ab Sommer 2023. Im Zeitraum der Begleitung tauchte J. immer wieder ab, da er nach eigener Aussage entweder nichts mehr von seinen Problemen wissen oder es unbedingt selbst schaffen wollte. Bei der letzten Wiederaufnahme der Beratung gab J. folgende Einschätzungen seiner Situation:

- Ich bin genau so ein ‚Loser' wie meine Eltern.
- Ich habe keine Chance in so einer Welt, wo man perfekt sein muss.
- Die haben mich im Heim kaputtgemacht, und keinen hat es interessiert, was mit mir wird.
- Leute wie ich bleiben immer unten, ich lande irgendwann unter der Brücke.
- Ich könnte schon eine Ausbildung machen, aber so einen wie mich, schon 22, den will doch keiner mehr.

Stärker als in der vorangegangenen Fallgeschichte haben wir im Sinne der GeBe-Methode den Bericht der Kollegin zunächst auf pädagogische Verzerrungen der Wahrnehmung und Konstruktion des Falls hinterfragt. Dabei geht es darum, schon in der Beschreibung Defiziteinordnungen und eigene pädagogische, negative Fantasie über die Jugendlichen zu erkennen, und ebenso schon vorhandene oder fantasierte pädagogische Interventionen zu reflektieren, die den Blick auf eine offene Bearbeitung im Dialog mit den betroffenen Jugendlichen verstellen können.

Protokollauszug

In Ivonnes Geschichte werden wenige direkte Defizitunterstellungen entdeckt. Eine solche könnte sich möglicherweise in der Aussage verstecken, dass er ‚immer wieder abtauchte'. Es entsteht ein Bild des Rückzugs, des mutwilligen Fehlens, der mangelnden Motivation. Das kann dazu führen, die Gründe und Motive zu solchen Rückzügen und Abbrüchen nicht (mit dem Jugendlichen) zu erkunden. Das könnte auch für die Aussage zutreffen, dass er ‚jede weitere Unterstützung ablehnte'. Damit entsteht möglicherweise ein Bild der Beratungsresistenz und der eigenen Schuld von J. an der Misere, weil er ja eben keine Hilfe annehmen will.

Der Fall löste in uns Berater:innen durchaus heftige Gefühle und auch Interventionswünsche aus. Die Anhäufung seiner Probleme (jemand empfand sie „wie einen Tsunami") kann Hilflosigkeit auslösen und diese wiederum den Drang, die Probleme für den Jugendlichen zu ordnen und zu lösen. Oder sie kann dazu führen, auf ihn wütend zu werden, weil er seine Probleme nicht löst und die Beraterin selbst in diese Hilflosigkeit verstrickt. Es kann auch Sorge aufkommen, dass seine Probleme so groß sind, dass man sie gar nicht in der Tiefe erkunden kann, sie nicht aufbrechen will, weil man dann selbst hilflos würde und nicht weiterwüsste. Zudem kann man zu der Befürchtung gelangen, der Fall könnte zu viel Arbeit machen. Arbeit wird befürchtet, aber auch, in der Weiterarbeit mit starken psychischen Belastungen oder gar Traumata konfrontiert zu werden.

Es können auch negative Gefühle entstehen, dass sich der Jugendliche mit seiner Kritik an der Gesellschaft in eine passive Opferrolle begibt und dann eine Rechtfertigung hat, überhaupt nichts mehr in seinem Leben selbst tun zu müssen. Es könnte auch negativ unterstellt werden, dass er nur das Helfer:innen-System für sich mobilisieren will.

Diese Reflexionen dienen dazu, uns erneut für J. und seine Geschichte und auch für die politischen Themen darin zu öffnen und nach neuen Ansätzen zu suchen. Im nächsten Arbeitsschritt haben wir versucht, hypothetisch mögliche Themen des Politischen im Handeln oder in den Aussagen des Jugendlichen zu entdecken.

Seine Aussagen können schon alle als politische Statements betrachtet werden, in denen er gegen das erfahrene Leid und gegen die Behandlung durch die Gesellschaft (konkret durch die Kinder- und Jugendhilfe) protestiert. Im Einzelnen könnte es um Folgendes gehen:

- Er erhebt eine Anklage gegen Ungleichheit und ungleiche Ausgangschancen von Geburt an.
- Kritik an einer Stigmatisierung durch die Gesellschaft, die ihn von Anfang an als Problem, als Verlierer und Außenseiter brandmarkt, und deren Deutungen und Handlungen aufgrund dieser Stigmatisierung er für sich übernimmt.

- Kritisiert wird eine gesellschaftliche Undurchlässigkeit: Wer unten ist, bleibt auch unten.
- Das Grundgesetz scheint für ihn nicht zu greifen – wie wird seine Würde geachtet? Das Abstellen des Stroms, weil man nicht funktioniert, kann als ein Bruch des Rechts auf Würde nach Art. 1 Grundgesetz wahrgenommen werden.
- Er kritisiert den gesellschaftlichen Perfektionsanspruch, und dass die Verantwortung dafür jedem einzelnen aufgeladen wird. Abstrakter gesprochen könnte hier die Wirkung einer neoliberalen Gesellschaft gemeint sein, die von allen ein perfektes Funktionieren erwartet und ein ‚Versagen' als individuelles Problem behandelt.
- Er kritisiert, dass sich niemand für das von ihm erfahrene Leid interessiert. Wessen Geschichte von der Gesellschaft nicht wahrgenommen und anerkannt wird, existiert gar nicht für sie oder in ihr.

Im nächsten Schritt der GeBe-Methode geht es darum, Ideen für Resonanzen zu entwickeln, mit denen auf die Themen des Beratenen geantwortet werden könnte. Ziel der Resonanzen ist es, mit dem Gegenüber eine weitere dialogische Klärung seiner Perspektive auszulösen und daraus dann Handlungsmöglichkeiten zu entwickeln.

Zunächst haben wir über den Aspekt diskutiert, dass es für J. sehr wichtig scheint, seine Geschichte zu erzählen, diese aber nicht öffentlich gehört und auf sie eingegangen wird. Die mangelnde Resonanz könnte ein Grund dafür sein, dass er sich aus der eigenen Geschichte nicht befreien kann. Solange sie kein Interesse von anderen findet, von diesen aufgenommen und anerkannt wird, kann er selber keinen Entwicklungsschritt weitergehen.

Die Frage war, wie man die Geschichte aufgreifen könnte. Das könnte durch konkretes Nachfragen gelingen; vielleicht durch die Aufforderung, die Geschichte zu diktieren oder wichtige Elemente aus ihr zu malen – das könnte als eine Art Buch an den Jugendlichen zurückgegeben werden. Man könnte mit ihm überlegen, wem gegenüber diese Geschichte veröffentlicht werden könnte, dürfte und/oder sollte (ggf. anonym). Es geht möglicherweise darum, mit dem Jugendlichen zu klären, wem er seine Geschichte erzählen möchte, an wen sie eigentlich gerichtet ist, wen sie angeht. Man könnte überlegen, welche Möglichkeiten es gäbe, die Geschichte diesen Adressat:innen zu vermitteln, auf eine Weise, die die Würde des Jugendlichen achtet.

Eine andere Idee richtete sich auf seine Aussage, dass ihn keiner mehr wolle. Ein Vorschlag war, mit ihm eine große Körperumrisszeichnung auf einer Wandzeitung anzufertigen und mit Karten oder gemalt einzutragen, wer nichts mehr von ihm will. Dann könnte man auch überlegen, wer doch vielleicht etwas von ihm wollen könnte (auch wenn das nur wenige Personen oder Organisationen sein könnten); außerdem könnte man in die Figur eintragen, was er eigentlich selbst von den andern will oder wollen könnte. Damit würde seine Position in der Gesellschaft und ein möglicherweise aktiver Umgang mit ihr thematisiert. Es geht in den Resonanzen mithilfe eines Mediums zunächst lediglich darum, ihn zu vertieften Aussagen und Analysen zu bewegen, also darum, seine Situation besser beschreiben und ihr gerecht werden zu können. Welcher politische Schwerpunkt und welche mögliche Handlung daraus entstehen, zeigt sich dann im Prozess – oder auch nicht.

Es könnte darum gehen, die politische Urteilskraft des Jugendlichen zu stärken, indem man seine Wahrnehmung von Gesellschaft und seiner Position darin aufzeichnet und kritisch analysiert. Das könnte zum Beispiel mithilfe des ‚Brückenbildes' geschehen: er sieht sich schließlich nur noch als jemanden, der unter der Brücke landet (also kaum sichtbar für die andern oben auf der Brücke und in einer ausgeschlossenen Position ist). Man könnte diese Brücke für ihn malen und ihm die Rückmeldung geben, dass man seine politische Analyse selbst spannend fand und ihm vorschlägt, diese zu vertiefen. Wo würde er sich im Moment eintragen, wer ist auf der Brücke, wer sitzt außer ihm unter der Brücke, was ist der Zusammenhang zwischen oben und unten? Will man das alles so lassen, oder sollen wenigstens diese ungerechten gesellschaftlichen Hierarchien und Lebenschancen kritisiert werden?

6 Methodische Ideen zur Thematisierung von Politik/Politischem in der Einzelberatung

Wir haben weitere Methoden entwickelt und diskutiert, wie mit Jugendlichen in der Beratung ihre Position zu gesellschaftlich-politischen Regelungen und Verhältnissen thematisiert werden könnte. Dazu einige Vorschläge:

Subjektive Landkarten anlegen und besprechen

Subjektive Landkarten werden besonders im sozialpädagogischen Konzept der Sozialraumorientierung verwendet (vgl. Daum 2009; Deinet/Krisch 2009). Man bittet einzelne Jugendliche, auf einem DIN-A3-Papier eine Karte zu malen. Die zeichnerischen Fähigkeiten sind völlig egal. Man beginnt mit der Wohnung, und Stück für Stück werden dann Plätze, Häuser, Infrastrukturen, Personen und Aktivitäten eingezeichnet, die von den Jugendlichen jeweils selbst genutzt werden. Um die Jugendlichen zu ermutigen, malt man selbst auch eine eigene Landkarte. Ein Beispiel für eine solche Landkarte findet sich etwa bei Daum (2011, S. 194).

Folgende Fragen zur Gestaltung und Bewertung der Karte könnten gestellt werden: Denk an den Stadtteil, das Dorf, die Gegend, wo du wohnst. Wohin kannst du gehen, wie kommst du dort hin? Welche Orte, welche Menschen und welche Aktivitäten sind dir wichtig? Wie sind sie verbunden? Welche Orte sind warum gut für dich? Welche sind warum nicht so gut? Wo hältst du dich mit wem auf? Was machst du dort, was macht ihr dort zusammen? Was unterstützt dich/euch, dort zu machen, was ihr möchtet? Wer behindert das auf welche Weise, was ihr dort macht? Wer hat an den Orten die Bestimmungsmacht? Wie findest du das? Wo kannst du nicht hinkommen? Wo würdest du gerne hinkommen? Was würdest du da gerne machen?

ECO-Mapping mit der 8-Felder-Karte

Die Methode ist zum Beispiel bei Budde/Früchtel (2009) beschrieben worden. Man zeichnet für jede teilnehmende Person auf ein Flipchart-Plakat einen großen Kreis, der in achte Torten-Segmente eingeteilt ist. Die ‚Tortenstücke' sind bezeichnet mit Familie, Verwandtschaft, Kollegen/Mitschüler, Nachbarn, Freunde, Verein/Club/Initiative, Profis und Sonstige.

Man bittet die Jugendlichen, in die acht Felder der Karte alle Personen einzutragen, die sie kennen. Das hilft dabei, den Blick auf verschiedene Ausschnitte des Alltags zu richten – auf familiäre Beziehungen, Arbeitskolleg:innen oder Mitschüler:innen, Nachbar:innen, Freunde, Mitglieder in Vereinen oder Verbänden, denen die Jugendlichen angehören, oder auch auf das Segment der Professionellen, zu denen Kontakt besteht.

Dann kann man einzelne Personen mit positiven oder negativen Beziehungslinien versehen, und so ein Beziehungsnetzwerk abbilden. Man kann die eingetragenen Namen mit farbigen Kreisen versehen, die markieren, wie diese Person jeweils empfunden und die Beziehung zu ihr eingeschätzt wird. Dadurch wird das soziale und politische Feld des Handelns der im Mittelpunkt stehenden Person erkennbar und bewertbar. Politische Themen und Konflikte können daraus abgeleitet werden.

In Ergänzung befragt man die Jugendlichen nach regelungsmächtigen (positiven und negativen) Personen in ihrer Welt auf der subjektiven Landkarte oder der 8-Felder-Karte. Man symbolisiert diese durch Spielfiguren oder durch aus dem Internet herausgesuchte Fotos und stellt sie auf die Karten an ihre jeweiligen Wirkungsorte. Dazu erstellt man eine Symbolfigur oder ein Foto für die jeweiligen Jugendlichen. Dann kann man nach den Konflikten, den Handlungsweisen, und Machtbeziehungen fragen und diese eventuell mit verschiedenfarbigen Linien zwischen den Personen einzeichnen.

Meine Very Important Persons – die VIP-VUP-Karte

Die VIP-VUP-Karte ist eine Kurzform der 8-Felder-Karte. VIP ist die englische Abkürzung für „very important persons“ (also sehr wichtige Personen), VUP steht für very unpleasant persons“ (also sehr unangenehme Personen). Man befragt Jugendliche und trägt mit ihnen Namen der VUPs und VIPs ein.

VIP Familie	**VIP Freunde**	***VUP Familie***	***VUP Freunde***
VIP Arbeit/Schule	**VIP Freizeit**	***VUP Arbeit/Schule***	***VUP Freizeit***

Quelle: Budde/Früchtel 2009, S. 13; eigene Erweiterung.

Die Karte regt an, nicht nur die persönlichen Beziehungen zu reflektieren, sondern sie in ein Netzwerk zu stellen und dabei auch Fragen nach Politik und Politischem zu stellen, also etwa danach, welche der Personen welche Bestimmungsmacht hat, welche Regeln von ihr ausgehen und wie die Jugendlichen selbst damit umgehen.

Tortendiagramm: Wer bestimmt was und wie viel in meinem Leben?

Man bittet die Jugendlichen, in einer vorbereiteten Kreiszeichnung Tortensegmente einzuteilen. Die Größe der jeweiligen Bestimmungsmacht wird durch die Größe des Tortenstücks symbolisiert. Zusätzlich kann man auch noch Themen eintragen, zu denen die Bestimmungsmächtigen Regeln vorgeben. Daneben wird ein weiterer Kreis gestaltet, in den die Jugendlichen die Bestimmungsanteile einzeichnen, so wie sie sich eine für sie richtige Machtverteilung vorstellen (vgl. Abbildung 11).

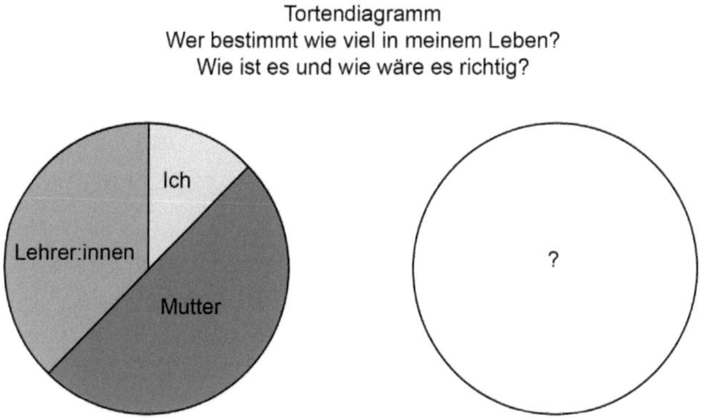

Abb. 11: Tortendiagramm zur Bestimmungsmacht

Im Rahmen unserer Suche nach Möglichkeiten, auch einzelne Jugendliche zu politischem Handeln anzuregen, haben wir eine ganze Reihe von Vorschlägen entwickelt. Wir haben auch überlegt, wie, ausgehend von dieser Thematisierung politischer Themen im Leben der Jugendlichen, aus der Einzelberatungen heraus eine – wenn auch noch so rudimentäre – politisch-demokratische Handlung der Jugendlichen angeregt werden könnte.

Jugendliche mit ihren politischen Anliegen an eine passende Organisation überweisen

In diesem Zusammenhang hat Ivonne Feldner eingebracht, dass es auch möglich sein könnte, die politischen Artikulationen und Einmischungen der Jugendlichen an politisch-demokratische Organisationen in der Kommune zu überweisen. Dafür benötige man ein Netzwerk solcher politisch aktiven Organisationen (vielleicht auch von Organisationen der politischen Bildung) in der Kommune. Beratungsstellen seien mit anderen einschlägigen fachlichen Organisationen der Pädagogik, der Arbeitsverwaltung, der Jugendgerichtshilfe, des Jugendamtes, der Sozialhilfe usw. vernetzt, aber nur sehr selten mit Organisationen, in denen die Jugendlichen sich potenziell politisch beteiligen könnten.

Hier entsteht meines Erachtens eine wichtige Möglichkeit, wie unter den (begrenzten) Rahmenbedingungen von Beratungsstellen die Förderung politische Artikulation ermöglicht werden könnte. Eine Kooperation mit den genannten Organisationen wäre dafür zentral. Dafür ist allerdings eine spezifische fachliche Überleitung der Jugendlichen notwendig. Wir wissen, dass nur ein Hinweis auf andere Organisationen nicht ausreicht, damit die Jugendlichen dort ‚ankommen'. Auch vor dem Hintergrund begrenzter Zeitressourcen der Berater:innen wäre zu prüfen, wie solche Überleitungen gestaltet werden könnten. Ebenfalls muss die Kooperation mit den angestrebten Organisationen vorbereitet werden. Sie müssen selbst willig und in der Lage sein, Jugendliche zu integrieren, die nicht von vornherein zum Milieu oder Tätigkeitsbereich der Organisation gehören.

Welche Jugendlichen kommen in die Beratung? Du bist nicht allein!

Die Jugendlichen wissen in den seltensten Fällen, dass auch viele andere Jugendliche in die Beratungsstelle kommen. Ebenso kennen sie nicht deren jeweilige Betroffenheit, obwohl sie der eigenen oft ganz ähnlich ist. Um ein Stück aus der Individualisierung und Vereinzelung herauszukommen, könnten in den Beratungsräumen anonymisierte Selbstdarstellungen von Jugendlichen ausgehängt werden. Wenn sie daran interessiert sind, könnten sie selbst ein solches ‚personality sheet' gestalten, z. B. zu folgenden Inhalten:

- Ich heiße: (Nickname)
- Alter:
- Geschlecht (männlich, weiblich, divers, weiß nicht):
- In einem Film wäre ich folgende Figur: (Foto aus dem Internet)
- Ich interessiere mich für:
- Das mache ich gerade:
- Deshalb bin ich hier:
- Meine Nachricht, mein Tipp an dich:

Andere jugendliche Beratungsklient:innen könnten positive Reaktionen unter das Blatt schreiben. In gewissem Sinne würde eine Interaktion, wie die Jugendlichen es aus sozialen Medien kennen, hier analog praktiziert. Das hilft den Jugendlichen, die das ‚personality sheet' ausfüllen, denn es unterstützt ihre Selbstreflexion und Selbstpositionierung. Es hilft aber auch den anderen Klient:innen, denn es wird deutlich, dass sie in der Beratungsstelle nicht allein sind und manche ihrer Probleme von den anderen Jugendlichen geteilt werden.

Ein Beratungskomitee aus Jugendlichen für die Beratungsstelle

Es wurde die Möglichkeit diskutiert, eine Beratungsrunde mit Jugendlichen nach dem Modell der ‚Bürger:innenkomitees' umzusetzen. Dabei werden die Jugendlichen eingeladen, als Expert:innen für jugendliches Leben und jugendliche Lebensthemen und Probleme die Beratungsstelle zu beraten, wie Beratung dazu verbessert werden könnte. Für diese Dienstleistung werden sie mit einem angemessenen Honorar entlohnt.

Peer Coaching

Es kam die Idee auf, Jugendliche in ‚Peer Coaching' auszubilden und zu begleiten, sodass sie selbst andere Jugendliche zu deren Fragen beraten könnten. Diese Konzepte haben meistens hohe positive Wirkungen auf die Selbstwirksamkeitserwartungen der beteiligten Jugendlichen. Sie stellen eine spezifische Qualifizierung von Jugendberatung dar. Es war umstritten, ob die Jugendlichen sich selbst in solchen Verfahren auf Partizipationsprozesse und politische Inhalte fokussieren würden.

Jugendthemen in die sozialpolitischen und sozialpädagogischen Netzwerke im Stadtteil einbringen

Es wurde auch die Idee diskutiert, wie sich vorhandene Netzwerke sozialer, politischer und sozialpädagogischer Einrichtungen in Stadtteilen stärker auf die konkreten Themen von Jugendlichen konzentrieren könnten. Darin wurden Chancen und Probleme gesehen. Manche dieser Projekte haben über Mini-Partizipation benachteiligten Jugendlichen die Möglichkeit gegeben, als Ehrenamtliche längerfristig an Projekten mitzuwirken. Auch kurze und einmalige Projekte der Jugendlichen zu ihren Problemstellungen und möglicherweise politischen Forderungen wären denkbar. Dazu müssten die Jugendlichen nicht kontinuierlich mitarbeiten, sondern nur von den Beratungsstellen vorbereitet werden, sich einer Diskussion mit Fachkräften und Fachpolitik zu stellen.

Manche der Netzwerkprojekte entstehen allerdings aus der Perspektive der Fachkräfte, die bestimmen, welche Themen von Jugendlichen im Stadtteil ausgewählt und bearbeitet werden sollen, ohne dafür in direkter Kommunikation mit diesen zu stehen. Es ginge darum, möglicherweise auch mithilfe der GeBe-Methode, Beobachtungen, Themenstellungen und Lebensprobleme direkt aus der Perspektive der Jugendlichen einzubringen und dialogisch mit ihnen anzugehen.

7 Grenzen für Demokratiebildung durch Partizipation in der Einzelberatung

Zunehmend erkannte die PG in ihren Versuchen, in Einzelfällen Politik bzw. Politisches zu entdecken und daraus Handlungsmöglichkeiten demokratischer Partizipation und politischer Bildung abzuleiten, deutliche Grenzen. Das kann man in den Protokollen an zwei Berichten erkennen, die Ines Hartmann aus der Beratungsstelle des Berufsorientierungszentrums Ahaus einbrachte. In der ersten Geschichte berichtet sie über den Jugendrat in ihrer Einrichtung, an dem auch Jugendliche aus den Jugendwerkstätten teilnehmen können und teilnehmen.

Ines selbst ist nicht im Jugendrat aktiv; dieser wird von einer Kollegin geleitet, die längerfristig krankheitsbedingt ausfiel und durch einen anderen Kollegen vertreten wurde. Daher berichtet Ines von den Erfahrungen, die die Kollegin zuvor an sie weitergegeben hatte.

Hier werden die demokratischen Potenziale einer solchen strukturellen Verankerung von Partizipationsmöglichkeiten erkennbar. Sie stehen aber im Gegensatz zu der zweiten Geschichte, die Ines aus ihrer eigenen Beratungstätigkeit berichtete und in der die Heftigkeit der Problemstellungen keine Übergänge in Demokratiebildung zu erlauben schien. Es ergab sich eine Diskussion, über die institutionellen Rahmenbedingungen von Jugendwerkstätten einerseits und Beratungsstellen andererseits und die Folgen für die Möglichkeiten von politischer Bildung oder Demokratiebildung unter diesen Strukturbedingungen. Im Folgenden wird das Protokoll der Projektgruppe widergegeben, das über die Bearbeitung der beiden Beobachtungen von Ines Hartmann berichtet.

7.1 Unterschiede zwischen Jugendrat und Jugendberatung (BOZ Ahaus)

Ines Hartmann erläuterte per PowerPoint die Arbeit des ‚Jugendrates'. Dessen Arbeit wird ausführlich im Kapitel „Demokratische Partizipation im Berufsorientierungszentrum (BOZ) Ahaus" im dritten Teil dieses Buches dargestellt. Deshalb wird hier nur kurz über die Diskussion der PG zum Jugendrat berichtet, in der die Differenz zwischen den Rahmenbedingungen von Jugendwerkstätten und ihren Jugendräten und den Beratungsstellen deutlich wurde. In der sich anschließenden Diskussion ergaben sich folgende Feedbacks und Aspekte.

- Einrichtungen, die durch (mittelfristig) regelmäßige und verbindliche Teilnahme von Jugendlichen gekennzeichnet sind (also etwa Teilnehmenden an dreijährigen Berufsausbildungen) profitieren von dieser langen Anwesenheit für die demokratische Gremienarbeit. Jugendliche können längere Lernerfahrungen mit der Arbeit des Jugendrates machen und entsprechend ihre eigene partizipative Wirksamkeit erhöhen. Dem steht selbstverständlich die sehr kurze gemeinsame Arbeit in Beratungsstellen entgegen.
- Kürzere und unverbindlichere Teilnahme (von einem Jahr bis z. B. nur einer einmaligen Beratungseinheit in einer Beratungsstelle) vermindern die Chancen auf Beteiligung und Entwicklung von Selbstwirksamkeitserwartungen.
- Der Prozess im Jugendrat zeigt deutlich, dass es nicht nur um Mitentscheiden, sondern auch um Mithandeln und Mitverantworten geht. Die Jugendlichen setzen ihre Entscheidungen aktiv mit um und müssen die Folgen tragen und ggf. Entscheidungen revidieren und/oder verbessern. Ein solches Mithandeln ist in Jungberatungsstellen kaum möglich.

- Die Erfahrungen in Ahaus zeigen, dass die Jugendlichen engagiert bei Themen bleiben und diese aktiv umsetzen, wenn ihre Motive und Interessen tatsächlich aufgegriffen werden. Partizipation erschließt so eine Reihe von Bildungs- bzw. Lernchancen, die sich durch pädagogische Vorgaben von Themen und Inhalten kaum ergeben würden.
- Die Erfahrungen ermutigen auch andere Einrichtungen, wie Beratungsstellen der JSA, ihren Teilnehmenden mehr Partizipationsmöglichkeiten zu eröffnen. Dafür müssten die strukturellen Rahmenbedingungen der Beratungsstellen so angepasst werden, dass Jugendliche mehr Rechte der Mitsprache, der Beschwerde und Mitentscheidung bekommen könnten.

Ganz anders als die Rahmenbedingungen und Erfahrungen des Jugendrates zeigt sich hingegen die weitere Beobachtungsgeschichte, die im Rahmen von Ines Hartmanns Arbeit in der Beratungsstelle entstand. Ines' Beispiel zeigt einen typischen Fall von Beratungsarbeit, der in seiner sozialen Struktur dem Setting der Werkstätten entgegengesetzt ist. Die Jugendwerkstätten eröffnen ein soziales Gemeinwesen mit Jugendlichen und Mitarbeitenden als Mitgliedern. Die demokratische Verständigung soll somit ebenfalls längerfristig gefördert werden. Im Gegensatz dazu bleibt dies bei einmaligen Beratungsgesprächen auf der individuellen Ebene zwischen Klient:innen und den beratenden Fachkräften.

7.2 Fallgeschichte aus der Beratungsstelle des BOZ Ahaus: „Er ist aggressiv."

Ablauf eines Gesprächs: „Er ist aggressiv"

Name der dokumentierenden Fachkraft: Ines Hartmann

Name der Einrichtung bzw. des spezifischen Teils der Einrichtung, in dem die Beobachtung stattfand: Berufsorientierungszentrum Ahaus (BOZ)

Übersicht über die Teilnehmenden in der Gesprächssequenz: A. (Schüler, m., 15 J.), B. (Elter), FK.1 (Jugendamt), FK.2 (BOZ)

Gesprächsablauf:

Im Rahmen der Beratungsstelle des Berufsorientierungszentrums (BOZ) erhalte ich (Ines Hartmann) eine Anfrage über eine Mitarbeiterin des Sozialen Dienstes des Jugendamtes, die einen Schüler betreut.

Es erfolgt nun ein kleiner Gesprächsausschnitt. Es wurde sich begrüßt und die momentane Situation wird mir seitens des Jugendamtes und des Elternteiles beschrieben.

FK.1: Ja, zur Erklärung: A. wird nur zeitweise beschult und ist somit viel zu Hause. Häufig zeigt A. ein aggressives Verhalten im Unterricht und stört. Kontakte zu Gleichaltrigen bestehen keine, und er ist in seiner Freizeit viel in der digitalen Welt unterwegs. Sportliche Aktivitäten oder andere Hobbys sind nicht bekannt.

B.: Wenn es so weitergeht, ist unklar, ob A. zu Hause wohnen bleiben kann.

FK.2: A., wie empfindest du denn die Situation? Bisher habe ich ja die Einschätzungen deines Elternteils und des Jugendamtes gehört.

A.: (sagt zunächst nichts)

B.: Los, A., antworte!

A.: Keine Ahnung, ist mir alles egal.... Macht mich sauer.

FK.1: A. wird schnell aggressiv, wenn ihm etwas nicht passt.

Wir haben keine klassische Fallbesprechung nach den Schritten der GEBe-Methode durchgeführt, sondern den Fall als typisches Beispiel für einmalige und hochkomplexe Beratungssituationen diskutiert.

Uns wurde erneut deutlich, wie auch in diesem Fall Jugendliche zum Objekt des Hilfesystems werden. Alle sprechen über den betroffenen Jugendlichen, er selbst spricht aber so gut wie nicht. Kein Wunder, dass er sauer ist und der Versuch, mit ihm zu sprechen, zunächst scheitert. Wir gewannen den Eindruck, dass es in diesem Fall, wie auch häufiger in anderen Angelegenheiten, die in der Beratungsstelle anlanden, für die Dienste der anderen Institutionen (wie Jugendamt und/oder Schule) vordergründig darum geht abzuhaken, dass sie alle formal machbaren Hilfe- und Beratungsschritte unternommen haben. Das bringt die betroffenen Jugendlichen nicht weiter, da sie meist auch schon ‚beratungserfahren' sind.

Wenn es bei nur einer Beratung bleibt, kann erfahrungsgemäß kein Vertrauen aufgebaut werden. Die Einrichtungen des Hilfesystems lösen nicht den Fall, sondern sichern die Rechtfertigung ihrer Arbeit. Dadurch arbeiten viele verschiedene Stellen und Professionelle an den betroffenen Jugendlichen, ohne dass es einer Fachkraft gelingen würde, eine intensivere persönliche Beziehung aufzubauen, auf dieser Ebene den Hilfeprozess in die Hand zu nehmen und mit den Jugendlichen Partizipation zu gestalten. So entstehen negative Verlaufskarrieren, bis hin zu Phänomenen wie den ‚Systemsprenger:innen'.

Damit stellt sich allerdings auch die Frage nach einem professionellen Case Management, in dem jemand die gesamte Arbeit mit den jeweils betroffenen Jugendlichen überblicken und koordinieren würde. So etwas ist in den ein oder anderen Kommunen vorhanden, andererseits gibt es auch Erfahrungen, dass ein solches Case Management den Fall nicht übernimmt, oder wenn, dass er dann nicht gelingt.

Wir haben auch die Aufgabe der JSA gesehen, in den fachlichen und politischen Netzwerken der Kinder- und Jugendhilfe zu skandalisieren, dass es a) zu solchen problematischen Hilfeverläufen kommt, und dass b) eine gegenseitige Funktionalisierung der Hilfeeinrichtungen (in unserem Fall der Beratungsstellen der JSA) nicht angemessen sein kann.

Für unser Thema der Suche nach Möglichkeiten einer Demokratiebildung bzw. politischen Bildung in den Beratungsstellen der JSA zeigte sich erneut, dass es Fälle wie den hier beobachteten gibt, in denen die Problemstellungen so heftig sind, dass zunächst an deren Bewältigung gearbeitet werden muss. Angesichts der Schwierigkeiten des Schülers in der Fallgeschichte, irgendwelche (für uns auch hier zunächst einmal nicht erkennbare) politischen Themen zu suchen oder gar vorzuschlagen, käme einer Missachtung der Problemstellungen der Familie und des Schülers gleich. In Fällen wie diesen geht es vordringlich darum, alle Möglichkeiten der Unterstützung der Problembewältigung zu aktivieren.

Damit mussten wir auch erkennen, dass es zwei Charakteristika gibt, die eine politisch-demokratische Bildung in den Beratungsstellen erschweren oder verunmöglichen:

(1) Jugendliche kommen nur einmal zur Beratung, und dann ist es kaum möglich, lebensweltliche politische Themen zu entdecken und anzugehen.
(2) Häufig sind die Problemstellungen so drängend, dass eine Unterstützung der Bewältigung im Vordergrund stehen muss und Ansätze politischer Bildung und demokratischer Partizipation hier nicht relevant werden.

Um trotz dieser Erkenntnis nach Ermöglichung von Partizipationsrechten von Jugendlichen in den Beratungsstellen zu suchen, habe ich folgenden Input entwickelt.

7.3 Strukturelle Charakteristika von Einrichtungen der Jugendsozialarbeit im Blick auf die Ermöglichung von Partizipationsrechten

Man kann zwei grundsätzliche Typen von Einrichtungen in der Jugendsozialarbeit erkennen. Zum einen sind es solche, die als ‚Gesellschaft im Kleinen' ein gemeinsames, längerfristiges soziales Zusammenleben kennzeichnet; das gilt besonders für den Prototyp der Jugendwerkstätten. Zum anderen sind es Dienstleistungsangebote, die kurzfristig genau umrissene Hilfen und Unterstützungsleistungen besonders für einzelne Nutzerinnen anbieten; der Prototyp dafür sind die Beratungsstellen.

Es stellt sich die Frage, welche unterschiedlichen Möglichkeiten es für diese Einrichtungstypen – mit besonderem Fokus auf die Beratungsstellen – gibt, Partizipationsrechte und -möglichkeiten für ihre Nutzer:innen zu schaffen.

Als wissenschaftlicher Projektbegleiter habe ich versucht, die strukturellen Unterschiede zwischen verschiedenen Typen von Einrichtungen in der Jugendsozialarbeit in Bezug auf Partizipationsmöglichkeiten darzustellen. Es wird erkennbar, dass die institutionellen Rahmenbedingungen der Jugendwerkstatt sich für eine Verankerung von demokratischen Partizipationsstrukturen eignen, während die individualisierenden Settings der Beratungsstelle diese deutlich erschweren.

Zunächst wird der Typus Jugendwerkstatt als ‚Gesellschaft im Kleinen' analysiert. Der Begriff ‚Gesellschaft im Kleinen' ist der Versuch einer Übersetzung des Begriffs „embryonic society", den der amerikanische Pädagoge John Dewey (2016) verwendete, um zu zeigen, dass pädagogische Einrichtungen wie eine Gesellschaft aufgebaut sind und sich als demokratisches Gemeinwesen gestalten lassen.

Zu diesen Kennzeichen einer ‚Gesellschaft im Kleinen' gehören:

- Geteilter Lebensalltag der Beteiligten, d.h. Jugendliche und Mitarbeitende verbringen ein Großteil des Tages zusammen mit Lernen, Essen, Spielen, Freizeitgestaltung usw.
- Die Beteiligten nehmen regelmäßig und verbindlich teil. Neben den dauerhaft beschäftigten Fachkräften sind auch die Jugendlichen Mitglieder der Einrichtung.
- Die Beteiligten leben in einem für sie erkennbar umgrenzten räumlichen und sozialen Ort.
- Die Beteiligten kennen ihre Zugehörigkeit zur Gesamteinrichtung.
- Sie gehören (zumindest über gewisse Zeiträume[14]) definierten Teilgruppen an, zum Beispiel einer Malerwerkstatt oder einer Metallerwerkstatt.
- Es gibt vielfältige Möglichkeiten der Interaktion und Kooperation unter den Beteiligten.
- Es findet in gewisser Form eine Produktion statt: in einer Jugendwerkstatt z.B. wird das Lernen der Jugendlichen gemeinsam erzeugt, ebenso wie tatsächliche Werkstücke hergestellt werden.
- Es findet eine gemeinsame Reproduktion statt, die Mitglieder stellen ihre Lebenserhaltung im Alltag der Einrichtung gemeinsam her.
- Es gibt Öffentlichkeit(en): Mitglieder können öffentlich frei kommunizieren.
- In pädagogischen Einrichtungen gibt es Binnenhierarchien (die teilweise von außen bestimmt werden), aber auch ‚fachliche Demokratie' unter Mitarbeitenden, wenn diese Fachfragen gleichberechtigt und argumentativ begründend beantworten.

Die Jugendwerkstatt als ‚Gesellschaft im Kleinen' wird in Abbildung 12 grafisch dargestellt.

14 Häufig werden Werkstattangebote in Einrichtungen der JSA von unterschiedlichen Angeboten genutzt. So gibt es die klassischen Berufsvorbereitung, in der die Teilnehmenden kontinuierlich bei einem Gewerk (z.B. Hauswirtschaft, Metaller etc.) bleiben. In anderen, kurzzeitigeren Angeboten haben die Jugendlichen die Möglichkeit, sich z.B. im Maler- oder Holzbereich zu erproben, neben möglichen Praktika in anderen Berufsfeldern oder auch anderen Aktivitäten, wie der Erlebnispädagogik. Sie sind dann nicht längere Zeit Mitglied in einem Gewerk.

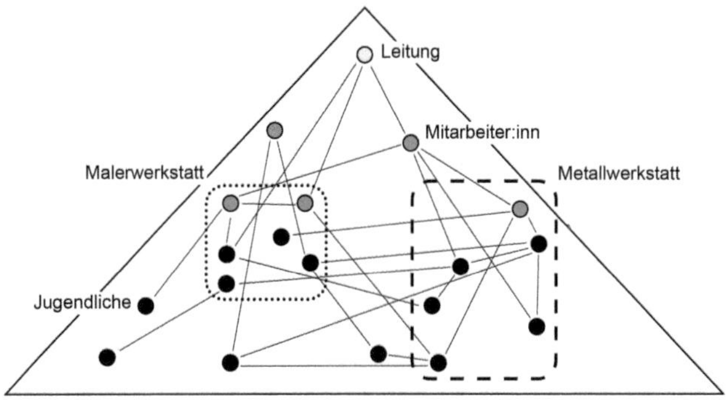

Abb. 12: Modell Jugendwerkstatt als ‚Gesellschaft im Kleinen'

Die grafische Darstellung der Jugendwerkstatt als ‚Gesellschaft im Kleinen' in Abbildung 12 verdeutlicht zunächst eine Interaktionsvielfalt. Das Dreieck aber bezeichnet eine hierarchische Struktur der Interaktionen, denn eine Jugendwerkstatt ist keine reine Demokratie im Sinne einer vollen Gleichheit der Teilnehmenden. Stattdessen sind die Machtverhältnisse formal klar gegliedert: Es gibt eine Leitung, Mitarbeitende und die Jugendlichen. Mitarbeitende und Jugendliche sind in Untergruppen organisiert, in der Grafik symbolisiert durch die Rechtecke der Malerwerkstatt und der Metallwerkstatt.

Demgegenüber steht ein Modell von ‚Beratungsstellen als Dienstleistungsangebot', das sich an Einzelpersonen richtet. Dieser Einrichtungstyp hat (u. a.) folgende strukturelle Charakteristika, die besonders den Unterschied zum Typus Jugendwerkstatt hervorheben:

- Jugendliche wählen individuell ein Beratungsangebot, das von einer beratenden Person durchgeführt wird. In manchen Fällen werden weitere Bezugspersonen oder Vertreter:innen von anderen pädagogischen Organisationen hinzugezogen.
- Die Angebotsrhythmen reichen von einmalig (d. h. auch einstündig) bis zu häufigeren Treffen.
- In den meisten Fällen entscheiden die Jugendlichen, ob und wann sie die Beratung abbrechen.
- Die Jugendlichen nutzen/konsumieren die Dienstleistung – in Koproduktion mit den Berater:innen.
- Es gibt entweder eine responsive/koproduzierende Gestaltung der Dienstleistung, oder sie kommt nicht zustande.
- Jugendliche erkennen sich *nicht* als Mitglieder der Einrichtung oder als Beteiligte und haben den Status von kurzzeitigen Nutzer:innen.
- Die Jugendlichen kommunizieren/interagieren *nicht* untereinander.
- Sie nehmen *nicht* an der Erstellung des Lebensalltags der Einrichtung teil.

- Es gibt über die Beratung hinaus *keine* Interaktion oder Kooperation mit anderen Mitgliedern der Einrichtung.
- Es gibt *keine* geteilte Öffentlichkeit, die die Jugendlichen nutzen könnten.
- In dieser pädagogischen Einrichtung finden wir Binnenhierarchien, ohne Beteiligung der Nutzer:innen (aber auch fachliche Demokratie unter Mitarbeitenden).

Die grafische Darstellung der Beratungsstelle als ‚Dienstleistungsangebot' (vgl. Abbildung 13) verdeutlicht zunächst eine Interaktionsvielfalt lediglich unter Mitarbeitenden einschließlich der Leitung.

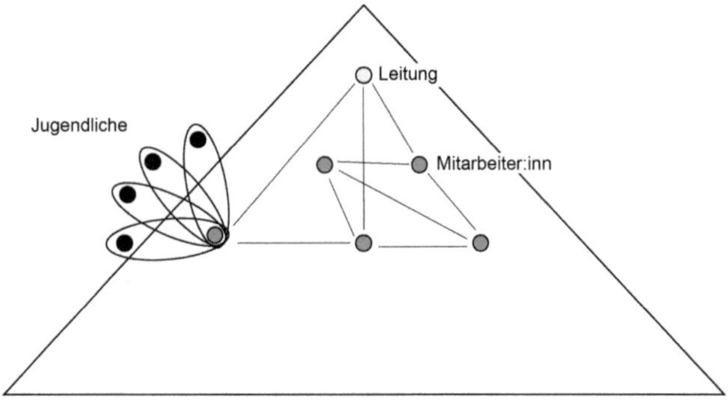

Abb. 13: Modell von Beratungsstellen als „Dienstleistungsangebot"

Die Einrichtung der Beratungsstelle selbst ist als hierarchisches Dreieck gekennzeichnet. In ihr gibt es eine Hierarchie zwischen Leitung und Mitarbeitenden/Berater:innen. Beratende treten jeweils in eine Beratungsstruktur mit einzelnen Jugendlichen ein und erzeugen so ein Setting, in dem die Jugendlichen zwar die Institution körperlich aufsuchen, aber sonst in ihr keine Mitgliedschaft, Rolle oder als Interaktionspartner:innen Bedeutung haben.

Die beiden unterschiedlichen Organisationsstrukturen der Einrichtungstypen haben Folgen für die Möglichkeit einer strukturellen Verankerung demokratischer Partizipation.

Im Typus ‚Gesellschaft im Kleinen' lässt sich eine Struktur demokratischer Partizipation einführen. Sie bestünde aus folgenden Aspekten:

- Demokratische Partizipation (DP) klärt, welche Rechte der Selbstbestimmung und Mitbestimmung die Mitglieder haben.

- Damit definiert DP auch Grenzen der Selbst- und Mitbestimmung in einer pädagogischen Einrichtung, in der es Binnenhierarchien gibt und die nicht komplett durch das ‚Volk' der beteiligten Jugendlichen und Mitarbeitenden regiert werden kann.
- DP schafft eine demokratische Öffentlichkeit des offenen Austausches über gemeinsame Angelegenheiten.
- DP hält Gremien und Verfahren der Mitentscheidung vor (zum Beispiel einen gewählten Jugendrat)
- DP ermöglicht Mitentscheiden, Mithandeln und Mitverantworten.
- Die Themen der DP ergeben sich aus den politischen Fragen der Regelung des Zusammenlebens in der Einrichtung.

Am Beispiel der Jugendwerkstätten im BOZ Ahaus lässt sich eine solche demokratische Strukturierung der ‚kleinen Gesellschaft' der Einrichtung darstellen (vgl. Abbildung 14).

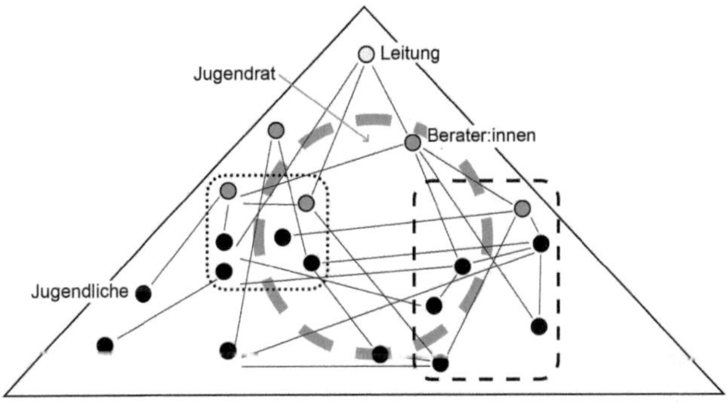

Abb. 14: Demokratische Partizipation im Einrichtungstyp ‚Gesellschaft im Kleinen'

In der Abbildung 14 wird der gewählte Jugendrat als Kern der demokratischen Partizipation dargestellt, aber auch die anderen Kriterien einer demokratischen Partizipation können hier umgesetzt werden. So können in den Untergruppen der einzelnen Gewerke demokratische Verhältnisse herrschen. Diese Basisgruppen wählen ggf. Vertreter:innen für den Jugendrat. Eine demokratische Öffentlichkeit kann in vielen Situationen hergestellt werden: in den Pausen, in der Mensa, bei gemeinsamen Veranstaltungen und/oder durch für alle nutzbare Medien. Im Zusammenleben können die Beteiligten Probleme und Fragestellungen entdecken, die sie dann in ihren Gruppierungen diskutieren und in die demokratischen Gremien bringen können.

Das ist nicht der Fall für das Setting einer Beratungsstelle. Aufgrund der fehlenden Struktur als ‚Gesellschaft im Kleinen' kann keine demokratische Partizipationsstruktur für alle unterschiedlichen Beteiligten eingerichtet werden.

Wenn die beratenen Jugendlichen einander nicht kennen, nicht miteinander kommunizieren, keine gemeinsamen Angelegenheiten des Lebensalltags teilen und diese öffentlich nicht problematisieren und diskutieren können, fehlen zentrale Kennzeichen von demokratischer Partizipation.

7.4 Ein Partizipationskonzept für Beratungsstellen

Das bedeutet allerdings nicht, dass jugendliche Klient:innen von Beratungsstellen keine demokratischen Rechte haben sollten. So hat Andreas Schaarschuch (1999) gezeigt, dass Nutzer:innen sozialer Dienstleistungen in der Sozialen Arbeit aufgrund des unvermeidlichen Charakters der koproduktiven Erbringung solcher Dienstleistungen über Rechte verfügen müssen, diese Dienstleistungen partizipativ mitzusteuern. Dienstleistung hat also schon eine partizipative Grundstruktur, denn ohne die aktive Beteiligung der Klient:innen kommt sie nicht zustande. Wenn die Jugendlichen in der Beratung also schweigen, können die Berater:innen ihre Hilfepotenziale nicht entfalten und mit den Nutzer:innen aushandeln, um was es ihnen geht, wie das gemeinsam besprochen werden soll und welche Handlungsperspektiven sich möglicherweise ergeben. Diese Partizipation bekommt demokratischen Charakter, wenn die Nutzer:innen über klar definierte und praktisch nutzbare Partizipationsrechte verfügen können.

Ein solches Partizipationskonzept könnte folgende Elemente enthalten:

- Ein Partizipationskonzept (PK) klärt Rechte der Nutzer:innen. Dazu würden folgende Aspekte zählen: Nutzer:innen von Dienstleistung verfügen (wie in kommerzieller Dienstleistungserbringung) über die Möglichkeit des ‚Exit', sie können die Dienstleistung abbrechen. Darüber hinaus muss ihnen das Recht auf ‚Voice' eingeräumt werden, also die Möglichkeit, ihre Stimme zu erheben und die Dienstleistung samt ihrer Bedingungen (auch im Blick auf die Erfüllung der Bedürfnisse und der Hilfe bei Problemstellungen) zu kritisieren und/oder Verbesserungen zu fordern. Darauf würde das Recht auf ‚Say' (etwa im Sinne von: ‚das Sagen haben') als Mitbestimmungsrecht aufbauen. ‚Say' bezeichnet Rechte und Verfahren, auch formal an der Gestaltung der Rahmenbedingungen der Dienstleistung in der Einrichtung zu partizipieren. Zudem sind ohnehin grundsätzlich die Rechte der Selbstbestimmung (siehe Art. 1 Grundgesetz) und die Rechte auf Information über Entscheidungen der Fachkräfte und deren Begründungen zu gewährleisten. Ebenfalls werden Rechte der Anhörung möglich, wenn Fachkräfte vor Veränderungen ihrer Dienstleistungen den Nutzer:innen die Gelegenheit geben würden, dazu

Kommentare und Vorschläge einzubringen (siehe dazu das Verfahren der Rechteklärung im Bericht zur strukturellen Verankerung demokratischer Partizipation in Jugendwerkstätten).

- Ein PK vermittelt Einsicht in Struktur und Arbeitsweise der Organisation, damit die Jugendlichen erkennen und verstehen können, unter welchen Rahmenbedingungen die Dienstleistung erbracht wird.
- Ein PK hält ein Beschwerdekonzept vor.
- Ein PK fördert Kommunikation unter Nutzer:innen, damit diese (zumindest einzelne von ihnen) sich gegenseitig kennenlernen und austauschen können (z. B. durch Kommentarfunktionen in sozialen Medien oder Websites der Einrichtung).
- Ein Partizipationskonzept kann Gremien des Feedbacks/der Reflexion der Nutzer:innen im Austausch mit den Dienstleister:innen schaffen. So könnten z. B. Jugendliche, die in einem bestimmten Zeitraum (etwa innerhalb eines halben Jahres) an Beratungen teilgenommen haben, nachträglich eingeladen werden, um diese zu kommentieren und Vorschläge für ihre Verbesserung zu machen. Das könnte auch in Form eines Jugendbeirats verstetigt werden.

Zwar ändert ein Partizipationskonzept in Beratungsstellen strukturell dort noch nicht sehr viel (vgl. Abbildung 15), kann aber die Interaktionsbezüge deutlich erweitern.

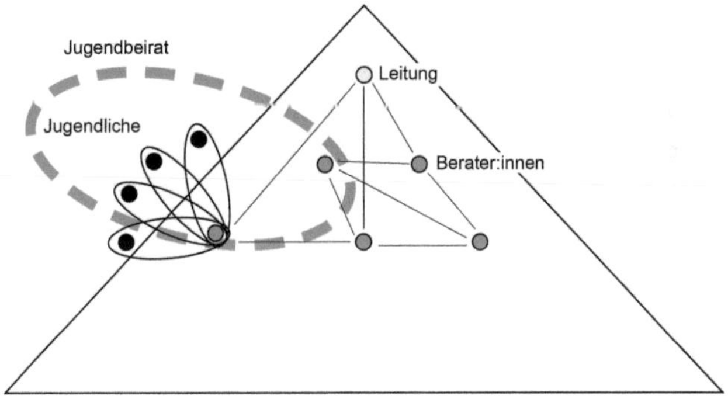

Abb. 15: Ein Jugendbeirat als Partizipationsmöglichkeit in Beratungsstellen

In der Diskussion war sich die Gruppe einig, dass die strukturellen Settings von Beratungsstellen korrekt dargestellt sind und damit auch deutlich wird, welche Grenzen demokratische Partizipation hier haben muss. Es gab Einigkeit darin, dass auch in Beratungsstellen Partizipationsrechte von Jugendlichen eingeführt werden können und sollen. In der Diskussion wurde geäußert, dass für eine Erstellung eines solchen Konzepts die gesamte Einrichtung gefragt ist. Wir diskutierten besonders das Beispiel einer einmaligen Beratung mit Blick auf die Frage, wie auch dort ein Partizipationsrecht möglich werden könnte, besonders durch Feedbacks der Jugendlichen. Michael Gerritzen von der Jugendberufshilfe Essen berichtete, dass dort bereits Feedbackverfahren auch für einmalige Beratungen erprobt wurden, indem die Jugendlichen über einen Barcode online eine kurze Rückmeldung zur Beratung geben können.

Aus der Erkenntnis der strukturellen Grenzen der Beratungsstellen in Bezug auf Demokratisierung UND auf die Vorrangigkeit der Unterstützung von Problembewältigung im Einzelfall folgerten wir, dass eine Struktur demokratischer Partizipation (wie etwa in einer Jugendwerkstatt) in den Beratungsstellen nicht umsetzbar ist. In Einzelfällen ergeben sich Möglichkeiten politischer Bildung, indem politische Themen wie Mitbestimmungsinteressen aufgegriffen werden, wenn Jugendliche selbst dazu Anlässe bieten und die Dramatik ihrer Problemstellungen ebenso wie die vorhandene Zeit eine Thematisierung als politische Bildung zulassen.

Bezüglich der Partizipationsrechte von Jugendlichen in den Dienstleistungsangeboten der Beratungsstellen war sich die Gruppe einig, dass diese ebenso wie Feedback- und Beschwerdeverfahren ausgeweitet werden müssen. Diese Themen bestimmten dann die Arbeit im letzten Teil des Projekts. Die Fachkräfte experimentierten mit verschiedenen Verfahren in ihrer Praxis. Verfahrensideen und Erfahrungen als Elemente eines Partizipationskonzeptes für Beratungsstellen werden im Folgenden dargestellt.

7.5 Elemente eines Partizipationskonzeptes: Rechteklärung, Feedback- und Beschwerdeverfahren

Wir haben diskutiert, ob man den Jugendlichen eine gut gestaltete Broschüre über ihre Rechte in der Beratungsstelle geben sollte. Wir haben einen Versuch gemacht, solche Rechte zu beschreiben. Das ist kein abschließender Katalog, sondern zunächst eine Annäherung. Wir haben versucht, möglichst verständliche Formulierungen zu finden.

Ideen für einen Rechtekatalog für Jugendliche in Beratungsstellen der JSA

Zu Beginn sollte man den Jugendlichen erklären, was es überhaupt bedeutet, Rechte zu haben. Dazu unser Versuch:

Du hast Rechte.

Wenn du ein Recht hast, kannst du etwas tun oder etwas nicht tun, etwas bekommen und etwas von anderen verlangen.

- Manche Rechte sorgen dafür, dass du etwas tun kannst. Zum Beispiel über dein Leben selbst bestimmen (Art 1 GG). Oder einen Vertrag schließen (ab 18 Jahren).

- Manche Rechte sorgen dafür, dass du etwas nicht tun musst. Zum Beispiel musst du nicht gegen Mitglieder deiner Familie vor Gericht aussagen (§ 55 Auskunftsverweigerungsrecht, Strafprozessordnung).
- Manche Rechte sorgen dafür, dass man dir etwas nicht antun darf. Zum Beispiel: Man darf dich nicht benachteiligen wegen deines Geschlechtes, deiner Abstammung, deiner Rasse, deiner Sprache, deiner Heimat und Herkunft, deines Glaubens, deiner religiösen oder politischen Anschauungen. Niemand darf wegen seiner Behinderung Nachteile bekommen (Art. 3 (3) GG).
- Manche Rechte sorgen dafür, dass du etwas bekommst. Z. B. Unterstützung, Beratung, Geld usw.

Andere sind verpflichtet, deine Rechte zu beachten. Du kannst von ihnen verlangen, dein Recht zu bekommen. Wenn sie das nicht tun, kannst du sie verklagen. Das Gericht hilft dir, dein Recht zu bekommen.

Wir haben uns gefragt, wie man in die Rechte des SGB VIII, also des Kinder- und Jugendhilfegesetzes, im Blick auf die Jugendsozialarbeit darstellen könnte. Es gibt bereits Versuche, die Rechte des SGB VIII in einfacher Sprache für Kinder und Jugendliche verständlich zu machen. Zum Beispiel vom Familienratgeber der Aktion Mensch.[15] Der Kinderschutzbund in Nordrhein-Westfalen hat eine eigene Broschüre in einfacher Sprache für Kinder und Jugendliche zum Recht auf Beratung aufgelegt[16], und das Bundesjugendministerium hat eine Broschüre mit einer einfachen Erklärung der UN Kinderrechtskonvention herausgegeben[17].

Wir haben uns am § 13 SGB VIII versucht.

Das Kinder- und Jugendhilfe-Gesetz sagt (§ 13):

Du hast das Recht auf Unterstützung,

- dass du einen Schulabschluss machen kannst,
- dass du eine Berufsausbildung machen kannst,
- dass du eine Arbeitsstelle findest,
- dass du in der Gesellschaft gut leben kannst.

Dabei muss dir die Beratungsstelle helfen. Wenn du Beratung willst.

15 https://www.familienratgeber.de/leichte-sprache/rechte-leistungen/recht-gesetz/kinder-und-jugendhilfegesetz

16 https://www.kinderschutz-in-nrw.de/fachinformationen/materialien/sammlung/dein-recht-auf-beratung/

17 https://www.bmfsfj.de/resource/blob/93522/ed8aabee818b27d14a669b04b0fa5beb/die-rechte-der-kinder-logo-data.pdf

Weiter ist für dich wichtig:

- Du musst mindestens zehn Jahre lang zur Schule gehen (§ 37 Schulgesetz NRW).
- Du kannst entscheiden, ob du dann mit der Schule aufhörst.
- Wenn du weiter zur Schule gehen willst, hilft dir die Beratung, einen Abschluss zu machen.
- Du kannst entscheiden, ob du einen Beruf lernen willst. Du kannst entscheiden, welchen Beruf du lernen willst. Dabei hilft dir die Beratung.
- Wenn du Arbeit suchst, bekommst du dabei Hilfe.
- Wenn du keine Arbeit findest, bekommst du Geld (Grundsicherung). Damit kannst du leben, bis du wieder Arbeit findest.

Ein Versuch, den grundsätzlichen § 1 SGB VIII für die Beratung in der Jugendsozialarbeit zu formulieren, sah so aus:

Du hast das Recht darauf, dass die Beratung deine Selbstbestimmung, deine Eigenverantwortung und deine Gemeinschaftsfähigkeit fördert (§ 1 Kinder- und Jugendhilfegesetz).

Selbstbestimmung bedeutet, dass du die Entscheidungen in deinem Leben fällst.
***Die Beratung** muss dich dabei unterstützen.*

Eigenverantwortung bedeutet, dass du die Verantwortung für deine Entscheidungen übernehmen musst. Das, was du entscheidest, hat Folgen für dich und andere. Diese Folgen musst du verantworten. Du musst dafür einstehen. Du musst damit klarkommen.
***Die Beratung** muss dir helfen zu verstehen, was du selbst entscheiden kannst und willst. Sie muss dir helfen zu verstehen, was aus deinen Entscheidungen folgt. Sie muss dir helfen, dass du Entscheidungen fällst. Die Entscheidungen müssen für dich richtig sein.*

Gemeinschaftsfähigkeit bedeutet, dass du nicht allein lebst. Du sollst mit anderen gut zusammenleben können. Was du für dein Leben bestimmst, hat Folgen für andere. Du sollst frei sein, aber die anderen auch. Du musst die Selbstbestimmung der anderen respektieren. Zusammen mit den anderen musst du aushandeln, was gehen kann.
***Die Beratung** muss dir helfen, deine Freiheit zu leben. Die Beratung muss dir helfen, dass du die Freiheit der anderen respektierst. Sie muss dir helfen, mit den anderen auszuhandeln, was sein soll. Wenn ihr zusammen entscheidet, müssen nachher alle damit zufrieden sein. Auch du.*

Wir haben auch versucht, die speziellen Rechte der Jugendlichen in der Beratung zu formulieren. Dabei haben wir uns auf Ideen von Friederike Bamberg vom Werkhof Dortmund bezogen. Dort lauteten die Rechte folgendermaßen: Vertraulichkeit, ernst genommen werden mit seinem Anliegen, sich willkommen fühlen, ausreichend Zeit, Recht auf Transparenz, Diskriminierungsfreiheit, Recht auf

,Unbequem-Sein'. Wir haben versucht, diese Ideen auszubuchstabieren. Dabei legen wir fachliche Positionen zur Gestaltung von Beratung zugrunde, die in anderen Beratungsstellen anders formuliert werden können. Die Projektgruppe konnte sich auf folgende Formulierungen einigen:

Deine Rechte in der Beratung

- In der Beratung hast du das Recht auf Vertraulichkeit. Was du hier sagst, bleibt geheim. Die Beraterin oder der Berater dürfen es niemand anderem erzählen.
- Du hast das Recht, ernst genommen zu werden. Du kannst in der Beratung sagen, was dir wichtig ist. Alles was dich beschäftigt, ist o. k. Du bestimmst, über was in der Beratung geredet wird. Du bestimmst auch, was du nicht sagen willst.
- Du hast das Recht, dass die Berater und Beraterinnen freundlich zu dir sind. Du störst hier nicht. Du bist willkommen.
- Du hast das Recht auf ausreichend Beratungszeit. Du bekommst so viel Zeit, wie du brauchst. Damit du besser entscheiden kannst, was du willst. Damit du besser entscheiden kannst, was du tun wirst.
- Du hast das Recht, dass dir alles offen gesagt wird, was dich angeht. Alles, was die Beraterin oder der Berater tun, müssen sie dir erzählen und erklären. Die Beraterin oder der Berater dürfen nichts hinter deinem Rücken tun.
- Die Beratung darf dich nicht benachteiligen wegen deines Geschlechtes, deiner Abstammung, deiner Rasse, deiner Sprache, deiner Heimat und Herkunft, deines Glaubens, deiner religiösen oder politischen Anschauungen. Du darfst keine Nachteile wegen einer Behinderung bekommen.
- Du musst nicht das tun, was die Beraterinnen oder Berater dir vorschlagen oder was sie von dir wollen. Du hast das Recht, den Beraterinnen und Beratern zu widersprechen.
- Du hast das Recht, nein zu sagen. Du hast das Recht, Schwierigkeiten zu haben. Du hast das Recht zu nerven.
- Du hast das Recht, eine Lösung zu suchen. Das muss nicht sofort oder schnell gehen. Du kannst dir deine Zeit nehmen.
- Du hast das Recht, dich über die Beratung zu beschweren. Du kannst sagen, was dir nicht passt. Deine Beschwerden werden ernst genommen. Dabei helfen dir [Hinweise auf Beschwerdeverfahren und Ansprechpartner:innen].
- Die Beraterinnen und Berater müssen dich ernst nehmen. Sie dürfen nichts tun, ohne dass du es erlaubst.

Grundsätze für ein Beschwerdeverfahren

Wir haben kein eigenes Beschwerdeverfahren entwickelt, sondern uns an den 8 Grundfragen orientiert, die Hansen und Knauer (2016) für Beschwerdeverfahren in Kindertageseinrichtungen entwickelt haben (vgl. Abbildung 16). Diese Grundfragen können auch genutzt werden, um für Jugendliche in Beratungsstellen Beschwerdeverfahren zu entwickeln.

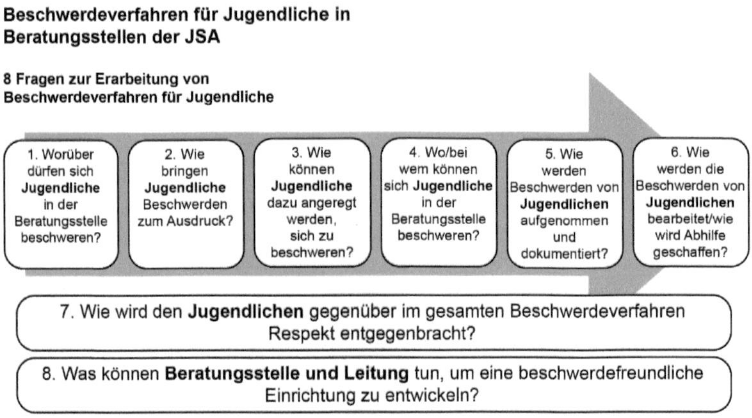

Abb. 16: 8 Fragen zur Bearbeitung von Beschwerdeverfahren für Jugendliche

Quelle: Hansen/Knauer (2016, S. 48); eigene Anpassung an die Zielgruppe ‚Jugendliche in Beratungsstellen der JSA'.

8 Partizipation mithilfe von Feedbackverfahren

Aus Sicht der PG sind Feedbackverfahren eine wichtige Methode, wie auch Jugendliche in der Einzelberatung Einfluss auf deren Gestaltung haben, also partizipieren können. In unserer PG gab es nur in der Beratungsstelle der Jugendhilfe Essen ein Feedbackverfahren (das wird weiter unten dargestellt).

Um uns dem Thema anzunähern, was es für die Jugendlichen bedeuten könnte, auch negative Feedbacks zu geben und sich zu beschweren, haben wir versucht, uns an eine eigene Erfahrung mit pädagogischen Problemsituationen zu erinnern. Um uns besser in die Jugendlichen hineinversetzen zu können, haben wir eigene Erfahrungsgeschichten geschrieben, über Situationen in unserer Jugendzeit, in der eigentlich Beschwerden notwendig gewesen wären. Wir wollten daraus ableiten, welche Schwierigkeiten auftreten können, wenn Jugendlichen beschämendes, diskriminierendes, herabsetzendes, ignorantes Handeln von pädagogischen Fachkräften widerfährt. Hier folgt eine anonymisierte Beispielsgeschichte:

Erfahrungsgeschichte mit dem Lehrer R.:

Ich war ca. 16 Jahre alt. Mein Deutschlehrer, Herr R., hatte mich ‚auf dem Kiecker'. Er führte mich gerne vor, besonders durch das Vorlesen von Passagen aus meinen Klassenarbeiten. Diese kommentierte er mit Bemerkungen wie: „Die Rechtschreibung ist auf dem Niveau eines Drittklässlers aus dem N****dorf" (wo die sozial schwachen Leute im Ort lebten). „Das soll eine Argumentation sein? Das ist eher ein Gestammel eines geistig Unterbemittelten!" „Logisches Denken ist Ihre Sache jedenfalls nicht." „Wenn in Ihrem Kopf ein solches Chaos herrscht, wie in diesem Aufsatz, na dann Gute Nacht, Marie!". Ich fühlte mich zweifach beschämt: 1. Vor den anderen als Trottel dazustehen und 2. möglicherweise tatsächlich einer zu sein. Ich fühlte mich herabgewürdigt, war aber auch unsicher, ob er nicht Recht hätte. Meine Rechtschreibung war miserabel, und ich hatte oft keine Idee, was er eigentlich im Aufsatz von mir lesen wollte; ich verstand seine Ansprüche nicht. Zudem konnte ich nicht erkennen, dass der Anpassungsdruck (schreiben, was er hören will) meine eigene Denk- und Argumentationsfähigkeit be- oder verhinderte.

Wir Schüler:innen redeten viel über Herrn R. (übrigens bis heute bei den Altschülertreffen). Aber ihn als ‚Arschloch' zu beschreiben und uns in Rachephantasien zu ergehen („Wir kloppen Kartoffeln in den Auspuff seines Autos.") half nicht weiter.

Wir hatten niemanden unter den Lehrer:innen/Erwachsenen, dem wir so weit vertrauten, dass wir unsere Missachtungs- und Beschämungsgefühle hätten ausdrücken können. Zudem befürchteten wir, dass unsere Beschämung dabei nur noch verstärkt werden würde und Herr R. Recht behielte mit seinen Bewertungen über mich/uns. Wir waren sicher, dass der Direktor und die Lehrer:innen zu Herrn R. halten würden. Ich träumte noch bis ins Studium hinein über Lehrer R. und seine Attacken.

Aus unseren verschiedenen Geschichten und aus den Erfahrungen in den Beratungssituationen schlossen wir auf folgende Problemstellungen von Jugendlichen, wenn sie sich beschweren bzw. ein negatives Feedback geben wollen:

- Wir Erwachsenen nehmen bestimmte Bedingungen/Zustände als *normal* wahr und erwarten, dass die Jugendlichen sich daran anpassen. Die Idee der Beschwerde kommt gar nicht auf.
- Der Verstoß gegen die Normen ist beschämend, und damit ist man allein. Scham verhindert die Beschwerde.
- Abhängige fügen sich oft diesen Verhältnissen.
- Andere Beteiligte (wie Eltern) fordern auch Anpassung ein, ein Sich-Ducken; das verhindert Beschwerden.
- Manche unrechte Handlungsweisen von Autoritätspersonen sind ‚allen' bekannt, werden aber unter der Decke gehalten.

- Man kann oft gar nicht Einzelne anklagen, wenn es um strukturelle Verhältnisse bzw. kulturelle Selbstverständlichkeiten geht.
- Manche Rechtsverstöße von Behörden werden nicht kritisiert oder angeklagt, denn die Betroffenen fühlen sich strukturell zu schwach.
- Ungerechtigkeiten und Anpassungszwänge wirken biografisch lange (negativ) nach.
- Verhältnisse werden als ‚Das ist halt so' bestätigt.
- Aus Scham wird Wut, und die wird dann nicht als Beschwerde behandelt, sondern in den Einrichtungen als unangemessen, als Störung oder Abweichung wahrgenommen und ausgegrenzt.
- Beschwerdeführende dürfen keine Emotionen zeigen, es wird eine sachlich-souveräne Behandlung durch die Opfer erwartet.
- Ein Verstoß gegen kulturelle Normen kann zum Aufgeben führen, es wird als individuelles Versagen empfunden.
- Was folgt für die Beratungsstelle als Aufgabe, in anderen gesellschaftlichen Institutionen von dort gesetzte Normen zu problematisieren?
- Wer setzt den Jugendlichen welche Ziele?
- Wie setzen wir in der Beratung durch Formen und Aussagen solche Normen/ Ziele, und wie kann mehr Offenheit gegenüber den Jugendlichen und anderen Lebensweisen entstehen?

Auf dieser Basis haben wir dann Arbeitsschritte zur Erstellung einer Feedbackstruktur in den einzelnen Einrichtungen zusammengestellt. Damit wurde die Weiterarbeit orientiert, und die am Projekt Teilnehmenden konnten in ihren Organisationen versuchen, damit Feedbackverfahren zu entwickeln.

Arbeitsschritte zur Entwicklung einer Feedbackstruktur

- Wie fühlen sich die Jugendlichen? Was beschäftigt sie in der Beratung?
- Was ist aus Sicht der Jugendlichen eine gute Beratung? Ein:e gute:r Berater:in?
- Was behindert ein offenes Feedback von Seiten der Jugendlichen?
- Zu was möchten wir ein Feedback bekommen? Stoßen unsere Perspektiven/ Prioritäten und die der Jugendlichen problematisch aufeinander?
- Zu welchen Inhalten erbitten wir Feedback? Welche Feedbackimpulse (nicht nur Fragen) wollen wir geben? Wie erklären/rahmen wir die Befragung (Einleitung/Ausleitung)?
- Welche Medien, Darstellungsweisen, ‚Oberflächen' sind für die Jugendlichen geeignet?
- Wie vermitteln wir den Jugendlichen unsere Feedbackbitte, wie ermutigen wir sie zur Beteiligung?

- Wie kommunizieren wir Folgen der Feedbacks und weiterer Arbeit daran an die Betroffenen (‚Feedback zum Feedback'). Wie schaffen wir Transparenz und Partizipationschancen?

Gerade die Frage, was aus Sicht der Jugendlichen eine gute Beratung ausmacht, schien uns geeignet, die Entwicklung von Feedbackverfahren zu orientieren. Folgende Antworten haben wir in der PG dazu gesammelt:

Was ist aus Sicht der Jugendlichen eine gute Beratung? Ein:e gute:r Berater:in?

- Bekomme ich Lösungen, wenigsten einen klaren Lösungsweg?
- Hört mir jemand zu? Wird meine Suche nach weiteren, neuen Perspektiven unterstützet?
- Ich muss Gelegenheiten haben, mich immer tiefer erklären zu können, brauche dazu anregende, offene Fragen.
- Einen willkommen-heißenden, klaren, sicheren Rahmen bekommen, als wichtig wahrgenommen und behandelt werden, mich wohlfühlen, keine Behörden-Atmosphäre.
- Schnell einen Termin bekommen.
- Das Interesse der Berater:innen erkennen, mich/meine Frage(n) zu verstehen.
- Ich muss erkennen, dass jemand vertieft auf meine Lage/Probleme eingeht.
- Ich sollte Fragen bekommen, über die ich nachdenken muss.
- Unterstützung bekommen, meine Anliegen überhaupt zu klären, selbst zu erkennen, um was es mir geht.
- Nicht verhört werden, nicht bloßgestellt und nicht bewertet werden.
- Ich muss erkennen, dass es um mich geht und nicht um meine Anpassung.
- Manche wünschen sich junge, kulturell ‚nähere' Berater:innen?! Für andere ist unser Alter entlastend.
- So (geduldig) befragt werden, dass echtes Interesse an mir spürbar wird.
- Mich aushalten, meine Widerstände aushalten. Angenommen werden. Meine Gefühle „containen" (aushalten und aufgreifen).
- Authentizität/Ehrlichkeit der Berater:innen, ohne von ihrer Persönlichkeit überschwemmt zu werden.
- Technische Hilfe bekommen, digitale Ausstattung.
- Kontinuität der Ansprechpersonen soll gesichert sein.
- Nicht mit machtvollen Behördernvertreter:innen/Bestimmer:innen sprechen, sondern mit offenen, zugewandten ‚neutralen' Personen.
- Mit mir suchen, statt mich bestimmen.
- Ermutigung: wir schaffen das zusammen.
- Vertraulichkeit (nicht weitertratschen, auch als Datenschutz).
- Mir glauben, statt mistrauen.
- Mein Anliegen als berechtigt anerkennen.

- Meine Potenziale erkennen und umsetzen helfen.
- Mich schützen (vor Zugriffen anderer ‚Machthaber:innen').
- Ich wünsche mir fachliche Kompetenz, Organisationsfähigkeit, Ressourcen, Vernetzung/Kontakte der Berater:innen.

8.1 Ein Fragebogen für ein Feedbackverfahren

Die PG beschloss, einen grundsätzlichen gemeinsamen Fragenkatalog zu erstellen, der eine Grundlage für eine Umsetzung in den eigenen Einrichtungen darstellen sollte. Folgende Fragen wurden formuliert:

- Wie war das Willkommen? Wie wurde ich begrüßt, aufgenommen (Du oder Sie-Ansprache)?
- Fühlte ich mich und mein Anliegen ernst genommen. Wurden ich und meine Anliegen ernst genommen und respektiert?
- Waren die Auskünfte hilfreich? Kann ich etwas damit anfangen?
- Konnte ich offen sagen, was mir wichtig war? Warum war das schwierig?
- Wie gelang der Zugang zur Beratungsstelle? War die Beratungsstelle gut erreichbar?
- Hatten wir genug Zeit für das Gespräch in der Beratung?
- Wurden schnell Termine angeboten?
- Wurden genügend Termine angeboten?
- Was war blöd in der Beratung? Was ging schief in der Beratung?
- Was hat mir gut gefallen?

Es sind einige Formen für einen solchen Fragebogen denk- und machbar. Hilfreich kann z. B. eine Verbindung skalierter Antworten mit Symbolen sein, wie sie in Abbildung 17 exemplarisch dargestellt ist.

Du hast an einer Beratung teilgenommen. Wir wollen unsere Beratung für Jugendliche immer besser machen. Deshalb möchten wir wissen, wie du die Beratung fandest. Du füllst den Fragebogen anonym aus. Das heißt: Dein Name oder deine Anschrift werden nicht abgefragt. Also weiß niemand, wer diesen Fragebogen ausgefüllt hat. Du kannst offen und ehrlich schreiben was du willst. Es gibt keine falschen oder richtigen Antworten. Danach steckst du den ausgefüllten Fragebogen in einen Briefkasten (Ortsangabe, z. B. im Flur). Alle zwei Wochen holen wir die Fragebögen da raus. Wir gucken, was die Jugendlichen geschrieben haben. Wir lernen daraus, was wir besser machen müssen. Auf unserer Website [URL] kannst du sehen, wie andere Jugendliche unsere Beratung bewertet haben.

1. Die Beratungsstelle will schnell Termine für ein Gespräch anbieten. Bitte bewerte mithilfe von Schulnoten, wie schnell das bei dir klappte. Bitte passende Note ankreuzen.

☐ Note 1: sehr gut ☐ Note 2: gut ☐ Note 3: befriedigend ☐ Note 4: ausreichend ☐ Note 5: mangelhaft ☐ Note 6: ungenügend

Abb. 17: Fragebogen zu einer persönlichen Beratung in einer Beratungsstelle der Jugendsozialarbeit (Auszug)

Die Fragen zu der jeweiligen Smiley-Skalierung waren:

(1) Die Beratungsstelle will schnell Termine für ein Gespräch anbieten. Bitte bewerte mithilfe von Schulnoten, wie schnell das bei dir klappte. Bitte passende Note ankreuzen.
(2) Bitte bewerte mithilfe von Schulnoten, wie freundlich du in der Beratungsstelle aufgenommen wurdest.
(3) Wie wurdest Du respektiert?
(4) Wie wurde dein Anliegen ernst genommen?
(5) Wie gut hat die Beratung geholfen?
(6) Wie gut kannst Du nach der Beratung selbst aktiv werden?
(7) Die Beraterinnen und Berater wollen dafür sorgen, dass die Jugendlichen offen sprechen können. Wie gut konntest Du in der Beratung offen sprechen?
(8) Bitte bewerte, ob ihr bei den einzelnen Beratungstreffen genug Zeit hattet.

In einem zweiten Teil des Fragebogens wurden freie Felder mit Überschriften angeboten.

Bitte schreibe ein paar Wörter oder Sätze zu den folgenden Fragen auf:

- Was hat dir an der Beratungsstelle gut gefallen?
- Was hat dir geholfen?
- Was war blöd an der Beratung?
- Über was möchtest du dich beschweren?
- Das möchte ich noch sagen …

Wichtig erschien es uns ebenfalls, ein Verfahren zu entwickeln, wie die Ergebnisse solcher Fragebögen für die Jugendlichen in der Beratungsstelle insgesamt deutlich werden könnten: wie kann man also ein Feedback zum Feedback geben? Es ist nötig, eine Form und Medien zu entwickeln, wie die Ergebnisse von Fragebögen ausgewertet und öffentlich berichtet werden. Das Verfahren muss für die Jugendlichen transparent sein und sie müssen die Ergebnisse gut verstehen können. Gut wäre es auch, den Jugendlichen Gelegenheiten zu geben, diese Ergebnisse wiederum zu kommentieren.

Zudem war es den Teilnehmenden der PG ebenso wichtig zu klären, dass solche Fragebögen und Feedbackverfahren auch in der Beratungsstelle als Anregungen zu Selbstreflexion, Lernen und Verbesserung gesehen würden und nicht als Leistungsbewertung des Personals.

So vorbereitet haben die Mitglieder der PG versucht, in ihren Einrichtungen Feedback und Partizipationsverfahren zu entwickeln und zu erproben. Im Folgenden werden einige exemplarische Ergebnisse berichtet, wie sie am Ende des Projekts in PowerPoint-Präsentationen vorgestellt wurden.

8.2 Umsetzung von Feedback und Partizipationsverfahren durch Projektbeteiligte

Im Folgenden werden drei exemplarische Berichte zur Umsetzung der Projektergebnisse in den einzelnen Beratungsstellen vorgestellt

Zum Stand der Projektarbeit im Werkhof-Projekt gGmbH (Dortmund) im Januar 2024 berichtete die Beraterin Friederike Bamberg:

Bericht zur Projektarbeit im Werkhof-Projekt gGmbH (Dortmund)

„Wir haben zunächst im Team geklärt, in welchen Settings es zu Feedbacksituationen im Rahmen unserer Beratungen kommt. Das geschieht während Langzeit-Einzelberatungen, in Kooperationsprojekten mit Schulen, bei Gruppenangeboten, bei Kurzberatungen bzw. Klärungen von konkreten Fragen und Beratungsanliegen von anderen ‚professionellen' Akteuren. Manchmal auch nach telefonischen Beratungen und bei Beratungen zu Schulabsentismus.

Die Einrichtung macht regelmäßig Erfahrungen mit Feedbackverfahren. So machen sie in allen Gruppenprojekten pro Quartal Teilnehmerzufriedenheitsabfragen nach den Qualitätsmanagementstandards AZAV und DIN ISO. Dieses Vorgehen passt allerdings nicht auf die Einzelberatungen in der landesgeförderten Beratungsstelle, und deshalb benötigen wir für diese individuellen Beratungsprozesse eigene Verfahren. Im Kontext der regulären QM-Zufriedenheitsabfragen finden ebenfalls Befragungen bei Kooperationspartnern nach deren Zufriedenheit in der Zusammenarbeit statt. Und 2022 hat das Team eine eigene große online-Befragung entwickelt und mit Teilnehmenden des sogenannten „Förderzentrums" durchgeführt, die z. B. Fragen nach der gefühlten Sicherheit im Projekt enthielt.

Durch unsere Teilnahme beim Projekt zur demokratischen Partizipation wurden wir angeregt, eine Feedbackbox im Haus aufzustellen. Dieser Feedbackkasten wird regelmäßig geleert und die Ergebnisse werden veröffentlicht. Ebenso haben wir auf der Basis der Anregung des Projekts einen neu entwickelten Kurzbefragungsbogen für die Beratungsstelle getestet.
Wie im Projekt bereits diskutiert, werden mehr Partizipation und ernstgemeinte Feedbacksysteme auch zu Veränderungen in der Organisation führen. So mussten Führungskräfte informiert und für das Thema ‚sensibilisiert' werden, was auch gelang. Partizipation und Feedbackverfahren müssen in allen Organisationsteilen, auch in der Verwaltung, getragen werden. Die Kolleg:innen müssen wissen, was wir tun, und verstehen, warum wir es tun. Das kann nur funktionieren, wenn es klar erkennbar Verantwortliche für die Partizipationsprozesse und -verfahren gibt. Strukturelle Veränderungen im Blick auf Ermöglichung von mehr demokratischer Partizipation müssen im Team kollegial diskutiert und initiiert werden. Alles funktioniert nur, wenn die Kolleg:innen hinter den Projekten stehen, diese selbst demokratisch beschließen und ein Interesse haben, sie umzusetzen.

Folgende Schritte der Verankerung von demokratischer Partizipation haben wir unternommen: Die Themen Partizipation, Feedback und Demokratieförderung wurden auf die Tagesordnungen der Teamsitzungen verschiedener Projekte gesetzt. In den einzelnen Projekten haben wir überlegt, wie wir dort eine stärkere Beteiligung der Jugendlichen ermöglichen können.
So wurden Jugendratswahlen durchgeführt und ein erster Jugendrat installiert. Innerhalb der verschiedenen Projekte wurden Jugendräte gebildet. Jeder Werkbereich stellt einen Jugendratssprecher, und die einzelnen Sprecher wollen sich regelmäßig besprechen. Im Jugendrat werden Wünsche und Anliegen diskutiert, schriftlich festgehalten und im nächsten Schritt der Teamleitung unterbreitet. Anliegen werden in Teambesprechungen auf Umsetzbarkeit geprüft und die Ergebnisse den Jugendlichen zurückgemeldet. Bisher genannte Themen: Längere Pausen, Chillout-Raum, Ausflüge, Gleitzeit etc. Es gab unter den Jugendlichen zum Beispiel den Wunsch nach einem Raum, wo Jugendliche ein wenig ‚runterkommen' und Spaß haben, z. B. in den Pausen. Der Jugendrat ist das Thema angegangen, und zusammen mit der Teamleitung wurde ein möglicher Raum besichtigt. Es wurden Vorschläge zur Ausgestaltung, Möblierung und zu gewünschten Spielmöglichkeiten gesammelt. Danach musste gemeinsam die Umsetzbarkeit der Vorschläge geprüft werden, z. B. war ein Snackautomat aus hygienischen Gründen nicht möglich. Der Raum wurde dann zur Ausgestaltung vorbereitet, und das Projekt kann nun weitergehen (Stand Januar 2024).
Zudem wurde gemeinsam mit den Jugendlichen die Hausordnung überarbeitet. In den Projekten wurde erarbeitet, welche Regeln für wen wichtig sind. Schließlich wurde unter Abstimmung mit allen Projekten über die Hausordnung entschieden.
Wir haben unser Verfahren zum Feedback über eine Feedbackbox auf Instagram bekannt gemacht und dort erklärt, wie es funktioniert (www.instagram.com/p/C2bzSkoqpnv/?img_index=1). Unsere ersten Erfahrungen mit der Nutzung der Fragebögen und der Feedbackbox ergaben, dass es für viele unserer Teilnehmer:innen schwierig ist, offene Fragen zu

beantworten. Die Bereitschaft, etwas ausführlich zu begründen, ist nicht hoch; möglicherweise auch aus Scham, weil jemand nicht korrekt schreiben kann. Allerdings sind die Aussagen/Rückmeldungen bei den offenen Fragen oftmals interessanter, konkreter und ergiebiger! Hier müssen wir noch überlegen, wie wir solche offenen, aber doch anonymen Rückmeldungen besser unterstützen können. Die Hürde des Ankreuzens von Smileys ist deutlich niedriger und wird bisher gut angenommen.

Durch das Projekt zur Demokratiebildung ist das Bewusstsein für die Bedeutung dieser Aufgabe im Team gewachsen. Wir müssen allerdings im Austausch bleiben und unsere Arbeit regelmäßig ‚einer Inspektion unterziehen'. Dafür hat das Projekt wichtige Anregungen gegeben."

Für die Jugendberatungsstelle der Jugendberufshilfe Essen (JBH) berichtete Ivonne Feldner:

Bericht zur Projektarbeit in der Jugendberatungsstelle der Jugendberufshilfe (Essen) (JBH)

„Das Thema ‚Demokratiebildung und Partizipation' wird in der JBH in verschiedenen Kontexten diskutiert, erprobt und mit dem Ziel der nachhaltigen Implementierung ausgewertet. Die Umsetzung erfolgte in zwei Projekten: 1. Zwei Kunstprojekte unter dem Titel ‚Das Zukunftspaket' und dann, für die Beratungsstellen, 2. Mitwirkung am Teilprojekt ‚Modellhafte Entwicklung von Methoden der Demokratiebildung in Beratungsstellen der JSA in NRW' durch die Weiterentwicklung eines Feedbackverfahrens.
Bei dem Projekt ‚Das Zukunftspaket' ging es darum, Partizipation und Demokratiebildung in niederschwelligen Projekten der JBH zu praktizieren. Als Ausgangslage analysierten wir, dass junge Menschen in Bildungs- und Qualifizierungsprojekten häufig nur als bedürftige und/oder beeinträchtigte Empfänger:innen von Förderung betrachtet werden. Um ihnen stattdessen mehr Partizipation zuzutrauen und zu eröffnen, stellte sich uns die Frage: Wie können wir als Jugendberufshilfe mit unseren Fachkräften und Kostenträgern zusammen aufbrechen, um junge Menschen zu den Gestaltern von Projektinhalten zu machen?
Ziel beider Pilotprojekte war es, Partizipation und demokratische Prozesse anzuregen und zu fördern und so ein sichtbares Produkt zu erarbeiten. Die Teilnehmenden bestimmen das Projekt und planen und organisieren es selbstständig. Sie setzen das Projekt mit ihren eigenen handwerklich-künstlerischen Fertigkeiten um.
Ein erster Versuch im ‚Zukunftspaket' war ein Graffiti-Projekt. Die Zielgruppe waren junge Erwachsene mit starken Verweigerungs- und Rückzugstendenzen in prekärer Multiproblemlage und mit Bürgergeldbezug. Ziel war es, diese Gruppe zu erreichen, sie aufzubauen und eine Anschlussperspektive zu sichern. Deshalb war der Zugang sehr niederschwellig, und die Präsenzzeiten der Teilnahme am Projekt wurden individuell vereinbart. Inhaltlich ging es darum, unter der Themenstellung ‚Unsere Zukunft und die Zukunft unserer Erde sind für uns wichtige Themen' Graffitiwände zu gestalten.

Der zweite Versuch eines Kunstprojekts lief unter dem Titel ‚Collage art and me'. Es wurde im Rahmen von Projekt IndiGo (Individuelles Gesundheits- und Orientierungsprogramm) durchgeführt. Zielgruppe hier waren junge Erwachsene mit psychischen Beeinträchtigungen und psychischen Erkrankungen im Bürgergeldbezug. Für sie waren feste Aktivitätsstrukturen und Zeiten vorgesehen, allerdings mit individuell vereinbarten und verbindlichen Teilnahmebedingungen.
Im Graffiti-Projekt machten wir die Erfahrung, dass fest geplante Termine durch Teilnehmende aufgrund ihrer belastenden Lebenssituation nicht wahrgenommen wurden. Das Projekt zog sich sehr in die Länge und verlor für die Teilnehmenden an Attraktivität. Die Unterstützung durch die Fachkräfte überschritt bei weitem die eingeschätzte Zeit. Obwohl Produkte zustande kamen, wurde das formulierte Ziel nicht erreicht.
Aus diesen Erfahrungen konnten wir für das Projekt ‚Collage art and me' lernen. Wir sorgten für einen hohen persönlichen Bezug der Teilnehmenden zum Thema. Der Zeitrahmen war überschaubar und das Setting durchgeplant. Die Projektumsetzung wurde interdisziplinär von Fachkräften und Künstler:innen begleitet. Da wir vorher die Erfahrung gemacht hatten, dass es für die Teilnehmenden zu schwierig war, die Projektplanung ausschließlich selbst zu übernehmen, gingen die Fachkräfte hier mehr in Unterstützungsfunktionen. Der Umgang mit Frustrationstoleranz, (zu hohen) eigenen Ansprüche, psychischen Belastungen usw. konnte durch die Hilfe der Fachkräfte zeitnah individuell bewältigt werden.

In unser Projekt zur Weiterentwicklung des Feedbackverfahrens in der Beratungsstelle haben wir Impulse und Anregungen aus dem Projekt zu den ‚Methoden der Demokratiebildung in Beratungsstellen der JSA in NRW' erhalten. Auf dieser Basis konnten wir unser altes Verfahren reflektieren und aus den Projektergebnissen für eine Weiterentwicklung unseres Feedbacks lernen.

Das alte Feedbackverfahren in der Beratungsstelle war folgendermaßen gestaltet: Papierkarten mit drei Feedback-Fragen lagen im Büro der Beratenden aus. Mit Smiley-Symbolen auf einer Skala von eins (stimme voll zu) bis fünf (stimme nicht zu) konnte angekreuzt werden: ‚Ich fühle mich fair behandelt.', ‚Ich fühle mich gut beraten.', ‚Mir hat die Beratung geholfen.' Am Ende des Erstgesprächs richteten wir die Bitte an die Ratsuchenden, die Karte auszufüllen, und zwar so, dass dies für den Beratenden nicht sichtbar war. Wir erklärten den Jugendlichen die Anonymität und Auswertung ihres Feedbacks. Direkt im Flur neben den Räumen der Beratung war ein Briefkasten installiert, in den die Jugendlichen dann ihre Feedback-Karten einwerfen konnten. Halbjährlich wurden die Ergebnisse erfasst und ausgewertet, und die Beratungskräfte besprachen die Ergebnisse mit ihren Vorgesetzten. Dieses Verfahren haben wir in einem nächsten Schritt digitalisiert. Am Ende eines Gesprächs im Beratungsprozess haben wir den Jugendlichen einen QR-Code ausgehändigt. Auf ihm gelangte man zu einem Online-Fragebogen mit den schon vorher verwendeten drei Fragen. Wir haben die Jugendlichen gebeten, ihr Feedback auf ihren Endgeräten zu erteilen. Auch hier haben wir wieder über Anonymität und die halbjährliche Erfassung und Auswertung informiert. Die Besprechung der Ergebnisse fand in dem mittlerweile

eingerichteten Qualitätszirkel der Einrichtung statt. Hier mussten wir die Erfahrung machen, dass in diesem Online-Feedback deutlich weniger Rückmeldungen abgegeben wurden als im alten Papierverfahren.
Durch unsere Teilnahme am Projekt haben wir uns dann nach der Lektion die Fragen gestellt: Was bedeutet dieses Verfahren für die Jugendlichen? Wo erleben sie Partizipation? Warum hat die Teilnahme am Verfahren mit der Umstellung abgenommen? Wie transparent ist das Verfahren? Welche Informationen erhalten wir? Was genau wollen wir wissen? Welche Bedeutung haben die Ergebnisse für uns? Wie gehen wir mit negativen oder nicht realisierbaren Ergebnissen um?
Folgende Überlegungen zur Erarbeitung einer Alternative haben wir angestellt: Ein Feedbackverfahren über einen QR-Code erschien uns weiter vorteilhaft, denn die Jugendlichen nutzen gern ihre Handys, und das Verfahren war einfach zu handhaben. Dennoch müssen wir mehr Verbindlichkeit durch persönliche Hinweise und Erklärungen herstellen. Wir wollen mehr Transparenz schaffen durch Informationen über Verfahren, Ziele und Auswertung, zum Beispiel schnell erfassbar und verständlich auf Plakaten oder kurzen Videos.
Das Feedbackverfahren muss eingebettet sein in eine Partizipation auf verschiedenen Ebenen des Unternehmens. Das stellt auch die Frage nach der Mitarbeit und Mitbestimmung der Beschäftigten zum Thema. Wir wollen dazu in der Beratungsstelle ein Pilotprojekt starten und langfristig einen Übertrag auf alle Beratungsprojekte in der Einrichtung schaffen.

Feedback- und Partizipationsverfahren können nicht isoliert geschehen, sondern müssen strukturell in der gesamten Einrichtung verankert und vertreten werden. Dabei stellen sich konzeptionell einige Fragen, die wir noch bearbeiten wollen: Welche Rolle spielt die Freiwilligkeit der Teilnehmenden bei der Umsetzung von Partizipationsansätzen in Projekten und Maßnahmen? Welche zeitlichen und personellen Ressourcen werden benötigt, um Mitbestimmung zu installieren und zu fördern? Welche Rolle spielen die jeweiligen Haltungen der Mitarbeitenden für eine gelingende Partizipation? Können wir durch Feedbackmethoden das Selbstwirksamkeitsempfinden stärken? Welche Bundesprogramme und Aktionen könnten uns helfen?
Durch das Projekt haben wir wichtige Impulse erhalten und uns selbst reflexiv mit unserem bisherigen Verfahren auseinandergesetzt und sind auf dem Weg, uns zu qualifizieren."

Zu den Erfahrungen zur Entwicklung von Feedback und Evaluationsverfahren in der Beratungsstelle Jugendberufshilfe, Fachbereich Kinder, Jugend und Familie der Stadt Recklinghausen berichtete Yvonne Sibbe:

Bericht zur Projektarbeit der Beratungsstelle Jugendberufshilfe der Stadt Recklinghausen

„In unserer Beratungsstelle haben wir den im Projekt entwickelten Fragebogen erprobt. Er wurde den Jugendlichen am Ende der Beratungsstunden mit der Bitte ausgehändigt, ihn anonym auszufüllen und in einen Briefkasten im Flur, direkt neben der Beratungsstelle, einzuwerfen.
Die aggregierten Feedback-Ergebnisse der Rückmeldungen zu den Erst-Beratungen sowie auch zu den längerfristigen Beratungen weisen generell auf eine zumindest als ‚gut' wahrgenommene Beratungspraxis und ihres Settings hin,

Zu den offenen Fragen erhielten wir Antworten wie:

‚Ich möchte noch sagen, dass ich für die ganzen Jahre sehr dankbar bin!';‚Ich wurde hilfreich und gut beraten. Termine wurden sehr schnell gegeben, als es sehr dringend war.';‚Mir hat geholfen das Anträge ausfüllen und nicht anrufen zu müssen.';‚Mir gefällt die persönliche Beratung sehr, und dass alles auf Augenhöhe stattfindet.';‚Die komplette Beratung hat mir geholfen, mit neuen Ideen und Anreizen, was meine Zukunft betrifft.';‚Ich wünsche mir, dass eure Angebote noch präsenter werden, zum Beispiel, dass ihr uns auf Social Media mehr von euren Angeboten berichtet, das würde ich mir mehr wünschen.';‚Was mir gut gefallen hat, dass ich Zeit habe, alles zu sagen, und jemand mir zugehört hat, und dass man sehr viel Zeit hat, alles zu erklären, und wenn ich was brauchte oder Fragen hatte, konnte ich sofort jemanden erreichen.'

Aus unserer Sicht hat sich das Verfahren bewährt. Der Fragebogen war für die Jugendlichen nutzbar und wir haben sehr positive Rückmeldungen erhalten."

Teilprojekt 3: Strukturelle Verankerung demokratischer Partizipation in Jugendwerkstätten

1 Ziel und Entwicklung des Projekts zur strukturellen Verankerung demokratischer Partizipation in Jugendwerkstätten

In den Jahren 2021 und 2022 führten die beiden Landesjugendämtern Westfalen-Lippe und Rheinland mit Unterstützung des Ministeriums für Kinder, Familie, Flüchtlinge und Integration in NRW das Projekt „Demokratiebildung und politische Bildung in der landesgeförderten Jugendsozialarbeit in NRW" durch. Der Baustein 1 des Projektes gestaltete unter Verantwortung des LWL-Landesjugendamtes eine „Entwicklungswerkstatt zur Erarbeitung und Aufbereitung von alltagstauglichen Methoden der Demokratiebildung im Handlungsfeld Jugendsozialarbeit" (Landesjugendamt Westfalen-Lippe 2022). Jugendsozialarbeit (JSA) wurde vom 16. Kinder und Jugendbericht als „unterschätzter Raum" politischer Bildung analysiert (vgl. BMFSFJ 2020, S. 492). Als eine der Folgerung daraus, ging es in Baustein 1 darum, für die Zielgruppe benachteiligter junger Menschen in diesem Handlungsfeld einen Zugang zur Demokratiebildung zu erarbeiten, der bei ihren lebensweltlichen Themen in den Einrichtungen ansetzt. Das wurde mithilfe der GEBe-Methode (Methode zur Förderung gesellschaftlich-demokratisches Engagement Benachteiligter) getan (vgl. Sturzenhecker 2015; Sturzenhecker/Schwerthelm 2015). Die Methode zeigt, wie Fachkräfte und Teams aus der Beobachtung des alltäglichen Handelns der Jugendlichen in ihren Einrichtungen deren lebensweltliche Interessen und Themen erkennen, diese mit ihnen dialogisch klären und gemeinsam partizipativ realisieren können. 19 Fachkräfte aus 15 Beratungsstellen und Jugendwerkstätten haben landesweit die Methode in ihren Einrichtungen erprobt und an ihre Bedingungen angepasst.

Dabei stellte sich heraus, dass die GEBe-Methode geeignet ist, um lebensweltliche Interessen und Problemstellungen von Jugendlichen in der JSA zu entdecken und partizipativ mit ihnen anzugehen. Es wurde allerdings auch deutlich, dass die Methode nur greift, wenn Fachkräfte sie aktiv einsetzen. Partizipation von Jugendlichen bei der Umsetzung ihrer eigenen Themen gelingt nur, wenn die Fachkräfte dieses aktiv ermöglichen. Im sozialpädagogischen Alltag in Jugendwerkstätten und Beratungsstellen zeigte sich jedoch, dass eine systematische und regelmäßige Nutzung der Methode in den Teams nur selten umgesetzt wurde. Ein durch methodische Schritte angeleitetes und auf deren Basis reflexiv begründetes

Handeln fiel häufiger drängenden anderen Aufgaben, aber auch Alltagsroutinen zum Opfer. Die Fachkräfte erkannten durchaus, dass sie mit der GEBe-Methode für die Jugendlichen relevante und motivierende Themen entdecken und mit ihnen zum Inhalt von Partizipationsprozessen machen konnten. Dennoch waren diese positiven Erfahrungen wohl nicht stark genug, um eine kontinuierliche Anwendung der Methode zu motivieren.

Damit hing und hängt allerdings die Realisierung von demokratischer Partizipation in den Werkstätten von dem zufälligen guten Willen, den ermöglichenden Rahmenbedingungen und dem Engagement einzelner Fachkräfte oder ihrer Teams ab. Ein methodisch angeleitetes und damit strukturiert Partizipationsprozesse sicherndes Vorgehen war damit letztlich dem Zufall überlassen. Wenn man jedoch den Jugendlichen in der JSA eine kontinuierliche Berechtigung zum Mitsprechen, Mitentscheiden, Mithandeln und Mitverantworten eröffnen will, benötigt man eine strukturelle Verankerung solcher Rechte und Verfahren demokratischer Partizipation.

Im Teilprojekt 3 war es deshalb das Ziel, in den Jahren 2022 und 2024 praktisch zu erproben, wie man aufbauend auf die lebensweltliche Entdeckung von Themen der Partizipation der Jugendlichen auch eine strukturelle Verankerung von Rechten und Verfahren demokratischer Partizipation in Jugendwerkstätten ermöglichen könnte. An diesem Projekt „Strukturelle Verankerung demokratischer Partizipation in Jugendwerkstätten“ beteiligten sich das Berufsorientierungszentrum (BOZ) Ahaus (Träger Berufsbildungsstätte Westmünsterland GmbH) sowie die drei Jugendwerkstätten Ehrenfeld, Mülheim und Kalk des Trägers Jugendhilfe Köln e.V.

Im Folgenden wird der konzeptionelle Hintergrund, die gemeinsam erprobten Schwerpunkte der strukturellen Verankerung demokratischer Partizipation, sowie die Erfahrungen damit in den Jugendwerkstätten beschrieben.

2 Begründung struktureller Verankerung demokratischer Partizipation in den Jugendwerkstätten

Die Erfahrung des ersten Projektbausteins, dass eine Beteiligung von Jugendlichen an Entscheidungsfragen, die sie in den Einrichtungen betreffen, von der zufälligen Entscheidungen bzw. sogar der Willkür der Fachkräfte abhängt, ist nicht verwunderlich. Das liegt wesentlich in der strukturellen Machtungleichheit zwischen den Beteiligten begründet.

Die Macht der erwachsenen Fachkräfte

In sozialpädagogischen Einrichtungen wie der JSA (und selbstverständlich auch in Kindertageseinrichtungen oder der Offenen Kinder- und Jugendarbeit) ist die Macht zwischen erwachsenen Fachkräften und Jugendlichen ungleich verteilt. Die Machtpotenziale der Fachkräfte entstehen z. B. durch die generationelle Differenz zwischen den Beteiligten, durch inhaltliche Aufgaben und Funktionen der Institutionen und durch die formalrechtlichen institutionellen Rahmenbedingungen. Fachkräfte verfügen als Erwachsene gegenüber den Jugendlichen über einen Vorsprung an Erfahrungen und Handlungsmöglichkeiten. Im Verhältnis der Generationen kommt ihnen als Erwachsenen die Aufgabe der Erziehung und Qualifikation der jungen Generation zu. Sie sollen jungen Menschen vermitteln, was diese benötigen, um in der Gesellschaft angemessen handeln zu können. In dieser Differenz der Generationen wird den Erwachsenen zugeschrieben, diese Aufgabe auch erfüllen zu können, und das erst recht, wenn sie fachlich dafür ausgebildet wurden. Wissen und Kompetenz sind damit auf ihrer Seite, während die Seite der Jugendlichen, als noch nicht ausreichend kompetent und erfahren konstruiert wird. Jugendlichen wird ein Status der ‚Noch-nicht-Mündigkeit' zugeteilt. Sie sollen durch Pädagogik erst zur Mündigkeit geführt werden (so bis heute auch in Positionen der politischen Bildung, z. B.: Goll 2021, S. 3). Das damit grundsätzlich verbundene Überlegenheitsverhältnis von Erwachsenen zu Jugendlichen verschärft sich noch im Blick auf die professionellen Rollen von Fachkräften. Als solche verfügen sie über vielfältige Machtpotenziale (vgl. Knauer/Sturzenhecker/Hansen 2016, S. 37). z. B. über *Gestaltungsmacht,* mit der sie bestimmen, wie Einrichtungen, Regeln, Abläufe und inhaltliche Arbeit ausgestaltet werden. Damit verbunden ist eine *Verfügungsmacht*, mit der sie die Nutzung vorhandener Ressourcen (Räume, Zeiten, Finanzen usw.) bestimmen. Mit ihrer Definitions- und Deutungsmacht entscheiden sie, was in der Einrichtung als angemessenes Handeln gilt, und als fachliche Expert:innen dürfen sie Leistungen und Entwicklungen von Personen einschätzen und bewerten. Damit kommt ihnen auch eine Mobilisierungsmacht zu, mit deren Hilfe sie Teilnehmende dazu bewegen können, ihren Vorgaben und Vorstellungen zu folgen.

Risiken der Machtungleichheit

Einerseits benötigen Erwachsene und Fachkräfte Macht, um Jugendliche fürsorglich unterstützen und schützen sowie für ihr Leben in der Gesellschaft vorbereiten und orientieren zu können. Mit dieser Macht schaffen und sichern sie Rahmenbedingungen und Settings, in den Erziehungs- und Bildungsprozesse möglich und gefördert werden, so auch in der JSA. Andererseits ist mit solchen ungleichen Machtverhältnissen auch immer das Risiko verbunden, dass die Machthabenden diese ausnutzen und die Machtarmen nicht nur dominieren, sondern unter

Umständen sogar missachten und missbrauchen. So zeigen empirischen Untersuchungen aus der Kita und der Schule, dass dort weiterhin Missachtungspraxen vorkommen (z. B.: Prengel 2013; Hildebrandt 2021). Auch in stationären Hilfen (z. B.: Kessl/Lorenz 2016), Jugendverbänden (z. B.: Dill et al. 2024), bis hin zu bekannten (inzwischen verstorbenen) Vertretern der sozialpädagogischen Disziplin (vgl. Baader et al. 2024) ist sexualisierte Gewalt bekannt geworden. Die Ursachen solcher Gewalt und Missachtung in pädagogischen Settings sind komplex, aber die Machtungleichheit zwischen den beteiligten Erwachsenen und Kindern/Jugendlichen ist dabei sicherlich ein zentraler Faktor.

Demokratische Teilung der Macht

Die generationelle und institutionelle Machtungleichheit muss sozialpädagogisch problematisiert und deren Folgen von Missachtung und Missbrauch dürfen nicht hingenommen werden. Das begründet sich aus dem Auftrag der Sozialpädagogik, wie er auch in vielen ihrer theoretischen Konzeptionen und besonders im SGB VIII formuliert ist. Ziel von Sozialpädagogik ist es, Jugendlichen so zu fördern, dass sie eine selbstbestimmte, eigenverantwortliche und gemeinschaftsfähige Persönlichkeit entwickeln können (§ 1 SGB VIII). Selbstbestimmung lässt sich nur entfalten, wenn Individuen über ihr eigenes Leben bestimmen können und nicht durch andere bestimmt werden. Das eigene Leben der Individuen ist aber stark verbunden mit und abhängig von den anderen in einer Gemeinschaft bzw. Gesellschaft. Die Individuen müssen ihre Selbstbestimmung mit der Selbstbestimmung der anderen abgleichen. Wenn selbstbestimmte Individuen ihre gesellschaftlich-kollektive Lebensführung miteinander in Freiheit aushandeln, nennt man das Demokratie. Aus § 1 SGB VIII folgt entsprechend, dass in der Kinder- und Jugendhilfe, also auch in der JSA, die Macht auf eine demokratische Weise geteilt werden muss, sodass die Beteiligten ihre Freiheit zu Selbstbestimmung maximieren und doch gleichzeitig die Freiheit der anderen achten und gemeinsam mit ihnen die Fragen der Lebensführung bestimmen.

Daraus folgt,

(1) dass die strukturelle Machtungleichheit zwischen Fachkräften und Jugendlichen zugunsten einer demokratischen Mitbestimmung der betroffenen Jugendlichen geändert werden muss,
(2) dass Selbstbestimmung und Mitbestimmung in den Einrichtungen der Kinder- und Jugendhilfe *ein Recht* der Jugendlichen sind,
(3) dass die Umsetzung der Aufgabe der Fachkräfte, Jugendliche in ihrer Entwicklung zu schützen und zu unterstützen, gerade angesichts von Benachteiligung und Problemen, immer gleichzeitig eine Maximierung ihrer Selbst- und Mitbestimmung erfordert.

Das bedeutet, dass die strukturellen Machtpotenziale der Erwachsenen in der Kinder- und Jugendhilfe allgemein und in der JSA speziell mit den Jugendlichen auf demokratische Weise geteilt werden müssen.

Rechte der Selbst- und Mitbestimmung strukturell verankern

Das Recht der Jugendlichen als *Rechtsträger* verpflichtet Fachkräfte (und andere Menschen) als *Rechtsadressaten* den *Rechtsinhalt,* also das Recht auf Selbstbestimmung und Mitbestimmung, anzuerkennen und zu realisieren (vgl. Schickhardt 2016. S. 86). Damit stellt sich die Frage, wie diese Verpflichtung konkret eingelöst wird.

Der polnische Sozialpädagoge Janusz Korczak hat in seinem Waisenheim Dom Sierot in Warschau bereits in den 1920er-Jahren erkannt, wie die asymmetrische pädagogische Machtstruktur es völlig in der Willkür der Fachkräfte belässt, ob und inwieweit sie Kindern Rechte gewähren bzw. ihnen mindestens kein Unrecht zufügen. Dagegen fordert er eine Strukturierung pädagogischen Handelns in den Institutionen durch eine ‚Konstitution', eine Verfassung. Eine durch die Festschreibung von Rechten und Verfahren der Partizipation in einer Verfassung gebundene pädagogische Fachkraft ist jemand, „der den Kindern nicht deshalb kein Unrecht zufügt, weil er sie gern hat oder liebt, sondern deshalb, weil es eine Institution gibt, die sie vor Ungerechtigkeit, Willkür und Despotismus des Erziehers schützt" (Korczak 1999, S. 312). Die ‚Institution' der Verfassung bzw. Konstitution schützt Jugendliche nicht nur vor Machtmissbrauch, sondern definiert auch, wie die Macht konkret geteilt wird. Es sind nicht allein die Haltungen der Fachkräfte (wie ‚Gernhaben oder Liebe'), die sichern, dass Macht nicht missbraucht, sondern geteilt wird. Und auch situative Zugeständnisse von einzelnen Partizipationsmomenten bedeuten keine strukturelle Begrenzung der Machtüberlegenheit. Das kann nur durch eine Institutionalisierung von Rechten, Gremien und Verfahren der demokratischen Mitbestimmung in den Einrichtungen gewährleistet werden.

Korczak selbst tat dies in seinem ‚Grundgesetz', der „großen Charta/Verfassung der Freiheit", in der die Grundrechte des Kindes definiert wurden. Als Verfahren der Gewährleistung dieser *Rechte* schuf er das Gremium des „Kameradschaftsgerichts" (a.a.O., S. 273, ff.), in dem Konflikte verhandelt, Gesetze geschaffen, Recht gesprochen und Verzeihung gewährt wurden. Weitere demokratische Elemente dieser Kindergesellschaft waren etwa die Einrichtung einer *Öffentlichkeit* durch Anschlagstafeln und eine Heimzeitung, in der die Anliegen der Kinder publiziert und diskutiert werden konnten, ebenso wie ein *Beschwerdeverfahren* über einen ‚Briefkasten'. Auch beteiligten sich die Kinder und Jugendlichen an den Aufgaben der *Haushaltsführung* (zu diesen Verfahren vgl. Wybronik 2021).

Es wird in Korczaks Konzept nicht nur auf allgemeine Rechte Bezug genommen (in der heutigen Zeit wäre es insbesondere das Grundgesetzes, die Menschenrechte, das SGB VIII oder die UN-Kinderrechtskonvention), sondern die Rechtsprechung und die weiteren Verfahren der demokratischen Mitbestimmung werden sehr konkret für die einzelne Einrichtung formuliert und in ihrem Anwendungsprozess mit den Jugendlichen erweitert und verbessert. Rechte, Gremien und Verfahren der demokratischen Partizipation müssen von den konkret Beteiligten in einer Einrichtung gewollt, bestimmt und verbessert werden. Sie erfüllen damit nicht nur die durch staatliche Demokratie vorgegebenen rechtlichen Regelungen, sondern bestimmen auf deren Basis in ihrer eigenen (kleinen) Demokratie, wie sie die Macht zwischen Erwachsenen und Jugendlichen teilen und die Fragen der Regelung der gemeinsamen Lebensführung entscheiden wollen. Damit sind diese Rechte und Verfahren ganz präzise auf das gemeinsame Leben zuzuschneiden, auf die institutionellen Aufgaben und Rahmenbedingungen der jeweiligen Einrichtung. Menschenrechte, Grundgesetz und weitere Rechte werden so operationalisiert, dass sie im Alltag für die Beteiligten konkret nutzbar werden.

Grenzen von Demokratie in sozialpädagogischen Einrichtungen

Einerseits wird über die Klärung von Rechten, Gremien und Verfahren demokratischer Partizipation in Einrichtungen (der JSA) die Einrichtung als eine „miniature community, an embryonic society“ (Dewey 1907, S. 32), also als eine demokratische Gesellschaft ‚im Kleinen‘ strukturiert. Andererseits ist eine sozialpädagogische Institution mit ihren Beteiligten kein souveränes demokratisches Volk, das über die eigenen Angelegenheiten selbst bestimmt oder vollständig bestimmen könnte. Stattdessen gibt es Begrenzungen der Mitentscheidung des jeweiligen ‚Volkes‘ einer Einrichtung (also die Jugendlichen und die Mitarbeitenden). Diese Grenzen entstehen durch den Auftrag, den die Einrichtung durch Staat und Gesellschaft zugewiesen bekommt (in der JSA etwa durch den § 13 SGB VIII und die konkreten Förderrichtlinien des jeweiligen Bundeslandes), sowie die strukturellen Rahmenbedingungen, die damit verbunden sind (räumlicher Standort, räumliche Einrichtung, Zeitressourcen und Personal usw.). So kann das lokale ‚Volk‘ diese Voraussetzungen nicht außer Kraft setzen bzw. in entscheidenden Elementen verändern. Demokratische Partizipation ist begrenzt auf die gemeinsame Regelung der Lebensverhältnisse in den Einrichtungen unter diesen vorgegebenen Bedingungen. Und auch dabei entsteht durch den gesetzlichen Auftrag eine spezifische Bestimmungsmacht von Fachkräften, die die Jugendlichen nicht demokratisch aushebeln könnten: so z. B. in Bezug auf die Aufnahme in die Einrichtung (oder den Ausschluss daraus), die fachliche Bewertung von Leistungen Einzelner, oder die curricularen Inhalte und Verläufe, die mit den Fördergebern vereinbart wurden. Jugendliche könnten solche Rahmenbedingungen und entsprechenden Entscheidungen von Fachkräften/

Leitungen zu diesen Fragen öffentlich kritisieren, aktiven und passiven Widerstand leisten, sich beschweren, und als Bürger:innen Petitionen an Landes- und Bundespolitik richten etc. (und Fachkräfte könnten sie dabei unterstützen), nur kurz- und wahrscheinlich mittelfristig unterliegen sie den gesetzlichen Strukturen des Arbeitsfeldes.

Eine weitere Grenze entsteht durch den pädagogischen Schutzauftrag der Fachkräfte gegenüber Jugendlichen in ihrer Einrichtung. Gerade gegenüber Minderjährigen sind die Fachkräfte verpflichtet, deren physische und psychische Unversehrtheit zu schützen. Sie müssen einschreiten, wenn sie ihre Adressat:innen gefährdet sehen. Mit der Reform des SGB VIII im Jahr 2021 hat der Gesetzgeber auf die oben referierte Erkenntnis reagiert, dass gerade wegen der ungleichen Machtverhältnisse in sozialpädagogischen Institutionen mit Machtmissbrauch und Gewalt gerechnet werden muss. Dagegen wird im § 45 Abs. 2 Nr. 4 SGB VIII verlangt, dass die Einrichtungen Schutzkonzepte „zur Sicherung der Rechte und des Wohls von Kindern und Jugendlichen" vorlegen müssen. Aus der Thematisierung von Kindern und Jugendlichen als Schutzbedürftige kann aber auch folgen, dass diese durchaus öfter als Objekte pädagogischer Behütung behandelt werden und ihre Selbstbestimmungsrechte damit unbegründet eingegrenzt werden. Deshalb verbindet das SGB VIII die verlangten Schutzkonzepte mit Verfahren der Selbstvertretung, der Beschwerde und Beteiligung. Schutzkonzepte müssen also mit Verfahren demokratischer Partizipation kombiniert werden. Über diese Verknüpfung sollen sie dafür sorgen, dass die Schutzverantwortung wahrgenommen wird, ohne dadurch die demokratische Selbst- und Mitbestimmung der Adressat:innen zu mindern.

Selbst wenn hier Grenzen demokratischer Partizipation in sozialpädagogischen Institutionen aufgezeigt werden, folgt daraus nur umso mehr, dass genau bestimmt werden muss, welche Rechte, Gremien und Verfahren im Einzelnen die Selbst- und Mitbestimmungsrechte der Kinder und Jugendlichen gewährleisten sollen. Damit können die Fachkräfte vor sich selbst und den beteiligten Jugendlichen rechtfertigen, warum genau welche Einschränkungen von Rechten nötig sind. Es wird so auch durch die Betroffenen hinterfragbar, ob diese Gründe nachvollziehbar sind bzw. abgewiesen und wieder der demokratisch-kollektiven Mitbestimmung überantwortet werden müssen. So kann das Risiko sozialpädagogischer Machtausübung gemindert werden, ohne es völlig aufheben zu können. Denn auch eine gemeinsam erstellte Einrichtungsverfassung muss (zunächst) durch die Fachkräfte realisiert werden – so bleibt sie letztlich doch wieder in ihrem Machtbereich. Es gibt kein ‚Verfassungsgericht', vor dem Beteiligte einen Verstoß gegen die Verfassung einklagen könnten. Und dennoch: Eine Konstitution oder Verfassung einer Einrichtung thematisiert die Jugendlichen völlig anders und eben nicht als Objekte von sozialpädagogischer Macht. Stattdessen werden die Jugendlichen zu berechtigten Mitgliedern einer Begründungs- und Entscheidungsgemeinschaft, deren definierte Gremien und Verfahren ihnen ermöglichen, diese Rechte einzufordern und umzusetzen. Machtfülle und Willkürpotenzial der Fachkräfte werden so mindestens reduziert. In *jeder* Demokratie geht es um Macht – allerdings nicht um deren Abschaffung, sondern um deren faire und stets neu begründbare Ausgestaltung. Das bedeutet auch, „dass die Demokratie auf Dissens, Vielstimmigkeit und Kritik angewiesen ist und erst hieraus ihre Legitimität bezieht“ (Saar 2025, S. 74). Rechte und Verfahren der Mitsprache und Mitentscheidung erhöhen die Chancen, dass sich Jugendliche als befähigte Subjekte und berechtigte Bürger:innen ihrer kleinen Gesellschaft der Einrichtung in eine kritische und immer wieder neue Gestaltung ihrer demokratischen Partizipation einbringen können.

Demokratische Strukturen einführen

Wenn Partizipation nicht mehr von Haltungen, dem guten Willen oder der Willkür von Fachkräften abhängten soll, braucht es Strukturen, wie die Regelung der gemeinsamen Lebensführung und Aufgabenerfüllung in sozialpädagogischen Einrichtungen der JSA von allen Beteiligten (vorrangig von den Fachkräften und Jugendlichen, im Weiteren aber auch von den Eltern und Trägern) gestaltet werden soll. Nur eine demokratische Struktur kann die Gleichzeitigkeit von maximierter Selbstbestimmung in Freiheit und doch in Gegenseitigkeit ausgehandelter Mitbestimmung des Zusammenlebens gewährleisten.

Um demokratische Partizipation praktisch umsetzen zu können, ist eine konzeptionelle Klärung nötig, was dabei unter Demokratie verstanden werden soll und was dann daraus für die Gestaltung von Partizipation folgt.

Demokratieverständnis und demokratische Handlungsebenen

Im Bericht zum Teilprojekt 1 habe ich bereits das hier von mir verwendete Demokratiekonzept näher erläutert. In diesem Zusammenhang wird deshalb nur kurz noch mal daran erinnert, dass eine deliberative (abwägende, aushandlungsorientierte) Demokratie darin besteht, dass das ‚Volk‘ (gr.: demos) einer Entscheidungsgemeinschaft gemeinschaftlich über die Regelungen der kollektiven Lebensführung herrscht (gr.: kratia). In diesem Ideal einer demokratisch geteilten Herrschaft haben alle Mitglieder des Entscheidungskollektivs ohne Voraussetzungen gleichberechtigten Zugang zu gleichrangigen, gegenseitigen Verhandlungen und Entscheidungen in Öffentlichkeiten über die kooperative Lebensführung (vgl. Richter et al. 2016). Anders gesagt: Wer von Entscheidungen betroffen ist, muss auch über sie mitbestimmen können und wer mitentscheidet, muss auch die getroffenen Entscheidungen und ihre Folgen mittragen.

Um das zu gewährleisten, gibt es in der Demokratie verschiedene Ebenen und typische Handlungsmuster, anstehende Themen und Probleme der gemeinsamen Lebensführung öffentlich einzubringen, sie in Streit und Argumentation zu verhandeln, nach geregelten Verfahren über Lösungen zu entscheiden, diese dann durch eigenes Mithandeln umzusetzen und deren Folgen mitverantwortlich zu tragen und ggf. Entscheidungen zu revidieren.

Eine geregelte Verankerung von solchen Demokratiestrukturen auch in sozialpädagogischen Institutionen, muss diese Ebenen und Handlungsweisen umsetzen. In einer einfachen Grafik lassen sie sich zusammenfassen (vgl. Abbildung 18).

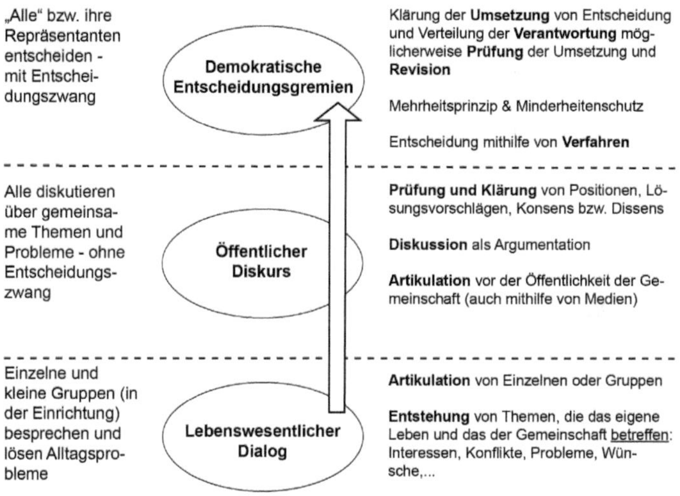

Abb. 18: Ebenen und Handlungsformen deliberativer Demokratie

Alles beginnt in der Lebenswelt, im Falle der Jugendwerkstätten der JSA mit dem alltäglichen Leben, Arbeiten und Lernen der Jugendlichen und Erwachsenen. Lebenswelt meint hier das alltägliche, vertraute und selbstverständliche Handeln im Rahmen von gewohnten und bekannten sozialen Zusammenhängen. In der Einrichtung entstehen auf dieser Ebene Interessen, Konflikte, Probleme, Wünsche u. v. m. Diese Themen betreffen Individuen und kleine Gruppen (wie: Lerngruppen in einer Werkstatt, z. B. ‚Die Metaller:innen'; Cliquen unter den Jugendlichen; Gruppen, die ein Interesse teilen, wie ‚Die Raucher:innen'). Was hier nicht selbstverständlich ‚läuft', was neue Fragen und Probleme aufwirft, was fehlt, was besser ginge etc. kann von den Beteiligten zum Thema eines Dialoges in ihrem Alltag gemacht werden. Jemand muss dazu ein Thema oder Problem aufwerfen, das Gewohnte und Selbstverständliche hinterfragen oder kritisieren. Das bedeutet, ein Thema auszudrücken, anzusprechen, es zu artikulieren. Alles, was über eine ganz und gar individuelle Betroffenheit hinausgeht (und das sind die meisten Fragen des Zusammenlebens), kann zum Thema einer gemeinsamen Auseinandersetzung werden. Die Betroffenen ‚untersuchen' das sich stellende

Problem, diskutieren und finden Lösungsmöglichkeiten. Bestehende Zustände und ihre Begründungen werden dann befragt und benötigen unter Umständen neue Begründungen und Lösungen.

Ein Beispiel (fiktiv):
A: „Die Kantine hat heute wg. Krankheit geschlossen, da kriegen wir nichts zu essen!"
B: „Oh, Mist, ich hab schon total Schmacht."
C: „Und was machen wir jetzt?"
A: „Wir bestellen Döner-Lieferservice."
B: „Zu teuer."
C: „In der Lehrküche liegen noch Spaghetti im Schrank, die können wir doch kochen."
etc.

Manche Themen aber können nicht schnell und einfach auf dieser alltäglichen Interaktionsebene gelöst werden. Denn manche Fragen oder Probleme gehen auch andere Beteiligte außerhalb der kleinen Alltagsgruppen an, berühren Regeln und Rahmenbedingungen der gesamten Einrichtung oder weisen sogar darüber hinaus in Kommune und Gesellschaft. Dann muss das Thema eine Ebene höher in einen öffentlichen Diskurs mit anderen Betroffenen eingebracht werden. Es muss eine gemeinsame Auseinandersetzung darüber geführt werden, um was es genau geht, was man sachlich über eine Frage weiß oder herausfinden kann, was Argumente für und gegen einzelne Lösungsvorschläge sind. Dazu muss auch auf dieser Ebene das Thema durch Betroffene vor den anderen Beteiligten artikuliert, also ausgedrückt und eingebracht werden. Alle Beteiligten müssen mitbekommen können, wer was einbringt, und sie müssen miteinander untersuchen und diskutieren, wie man damit umgehen könnte. Die Entscheidungsgemeinschaft prüft Argumente und Vorschläge, es zeichnet sich Konsens ab (alle stimmen überein), es werden ggf. Kompromisse entwickelt und/oder vielleicht verbleiben Dissense (also völlige oder teilweise Nicht-Übereinstimmung). Die Debatte kann mithilfe von Medien (Mitteln) geführt werden, die helfen, allen die nötigen Informationen zu verschaffen sowie Positionen darzustellen und zu diskutieren.

Ein Beispiel (fiktiv):
Eine Gruppe von Jugendlichen will, dass die Kantine täglich auch ein veganes Essen anbietet. Sie hängt ein großes Plakat mit der Forderung auf.
Beim Mittagessen wird dazu aufgeregt an den Tischen diskutiert. Die Kantinenchefin sagt, dass dafür zu wenig Nachfrage bestünde.
Manche Jungen sagen: „Wollen die mir jetzt mein Fleisch verbieten, oder was?".
Jemand sagt: „Wir brauchen eine Befragung bei uns Kunden, wer gerne vegan essen will."
Am nächsten Tag hängt die Vertrauenspädagogin des Jugendrates ein Plakat mit einer Einladung zu einer Vollversammlung zur Frage des veganen Essens auf.

Bei der Versammlung entsteht ein Vorschlag, dass die Küche erstmal ein paarmal veganes Essen zum Probieren anbieten soll. Danach könnte eine Befragung der Kunden durchgeführt werden. Der Jugendrat nimmt das Thema in seiner nächsten Sitzung auf.

Auf der nächsten Ebene muss eine Entscheidung herbeigeführt werden. Das kann, je nach Größe eines Entscheidungskollektivs, mit allen geschehen (Vollversammlung, ‚Volksabstimmung' o. ä.), oder es braucht repräsentative Gremien, in denen gewählte Vertreter:innen der Entscheidungsgemeinschaft für diese entscheiden. Die Gremien benötigen eine Geschäftsordnung, die festhält, mittels welcher Verfahren Entscheidungen gefällt werden (z. B. mit welchen Mehrheitsanteilen, mit welchem Minderheitenschutz etc.). Die Entscheidung muss auch einen Weg enthalten, wie dies Entscheidung umgesetzt wird und wer dabei mitwirkt und mitverantwortet. Die Gremien prüfen ebenso, ob die Entscheidung im Alltag funktionierte oder verbessert oder zurückgenommen (revidiert) werden muss.

Ein Beispiel (fiktiv):
Der Jugendrat behandelt die Forderung nach einer veganen Mahlzeit. Er lädt neben der Leiterin der gesamten Jugendwerkstatt auch die Küchenchefin ein und befragt sie zu möglichen Kosten, zum Arbeits- bzw. Personalaufwand und zur Einschätzung der Nachfrage etc. Zusammen einigen sie sich auf eine vegane Probewoche.
Danach soll dem Vorschlag der Vollversammlung gefolgt, und eine Befragung aller Kund:innen durchgeführt werden. Das soll von einer AG organisiert werden, in der Veganer:innen und Fleischfans mitwirken. Es soll eine öffentliche Veranstaltung für alle Mitglieder der Jugendwerkstatt mit einer Ernährungsexpertin angeboten werden: ‚Gesundes und leckeres Essen – vegan, vegetarisch, mit Fleisch?'.
Danach will der Jugendrat entscheiden, ob er mit der Leiterin der Jugendwerkstatt und der Lehrküche in Verhandlungen zur Einführung einer täglichen veganen Mahlzeit eintritt.

3 Konzeptionelle Elemente struktureller Verankerung demokratischer Partizipation in Jugendwerkstätten

Wenn man die aufgezeigten Handlungsebenen und Handlungsmuster demokratischer Partizipation so verankern will, dass deren Gewährleistung nicht von Haltungen und Willkür der Fachkräfte abhängt, sind die in diesem Kapitel beschriebenen Elemente zu klären.

3.1 Die Rechte der Beteiligten bestimmen

Wenn Partizipation nicht von der Willkür der Fachkräfte abhängen soll, benötigen alle Beteiligten klar definierte Rechte der Mitentscheidung. Alle Betroffenen, besonders die Jugendlichen, müssen wissen, welche Rechte der Mitentscheidung wer zu welchen Fragen bezüglich der gemeinsamen Lebensführung in der Jugendwerkstatt hat. Nur dann verfügen die Jugendlichen auch über Chancen, diese Rechte einzufordern und in Anspruch zu nehmen.

Weil die oben benannten Grenzen demokratischer Partizipation von Nutzer:innen sozialpädagogischer Institutionen bestehen, ist es zunächst die Aufgabe der Fachkräfte zu definieren, welche Rechte den Jugendlichen zustehen. Wenn in der strukturellen Verankerung demokratischer Partizipation zusammen mit den Rechten auch Verfahren der Mitentscheidung eingeführt werden (und das sollten sie!), haben die Jugendlichen die Möglichkeit, die für's erste nur von Fachkräften erstellten Rechtekataloge zu kritisieren und sie gemeinsam mit den Fachkräften zu erweitern.

Rechtsbereiche

Um Rechtekataloge zu entwickeln, sind zunächst die grundsätzlichen Bereiche oder Entscheidungsfelder zu bestimmen, die das kollektive Leben, Arbeiten und Lernen kennzeichnen. In allen menschlichen Gesellschaften, auch in den kleinen Gesellschaften pädagogischer Einrichtungen, müssen Bereiche der *Notwendigkeit* der gemeinsamen Lebenserhaltung bearbeitet werden. Notwendig ist die Sicherung des Überlebens, die Menschen nicht ohne die Kooperation mit anderen bewältigen können.

Selbst in ausdifferenzierten und hoch arbeitsteiligen Gesellschaften wie der deutschen, hilft es, sich die Grundfragen gesellschaftlicher kollektiver Tätigkeit klar zu machen, um erkennen zu können, was alles – und eben auch in sozialpädagogischen Einrichtungen – an gesellschaftlichen Tätigkeiten *notwendig* ist. Diese Bereiche oder Themen schaffen praktische Regelungsbedarfe. Die ‚gesellschaftlichen Notwendigkeiten' einer Jugendwerkstatt ergeben sich (außer über die anthropologische und gesellschaftliche Notwendigkeit von Arbeit) aus:

a) Wahrung/Wiederherstellung von Chancengleichheit (letztlich GG Art. 3),
b) freie Wahl des Arbeitsplatzes (GG Art. 12),
c) Verpflichtung auf das Sozialstaatsgebot (GG Art. 20 + 28) und
d) diversen Gesetze zum Schutz der Jugend etc. (z. B. SGB VIII).

Das heißt:

(a) Die Jugendwerkstätten (als hoheitlich beauftragte/handelnde Institutionen) können als Bestand nicht für irgendwelche Beteiligten disponibel gestellt werden (außer im Blick auf den allgemeinen Bürger:innenstatus, so etwa in einer als Bürger:innen versammelten Öffentlichkeit, als politische ‚Wahl-Bürger:innen', Kläger:innen vor Gericht etc.).
(b) Die Pflichten der Fachkräfte und der Jugendlichen finden im GG ihre jeweilige Basis der grundgesetzlichen Notwendigkeit, auch wenn sie (rollen-faktisch) nicht ‚dieselben' sind.
(c) Die Einsicht in ‚Notwendigkeiten' kann bestritten werden (rechtlich, politisch, persönlich), aber nicht als praktisch notwendig geltende Handlungs- und Entscheidungsbasis – man muss sich erst einmal mit den bestehenden Notwendigkeiten auseiendersetzen.

Damit Mitentscheidung und Mitgestaltung an den dann *praktischen* (oftmals nicht von *notwendigen* unterschiedenen) Regelungsbedarfen möglich wird, hilft es, die Rechte zu definieren, über die jeweils Fachkräfte, Jugendliche und andere Beteiligte verfügen. So wird transparent, wer über was wie mitentscheiden kann und welche Grenzen es dabei für Partizipation gibt. Nicht alle dieser Bereiche müssen zwingend von Anfang an in der Gestaltung demokratischer Partizipation mit Rechten versehen werden. Es ist jedoch nützlich, sich die Gesamtheit dieser Bereiche zu verdeutlichen, um zu erkennen, dass auch in pädagogischen Einrichtungen komplexe gesellschaftliche Handlungs- und Regelungsbedarfe bestehen, die von Jugendlichen mit entschieden werden können und sollen. Damit wird es auch einfacher zu erkennen, für welche Bereiche es noch keine Regelungen der Berechtigung zur Mitentscheidung und Mitgestaltung gibt, wenn im gesellschaftlichen Zusammenleben der Einrichtung Konflikte in einem Bereich aufkommen. Viele Bereiche werden einfach durch die schon vorhandenen Routinen und Konventionen der Betreibung einer pädagogischen Einrichtung vorbestimmt sein. So waren z. B. die kulturellen Konventionen der Gestaltung von Toiletten in öffentlichen Einrichtungen jahrelang selbstverständlich. Das dauerte so lange, bis Transpersonen diese Regelungen problematisierten. Man muss dann sowohl die inhaltlichen Regelungsbedarfe (wie gestalten wir die Toilettenschilder?) wie die Rechte der Mitentscheidung an diesen Regelungen (wer bestimmt außer den Hausmeister:innen über die Beschilderung?) neu ausloten.

Im Folgenden habe ich zunächst einige der Bereiche der Notwendigkeit (soweit sie der praktischen Ausgestaltung zugänglich sind) aufgelistet, ohne Vollständigkeit beanspruchen zu wollen. Für die Rechteklärung in der eigenen Einrichtung ist es wichtig zu überlegen, welche Bereiche schon in der aktuellen Situation für welche Beteiligten bedeutsam sind und welche Regelungsbedarfe aufwerfen. Diese sollten zuerst bearbeitet werden.

Bereiche der Notwendigkeit in der gemeinsamen Lebensführung	**Beispiele für Regelungsbedarfe**
Essen	Essen beschaffen, planen, kochen, zu sich nehmen, gestalten, aufräumen/putzen, einkaufen, finanzieren, gesundes Essen, kulturspezifisches Essen, ökologisch gerechtes Essen, Recycling usw.
Ausscheidung	Toilettengestaltung: räumlich, technisch, gesundheitlich/hygienisch, sozial, geschlechtlich, kommunikativ, Umgang mit Materialien wie Seife, Klopapier, Menstruationsartikel, Wasser und Energieverbrauch usw.
Raum	Räume für verschiedene Personen/Gruppen und Zwecke zugänglich machen und gestalten, Heizung, Möbel, Energieverbrauch, ästhetische Gestaltung usw.
Kleidung	Arbeitskleidung, angemessene Kleidung, Kleidungsreinigung usw.
Gesundheit	Arbeitsschutz, gesundes Essen, Pausenzeiten, psychisches und soziales Wohlbefinden, Drogenkonsum (Nikotin, Alkohol, Cannabis etc.), Krankmeldung, Ansteckungsschutz usw.
Sicherheit, Schutz	S. a Gesundheit, Umgang mit Aggressionen, Gewaltfreiheit, Safe Spaces, Diskriminierungsschutz usw.
Sachliche Ordnung, Sauberkeit	Aufräumen, Putzen, Müllbeseitigung, Mülltrennung, Recycling usw.
Produktion	Entscheidung über Produkte, Beschaffung von Rohstoffen, Investitionsmittel, Produktionsverfahren und Arbeitsverteilung, Zeitvorgaben, Verteilung von Gewinnen, Umweltverträglichkeit usw.
Reproduktion	Verteilung von (finanziellen) Ressourcen, Care-Arbeit, Hilfe und Unterstützung, Essen und Ausscheidung, Gesundheit/Wellbeing, Zeiten für Freizeit, Erholung, Freizeiträume, Freizeitgestaltung usw.
Ökonomie	Planung, Verwaltung, Sicherung der Produktion und Reproduktion, Haushaltsführung im technischen, energetischen, ökologischen, finanziellen und sozialen Sinne, Personal usw.
Kommunikation	Gegenseitige Anerkennung, Sprachen, Übersetzung, nonverbale Kommunikation, Kommunikationsvoraussetzungen (Angstfreiheit, Ehrlichkeit, Resonanz etc.), Kommunikationsmittel, Kommunikationsregeln, Kommunikationsräume und -settings, Konfliktregelung usw.
Erziehung/Qualifikation	Generationenverhältnis, Erziehungsinhalte und Methoden, Kompetenz- und Wissensvermittlung und Prüfungen, Lernunterstützung usw.
Geschlechtlichkeit/ Sexualität	Geschlechterverhältnisse, Geschlechterregeln, Umgang mit Erotik und Begehren, Reglung von Sexualität, Verhütung usw.
Zugehörigkeit	Entscheidung über Zugang, Mitgliedschaft und Ausschluss
Kulturelle Regeln	Privatsphäre, Höflichkeitsregeln, Regeln körperlicher Berührung, Respektsbekundung, Begrüßungen, Humor, usw.

Die politische Philosophin Hannah Arendt argumentiert, dass erst, wenn Menschen über Freiheit von der Not des Überlebens verfügen und wenn sie keine Furcht vor Willkür und Unterdrückung durch andere oder den Staat haben müssen, sie frei sind, Politik zu machen. Wenn sie sich nicht mehr ausschließlich um das reine Überleben kümmern müssen und sie keine gewalttätige Einmischung befürchten müssen, können sie mit den anderen darüber verhandeln und entscheiden, wie sie ihre gemeinsame Lebensführung gestalten *wollen*. Deshalb beginnt die Liste der Bereiche der *Freiheit* in Gesellschaften, und eben auch in den pädagogischen kleinen Gesellschaften der Einrichtungen, mit der Möglichkeit, Politik zu machen. Weitere Themen und Tätigkeiten ergeben sich, wenn Freiheit von Zwängen des Überlebens und unterdrückender Herrschaft entstehen.

Es geht also im zweiten Schritt um Bereiche gesellschaftlicher Freiheit und daraus entstehende Regelungsbedarfe Auch die hier von mir aufgeführte Liste zu der Freiheit gemeinsamer Lebensführung (z. B. in Jugendwerkstätten) wird nicht vollständig sein.

Bereiche der Freiheit in der gemeinsamen Lebensführung	**Beispiele für Regelungsbedarfe**
Politik	Sicherung der „Freiheit, frei zu sein" (Arendt) als Ermöglichung für alle unterschiedlichen Beteiligten, sich in die Gestaltung der Lebensführung in der Einrichtung (und in die Kommune) einzubringen; Ermöglichung von Öffentlichkeit, in der Probleme benannt und Kritik artikuliert werden kann; Einrichtung diskursiver Foren des argumentativen Streits; Verfahren der Entscheidungsfindung, Entscheidungsumsetzung und Entscheidungsprüfung usw.
Spiel	Verhältnis von Spiel und Arbeit; Spielzeiten und Spielmöglichkeiten; Spielorte, usw.
Sport	Welche Sportmöglichkeiten für wen; entsprechendeRäume; Zeiten; Finanzen und sonstige Ressourcen für Sport usw.
Kulturell-ästhetischer Ausdruck	Räume und Ressourcen für Theater, Musik, Tanz, Fotografie, Film und vieles mehr; Regelung des Konsums von kulturellen Produkten und der eigenen Produktion ästhetischen Ausdrucks; Integration von Kultur in den Alltag usw.
Religion	Regelung der Realisierung der Religionsfreiheit, Bereitstellung von Räumen, Zeiten, Finanzen und weiteren Ressourcen für Ausübung der je eigenen Religion; Begehung von Festen jeweiliger Religionen usw.
Solidarität	Lebensprobleme, Not und Leid anderer Menschen erkennen und lindern/abschaffen helfen, Aktivitäten zur Unterstützung anderer; Anerkennung von Hilfe und Unterstützung usw.
Bildung	Angebot ‚mannigfaltiger Möglichkeiten', sich mit Themen der Welt auseinanderzusetzen; Anerkennung und Unterstützung individueller Bildungsthemen und Bildungsweisen; Teilhabe der Community an den Bildungsprojekten einzelner; Würdigung individueller Bildungsprojekte usw.

Rechteformen

Wenn die Themenbereiche der Rechte-Klärung im Einzelnen erkannt sind, wählt das Team der Fachkräfte aus, zu welchem Bereich es vordringlich Rechte der demokratischen Mitbestimmung, des Mithandelns und Mitverantworten entscheiden will. In pädagogischen Einrichtungen mit ihren Grenzen der Mitbestimmung sind folgende unterschiedliche Formen von Rechten zu unterscheiden:

- Rechte der Selbstbestimmung der Person oder einer spezifischen Gruppe,
- Rechte der Mitbestimmung zwischen Fachkräften, Jugendlichen und Leitung,
- Entscheidungsrechte der Fachkräfte über die Jugendlichen und deren damit verbundene Rechte auf Information, Anhörung und Rechtfertigung und
- möglicherweise demokratische Mitbestimmungsstrukturen zwischen Träger/ Leitung und Fachkräften.

Die einzelnen Formen der Rechte werden nun näher erläutert.

Rechte auf Selbstbestimmung der Person müssen aufgrund des Grundgesetzes bestimmt werden. Grundgesetz Art. 1 sieht für alle Menschen das unantastbare Recht auf Würde, d.h. auf Selbstbestimmung vor. In welchen Bereichen des gesellschaftlichen Zusammenlebens in der sozialpädagogischen Einrichtung hat also welche Person welche Rechte auf Selbstbestimmung? Dass die Gewährleistung solcher Würderechte der einzelnen Personen keinesfalls selbstverständlich ist, zeigt sich daran, dass immer wieder in sozialpädagogischen Einrichtungen Grundrechte der Integrität des eigenen Körpers und des eigenen Willens gebrochen werden. Das entsteht z.B. dann, wenn (etwa in Kitas) Personen gezwungen werden, bestimmte Nahrungsmittel zu sich zu nehmen. Stile der Kleidung und der ästhetischen Präsentation der eigenen Person werden häufig pädagogisch beschnitten. Auch gibt es in pädagogischen Settings immer wieder zahlreiche Formen von Missachtung und Entwürdigung der Persönlichkeit, der Psyche, der persönlichen Fähigkeiten und kulturellen Herkunft einzelner Beteiligter. Wenn pädagogische Praxen der Missachtung und Entwürdigung vermieden werden sollen, lohnt es sich, die Rechte der Selbstbestimmung der einzelnen Beteiligten klar zu benennen.

Das Recht auf Selbstbestimmung gibt es nicht, ohne ein Verhältnis zu den Rechten der anderen Beteiligten auf deren Selbstbestimmung herzustellen. Deshalb braucht es Regeln, wie die Selbstbestimmung ausgeübt werden kann, und was geschieht, wenn sie in Konflikt zur Selbstbestimmung der anderen tritt.

Das Recht auf Selbstbestimmung meint hier auch die Selbstbestimmung von Gruppierungen in der pädagogischen Einrichtung. Es gibt Themen, die die Jugendlichen untereinander entscheiden sollten, ebenso wie solche, die die

Fachkräfte nur für sich ohne den Einfluss der Jugendlichen bestimmen. Auch hier ist zu regeln, wie die einzelnen Gruppierungen denn gemeinsam ihre selbstbestimmten Entscheidungen treffen.

Als Kurzformel der Klärung von Rechten auf Selbstbestimmung hat sich folgende Formulierung bewährt:

Kurzformel zur Klärung der Rechte auf Selbstbestimmung:

Die Jugendlichen entscheiden ohne Beteiligung der Fachkräfte. Dabei kann es um Entscheidungen gehen, die Jugendliche für sich allein treffen, oder um Entscheidungen, die eine Gruppe oder alle Jugendlichen der Einrichtung ohne die Fachkräfte treffen. Im letzteren Fall sind wiederum die Regeln, nach denen die Entscheidung gefällt wird, vorab zu klären.

Die Klärung der *Rechte der Mitbestimmung zwischen Fachkräften, Jugendlichen und Leitung* ermöglicht es, genau zu benennen, welche Fragen der Gestaltung des gemeinsamen Lebens in der Einrichtung von allen Beteiligten zusammen getroffen werden sollen. Dies ist das Feld der demokratischen Partizipation. Es muss genau geklärt werden, welche Rechte die einzelnen Personen haben, sich in gemeinschaftliche Entscheidungen einzubringen und über Entscheidungen abzustimmen. Nötig sind Verfahren, in denen genau beschrieben wird, wie man zu Entscheidungen kommt, die dann auch von allen als für sie gültig akzeptiert werden können. Dabei geht es z. B. um Entscheidungen, die nur im Konsens getroffen werden können, um Varianten der Mehrheitsentscheidung, um Schutz von Minderheiten usw. Wenn alle Beteiligten wissen, welche Rechte sie in diesem Feld haben, können sie sich aktiv in die demokratische Partizipation einbringen.

Kurzformel zur Klärung der Rechte der Mitbestimmung:

Die Jugendlichen und die Fachkräfte treffen eine Entscheidung gemeinsam. Dabei gilt, dass jede Person eine und nur eine Stimme hat. Die Regeln, nach denen die Entscheidung gefällt wird (z. B. durch einfache Mehrheit, qualifizierte Mehrheit, Einstimmigkeit o. Ä.) sind vorab zu klären.

Der nächste Bereich von Rechten betrifft *Entscheidungsrechte der Fachkräfte über die Jugendlichen und deren damit verbundene Rechte auf Information, Anhörung und Rechtfertigung.* Wie oben beschrieben, gibt es Grenzen der gemeinsamen Entscheidung in sozialpädagogischen Einrichtungen. Manche Entscheidungen bleiben den Fachkräften oder Leitungen oder Träger vorbehalten. Das bedeutet aber nicht, dass die Jugendlichen demgegenüber einfach rechtlos wären.

So benötigen sie das *Recht auf Information.* Wenn Fachkräfte, Leitungen oder Träger etwas entscheiden, von dem die Jugendlichen als Einzelne oder als Gruppe in ihrem Leben betroffen sind, müssen sie diesen mitteilen, was sie entschieden haben und warum sie so entschieden haben. Die Jugendlichen in ihrem Recht auf Würde ernst zu nehmen bedeutet, ihnen die Gründe darzulegen, warum wie über welche ihrer Angelegenheiten entschieden wurde. „Die Würde einer Person zu achten heißt [...], sie als jemanden anzuerkennen, dem oder der gegenüber für Handlung oder Normen, die ihn oder sie auf relevante Weise betreffen, angemessene Gründe geschuldet werden." (Forst 2011, S. 84). So wird Willkür gemindert und Jugendliche haben die Möglichkeit, mit ihrer Selbstbestimmung auf diese Entscheidungen zu antworten. Mithilfe von Informationen und Rechtfertigungen können sie sich orientieren und in Bezug auf die Entscheidung handlungsfähig bleiben. So ergibt sich die Chance, gegen Entscheidungen Protest einzulegen und vielleicht auch andere Entscheidungen zu bewirken. Die Einzelnen sind nicht einfach der Willkür der Fachkräfte ausgeliefert, sondern bleiben durch das Recht auf Rechtfertigung selbstbestimmungsfähige Individuen.

Kurzformel zur Klärung der Rechte auf Information:

Die Fachkräfte behalten sich vor, eine Entscheidung zu fällen, von der Jugendlichen betroffen sind. Sie müssen die Jugendlichen allerdings über ihre Entscheidung informieren, sodass diese deren Auswirkungen einschätzen können und orientiert und handlungsfähig bleiben. Zum Informieren gehört auch die Pflicht zu rechtfertigen, aus welchen guten Gründen die Fachkräfte etwas über die Köpfe der Jugendlichen hinweg entscheiden, um so den Jugendlichen die Gelegenheit zu geben, dagegen Protest einzulegen.

Gerade in Anerkennung des Selbstbestimmungsrechts der Personen werden Fachkräfte, Leitungen und Träger auch das *Recht auf Anhörung* der Jugendlichen beachten. Zwar entscheiden in diesem Fall Fachkräfte, Leitungen und Träger ohne Mitbestimmung der Jugendlichen, holen jedoch vorher deren Position und Sichtweisen zu anstehenden Entscheidungsthemen ein. Sie fragen z. B., welche Wünsche, Interessen, Ideen, Vorschläge und Möglichkeiten die Jugendlichen in eine Entscheidungsfindung einbringen würden. Die Fachkräfte sichern zu, diese Vorschläge in ihrer Entscheidung zu berücksichtigen. Dazu müssen die Jugendlichen Informationen über die sachlichen Zusammenhänge der anstehenden Entscheidung bekommen; sie müssen verstehen können, um was es genau geht und wie sie davon betroffen wären. Wird dann durch die Fachkräfte eine Entscheidung gefällt, ist wiederum zu rechtfertigen, mit welchen guten Gründen dieses geschehen ist und in welcher Weise die Vorstellungen der Jugendlichen aufgenommen oder verworfen wurden. Auch das ermöglicht es den Jugendlichen, sich zu der Entscheidung zu verhalten und ggf. Protest einzulegen. So entstehen immer wieder Möglichkeiten, Entscheidungen doch in die Mitentscheidung zu überführen.

Kurzformel zur Klärung der Rechte auf Anhörung:

Die Fachkräfte behalten sich vor, die Entscheidung zu fällen. Die Jugendlichen werden aber vor der Entscheidung angehört und ihre Sichtweisen gebührend berücksichtigt. Ein Anhörungsrecht der Jugendlichen beinhaltet auch die Pflicht der Fachkräfte zur Information über die von ihnen getroffene Entscheidung und deren Begründung.

Mitbestimmung der Mitarbeitenden in der Einrichtung

In dem hier vorgeschlagenen Konzept einer rechtebasierten Einführung demokratischer Partizipation entscheiden ja zunächst die Fachkräfte über dessen konkrete Ausformung. Da damit allerdings Grundfragen der Gestaltung der Einrichtung aufgeworfen werden können, muss auch überlegt werden, ob und wo der Träger eingeschaltet werden muss. Das ist die Aufgabe von Leitungen. Voraussetzung dafür ist, dass Träger und Leitungen selbst eine Demokratisierung der Einrichtung wollen und betreiben. Wenn Träger und Leitungen den Konzeptvorstellungen von Fachkräften widersprechen und zu anderen Entscheidungen kommen, tritt die Frage nach demokratischer Mitbestimmung auch in diesem Verhältnis auf. Es fragt sich, inwieweit die Mitarbeitenden demokratische Rechte der Mitsprache an Trägerentscheidungen haben. Wenn Mitarbeitende demokratische Partizipation ihre Adressat:innen einführen sollen, ist es widersinnig, wenn sie nicht auch selbst über geklärte Rechte der Mitbestimmung in ihrer Organisation verfügen können.

3.2 Demokratische Gremien und Verfahren einführen

Nur über Rechte zu verfügen, schafft für die Jugendlichen noch keine konkrete demokratische Beteiligung. Es sind Gremien und Verfahren nötig, mit deren Hilfe sie ihre Rechte umsetzen und zur Not einklagen können. Gremien sind Gruppen, in denen Jugendliche (und je nachdem auch Fachkräfte) auf geregelte Art und Weise zusammenkommen, um Entscheidungen zu anstehenden Fragen zu fällen. Gemeinsam auf der Basis von plausiblen Regelungen und Verfahren zu entscheiden, ist der Kern von Demokratie. Gremien brauchen deshalb eine Art Geschäftsordnung, in der Regeln und Methoden festgelegt sind, wie die Diskussion strukturiert wird, wie die Beteiligung aller gesichert wird und wie schließlich eine Entscheidung gefällt wird. Das heißt also, Gremien benötigen demokratische Verfahren der Entscheidungsfindung.

Die Inhalte der Entscheidung ergeben sich aus den Themen der gemeinsamen Lebensführung, die in der Öffentlichkeit der Einrichtung aufgebracht und diskutiert wurden, sodass eine erste Meinungsbildung stattfand. Wie Öffentlichkeit als Voraussetzung von Entscheidungsgremien in der Demokratie gestaltet werden kann, wird im nächsten Kapitel besprochen.

Vollversammlung als Entscheidungsgremium

Es kann in Einrichtungen den Fall geben, dass die gesamte Öffentlichkeit, d. h. alle Entscheidungsberechtigten ein Entscheidungsgremium bilden. Das kann z. B. im Rahmen einer Vollversammlung geschehen. Dieses Verfahren ist für kleinere Einheiten geeignet, in der sich alle Beteiligten kennen und versammeln können. Die Anzahl der Teilnehmenden bedingt deren Möglichkeiten, sich an Diskussionen zu beteiligen und die Beiträge der Einzelnen zur Kenntnis zu nehmen. Auch für solche Vollversammlungen sind spezifische Verfahren zu entwickeln. Zwei Gründe machen ein solches Entscheidungsgremium aus allen Entscheidungsberechtigten im Alltag schwierig: Zum einen ist es die Größe, die zu einer Unüberschaubarkeit führen kann, aufgrund derer die Entscheidungsfähigkeit von Mitgliedern eingeschränkt werden kann. Zum anderen greifen demokratische Gremien die alltäglichen Themen und Problemstellungen auf, zu denen Entscheidungen nötig werden. Einer Vollversammlung ähnliche Gremien verlangen jedoch, dass der gesamte Alltag einer Einrichtung unterbrochen wird, damit sich alle versammeln können. Das ist häufig nicht möglich und meistens auch nicht einfach zu organisieren. Das spricht dafür, dass es kleinere Gremien mit wenigen Entscheidungsberechtigten gibt, die regelmäßig tagen und Entscheidungen zeitnah fällen können. Deshalb werden in größeren Einrichtungen häufiger Gremienformen verwendet, in denen gewählte Mitglieder für die gesamte Entscheidungsgemeinschaft entscheiden. Das nennt man repräsentative Gremien, weil hier die Abgeordneten, Delegierten oder Vertreter:innen die Entscheidungsgemeinschaft repräsentieren.

Repräsentative Gremien

In Gremien mit nur wenigen Vertreter:innen aus der gesamten Entscheidungsgemeinschaft muss für alle Betroffenen eindeutig erkennbar sein, wer warum berechtigt (legitimiert) ist, in diesem Gremium für die Gesamtheit Entscheidungen zu treffen. Die Art und Weise, wie eine solche Berechtigung erreicht wird, kann unterschiedlich sein: Das kann z. B. durch Wahlen, durch Auslosung oder durch regelmäßige Rotation geregelt werden. Das Zustandekommen eines solchen Gremiums muss wiederum durch transparente Verfahren festgelegt und gesteuert werden. In der Kinder- und Jugendhilfe ist wahrscheinlich das Wahlverfahren der verbreitetste Weg, um zu repräsentativen Gremien zu kommen. Solche Gremien nennen sich Jugendrat, Jugendparlament o. ä. Selbstverständlich benötigen sie auch wiederum eine Geschäftsordnung, in der die Verfahren festgehalten sind, wie es zu fairen und transparenten Entscheidungen kommt.

Basisgruppen

Da Demokratie im Alltag des Zusammenlebens beginnt, sind die alltäglichen Gruppierungen, die im Alltag enger zusammenleben und kooperieren, der zentrale Ort, von dem demokratische Diskussionen und Entscheidungen ausgehen. In solchen Basisgruppen wird der Alltag geteilt und hier werden Fragen, Themen, Konflikte und Problemstellungen deutlich, die Diskussionsprozesse und Entscheidungen in dieser Gruppe oder der gesamten Einrichtung notwendig machen. In Jugendwerkstätten sind dieses häufig die einzelnen Fachgewerke, in denen die Jugendlichen zusammen mit ihren handwerklichen und sozialpädagogischen Fachkräften lernen und arbeiten, also etwa Werkstätten für Malerei, Metall, Hauswirtschaft, Holz, Kosmetik usw. Hier kennen sich die Beteiligten und tauschen sich über den gemeinsamen Alltag aus. In dieser alltäglichen Kommunikation liegt der Ausgangspunkt für die Entdeckung und Benennung von Themenstellung der demokratischen Entscheidung. Aufgrund des engen Kontakts und der gemeinsamen Kommunikation entstehen auch häufiger schon geteilte Perspektiven auf Fragen oder Problemstellungen, die über die Gruppe hinaus die ganze Einrichtung angehen können. Insgesamt eignen sich die Basisgruppen als Ausgangsstruktur für demokratische Diskussion und Entscheidungsfindung ebenso wie für die Auswahl von Gruppen-Vertreter:innen in Gremien.

Auch wenn die Kommunikation im Alltag hier meistens informell ist, ist es doch auch nötig, klar zu bestimmen, wodurch eine Basisgruppe zu einem demokratischen (Mit-)Entscheidungsgremium wird. Die Beteiligten am demokratischen Prozess müssen sich zunächst gegenseitig als solche erkennen können. Es muss ihnen deutlich werden, dass es jetzt nicht um informelle Unterhaltungen geht, sondern auch hier mithilfe von Verfahren diskutiert und entschieden wird. Das geschieht zunächst ganz einfach dadurch, dass ein solches Setting einen Namen bekommt, etwa Gruppenbesprechung, Gruppenrat, o. ä. Dann sind im Weiteren Regeln/Verfahren der Gesprächsführung und Entscheidungsfindung nötig. Wenn eine solche Basisgruppe Vertreter:innen in repräsentative Gremien entsendet, müssen Wahl- und Abwahlverfahren dafür vorhanden sein.

Zusammenspiel von Basisgruppen, Gremien und Vollversammlungen

Wie in Abbildung 18 verdeutlicht wurde, beginnen demokratische Entscheidungsprozesse an der Basis im alltäglichen Zusammenleben. Deshalb sind die Basisgruppen so bedeutungsvoll für eine funktionierende demokratische Partizipation. Von ihren Themen, Fragen, Problemen und Konflikten der gemeinsamen

Lebensführung ausgehend, können Diskussions- und Entscheidungsfragen für die gesamte Demokratiestruktur einer Einrichtung entwickelt werden. Diese müssen dann in Öffentlichkeiten mit den anderen Beteiligten diskutiert und für Entscheidungen vorbereitet werden. Aus solchen Öffentlichkeiten geht dann der Weg in die Entscheidungsstrukturen von repräsentativen Gremien oder Vollversammlungen. Es ist zu klären, wie eine solche Kommunikation zwischen den Ebenen der demokratischen Entscheidung zustande kommt und für die Beteiligten transparent ist. Dafür sind geregelte Verfahren, wie z. B. Rechte auf Anfragen und Antragstellung in den Gremien durch Einzelpersonen und Basisgruppen hilfreich. Aber auch andersherum muss der Weg von den Gremien zurück an die Basis gestaltet werden. Dabei geht es darum, wie Entscheidungen aus Vollversammlungen oder Gremien in den Basisgruppen bekannt werden und auf ihre Umsetzung hin besprochen, mit verantwortet und schließlich auch in ihrer Umsetzung reflektiert und ggf. hinterfragbar gemacht werden.

Es muss also in der Entwicklung von Gremien auch eine Kommunikationsstruktur zwischen diesen Ebenen gestaltet werden. Es muss geregelt werden, auf welcher Ebene was entschieden werden kann und wie Themenstellungen und Entscheidungen zwischen den Ebenen kommuniziert werden. Daraus lässt sich ein Organigramm, also die grafische Wiedergabe der Strukturen und Entscheidungsrechte der Diskussions- und Entscheidungsprozesse in der Einrichtung entwickeln. Ein mögliches Organigramm könnte aussehen wie in Abbildung 19.

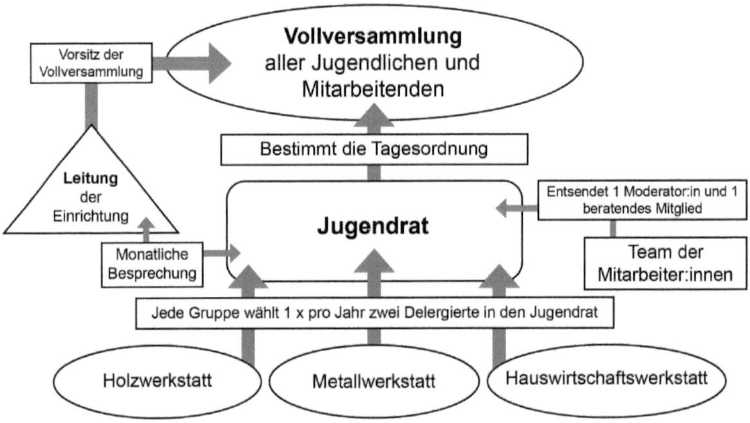

Abb. 19: Mögliches Organigramm zwischen Basisgruppen, Jugendrat und Vollversammlung

Verfahren für Gremien entwickeln

Für Entscheidungsgremien muss zunächst geklärt werden, wie die Gremien so zustande kommen, dass sie in den Augen aller Betroffenen berechtigt über die gemeinsamen Belange entscheiden können. Im Weiteren müssen

Entscheidungsverfahren klären, auf welche Weise die Gremien fair und transparent zu Entscheidungen kommen. Sie benötigen Verfahren, die einerseits offen genug sind, um die anstehenden Entscheidungsfragen zu bedenken und zu lösen, und andererseits sicherstellen, dass doch eine Entscheidung zustande kommt. Die Verfahren müssen Gleichberechtigung und Differenzgerechtigkeit in den Entscheidungen gewährleisten. Sie müssen sichern, dass die Entscheidungsbeteiligten und alle anderen Betroffenen die Entscheidungen als berechtigt anerkennen können.

Zentrale Regelungsfragen dabei sind z. B.: Bestimmung der (repräsentativen) Zusammensetzung des Gremiums; Bestimmung von Vorsitz bzw. Gesprächsleitung; Zustandekommen der Tagesordnung; Rechte und Regeln von Antragstellung; Redezeit und Rederecht; Entscheidungsvarianten (Konsens, Mehrheitsregeln wie einfache Mehrheit, qualifizierte Mehrheit – ggf. auch jeweils abhängig von der Reichweite des Gegenstandes); Minderheitenschutz; Protokollierung usw. Anregungen für solche Verfahren kann man sich aus den Geschäftsordnungen der kommunalen Parlamente holen.

3.3 Demokratische Öffentlichkeit ermöglichen

Damit sich aus dem gemeinsamen Leben, Arbeiten und Lernen Themen demokratischer Mitbestimmung ergeben können und diese in Diskussionen für Entscheidungen vorbereitet werden, benötigt es eine Öffentlichkeit.

Zum Begriff der demokratischen Öffentlichkeit

Eine demokratische Öffentlichkeit (zu dem hier verwendeten Öffentlichkeitskonzept vgl. Habermas 1962/1990; ders. 2022; Peters 2007; Affolderbach 2020) sichert, dass Fragen, Interessen, Probleme oder Konflikte der gemeinsamen Lebensführung, die geregelt werden müssen, zum gemeinschaftlichen Thema der Auseinandersetzung und Entscheidung werden. Es geht also um Themen, die (mindestens in irgendeiner Weise) alle oder wenigstens viele interessieren oder betreffen (sollten). Die demokratische Öffentlichkeit ermöglicht, dass alle Betroffenen Themen einbringen können und diese mit anderen offen diskutieren, sachlich untersuchen und durch Meinungsbildung für Entscheidungen vorbereiten können. Das bedeutet, dass alle die Chance haben müssen mitzubekommen, um was es geht, und auch die Gelegenheit, mit zu diskutieren. Als *diskursiv* bezeichnet man eine solche Öffentlichkeit, wenn in solchen Settings und Diskussionen danach gestrebt wird, allen Betroffenen gleichermaßen Mitsprache zu ermöglichen. Charakteristisch für solche Öffentlichkeit ist es, sich in der Diskussion auf Argumente zu beziehen, die man gegenseitig prüft, verwirft oder annimmt. Die Teilnehmenden erkennen sich so gegenseitig in ihrem Recht und in ihrer Fähigkeit an, mitzusprechen, Begründungen für möglichen Entscheidungen zu qualifizieren und die Entscheidung (in Gremien) so vorzubereiten. In der Auseinandersetzung mit den anderen können die eigenen Positionen, Interessen und Ansprüche klarer, aber auch hinterfragt und verändert werden. So kann eine kollektive Meinungs- und Willensbildung entstehen. Peters (2007, S. 63; Hervorheb. i. O.) fasst die Funktion von Öffentlichkeit so zusammen: Es gehe darum, „dass das Publikum durch öffentliche Diskurse und *nur* dadurch zu begründeten, kritisch geprüften, in diesem Sinne vernünftigen gemeinsamen Einsichten, Problemlösungen und Zielsetzungen kommen kann (oder zumindest zu reflektiertem und toleriertem Dissens)". Peters sieht hier die Chance, in solchen Auseinandersetzungen die individuellen Interessen zu überschreiten und zu gemeinsamen Interessen und Lösungen zu kommen. Ebenfalls sieht er die Möglichkeit, dass ein Dissens verbleibt, also eine Uneinigkeit. Diese ist dann allerdings gemeinsam diskutiert, bewusst und gegenseitig anerkannt.

Formen demokratischer Öffentlichkeit in Jugendwerkstätten

Solche argumentativen Auseinandersetzungen geschehen demokratisch zunächst einmal von Angesicht zu Angesicht in Situationen, in denen sich alle Beteiligten sehen und hören können sowie sich prinzipiell miteinander einigen wollen. Situationen von Öffentlichkeit wird es in den Jugendwerkstätten häufig geben, wenn sich Beteiligte im Alltag treffen, zusammen essen, Pause machen oder sich in Basisgruppen besprechen. Darüber hinaus ist es oft hilfreich, spezielle Settings zu arrangieren, um öffentliche Debatten zu ermöglichen. Das können Vortrags- und Diskussionsveranstaltungen sein, Sitzungen der Gremien ohne festgelegte Tagesordnung, Vollversammlungen mit Möglichkeiten eines lockeren Austausches in Kleingruppen u. Ä. Strukturierte Foren des Austausches und der Diskussion können z. B. in Besprechungen der Basisgruppen in den Gewerken stattfinden. Häufig gibt es dafür Formen der Gruppenbesprechung, der Morgenrunde etc. Solche Methoden verwendet man besonders, wenn man schon Themen kennt und ausgewählt hat, die es zunächst gemeinsam zu diskutieren gilt, bevor diese zur Entscheidung in die Gremien gehen. Dabei sorgen zunächst die Fachkräfte dafür, dass geklärt ist, über welche Inhalte gesprochen werden soll, wie etwa die Tagesordnung strukturiert ist, wie lange und wo man sprechen wird und welche Regeln es dafür gibt. Sie moderieren die Diskussion, bündeln und dokumentieren die Argumentationsverläufe und Sachinformationen und arbeiten die Lösungsvorschläge heraus. So können sich die beteiligten Jugendlichen die Moderationsweisen aneignen und sie zunehmend selbst übernehmen.

Zur Funktion von Medien für die Öffentlichkeit

Das direkte, analoge Gespräch miteinander hat Vorteile. So zeigen z. B. Forschungen, dass Menschen in einer Diskussion von Angesicht zu Angesicht freundlicher, anerkennender und verständigungsorientierter sind, als sie es etwa sind, wenn sie allein Beiträge in sozialen Medien schreiben. Aber der Nachteil des direkten Sprechens ist, dass die Aussagen der Beteiligten oft verschwinden, wenn sie getätigt wurden. Deshalb gibt es die Notwendigkeit, sie festzuhalten, sodass sie schriftlich formuliert auch später noch (etwa auch von den an einzelnen Gesprächen nicht Beteiligten) nachvollziehbar sind. Auch unterschiedliche Positionen werden besser vor einer Gleichmacherei oder Harmonisierung geschützt, wenn sie dokumentiert werden, und die Beteiligten erkennen können, dass ihre Beiträge in die Diskussion eingegangen sind. So können sie selbst erkennen, dass sie Wirkung in einer Diskussion hatten und in die Öffentlichkeit einbezogen und dort anerkannt waren. Sie können aber auch erkennen, was sich durch die gemeinsame Debatte an ihren Positionen verändert hat.

Ebenfalls gibt es immer wieder die Situation, dass es von den anstehenden Fragen Betroffene gibt, die an öffentlichen Debatten nicht teilnehmen können, z. B. weil sie krank sind. Auch für sie müssen die Interessen, Positionen, Argumente und die sich entwickelnden Übereinstimmungen und Unvereinbarkeiten im Nachhinein erkennbar und nutzbar werden.

Deshalb benötigt die Öffentlichkeit Medien, also Mittel, die ihre Diskussionen dokumentieren. In der JSA können das z. B. Protokolle, Wandzeitungen, Fotodokumentationen, Videodokumentationen, Zeitungen, interne Podcasts, Beiträge auf internen Seiten sozialer Medien u. Ä. sein. Daraus folgt, dass es Personen braucht, die solche Mittel verwenden und mit ihrer Hilfe Diskussionsprozesse dokumentieren können. Es entsteht eine bestimmte Rolle der Unterstützung der öffentlichen Debatte durch diese Aufgabe der Dokumentation. Nötig sind auch Ressourcen, also materielle und technische Vorrichtungen, die Dokumentationen und öffentliche Präsentationen ermöglichen (Wandzeitungspapier, Filzschreiber, Klebeband, Fotoapparate, Kameras, Computer und Programme usw.).

Eigene Medien entwickeln und verstetigen

In modernen Gesellschaften hat sich aus der Rolle der medialen Dokumentation die Aufgabe des Journalismus ergeben. Journalist:innen dokumentieren mit ihren spezifischen Medien (wie dem Fernsehen oder Zeitungen), was die Öffentlichkeit diskutiert; sie sammeln und präsentieren Informationen über Sachverhalte ebenso wie über unterschiedliche Positionen und Argumente der Beteiligten und stellen diesen wiederum allen zur Verfügung. Journalist:innen beobachten und bilden ab, und das tun sie möglichst neutral und sachlich. Sie beziehen aber auch – ausdrücklich gekennzeichnet – eigene argumentative Positionen, z. B.

in Kommentaren und Leitartikeln. In den kleinen Gesellschaften der JSA und ihren demokratischen Prozessen sind solche Aufgaben ebenfalls wichtig. Um die Diskussion zu protokollieren, sie auch im Nachhinein noch nachvollziehbar zu machen, Sachinformationen zu vermitteln und den Wandel der Argumente und Meinungen deutlich zu machen, kann es nützlich sein, dass sich manche Mitglieder der Entscheidungsgemeinschaft auf diese Aufgabe spezialisieren. Das kann z. B. geschehen, indem Jugendliche nur für die eigene Einrichtung eine Zeitschrift herausgeben, einen regelmäßigen Sound- oder Videopodcast veröffentlichen, auf öffentlichen Screens Fotodokumentationen zu den Themen der gemeinsamen Diskussion publizieren oder ganz einfach nur das gemeinsame Leben in den Werkstätten sichtbar machen. Auch solche Aktivitäten von Jugendlichen in der Jugendwerkstätten brauchen pädagogische Unterstützung.

Entstehung von Themen der öffentlichen Debatte

Im Zusammenleben in den Jugendwerkstätten geschieht so einiges. Was davon aber wird es zum Thema einer öffentlichen Diskussion und dann möglicherweise auch einer demokratischer Entscheidung – und wie? Wie also kommen die Themen, Interessen, Konflikte, Fragen und Probleme des Zusammenlebens in die Öffentlichkeit?

Ganz grundsätzlich haben alle Beteiligten das Recht, Themen aufzumachen. Das heißt sie haben das Recht, aus ihrer Sicht Themen (und damit sind im Weiteren immer Interessen, Konflikte, Fragen, Probleme u. Ä. gemeint) vor die anderen zu bringen und eine Antwort zu bekommen. Es geht dabei um solche Themen, die nicht nur ganz privat einzelne Individuen betreffen. Themen von rein privater Relevanz (z. B. Liebeskummer) sind aber in sozialen, gesellschaftlichen Einrichtungen wie der JSA selten, und wenn sie um öffentliche Relevanz erweitert werden (z. B. Liebekummer wird in den Einrichtungen auch öffentlich angesprochen), bleiben sie auch privat. Man sollte z. B. meinen, dass das, was ich anziehe, nur mich etwas angeht und somit kein Thema für öffentliche Diskussionen und Entscheidungen wird. In Jugendwerkstätten werden jedoch Kleidungsfragen sehr schnell zu einem Problem, z. B. bei Kleidungsstücken, die in manchen Gewerken (z. B. im Umgang mit Maschinen) gefährlich sind oder von manchen Teilnehmenden bzw. Fachkräften als provokativ empfunden werden. Und schon geht es alle und die Regelung der gemeinsamen Lebensverhältnisse an, hier im Blick auf Kleidungsregeln. Aber wenn ich z. B. Liebeskummer habe, das geht doch nur mich etwas an, oder? Stimmt schon, aber wenn das Liebesdrama zwischen Beteiligten in der Werkstatt stattfindet, können auch schnell andere einbezogen werden. Oder Betroffene stellen fest, dass es in den Werkstätten gar keinen Ort gibt, an denen man sich einmal individuell zurückziehen kann (vielleicht um nachzudenken). Auch daraus kann, muss aber nicht, ein Thema für die Gestaltung der gemeinsamen Lebensführung durch demokratische Partizipation werden.

Alle Individuen brauchen Gelegenheit und möglicherweise Unterstützung, ihre Sichtweisen und Positionen auszudrücken (zu artikulieren) und sie so auch zum Thema für andere zu machen. Das ist gar nicht so einfach. Das liegt daran, dass die im Alltag aufkommenden Themen zuerst in den Gefühlen und Handlungen der Betroffenen deutlich werden. Man ist durch irgendetwas im Handeln mit anderen irritiert, geärgert, verunsichert, gestört, interessiert, begeistert, angezogen, motiviert usw. Und verbunden mit diesen Gefühlen sind Handlungen der Person auch in Verbindung mit dem Handeln anderer. Meistens wird ein solches, für eine Person entstehendes Thema, von ihr in irgendeiner Weise den anderen durch Sprache oder Gesten mitgeteilt. Wenn jemand eine gute Idee hat, was man besser machen könnte, oder einen Wunsch, was geschehen sollte, oder einen Ärger über andere, dann drückt diese Person das erst einmal im alltäglichen Handeln und Sprechen aus. Meistens geschieht das im kleinen Kreis, der schon eine erste Reaktion zeigt. Diese kann bestätigen und das Thema stärken, aber auch ignorant oder gar vernichtend wirken. Es gibt aber auch Fälle, in denen die Emotionen kaum erkennbar bzw. ganz passiv und schweigend ausgedrückt werden, oder auf so expressiv-aggressive Weise, dass sich die anderen Beteiligten abgestoßen fühlen und selbst zu eskalierenden Antworten kommen. Die Artikulationsweisen – wie fremd und irritierend sie auch immer (für die ‚Mehrheit') sein mögen – dürfen jedoch weder ignoriert, noch still gestellt werden, denn sonst würden Ausschlüsse erzeugt.

Emotionen haben entsprechend eine große Bedeutung für die Umsetzung von demokratischer Partizipation. Wie sie in der Sozialpädagogik allgemein und in den Jugendwerkstätten genauer berücksichtigt und in den demokratischen Prozess integriert werden können, wird im vierten Teil des Buches genauer analysiert und beschrieben.

Einbringen von Themen benötigt Unterstützung

Um sich in die Öffentlichkeit einbringen zu können, müssen die Beteiligten wissen, dass sie ein Recht darauf haben, ihre Themen öffentlich zu machen, und sie müssen wissen, wie das gehen kann, und sie müssen sich trauen. Daraus folgt, dass Unterstützung nötig sein kann, um sein Thema in der Öffentlichkeit auszudrücken. In den Basisgruppen und in Vollversammlungen muss verdeutlicht werden, dass dieses Recht auf das Einbringen von Themen besteht. Es muss erkennbar sein, wie man sein Thema vorbringen, und welche Unterstützung durch Medien man dabei ggf. erhalten kann. Ebenso müssen Wege bekannt sein, wie einzelne unsichere Beteiligte trotz Unsicherheit ihr Anliegen vorbringen können. Das kann z. B. durch anonyme Artikulationsmedien wie einen Sorge- oder Meckerkasten geschehen.

Eine starke Unterstützungsmöglichkeit von Artikulation ergibt sich aber vor allem dadurch, dass man sich gegenseitig aufmerksam macht. Wenn Jugendliche und Fachkräfte erfahren haben, dass Themen des Alltags berechtigt vorgebracht und sinnvoll gemeinsam bearbeitet werden, sind sie auch motiviert, solche Themen zu erkennen und einzubringen. So kann man sich gemeinsam sensibilisieren, im alltäglichen Handeln potenzielle Themen für die demokratische Mitbestimmung zu erkennen.

Das ist auch eine spezifische Aufgabe für Fachkräfte. Und die GEBe-Methode, die im ersten Teilprojekt zur Demokratiebildung in der JSA erprobt wurde, hilft zu verstehen, wie man mögliche Themen aus dem alltäglichen Handeln der Beteiligten erkennen und aufgreifen kann. Man muss beobachten, was geschieht, und das Gesehene im Wissen darum auswerten, dass im Alltag zahlreiche Themen der demokratischen Gestaltung der gemeinsamen Lebensführung auftauchen. Wenn man untereinander solche Themen vermutet, hilft es, den Betroffenen dazu eine Antwort, eine Resonanz zu geben. Anderen zu zeigen, dass ihre Lebensäußerungen und Themen für einen selbst relevant sind, stärkt diese darin, sich und die eigenen Themen ernst zu nehmen und in die demokratische Öffentlichkeit einzubringen. Im Dialog miteinander lässt sich oft besser klären, um was es jemandem genau geht. So können Fachkräfte dabei unterstützen, ebenso wie auch Jugendliche untereinander, einzelne ihrer Themen zu erkennen und sie als bedeutungsvoll für die Öffentlichkeit in die gemeinsame Diskussion einzubringen.

Sachinformationen einbeziehen

Die öffentliche Meinungsbildung verlangt auch den Einbezug von sachlichen Informationen zum anstehenden Thema. Es geht darum, die Informationen zu beschaffen, die die Beteiligten benötigen, um gut begründet argumentieren und entsprechend qualifiziert Entscheidungen vorbereiten zu können. Das können vielerlei Sorten von Informationen aus verschiedenen relevanten Bereichen sein: Gesetze und Rechtsprechung, Finanzfragen, technisch-naturwissenschaftliche Zusammenhänge, historische Kenntnisse, Gesundheitsinformationen etc.

Beispiel: Informationen zu veganem Essen

Wenn, wie in den Beispielen oben, die Frage debattiert wird, ob in der Mensa der Jugendwerkstatt ein veganes Essen angeboten werden soll, benötigt man etwa Informationen zu folgenden Fragen: Was genau ist veganes Essen? Welche Lebensmittel gehören in diese Gruppe, welche nicht? Was sind Zubereitungsregeln und Rezepte? Wie kocht man vegan? Kann die Küche der Jugendwerkstatt vegan kochen? Welcher Arbeitsaufwand ist damit verbunden? Was kosten die Rohstoffe/Lebensmittel für veganes Kochen? Wo/wie beschafft man sie? Sind Arbeitskräfte/Arbeitszeit für veganes Kochen vorhanden? Was kostet ihr Einsatz? Was kostet veganes Essen insgesamt?

Die Öffentlichkeit in einer ‚kleinen Gesellschaft' wie den Jugendwerkstätten kann und sollte sich selbst aktiv auf die Suche nach geeigneten Sachinformationen machen. Man muss dazu erstens wissen bzw. lernen, wo und wie man möglichst umfassend Informationen sucht/beschafft, und zweitens muss man diese Informationen bewerten (stammen sie aus einer qualifizierten Quelle? sind sie aktuell? können die Beteiligten sie verstehen und nutzen?) und auswerten (was bedeuten die Informationen für unsere Fragestellung? was folgt daraus für unser Entscheidungsfindung?). In Bezug auf beide Aspekte benötigen die Jugendlichen pädagogische Unterstützung. Für die Jugendlichen geht es damit nicht nur darum zu lernen, dass Argumente auf Sachinformationen aufbauen müssen, sondern auch darum, sich das Suchen, Bewerten und Auswerten von Informationen anzueignen. Erneut werden wünschenswerte Nebenwirkungen demokratischen Handelns deutlich. Relevante Informationen werden wiederum durch die Medien der Öffentlichkeit (in der jeweiligen Jugendwerkstatt) verständlich dokumentiert, präsentiert und kommentiert.

Transparenz herstellen

Damit alle Betroffenen gleichberechtigt an den öffentlichen Diskussionen teilnehmen können, muss für sie jederzeit nachzuvollziehen sein, was von wem wozu eingebracht wurde und wie sich die Diskussion entwickelte. Es benötigt Transparenz über die Inhalte bzw. Sachinformationen und Argumente, und man muss nachvollziehen können, wer mit welchen Positionen beteiligt war, und wie sich diese geändert haben. Damit die Öffentlichkeit sich eine Meinung bilden kann, muss auch transparent sein, wer zu welchen anstehenden Themen welche Rechte auf Information, Anhörung, Selbst- oder Mitbestimmung hat. Denn daraus entstehen Konsequenzen der Beteiligten für ihre Debattenbeiträge und politischen Initiativen. Zur Transparenz gehört es auch, dass für die Beteiligten deutlich gemacht wird, wie sie sich selbst in die Debatte einbringen können, wie sie Medien nutzen können und wie sie Unterstützung dafür bekommen können.

Differenzgerechte, inkludierende Beteiligung sichern

Demokratie ist dadurch gekennzeichnet, dass unterschiedliche Menschen versuchen, trotz ihrer Differenz(en) kooperativ Regelungen für ihr Zusammenleben zu bestimmen. Im Zusammenleben von unterschiedlichen Menschen in einer Gesellschaft oder einer pädagogischen Einrichtung ist zu erwarten, dass es aufgrund ihrer Unterschiedlichkeit zu Konflikten kommt. Mit Konflikten sind immer auch starke Emotionen verbunden. Demokratie reagiert genau darauf, indem sie Verfahren anbietet, wie diese Konflikte bearbeitet werden können, sodass Entscheidungen von allen Beteiligten als legitim anerkannt und respektiert werden. Das kann nur funktionieren, wenn die Beteiligten trotz ihrer Unterschiedlichkeit/

Differenz gleichberechtigt teilnehmen, also Themen einbringen, Debatten führen und Entscheidungen bewirken können. Das Recht auf Partizipation muss allen unabhängig von ihrer jeweiligen Besonderheit oder Unterschiedlichkeit gewährleistet werden. Insofern ist Demokratie auf Inklusion angewiesen. Wenn Mitentscheidungsberechtigte aus den Prozessen herausfallen oder ausgeschlossen werden, funktioniert das Konzept nicht mehr, denn wenn nicht alle gleichermaßen Chancen zur Beteiligung haben, werden sie auch die Entscheidungen nicht als für sich bindend ansehen können.

Daraus folgt, dass es Formen der Öffentlichkeit und der Entscheidungsfindung geben muss, in der alle Beteiligten gleichberechtigt teilnehmen können, ohne dass ihre Unterschiedlichkeit aufgehoben würde. Gleichberechtigung darf nicht zu Gleichmacherei führen und Unterschiedlichkeit darf nicht zu Ungleichheit führen und Ungleichheit nicht zu ungerechtem Ausschluss. Besonders im Blick auf Gleichberechtigung und Differenz aufkommende Konflikte und Risiken des Ausschlusses wird im vierten Teil zum Umgang mit Emotionen in der Demokratiebildung genauer eingegangen.

Die Geschichte der Demokratie ist seit dem griechischen Altertum aber immer wieder von Ausgrenzungen gekennzeichnet. In der altgriechischen Demokratie, in den Stadtstaaten wie Athen um 500 v. Chr., waren z. B. Frauen, Kinder, Sklaven, Zugewanderte und Fremde von den alle betreffenden Entscheidungen ausgeschlossen. Und auch in der Bundesrepublik von heute gibt es Gruppierungen, die im Land leben, aber nicht wählen und mitbestimmen dürfen, z. B. Kinder und Jugendliche, Geflüchtete und illegale Einwanderer. Wenn Menschen in sozialen Prozessen eine bestimmte Unterschiedlichkeit zugewiesen wird, z. B. aufgrund des Alters oder Geschlechts, kann das zu Behinderung oder Ausschluss von Beteiligung führen. Das passiert in sozialen Interaktionen durchaus, selbst wenn Menschen mit solchen zugeschriebenen Unterschiedlichkeiten formal das Recht auf demokratische Partizipation haben. Empirisch bleibt das Ideal der Demokratie, allen gleichermaßen Partizipation zu eröffnen, wahrscheinlich dauerhaft unerreicht, denn immer wider kommt es zu Ausschlüssen und Ungleichheiten. Das Ideal hilft (den Betroffenen) solche Missverhältnisse zu erkennen, anzuklagen und mehr Gleichheit einzuklagen. Der Kampf um die Anerkennung als (gerade in ihrer Differenz) berechtigte Mitglieder des Entscheidungsvolkes wird in der demokratischen Gesellschaft wie in den demokratieorientierten Einrichtungen stehts aufs Neue zu führen sein.

Gerade in pädagogischen Settings wie der JSA spielen die sozialen Prozesse unter den beteiligten Jugendlichen und Erwachsenen eine große Rolle für den Umgang mit Differenz und den daraus folgenden Risiken für Behinderung und Ausschluss von der Mitbestimmung. So ist es nicht selbstverständlich gesichert, dass alle Jugendlichen gleichermaßen die Stimme erheben und in der Öffentlichkeit mitdiskutieren können. Es kann einzelne Personen oder Gruppierungen geben, für die sich die Umsetzung ihres Beteiligungsrechts als schwer oder unmöglich erweist. Eine solche Behinderung kann dadurch entstehen, dass ihnen Unterschiedlichkeit zugewiesen wird, aus der in den sozialen Interaktionen eine Be- oder Verhinderung der Partizipation folgt. Solche Kategorien der Differenz/Unterschiedlichkeit sind etwa Geschlecht, Alter, Entwicklungsstand, Behinderung und körperliche Verfasstheit, Bildungsstand, ethnisch-kulturelle und soziale Herkunft, ökonomische Situation, sexuelle Orientierungen, Religion/Weltanschauung, Attraktivität und vieles mehr.

Beispiele:

In den Jugendwerkstätten gibt es z. B. Transjugendliche, und es stellt sich die Frage, ob und inwiefern ihre Unterschiedlichkeit zu (negativen) Folgen für ihre Beteiligungschancen führt. Oder es gibt unterschiedliche ethnische Hintergründe der Beteiligten. Manchmal werden Menschen aufgrund ihrer Nationalität diskriminiert und an voller Partizipation gehindert. Manche Menschen haben eine sprachliche Beeinträchtigung (etwa Stottern) und es besteht die Gefahr, dass ihnen deshalb in öffentlichen Debatten nicht in Ruhe zugehört wird und sie sich buchstäblich scheuen, vor anderen ‚den Mund aufzumachen'.

Solche Behinderungen und Ausschlüsse können sich noch verschärfen, weil sich manche Differenzaspekte in Personen oder Gruppierungen kombinieren oder verdichten. Das bezeichnet man fachlich als Intersektionalität, als Überkreuzung. Dadurch können sich Risiken der Ungleichbehandlung und Exklusion aus der demokratischen Partizipation verschärfen.

Zudem ist das Handeln von Fachkräften häufig beteiligt an der Herstellung solcher Differenzkonstruktionen und ihren Folgen. Deshalb stellt sich die Aufgabe für Fachkräfte, selbstkritisch zu reflektieren, wie das konkret geschieht und wie solche Zuschreibungen gemindert oder verhindert werden könnten.

Zugleich wird ein aktives pädagogisches Handeln nötig, um Teilnehmende, die Erfahrungen von Diskriminierung und Ausschluss machen oder machen könnten, zu unterstützen, ihr Recht auf Beteiligung an der Partizipation in der Jugendwerkstatt wahrzunehmen. Es gilt, allen unterschiedlichen Personen und Gruppierungen in der Jugendwerkstatt einen Zugang zu Partizipationsmöglichkeiten zu eröffnen, der a) ihrer Unterschiedlichkeit konstruktiv aufgreift und ermöglicht und b) eine Ungleichbehandlung aufgrund der Unterschiedlichkeit möglichst reduziert oder ausschließt. Damit alle Unterschiedlichen doch gleichberechtigt an Öffentlichkeit und Entscheidungen teilnehmen können, benötigen sie Unterstützung, das auf die jeweils für sie passende und in ihrer spezifischen Weise tun zu können. Es muss gesichert werden, dass sie Zugänge zur Partizipation erhalten, die für sie auf ihre eigene Weise nutzbar sind. Und im Prozess der öffentlichen Debatte und in Entscheidungsfindungen benötigen sie Beteiligungsformen, die ihrer Differenz gerecht werden. Alle an der Öffentlichkeit beteiligten Jugendlichen und Fachkräfte wiederum müssen besondere Bedarfe der Sicherung von Beteiligung einzelner Personen oder Gruppierungen respektieren und aktiv fördern.

Wenn z. B. einzelne Jugendliche aufgrund von noch mangelnden Sprachkenntnissen im Deutschen oder von Sprachbehinderungen Zeit benötigen, um sich ausdrücken zu können, müssen alle ihnen diese Zeit gewähren. Wenn Jugendliche aufgrund ihres Geschlechts mangelnde Beteiligungschancen haben, benötigen sie möglicherweise Zeiten und Räume, in denen sie sich geschützt vor Diskriminierung auf öffentliche Debatten und Entscheidungsfindung vorbereiten können. Ebenso sollten Fachkräfte dafür sorgen, dass alle Beteiligten dafür ein Bewusstsein entwickeln können, dass eine Schwächung oder Verhinderung der Partizipation von Personen oder Gruppierungen aufgrund ihrer Unterschiedlichkeit den demokratischen Prozess insgesamt beschädigt. Denn nur wenn alle gleichermaßen Chancen der Beteiligung haben, kann er so wirken, dass auch gemeinsam verbindliche Entscheidungen gefällt werden.

In pädagogischen Einrichtungen wie den Jugendwerkstätten besteht die Chance, dass Fachkräfte und Jugendliche schnell erkennen, wessen Möglichkeiten zur Partizipation aufgrund von Differenzkonstruktionen behindert werden. Über die kleinen, überschaubaren Basisgruppen in den einzelnen Gewerken wird wahrnehmbar, wer ausgegrenzt wird oder aufgrund der jeweiligen Besonderheit mangelnde Beteiligungsmöglichkeiten erhält. Damit stellt sich die Aufgabe der Sicherung von Inklusion für alle Beteiligten in Gegenseitigkeit. Um allen eine demokratische Partizipation zu ermöglichen, ist es besonders Aufgabe der Fachkräfte, Prozesse der Exklusion zu erkennen, mit allen Beteiligten zu problematisieren und die Betroffenen spezifisch zu unterstützen. Das darf jedoch nicht so geschehen, dass Letztere Objekte einer wohlmeinenden Betreuung werden. Was wer an Assistenz benötigt, um sich gleichberechtigt einbringen zu können, ist mit dem Betroffenen selbst im Dialog herauszufinden; sie müssen bestimmen können in welcher Weise sie wann und wie Unterstützung nutzen wollen.

Konkret kann es dabei z. B. um sprachliche Verständlichkeit gehen. Sind etwa die Rechte und Verfahren so formuliert, dass alle sie verstehen und anwenden können? In den Debatten der Öffentlichkeit kann es sein, dass Personen oder Gruppierungen Übersetzungen (im weitesten Sinne) benötigen, weil sie noch nicht genug Deutsch verstehen oder sprechen können, oder weil Sachverhalte oder Argumente für sie zunächst unverständlich sind. Es kann helfen, Symbole und Bilder zu verwenden, um klarzumachen, um was es geht.

Bedenkt man diese Aufgabe zur Inklusion, wird deutlich, dass sie sich an alle Beteiligten richtet und nicht nur an die pädagogischen Fachkräfte. In einer Entscheidungsgemeinschaft sind alle aufgerufen, sich so umeinander zu sorgen, dass die Beteiligungschancen der Einzelnen vergrößert werden. Die amerikanische Demokratietheoretikerin Joan C. Tronto (2013) nennt das eine „caring democracy“, eine Demokratie, in der die Bürger:innen die Verantwortung übernehmen, sich umeinander zu kümmern und sicherzustellen, dass alle real in der Lage sind, sich mitverantwortlich einzubringen. Diesen Zusammenhang von Inklusion und gegenseitiger Fürsorglichkeit in demokratischen Entscheidungsgemeinschaften habe ich im Bericht zum Teilprojekt 1 „Onlineberatungsgruppe der Jugendwerkstätten" ausführlicher dargestellt.

Machtprozesse kritisch reflektieren

Demokratie braucht Gleichberechtigung sowie freie Auseinandersetzung und Meinungsbildung. Solche Gleichheit und Freiheit sind allerdings in sozialen Gruppen nicht selbstverständlich gegeben. Im Gegenteil, in menschlichen Gruppen gibt es häufig Versuche von Beteiligten, andere für eigene Interessen zu manipulieren oder Personen und Positionen zum Schweigen zu bringen. Wenn der eigene Wille gegen Widerstreben anderer durchgesetzt wird, entstehen Machtprozesse. Diese können sich so verselbstständigen, dass Machthierarchien und Herrschaftsverhältnisse entstehen, also bestimmte Beteiligte dauerhaft(er) in ihren Chancen der gleichberechtigten Partizipation behindert werden. Dennoch gehört es auch zu sozialen Prozessen, dass sich soziale Beziehungsstrukturen entwickeln, ohne die Gruppen kaum handlungsfähig wären. Es werden nie alle gleich sein und sich auf gleiche Weise einbringen. Manchen Personen wird aufgrund der Beziehungsstrukturen ein stärkerer Einfluss zugestanden, und manche Personen sind mit einer passiveren Rolle zufrieden. Die Frage ist also, ob solche Beziehungsverhältnisse Beteiligung von einzelnen oder Teilgruppen be- oder verhindern, oder ob sie Zusammenhalt und Handlungsfähigkeit einer Gruppe stärken und von den Teilnehmenden bestätigt werden.

Eine weitere Behinderung von Menschen, ihr Wissen, ihre Erfahrungen und ihre Kompetenzen einzubringen kann entstehen, indem ihnen genau diese Fähigkeiten abgesprochen werden. Das geschieht, wenn Gruppierungen oder Personen gegenüber strukturelle Vorurteile (gerade bei den ‚Herrschenden') vorhanden sind, aufgrund derer die Chancen der Beteiligung der Menschen, die Vorurteilen ausgesetzt sind, be- oder verhindert werden. Das wird heute als epistemische Ungerechtigkeit bezeichnet, also als ein Unrecht in Bezug auf die mangelnde oder vorenthaltene Anerkennung und Einbeziehung des spezifischen Wissens und Erkenntnisfähigkeit von Personen und Gruppierungen (vgl. Fricker 2023). Dieses Thema wird im Kapitel zum Umgang mit Emotionen in der Demokratiebildung noch einmal ausführlicher behandelt.

Die Aufgabe sozialpädagogischer Fachkräfte liegt nicht darin, ihrerseits machtvoll Machtverhältnisse unter den Jugendlichen auszuhebeln, sondern sie sollten ganz generell im demokratischen Prozess Möglichkeiten der Reflexion von Machtprozessen und deren ggf. negative Folgen auf Beteiligungschancen schaffen. So kann z. B. grundsätzlich im Rückblick auf Entscheidungsprozesse gemeinsam untersucht werden, ob sich alle auf für sie jeweils passende und gerechte Weise einbringen konnten, bzw. was oder wer sie daran gehindert hat. Eine selbstkritische Reflexion von demokratischen Prozessen ist ohnehin nötig, um Demokratiebildung zu eröffnen. Dabei können auch problematisch Machtverhältnisse thematisiert werden. Wenn die Teilnehmenden im Nachhinein beschreiben, wie der Prozess verlief, und dabei Begriffe dafür finden, entstehen Gelegenheiten, das eigene und gemeinsame Handeln zu verstehen und auch es zu hinterfragen. In der Distanzierung von den abgelaufenen Debatten und Entscheidungen wird es möglich zu benennen, wie demokratische Prozesse funktionieren, was sie erschwert oder vielleicht zum Scheitern bringen kann und was für sie im positiven Sinne nötig ist. Hier können die Fachkräfte auch die in der ‚großen' Demokratie verwendeten Fachbegriffe einbringen und helfen, sie mit den eigenen Erfahrungen im ‚kleinen Gemeinwesen' der Jugendwerkstatt in Verbindung zu bringen. So können dann Bildungsprozesse auch auf andere Strukturen von Demokratie übertragen werden. Zu den methodischen Vorgehensweisen einer solchen kritischen und bildenden Reflexion vergleiche den Bericht zu Teilprojekt 1, der Online-Beratungsgruppe für Jugendwerkstätten zur GEBe-Methode.

Anerkennung und respektvolle Interaktion zwischen allen Beteiligten entwickeln

Öffentliche demokratische Debatten und Entscheidungsfindungen beruhen auf einem respektvollen gegenseitigen Kommunizieren der Beteiligten. Nur wenn sie sich gegenseitig als berechtigte und befähigte Mitglieder einer Entscheidungsgemeinschaft anerkennen, können sie in Konflikten zu fairen Diskussionen und Lösungsfindungen kommen. Das bedeutet ganz allgemein, die Menschen- und Bürger:innenrechte (wie sie etwa das Grundgesetz formuliert und garantiert) anzuerkennen und im Miteinander konkret umzusetzen. Häufig haben Jugendliche, die an Angeboten der JSA teilnehmen, in ihrem bisherigen Leben wenig Anerkennung erfahren und/oder kennen Missachtung und Herabwürdigung. Gerade ihre Probleme mit Schule und Berufsorientierung können dazu führen, dass sie von Lehrkräften, Pädagog:innen, Berater:innen abschätzig behandelt wurden. Auch in ihrem familiären und sozialen Umfeld können sie Missachtung oder sogar Missbrauch und Gewalt ausgesetzt gewesen sein. Mangelnde persönliche Erfahrungen von Anerkennung können dazu führen, dass junge Menschen selbst Missachtung gegenüber anderen zeigen. Herabwürdigung und Gewalt gegenüber anderen können ein Versuch sein, sich genau gegenüber dem drohenden Risiko, erneut solche Erfahrungen zu machen, zu verteidigen. Es ist also damit zu rechnen, dass sich die Jugendlichen – zumindest einige von ihnen– einen respektvollen Umgang erst aneignen müssen. Man muss jedoch selbst Respekt, Anerkennung, Empathie und Fürsorglichkeit erfahren, um diese Haltungen auch anderen gegenüber einnehmen zu können.

Insofern ist es zunächst an den Fachkräften, anerkennend zu respektieren, und auch in Kämpfen um die Erlangung gegenseitiger Anerkennung empathisch nachzuvollziehen, dass die Jugendlichen solche Haltungen und Handlungsweisen oft erst einüben. Wenn Fachkräfte eine fürsorgliche und anerkennende soziale Atmosphäre erzeugen, werden die Jugendlichen zunehmend solche Haltungen selbst übernehmen können.

Eine Gewähr auf Anerkennung besteht als erstes über das Angebot verlässlicher Beziehungen. Dabei geht es um eine Verlässlichkeit, die dem Anderen erst ermöglicht, eigene Freiheit zu entfalten. Der Anspruch ist ein Angebot von (professionell reflektierter und gestalteter) Bindung, die jedoch die Freiheit des Gegenübers will und fördert. Statt um eine Einbindung in Beziehungsansprüche geht es also um eine ‚Freisetzung'. Die Anerkennungstheorie (vgl. Honneth 1992) argumentiert, dass so – gleichzeitig gehalten und zur Eigenständigkeit ermutigt – individuelles Selbstvertrauen entstehen kann. Und kann ein individuelles Selbstvertrauen entstehen, wird das als die Basis für die praktische Möglichkeit zur autonomen Teilnahme an demokratischen Prozessen gesehen. Das Angebot einer solchen verlässlichen Beziehung muss sich gerade daran bewähren, wenn Jugendliche es durch Kämpfe um Abgrenzung und Anerkennung hinterfragen. Hier zeigt sich, ob Anerkennung von Fachkräften auch bestehen bleibt, wenn die Jugendlichen sie provokativ auf die Probe stellen. Solche Beziehungsqualitäten beruhen auch auf der Gewährleistung grundsätzlicher Fürsorglichkeit in den Werkstätten, indem dort z. B. ein sicherer Raum, soziale Wärme, gutes Essen, Gesundheit, Schutz gegen Gewalt und Missachtung gesichert werden.

Die zweite grundsätzliche Anerkennungsform wird als ‚Verfügung über Rechte' bezeichnet. Eine Person kann sich als anerkannt wahrnehmen, wenn sie über die gleichen Rechte wie andere verfügt. Daraus folgt auch umgekehrt, andere in diesen Rechten zu respektieren. Eine demokratische Partizipation in Jugendwerkstätten gewährleistet diese Anerkennung durch die Rechte der Selbst- und Mitbestimmung, die für die Jugendlichen (und Fachkräfte) im Detail beschrieben und durch Gremien und Verfahren eingelöst werden können. Die Jugendlichen können als Träger:innen solcher Rechte an die Entscheidungsgemeinschaft der Jugendwerkstätten die Anspruch stellen, dass ihre Rechte eingehalten werden. So kann Selbstachtungsgefühl entstehen und auch anderen Achtung entgegengebracht werden.

Der dritte Anerkennungsmodus wird als Anerkennung für die besonderen Fähigkeiten und Leistungen beschrieben, in denen Menschen sich unterscheiden und mit denen sie Leistungen für das Gemeinwesen der Entscheidungsgemeinschaft erbringen. Unterschiedliche Jugendliche und Fachkräfte werden auf unterschiedliche Weise das Zusammenleben ermöglichen und bereichern. In dieser Anerkennungsform geht es genau darum, dass diese Leistung in ihrer

Besonderheit hervorgehoben wird. Wer solche Wertschätzung von anderen dafür erfährt, sich für die Belange der Community einzusetzen, kann ein Selbstwertgefühl entwickeln.

Gerade in demokratischen Settings geschieht eine spezifische Anerkennung dadurch, dass das jeweilige Handeln bzw. die Interessen und Argumente einer Person oder von Gruppierungen als wichtig für die gemeinsame Gestaltung der Lebensführung behandelt werden. Die Einzelnen sollen sich in diesem Sinne als gesehen und berücksichtigt erfahren. Das können sie, wenn das, was sie tun und was sie als Interesse und Thema ausdrücken, eine Resonanz bekommt. Eine solche Resonanz-Antwort zeigt ihnen, dass ihre Äußerung das Gegenüber erreicht, betrifft und bewegt. Antworten bedeutet nicht, einfach zu wiederholen, was man gehört hat, sondern die Aussage aufzunehmen und mit eigenen Gefühlen und Gedanken darauf zu reagiert. Durch diese Resonanz kann das Gegenüber sich und sein Anliegen als respektiert erkennen und darauf selbst wieder antworten. So entwickelt sich über Anrede und Antwort ein Dialog zu den anstehenden Fragen, Anliegen, Interessen etc., der auf eine Verständigung zielt. In gegenseitiger Anerkennung entsteht so die Basis demokratischer Kommunikation.

Wenn man unterstellen kann, dass viele Jugendliche in der JSA solche dialogischen Erfahrungen nicht (oft) gemacht haben, ist allerdings darauf zu achten, dass die Beherrschung solcher respektvollen Interaktion nicht zur Qualifikations-*Voraussetzung* demokratischer Auseinandersetzung gemacht wird. Häufig bringen die Jugendlichen ihre Interessen nicht in freundlich gesetzten Vorschlägen vor, sondern zeigen diese in ihrem Handeln, auch auf provokative oder problematische Weise. Die GEBe-Methode schlägt vor, jede Äußerung des Gegenübers als ein ‚Angebot' zu verstehen, als Eröffnung einer Aushandlung über das gemeinsame Tun. Und das gilt eben auch, wenn dieses über unauffällige, passive, unsichere Handlungs- und Ausdrucksweisen geschieht, ebenso wie über expressive oder gar aggressive Artikulationsweisen. Respektvolle Interaktion bedeutet, auch solche Positionierungen wahrzunehmen, aufzunehmen und in die demokratische Verständigung zu integrieren. Es ist zu sichern, dass möglichst wenige Äußerungen (und ihre Urheber:innen) ‚untergehen', also nicht gehört oder beachtet werden. Wenn man alle Handlungsformen bzw. Äußerungen als Angebot an die gemeinsame Auseinandersetzung über die Regelung der Lebensfragen versteht, schafft man für alle die Möglichkeit, Themen zu eröffnen, und dadurch auch zu hinterfragen, was vorher als selbstverständlich galt. Anerkennung und Respekt bedeuten hier auch, dass Konflikte sowohl über Lebensfragen als auch über Hinterfragung der demokratischen (Binnen-)Verhältnisse begrüßt werden. Die Jugendlichen und Fachkräfte müssen sich in ihrem Recht erfahren können, Konflikte aufzumachen und darin respektiert zu werden, ebenso wie sie selbst dieses Recht den anderen Beteiligten zugestehen müssen.

Wenn man die unterschiedlichsten Artikulationsformen auf diese Weise aufgreift, behandelt man die Inhalte grundsätzlich als Argumente. Die Teilnehmenden bringen etwas vor, das hinterfragt und/oder Neues vorschlägt und dafür Begründungen liefert. Wer als Argumentierende:r anerkannt wird, kann sich als berechtigtes Mitglied der Entscheidungsgemeinschaft wahrnehmen. Aus der Anerkennung der Argumentierenden und ihrer Argumente folgt, dass diese Positionen und Begründungen gemeinsam zu prüfen sind, um miteinander zu annehmbaren Lösungen zu kommen, Kompromisse zu schmieden oder möglicherweise sogar verbleibende Unvereinbarkeiten (Dissense) zu benennen. Man schenkt sich gegenseitig Anerkennung, weil man einander wechselseitig zugesteht, sich ggf. von den anderen überzeugen zu lassen und von ihnen zu lernen.

3.4 Durch Reflexion demokratischer Prozesse Demokratiebildung und Übergänge demokratischen Handelns in die Kommune und Gesellschaft ermöglichen

Zwei weitere Elemente runden das Konzept demokratischer Partizipation in Jugendwerkstätten der JSA ab. Zunächst geht es darum, den Jugendlichen eine reflexive Distanzierung zu ihrer Demokratiepraxis in den Werkstätten zu eröffnen, die zur Demokratiebildung führen kann. Damit entstehen Erfahrungen, die auch auf demokratisches Handeln in Kommune und Gesellschaft übertragen werden können. Auch dieser Schritt kann von den Jugendwerkstätten aus initiiert werden

Reflexion demokratischer Prozesse

Bildung bedeutet, Aneignungserfahrungen zu machen, indem man sich diese durch sprachliche Reflexion bewusst macht. Demokratie eignet man sich durch ihre Ausübung an. Die einzelnen Schritte dazu sind oben entworfen worden. Wenn Jugendliche in der Jugendwerkstätten auf diese Weise Demokratie aus- und einüben, eignen sie sich demokratisches Handeln an. Sie können dann an konkreten Fragen die Regelung der gemeinsamen Lebensführung mitbestimmen. Damit aus der reinen Ausübung solcher Partizipation auch Bildung bzw. Demokratiebildung entsteht, ist ein weiterer Schritt nötig. Wie oben schon angedeutet, werden dabei die konkreten Prozesse der öffentlichen Diskussion und Entscheidung in Gremien noch einmal aus der Distanz rekapituliert und gemeinsam kritisch analysiert. Indem die Beteiligten beschreiben, was ihnen im demokratischen Prozess widerfahren ist, wie sie selbst und andere gehandelt haben, welche Probleme es dabei gab und wie es schließlich zu einer Entscheidung kam, entwickeln sie sprachlich Begriffe dafür, was demokratische Partizipation bedeutet. Über eine fachsprachliche Begrifflichkeit (Abstimmung, Mehrheit, Minderheit etc.) können sie die sozialen Handlung Prozesse der Partizipation rekonstruieren und kritisch bewerten. Was vorher das Erlebnis einer demokratischen Auseinandersetzung war, wird zu einer bildenden Erfahrung: man kann selbstreflexiv, kritisch und selbstkritisch benennen, was man selbst und zusammen getan hat, und wie diese Handlungen Zusammenhängen und Wirkungen erzeugten. Mit einer solchen Distanzierung kann, wie oben schon gefordert, der Prozess des Zustandekommens demokratischer Debatten und Entscheidungen kritisch analysiert und als Folge davon auch verbessert werden. Dazu gehört es auch, Macht- und Herrschaftsprozesse sowie ihre riskanten Folgen für demokratische Aushandlungsprozesse zu erkennen. Wenn Fachkräfte den Jugendlichen dazu aus Demokratietheorie und Politikwissenschaft Fachbegriffe anbieten, können diese ihre eigenen Erfahrungen demokratischer Mitbestimmung mit den Rechten, Prozessen und Verfahren der gesamten Demokratie in der Republik in Verbindung bringen. Vermittlung von politisch relevantem Wissen geschieht hier nicht von oben und über die Köpfe der Jugendlichen hinweg, sondern knüpft stattdessen an ihre Ausübung demokratischer Rechte an. Es entsteht die Chance, dass sie über solche politische Bildung ihre demokratischen Urteils- und Handlungsmöglichkeiten von den konkreten Mitbestimmungsprozessen in der Jugendwerkstatt ausweiten auf die gesamtgesellschaftliche Demokratie.

Im Bericht zu dem Projekt der online Beratung von Jugendwerkstätten zur GEBe-Methode ist ausführlich dargestellt worden, wie eine solche Reflexion gestaltet werden kann, sodass aus den praktischen Erfahrungen von Mitentscheidung Demokratiebildung entsteht.

Übergänge demokratischer Partizipation in die Kommune eröffnen

Sozialpädagogische Einrichtungen wie die Jugendwerkstätten sind vielfältig mit den sie umgebenden Sozialräumen und der politischen Kommune verbunden. Aus diesen Zusammenhängen entstehen Rahmenbedingungen für die demokratische Partizipation von Jugendlichen in den Werkstätten und in der Kommune. Jugendliche und Fachkräfte leben im Einzugsgebiet und bringen von dort Themen und Probleme der Lebensführung in der ‚kommunalen Gesellschaft' mit in die Werkstätten. Die Jugendlichen sind mit ihren Familien Teil von gesellschaftlichen Subkulturen mit ganz spezifischen Lebens-, Sicht- und Handlungsweisen. Gerade die Herkunft aus sozialen Klassen (stärker ökonomisch gesehen) oder Milieus (stärker sozialkulturell gesehen) hat starken Einfluss auf ihr Leben. Jugendliche und ihre Familien sind konfrontiert mit dem Staat und seinen Institutionen, mit Schule, Polizei, Jugend- und Sozialamt, Kommunalverwaltung usw. Jugendliche sind betroffen von sozialen und ökonomischen (Macht-)Verhältnissen in ihrer Kommune sowie von deren Infrastruktur und lokaler Politik. Sie gehören zu jugendlichen Peergroups oder sind und fühlen sich allein. Auch als Mitglieder der Jugendwerkstatt sind die Jugendlichen betroffen von der Einbindung der Einrichtung in institutionelle Netzwerke vor Ort. Jugendwerkstätten sind in

Kontakt und Kooperation mit anderen pädagogischen Einrichtungstypen wie den Schulen und dem lokalen System der Kinder- und Jugendhilfe, Lokalpolitik und Verwaltung. Es haben also sowohl die Lebensbedingungen der Jugendlichen als auch die Einbindung in institutionelle Netzwerke Folgen für die Gestaltung des Zusammenlebens in den Jugendwerkstätten. Aus diesen Rahmenbedingungen entstehen Chancen oder Grenzen der demokratischen Partizipation in der Jugendwerkstatt und in der Kommune.

Es ist ein Auftrag der Kinder- und Jugendhilfe, also auch der Jugendwerkstätten der JSA, die demokratische Partizipation von Jugendlichen nicht nur in der Einrichtung, sondern auch in der Kommune zu fördern. Das folgt auch aus § 1 Abs. 3 Satz 2 SGB VIII; danach soll die Kinder- und Jugendhilfe „jungen Menschen ermöglichen oder erleichtern, [...] in allen sie betreffenden Lebensbereichen selbstbestimmt zu interagieren und damit gleichberechtigt am Leben in der Gesellschaft teilhaben zu können". Zudem soll sie „dazu beitragen, positive Lebensbedingungen für junge Menschen und ihre Familien sowie eine kinder- und familienfreundliche Umwelt zu erhalten oder zu schaffen" (ebd., Satz 5).

Das Gesetz verbindet das Recht auf Selbstbestimmung mit dem gleichberechtigten Leben in der Gesellschaft. Auch wenn man dort, in der Gesellschaft, Selbstbestimmung praktizieren will, ist man mit der Selbstbestimmung der anderen konfrontiert. Die eigene Freiheit ist begrenzt durch das Freiheitsrecht der anderen und man kann nur zusammen aushandeln, wie man denn in der Gestaltung des Zusammenlebens gleichzeitig Freiheit der Einzelnen und ihrer Gruppierungen maximiert und doch das Gemeinwohl aller berücksichtigt. Um das tun zu können benötigt es die oben zitierte ‚gleichberechtigte Teilhabe'. Man benötigt sowohl eine gleichberechtigte, also gerechte Teilhabe an den materiellen Gütern der Gesellschaft, als auch die Gleichberechtigung in der Teilnahme, Gesellschaft demokratisch mitzubestimmen. § 1 SGB VIII beauftragt mithin die gesamte Kinder- und Jugendhilfe, Kinder und Jugendliche dabei zu unterstützen, Selbstbestimmung und demokratische Mitbestimmung zu entfalten.

Dieser Auftrag gilt auch für die JSA, die ihre Teilnehmenden auffordert und unterstützt, selbst demokratische Politik zu machen und nicht, dieses als Fachkräfte für sie zu übernehmen. Der Ausgangspunkt dafür ist die Kommune, der Ort, an dem sich in einem begrenzten Territorium das Zusammenleben und Zusammenarbeiten ereignet. Die Regelung(-sprozesse) dieser gemeinsamen Lebensführung nennt man Politik, und wenn die Mitglieder der Kommune gleichberechtigt und öffentlich an den Entscheidungen zu diesen Regelungen beteiligt sind, nennt man das Demokratie. JSA kann also die Aufforderung zu und Assistenz von demokratischer Partizipation der Jugendlichen nicht auf ihre Einrichtung beschränken, sondern muss solches Handeln auch in der Kommune fördern. Sicherlich hat JSA vorrangig die Aufträge des § 13 SGB VIII zu erfüllen.

Auch wenn sie zunächst darauf ihren Schwerpunkt setzen muss, können doch die gesetzlichen Forderungen zur Förderung demokratischer Partizipation in Einrichtung und Kommune nicht ignoriert werden.

Lebenslagen und Partizipationschancen erkennen

Man kann davon ausgehen, dass die meisten Jugendlichen in der JSA bisher in ihrem Leben wenig Partizipationserfahrungen machen konnten. Das liegt zum einen daran, dass Kinder und Jugendliche in dieser Gesellschaft generell wenig Mitbestimmungsmöglichkeiten in den Institutionen und der politischen Kommune haben. Zum anderen liegt es daran, dass die Adressat:innen der JSA oft wegen sozialer Benachteiligungen und/oder individueller Beeinträchtigungen daran gehindert werden. Dieses hat Folgen für ihre Partizipationspraxis. Menschen aus benachteiligten, prekären Milieus beteiligen sich generell weniger an der formalen Demokratie z. B. bei Wahlen. So stellte etwa eine Studie über die Wahlbeteiligung bei den Bundestagswahlen 2017 (Vehrkamp/Wegschaider 2017, S. 16) fest, dass sich in den Stimmbezirken mit der niedrigsten Wahlbeteiligung „50 Prozent mehr Haushalte aus den Milieus der unteren Mittelschicht/Unterschicht", „mehr als 3-mal so viele Arbeitslose", „über 70 Prozent mehr Menschen ohne Schulabschluss" sowie „Haushalte mit knapp 30 Prozent geringerer Kaufkraft" befanden. Wenn auch die Wahlbeteiligung nicht der einzige Hinweis auf Bereitschaft zur demokratischen Mitbestimmung sein kann, ist doch davon auszugehen, dass Jugendliche aus prekären Lebensverhältnissen sich weniger an demokratischer Partizipation vor Ort beteiligen werden.

Das kann damit begründet werden, dass ihre Lebenslagen wenig Spielräume und Unterstützungsmöglichkeiten für demokratische Beteiligung vor Ort enthalten. Der Begriff der Lebenslage bezeichnet den „Spielraum, den die gesellschaftlichen Umstände dem Einzelnen zur Entfaltung und Befriedigung seiner wichtigen Interessen bieten. Sie stellt damit den Gesamtinbegriff der sozialen Chancen des einzelnen dar" (Nahnsen 1975, S. 148). Nahnsen benennt im Einzelnen einen Versorgungs- und Einkommensspielraum, einen Kontakt- und Kooperationsspielraum, einen Lern- und Erfahrungsspielraum, einen Muße- und Regenerationsspielraum sowie einen Dispositionsspielraum. ‚Disposition' bedeutet hier die Verfügbarkeit über Ressourcen und Möglichkeiten der Mitentscheidung, und der Dispositionsspielraum wird „durch die Verhältnisse strukturiert, von denen es abhängt, wie maßgeblich der Einzelne auf den verschiedenen Lebensgebieten mitentscheiden kann" (a. a. O., S. 150). Solche „Optionen oder Gelegenheitsstrukturen" (Beck/Greving 2012, S. 29), die einer Person für Partizipation zur Verfügung stehen, stellen also eine zentrale Bedingung dafür dar, ob und wie Interesse an Beteiligung entwickelt und artikuliert werden kann. Die oft prekären Lebenslagen von Teilnehmenden der JSA erzeugen jedoch häufig einen Mangel an solchen Ressourcen und Optionen zur Partizipation. Auch eine Benachteiligung in den anderen ‚Spielräumen' verdichten sich zu einem Mangel an Partizipationserfahrungen. Das hat Folgen für die Entwicklung von Selbstwirksamkeitserwartungen und diese hat Folgen für die Entwicklung von Gemeinwirksamkeit, also die Erwartung, das soziale Leben oder das Gemeinwesen (z. B. der pädagogischen Einrichtungen oder der Kommune) durch eigenes Handeln in irgendeiner Weise beeinflussen zu können.

Fachliche Vertiefung:
Selbstwirksamkeit und Gemeinwirksamkeit

Im Rahmen der Fachdiskussion zu den Partizipationschancen von Jugendlichen wird häufig das Konzept der Selbstwirksamkeit verwendet. Der Sozialpsychologe Albert Bandura hat den Begriff der Selbstwirksamkeitserwartung eingeführt hat (vgl. zum folgenden Sturzenhecker 2020b). Diese definiert er als „beliefs in one's capabilities to organize and execute courses of action required to produce given attainments" (Bandura 1997, S. 3), als Glaube an das eigene Leistungsvermögen, Handlungsverläufe zu planen und durchzuführen, die notwendig sind, um vorgegebene Anforderungen zu erfüllen (Übersetzung BeSt). Selbstwirksamkeit bezeichnet also die Erwartung, handlungsfähig zu sein und Wirkungen erzielen zu können, sowohl auf andere Menschen in sozialen Zusammenhängen, als auch bei der Lösung von Aufgaben. Solche Überzeugungen entstehen im Sozialen im Rahmen von Kommunikation und Kooperation zwischen Menschen, denn „people are producers as well as products of social systems" (a. a. O., S. 51), Menschen sind sowohl Produzenten als auch Produkte sozialer Systeme (Übersetzung BeSt). Die von Nahnsen (1975, S. 150) bezeichneten Lebenslagen der Versorgungs- und Einkommensspielräume, der Kontakt- und Kooperationsspielräume, der Lern- und Erfahrungsspielräume, der Muße- und Regenerationsspielräume sowie nicht zuletzt der Dispositionsspielräume/Partizipationsspielräume beeinflussen die Möglichkeit der Individuen, sich als wirksame Produzenten des sozialen Zusammenlebens erfahren zu können. Die Erwartungen der eigenen Selbstwirksamkeit sind also auch immer solche der Gemeinwirksamkeit (vgl. Maykus 2017, S. 116 ff.). Bandura nennt das die „kollektive Wirksamkeit" (collective efficacy).
Die anstehenden Aufgaben und Probleme der Regelung der Lebensführung entstehen aus dem sozialen Zusammenleben (z. B. in der Jugendwerkstatt oder der Kommune) und Lebenslagen der Individuen und fördern oder begrenzen deren Möglichkeiten, an der Gestaltung der Regelungen wirksam mitzubestimmen. Ob Menschen die Erfahrung machen, dass sie als Person und mit anderen zusammen etwas bewirken können, hat Folgen dafür, ob sie sich auch weiterhin solches Handeln und Wirken zutrauen. Je weniger solche Erfahrungen gemacht wurden bzw. Versuche der Mitwirkung sogar behindert oder zerstört wurden, desto geringer ist die Erwartung der Individuen an sich als Person, an den Lebensbedingungen selbst wirksam partizipativ mit-produzieren zu können, anstatt sich von den Lebensbedingungen nur als ‚produziert' wahrzunehmen.

Damit stellt sich an sozialpädagogische Einrichtungen wie die Jugendwerkstätten die Aufgabe, Jugendlichen Erfahrungen der Selbst- und Gemeinwirksamkeit zu eröffnen. Wenn es mindestens dort Handlungsspielräume gibt, in denen Mithandeln, Mitbestimmen und Mitverantworten erfahren werden können, stärkt dies die Entwicklung der Selbst- und Gemeinwirksamkeitserfahrungen. „Damit aber schließt sich wieder der Kreis zu den äußeren Bedingungen, denn dem individuellen Kontrollgefühl und dem Erleben von Selbstwirksamkeit entspricht eine Umgebung, in der Beteiligung gelernt und ‚Wirksamkeit' erfahren werden kann, in der das Spannungsverhältnis von Macht und Abhängigkeit immer wieder zugunsten symmetrischer, partizipativer Prozesse ausgerichtet wird" (Beck & Greving 2012, 54).

Wenn die Jugendwerkstätten Partizipation ihrer Jugendlichen in der Kommune fördern wollen, steht zunächst an, sich die Lebenslagen, besonders die Dispositions- oder Partizipationsspielräume und die damit verbundenen Selbst- und Gemeinwirksamkeits-Erwartungen ihrer Teilnehmenden bewusst zu machen. Teilnehmende in der JSA werden nicht ohne Weiteres in eine kommunale Öffentlichkeit eintreten und dort die Stimme erheben. Pädagogische Assistenz einer kommunalpolitischen Partizipation muss also analysieren, welche Artikulations- und Diskussionsweisen den betroffenen Jugendlichen dort zugemutet werden können. Je intensiver die Jugendlichen selbst schon positive Erfahrungen mit demokratischer Mitbestimmung in der Jugendwerkstatt gemacht haben, desto eher werden sie in der Lage sein, sich auch in der Kommune einzubringen. Dennoch muss immer abgewogen werden, welche öffentlichen Settings und Handlungserwartungen überfordern könnten. Eine Assistenz politischer Partizipation wird versuchen, eine möglichst weitgehende Artikulation und Partizipation der Jugendlichen zu ermöglichen, wird aber auch Überforderungen vermeiden. Im Rahmen der GEBe-Methode gibt es methodisch detaillierte Hinweise, wie eine solche Überforderung von Jugendlichen in Öffentlichkeiten eingeschätzt und vermieden werden kann, um so viel eigenständiges demokratisches Handeln herauszufordern, wie es möglich ist (vgl. Sturzenhecker/Schwerthelm 2015, S. 166 ff.).

Die lebensweltlichen Themen der Jugendlichen in der Kommune erkennen und sie mit ihnen öffentlich einbringen

Die Themen, die Jugendliche demokratisch in der Kommune politisch einbringen könnten, sind zwar beeinflusst durch deren *Lebenslagen*, werden aber erst relevant durch die *Lebenswelt*. Die Lebenswelt umfasst das alltägliche, vertraute und selbstverständliche Handeln in bekannten und gewohnten sozialen Zusammenhängen – das sind z. B. die Peergroups der Jugendlichen, ihre Familien, ihre soziokulturellen Herkunftsmilieus, Vereine und Gruppen, an denen die Jugendlichen regelmäßig teilnehmen. In diesen sozialen Zusammenhängen entwickeln sich die für die Beteiligten selbstverständlichen und gewohnten (eben:

lebensweltlichen) Deutungs- und Handlungsmuster. Daraus schöpfen die Personen und Gruppierungen ihren subjektiven Umgang mit ihrer (objektiv beschreibbaren) Lebenslage. Demokratisches Handeln setzt bei diesen lebensweltlichen Themen, Sicht- und Handlungsweisen an. Hier entstehen die Inhalte, die für die Jugendlichen relevant sind.

In der GEBe-Methode wird genau beschrieben, wie man diese Themen aufgreifen kann (vgl. Teilprojekt 1). Hier soll nur kurz darauf verwiesen werden, dass Fachkräfte beobachten, welche Inhalte, Interessen, Probleme, Konflikte usw. die Jugendlichen aus ihrem Leben von außerhalb der Jugendwerkstatt mitbringen. Was berichten sie über solche Themen und wie positionieren sie sich dazu? Öffentlichkeit in der Kommune zu beschreiten, geschieht im Prinzip genauso wie Herstellung von Öffentlichkeiten in der Jugendwerkstatt selbst.

Es ist aber auch andersherum denkbar, dass politische Themen aus der Kommune an die Jugendwerkstätten und ihre Teilnehmenden herangetragen werden. Beispiele dafür könnten sein: Eine Kommune möchte ein Jugendparlament einrichten und die Jugendwerkstätten sollen sich daran beteiligen; in einem öffentlichen Park kommt es immer wieder zu Konflikten zwischen unterschiedlichen Jugendcliquen, und die Kommune möchte eine Beteiligung der jungen Menschen aus den Jugendwerkstätten an der Konfliktschlichtung; es soll ein neues Jugendzentrum gebaut werden, und die Vorstellungen der Kids aus der Jugendwerkstatt dazu werden erfragt. – Es liegt dann an den Fachkräften, den Jugendlichen zu vermitteln, welche Anlässe oder Anliegen von außen in die demokratische Partizipation der Einrichtung gebracht werden. Sie müssen ihnen darstellen, ggf. übersetzen, um was es dabei geht und wer was von ihnen will. Die Fachkräfte unterstützen ihre Teilnehmenden dabei, sich diese Themen anzueignen und eigene Positionen dazu zu entwickeln und sich damit in öffentliche Diskussionen und Entscheidungen einzubringen.

Sich kommunalpolitisch vernetzen

In der Einleitung dieses Kapitels habe ich schon die unvermeidliche Vernetzung von Jugendwerkstätten mit der sie umgebenden Kommune beschrieben. Wenn Fachkräfte Jugendliche dabei begleiten wollen, sich kommunalpolitisch einzumischen, benötigen sie ein Wissen über die politischen, sozio-kulturellen und ökonomischen Verhältnisse in der jeweiligen Kommune, im Stadtteil oder Dorf. Man benötigt Kontakte zu den politischen und zivilgesellschaftlichen Akteuren, die vor Ort demokratische Politik machen. Man muss wissen, ‚wie sie ticken', wie man mit ihnen in Kontakt kommt und welche Unterstützung man wie von Ihnen bekommen kann. Das gilt auch für die Netzwerke der pädagogischen Institutionen, mit denen die Jugendlichen direkt zu tun haben bzw. die sich auch politisch an der Gestaltung der Kommune allgemein oder in Bezug auf Erziehung, Ausbildung und Bildung beteiligen. Solche Netzwerke schaffen eine Basis für konkretes politisches Handeln mit den Jugendlichen zu deren Themen. Deshalb müssen sich Fachkräfte der JSA mit solchen anderen kommunalen, politischen und pädagogischen Akteuren und Organisationen verbinden und koordinieren. Gerade durch ein Zusammenwirken der pädagogischen Institutionen können Themen der kommunalpolitischen Betroffenheit, die sie zusammen bei ihren Zielgruppen erkennen, in Kooperation in politische Öffentlichkeiten eingebracht werden. Beispiele dafür könnten sein: Probleme vieler Kinder und Jugendliche mit dem öffentlichen Personennahverkehr, mangelnde Freizeitangebote, Bearbeitung von Konflikten zwischen unterschiedlichen Jugendszenen, Regelungen zum Aufenthalt von Kindern und Jugendlichen auf öffentlichen Plätzen usw. Dabei muss immer im Zentrum stehen, dass die pädagogischen Einrichtungen ihre Zielgruppen so unterstützen, dass diese möglichst eigenständig und im Zusammenwirken mit anderen jungen Menschen ihre Themen politisch vorbringen.

3.5 Kombination von Partizipation mit Beschwerdeverfahren und Schutzkonzepten

Der § 45 SGB VIII verlangt von Tageseinrichtungen der Kinder- und Jugendhilfe für die Erteilung der Betriebserlaubnis, dass sie Konzepte der Beschwerde und Beteiligung vorlegen. Der Schutz von Kindern und Jugendlichen wird hier also als kombiniertes Konzept von Partizipation und Beschwerde verstanden. Da Jugendwerkstätten auch häufig Berufsvorbereitung für Jugendliche mit Behinderungen anbieten, gelten hier auch die Verpflichtungen aus § 37a SGB IX (Sozialgesetzbuch Neuntes Buch: Rehabilitation und Teilhabe von Menschen mit Behinderung) unter der Überschrift ‚Gewaltschutz'. § 37a sieht vor, dass die Leistungserbringer geeignete Maßnahmen zum Schutz vor Gewalt für Menschen mit Behinderungen und von Behinderung bedrohte Menschen treffen. Sie müssen ein speziell auf die Einrichtung zugeschnittenes Gewaltschutzkonzept vorlegen.

Was das LVR Landesjugendamt Rheinland (2019, S. 17) zum Zusammenhang von Partizipation und Beschwerdeverfahren in Kindertageseinrichtungen sagt, kann auch auf die JSA übertragen werden: „Partizipationsverfahren bilden eine zentrale Schnittstelle zu den Verfahrensabläufen eines intervenierenden Kinderschutzes, in dem sie präventiv zum Schutz von Kindern beitragen. Werden Kinderrechte konsequent zugesprochen, erfüllen sie einen wichtigen Baustein zur präventiven Sicherung des Kindeswohls. Durch Stärkung der Eigenverantwortlichkeit und geeignete Beschwerdeverfahren können Kinder sich besser vor Machtmissbrauch durch Fachkräfte schützen." Viele Einrichtungen der JSA entwickeln zurzeit solche Schutzkonzepte. Es kann empfohlen werden, sie mit den Konzepten zur demokratischen Partizipation zu verbinden.

3.6 Zusammenfassend: Ziele der strukturellen Verankerung demokratischer Partizipation in Jugendwerkstätten

Aus den konzeptionellen Elementen kann man zentrale Ziele der Einführung demokratischer Partizipation in Jugendwerkstätten und in der JSA allgemein ableiten.

Recht auf Selbstbestimmung und Mitbestimmung ausüben können

Die Einführung demokratischer Partizipation in den Jugendwerkstätten zielt darauf zu gewährleisten, dass die Jugendlichen ihr *Recht auf Selbst- und Mitbestimmung* in den Einrichtungen ausüben können. Diese Rechte ergeben sich besonders aus dem Grundgesetz und dem SGB VIII. Es geht mitnichten darum, demokratische Partizipation zu funktionalisieren, um mit ihrer Hilfe andere pädagogische Ziele zu erreichen. Selbst- und Mitbestimmung sind Menschenrechte und nicht Vehikel für etwas anderes. Die Ausübung demokratischer Partizipation kann erfreuliche Nebenwirkungen haben, darf aber nicht missbraucht werden, indem diese Nebenwirkungen in Hauptziele verwandelt würden. Wenn z. B. Jugendliche, wie im Projektbericht oben beschrieben, durch Partizipationsprojekte kooperative und berufliche Fertigkeiten erwerben, ist dieses begrüßenswert, aber nicht der Kernauftrag der Einführung demokratischer Partizipation.

Deren Wirkungsziele richten sich darauf, dass Jugendliche (ebenso wie die beteiligten Erwachsenen/Fachkräfte) *Demokratie praktizieren* und dabei immer weiter einüben. Demokratie muss von allen Beteiligten ständig weiter angeeignet werden, denn sie ist „die einzige politisch verfasste Gesellschaftsordnung, die gelernt werden muss – immer wieder, tagtäglich und bis ins hohe Alter hinein" (Negt 2010, S. 13).

Demokratiebildung und politische Bildung erfahren

Im Sinne dieses zur Wahrnehmung der demokratischen Rechte gehörenden Lernprozesses zielt die Einführung demokratischer Partizipation in der JSA auch darauf, dass Jugendliche *Demokratie verstehen, kritisieren und beeinflussen können.* Dieser Lernprozess wird ein Bildungsprozess, wenn Jugendliche und Fachkräfte ihre *Demokratiepraxis reflektieren* und ihre eigene aktive Aneignung und deren Folgen für die Entwicklung der eigenen Person erkennen und benennen können. Ein solcher reflexiver Aneignungsprozess von Demokratie durch ihre Ausübung wird hier als *Demokratiebildung* bezeichnet.

Der Inhalt von demokratischer Partizipation ist im weitesten Sinne ‚Politik'. Politik bedeutet (so der 16. Kinder- und Jugendbericht von 2020) die Herstellung, Durchsetzung und Infragestellung von Regelungen der Lebensführung der Beteiligten – in unserem Falle: in den Einrichtungen der JSA ebenso wie in der

Kommune, dem Kreis und der Republik. Wenn diese Regelungen auf demokratische Weise erzeugt, vermittelt und hinterfragt werden können, handelt es sich um demokratische Politik.

Politische Bildung zielt auf Wissensvermittlung und Aneignung kritischer Analyse bzw. Urteilsfähigkeit, und will politisches Handeln in Hinblick auf die jeweils behandelten politischen Gegenstände bzw. Konflikte ermöglichen (vgl. Wohnig 2022). Im Zusammenhang mit der Ausübung demokratischer Rechte können die Jugendlichen Interessen und Motive entwickeln, politische Prozesse und Fragen genauer zu verstehen, und sie benötigen dazu auch spezifisches Wissen. Statt es ihnen fremdbestimmt vorzusetzen, muss solche Wissensvermittlung an ihre Themen und Motive anknüpfen und die Inhalte sowie Vermittlungsformen müssen von ihnen mitbestimmt werden. Dann kann politisches Wissen die Entwicklung von Kritik- und Urteilsfähigkeit von Jugendlichen erweitern und ihr demokratisches Handeln stärken. Insgesamt zielt also die Ermöglichung der Wahrnehmung von Selbst- und Mitbestimmungsrechten auch darauf, dass die Beteiligten ihre eigenen *demokratischen Fähigkeiten erweitern*, inklusive dafür relevanter Wissensbestände, Fähigkeiten der kritischen Urteilsbildung sowie des aktiven politischen Handelns.

Inhaltlich wird es in allen Bildungsprozessen darum gehen, Selbstachtung, Selbstbewusstsein und Selbstwertschätzung zunehmend zu entwickeln und sich auf dieser Basis aktiv in die demokratischen Auseinandersetzungen und Entscheidungen einzubringen sowie auch praktisch einbringen zu können. Dazu gehört ein großes Spektrum von Fähigkeiten, die man sich kontinuierlich durch die Ausübung demokratischer Rechte aneignet, wie – neben vielem mehr – z. B.: sich in andere hineinversetzen und mit ihnen in Dialog treten können; Komplexität und Mehrdeutigkeit (Ambiguität) aushalten können; eigene Interessen und Positionen entwickeln, erkennen und vertreten können; aus eigenen Gefühlen Argumente entwickeln und anführen können; Konflikte aushalten und sie nicht gewaltsam, sondern argumentativ austragen können; Konsens anstreben, aber auch Kompromisse und Dissense als Ergebnisse anerkennen können.

Inklusive und fürsorgliche Demokratie praktizieren

Eine demokratische Praxis besteht aber nicht nur aus Rechten, Gremien und Verfahren, sondern auch aus einer spezifischen Mitverantwortung und Fürsorge, die die Mitglieder der Entscheidungsgemeinschaft füreinander ausüben. Eine solche ‚*Caring Democracy*' (Tronto 2013) zielt darauf, dass die Beteiligten so füreinander sorgen, dass ihre Fähigkeiten und Möglichkeiten mitzubestimmen und mitzuverantworten gesteigert werden. Das muss in doppelter Weise gerecht geschehen: Gerecht in Blick auf die Verteilung der Aufgaben der Fürsorge ebenso wie auf die gerechte Verteilung des Empfangs solcher Zuwendung und Unterstützung. Wenn alle unterschiedlichen Beteiligten gerecht, und doch jeweils in ihren spezifischen Bedarfen und Fähigkeiten ggf. unterschiedlich unterstützt werden, sich in die Demokratie mitverantwortlich einzubringen, wird eine *inklusive Demokratie* möglich.

Begrüßenswerte Nebenwirkungen: Selbstwirksamkeit, Gemeinwirksamkeit, Widerstandsfähigkeit

Eine demokratisch-partizipative Regelung der Fragen der gemeinsamen Lebensführung in pädagogischen Einrichtungen und in der Gesellschaft hat eine ganze Reihe von positiven Folgen für die psychosoziale Befindlichkeit und gesellschaftliche Handlungsfähigkeit der Beteiligten. Im Abschnitt „Lebenslagen und Partizipationschancen erkennen" ist bereits darauf verwiesen worden, dass die Erfahrung demokratischer Partizipation die Selbstwirksamkeitserwartungen ebenso wie die Gemeinwirksamkeitsfähigkeiten der Beteiligten steigern kann. Das ist gerade für die benachteiligten Jugendlichen, also die Zielgruppen der JSA, besonders wichtig. Partizipation kann im besten Fall ihren jeweiligen Erfahrungen von Randständigkeit und Ausgrenzung und/oder Missachtung und Ohnmacht Erfahrungen von Beteiligung und Integration, Selbstachtung und Bemächtigung entgegensetzen. Ihre Fähigkeiten, das eigene Leben zu bewältigen *und* sich gesellschaftlich mitbestimmend und mitgestaltend einzubringen, können gestärkt werden.

Die Erwartung und Erfahrung, durch aktives Handeln das eigene und gemeinschaftliche Leben bewältigen und beeinflussen zu können, ist ein zentrales Element von Wohlbefinden und Zufriedenheit. Besonders zentral dafür ist die Erfahrung eines kohärenten Zusammenhanges von Handlungsfähigkeit, Verstehensfähigkeit und Sinnhaftigkeit des eigenen Lebens und Handelns (zu diesem Konzept vgl. Faltermaier 2023). Demokratiebildung steigert potenziell die Möglichkeit, die eigene Handlungsfähigkeit kennenzulernen/zu erweitern, soziale, gesellschaftliche und politische Prozesse erkennen und verstehen zu können und im Zusammenwirken mit anderen einen Sinn der gemeinsamen Lebensführung zu entwickeln. Dieser Zusammenhang stärkt die Widerstandsfähigkeit[18] des Individuums und seiner Kollektive gegen problematische Lebensverhältnisse, schwierigen gesellschaftlichen Lebensbedingungen und ungerechten Machtverhältnissen (auch in demokratischen Settings vom Staat bis zur sozialpädagogischen Einrichtung). Die Erfahrung demokratischer Partizipation lässt dabei das Individuum mit seinen Bewältigungsanstrengungen nicht allein, sondern gerade

18 Absichtlich ist hier nicht von ‚Resilienz' die Rede. Aktuell gängige Resilienzkonzepte haben deutliche neoliberale Implikationen (vgl. z. B.: Syrovatka, Felix (2019): Resilienz als Fortschreibung neoliberaler Krisenbearbeitung. In: PROKLA, Heft 197, 49. Jg. 2019, Nr. 4, 597–615; oder Graefe, Stefanie (2019): Resilienz im Krisenkapitalismus), Bielefeld.

aus der kooperativ-demokratischen Bearbeitung von Problemstellungen entsteht eine solidarische soziale und gesellschaftliche Anstrengung, Verhältnisse positiv zu verändern.

Begrüßenswerte Nebenwirkungen für Ausbildung und (kritische) Eingliederung in die Arbeitswelt

Demokratische Partizipation als Handlungsweise der kooperativen und verständigungsorientierten Bearbeitung und Lösung von Problemstellungen und Konflikten hat auch positive Nebenwirkungen für die Erreichung der Ziele der JSA im Sinne des § 13 SGB VIII. ‚Arbeit', im weitesten Sinne, dient der Produktion und Reproduktion des menschlichen Lebens, und wenn Fragen der gesellschaftlichen Lebensführung auch in den Einrichtungen der JSA gemeinsam erkannt und demokratisch angegangen werden, können hier grundsätzliche Fähigkeiten des Arbeitsvermögens angeeignet werden. Dazu gehört es, Probleme und Bedarfe erkennen und analysieren zu können, Handlungspläne zu entwickeln und zu erproben, geeignete Handlungsweisen zu finden, zu nutzen und zu verbessern, mit Frustration, Fehlern und Misserfolgen umzugehen, mit anderen zu kooperieren und sich gegenseitig zu unterstützen, Disziplin und Durchhaltefähigkeit zu entwickeln usw. Wenn demokratische Partizipation so gestaltet ist, dass sie ‚echte', also nicht künstlich didaktisch erdachte und vorgesetzte Problemstellungen zu Fragen der Lebensführung mit den Jugendlichen entdeckt und bearbeitet, entsteht darüber auch der Bezug zu zahlreichen Tätigkeiten, die in Berufen spezialisiert sind. Es wird also auch Berufsorientierung möglich, wenn soziale Probleme und Fürsorgebedarfe bewältigt werden müssen, Versorgungseinrichtungen und Möblierungen im Haus gebaut und verbessert werden müssen, Essen und Trinken gemeinsam gestaltet werden, modische und arbeitssichere Kleidung getragen und hergestellt werden muss usw. Wenn die Jugendlichen mitverantwortlich und eigenaktiv solche Fragen und Projekte angehen, kommen sie ebenfalls mit vielen anderen Berufen und Organisationen in der Gesellschaft in Kontakt und können diese kennenlernen. Die Jugendlichen erfahren sich dann weniger als Objekte pädagogisch inszenierter Lernsettings, sondern als aktive Gestalter:innen der gemeinsamen Lebensführung in Einrichtung und Gesellschaft.

Eine spezifisch demokratische „Eingliederung in die Arbeitswelt" (§ 13 SGB VIII) ist auch immer eine kritische. Demokratisch Partizipation ist nicht denk- und machbar ohne Widerständigkeit (hier der Jugendlichen): Wer aufgefordert ist mitzusprechen und mitzuentscheiden, übt, einen kritischen Blick auf die Lebensverhältnisse und politischen Regelungen zu werfen, die unter Veränderungsvorbehalt stehen müssen, wenn sie demokratisch sein wollen (vgl. Saar 2025, S. 74). Das gilt für die sozialpädagogischen Eingliederungsanstrengungen, aber auch für die Erfahrungen, die Jugendliche in kapitalistischen Betrieben und Unternehmen machen. Axel Honneth (2023) zeigt, wie heute weiterhin kapitalistische Arbeitsverhältnisse die Chancen des „arbeitenden Souveräns" mindern, sich demokratisch zu beteiligen, und entsprechend sind die Fragen drängend, ob und wie ‚betriebliche Mitbestimmung' realisiert werden kann. Da Demokratiebildung in der JSA sich auch als politische Bildung versteht, sind auch die kritischen Wahrnehmungen der Jugendlichen im Übergang zur Arbeit in Betrieben aufzugreifen, gemeinsam reflexiv zu vertiefen und nach Thema und Möglichkeit mit politischen Handlungsinitiativen zu beantworten.

3.7 Schritte und Rahmenbedingungen für eine professionelle Ermöglichung demokratischer Partizipation

Das hier entwickelte Konzept einer strukturell verankerten demokratischen Partizipation in Jugendwerkstätten stellt hohe Ansprüche an professionelles Handeln von Fachkräften. Es lässt sich kaum auf einen ‚Ruck' insgesamt in Jugendwerkstätten einführen. Angemessen ist eine schrittweise Entwicklung, Erprobung und Verbesserung. Der Kern einer strukturellen Verankerung demokratischer Partizipation liegt in der Bestimmung konkreter Beteiligungsrechte der Jugendlichen und Fachkräfte sowie in der Einrichtung von Gremien und Verfahren, die sichern, dass und wie diese Rechte umgesetzt werden. Meint man es ernst mit der strukturellen Verankerung, wird die Einführung der Rechte, Gremien und Verfahren Priorität haben. Dennoch kann es Sinn ergeben, dass sich Einrichtungen und Teams zunächst überhaupt an die Ermöglichung von Partizipation von Jugendlichen in den Werkstätten herantasten. So sind auch die Teilprojekte der Landesjugendämter Westfalen-Lippe und Rheinland zur Erprobung von Demokratiebildung in der JSA vorgegangen. In diesem Sinne wird hier auch ein schrittweises Vorgehen empfohlen:

Schritt 1: Partizipationsprojekte zu lebensweltlichen Themen der Jugendlichen in den Werkstätten erproben

Die GEBe-Methode benötigt keine formalen Rechte und Gremien. Sie startet bei der Beobachtung des alltäglichen Handelns der Jugendlichen in den Werkstätten. In diesem Handeln entdecken die Fachkräfte mögliche Themen, Interessen oder Probleme, die mit den Jugendlichen später in einer projekthaften Arbeitsweise angegangen werden können. Aus ihren Beobachtungen leiten die Fachkräfte Hypothesen über mögliche Themen der Jugendlichen ab und klären mit ihnen im Dialog, was genau sie beschäftigt. Dann entwickeln sie partizipative Projektschritte, um diese Themen gemeinsam umzusetzen. Im Vorgängerprojekt ‚Demokratiebildung in der JSA' (2022) wurden z. B. folgende Themen entdeckt und in Projekten umgesetzt: Sitzgelegenheiten für die Holzwerkstatt bauen; einen Chillraum einrichten; selbst in der Jugendwerkstatt kochen, bewusst mit

Essensresten umgehen und ein Kochbuch erstellen; soziale Unsicherheiten und Ängste in einem Theaterstück verarbeiten. Die Arbeitsweise wurde ausführlich in dem o. g. Projektbericht dargestellt und wird hier deshalb nicht wiederholt.

Die Evaluation des Vorgängerprojekts zeigte, dass die Fachkräfte durch eine versuchsweise Annäherung an Partizipation den Jugendlichen mehr Beteiligung zutrauten, ihre Fähigkeiten zu demokratischen Aushandlung schätzen lernten, die Qualität einer gemeinsamen Gestaltung des Zusammenlebens in der Werkstatt erkannten und viele positive Bildungseffekte als Nebenwirkungen demokratischer Partizipation entdecken konnten. Die Verstetigung der GEBe-Arbeitsweise führte in den Werkstätten zu dem Wunsch, Partizipation auf Dauer zu stellen. Damit war der Übergang zu einer formalen bzw. strukturellen Verankerung von Partizipation eröffnet.

Schritt 2: Rechte, Gremien und Verfahren der Partizipation bestimmen

Die in dem hier berichteten Teilprojekt zur strukturellen Verankerung von Partizipation in den beteiligten Jugendwerkstätten des ‚Berufsorientierungszentrums Ahaus' (BOZ) und der ‚Jugendhilfe Köln e.V.' hatten bereits am Vorgängerprojekt teilgenommen und Erfahrungen mit der GEBe-Methode gesammelt. Daraufhin haben sie für sich unterschiedliche Schwerpunkte der Einführung demokratischer Partizipation gewählt: Im BOZ Ahaus wurde der Schwerpunkt auf die Einführung von Gremien und Verfahren demokratischer Partizipation, konkret eines Jugendrates gesetzt; im Projekt in Köln haben die Fachkräfte für drei Jugendwerkstätten sehr konkrete Rechte der Information, Anhörung, Selbstbestimmung und Mitbestimmung der Jugendlichen entwickelt, die sie der Arbeit in ihrem bereits bestehenden Jugendrat zugrunde legen konnten. Über diese Schritte haben beide Einrichtungen auch begonnen, die anderen Elemente demokratischer Partizipation zu realisieren, insbesondere durch die Ermöglichung von Öffentlichkeit in den Jugendwerkstätten.

Schritt 3: Unterstützung durch Leitung/Träger sichern

Die strukturelle Verankerung von Beteiligungsrechten und Verfahren der demokratischen Partizipation in den Einrichtungen ist eine grundsätzliche Veränderung der pädagogischen Arbeitsweisen. Die Macht pädagogischer Fachkräfte wird selbstkritisch reflektiert und strukturell mit den Jugendlichen geteilt. Damit geht es um die Gestaltung der Grundverhältnisse der pädagogischen und generationellen Beziehungen und Kooperationen. Eine solch entscheidende konzeptionelle Innovation kann nur starten und gelingen, wenn Leitungen und Träger dieses wollen und aktiv unterstützen. Sie müssen sich klar darüber sein, dass diese Arbeitsweisen nicht ‚mal eben nebenbei' realisiert werden können. Im Gegenteil, eine halbherzige und misslingende Einführung struktureller Partizipation bringt die Gefahr mit sich, dass Jugendliche und Fachkräfte negative Erfahrungen mit Demokratie machen und ihre Bereitschaft zur demokratischen Beteiligung geschwächt wird, statt Stärkung zu erfahren. Deshalb ist eine fachliche Auseinandersetzung von Leitungen und Trägern mit dem Konzept Voraussetzung seiner Realisierung. Leitungen/Träger müssen sich vorher bewusst machen, welche Ressourcen sie den Fachkräften bzw. Teams zur Verfügung stellen (müssen bzw. wollen), um demokratische Partizipation zu entwickeln. Das bedeutet auch, dieses Konzept in ein Verhältnis zu anderen konzeptionellen Schwerpunkten zu setzen, die sie schon verfolgen oder noch einführen wollen. Die Gesamtbelastung der Fachkräfte mit divergierenden fachlichen Anforderungen muss realistisch ausbalanciert werden. Allerdings ist die Aufgabenstellung der Realisierung demokratischer Beteiligung von Jugendlichen in den Werkstätten keine wirklich zusätzliche Arbeit. Die Aufgabe ergibt sich klar aus der gesetzlichen Grundlegung des sozialpädagogischen Handelns in der Kinder- und Jugendhilfe. JSA ist deshalb fachlich nicht mehr völlig ohne Anstrengungen zur Realisierung von mehr Beteiligung denkbar. Dennoch bleibt es die Verantwortung der Leitungen und Träger, die anspruchsvolle Einführung solcher Arbeitsweisen bewusst zu entscheiden, detailliert zu planen und aktiv zu unterstützen.

Schritt 4: Zeit- und Personalressourcen bereitstellen

Die GEBe-Methode schlägt vor, dass sich Teams (etwa von Gewerken in den Werkstätten) einmal in der Woche eine Stunde Reflexionszeit für die Entwicklung und Begleitung von Partizipationsprojekten reservieren. In der Praxiserprobung von GEBe ebenso wie zur strukturellen Verankerung wurde oft mit den Fachkräften diskutiert, ob dieser Zeitbedarf erstens nötig und zweitens machbar sei. Nötig ist er, weil sozialpädagogische Professionalität Zeiten benötigt, in denen sie mithilfe fachlichen Wissens reflektiert, was die Teilnehmenden *tun*, wie das hypothetisch zu *verstehen* sei und wie solche Hypothesen wieder in einen *Dialog* mit den Jugendlichen zurückgebracht werden können. Das ist eine Kurzformel des Konzepts reflexiver Professionalität (Dewe/Otto 2005) in der Sozialen Arbeit, das in diesem Feld starke Verbreitung gefunden hat. Wenn Professionalität völlig im Handeln mit den Nutzer:innen (plus Organisation und Bürokratie) aufgeht, und weder Zeit noch Verfahren der Reflexion von Fällen und/oder Themenstellungen der Jugendlichen zur Verfügung stehen, kann streng genommen nicht mehr von Professionalität gesprochen werden. Allein die Qualitätssicherung fachlicher Arbeit in den Jugendwerkstätten verlangt also solche reflexiven Zeiten. Die GEBe-Methode stellt dafür ein Verfahren zur Verfügung.

Die Erprobung von Projekten mit der GEBe-Methode und die Entwicklung von Rechten, Gremien und Verfahren wird zunächst mehr Zeit benötigen, um sich diese Arbeitsweisen anzueignen und ihre Grundlagen zu entwickeln. Die Evaluationen von demokratischer Partizipation in Kitas zeigen jedoch, dass als erfreuliche Nebenwirkung der Beteiligung der Jugendlichen eine Arbeitsentlastung der Fachkräfte eintritt: Die Jugendlichen nehmen das Geschehen mehr selbstverantwortlich in die Hand, und weil es durch alle Beteiligten entwickelte Regelungen des Zusammenlebens gibt, fallen viele Disziplinierungstätigkeiten von Fachkräften weg. Das kann analog auch in der JSA erwartet werden. Zeiten für Planung demokratischer Partizipation und die Reflexion und Weiterentwicklung ihrer Praxis lohnen sich also: Professionalität wird qualifiziert einlösbar und die Jugendlichen entwickeln dadurch intensive (demokratische, soziale und persönliche) Bildungsprozesse.

Trotz der gemeinsamen Verantwortung von Fachkräfteteams zeigen die Praxiserprobungen in der JSA, dass es nützlich ist, Kolleg:innen mit spezifischen Aufgaben zur Förderung der Partizipation zu betrauen. Dabei ist es unterstützend, wenn einzelne Fachkräfte regelmäßig Gremien wie Jugend- oder Gruppenräte einberufen und die Tagesordnung moderieren. Selbstverständlich wird man immer versuchen, dass diese Aufgaben zunehmend durch Jugendliche selbst wahrgenommen werden können, aber gerade zu Anfang ist solche Assistenz notwendig. Ebenfalls können Aufgaben der Unterstützung der Mediennutzung und der Ermöglichung von Öffentlichkeit einzelnen Fachkräften zugeordnet werden.

Schritt 5: Fortbildung und fachlichen Austausch anbieten

Obwohl gesetzlichen Regelungen zur Beteiligung von Kindern und Jugendlichen schon lange bestehen und methodische Orientierungen dazu vorliegen, gibt es bei sozialpädagogischen Fachkräften weiterhin Mängel an fachlichen Kenntnisse und Kompetenzen zur Umsetzung von Partizipation. Sie benötigen Unterstützung durch spezifische Fortbildungen und inhaltliche Beratungen, gerade bei der Einführung solcher Verfahren. In den Modellprojekten zur Demokratiebildung in der JSA zeigte sich eine besondere Chance auch im fachlichen Austausch von Fachkräften unterschiedlicher Jugendwerkstätten. Nachdem nun die technischen Möglichkeiten von Videokonferenzen etabliert sind, können sich Fachkräfte aus unterschiedlichen Einrichtungen auch über große räumliche Distanzen hinweg treffen, sich zu ihren Erfahrungen mit demokratischer Partizipation austauschen und gegenseitig unterstützen.

Schritt 6: Demokratische Partizipation der Mitarbeitenden ermöglichen

Wenn Fachkräfte die demokratische Partizipation von Teilnehmenden fördern sollen, stellt sich schnell die Frage, wie es denn mit ihrer eigenen Partizipation in der Regelung der Angelegenheiten der gesamten Einrichtung beim Träger bestellt ist. Man kann annehmen, dass die Qualität der Partizipation, die Fachkräfte für Jugendliche ermöglichen, zusammenhängt mit ihren eigenen Chancen, Arbeitsverhältnisse demokratisch mitbestimmen zu können (vgl. zu dieser Frage im

Kita-Bereich Voigtsberger 2017). Konzepte moderner Teamführung orientieren sich an solchen demokratischen Ansätzen. Auch für die Fachkräfte muss klar sein, welche Rechte und Verfahren eigener Partizipation ihnen zur Verfügung stehen, und diese müssen konkret nutzbar werden. Das gilt es schon für die Einführung der Aufgabe demokratische Partizipation durch Leitungen oder Träger zu gewährleisten. Es ist kontraproduktiv, wenn diese Aufgabe autoritär gesetzt wird. Stattdessen ist es nötig, sie mit den Fachkräften/Team zu diskutieren und gemeinsam Einführungsweisen zu bestimmen, die für die Fachkräfte machbar und motivierend sind.

4 Demokratische Partizipation im Berufsorientierungszentrum (BOZ)

Das Berufsorientierungszentrum (BOZ) hat bereits seit 2021 am Modellprojekt zur Demokratiebildung in der JSA teilgenommen. Im Folgenden wird die Einrichtung kurz vorgestellt, dann werden ihre Aktivitäten und Erfahrungen zur strukturellen Verankerung demokratischer Partizipation in den Jugendwerkstätten berichtet und ausgewertet. Den Text dieses Berichts haben die am Projekt Beteiligten Mitarbeitenden des BOZ Ahaus vorab zugestellt bekommen. Sie hatten die Gelegenheit, den von mir erstellten Bericht zu prüfen und ihm ggf. zu widersprechen bzw. ihn zu korrigieren. Der vorliegende Text ist das geteilte Ergebnis dieses Partizipationsprozesses. Besonders Klaudia Stornowski, die den Gruppenrat der Jugendlichen begleitete, hat diese Aufgabe wahrgenommen und wichtige Ergänzungen und Verbesserungen für den Bericht vorgeschlagen – ganz herzlichen Dank dafür! Vielen Dank sage ich Norbert Buß und Beate Gesing-Erpenbeck, die als Leitung des BOZ das Projekt stark gefördert haben. Sonja Schaten hat als Nachfolgerin von Norbert Buß als Leiterin des BOZ Ahaus das Projekt aktiv unterstützt. Norbert Buß hat zudem als langjähriger Vorsitzender des Arbeitsausschusses zur Trägerkonferenz der JSA Westfalen-Lippe (ATK) zusammen mit Petra Beckersjürgen vom Landesjugendamt Westfalen-Lippe schon 2021 das erste Projekt zur „Demokratiebildung in der JSA" angeschoben – merci vielmals!

Die Einrichtung

Das BOZ gehört zum Träger ‚Berufsbildungsstätte Westmünsterland GmbH für Handwerk und Industrie'. Das BOZ ist spezialisiert auf Jugendliche mit schlechteren Startchancen und mit sozialen und/oder individuellen Benachteiligungen. Es arbeitet sowohl im Rahmen der JSA nach § 13 SGB VIII als auch im Auftrag der ‚Arbeitsagentur' und in Zusammenarbeit mit der ‚Kreishandwerkerschaft

Borken'. Das Projekt zur Demokratiebildung fokussierte auf fünf Jugendwerkstätten bzw. Gewerke, in denen Jugendliche in unterschiedlichen Angeboten zusammen lernen und arbeiten. Die fünf Gewerke waren Farbe, Metall, Holz, Hauswirtschaft, Lager/Handel. Hinzu kommen zwei Jugendwerkstätten (,Rampe' und Schulersatzmaßnahme) sowie vier Angebote der Ausbildung in den Werkstätten für Holz, Farbe, Metall und Hauswirtschaft.

Aus folgenden Angeboten nahmen Jugendliche der Gewerke bzw. Werkstätte teil (vgl. zum Folgenden die Website des BOZ[19]):

- Jugendwerkstatt – Rampe
  Teilnehmen können Jugendliche mit hohem sozialpädagogischem Betreuungsbedarf, die ihre Vollzeitschulpflicht erfüllt haben, in einer Vollzeitmaßnahme verschiedene Berufsfelder kennenlernen und nach Bedarf Stütz- und Berufsschulunterricht erhalten, ebenso wie sie Schulabschlüsse nachholen können.
- Jugendwerkstatt für geflüchtete Menschen
  Diese Vollzeitmaßnahme wendet sich an geflüchtete Menschen bis 27 Jahre, die sich hier eine Arbeitsmarktorientierung und Tagesstruktur aneignen, Sprachbarrieren abbauen und Berufsorientierung entwickeln können.
- (Behindertenspezifische) Berufsvorbereitung
  Teilnehmen können Jugendliche (in Abklärung ihrer Voraussetzung mit der Berufsberatung der Arbeitsagentur) nach Erfüllung der allgemeinen Schulpflicht und junge Erwachsene, die noch keine abgeschlossene Berufsausbildung haben. In der Maßnahme können Sie sich beruflich orientieren, sich auf Ausbildung oder Arbeitsplatz vorbereiten und ggf. Schulabschlüsse nachholen.
- Behindertenspezifische Berufsvorbereitung
  Teilnehmen können Jugendliche nach Erfüllung der allgemeinen Schulpflicht und junge Erwachsene, die noch keine abgeschlossene Berufsausbildung haben und bei denen eine Behinderung, primär eine Lernbehinderung, festgestellt wurde. Die Inhalte sind ähnlich wie in der allgemeinen Berufsvorbereitung.
- Berufsausbildung und Arbeitsvermittlung
  An diese Maßnahmen nehmen Jugendliche teil, die Probleme haben, die Ausbildungsphase zu bewältigen und einen erfolgreichen Abschluss zu machen. Zu den Angeboten gehören Assistierte Ausbildung, Begleitete betriebliche Ausbildung für junge Menschen mit Förderbedarf, Berufsausbildung nach § 117 SGB III sowie die Integration von Rehabilitanden in den ersten Arbeitsmarkt.
- In den Werkstätten werden (jeweils unterschiedlich nach Maßnahmen) durchschnittlich 12 Jugendliche in den einzelnen Gruppen von sozialpädagogischen und handwerklichen Fachkräften unterstützt.

---

19 https://www.bbs-ahaus.de/arbeitsfelder/berufsorientierungszentrum-boz/

4.1 Schwerpunkt: Strukturelle Verankerung von demokratischen Gremien und Verfahren

Es haben insgesamt drei sozialpädagogische Fachkräfte des BOZ an den unterschiedlichen Teilprojekten zur Demokratiebildung in der JSA teilgenommen: aus der Jugendwerkstatt, aus der Beratungsstelle der Einrichtung und die stellvertretende Leiterin. Das erste Teilprojekt richtete sich auf die Einführung der GEBe-Methode[20] in der Jugendwerkstatt, und aus der Erfahrung damit beschlossen Leitung und Fachkräfte im März 2019, einen Jugendrat einzurichten. In den beiden zeitgleich laufenden Teilprojekten (Teilprojekt 2 zur Demokratiebildung in Beratungsstellen der JSA und Teilprojekt 3 zur strukturellen Verankerung von Demokratiebildung) entschieden die teilnehmenden Fachkräfte zusammen mit Leitung und Kolleg:innen, die strukturelle Verankerung und Weiterentwicklung des Jugendrates zum Zentrum ihrer Demokratieorientierung im BOZ zu machen. Die Beratung des Projekts durch Benedikt Sturzenhecker begann im Februar 2023. Im Folgenden wird zunächst beschrieben, wie der Jugendrat eingerichtet wurde, wie er arbeitet und welche Inhalte er behandelt und welche Projekte er durchführte. Danach werden die Erfahrungen in Bezug auf Erfolge und verbleibende Schwierigkeiten ausgewertet.

Einrichtung des demokratischen Jugendrates/Gruppenrates

Um Strukturen kontinuierlicher Partizipation einzurichten, wurde ein repräsentatives Mitbestimmungsmodell gewählt. Die Basis stellen die jeweiligen Gruppen der Jugendlichen in den Werkstätten der Berufsvorbereitung, der Ausbildung (zu den Themen Metall, Farbe, Hauswirtschaft, Holz, Lager/Handel) und der Jugendwerkstatt dar. Diese Gruppen wählen je eine:n Gruppensprecher:in und eine:n Stellvertreter:in, die sich zum Jugendrat versammeln. Der Rat hat eine einjährige Wahl- und Arbeitsperiode und tagt etwa einmal im Monat, bei Bedarf werden Sondersitzungen einberufen. Die Wiederwahl von Sprecher:innen ist möglich. In den regelmäßigen Gruppenbesprechungen in den Werkstätten können Themen aufgebracht werden, die dann durch die Sprecher:innen in den Jugendrat eingebracht werden. Je nach inhaltlichem Bedarf, trifft sich der Jugendrat mit der Leiterin des BOZ, trägt gemeinsam verabschiedete Vorschläge des Jugendrates und der Basisgruppierungen vor und sucht mit der Leitung nach Lösungen. Der Jugendrat veranstaltet auch Aktionen oder Projekte, die aus den Diskussionen der Werkstattgruppen entstehen (z. B. ein Fußballturnier). Die Sprecher:innen berichten ihren Basisgruppen mithilfe eines Protokolls über die Themen und

20 „GEBe-Methode“ ist die Abkürzung der Methode zur Förderung gesellschaftlich demokratischen Engagements von benachteiligten Kindern und Jugendlichen. Sie wurde ausführlicher im Bericht zum Teilprojekt 1 dargestellt. Zur Methode en Détail vgl. Sturzenhecker 2015 und Sturzenhecker/Glaw/Schwerthelm 2020.

Abstimmungen im Jugendrat und diskutieren mit ihnen die anstehenden Entscheidungsfragen. Sie nehmen Positionen und Vorschläge ihrer Werkstattgruppe auf und bringen diese wiederum in den Jugendrat ein. Im Jugendrat wird im Konsens oder mit einfacher Mehrheit entschieden. Das zunächst von der Leitung als ‚Jugendrat' benannte und eingeführte Gremium wurde von seinen Mitgliedern im Mai 2023 in ‚Gruppenrat' umbenannt. Damit wurde die Rückbindung an und Rechtfertigungspflicht der Sprecher:innen vor den eigenen Basisgruppen der Gewerke betont. Deshalb wird hier auch im Weiteren der Begriff ‚Gruppenrat' verwendet.

Die Rolle der begleitenden Fachkräfte

Die Sitzungen des Gruppenrates wird durch zwei Fachkräfte begleitet und moderiert. Sie nehmen eine Art Geschäftsführungsposition ein und haben kein Stimmrecht. Diese Begleiter:innen organisieren den jeweiligen Sitzungsraum, suchen bereits im Vorfeld der Sitzungen mit den Vorsitzenden und Stellvertretern des Gruppenrates relevante Themen für die Tagesordnung, stellen diese dann zusammen und laden die Jugendlichen schriftlich zur Sitzung des Gruppenrates ein. In Absprache mit den Fachkräfteteams der einzelnen Gewerke sorgen sie dafür, dass jährlich Wahlen stattfinden. Bei Bedarf können sie über Positionen des Fachkräfteteams zu einzelnen Entscheidungsfragen im Gruppenrat berichten.

Die Begleiter:innen handeln nach dem Prinzip, die Jugendlichen intensiv zur Übernehme von Verantwortung für die Angelegenheiten des Jugendrates aufzufordern, sie aber auch mit Rat und organisatorischen Hilfestellungen zu unterstützen, wenn das nötig erscheint, um die Handlungs- und Entscheidungsfähigkeit des Rates zu fördern.

Daraus folgt auch, den Mitgliedern des Gruppenrates ebenso wie den Jugendlichen der Basisgruppen Kenntnisse und Fähigkeiten an die Hand zu geben, die sie brauchen, um in demokratischen Verfahren angemessen beraten und entscheiden zu können. Dabei geht es etwa um Gesprächsregeln, Moderations- und Visualisierungstechniken, Umgang mit einer Tagesordnung, Entwicklung von wichtigen Aspekten einer Geschäftsordnung, Abstimmungsverfahren, Wahlverfahren etc. Die Begeleiter:innen unterstützen den:die Vorsitzende:n, die Sitzung vorzubereiten und zu leiten. Bei Bedarf stehen sie auch für einzelne Abgeordnete zur Verfügung, um diesen zu helfen, eine eigene Position zu entwickeln und argumentativ zu vertreten. Das heißt auch, dass sie das Gremium darauf aufmerksam machen können, wenn einzelnen Mitglieder ‚an den Rand rutschen', sich nicht mehr einbringen oder gar sozial aus den Debatten und Entscheidungen ausgeschlossen werden. Zu dieser Aufgabe kann ebenso gehören, den Rat auf demokratisch unangemessene Machtstrategien (Herumbrüllen, unter Druck setzen, Herabsetzen, Abqualifizieren etc.) einzelner Mitglieder aufmerksam zu machen. Ob und wie der Rat damit umgehen will, muss er dann selbst entscheiden. Die Begleiter:innen können als Korrektiv wirken, um die Inklusion aller in die Verhandlungen des Rates zu gewährleisten. Sie initiieren auch Reflexionen des Gruppenrates zu seinen eigenen Prozessen. Sie ermöglichen eine selbstkritische Distanz, um die demokratischen Prozesse benennbar, verstehbar und – wo nötig – kritisierbar zu machen. So entstehen Chancen der Demokratiebildung, wenn die Ratsmitglieder Begriffe dafür entwickeln, wie sich ihre Demokratieerfahrungen entwickeln; sie üben Kritik- und Urteilsfähigkeit auch in Bezug auf das eigene demokratische Handeln ein.

Die Begleiter:innen unterstützen die Mitglieder des Gruppenrates, anstehende Themen aus den Basisgruppen der Gewerke zu entwickeln und Vorschläge und Positionen von dort in den Rat einzubringen. Das gilt auch für den umgekehrten Weg, auf dem die Sprecher:innen ihren Gruppen über Themen, Argumentationen, Prozesse und Entscheidungen berichten und wiederum deren Rückmeldungen dazu einholen. Dazu fertigen die Begleiter:innen Protokolle zu den Gruppenrat-Sitzungen an, und diese können die Sprecher:innen dann nutzen, um ihren Gewerkgruppen zu berichten.

Im Rahmen ihre Aufgabe der Vermittlung demokratischer Handlungsprinzipien erweitern die Begleiter:innen auch die Perspektiven der ‚Abgeordneten' durch Angebote politischer Bildung. Sie setzen die demokratischen Strukturen und Arbeitsweisen des Gruppenrates in Bezug zur kommunalen und staatlichen Demokratie in Land und Bund. Das wird weiter unten genauer berichtet. Anderen Aktivitäten politischer Bildung (wie z. B. eine Gedenkstättenfahrt) richten sich an alle Jugendlichen im BOZ.

Demokratische Besprechungen in den Basisgruppen der Gewerke

Alle Macht geht von den Jugendlichen in den Gewerk-Gruppen aus, so könnte man das Grundgesetz hier auf die Demokratiestruktur im BOZ übersetzen. Das betonen die Sprecher:innen, wenn sie den ursprünglichen ‚Jugendrat' in ‚Gruppenrat' umbenennen. Doch wie kommt es in den Gruppen zu demokratischen Diskussions- und Entscheidungsprozessen und zu Eingaben und Stellungnahmen an den Gruppenrat?

Zur Entwicklung von möglichen Themen der demokratischen Partizipation aus dem Alltag des Zusammenlebens im BOZ lernten die Fachkräfteteams in den Gewerken die GEBe-Methode kennen. Die Methode hilft, aus der Beobachtung des alltäglichen Handelns der Jugendlichen deren Themen, Interessen, Konflikten, Fragen etc. zu erkennen. Diese können dann Inhalte demokratischer Entscheidungen und gemeinsamer Projekte werden. Die Einführung der GEBe-Methode geschah zu einem durch die drei Kolleg:innen, die an den anderen Teilprojekten zur Demokratiebildung in der JSA teilgenommen und dort die Methode erprobt hatten. Zum anderen bot Benedikt Sturzenhecker den Fachkräften eine eintägige Fortbildung zur Methode an. Ebenfalls fand eine Fortbildung für

Mitglieder des Gruppenrates und weiteren interessierten Jugendlichen statt, in denen Benedikt Sturzenhecker diesen die Methode vermittelte. Ziel war es auch, Jugendliche und Fachkräfte gleichermaßen über die Methode und ihren Sinn zu informieren. So wussten beide beteiligten Gruppierungen, wie Themen der Partizipation aus dem gemeinsamen Alltag entwickelt werden können.

Sowohl zur Entdeckung von inhaltlichen Themen, wie auch zur methodischen Vorgehensweise in den Gruppengesprächen der Gewerken wurden folgende Kurzanleitungen verfasst:

Methodische Anregung:

A. Wie können die Mitarbeiter:innen in den Gruppen der Gewerke die Jugendlichen unterstützen, Themen für den Jugendrat zu finden? Durch Nutzung der GEBe-Methode.

1. Beobachten, was die Jugendlichen im Zusammenleben im BOZ tun und sagen. Alles gilt, egal, ob man schon Bezüge zur Mitbestimmung erkennt oder nicht! Sich darüber Notizen machen, was man (von wem) gesehen und gehört hat.
2. Regelmäßige Mitarbeiter:innen-Besprechung zu den Beobachtungen, über die im Vorfeld der Gruppenbesprechungen Themen entwickelt werden:
   - Was haben wir beobachtet?
   - Was ist für die Jugendlichen (nicht nur für Individuen) gerade besonders interessant, wichtig, dringlich? UND NICHT für uns Mitarbeitende!!!
   - Welches Thema spiegeln wir ihnen wie zurück? „Das haben wir bei euch entdeckt. Um was geht es euch genau? Wen geht es an?"
   - Bildhafte Medien (Mittel) nützen, um ihnen das Thema vorzustellen. Das vermutete Thema mithilfe der medialen Gestaltung UNAUFDRINGLICH einbringen.
   - Wenn die Jugendlichen ‚anbeißen', ihre Reaktionen aufgreifen und dokumentieren (auch wieder mit Medien).
   - Ihnen erkennbar machen, was sie zu dem Thema meinen. Welche Argumente sie vorbringen.
   - Mit ihnen Dialoge führen, die ihnen helfen, besser zu klären, um was es ihnen dabei geht.
   - ACHTUNG: Nicht Themen der Mitarbeitenden aufdrängen! ACHTUNG: Nicht die Jugendlichen auf erste ‚Symptome' festnageln; hinter dem ersten Anschein des Themas steckt oft etwas anderes. Im Dialog die Jugendlichen unterstützen, das herauszufinden.
   - Zusammen mit Jugendlichen das Thema in Gruppenbesprechung diskutieren.

B. Wie können Gruppenbesprechung in den Gewerken demokratisch gestaltet werden?

1. Wer schreibt Protokolle und Wandzeitungen?
2. Berichte aus dem Jugendrat (Protokolle von dort) diskutieren.

3. Wollen wir uns zu Themen und Entscheidungen im Jugendrat nochmals einbringen?
4. Themensammlung: Was gibt es aktuell zu besprechen und zu entscheiden?
5. Themenordnung: Was wollen wir heute in welcher Reihenfolge besprechen?
6. Klärung der Mitbestimmungsrechte zum Thema: Was liegt in der Selbstbestimmung der Personen oder der Gruppen der Jugendlichen, was wird zusammen (von Jugendlichen und Mitarbeitenden) entschieden, was entscheiden die Fachkräften bzw. die Leitung und wie können die Jugendlichen dazu Argumente und Vorschläge einbringen?
7. Diskussion zum Thema: Um was geht es? Wer hat das Problem, wer will was? Was gibt es für Lösungsideen? Welche Begründungen für Lösungen sind gut, welche besser? Geht es nur uns an, oder ist es ein Thema für den Gruppenrat (also für alle)?
8. Beschlüsse: 2. Lesung/Vertagung? Konsens? Abstimmung (welche Mehrheitsregeln, welcher Minderheitenschutz; Konsens, Kompromiss oder verbleibender Dissens)?
9. Auftrag an Sprecher:innen im Gruppenrat?
10. Aufgaben und Verantwortliche bestimmen, die sich aus der Besprechung ergeben.
11. Verschiedenes
12. Auswertung: War die Besprechung für alle gut so? Was müssen wir verbessern?

Inhalte und Prozesse des Gruppenrates

Seit 2019 hat es fünf Wahlperioden und damit neue Zusammensetzungen des Jugend-/Gruppenrates gegeben (Stand 2024). Teilweise wurden Sprecher:innen der ersten Wahlperiode wiedergewählt. Als Überblick über die Inhalte werden hier kurz alle Themen der Wahlperioden des Gruppenrates benannt und später einige größere Projekte genauer dargestellt.

In der *ersten Wahlperiode* des Gruppenrates im Jahr 2023 gab es (laut der Protokolle) folgende Themen zur Besprechung und Entscheidung: Einrichtung eines freien WLANs in der gesamten Einrichtung, Verschönerung des Innenhofes mit (selbst gebauten) Sitzbänken, Einrichtung eines Grillplatzes in dem vorhandenen, aber verwilderten Garten des BOZ (Gartenprojekt), die Gestaltung des Raucher:innenhäuschens im Innenhof, die Namensänderung von Jugendrat auf Gruppenrat, die Regelung der Arbeitszeit am Freitag, Überlegungen zur Aufstellung eines Snackautomaten.

In der *zweiten Wahlperiode* ab Dezember 2023 für das Jahr 2024 waren Themen: Planung der Adventsfeier, Weiterentwicklung des Gartenprojekts, Öffnungszeiten des Kiosk, Angebot von Süßigkeiten und Schnitzelbrötchen, Diskussion zum Angebot von veganem bzw. vegetarischem Essen, Forderung nach besserem Klopapier, Diskussion zum Musikhören über Radio in den Werkstätten, Regelung der Benutzung von Kopfhörern, Planung der Mazedonien-Fahrt (Abschlussfahrt 3. Lehrjahres), neue Flaggenschilder für das Raucher:innenhäuschen.

Bearbeitung der Themen im Gruppenrat

Dem Gruppenrat gelingt es, Themen aufzugreifen, die die Jugendlichen und Fachkräfte im Alltag der Werkstätten beschäftigen. In den Gruppen werden Themen gesucht, und dann in den Jugendrat transportiert – das wird weiter unten zum Thema ‚demokratische Öffentlichkeit' noch genauer erläutert. Der Gruppenrat diskutiert die Anliegen, entwickelt Lösungsmöglichkeiten, bestimmt Verantwortliche für deren Umsetzung und prüft in späteren Sitzungen, ob und inwieweit diese Lösungen umgesetzt wurden. Es wird ausgewertet, ob die Regelung funktioniert (z. B. zur Arbeitszeitregelung am Freitag), und bei Bedarf werden Entscheidungen revidiert. Manche Themen erweisen sich als einfach, dann es ist nur nötig, das aufgeworfene Problem mit Zuständigen anzusprechen. So wurden z. B. mit den verantwortlichen Fachkräften für die Hauswirtschaft die Kioskzeiten geändert, oder mit dem Reinigungspersonal wurde die Auswahl des Klopapiers besprochen. Manche Themen werden an die einzelnen Gewerke zurück überwiesen, weil keine generellen Lösungen möglich sind, sondern die spezifischen Arbeitsprozesse in den einzelnen Werkstätten berücksichtigt werden müssen. Das gilt z. B. für die Frage nach dem Benutzen von Kopfhörern bei der Arbeit. Andere Themen müssen mit der Leitung besprochen und koordiniert werden. So wurde z. B. der Wunsch nach WLAN mit dem damaligen Leiter besprochen, wurden technische, finanzielle und räumliche Fragen geklärt, und das WLAN wurde sukzessive eingeführt. Manche Vorschläge, die der Leitung übermittelt wurden, erfuhren eine Ablehnung, im Wesentlichen, weil kein Geld vorhanden war.

Thema: Gartenprojekt

Das Projekt zieht sich bereits über zwei Wahlperioden hin und ist zum Berichtszeitpunkt im Frühjahr 2024 noch nicht abgeschlossen. Die Abbildung 20 zeigt jedoch schon die stolze Benennung des Projekts.

Abb. 20: Namensschild am Eingang des Gartens

Die Jugendlichen hatten den Vorschlag gemacht, einen Grillplatz in einem verwilderten Garten wiederherzustellen. Der Garten gehört zum BOZ und liegt dem Gebäude gegenüber auf der anderen Straßenseite. Auch die Fachkräfte konnten sich mit dem Projekt identifizieren, weil auch sie Interesse an einer Gartengestaltung hatten und zudem grundsätzliche Ziele der JSA (Entwicklung handwerklicher Fähigkeiten, Einübung von Kooperation und Organisation, Erfahrungen der Selbst- und Gemeinwirksamkeit) mit einem solchen Projekt angegangen werden konnten.

Das Projekt erwies sich als eine größere Aufgabe, denn der Garten war völlig verwildert, wie in Abbildung 21 erkennbar wird.

Abb. 21: Der anfangs völlig verwilderte Garten

Die Jugendlichen hatten viele Vorschläge zur Entwicklung einer Chillout-Zone, eines Barfußwegs, der Renovierung des Teichs und der Grillecke sowie die Einrichtung einer Feuerstelle. Letztere wurde schon umgesetzt und ist auf der Abbildung 22 zu sehen.

Abb. 22: Die neue Feuerstelle

Die Jugendlichen haben bestimmt, wie der Garten gestaltet werden sollte und wer welche Arbeiten und Verantwortungen übernehmen wollte. Die Fachkräfte haben die Planungssitzungen moderiert, Finanzmittel besorgt und Werkzeug bereitgestellt (wie z. B. einen kleinen Kettenbagger). Der Gruppenrat hat das Projekt immer wieder koordiniert und auch über die Wahlperioden hinweg den jeweils neuen Jugendlichen in den einzelnen Gewerken das Projekt vorgestellt und neue Mitwirkende in den Projektablauf eingefädelt.

Durch die Einzelarbeiten entstanden zahlreiche kleine Seitenprojekte, so musste z. B. geprüft werden, was Rollrasen kostet, und es wurden Fußballvereine im Ort gefragt, ob sie alten Rasen abgeben würden. Wegen der Teichplanung wurde eine Spezialfirma besichtigt und es wurden Ratschläge eingeholt. Einzelne Gewerke beteiligten sich mit ihren Spezialkenntnissen, so produzierten Jugendliche aus der Metallwerkstatt eine Feuerschale und die Holzwerkstatt gestaltete neue Bänke. Die Jugendwerkstatt baute ein Insektenhotel und Vogelhäuser und der Farbbereich strich die vorhandenen alten Gartenhäuschen. Dabei wurde so weit wie möglich recyceltes Material eingesetzt (z. B. mit alten Backsteinen für den Weg durch den Garten).

Die Jugendlichen interessierten sich zunehmend für die Natur und ihre Gestaltung im Garten, und daraus folgten Besuche beim Naturschutzbund (NABU) und in einer Staudengärtnerei. Einzelne Pflanzen, Büsche und Bäume wurden mit Schildern versehen, von denen ein QR-Code zu einer Internetseite führt, auf der die jeweilige Pflanze benannt und beschrieben wird.

Häufig stellen sich Probleme, für die es keine einfachen oder vorbereiteten Lösungen gab. Auch die pädagogischen und handwerklichen Fachkräfte wussten es nicht besser, und gemeinsam mussten Lösungsmöglichkeiten erkundet und erprobt werden. Dabei war auch immer wieder mit Frustrationen umzugehen. Die Stadtwerke der Stadt Ahaus hatten aus einem Gewinnspiel Projektmittel zum Sponsoring für Vereine, Schulen und andere Institutionen ausgeschrieben, und das Gartenprojekt hat sich beworben. Die Dacheinrichtung des BOZ, die Berufsbildungsstätte Westmünsterland, hatte extra einen eigenen QR-Code eingerichtet, mit dessen Hilfe man direkt auf die Abstimmungsseite für das Gartenprojekt kommen konnte. Die beteiligten Jugendlichen sind in der gesamten Einrichtung der Berufsbildungsstätte Westmünsterland aktiv gewesen, um Menschen zur Abstimmung zu bewegen. Allerdings hat der Vorschlag des BOZ keine Mehrheit in der gesamten Stadt erhalten, und alle mussten entsprechend mit ihren Frustrationen umgehen.

Stärker war noch die Frustration durch den Einsatz eines Kettenbaggers im Garten, für den man sich entschieden hatte, weil mit der schweren Maschine einfacher gerodet werden konnte. Dabei wurde allerdings durch die schweren Rollketten auch vorhandener Rasen zerstört. Zusammen musste die Frustration bearbeitet und Pläne für die Neueinsetzung von Rasen entwickelt und umgesetzt werden.

Zur Vermittlung der Arbeiten in die Öffentlichkeit der Einrichtung wurden Fotodokumentationen erstellt und gezeigt. Es ist ein Tag der offenen Tür des neugestalteten Gartens geplant, ebenso wie ein Zeitungsartikel.

Wirkungen des Gartenprojekts

Das Projekt zeigt sich als ein ideales Thema für die kollektive Bestimmung und Gestaltung einer Aufgabe der gemeinsamen Lebensführung in der kleinen Gesellschaft der Einrichtung. Fachkräfte und Jugendliche hatten ein gemeinsames inhaltliches Interesse und eine Motivation, die nicht nur aus ihren institutionellen Rollen als Lernende und Lehrende entstand. Für die Teilnehmenden an den sozialpädagogischen Programmen sollte eine schöne Erholungs- und Feierzone eingerichtet werden. Damit konnte der demokratische Gruppenrat sich als Entscheidungs- und Koordinationsgremium bewähren. Es ging zudem für die Jugendlichen auch darum, Entscheidungen eigenverantwortlich in die Hand zu nehmen und umzusetzen. Vom Gruppenrat initiiert, bildete sich die Gartengruppe aus unterschiedlichsten Jugendlichen, die das weitere Projekt plante und realisierte. Damit stellten die Jugendlichen nicht nur Forderungen an andere (z. B. an die Leitung), sondern gestalteten den gesamten demokratischen Prozess von der Entdeckung eines Themas, seiner öffentlichen Debatte, sachlichen Planung und Entscheidung, konkreten Umsetzung der Entscheidungen durch Mitarbeit bis hin zur Reflexion der Folgen von Entscheidungen und, wo nötig, ihre Zurücknahme und Verbesserung. Exemplarisch wurde ein kompletter demokratischer Prozess einer Entscheidungsgemeinschaft zu einem gemeinsamen gesellschaftlichen Interesse durchgeführt und die Beteiligten konnten sich als aktive Mitglieder dieser Gemeinschaft und ihrer Entscheidungs- und Handlungsprozesse erfahren. Dabei wurden auch die Fachkräfte als Mitglieder dieses Gemeinwesens einbezogen und wirkten mit ihren spezifischen Kompetenzen (sowohl handwerklich als auch bei Planung und Organisation) mit den Jugendlichen zusammen, ohne ausschließlich als Fach- oder Lehrpersonal definiert zu werden.

Durch das Gartenprojekt konnten sich sowohl die Ratsmitglieder als auch die einzelnen beteiligten Jugendlichen als selbstwirksam und gemeinwirksam erfahren. Sie haben als Einzelne und gemeinsam folgenreiche Entscheidungen gefällt und Wirkungen in der Wirklichkeit erzielt. Es sind Leistungen für die Steigerung des Gemeinwohls erbracht worden. Anerkennung für die spezifischen Leistungen von einzelnen Beteiligten für die Verbesserung des Gemeinwohls wurde erfahrbar.

Zudem entstanden zahlreiche erfreuliche Nebenwirkungen für die Erreichung von Zielen der JSA. Jugendliche lernten neue Berufszweige und handwerkliche Fähigkeiten kennen, konnten bei sich selbst Fähigkeiten entdecken und dafür Anerkennung erhalten, sie übten, mit anderen kooperativ produktiv zu sein, eigneten sich strukturiertes und planvolles Arbeiten und Organisieren an und mussten

Krisen und Frustrationen bewältigen. Für die Intensität dieser Erfahrungen ist wesentlich verantwortlich, dass die Gartengestaltung alle Beteiligten vor offene Probleme stellte, die es nötig machten, die Schwierigkeiten genau zu analysieren, hypothetische Lösungen zu entwickeln und damit zu experimentieren, um schließlich passende Lösungswege zu realisieren. Dieses Lernen unterscheidet sich von den sonst oft durch Fachkräfte oder Lehrkräfte vorgegebenen Lernaufgaben, die weder selbstbestimmt sind, noch eine kollektive Lösungsanstrengung erfordern. Sowohl die Offenheit der Problemstellungen, als auch die Notwendigkeit, sie gemeinsam zu bewältigen, stellt eine reale gesellschaftliche Aufgabenstellung dar, die hier auf demokratische Weise kooperativ gelöst wurde.

Thema: Raucher:innenhäuschen im Innenhof

Ein anderes, strukturell dem Gartenprojekt ähnliches Thema ergab sich durch den Wunsch der Jugendlichen, im Innenhof des BOZ (der aus meiner Sicht vorher eine relativ öder und ungestalteter Hof zwischen Werkgebäuden war) zwei Raucher:innenhäuschen zum Schutz vor Regen und Verschmutzung des Hofes neu zu gestalten. Das Projekt wurde geplant und besonders durch die Mitglieder der Holz- und Farbwerkstatt umgesetzt. Auch hier wurden wieder Bedürfnisse des gesellschaftlichen Zusammenlebens entdeckt, formuliert und in ihrer Umsetzung demokratisch angegangen. Um das zunächst relativ schmucklose Raucher:innenhäuschen zu verschönern, kamen Jugendliche auf die Idee, Schilder mit den Nationalflaggen der Herkunftsländer der Teilnehmenden im BOZ aus Holz und Farbe zu gestalten, zu bemalen und damit das Raucher:innenhäuschen auszuschmücken. Diese Vorschläge wurden vom Gruppenrat diskutiert, beschlossen und zusammen mit den Werkanleiter:innen umgesetzt.

Die Nationalflaggen lösten zahlreiche Diskussionen aus. So entstand die Frage, wer denn überhaupt ein:e Deutsche:r sei. Jugendlichen mit familiärer Migrationsgeschichte, aber deutschem Pass, war unklar, ob und inwieweit ihre nationale Zugehörigkeit sich formal durch den Status als Bürger:in der Bundesrepublik Deutschland definiert, oder ob und wie diese durch ihre persönliche und familiäre ethnische Identität geprägt ist. Daran knüpften die Jugendlichen auch Fragen an, was denn eigentlich Rassismus sei, und ob schon die Benennung einer laut Pass deutschen Person nach ihrer ethnischen Identität oder Herkunft (‚Marokkaner:in') rassistisch sei. Außerdem wurde eine Regenbogenfahne gemalt und aufgehängt. Diese wurde durch Brandlöcher von Zigaretten verunstaltet. Der Gruppenrat diskutierte diesen Angriff auf die Fahne kritisch und entschied sich, die Gruppen in den Gewerken aufzufordern, die Regenbogenfahne ebenso wie alle anderen Nationalfahnen zu schützen. Danach hörte das Zündeln auf. Es ergaben sich also eine ganze Reihe von Themen politischer Bildung, die die

Jugendlichen selbst aufwarfen und deshalb auch motiviert waren, sie zu bearbeiten. Das wird unten im Kapitel zur Frage von Demokratiebildung und politischer Bildung näher erläutert.

Thema: Fußballturnier

Der Gruppenrat hatte kurz nach seiner Wahl Anfang 2023 auf vielfachen Wunsch beschlossen, ein Fußballturnier durchzuführen. Der Beschluss war dann noch das Einfachste, während sich die Gesamtorganisation als anforderungsreich herausstellte. Aus den Protokollen lassen sich vielfältige einzelne Aufgaben erkennen, die die Ratsmitglieder erkannten und deren Umsetzung sie organisieren mussten. Dazu gehörte: Herstellung von Pokalen und Aschenbechern, Transport von Tischen und Bänken, Organisation von Bällen, Entwicklung von Spielregeln und Ablaufplänen, Transport und Kühlung von Getränken, Benennung und Einweisung der Schiedsrichter, Trikotausgabe und vieles mehr. Die Fachkräfte berichteten, dass es für die in solchen Aufgaben ungeübten Jugendlichen schwer war, so viele Details zu bedenken, zu diskutieren, zu entscheiden und systematisch zu planen. Die Fachkräfte sahen ihre Aufgabe darin, so weit wie nötig zu unterstützen, aber stets auch wieder die Eigenverantwortung der Jugendlichen herauszufordern. Viele der Partizipationsthemen rund um das Turnier verlangten eine sachliche Recherche und Klärungsphase. Man musste zunächst einmal erkunden, wie etwas funktioniert, wie es andere machen, man musste sich informieren und den Horizont erweitern. Es war Aufgabe der Fachkräfte, den Jugendlichen zu helfen, die Recherchen durchzuführen, z. B. mit methodischen Ideen, wie man etwas herausfinden kann, welche bisherigen Lösungen man wo finden kann, wen man besuchen kann, um sich zu informieren usw. Es ging darum, die sachliche Meinungsbildung der Jugendlichen zu erweitern und zu qualifizieren. Im Blick auf das Thema Fußballturnier mussten sie etwa lernen, wie man überhaupt einen Turnierplan aufbaut und organisiert.

Es stellte sich auch ein typisches Thema demokratischer Entscheidungsgemeinschaften, nämlich die gegenseitige Verantwortung, Entscheidungen auch in die Tat umzusetzen. Es muss jemand die Aufgaben erfüllen, die aus den Entscheidungen entstehen. Wie in der gesamten Gesellschaft kommt es auch im BOZ dazu, dass immer dieselben Leute sich ehrenamtlich engagieren und sich um die Realisierung der Ideen der Gemeinschaft kümmern. Von solchen ‚Aktivbürger:innen' leben die Demokratie und die aus ihr entstehenden konkreten Projekte. Aber es geschieht auch, dass sich manche Leute nur auf das Engagement der anderen verlassen und sich weniger oder nicht aktiv einbringen. Daraus entstehen Konflikte zwischen den Beteiligten, die man nicht vorweg lösen kann, sondern die ausgestritten werden müssen. Die Jugendlichen mussten sowohl diese Konfliktbearbeitung einüben, als auch erkennen, dass zu Mitentscheiden auch Mitverantworten und Mithandeln gehört.

Thema in der Jugendwerkstatt: Renovierung von Bürohäuschen und Sitzecke

Die zunehmende Ausübung von demokratischer Partizipation in Gruppenrat und Gewerken führte dazu, dass sich die Jugendlichen auch in den einzelnen Werkstätten ermutigt fühlten, Vorschläge für die Gestaltung des Zusammenlebens zu machen. So haben die Teilnehmenden der Jugendwerkstatt in der Gruppenbesprechung den Wunsch geäußert, in ihrer großen Werkstatthalle die Sitzecke und das ‚Bürohäuschen' neu zu streichen. Das ‚Bürohäuschen' ist eine kleine Meisterbude bzw. ein Hallenbüro in der Ecke der Werkstatthalle mit zwei Fenstern zur Halle. Daneben befindet sich der Gruppentisch, an dem die Werkstattgruppe zusammensitzen, essen, klönen und sich besprechen kann. Die Jugendlichen kritisierten, dass die alte Farbe (grau) zu deprimierend wäre und an ein Gefängnis erinnere. In der Gruppenbesprechung wurde entschieden, die Bude und die Sitzecke neu zu streichen. Gemeinsam war zu entscheiden mit welchen Farben das Häuschen und die Ecke gestrichen werden sollten und mit welchen Arbeitsschritten und unter wessen Verantwortung welche Aufgaben zu erledigen wären. Hier zeigt sich wieder das Prinzip, dass die demokratische Partizipation erlaubt, konkrete Probleme des Alltages oder Interessen von Beteiligten gemeinsam zu bearbeiten, Sachprobleme zu lösen, Kooperation zu organisieren und Mitverantwortung zu übernehmen. Hier waren es nicht die Fachkräfte, die – wie sonst üblich – eine Aktion vorgegeben hatten, sondern das Thema entstand aufgrund der Initiative der Jugendlichen. Entsprechend hatten diese eine starke Motivation, ihr Projekt durchzuführen, und sie engagierten sich deutlich. Die Fachkräfte berichteten, dass manche Jugendlichen, die sonst selten für gestellte Aufgaben zu begeistern sind und eher Probleme machen, nun plötzlich mit vollem Herzen konzentriert bei der Sache waren. Am Ende des Projekts erhielten alle Beteiligten eine persönliche Fotodokumentation, in der alle Entscheidungs-, Planungs- und Arbeitsschritte festgehalten waren. Mithilfe dieser Dokumentation ließen die Jugendlichen das Projekt noch einmal Revue passieren und besprachen Probleme und deren Lösungen. Sie freuten sich an ihren gemeinsamen Erfolgen. Aus Sicht der Fachkräfte hat das Projekt sowohl die Selbstwirksamkeit der Einzelnen als auch die Gemeinwirksamkeit gestärkt.

Demokratische Öffentlichkeit

Die einfachste Form demokratischer Öffentlichkeit, dass nämlich die Mitglieder der Entscheidungsgemeinschaft sich treffen und miteinander reden können, ist in den Jugendwerkstätten relativ einfach herzustellen. Man ist ohnehin den ganzen Tag in Kontakt, sieht und hört einander und kann alle Themen des Zusammenlebens direkt besprechen. Diese Form der Öffentlichkeit hat einerseits Vorteile, sie ist direkt, persönlich und schnell. Andererseits zeigen sich auch Nachteile, weil häufig Inhalte unter den jeweils Beteiligten verbleiben und nicht von anderen aufgegriffen werden können. Die Ideen, Kritiken, Vorschläge und Argumente werden durch ihre ausschließlich gesprächsweise Verbalisierung in gewisser Weise unsichtbar. Was sprachlich geäußert wurde, hinterlässt nur Wirkungen in den Beteiligten und verweht ansonsten. Damit können Inhalte auch leicht in Vergessenheit geraten und dann nicht mehr so komplex wie im ursprünglichen Gespräch zur Verfügung stehen. Wenn man in einer demokratischen Öffentlichkeit sowohl möglichst viele in Diskussionen einbeziehen will, als auch den inhaltlichen Prozess der Diskussion dokumentieren und für Meinungsbildung und spätere Entscheidungsprozesse nutzen will, benötigt man Medien, die Themen und Debatten dokumentieren. Das ist im sozialpädagogischen Alltag der JSA ungewohnt. Gerade die pädagogischen Beziehungen und Sachinhalte werden gewöhnlicherweise über Sprechen verhandelt. Inhalte aufzuschreiben scheint den beteiligten Fachkräften und Jugendlichen oft schon als zu formal, langwierig, ja, als bürokratisch. Deshalb war es ein Schwerpunkt der Beratung, auf die Notwendigkeit hinzuweisen, demokratische Öffentlichkeit durch Verwendung von Medien zu qualifizieren.

Die Fachkräfte haben dann zunehmend Medien verwendet, die von den Jugendlichen gern aufgegriffen und genutzt wurden. Wichtige Medien der Öffentlichkeit sind z. B. Aufzeichnungen zu Gruppenbesprechungen und Sitzungen des Gruppenrates (sowohl auf Wandzeitungen als auch in Protokollen); Dokumentation von in Alltagsgesprächen geäußerten Problemmeldungen, Ideen, Kritiken und Vorschlägen; Informationswand des Jugendrates; Foto/Text-Dokumentation von Projekten in PowerPoint und Print. Im Folgenden werden einige dieser Beispiele genauer dargestellt.

Beispiel für ein Protokoll

Die Protokolle werden von den Fachkräften erstellt und die Sprecher:innen erhalten sie, um damit ihren Basisgruppen in den einzelnen Gewerken zu berichten. Ein Beispiel zeigt das (anonymisierte) Protokoll einer Jugendratssitzung vom Mai 2023.

Protokoll der Jugendratssitzung Berufsorientierungszentrum Ahaus		
Zeit und Ort	31.05.2023, BOZ Ahaus	
Anwesende	Hier anonymisiert Jugendliche aus den Bereichen Holzausbildung, Metallausbildung, Malerausbildung, Berufsvorbereitung Lager und Handel, Berufsvorbereitung Holz, Berufsvorbereitung Metall, Berufsvorbereitung Maler, Jugendhilfewerkstatt. Begleitende Fachkraft	
Protokoll	Begleitende Fachkraft	
Thema	**Inhalt**	**Verantwortlich / Zeitraum**
TOP 1: Genesungswünsche	Für Frau [Fachkraft] eine Genesungskarte geschrieben und unterschrieben (Gute, gute Besserung!)	
TOP 2: Fußballturnier	Es haben sich im Vorfeld folgende Bereiche zum Turnier angemeldet: Holz Ausbildung: 9 Spieler:innen Maler BV & Ausbildung: 3 Spieler:innen BV Lager und Handel: 6 Spieler:innen BV Metall: 6 Spieler:innen Ausbildung Metall. 4 Spieler:innen Jugendhilfe: 5 Spieler:innen Somit können 6 Mannschaften mitspielen; wenn ein Bereich keine ganze Mannschaft, also insgesamt 5 Spieler:innen, stellen kann, wird bereichsübergreifend unterstützt. Natürlich dürfen noch nicht angemeldete Spieler:innen kurzfristig mitspielen Das Turnier findet am 28.06.2023 um 10:00 Uhr statt. Der Austragungsort ist der Fußballplatz (Kleinfeld und Gummiboden) der Berufsschule für Technik (BTA), da das vorgesehene Spielfeld des 1. FC Oldenburg Ahaus 1970 e.V. nicht wie geplant zur Verfügung steht.	Gruppensprecher:innen/ Fachkraft
TOP 3: Raucher:innenhäuschengestaltung	Die Holzplatten für die Fahnen sind geschnitten, grundiert und können nun gestaltet werden. Im Laufe der 24. KW wird [Fachkraft] mit dem Mitarbeiter:innen der Bereiche den Rahmen und den Bedarf absprechen.	Gruppensprecher:innen/ Fachkraft

Protokoll der Jugendratssitzung Berufsorientierungszentrum Ahaus		
TOP 4: Garten	Herr [Fachkraft 1] hat die Vertretung für Frau [Fachkraft 2] übernommen. Er berichtet: • Es werden vom Holzbereich neue Bänke gefertigt. • Der Teich wurde trockengelegt und es soll die Teichfolie geflickt werden. • Die Gartenhäuser wurden von dem Farbbereich gestrichen. • Der Metallbereich fertigt eine neue Holzkohlenschale. • Die Jugendwerkstatt hat Insektenhotel und Vogelhäuser gebaut. • Der Garten wird immer weiter kultiviert. • Ein Barfußpfad wird angelegt. • QR Codes werden an Pflanzen angebracht werden, um mehr über das Gewächs zu erfahren.	Alle Jugendlichen und Fachkraft 1
TOP 5: Freitagsregelung	In der nächsten Jugendratssitzung sollen die ersten Erfahrungen mit der neuen Regelung ausgewertet werden und ein Meinungsaustausch stattfinden.	Gruppensprecher:innen
TOP 6: Snackautomat	In der nächsten Sitzung soll intensiver über die Möglichkeit gesprochen werden, einen Snackautomaten im BOZ aufzustellen; im Vorfeld wird [Fachkraft] recherchieren, ob es Bedarf und eine Bereitschaft von der Leitung gibt.	Fachkraft
TOP 7: Namens änderung	Einige Mitglieder vom Jugendrat würden gerne den Jugendrat umbenennen. Dies wird in der nächsten Sitzung thematisiert.	Gruppensprecher:innen
TOP 8: Dodgeball	In den Gruppen soll das Dodgeball ausgewertet werden. Das Ergebnis wird in der nächsten Sitzung besprochen.	Gruppensprecher:innen

Beispiel einer Ideensammlung in einer Werkstattgruppe

In einer Werkstattgruppe sprachen Jugendliche spontan über Ideen, die man dem Gruppenrat übermitteln könnte. Die Fachkraft forderte sie auf, diese auf einem Plakat zu dokumentieren. Die Vorschläge konnten dann sowohl mit den in der ersten Situation direkt nicht beteiligten Jugendlichen angesprochen werden, als auch dem Gruppenrat übermittelt werden. Die Jugendlichen, die dann das Plakat erstellt hatten, konnten sich als aktive Beteiligte an der Bestimmung von Themen des Gruppenrates erkennen. Eine Verbindung zwischen Basis und repräsentativen Gremium wurde geschaffen. Die gesammelten möglichen Themen für den Jugendrat lauteten: Sommermarkt mit Grillen, kalten Getränken und Eisverkauf [veranstalten]; alle dürfen tragen, was sie wollen, z. B. bauchfrei; keine

Kippen auf den Boden [werfen]; kein Rassismus; Respekt vor anderen; WLAN für die ganze Einrichtung; weniger Plastik verkaufen [im Kiosk der Einrichtung]; Fußballturnier [veranstalten]. Eine ganze Reihe von diesen Vorschlägen wurde im Gruppenrat aufgegriffen und abgearbeitet. Daran waren dann im Einzelnen wieder die Jugendlichen beteiligt, die die Themen notiert und vorgeschlagen hatten. Die Abbildung 23 zeigt das Plakat, dessen Verwendung in dieser Publikation vom Gruppenrat genehmigt wurde.

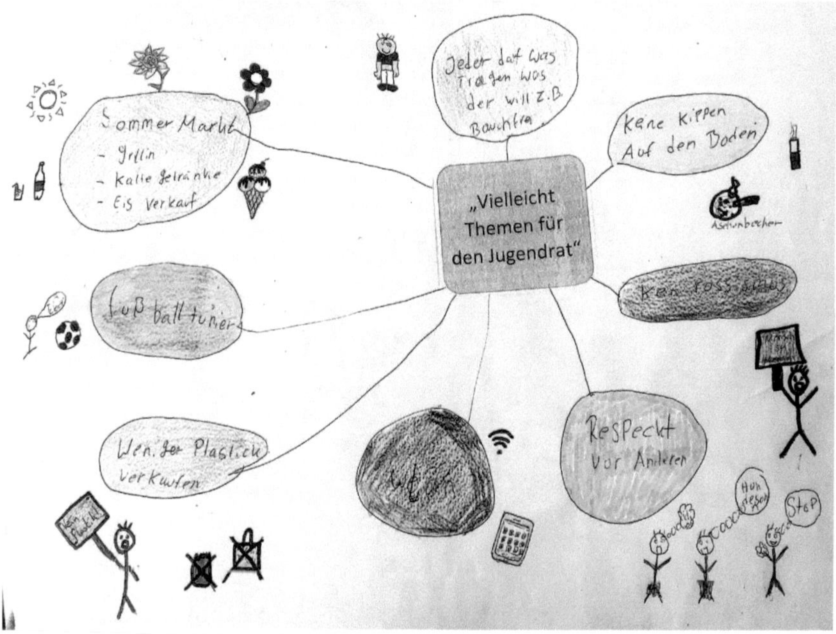

Abb. 23: Wandzeitung mit Themen für den Jugendrat

Infowand zur Arbeit des Gruppenrates

Wer das BOZ Ahaus betritt, kommt zunächst in eine größere, zweistöckige Eingangshalle, mit einer Galerie und der Treppe zu den Büros der Mitarbeitenden, mit einer kleinen Bühne, einen größeren Bereich mit Esstischen und einer Theke. Zunächst fällt an der zentralen Stirnwand eine große Installation mit Fotos aller (bisherigen) Bundeskanzler:innen und Bundespräsidenten sowie mit den Fahnen der Bundesrepublik, des Landes Nordrhein-Westfalen und Europas auf (vgl. Abbildung 24). Vielleicht kann man das so verstehen, dass hier die ‚kleine Gesellschaft' des BOZ zu der ‚großen Gesellschaft' der Demokratie in Land, im Bund und in Europa in Verbindung gesetzt wird. Im Rahmen der Entwicklung der Settings und Medien demokratischer Öffentlichkeit wurde dann eine Infowand für den Gruppenrat eingerichtet, nicht ganz so markant wie die Inszenierung der

Fotos der Bundespräsidenten, aber doch in einer gewissen Beziehung zu diesen (vgl. ebd.). Noch deutlicher als vorher, steht jetzt die demokratische Partizipation im BOZ in Korrespondenz zur Demokratie in Deutschland.

Abb. 24: Eingangshalle BOZ Ahaus

Auf der Infowand des Gruppenrates werden die Sprecher:innen der Gruppen mit Foto vorgestellt. Dazu gibt es Fotos über Aktionen des Jugendrates, z. B. über einen Besuch im Kreistag des Kreises Borken und zum gegenwärtigen Stand des Gartenprojekts.

Unter dem Titel „In Progress" (in Bearbeitung) wurde inzwischen auf der Infowand ein rotes Feld aufgemalt, das dazu dient, Wünsche, Probleme und Fragestellungen aus Sicht der einzelnen Jugendlichen abzufragen. Hier können alle Beteiligten Themen und Vorschläge notieren. In einem weißen Feld dokumentiert der Gruppenrat, welche Themen gerade verhandelt werden, und wie der Prozess dazu vorangeht. In einem grünen Feld werden abgeschlossene Prozesse und Projekte deutlich gemacht: „Das haben wir geschafft!". Über die Dokumentation laufender und gelaufener Projekte hält der Gruppenrat die anderen Mitglieder der Entscheidungsgemeinschaft auf dem Laufenden, und er zeigt, woran er arbeitet. Das ermöglicht den anderen Jugendlichen, diese Themen in ihren Gruppen wieder aufzugreifen und mit ihren Gruppensprecher:innen darüber zu diskutieren. Es wird der demokratische Prozess verdeutlicht, von der Entstehung der

Partizipationsthemen, über deren Diskussion und den Entscheidungen darüber, bis hin zu den Erfolgen bzw. Misserfolgen und möglichen neuen Ansätzen. Die Infowand hilft so auch dabei, Themen präsent und in der öffentlichen Diskussion zu halten.

Politische Bildung und Demokratiebildung in Gruppenrat und Gruppen der Gewerke

Im Berichtsteil zum Teilprojekt 1 habe ich in die Grundbegriffe Demokratiebildung und politische Bildung eingeführt. Nochmal in Kürze: Politische Bildung zielt auf *Wissensvermittlung* und kritische Analyse bzw. Urteilsbildung und will politisches Handeln in Blick auf die jeweiligen behandelten politischen Gegenstände bzw. Konflikte ermöglichen (vgl. Wohnig 2022). Das geschieht anknüpfend an die konkreten Erfahrungen, inhaltlichen Interessen und Motive der Jugendlichen und muss von diesen inhaltlich und methodisch mitgestaltet und mitbestimmt werden. Demokratiebildung findet dann statt, wenn man zunächst an sehr konkreten *Prozessen der demokratischen Mitentscheidung teilnimmt* und diese dann durch eine Reflexion im Nachhinein in eine begrifflich benennbare Erfahrung überführt, die die ursprünglichen Deutungs- und Handlungsmuster der Einzelnen zu Demokratie verändert und erweitert.

Zunächst war es das Ziel der Fachkräfte, den Jugendlichen in Gruppenrat und Gewerken politische Bildung in Verbindung mit ihren demokratischen Mitentscheidungsprozessen anzubieten. Das geschah in den drei Formen, die Helle Becker unter dem Titel „Integrationsmodell politische Bildung/Demokratiebildung" unterscheidet: 1. Politische Bildung/Demokratiebildung als anlassbezogene Thematisierung politischer Inhalte; 2. Politische Bildung/Demokratiebildung als Erfahrung der/in Partizipationsstrukturen des Handlungsfeldes/der Institution; 3. Politische Bildung/Demokratiebildung als gesonderte Auseinandersetzung in eigens arrangierten, thematischen Settings (vgl. Becker 2022, S. 53 f.). Grafisch lässt sich Beckers Modell wie in Abbildung 25 darstellen.

Abb. 25: Integrationsmodell zum Zusammenhang der Handlungs- und Aneignungsmodi politischer Bildung/Demokratiebildung in der Jugendarbeit/Jugendbildung

Anlassbezogene politische Bildung

Spontane Anlässe einer Vermittlung von Wissen über politische Zusammenhänge und ihrer Diskussion ergaben sich im BOZ durch die Anbringung der Nationalflaggen im Raucher:innenhäuschen. Wie oben berichtet, ging es um folgende Fragen: Wer ist denn überhaupt eine Deutsche oder ein Deutscher? Was ist der Status deutscher Bürger:innen? Gibt es einen Konflikt zwischen dem formalen Status ‚deutsch' und einer weiteren ethnischen Herkunftsidentität? Was ist Rassismus? Ist es schon rassistisch, jemanden mit seiner ethnischen oder Herkunfts-Identität zu bezeichnen? Zunächst einmal beantworteten die Fachkräfte in direkten Gesprächen mit den Jugendlichen die Sachfragen zum Erhalt des Bürgerstatus und seinen Folgen. Auch positionierten sich die Fachkräfte in Bezug auf die Definition von Rassismus.

Neben den Sachinformationen ging es aber auch um die damit verbundenen Fragen nach Identität und Rassismus sowie deren Bedeutung im alltäglichen Zusammenleben. Auch in den Jugendwerkstätten. Um diesen Prozess anzuregen, hat eine Fachkraft einen Rap zu diesem Thema eingebracht (Sammy Deluxe „Weck mich auf") und einen Song (von der Band ‚Die Ärzte' „DEMOKRATIE"), die das Problem gut formulierten. Ihre Identität entwickeln betroffene Jugendliche häufig als eine ‚Mischung' (was man fachlich „hybride Identitäten" nennt, vgl. Foroutan/Schäfer 2009), in der sie mit dem Herkunftsland ihrer Familie identifiziert sind und sich doch gleichzeitig auch als Deutsche sehen (was viele von ihnen formal auch sind). Es ist nicht so sehr ein ‚Sitzen zwischen den Stühlen', sondern ein sehr eigener Entwurf eines Selbstbildes, das sich aus zwei (oder möglicherweise sogar mehreren) ethnischen und/oder nationalen Elementen zusammensetzt. Obwohl die eigene Qualität solcher hybriden Identitäten erkannt und anerkannt werden muss, widerfahren den Betroffenen doch häufig Stigmatisierungen und Diskriminierungen als ‚Fremde' oder ‚andere Deutsche' (vgl. Mecheril 2004). Daraus ergaben sich im BOZ viele inhaltliche Diskussionen, die meisten spontan in den Gewerken oder in Pausen stattfanden.

Ein weiteres spontan entstehendes Thema waren die Abschiebungsängste von Jugendlichen angesichts ihrer Sorge, an Demonstrationen gegen Rechts teilzunehmen, weil dieses (nur) in ihrer Fantasie zur Abschiebung führen könnte. Auch hier waren sachliche Informationen zu beschaffen und die Rechte der Jugendlichen zu klären. Bei einigen Jugendlichen wurden über die Debatte auch Berichte ausgelöst, welche schlimmen Erfahrungen sie mit der Polizei in ihren Heimatländern gemacht hatten. Das führte zu Vergleichen von autokratischen Systemen und einer durch einen Rechtsstaat geschützte Demokratie, aber auch zu Kritik an rassistischen Handlungen von Polizisten und Behördenvertreter:innen in Deutschland.

Es entstand damit in diesen Diskussionen noch ein weiteres Thema, nämlich die Frage, wie eine eigene Meinungsbildung vonstattengeht, ohne sich zu schnell Meinungen von anderen anzuschließen. Der den Prozess um das Raucher:innenhäuschen begleitende Kollege entdeckte häufiger solche Anpassungen an die Meinungen von anderen und versuchte, die Jugendlichen darauf aufmerksam zu machen. Es gehört zum Prozess politischer Bildung, zu üben, eine eigenständige Meinung zu entwickeln und zu vertreten. Das lernt man aber nur Schritt für Schritt. Der erste Schritt ist oft erst einmal, an Meinungsbildungsprozessen überhaupt (passiv) teilzunehmen, und dabei dann unter Umständen zunächst fremde Meinungen zu übernehmen. Solche erste Annäherung an eigene Meinungsbildung wurde hier möglich, weil solche Debatten durch die Fahnenfrage überhaupt erst entstanden und die Fachkraft sie begleiten und qualifizieren konnte.

Wenn die Jugendlichen in solchen Prozessen mitbekommen, dass überhaupt *unterschiedliche* Positionen vertreten und diskutiert werden, können sie erleben, was die Qualität einer eigenen, begründeten Position ist. Sie können zunehmend üben, eine solche zu erringen. Aber man muss auch festhalten, dass es in der Demokratie erlaubt und verbreitet ist, sich fremden Meinungen anzuschließen. Auch die Erwachsene und Fachkräfte tun das selbst häufig, wenn sie überzeugende Positionen in der öffentlichen Debatte kennenlernen. Der Fortschritt der politischen Bildung ist hier, dass die Jugendlichen überhaupt in Situationen involviert sind, in denen Meinungen von ihnen als Individuen gefragt sind und auch (zumindest von einigen) so vertreten werden. Die Jugendlichen betreten in solchen Settings (vielleicht zum ersten Mal in ihrem Leben) das Feld einer demokratischen Debatte, während sie sonst oft nur außenvor bleiben und den Ergebnissen des Meinungsstreites der anderen ausgeliefert sind. Die Rahmung durch die Fachkraft macht die Diskussion für die Jugendlichen als eine politische erkennbar und führbar. Es geht dann nicht mehr nur um ein nebensächliches Schnacken in der Pause, sondern um einen argumentativen Meinungsstreit. Im vierten Teil des Buches (zum Einbezug von Emotionen in die demokratischen Prozesse) wird beschrieben, wie aus Emotionen argumentativ geführte Auseinandersetzungen werden können.

Neben solchen politischen Diskussionen ergaben sich auch häufiger Möglichkeiten von Alltagspartizipation, in denen die Anregung der GEBe-Methode aufgegriffen wurde, die Themen der Jugendlichen in ihrem Alltagshandeln und Alltagssprechen zu entdecken. Die Fachkräfte sind damit viel aufmerksamer geworden auf die alltäglichen Gespräche der Jugendlichen. Daraus entstanden manchmal Mini-Partizipationsprozesse, wenn die Fachkräfte einzelnen Jugendlichen oder kleinen Gruppierungen direkt diese beobachteten Themen zurückmeldeten und sich daraus eine kleine Aktivität ergab: Ein Gespräch von Jugendlichen über ihre Faszination des Angelns führte zu einem Besuch in einem Geschäft für Anglerbedarf und dort zu einer intensiven Fachsimpelei mit dem Besitzer; ein Mädchen interessierte sich für's Nähen sowie für Schnittmuster, und zusammen besuchte man eine Schneiderei. Hier zeigte sich eine wachsende partizipative pädagogische Grundhaltung. Nur auf der Basis eines solchen genauen Beobachtens der Jugendlichen und eines aufmerksamen ‚Zuhörens', kann man ihre Bildungsthemen pädagogisch aufgreifen, zurückspiegeln und zusammen mit ihnen angehen. In diesen Beispielen ging es um individuelle Interessen, aber diese methodische Praxis führt auch zu Themen, die von Individuen ausgehen, und doch das gesamte demokratische Gemeinwesen der Einrichtung betreffen. Jugendliche und Fachkräfte können feststellen, dass Interessen aus dem Alltag tatsächlich aufgegriffen und umgesetzt werden können, dass Partizipation erwünscht und möglich ist.

Bildende Erfahrung in Partizipationsstrukturen der Institution

Durch die Einrichtung des Gruppenrats machen sowohl die Gruppensprecher:innen im Rat Erfahrungen mit demokratischer Partizipation, als auch die Jugendlichen in den einzelnen Gewerken, die durch die Rückmeldung der Sprecher:innen und die Diskussionen in ihren Gewerkgruppen viel stärker in öffentliche Debatten und Mitbestimmungsprozesse einbezogen wurden als vorher.

In Beratungsphase in Teilprojektes 3 erkannten die Fachkräfte des BOZ Ahaus, dass eine Dokumentation und Reflexion der abgelaufenen Prozesse in Gruppenrat und Gewerken notwendig waren, um Demokratiebildung anzustoßen. Anlässe für diese Überlegungen und die spätere Einführung von Dokumentationen waren z. B. Geschichten wie diese: Die vom Gruppenrat mehrfach behandelte Lösung der Frage der ‚Freitagsregelung' (Wer darf wann Feierabend machen, um noch welchen Bus in die umliegenden Ortschaften zu erreichen?), wurde von den Mitarbeitenden unterstützt, indem sie die Sprecher:innen ermutigten, die Problemstellungen öffentlich differenziert aufzuzeigen und Argumente für ihre Regelungsvorschläge zu finden. Mit dieser Unterstützung konnten der Gruppenrat schließlich bei der Leitung des BOZ eine Zustimmung zu ihrem Regelungsvorschlag erringen. Dann geschah den Sprecher:innen aber etwas, was auch in der gesamtgesellschaftlichen Demokratie den Volksvertreter:innen in den Parlamenten widerfährt: Kaum war die Regelung durch die Sprecher:innen errungen worden, kamen aus dem ‚Volk' schon wieder die ersten Beschwerden. Die Sprecher:innen im Gruppenrat erhielten kaum positive Rückmeldungen zu ihrem Erfolg und waren darüber frustriert. Es fand aber auch keine Auseinandersetzung mit den Beschwerdeführenden statt, in der die Mitglieder des Gruppenrates einerseits ihre Frustration über die Beschwerden hätten darstellen und ihr Verhältnis zu den Basisgruppen klären können, aber andererseits auch die Chance bestanden hätte, zu prüfen, ob vielleicht doch noch Fehler in der Regelung versteckt waren. Ohne eine öffentliche Darstellung des Prozesses, des Erfolges des Gruppenrates und der Probleme der trotzdem anhaltenden Beschwerden, blieb das Problem auf Einzelgespräche begrenzt. Es wurde deshalb beschlossen, die Arbeit des Gruppenrates an der Entwicklung von Argumentationen und Positionen zur Freitagsregelung und den Erfolg des Mitbestimmungsprozesses öffentlich darzustellen, den Sprecher:innen zu danken, aber auch Raum für weitere kritische Rückmeldungen zu öffnen.

Die Fachkräfte gerieten angesichts von manchen Interaktionsproblemen im Gruppenrat in Unsicherheit, inwieweit schwierige Themen, die auch einzelne Personen betrafen, mit allen Beteiligten offen zu besprechen seien, oder inwieweit auch ein Schutz einzelner Personen notwendig wäre. So wurde z. B. in der Kennenlernrunde des neuen Gruppenrates 2024 deutlich, dass zwei Jugendliche divers sind. Es gab dazu ‚blöde Bemerkungen' von anderen Mitgliedern des Rates. Die Fachkräfte lösten diese Situation zunächst, indem sie noch einmal die Grundregel des BOZ verdeutlichten, dass die Einrichtung Vielfalt begrüßt und alle geschlechtlichen Identitäten möglich und schützenswert sind. Dadurch wurde das Thema zwar erst einmal nicht weiter unter den Beteiligten diskutiert. Es wurde jedoch gemeinsam erkannt, dass es für Einzelne schwierig sein kann, die eigene Meinung vorzubringen, gerade wenn sie befürchten müssen, dass diese nicht die Mehrheitsposition wiedergibt. Ein anderes Problem ergab sich mit der Disziplin einiger Sprecher:innen in der Ratssitzung. Eine Gruppe von vier Personen ‚machte Quatsch' und störte die Besprechung. Auch hier war es schwierig für andere Sprecher:innen, die Kolleg:innen zu kritisieren. Man wandte sich mit der Bitte an die begleiten Fachkräfte, das Problem zu lösen. Diese gaben jedoch die Frage zurück in die Ratsgruppe. Sie forderten die Jugendlichen auf, ihre Sorgen, sich öffentlich und frei vor den anderen zu äußern, anzugehen. Als Lösung wurde folgender Versuch entwickelt: Es wurde eine anonyme ‚Gruppensprecher:innen-Box' im Sekretariat aufgestellt. Die Sprecher:innen können hier, ohne mit ihrem

Namen zu unterzeichnen, Kritik, Vorschläge, Beiträge etc. einwerfen. Der Vorsitzende des Gruppenrates öffnet die Box zu Beginn der Sitzung und bespricht dann die darin enthaltenen Themen mit dem Rat.

Auch in der Jugendwerkstatt als Basisgruppe kam es zu interessanten politischen Prozessen. Die Gruppe übte noch demokratische Diskussionen und Entscheidungen. Es gab häufig sehr viele Vorschläge, und es fiel schwer, zwischen diesen auszuwählen und begründet Prioritäten zu setzen. Manche Jugendliche haben auch aufgrund ihrer psychosozialen Probleme und Lernbehinderungen Schwierigkeiten, die einzelnen Sachfragen zu verstehen und sich sinnvoll in deren Behandlung einzuklinken. Es waren immer wieder Übersetzungsarbeiten durch die Fachkräfte notwendig. Es fiel auch schwer, nach Lösungsmöglichkeiten zu suchen. Manche Beteiligte versuchten, ihre persönlichen Positionen und Interessen durchzusetzen. Manchmal ging es dabei aus Sicht der Fachkräfte eher um die Behauptung von Hierarchie und Dominanz in der Gruppe, statt um die Durchsetzung spezifischer Interessen. Die Fachkräfte haben es dann als ihre Aufgabe verstanden, das Problem anzusprechen und die Vorgehensweisen und Qualitäten einer offenen Diskussion und (unter Umständen auch anonymen) Abstimmung vermittelt.

Die Fachkräfte begannen aufgrund dieser Erfahrungen, die Prozesse im Gruppenrat, in einzelnen Gewerken und bei spezifischen Bildungsmaßnahmen mit Fotos zu dokumentieren und diese den Jugendlichen zur Verfügung zu stellen. Damit kann erreicht werden, dass der gemeinsame Prozess noch einmal rekonstruiert wird. In einer solchen Reflexion können die dabei entstandenen Probleme (im sozialen Gefüge der Gruppen, bezüglich individueller Unsicherheiten und Ängste, das Dominanzgehabe von Einzelnen, Schwierigkeiten mit den demokratischen Verfahren, Probleme mit sachlichem Verständnis und sprachlichem Ausdruck usw.) thematisiert und angegangen werden. Die Schwierigkeiten der Diskussion, Argumentation, Entscheidungsfindung, Machtausübung usw. können erkannt und begrifflich bezeichnet werden. Dabei werden sowohl die Begriffe aufgegriffen, die die Jugendlichen selbst verwenden, um die persönlichen und sozialen Prozesse im Rat bzw. in den Gewerk-Gruppe zu benennen und zu begreifen, aber auch Fachbegriffe zu Demokratie eingeführt. Das hilft den Individuen und den Gruppen, demokratische Prozesse zu beschreiben, zu analysieren und zu kritisieren. Kritische Urteilskraft gegenüber den Erfahrungen mit der demokratischen Partizipation kann sich entwickeln, und es wird möglich, die Interaktionen und Verfahren zu verbessern. Indem auch Konzepte und Begriffe der ‚großen' Demokratie in Staat und Gesellschaft verwendet werden, können Übertragungen der Erfahrungen aus der ‚kleinen' Demokratie im BOZ auf die demokratischen Verhältnisse in Deutschland und Europa möglich werden.

Gesonderte Auseinandersetzung in eigens arrangierten, thematischen Settings

Gerade um die Chancen zu erhöhen, Transfers von den Erfahrungen mit Demokratiestrukturen in der eigenen Institution auf die gesamtstaatliche Demokratie zu ermöglichen, haben die den Gruppenrat begleitenden Fachkräfte auch gesondert arrangierte inhaltliche Settings politischer Bildung angeboten.

Zu Beginn der neuen Legislaturperiode des Gruppenrates ab Ende 2023 wurde zunächst von den Fachkräften initiiert, das Selbstverständnis des Gruppenrates und der Sprecher:innen zu klären. Die Sprecher:innen wurden aufgefordert, ihre Vorstellungen darüber zu teilen, welche Aufgaben der Gruppenrat aus ihrer Sicht habe und wie diese umgesetzt werden sollten. Die Person wurde herausgefordert, eine persönliche Position dazu zu entwickeln. Damit verbunden war eine Anerkennung als relevantes Mitglied des Gruppenrates, dessen Stimme gehört wird und das Einfluss auf die gemeinsamen Entscheidungen hat. So wird klar, dass jedes Mitglied des Kollektivs des Gruppenrates Mitverantwortung für die Mitbestimmung aller Jugendlichen in der gesamten Einrichtung trägt. Es konnte also nicht nur darum gehen, persönliche Interessen zu vertreten, sondern die Sprecher:innen sollten in Kommunikation mit ihren Basisgruppen auch helfen, *deren* Positionen zu entwickeln und dann zu vertreten. Die Sprecher:innen nannten von sich aus folgende Aufgaben: Beschlossene Entscheidungen und Verbesserungen an die Jugendlichen in den Gewerken weitergeben; zuhören; Verantwortung tragen; Konflikte in der Gruppe klären; Demokratie ausüben; Wünsche und Anregungen aus den Basisgruppen aufgreifen und an die gesamte Einrichtung weitergeben; Themen in die Gruppe (in den Werkstätten) zurückvermitteln; Ansprechpartner sein; zuverlässig sein; die allgemeine Meinung (der Jugendlichen) vertreten. Die Sprecher:innen entwarfen also für sich schon deutlich die Aufgaben von Repräsentanten des ‚Volkes' der Jugendlichen und wollten Mitverantwortung übernehmen.

Um die Tätigkeit des Gruppenrates im Rahmen eines allgemeinen gesellschaftlichen Grundverständnisses von Demokratie einzuordnen, wurde eine weitere Methode verwendet. Die Begleiterin des Gruppenrates schrieb die einzelnen Buchstaben des Wortes ‚Demokratie' vertikal untereinander. Die Sprecher:innen wurden aufgefordert, jeden Buchstaben mit einem definitorischen Begriff zu ergänzen und so nach eigenem Verständnis Elemente von Demokratie zu benennen und zu diskutieren. Aus der Diskussion hervorgegangen, wurden dann noch auf Klebezettelchen weitere Begriffe ergänzt. Die Jugendlichen nannten: Werte, Meinung, Ordnung, Rat, Achtsamkeit, Tätigkeit, Individualität, Gemeinschaft. Ergänzt wurden Diversität, Diskussion, Mitsprache, Motivation, respektvolle Kommunikation, Abstimmung, Hilfe, Gesetze, Verantwortung. Auch die Pädagogin brachte eine eigene Definition ein: „Demokratie ist eine Art, wie ein Staat organisiert und regiert wird. Das Wort kommt vom Griechischen und heißt Herrschaft des Volkes. Die Leute wählen das Parlament, das die Gesetze macht und die Regierung, welche die Gesetze anwendet und bestimmt, was im Land geschieht." In diesem arrangierten Setting ging es also nicht mehr nur um die konkreten Mitbestimmungsanlässe im BOZ, sondern um die Aneignung eines breiteren Verständnisses von Demokratie. Auch dieses wurde wiederum nicht festgelegt, sondern einer wechselseitigen Diskussion geöffnet. Es wurde so signalisiert: Was Demokratie ist, steht nicht fest, sondern muss, hier in unserer Einrichtung und in der gesamten Gesellschaft, immer wieder kritisch diskutiert und weiterentwickelt werden; wir im Gruppenrat sind Teil einer solchen Weiterentwicklung und als aktive und kompetente Demokrat:innen unterwegs.

Bereits in der Legislaturperiode Ende 2022 bis Ende 2023 hatte ich auf Vorschlag des Gruppenrates für die damaligen Sprecher:innen und weitere interessierte Jugendliche aus den Gewerken, einen Vortrag mit Diskussion zur Frage angeboten: „Wie geht demokratische Mitbestimmung von Jugendlichen durch den Jugendrat im BOZ Ahaus?" Darin wurde in einer jugendgerechten Sprache, mit vielen Fotos und Grafiken und möglichst verständlichen Begriffen erläutert, was als der konzeptionelle Kern von Demokratie seit den griechischen Stadtstaaten ab 500 v. Chr. verstanden werden kann. Es ging darum, diese Grundelemente kennen und verstehen zu lernen und die eigene demokratische Praxis daran auszurichten, statt an dem aktuellen (und kritisierenswerten) Stand der repräsentativen Demokratie als Regierungsform in Deutschland. Daraus wurden Orientierungen gewonnen, wie eine Demokratie als Lebensform in BOZ praktiziert werden könnte und was daraus sehr konkret für das Handeln der Jugendlichen in den Gewerken und im Gruppenrat folgen würde. Es wurde in dem Vortrag transparent gemacht, welche methodischen Vorschläge den Fachkräften vermittelt wurden, und den Jugendlichen wurden Zugänge eröffnet, sich selbst an solchen Handlungsweisen zu beteiligen. Dabei ging es besonders um die Frage, wie im Alltag des Zusammenlebens im BOZ Themen der Partizipation entdeckt, öffentlich diskutiert und in das Gremium des Gruppenrates übermittelt werden könnten. Die Diskussion war angeregt und inhaltlich komplex, auch wenn sie in einer jugendtypischen, direkten Sprache geführt wurde. So fragte z. B. der Vorsitzende des Jugendrates, was aus meiner Sicht der Unterschied zwischen Demokratie und Politik sei. Es wurde diskutiert, wie denn eine Demokratie (auch im BOZ) mit passiven oder uninteressierten Mitgliedern umgehen solle? Wie sorgt man dafür, dass sich möglichst viele beteiligen? Die Macht-Frage bei der Partizipation von Jugendlichen im Verhältnis zur Macht der Leitung und der Fachkräfte wurde thematisiert: Was könnten die Jugendlichen noch tun, wenn ihre Entscheidungen bezüglich Regelungen (z. B. zum Umgang mit Handys) durch die Leitung nicht akzeptiert würden? Welche Formen von Widerstand wären akzeptabel und hätten Chancen? Es wurden also aktuell auch in der Politikwissenschaft, Demokratietheorie und politischen Praxis umstrittenen Fragen aufgebracht. Die eigenen Erfahrungen im Jugendrat konnten mit fachlichen Begriffen angereichert werden, und eine kritische und selbstkritische Diskussion der Probleme und Möglichkeiten von demokratischer Partizipation fand statt. Das arrangierte Setting des Vortrages und der Diskussion war für die Jugendlichen nutzbar, gerade weil sie es mit eigenen Erfahrungen verbinden konnten und es um die ganz konkrete Wirkmächtigkeit ihrer demokratischen Partizipation ging. Politische Bildung wurde nicht aufgesetzt, sondern mit den lebensweltlichen Erfahrungen in der eigenen Einrichtung verbunden.

Ein weiteres arrangiertes Setting war der Besuch des Gruppenrats im Sitzungssaal des Kreistages des Kreises Borken. Fachkräfte des Kreises hatten zunächst die Aufgaben und die Arbeitsweise des Kreistages erläutert. Dabei wurde auch über mögliche Ausbildungsberufe beim Kreis Borken informiert. Die Jugendlichen konnten erkennen, dass die repräsentativen Strukturen wie auch die Arbeitsweise von Kreistag und Gruppenrat ganz ähnlich sind (die Simulation einer Kreistagssitzung ist noch geplant). Auch die Kreistagsmitglieder werden von ihren Wahlkreisen, analog zu den Basisgruppen oder Gruppen der Gewerke im BOZ, gewählt. Geschäftsordnung und Ablauf einer Kreistagssitzung sind ganz ähnlich, wie die im Gruppenrat. Die Gruppenratsmitglieder konnten also die formale Struktur und Verfahrensregeln ihrer Sitzungen hier wiederfinden. Tagesordnung und Protokoll, Regelung der Liste der Redner:innen, Geschäftsordnungsverfahren und Abstimmungsvarianten werden hier wird dort praktiziert. Die Tätigkeit und die Bedeutung der eigenen Rolle im Gruppenrat kann analog zu der der Kreistagsabgeordneten gesetzt werden. Auch wenn die Tätigkeit der Abgeordneten in einem Kreistag komplexer sein mag als die im Gruppenrat, lässt sich doch eine gemeinsame Grundstruktur demokratischen Handelns in beiden erkennen und miteinander in Verbindung bringen.

Jedes Jahr veranstaltet das BOZ eine KZ-Gedenkstättenfahrt nach Weimar mit dem Besuch der Gedenkstätten Buchenwald und Mittelbau-Dora; ein weiteres, arrangiertes thematisches Setting. Die gesamte Woche wird didaktisch in Kooperation mit der Bildungsabteilung der Gedenkstätte Buchenwald gestaltet. Dazu gehören nicht nur Besichtigungen der Gedenkstätten, sondern auch Referate und Diskussionen. Auch die aufgeheizte politische Lage wegen der anstehenden Landtagswahl in Thüringen (die Fahrt fand im April 2024 statt, also vor der Europawahl am 9. Juni und der Landtagswahl in Thüringen am 1. September 2024) und die hohen Umfragewerten der AfD wurde mit einbezogen. Damit wurde ein klassisches Setting außerschulischer politischer Bildung mit der Demokratiebildung im BOZ kombiniert. Im BOZ finden im Alltag schon Diskussionen über die AfD, über Diskriminierungserfahrungen von Jugendlichen mit Migrationsgeschichte, über Rassismuserfahrungen, die Geschichte des Nationalsozialismus usw. statt. Durch die Gedenkstättenfahrt wird an diese Diskussionen angeknüpft, sie werden vertieft und die Perspektiven werden erweitert. Die deutsche

Demokratie als Antwort auf den Nationalsozialismus bleibt kein Abstraktum, das im Schulunterricht vermittelt wird, sondern sie wird nun auch zum Prinzip der eigenen Mitbestimmung in der Jugendwerkstatt.

4.2 Erfolge und Schwierigkeiten der Einführung demokratischer Partizipation im BOZ Ahaus

Wenn man Wirkungen pädagogischer Handlungen und Strukturen reflektieren will, greift man dazu auf die Zielsetzungen zurück. Für die Einführung demokratischer Partizipation hatte ich folgende Zielsetzungen entwickelt:

- Recht auf Selbstbestimmung und Mitbestimmung ausüben können.
- Demokratiebildung und politische Bildung erfahren.
- Inklusive und fürsorgliche Demokratie praktizieren.
- Begrüßenswerte Nebenwirkungen: Selbstwirksamkeit, Gemeinwirksamkeit, Widerstandsfähigkeit.
- Begrüßenswerte Nebenwirkungen für Ausbildung und Eingliederung in die Arbeitswelt.

In Bezug auf diese Ziele benenne ich nun meine Beobachtungen von Wirkungen demokratischer Partizipation im BOZ. Ich unterscheide dabei die beiden beteiligten Gruppen der Jugendlichen und der Fachkräfte und bezeichne Erfolge und Schwierigkeiten. Es handelt sich um meine Einschätzung von Wirkungen, die ich aufgrund meiner Zusammenarbeit mit den Jugendlichen und den Fachkräften gewonnen haben. Ich habe dazu keine eigene empirische Untersuchung angelegt.

Recht auf Selbstbestimmung und Mitbestimmung ausüben können

Die Fachkräfte haben in den anderthalb Jahren der Projektlaufzeit die Einführung von Rechten und Verfahren demokratischer Partizipation durch den Jugendrat bzw. Gruppenrat vorangetrieben und unterstützt. Dabei gab es zwar zwei speziell zuständige Fachkräfte für die Begleitung des Rates, aber insgesamt wurde die Anstrengung der Förderung von Partizipation nicht an diese delegiert, sondern im Prinzip von allen Beteiligten als Aufgabe angenommen. Das ist auch daran erkennbar, dass die alle Fachkräfte im gemeinsamen Alltag mit den Jugendlichen viel stärker in deren Handeln mögliche Themen der Partizipation erkennen und zurückmelden. Damit unterstützen sie eine Durchlässigkeit zwischen der demokratischen Basis in den Gewerken und dem Gruppenrat. Die Fachkräfte zeigen den Jugendlichen, dass es ihr Recht ist, Themen der gemeinsamen Lebensführung aufzugreifen (z. B. durch Kritik, Ideen und Vorschläge) und den Umgang damit in den einzelnen Werkstätten oder über den Gruppenrat mitzubestimmen. Sie respektieren also nicht nur das Recht, über den Gruppenrat mitzuentscheiden, sondern fördern auch aktiv dessen Umsetzung.

Indem durch die Einführung des Gruppenrates die Jugendlichen als Träger:innen von Rechten der Mitbestimmung anerkannt werden, bedeutet dies für die Fachkräfte, dass sie nicht ohne Weiteres ihre pädagogische und generationale Macht ausüben können. Wenn Entscheidungen anstehen, die das Zusammenleben betreffen, stellt sich nun stets die Frage, ob und inwieweit diese unter Einbezug der Partizipation der Jugendlichen bestimmt werden müssen. Es kann weniger selbstverständlich über die Köpfe der Jugendlichen hinweg entschieden werden. Das bedeutet auch, dass bei Entscheidungen, die die Fachkräfte oder die Leitung ohne die Jugendlichen treffen oder treffen wollen, mindestens eine Information, wenn nicht gar Anhörung der Jugendlichen nötig werden. Soll eine Entscheidung allein aus pädagogischer Macht und Verantwortung heraus gefällt werden, muss diese den Jugendlichen begründet werden. Damit wird das prinzipielle Recht auch der Jugendlichen auf Selbstbestimmung und Mitbestimmung anerkannt, denn sie können nicht mehr ohne Weiteres Objekte von (pädagogischer) Fremdbestimmung werden. Die Macht der Fachkräfte muss nun mit guten Gründen gerechtfertigt werden. Das wiederum erlaubt den Jugendlichen, die Geltung dieser Gründe zu hinterfragen. Damit wird prinzipiell ihre Mündigkeit anerkannt und aufgerufen. Mündigkeit wird hier als die Fähigkeit verstanden, Fragen der eigenen Betroffenheit mit anderen verständigungsorientiert auszuhandeln. Wenn die Gegenüber als fähig und berechtigt zur wechselseitigen Verständigung über die gemeinsamen Anliegen behandelt werden, ist die Pflicht zu gleichberechtigten Aushandlungsprozessen in gegenseitiger Anerkennung gesetzt. Sorgt man also in irgendeiner Weise dafür, dass die Rechte der Selbst- und Mitbestimmung überhaupt als Rechte anerkannt, einforderbar und umsetzbar werden, kann es nicht nur keinen Rückfall in einseitige, unbegründete pädagogische Machtausübung mehr geben, sondern im Gegenteil eine Ausweitung der Selbst- und Mitbestimmung auf alle die Beteiligten betreffenden Fragen.

Diese Prinzipien mögen im pädagogischen Alltag auch im BOZ gelegentlich nicht eingehalten werden. Die strukturelle Machtüberlegenheit der Fachkräfte gegenüber den Jugendlichen ist durch die Regeln der Partizipation und der Rechtfertigung nicht abgeschafft und sie kann weiter zu Fremdbestimmung und unter Umständen sogar zu Machtmissbrauch führen. Dennoch ist der einseitigen Machtausübung durch die Fachkräfte nun mit den Rechten der Partizipation eine Macht entgegengestellt, die das Potenzial hat, die ungleiche Machtverteilung zu hinterfragen, zu reduzieren und Schritt für Schritt die demokratische Machtgleichheit zu maximieren. Auf diesen Weg haben sich die Fachkräfte im BOZ eingelassen und beschreiten ihn weiter aktiv.

Eine Schwierigkeit sehe ich jedoch darin, dass der durch die Berechtigung der Jugendlichen zur Mitbestimmung entstehende ‚Zwang' zur Ausweitung ihrer demokratischen Partizipation noch nicht zu einer Formulierung sehr konkreter Rechte und Pflichten der Selbst- und Mitbestimmung sowie der Mitverantwortung geführt hat. Ich habe zwar oben begründet, dass die Einführung des Gruppenrates prinzipiell die Berechtigung und Befähigung der Jugendlichen zur Partizipation anerkennt, dieses würde aber viel deutlicher und sicherer manifestiert, wenn solche Rechte im Einzelnen definiert wären. Die Gefahr, dass angesichts einzelner konkreter Themen (gerade auch, je mehr sie die Interessen und Prioritäten der Fachkräfte betreffen) die Partizipationsrechte ausgehebelt würden, ist grundsätzlich noch nicht gebannt. Die Definition solcher Rechte würde es hingegen für die Jugendlichen und Fachkräfte viel transparenter machen, wo und wie im gemeinsamen Alltag im Detail Rechte bestehen und eingefordert werden könnten. Wenn für die unterschiedlichen Themen und Bereiche des gemeinsamen Lebens im BOZ sehr klare Rechte definiert wären, könnten die Jugendlichen noch selbstverständlicher im Alltag darauf zurückgreifen und das Handeln der Fachkräfte müsste sich ebenfalls immer wieder daran ausrichten. Je präziser und detaillierter Rechte definiert sind, desto schwerer wird es für die Fachkräfte, sie willkürlich zu brechen. Für die Jugendlichen wird es umso leichter, den Bruch solcher Rechte zu kritisieren oder gar einzuklagen und die Wiederherstellung ihrer Rechte zu fordern. Da sich die Fachkräfte ohnehin schon auf den Weg der Berechtigung der Jugendlichen gemacht haben, wäre dieser nächste Schritt jetzt sehr naheliegend und auch nicht besonders schwierig. Denn jetzt schon fällt der gemeinsame Blick der Mitarbeitenden wie der Jugendlichen auf die alltägliche Partizipation an der Regelung des Zusammenlebens, und es wird jetzt schon an Bereichen und Rechten einer definierteren und ausgeweiteteren Mitbestimmung gearbeitet.

Die Jugendlichen können sich durch die Einführung der demokratischen Partizipationsstruktur als berechtigte und, wenn man so will, ‚machtvolle' Mitbestimmer:innen und Mitgestalteter:innen der demokratischen Regelung der gemeinsamen Verhältnisse erfahren. Sie sind nicht mehr einfach nur rechtlose Objekte pädagogischer Bestimmung, sondern werden als Person zu Subjekten der Selbstbestimmung und als Kollektiv zu Subjekten der Mitbestimmung. Ihnen wird eine prinzipielle Anerkennung als befähigt zur wechselseitigen Verständigung über sie betreffende Fragen und Konflikte des Zusammenlebens zuteil.

Dass sie diese Berechtigungen erkennen und umsetzen, wird dadurch deutlich, dass die Jugendlichen nun zunehmend zu Themen des gemeinsamen Alltags Vorschläge, Kritiken, Ideen und Wünsche öffentlich vorbringen. Dabei gibt es sicherlich ein Unterschied zwischen den nur ein Jahr lang in der Jugendwerkstatt teilnehmenden Jugendlichen und den Jugendlichen in den dreijährigen Ausbildungen; letztere haben mehr Zeit, die Wahrnehmung ihrer Rechte zu erproben und zu intensivieren. So wird es auch einen Unterschied zwischen den

Sprecher:innen im Gruppenrat und den anderen Einrichtungsmitgliedern in den Gewerken geben. Die Sprecher:innen müssen sich viel aktiver und systematischer mit der Gestaltung von Partizipation beschäftigen, als ihre Kolleg:innen in den Gruppen. Aber auch dort eignen sich die Jugendlichen ihre Partizipationsrechte an. Themen und Projekte der Partizipation werden jetzt nicht nur für die gesamte Einrichtung vorgebracht, sondern beziehen sich auch auf Inhalte, die nur für die einzelnen Werkstattgruppen relevant sind.

Demokratiebildung und politische Bildung erfahren

Die Fachkräfte haben die Aufgabe, Jugendliche bei der Ausübung ihrer demokratischen Partizipationsrechte zu unterstützen. Das geschieht dadurch, dass sie den Jugendlichen Hilfestellungen geben, Themen der Mitbestimmung zu entdecken, öffentlich vorzubringen und zu debattieren sowie mithilfe strukturierter Verfahren in Gruppen und im Gruppenrat zu entscheiden. Diese aktive Begleitung partizipativer Prozesse darf jedoch nicht zu einer Dominanz der Fachkräfte in Diskussion und Entscheidungsverfahren geraten. Es ist auszubalancieren, wie viel Unterstützung jeweils nötig, und wie viel Herausforderung von Selbsttätigkeit und Eigenverantwortung der Jugendlichen möglich ist. Aus meiner Beobachtung üben die Fachkräfte zunehmend erfolgreich eine solche Balance ein. Die Übernahme der Geschäftsführung des Gruppenrates durch die Fachkräfte hat den Jugendlichen gezeigt, wie Sitzungen strukturiert geführt und Diskussionen systematisch geleitet werden können. Daran können sich nun die Vorsitzenden des Gruppenrates orientieren und selbst die Leitung übernehmen. Die Einführung von Gesprächsregeln und die Problematisierung von Brüchen der ‚parlamentarischen Disziplin' durch die Fachkräfte befähigt die Jugendlichen, aktiv und gleichberechtigt zu diskutieren und zu Entscheidungen zu kommen. Es fanden also schon Lernprozesse zunehmender Befähigung zur erfolgreichen demokratischen Partizipation bei den Jugendlichen statt, die von den Fachkräften gefördert wurden.

Zunächst bestanden *Schwierigkeiten* für die Fachkräfte darin, den Jugendlichen zu ermöglichen, solche Lerneffekte auch als eigene Bildungsprozesse zu erkennen und zu begreifen. Wie oben erläutert, ist dazu noch einmal eine individuelle und kollektive Reflexion das demokratischen Handelns und Lernens nötig, die aus daraus erst Erfahrungen von Demokratiebildung macht. Durch die begriffliche Benennung wandeln sich die Erlebnisse zu Erfahrungen und können verstanden, kritisch und selbstkritisch analysiert wie auch weiterentwickelt werden. Die Veränderung der Selbst- und Weltsicht der Beteiligten durch die Erfahrung demokratischer Partizipation wird für sie selbst so verfügbar.

Die Fachkräfte mussten zunächst verstehen, warum eine solche nachträgliche Reflexion demokratischer Handlungsprozesse diese erst in Bildungsprozesse verwandelt. Und sie mussten erkennen und üben, wie dieser Vorgang durch

Dokumentationen und Reflexionsmethoden gefördert werden konnte. Solche Dokumentationen und nachgängigen Reflexionen waren bis dahin nicht selbstverständlich und wurden als zusätzliche Aufgabe erlebt. Gerade weil die Partizipationsprozesse und die aus ihnen folgenden Projekte gut in Gang kamen, war für Fachkräfte nicht unmittelbar einsehbar, warum diese auch noch mal rückblickend analysiert und befragt werden sollen. Pädagogisches Handeln (nicht nur im BOZ) richtet sich häufig auf einen für alle Beteiligten gelingenden (oft auch einfach nur reibungslosen) organisationellen Ablauf, und es gibt wenig Motivation, noch einmal hinzuschauen und selbstkritisch Handlungsprozesse auszuwerten. In der Beratung wurde jedoch durch die Fachkräfte erkannt, dass eine solche Dokumentation und Reflexion förderlich für Demokratiebildung ist und zudem auch die gemeinsame Praxis verbessern kann. Der Rückblick erlaubt, Probleme zu benennen, Kritik zu üben und damit gemeinsam nach Wegen der Stärkung demokratischer Praxis zu suchen. Dokumentation und Reflexion haben nun eine stärkere Selbstverständlichkeit in der fachlichen Unterstützung der demokratischen Partizipation der Jugendlichen erlangt.

Eine starke Leistung der Fachkräfte ist in Bezug auf ihre Kombination von Demokratiebildung und politischer Bildung festzustellen. Indem sie allgemeine Grundkonzepte und Begriffe von Demokratie einführten, unterstützten sie die Jugendlichen, ihre eigene Demokratiepraxis zu verstehen, zu verbessern und in Verbindung zur Demokratie in Kommune, Kreis, Land, Bund und Europa zu bringen.

Die produktive Orientierung der Fachkräfte an der Assistenz von Bildung und Demokratiebildung zeigt sich auch darin, dass sich über die Partizipationsstrukturen Projekte entwickeln, in denen die eindeutige Aufteilung zwischen lernenden Jugendlichen und lehrenden Fachkräften nicht mehr so eindeutig besteht. So z. B. führte das Gartenprojekt dazu, dass Fachkräfte und Jugendliche gemeinsam die sich durch die Renovierung des Gartens stellenden Probleme lösen müssen und dabei partizipativ-kooperativ ineinandergreifen. Alle bringen dafür ihre unterschiedlichen Fähigkeiten ein und lernen voneinander in einer stärkeren Gleichheit als in den sonst üblichen pädagogischen Settings des BOZ.

Die Jugendlichen konnten so ihr Wissen über Demokratie steigern, konnten üben, mithilfe neuer Fachbegriffe ihr eigenes Partizipationshandeln zu beschreiben und zu hinterfragen und insofern Fähigkeiten kritischer Urteilskraft zu entwickeln. Auf dieser Basis können sie üben, stärker ‚politisch' in die Regelung der gemeinsamen Lebensverhältnisse im BOZ einzugreifen. Inhaltlich kamen dabei viele Fragen von Politik und Demokratie in der Gesamtgesellschaft zur Sprache. Eine vergleichende Befragung von Demokratie in der Einrichtung und in der Gesellschaft wurde möglich: Wie gestalten wir hier Partizipation im Kleinen, und wie geschieht dies im Großen? Wie wirken politische, ökonomische und soziale Rahmenbedingungen der Gesellschaft auf uns ein, und wo sind unsere Chancen, uns aktiv in die Gestaltung von Gesellschaft einzubringen? Welche Konflikte gibt es in der Gesellschaft, und wie bearbeiten wir sie hier in der Einrichtung? Was hat das wiederum für Folgen für unser gesellschaftliches bzw. politisches Handeln? Für die Jugendlichen erscheint die Einrichtung damit nicht mehr als eine von Gesellschaft und Politik abgekoppelte ‚Insel', sondern beide Sphären durchdringen einander. Das bedeutet auch, im Zusammenhang dieser Sphären kritik- und handlungsfähiger zu werden.

Die Dokumentationen der Partizipationsprozesse und die Reflexionen darüber ermöglichen den Jugendlichen, die Wahrnehmung demokratischer Rechte begrifflich bezeichnen zu können und die Veränderungen ihrer eigenen Selbstsicht (z. B. in Bezug auf Selbstvertrauen, Selbstwertschätzung und Selbstwirksamkeit) benennen und verstehen zu können.

Es gibt keine Skala, mit der man solche Bildungsprozesse quantitativ bewerten könnte. Wie intensiv wie viele Jugendliche insgesamt im Projekt solche Erfahrungen machen konnten, muss hier offenbleiben. Dennoch lässt sich deutlich feststellen, dass nicht nur die Sprecher:innen im Jugendrat, sondern auch Jugendliche in den Gewerken sich zunehmend aktiv demokratische Partizipation in ihrer Einrichtung aneignen und sich politisch bilden.

Inklusive und fürsorgliche Demokratie praktizieren

Den Fachkräften ist positiv zu unterstellen, dass sie immer schon eine fürsorgliche Sozialpädagogik praktiziert haben, die versucht, die einzelnen Jugendlichen in ihren spezifischen Problemen wahrzunehmen, ihre Potenziale zu stärken und insgesamt eine für alle förderliche Lern- und Lebensgemeinschaft in der Einrichtung zu schaffen. Eine solche Sorge-Orientierung kann jedoch schnell die bekannten Schwierigkeiten sozialpädagogischer Hilfe entwickeln: Hilfe tendiert zu dem Risiko, die bedürftigen Gegenüber zum Objekt der Fürsorge der Helfer:innen zu machen. Die Kombination von Care mit Demokratie hingegen verändert die pädagogische Praxis. Die Aufteilung der Beteiligten in Hilfsbedürftige und Helfende, Lernende und Lehrende oder Jugendliche und Fachkräfte wird weniger scharf. Denn nun sind alle Mitglieder der Entscheidungsgemeinschaft füreinander verantwortlich und müssen auf demokratische Weise dafür sorgen, dass alle unterschiedlichen Beteiligten in den ihnen jeweils gerecht werdenden Weisen am gemeinsamen Leben und an der gemeinsamen Mitbestimmung im BOZ teilnehmen können.

Die Jugendlichen erhalten trotz ihrer Unterstützungsbedürftigkeit noch einen anderen Status, nämlich den berechtigter und fähiger Mitbestimmer:innen des gemeinsamen Handelns im BOZ. Sie sind damit weniger dem Risiko von Hilfe ausgeliefert, zum fremdbestimmten Objekt zu werden. Das Recht der Jugendlichen, sowohl eigene Hilfeprozesse, als auch die Gestaltung der gesamten Pädagogik in der Einrichtung mitzubestimmen, wird gestärkt. Das fördert ihre Inklusion in das Gemeinwesen der Einrichtung, denn sie können und sollen es nun aktiv mittragen. So werden sie weder als Kunden von Dienstleistungen, noch als Objekte von Hilfe adressiert, sondern als gleichberechtigte, mitbestimmende und mitsorgende Mitglieder der Lebens- und Entscheidungsgemeinschaft der Einrichtung. Wie im Kapitel zu den Grenzen von Partizipation in pädagogischen Einrichtungen erläutert, führt dies nicht zu einer völligen Gleichheit zwischen Fachkräften und Jugendlichen, aber es ergeben sich doch strukturelle Chancen, Rechte als Nutzer:innen und Mitgestalter:innen der Einrichtung wahrzunehmen und sich damit als Individuen wie als Kollektiv als anerkannt und adressiert zu erfahren.

Begrüßenswerte Nebenwirkungen: Selbstwirksamkeit, Gemeinwirksamkeit, Widerstandsfähigkeit

Die Fachkräfte beschrieben in den Beratungstreffen des Projektes häufig, dass sie *stärkende Wirkungen mittels demokratischen Partizipation bei den Jugendlichen* beobachten konnten. Die Jugendlichen erkennen, dass sie als Personen und Gruppe etwas bewegen können. Sie lernen, dass demokratische Partizipation zu motivierenden Projekten führt, die in Kooperation dann auch tatsächlich umgesetzt werden. Die Jugendlichen können erleben, dass sie fähig sind, Ideen für die Gestaltung des Zusammenlebens zu entwickeln und diese sozial wie sachlich-materiell zu realisieren. Die Individuen erfahren persönliche Wirksamkeit und Anerkennung durch ihren spezifischen Beitrag zur Gestaltung solcher Projekte und merken, wie ihre persönliche Leistung mit der Kooperation und Partizipation der anderen verbunden ist.

Insgesamt erkennen die Fachkräfte, dass durch die Wahrnehmung des Rechtes auf demokratische Partizipation bei den Jugendlichen weitere Bildungsprozesse ausgelöst werden. So können auch Ziele von JSA erreicht werden, die sich auf die Stärkung der Subjekte und ihrer sozialen wie gesellschaftlichen Handlungsfähigkeit richten.

Begrüßenswerte Nebenwirkungen für Ausbildung und Eingliederung in die Arbeitswelt

Aus Sicht der Fachkräfte treten gerade im Rahmen der durch die Partizipation entstandenen gemeinsamen Projekte Chancen auf, auch engere Ziele der JSA zu fördern. Dabei geht es um das Erlernen von für das Berufsleben wichtigen Fähigkeiten, wie etwa für Kooperation und Teamarbeit, systematische Planung und konsequente Durchführung, Durchhaltefähigkeit und Frustrationstoleranz oder Lernbereitschaft und Engagement. Aber auch ganz konkrete handwerkliche und soziale Fähigkeiten konnten neu angeeignet werden. Durch die Kooperation mit Betrieben und Organisationen außerhalb der Einrichtung konnten die Jugendlichen zudem weitere berufliche Arbeitsfelder kennenlernen.

5 Klärung der Rechte demokratische Partizipation in den Jugendwerkstätten der Jugendhilfe Köln e.V.

Im Folgenden wird darüber berichtet, wie die Jugendwerkstätten der Jugendhilfe Köln e.V. (im Weiteren: JWJ) im Rahmen der strukturellen Verankerung demokratischer Partizipation ausdifferenzierte Rechte der Beteiligung der Jugendlichen entwickelten und anwendeten. Dieser Bericht ist vor seiner Veröffentlichung den im Projekt beteiligten Mitarbeitenden zugegangen und sie hatten die Gelegenheit, meinen Text zu prüfen, ihn zu korrigieren oder ihm ggf. zu widersprechen. Ihre Kommentare sind im Text kenntlich gemacht. Die Endfassung des Berichtes wurde also selbst partizipativ erstellt.

Die JWJ hatten bereits 2021 am ersten Projekt „Demokratiebildung und politische Bildung in der landesgeförderten JSA in NRW" teilgenommen. Die Leiterin der drei Jugendwerkstätten, Gerlinde Bade, hatte sich am Baustein 1 des Projektes „Entwicklungswerkstatt zur Erarbeitung und Aufbereitung von alltagstauglichen Methoden der Demokratiebildung im Handlungsfeld JSA" (Landesjugendamt Westfalen-Lippe 2022) beteiligt. In diesem Baustein wurde die GeBe-Methode[21] vermittelt und mit den Teilnehmenden wurde erprobt, wie die Methode für das Handlungsfeld der JSA umsetzbar gemacht werden konnte. Gerlinde Bade hatte dann auch an dem folgenden Projekt des Landesjugendamtes Westfalen-Lippe zur „Onlineberatungsgruppe für GEBe-Erfahrene Fachkräfte der JSA" mitgewirkt. Darin wurde für die Teilnehmenden des 1. Bausteins die alltägliche Anwendung der Methode geübt. In gegenseitiger Beratung werteten die Beteiligten Fälle aus der Alltagspraxis der Einrichtungen aus, um im Handeln der Jugendlichen deren lebensweltlichen Interessensthemen zu erkennen. Dann wurden Wege entwickelt, wie diese mit ihnen zusammen dialogisch aufgegriffen und partizipativ umgesetzt werden konnten. So vorbereitet gingen die JWJ auch den nächsten Schritt der strukturellen Verankerung von Rechten und Verfahren demokratischer Partizipation in ihren Einrichtungen. Dabei fokussierten die Teams in Köln auf die Frage, welche Rechte der Selbstbestimmung und Mitbestimmung sie den Jugendlichen gewähren wollten und welche Rechte der Entscheidung weiterhin den Fachkräften vorbehalten werden sollten. Die Vorgehensweisen und partizipativ zusammengefassten Ergebnisse dieser Projektarbeit in Köln werden im Folgenden berichtet.

Ich danke besonders Gerlinde Bade; sie hat als Leiterin der JWJ das Projekt von Anfang an mit großem Engagement und hoher fachlicher Expertise vorangetrieben – herzlichen Dank! Almut Groß (Geschäftsführung) und Stefan Jochum (stellvertr. Geschäftsführung) haben das Projekt mit angeschoben – merci. Ohne

21 Die Methode wird ausführlich beschrieben im Bericht zum Projektteil „Onlineberatungsgruppe für GEBe-Erfahrene Fachkräfte der JSA".

den starken, kritisch-konstruktiven Einsatz der Teams der Werkstätten in Ehrenfeld, Kalk und Mülheim aber wären die Ergebnisse des Projekts nicht möglich gewesen – ein großes Dankeschön!

Die Einrichtung (Gerlinde Bade)

Die Jugendhilfe Köln e.V. wurde 1976 gegründet, um gegen die Jugendarbeitslosigkeit aktiv zu werden. Sie ist ein gemeinnütziger Verein mit ca. 120 Mitarbeitenden und anerkannter freier Träger der Jugendhilfe mit vielen unterschiedlichen Arbeitsfeldern. Inhalte der vielfältigen Programme sind unter anderem Berufs- und Lebensorientierung, Beratung, Begleitung, Beschäftigung, Arbeit, Qualifizierung und Vermittlung.

Die drei JWJ liegen in Stadtbezirken mit erhöhtem Jugendhilfebedarf (Ehrenfeld, Kalk und Mülheim) und bieten insgesamt Plätze für 72 Jugendliche unter dem Motto: *Berufsorientierung und deutlich mehr.* In den Stadtteilen Köln Kalk und Mülheim gibt es zudem eine Kooperation mit einer Förder- und einer Hauptschule und somit die Möglichkeit, dass Plätze (18 von den 72 Plätzen) auch von noch schulpflichtigen Jugendlichen als außerschulischer Lernort besucht werden können.

In den JWJ bekommen Jugendliche die Möglichkeit, sich in verschiedenen Gewerken zu erproben und sich zu qualifizieren. Wir bieten Werkstattangebote im Bereich Kfz, Zweirad, Metall, Holz, Farbe, Friseur:in und Kreativ an sowie einen Bereich, in dem wir mit anderen Abteilungen (Gastronomie, Gartenbau, Lager, Verwaltung) und dem Tochterunternehmen KölnKitas gGmbH (Soziales) zusammenarbeiten. Alle Jugendlichen, die nicht im Rahmen des Angebotes für ‚Schulmüde' zu uns kommen, besuchen an zwei Tagen ein Berufskolleg und erhalten dort die Möglichkeit, den ersten Schulabschluss zu erlangen. Einige wenige Jugendliche bereiten sich zudem während der Maßnahme auf eine Externen-Prüfung für den erweiterten ersten Schulabschluss (oder den mittleren Schulabschluss FOR) vor. Die Jugendlichen erproben sich zudem in ein bis zwei externen Praktika. Sie erhalten Unterstützung bei der Praktikumsplatzsuche, und die Praktika werden gemeinsam vorbereitet und individuell begleitet. Anschließend findet eine intensive Auswertung in Bezug auf die individuelle berufliche Orientierung statt. Alle Angebote werden von sozialen Fachkräften begleitet und um soziale Einheiten ergänzt. Weiterhin ergeben sich aus den Themen der Jugendlichen weitere Kooperationen. Dies können sexualpädagogische Angebote, suchtpräventive, sportliche oder kulturelle Angebot sein.

GeBe-Methode und Jugendwerkstattrat (Gerlinde Bade)

Die fachliche Entwicklung der letzten Jahre und die intensive Auseinandersetzung mit Partizipation und Demokratieförderung bedeutete für die Jugendwerkstätten in der Quintessenz, die Themen der Jugendlichen zu erkennen und in den Mittelpunkt der Arbeit zu stellen. Diese Themen korrelieren durchaus mit den Themen der Jugendberufshilfe und JSA, sind aber individueller, aktueller und vielfältiger in ihren Ausprägungen.

Die Themen der Jugendlichen durchgehend als Ausgangspunkt der pädagogischen Arbeit zu verstehen, bedeutet für alle Mitarbeitenden, sowohl für die Anleitenden, die pädagogischen Fachkräfte und die Praktikant:innen, als auch für die Leitungskraft, die eigene ‚Macht'-Position zu reflektieren. Es galt genau hinzuschauen, in welchen Situationen die Fachkräfte einfach die Themen und ihre Bearbeitungsweise bestimmten, und zu entdecken, wo und wie stärker die Themen der Jugendlichen in den Mittelpunkt rücken sollten. Das sollte allerdings auch so geschehen, dass die Jugendlichen bewusst erkennen konnten, dass sie ihre Themen einbringen und an deren Umsetzung mitbestimmen und mitgestalten konnten. Sie sollten sich als Subjekte demokratischer Partizipation erfahren und nicht als Objekte der Fremdbestimmung von Fachkräften.

Punktuelle Angebote zur Partizipation, der strukturelle Rahmen für Partizipation, wie der Jugendwerkstattrat oder ein Beschwerdemanagement, sowie eine grundsätzlich wohlwollende und respektierende Haltung Jugendlichen und Kolleg:innen gegenüber waren bereits vor Teilnahme am Modellprojekt in den JWJ etabliert. Neu hinzugekommen ist mit dem Erlernen der GEBe-Methode und der Anwendung des GEBe-Ansatzes eine Qualifizierung und die Befähigung, auf eine methodische Vielfalt zuzugreifen, um Partizipation konsequent zu ermöglichen.

Folgende Arbeitsschritte der GeBe-Methode wurden für das pädagogische Handeln in den JWJ eingerichtet:

(1) Schaffung von Situationen, in denen das Handeln der Jugendliche beobachtet wird, ohne sich pädagogisch direkt einzumischen.
(2) Verschriftlichung der Beobachtungen als kurze Notizen während der Situation oder kurz nachher.
(3) Reflexion der Beobachtung(en) im Team mit den zwei Fragestellungen:
    (a) Wo ist bewertet statt beobachtet worden? Wie rasten pädagogische Vorurteile gegenüber einzelnen Jugendlichen oder Gruppierungen ein?
    (b) Wo/wie wird die Situation durch pädagogische Interventionen sofort unterbrochen bzw. welche Interventionswünsche haben die Beteiligten?

(4) Priorisierung der beobachteten Themen im Team: Welches Thema ist für die Jugendlichen im Moment besonders wichtig und für uns von der Arbeitskapazität her machbar?
(5) Dialog mit den Jugendlichen zur Klärung ihres wirklichen Themas in Form eines Resonanztests – die kreative (bildliche, gestalterische, sprachliche, schriftliche) Rückmeldung des beobachteten Themas und die dadurch angeregte dialogische Überprüfung, ob das Thema richtig erkannt wurde und auch, um was es den Jugendlichen dabei ging.
(6) Angebot zur Unterstützung bei der Bearbeitung des Themas, mit so viel Aktivität der Jugendlichen wie möglich und mit so großer Zurückhaltung der Fachkräfte wie möglich.
(7) Gemeinsame Bearbeitung des Themas im Jugendwerkstattrat oder in den Gruppen der Gewerke.
(8) Veröffentlichung des Ergebnisses durch die Jugendlichen.
(9) Reflexion des Prozesses mit den Jugendlichen: Benennen der Erfahrungen, Auswertung des demokratischen Handelns und Entscheidens und Herausarbeitung der Erfahrungen von Selbst- und Sozialwirksamkeit.

Die GeBe-Methode hilft uns, im Alltag Themen der Jugendlichen mit ihnen herauszufinden, und so können sie auch zum Thema des Jugendwerkstattrates werden.

Der Jugendrat wurde 2021 eingeführt. Die jugendlichen Mitglieder der Gewerkgruppen wählen jeweils zwei Sprecher:innen in den Jugendwerkstattrat. Die Legislaturperiode dauert jeweils ein Jahr. Der Rat wird durch zuständige pädagogische Fachkräfte auf Dauer begleitet. Diese laden zum Rat ein, moderieren die Diskussionen und erstellen die Protokolle. Sie diskutieren Probleme und Lösungen mit, haben aber kein Stimmrecht. Die Ergebnisse der Entscheidungen des Jugendwerkstattrates werden durch die Sprecher:innen in ihren Gewerken bekanntgemacht. Die Themen des Jugendwerkstattrates kommen durch Themenvorschläge aus den Gruppen zustande, durch Themenklärungen, die mithilfe der GeBe-Methode entstanden oder durch pädagogische Fachkräfte eingebracht werden.

Die pädagogischen Grundannahmen der JWJ, auch bei der GeBe-Methode und im Jugendrat (Gerlinde Bade)

Die Jugendlichen der JWJ sind adoleszent. Sie befinden sich in der Regel am Übergang von der Kindheit zum selbstverantwortlichen Erwachsensein. Die Adoleszenz ist verbunden mit körperlichen, psychischen und sozialen Veränderungen, die das Ende der Kindheit markieren und damit auch die innere Auseinandersetzung mit den Veränderungen und Anforderungen der Außenwelt im Hinblick auf die Bewältigung gesellschaftlicher Entwicklungsaufgaben. Der

Arbeitsansatz der JWJ fußt auf der Annahme, „dass sich eine lebensbejahende individuelle Entwicklung über dialogische Situationen mit nahen und zugewandten Personen, über das vertrauensvolle, empathische Kommunizieren bis hin zu der Entwicklung demokratischer Lebensformen vollzieht. Empathisch miteinander umgehen, setzt die Überzeugung voraus, dass ein anderer die gleiche Daseinsberechtigung hat wie wir und genauso einzigartig ist wie wir selbst. Die Menschenrechte beschreiben genau dies. Empathie ist der Boden, auf dem demokratische Verhältnisse wachsen und gedeihen können. In einer Welt ohne Empathie fehlt nicht nur das, was das Menschsein überhaupt ausmacht, es fehlt auch die Grundlage für ein demokratisches Wertesystem" (Gebauer 2012).

Die Lebenssituation der Jugendlichen in den JWJ (sogenannte „sozial benachteiligte Jugendliche") ist häufig durch das Fehlen empathischer dialogischer Prozesse gekennzeichnet. Daher zeichnet sich die Arbeit in den JWJ grundlegend durch die dialogischen Situationen – oder auch ‚Beziehungsarbeit' – aus. Einfühlsame und kompetente Anleitung und Begegnung durch werk- und sozialpädagogische Fachkräfte ermöglichen es den Jugendlichen, die Fachkräfte als Vorbilder zu sehen sowie Gestaltungsangebote kreativ nutzen und dabei eigene Interessen, Fähigkeiten und Möglichkeiten erkennen und weiterentwickeln zu können. Dieses dialogische Arbeiten wurde durch die Umsetzung des GEBe-Ansatzes gestärkt und methodisch erweitert. Die strukturelle Verankerung demokratischer Partizipation in den JWJ ist in ein Gesamtkonzept des Trägers Jugendhilfe Köln e.V. eingebettet und wird von der Leitungsebene unterstützt.

Angeregt durch das Projekt des Landesjugendamtes wurden Settings und Strukturen geschaffen, die dauerhaft eine breite und inklusive demokratische Beteiligung der Jugendlichen und Mitarbeitenden ermöglichen sollen. Projekte, Entscheidungsergebnisse und Verfahren werden systematisch evaluiert, einrichtungsöffentlich diskutiert, ausgewertet und für die Weiterentwicklung der Arbeit genutzt.

5.1 Schwerpunkt: Klärung von Rechten der Selbstbestimmung und Mitentscheidung in den Jugendwerkstätten und ihren Grenzen

Das Projekt zur strukturellen Verankerung demokratischer Partizipation in den JWJ sah vor, dass die Teams und Leitungen zusammen mit dem wissenschaftlichen Begleiter entschieden, welchen Schwerpunkt die gemeinsame Entwicklungsarbeit haben sollte. Deshalb bestand der erste Arbeitsschritt darin, mit den Teammitgliedern ihre aktuelle Praxis der Partizipation zu reflektieren, schon erreichte Qualität zu benennen, aber auch Verbesserungsbedarfe zu bezeichnen. Zunächst wurde diskutiert, dass manche Mitarbeitende und viele Jugendliche nicht wüssten, wie der Jugendrat funktioniere und wozu er eigentlich gut sei. Es sei unklar, wie dort welche Themen zur Entscheidung entstünden und auf welcher Basis berechtigt entschieden werden dürfe. Wie die Jugendlichen dort Themen einbringen könnten, die für sie im Alltag wirklich wichtig wären, sei nicht methodisch eindeutig geregelt. Damit entstand auch eine Debatte unter den Mitarbeitenden, ob die Jugendlichen denn berechtigt seien, gesetzte Regeln zu hinterfragen und zu verändern, und ob und wie man solche Rechte gemeinsam entwickeln wolle. Die Mitarbeitenden wiesen darauf hin, dass es auch Rahmenbedingungen gäbe, die ‚von oben', also durch die gesetzlichen Vorschriften, die Vorgaben der Stadt Köln, die Regelungen des Trägers und/oder der Leitung, den Handlungsspielraum von Jugendlichen und Mitarbeitenden definieren und begrenzen würden. Ein weiteres Thema war die Notwendigkeit, jedes Jahr immer wieder neue Jugendliche in die Methoden und Regelungen der Partizipation in den JWJ einzuführen.

In der Diskussion um die Schwerpunktsetzung der gemeinsamen Arbeit wurde klar, dass es eine zentrale Bedingung der Ermöglichung demokratischer Partizipation ist, genau zu definieren, welche Rechte der Selbstbestimmung und Mitbestimmung Jugendlichen als Person, Mitglieder der JWJ und über die repräsentative Struktur des Jugendwerkstadtrates hätten. Das bedeutet auch, genau festzulegen, welche Entscheidungsrechte die Mitarbeitenden sich vorbehalten, ja, vorbehalten müssen, um ihre pädagogischen Aufgaben angemessen wahrnehmen zu können. Die Frage, wie Themen aus dem geteilten Alltag in den Jugendwerkstattrat kämen, konnte mithilfe der GeBe-Methode beantwortet werden. Es ging darum zu erkennen, dass die Methode im Alltag auch stärker eingesetzt werden musste, um darüber Partizipationsthemen zu bestimmen und deren Entscheidung anzuregen. Die Findung von Themen ergibt aber nur Sinn, wenn auch den beteiligten Mitarbeitenden und Jugendlichen ganz klar ist, inwieweit tatsächlich Mitentscheidungsrechte dazu bestehen und wie diese umgesetzt werden können. Auf dieser Grundlage kann man dann auch methodische Wege finden, wie jedes Jahr im Herbst neue Jugendliche in die demokratische Arbeitsweise eingeführt werden können. Damit war also die Rechteklärung als das vorrangige Thema der Projektarbeit entschieden.

Vier Formen von Partizipationsrechten in sozialpädagogischen Einrichtungen

Sozialpädagogische Einrichtungen sind keine Demokratien im vollen Sinne. Jugendliche und Mitarbeitende sind kein selbstbestimmtes ‚Volk', das frei über die eigenen Belange entscheiden kann. Die ‚von oben' gesetzten Rahmenbedingungen können nicht durch die jährlich wechselnden Jugendlichen geändert oder aufgehoben werden. Mitarbeitende und Jugendliche sind an diese Rahmenrichtlinien gebunden. Diese ergeben sich auch daraus, dass die Einrichtung einen pädagogischen Auftrag hat und die Mitarbeitenden verpflichtet sind, diesen Auftrag zu realisieren. In den JWJ müssen sie dafür sorgen, dass die Jugendlichen

Erfahrungen mit unterschiedlichen Berufsfeldern machen können, dass sie sich beruflich orientieren und für spätere Berufstätigkeiten lernen. Auch dieser Auftrag kann nicht grundsätzlich verändert werden. Hinzu kommt, dass die Fachkräfte generell eine pädagogische Schutzverantwortung tragen: sie müssen die physische und psychische Unversehrtheit der Jugendlichen in der Werkstatt sichern. Aus all dem folgt, dass es Entscheidungen gibt, die sich die Fachkräfte vorbehalten müssen. Aber aus dieser grundsätzlichen Machtungleichheit (die hier ja sinnvoll ist, um die Jugendlichen zu fördern), folgt allerdings noch nicht, dass die Fachkräfte alle anstehenden Fragen des Zusammenlebens und Zusammenlernens in der Einrichtung allein entscheiden könnten. Wenn jedoch nicht geklärt ist, zu welchen Themen und wie Jugendliche Rechte der Selbstbestimmung und Mitentscheidung haben, kommt es schnell dazu, dass die Fachkräfte durch ihre formelle und informelle Macht die Entscheidungsgewalt allein ausüben. Wenn eine vollständige Demokratie auch nicht möglich ist, so ist es doch machbar, den Jugendlichen präzise definierte Rechte und Verfahren der Selbstbestimmung und Mitentscheidung (inklusive deren Grenzen) zuzusichern. Statt von Demokratie wird deshalb in diesem Konzept von ‚demokratischer Partizipation' gesprochen.

Die grundsätzliche demokratische Orientierung verlangt, dass die Jugendlichen als zu Selbstbestimmung berechtigt und als fähig und berechtigt zur Mitbestimmung anerkannt werden. Es wird also von ihrer Mündigkeit ausgegangen, die sie betreffenden Angelegenheiten mit den anderen Beteiligten angemessen und fair aushandeln zu können. Das folgt aus den Prinzipien des Grundgesetzes, das schon mit Art. 1 anerkennt, dass die Würde des Menschen unantastbar ist. Das bedeutet positiv, dass jede Person das absolute Recht auf Selbstbestimmung hat. Daraus folgt negativ, dass die Person nicht zum Objekt gemacht werden darf, und besonders nicht zum Objekt staatlichen Handelns (zu dem auch die staatlich geförderte JSA gehört). Ihre Selbstbestimmung muss die Person allerdings mit den anderen in ihrem Leben und in ihren Einrichtungen wie mit den in der Gesellschaft beteiligten Menschen aushandeln. So folgt aus dem Prinzip der Selbstbestimmung das Prinzip der Mitentscheidung. Wenn auch in pädagogischen Einrichtungen den Fachkräften doch bestimmte Entscheidungsrechte vorbehalten sind, ist damit dennoch die Pflicht zur Rechtfertigung dieser Entscheidungen verbunden. Diese Pflicht entsteht aus der prinzipiellen Anerkennung der Jugendlichen als demokratisch berechtigte und befähigte Mitbestimmende. Die Betroffenen müssen die Möglichkeiten haben, die Begründungen der Fachkräfte zu prüfen, zu hinterfragen und auch mit guten Argumenten zu kritisieren. Das müsste dann die Fachkräfte motivieren, diese Entscheidungen noch einmal zu überdenken, ihre fachliche Begründung zu prüfen und möglicherweise zu neuen Entscheidungen zu kommen.

Auf dieser konzeptionellen Grundlagen ergeben sich vier grundlegende Formen von Rechten der Jugendlichen: Das Recht auf Information, das Recht auf Anhörung, das Recht auf Selbstbestimmung und das Recht auf Mitentscheidung. Diese Rechte sollen hier noch einmal kurz beschrieben werden.

Vier Formen von Rechten demokratischer Partizipation in sozialpädagogischen Einrichtungen

Das Recht auf Information:
Die Fachkräfte behalten sich vor, eine Entscheidung zu fällen, von der Jugendlichen betroffen sind. Sie müssen die Jugendlichen allerdings über ihre Entscheidung informieren, sodass die deren Auswirkungen einschätzen können und orientiert und handlungsfähig bleiben. Zum Informieren gehört auch die Pflicht zu rechtfertigen, aus welchen guten Gründen die Fachkräfte etwas über die Köpfe der Jugendlichen hinweg entscheiden, um so den Jugendlichen die Gelegenheit zu geben, dagegen Protest einzulegen.

Das Recht auf Anhörung:
Die Fachkräfte behalten sich vor, die Entscheidung zu fällen. Die Jugendlichen werden aber vor der Entscheidung angehört und ihre Sichtweisen werden gebührend berücksichtigt. Ein Anhörungsrecht der Jugendlichen beinhaltet auch die Pflicht der Fachkräfte zur Information über die von ihnen getroffene Entscheidung und deren Begründung.

Das Recht auf Selbstbestimmung:
Die Jugendlichen entscheiden ohne Beteiligung der Fachkräfte. Dabei kann es um Entscheidungen gehen, die jede:r Jugendliche:r für sich allein trifft, oder um Entscheidungen, die eine Gruppe oder alle Jugendlichen der Einrichtung ohne die Fachkräfte treffen. In beiden Fällen sind wiederum die Regeln, nach denen die Entscheidung getroffen wird, vorab zu klären.

Das Recht auf Mitentscheidung
Die Jugendlichen und die Fachkräfte treffen eine Entscheidung gemeinsam. Dabei gilt, dass jede Person eine und nur eine Stimme hat. Die Regeln, nach denen die Entscheidung gefällt wird (z. B. durch einfache Mehrheit, qualifizierte Mehrheit, Einstimmigkeit o. ä.) sind vorab zu klären.

Der Sinn von Partizipationsrechten angesichts begrenzender Rahmenbedingungen

Angesichts der Rechteformen wurde im Team die Frage diskutiert, warum denn eine solche Klärung wichtig sei, wenn deren Ergebnis ohnehin aufgrund der Rahmenbedingungen von vornherein feststünde. In der Diskussion ergaben sich folgende Argumente für die Klärung und Festschreibung (Kodifizierung) der demokratischen Rechte der Jugendlichen:

Eine Kodifizierung sorgt dafür, dass im Team ganz bewusst und gemeinsam geklärt wird, welche Rechte tatsächlich bestehen, statt dieses nur diffusen Alltagsroutinen zu überlassen. Wenn die Rechte nicht ausformuliert und veröffentlicht sind, können sich die Beteiligten nie wirklich sicher sein, welche Rechte genau gelten, um sie im Einzelfall immer wieder herzuziehen und ihre Interpretation/ Umsetzung zu diskutieren. Eine bewusste Entwicklung der Rechte im Team sorgt dafür, dass alle Teammitglieder einbezogen werden. Rechte und Regeln bestehen dann nicht mehr nur ‚irgendwie' als Alltagsroutine oder unhinterfragte Traditionen, sondern sind gemeinsam und bewusst formuliert, beschlossen und verantwortet. Damit haben die Teammitglieder eine gemeinsame Grundlage, auf der sie die Rechte vermitteln und umsetzen können. Das stärkt ihre koordinierte Handlungsfähigkeit gegenüber den Jugendlichen im Alltag und bei der Eröffnung demokratischer Partizipation.

Ein kodifizierter Rechtekatalog kann den Jugendlichen sehr klar vermittelt werden. Dazu müssen selbstverständlich jugendgerechte Vermittlungsweisen gefunden werden. Die Rechte werden zunächst in fachlicher Sprache im Team geklärt, und bei ihrer Vermittlung an die Jugendlichen müssen sie ggf. sprachlich und medial angepasst werden, damit sie für die Jugendlichen verständlich und aufnehmbar werden. Das erlaubt, immer noch einmal zu prüfen, ob die Regelungen wirklich gerechtfertigt und durch das Team vertreten werden können.

Ein kodifizierter Rechtekatalog erschwert situative und individuelle Willkürentscheidungen von Fachkräften. Jugendliche können sich auf diese Rechte beziehen, ihre Einhaltung einfordern und sich beschweren, falls das nicht geschieht.

Ein Rechtekatalog schafft so eine Anerkennung der Jugendlichen als berechtigte Mitglieder der demokratischen Entscheidungsgemeinschaft der JWJ. In der Anerkennungstheorie (Honneth 1992) wird die Verfügung über Rechte als zentral angesehen: Der Anerkennungsmodus ‚Recht' bezieht sich auf das Selbstachtungsgefühl, das entsteht, wenn sich eine Person als ein Mensch mit gleichen Rechten wie andere wahrnehmen kann. Sich als Träger von Rechten zu begreifen, verlangt umgekehrt auch ein Wissen über die normativen Verpflichtungen gegenüber anderen. Eine moralische Selbstachtung und Autonomie des Einzelnen entstehen auf Basis der gegenseitigen Verpflichtung zur Gleichbehandlung und zur wechselseitigen Pflicht aller Subjekte, einander als Person zu respektieren und zu behandeln, denen dieselbe moralische Zurechnungsfähigkeit zukommt.

Anerkennung ist eine wesentliche Bedingung der Möglichkeit, eine Individualität, Selbstbewusstsein und Selbstbestimmung zu entwickeln und sich als aktiv berechtigtes Mitglied der demokratischen Gesellschaft zu erfahren: „Anerkennung ist ein Gegenbegriff zur herrschaftlichen Unterwerfung von Individuen unter ihnen fremde Zwecke, zu ihrer bloßen Benutzung und Instrumentalisierung, zur Verletzung ihrer Würde und Integrität. Die Utopie einer Gesellschaft freier und gleicher Individuen, die Vorstellung nichtrepressiver Gemeinschaften kann als ein Verhältnis der wechselseitigen Anerkennung als Subjekte konkretisiert werden" (Scherr 1997, S. 53).

In der Diskussion wurde deutlich, dass durch die Rechteklärung auch eine Unterstützung der Entwicklung von Anerkennung und damit Ermöglichung von Selbstbewusstsein und Identität bei den Jugendlichen hergestellt werden kann. Es wird erkennbar, dass die sozialpädagogische Orientierung an der Anerkennung der Subjekte gleichzeitig auch das demokratische Grundprinzip des politischen Zusammenlebens in der Bundesrepublik Deutschland darstellt. Die Jugendlichen zu unterstützen, sich als Subjekte zu bilden und zu entwickeln, ist nicht nur irgendein pädagogisches Förderungsprinzip, sondern ergibt sich aus dem grundsätzlichen demokratischen Menschenbild und seiner Definition in Grundgesetz und Menschenrechten.

Arbeitsweise der Rechteklärung mit dem Gesamtteam der Jugendwerkstätten

Als erster Arbeitsschritt der Klärung der Rechte, sollten alle Bereiche des alltäglichen Lebens und Lernens in der Einrichtung aufgelistet werden, in denen es um Entscheidungen der Selbstbestimmung der Personen und/oder des Kollektivs geht. Entsprechend hat das Team der JWJ zunächst eine Liste solcher Entscheidungsfelder und -themen erstellt. Diese umfassten:

- Regelungen der Anwesenheit (ob und wann) in den Werkstätten
- Arbeitszeiten/Pausen/Urlaub
- Essen/Trinken
- Arbeitsinhalte in den einzelnen Gewerken
- Sportangebote
- Regelung zum Rauchen (und anderen Drogen?)
- Ausflüge
- Handynutzung
- Sozialdienst (Putzen, Klos säubern, Einkaufen…)
- Kleidung (Arbeitssicherheit, angemessener Stil, …)
- Aufenthaltsbereiche (Wer darf wann wo sein?)
- Umgangsformen/Sprache untereinander
- Musik hören (auch während der Arbeit?)

- Umgang mit meinen Daten (Fotos, Videos machen…)
- Fahrkarte und Anwesenheitsgeld
- Auswahl und Gestaltung von Praktika

Danach wurde die Frage bearbeitet, welche dieser Bereiche der Selbst- und Mitbestimmung aus Sicht der Jugendlichen besonders wichtig wären, und welche aus Sicht der Mitarbeitenden. Es ging darum, die im Alltag immer wieder konfliktreichen Themen herauszufinden und diese als erste bei der Rechteklärung anzugehen.

Das Team entschied sich für die Fragen der Regelung der Anwesenheit, der Arbeitszeiten, Pausen und des Urlaub, den Umgang mit Essen und Trinken, die Regelung von Rauchen, die Klärung von Rechten und Pflichten in Bezug auf den Sozialdienst (z. B. zum Putzen von Werkstatt und Klos) sowie die Regelung der Ausgabe von Fahrkarten (‚Deutschland Ticket') und Anwesenheitsgeldern.

Zu jedem Bereich wurde dann per PowerPoint das 4-Felder-Schema der Rechteformen (vgl. Abbildung 26) projiziert, und die einzelnen Rechte wurden nach und nach vorgeschlagen, diskutiert, variiert und verabschiedet.

In der ersten Annäherung an die vier Rechteformen und ihre Ausbuchstabierung für die eigenen Werkstätten hat zunächst das gesamte Team das Viererschema ausgefüllt. So konnten die Beteiligten lernen, welche Möglichkeiten es gibt und welche Probleme auftauchen.

Dabei entdeckte die Gruppe eine wichtige Ergänzung, denn jede Definition von Rechten ist selbst wieder gebunden an staatlich-gesetzliche Regelungen und gegebene Rahmenbedingungen. Zum Beispiel gilt in den Jugendwerkstätten selbstverständlich das Jugendschutzgesetz. Aus diesen bestehenden Rahmenbedingungen folgen eine ganze Reihe von Begründungen für Einschränkungen für Bestimmungsrechte der Jugendlichen in den Werkstätten. Deshalb hat das Team vorgeschlagen, jedes 4-Felder-Schema zunächst mit einer Einleitung zu beginnen, in der der formelle rechtliche Rahmen definiert wird.

Bereich:
Vorgegebene gesetzliche Regelungen und Rahmenbedingungen:

Information	**Anhörung**
Selbstbestimmung	**Mitbestimmung**

Abb. 26: Leeres 4-Felder-Schema der Rechteformen

Die exemplarische Definition solcher Rechte durch die Fachkräfte der JWJ gelten selbstverständlich nur für die je eigenen Einrichtungen. Sie erheben keinen Anspruch, generell für Einrichtungen der JSA Rechte vorzuschlagen oder vorzugeben. Hier wird nur das Prinzip demonstriert, dass es die Teams sind, die die Rechte definieren und auf deren Basis die demokratische Partizipation der Jugendlichen regeln. Andere Teams werden zu anderen Regelungen kommen und auch die Kölner Entscheidungen werden erprobt, reflektiert und wahrscheinlich weiterentwickelt.

Das folgende Beispiel zum Rauchen (vgl. Abbildung 27) zeigt deutlich, wie das Team nach Möglichkeiten sucht, einerseits die rechtlichen Rahmenbedingungen des Jugendschutzgesetzes zu beachten, und doch den Jugendlichen Möglichkeiten der Kritik an und des Protestes gegen diese Vorschriften zu eröffnen.

Bereich: Rauchen
Recht: Jugendschutzgesetz; Regeln für Jugendhilfeeinrichtungen: Rauchen auf dem Gelände verboten und unter 18 J. verboten

Information Die Fachkräfte (FK) informieren über das Verbot auf dem Gelände. Begründung: Auflage des Landes. Die FK informieren über mögliche Folgen des Bruchs des Verbots (Ordnungsamt im Park etc.) FK ermöglichen Kritik an der gesetzlichen Regelung Kleine individuelle Pausen müssen angekündigt werden.	**Anhörung** Die FK verdeutlichen den Jugendlichen (Ju.) Den Widerspruch zwischen pädagogischer Anerkennung der Realität der Jugendlichen (als Raucher:innen) und der Bindung an gesetzliche Vorschriften. Klärung, welche anderen Bedürfnisse in der „Raucherpause" versteckt sind und wie wir sie angehen könnten. Wenn die Regel zur „individuellen Pause" ausufernd genutzt wird, thematisieren wir FK das mit den Ju. und suchen nach Lösungen, die wir als FK dann entscheiden.
Selbstbestimmung Die FK kontrollieren (in den Pausen) nicht, was die Ju. außerhalb des Geländes tun.	**Mitbestimmung** (Keine Mitbestimmung vorgesehen, rechtliche Regelungen)

Abb. 27: exemplarische Definition von Rechten zum Thema Rauchen

Zum Thema Essen wurde folgende Regelung entwickelt:

Bereich: Essen und Trinken

Rechtliche Vorgaben: keine

Information

Die Jugendlichen werden im Rahmen der Kennenlernwochen darüber informiert, inwiefern sie in der Jugendwerkstatt (JW) Essen und Trinken kostenlos zur Verfügung gestellt bekommen.

- Jederzeit Wasser und Tee, auf Anfrage auch Kakao oder Kaffee.
- Tägliches Frühstück (erstellt vom Frühstücksdienstes – 3 Brötchen mit Doppelbelag pro Kopf).
- Versorgung bei Ausflügen (meistens in Form von Obst und Müsliriegeln oder Brötchen).
- Auf Anfrage oder in Form von Workshops: gemeinsames Kochen oder Backen.
- Alles im Rahmen von Jugendschutz und Arbeitssicherheit.
- Das Essen findet im Rahmen der gesetzten Pausenzeiten statt (mit den Ausnahmen: Kochaktion und gemeinsames Essen am Tisch).

Essen und Trinken finden unter Berücksichtigung der GoJa-Zertifizierung statt, über welche die Jugendlichen ebenfalls zu Beginn ihrer Maßnahme informiert werden.
Zudem informieren wir die Jugendlichen über die Regel, dass wir in der JW kein Schweinefleisch kaufen (weil muslimische Jugendlichen öfter fürchten, dass dem Essen unerkennbar Schweinefleisch beigemischt sei). Ausnahmen werden gesondert verhandelt.

Anhörung
Jegliche Wünsche bezüglich Essen und Trinken können die Jugendlichen an die FK tragen bzw. im JW-Rat äußern. Die Umsetzung geschieht innerhalb der Mit- oder Selbstbestimmung.

Selbstbestimmung
Innerhalb der Kochangebote können die Jugendlichen im Rahmen eines alltagsüblichen Budgets selbst bestimmen, was sie kochen wollen. Zudem können sie bestimmen, ob sie überhaupt teilnehmen und mitessen wollen (wie bei allen Essens- und Trinkangeboten in der JW). Auch die Organisation des Kochens übernehmen selbstsichere Jugendliche gern, bei Problemlagen können sie aber auch Hilfe anfragen. Auch bezüglich der Getränke können die Jugendlichen selbstbestimmen (innerhalb des Jugendschutzgesetzes).

Mitbestimmung
Die Jugendlichen dürfen jederzeit Vorschläge und Wünsche zum Thema Essen und Trinken äußern. Zum Beispiel zur Gestaltung des Frühstücks oder zu gemeinsamen Kochaktionen.
Beispiel 1: Ein Jugendlicher des Metallbereichs wollte Pizza für alle machen. Unsere derzeitige Praktikantin hat ihn dabei unterstützt und er konnte seinen Wunsch innerhalb weniger Tage umsetzen.
Beispiel 2: Die Jugendlichen haben im JW-Rat den Wunsch geäußert, den Frühstücksdienst anders zu gestalten. Sie wollen ihren Frühstücksdienst auf den eigenen Werkbereich begrenzen, anstatt Frühstück für die gesamte Werkstatt zu machen. Da dies eine organisatorische Herausforderung werden könnte, haben wir uns auf eine Probezeit dieses Konzepts von ca. zwei Monaten geeinigt. Wir werden den Ablauf gemeinsam reflektieren und ggf. anpassen.
Die Regeln bezüglich der Küchennutzung (Sauberkeit und Ordnung) werden gemeinsam in den Kennenlernwochen erarbeitet.

Ein für Jugendliche und Mitarbeitende wichtiges Thema ist die Regelung von Anwesenheit/Arbeitszeiten/Pausen. Dazu hat das Teil-Team der Jugendwerkstatt (JW) Köln-Kalk einen Vorschlag gemacht, der vom Gesamtteam angenommen wurde.

Bereich: Anwesenheit/Arbeitszeiten/Pausen

Rechtsgrundlage: Vorgaben der Stadt Köln (mind. 30 h/Woche; Mo. – Fr.)

Information
SuS Präsenzzeit 4 x 7 h = 28 h + 4.5 h = 32.5 h (33.75 h)
BKE Präsenzzeit 4 x 7 h = 28 h + 5.5 h = 33.5 h (34.25 h)
RR-BK Präsenzzeit 3 x 7 h = 21 h + 10 h = 31 h (31.75 h)

Informieren der TN: (mündlich) Vorstellungsgespräch;(schriftlich) Vereinbarung, Wochenplan, Stundenplan/Schule, Pausenplan.
Information: Appelle an Eigenverantwortlichkeit, Freiwilligkeit und Kontaktgebot bei Verspätung & Nicht-Erscheinen (Vereinbarung).

Anhörung
Die FK verdeutlichen den Jugendlichen, dass es Vorgaben der Stadt/des Trägers/der Schulen gibt.
Der Entscheidungsspielraum der FK ist gering; Gleitzeitmodell: pünktlich ist, wer bis 8:00 in JW ist (Start 7:45 h).

Selbstbestimmung
Selbstbestimmte Anteile sind nicht offiziell vorgesehen.
Da die JW aber in freiwilligem Kontext stattfindet (Bkler), entscheiden die Jugendlichen. Auch ihre Selbstbestimmung findet in Auseinandersetzung mit den FK statt.
Auch ihr informelles ‚Abstimmen mit den Füßen' (Verschlafen, fiktive Termine, Unpässlichkeiten, Motivationslosigkeit, Familienurlaub), ob und wann sie kommen, versuchen wir zum gemeinsamen Thema zu machen, wobei am Ende der:die Einzelne entscheidet und sich selbst verantworten muss.
Die Jugendlichen informieren uns über Abwesenheitsgründe, belegen Termine, begründen bzw. informieren uns über ihre Motivationslage (z. B. morgens per Handy), und so kommen wir in gemeinsame Aushandlung individueller Lösungen.

Mitbestimmung
Gestaltung der Anwesenheit bei Terminen (extern) während der JW-Zeit.
Tagesstruktur in Gewerk/JW übergreifend theoretisch täglich verhandelbar. Faktoren (u. a.): Motivation, Wetter, Stimmung JW. Essens- und Bewegungsangebote + zusätzliche Pausen, Spiele, Musik.
Anwesenheitszeiten bei Ausflügen verhandelbar & individuelle Regelungen (Was kann ich schaffen? ‚Hamburger Modell').

Im Verlauf der gemeinsamen Arbeit im Projekt zur Rechteklärung haben Teil-Teams einzelner Jugendwerkstätten auch begonnen, die getroffenen Regelungen schon mit Jugendlichen umzusetzen. Das tat auch das Team Köln Kalk und berichtete dem Plenum über ihre Einführung der Partizipationsrechte zum Bereich: Anwesenheit/Arbeitszeiten/Pausen:

„Die Jugendlichen haben die Regelung des Teams akzeptiert. Wir Fachkräfte haben die Jugendlichen im BKE darauf hingewiesen, dass ihre Präsenzzeit länger dauert als die der anderen Teilnehmenden. Das fanden sie dann doch ungerecht, und setzen sich zusammen und überlegten verschiedene Möglichkeiten, damit umzugehen, die sie dem Team vorstellten. In der Diskussion mit dem Team klärte sich die Lösung, jeweils

mittwochs früher zu gehen. Insgesamt hat die Klärung der Partizipationsrechte zum Bereich Anwesenheit/Arbeitszeiten/Pausen für mehr Transparenz und Gerechtigkeit gesorgt. Jugendliche sind es nicht gewöhnt, dass sie Rechte haben und nach ihren Lösungsvorschlägen befragt werden. Wir haben dieses Angebot hier allerdings konstruktiv aufgenommen und mithilfe des Fachkräfteteams umgesetzt."

An diesem Beispiel zeigt sich, dass auch ein Recht auf Information von Jugendlichen ohne ein ausdrückliches Mitbestimmungsrecht zu einer Hinterfragung von Regelungen führen kann. Es entstand hier ein politischer Prozess, in dem die vorgegebenen Regelungen von den Jugendlichen als ungerecht kritisiert wurden. Hier zählt nicht, dass die Fachkräfte die Jugendlichen auf die Ungerechtigkeit aufmerksam machten, sondern dass die Jugendlichen bereit waren, gegen die Ungerechtigkeit anzugehen. Damit haben sie ein Recht in Anspruch genommen und gegen Unrecht Widerstand geleistet, wie klein auch immer. Die Jugendlichen haben sich zusammengetan und selbst Vorschläge zur Beseitigung dieser Ungerechtigkeit gemacht. Das heißt, sie haben auf der Ebene der ‚kleinen Gesellschaft' der Jugendwerkstatt politisch gehandelt. Da überhaupt das Prinzip der Verfügung über Rechte eingeführt wurde, können sich die Jugendlichen als prinzipiell berechtigt erkennen und gegen Ungerechtigkeit protestieren. Die grundsätzlich partizipative Orientierung der Rechteklärung führte dazu, dass die Fachkräfte Vorschläge der Jugendlichen aufnahmen, obwohl diese Regelung zunächst dem Team hätte vorbehalten bleiben sollen. An diesem Beispiel wird klar, dass die Definition von Rechten der Partizipation und ihre öffentliche Erklärung und Begründung Partizipation ausweitet. Können sich Betroffene überhaupt als Träger:innen von Rechten wahrnehmen, entsteht damit schnell die Frage, warum sie über manche Rechte verfügen sollen und über andere nicht. Die Berechtigung (und sei es nur zur Information und auf Rechtfertigung von Entscheidungen) stärkt die Jugendlichen, vorgegebene Verhältnisse zu kritisieren und ihre Berechtigung und Gerechtigkeit zu prüfen sowie ggf. Änderungen dazu einzufordern.

Bei der Klärung der Rechte zum Bereich ‚Anwesenheitsgeld/Taschengeld' schlugen die Fachkräfte den Jugendlichen sogar ein politisches Handeln im Blick auf die Jugendhilfegremien der Stadt Köln vor, die die Vorgaben für die finanziellen Regelung für die einzelnen Werkstätten festlegen.

Bereich: Anwesenheitsgeld/Taschengeld

Rechtliche Regelungen: Vorgaben und Entscheidungen des Jugendamtes der Stadt Köln

…

Information

Die maximale Höhe des Taschengeldes beträgt 28,25 Euro in der Woche und setzt sich aus 5 x 5,65 Euro/Tag zusammen.

Für Verspätungen oder zu frühes Gehen werden jeweils 2,50 Euro abgezogen. Bei vorangekündigten und belegbaren Terminen, z. B. Arztterminen oder Behördenterminen, die zu Verspätungen oder zum früher Gehen veranlassen, gibt es keine Abzüge.
Seit Mitte der 90er Jahre wurde das Anwesenheitsgeld nicht erhöht.
Die Höhe des Geldes wird vom Jugendamt vorgegeben, die Abzüge werden durch den AK JW abgestimmt und der Auszahlungsrhythmus ist JW-intern geregelt.
Die Information wird sowohl durch das Erstgespräch, sowie durch die gemeinsame Besprechung der Teilnahmevereinbarung innerhalb der Kennenlernwochen den Jugendlichen mitgeteilt.

Anhörung
Die Jugendlichen können jederzeit Änderungen des Anwesenheitsgeldes (Höhe, Abzüge, Auszahlung) vorschlagen. Wenn sie eine Anpassung der Höhe einfordern, unterstützen wir sie auf dem Weg zur zuständigen Stelle (Jugendamt). Bei Änderungen bezüglich der Abzüge würden die MA das Anliegen in genannten AK tragen. (Änderungen bezüglich der Auszahlung können innerhalb der JW gemeinsam geklärt werden, siehe Mitbestimmung).

Selbstbestimmung
Durch ihre Anwesenheit können die Jugendlichen die Höhe ihres Anwesenheitsgeldes selbst bestimmen. Durch Zuspätkommen und zu frühes gehen können sie die Abzüge bestimmen. Auf Wunsch können die Jugendlichen das Geld in der JW ansparen.

Mitbestimmung
Der Auszahlungsrhythmus wird innerhalb der jeweiligen JW entschieden, wobei die Jugendlichen ihre Ideen und Wünsche äußern können und die Mitarbeitenden dies auf Umsetzbarkeit prüfen müssen. Im Anschluss kann eine Vereinbarung getroffen werden.

Das Vorgehen der Fachkräfte im Bereich ‚Anwesenheitsgeld/Taschengeld' kann als Anregung der Jugendlichen zur politisch-demokratischen Bildung betrachtet werden. Selbstverständlich interessieren sich die Jugendlichen besonders für die Ausgabe von Taschengeld, das die Stadt Köln für sie bereitstellt. Die Regelungen waren vorher nicht besonders transparent, sondern wurden einfach, ohne weitere große Erklärungen durch die Fachkräfte umgesetzt. Durch die Rechteklärung mussten die Fachkräfte sich selbst noch einmal den Mechanismus der Bereitstellung des Geldes und seiner Höhe klarmachen. Daraus folgten Diskussionen, ob die Höhe des Taschengeldes für die Jugendlichen heute noch angemessen sei. Die Fachkräfte lösten das Problem allerdings nicht für die Jugendlichen, sondern stellten ihnen nur genug Informationen zu Verfügung, um ihre Eigenaktivität zu ermöglichen. Das bedeutet nicht, die Jugendlichen allein zu lassen, denn es wurde ihnen Unterstützung angeboten, wenn sie beim Jugendamt gegen die ausbleibende Erhöhung des Taschengeldes protestieren wollten. Der Übergang ihrer politischen Aktivität in die Kommune wurde herausgefordert, aber nicht stellvertretend oder advokatorisch für die Jugendlichen übernommen. Sie wurden angeregt, selbst die Sphäre der kommunalen Politik zu betreten, wenn auch mit Unterstützung der Fachkräfte.

Der Projektverlauf aus Sicht der Abteilungsleiterin (Gerlinde Bade)

Das Thema Partizipation beschäftigt uns schon seit einigen Jahren intensiver. Auf Klausurtagen haben wir in den Teams gemeinsame Themen aus unterschiedlichen Ebenen identifiziert (Landesebene: Kinder- und Jugendförderplan des Landes NRW, Städtische Ebene: Wirksamkeitsfrage, Leitungsebene: Leitbild, Mitarbeitendenebene – z. B. im Mitarbeitendengespräch). Neben der Partizipation stellen sich auch andere Fragen der Gestaltung unserer Pädagogik in den Jugendwerkstätten, z. B. Vielfalt, Niedrigschwelligkeit, Schulverweigerung und Motivation. Und wir blicken auf den roten Faden, der die Themen verbindet, und dazu bietet sich Partizipation an. So wie wir die unterschiedlichen Themen und Ebenen zusammengeführt und die Partizipation als Basis benannt haben, so überprüfen wir bei jedem Thema: was ist daran Partizipation – oder kann es sein?

Als Beispiel kann das Thema Digitalisierung genommen werden, mit dem wir uns intensiv beschäftigt haben. Wir beteiligen die Jugendlichen bei der Öffentlichkeitsarbeit (Imagefilm, Instagram); wir nutzen kostenfreie Software (open source); wir machen den Jugendlichen offene Angebote (3D-Druck ohne Ergebnisvorgabe) etc. Die Jugendlichen sollen sich als selbstwirksam erfahren und als sozialwirksam in der Mitgestaltung des gemeinsamen Lebens und Lernens in den Jugendwerkstätten.

Unsere konzeptionellen Entwicklungen sind gestärkt worden durch die Mitarbeit im Landesprojekt zur Demokratiebildung und politischen Bildung in der JSA NRW, und diese Impulse dauern weiter an. Wir haben uns ausführlich mit dem GEBe-Ansatz beschäftigt und mit der systematischen Verankerung demokratischer Partizipation in unseren Jugendwerkstätten.

Das bedeutet konkret in der Praxis: Zum Maßnahmenstart haben wir in allen drei Jugendwerkstätten die Jugendlichen über ihre Rechte informiert. Das mindeste Recht, ist das Recht auf Information. „Weil ich es sage…“ als Begründung der Fachkräfte stellt keine Option mehr dar. Jugendliche haben ein Recht, Informationen zu erhalten, um Entscheidungen nachvollziehen zu können.

Das Anhörungsrecht stellt die zweite Rechteform dar. Wir versuchen bei fast allen Angelegenheiten, die die Jugendlichen betreffen, auch ihre Meinung zu erfragen; z. B. zu folgenden Themen: Ausflug: Wo möchtet ihr hinfahren/was möchtet ihr machen? Frühstück: Was möchtet ihr essen? Wie bereiten wir es zusammen zu? Einstellung von neuen Mitarbeitenden: Könnt ihr euch vorstellen, dass der/die Bewerber:in euer/eure Betreuer:in/Anleiter:in wird? Evaluation unseres Zusammenlebens und Arbeitens: Was findet ihr gut? Fehlt euch was? Stört euch was?

Das Mitbestimmungsrecht zeigt, dass in vielen Fällen die Möglichkeit besteht, mitzuentscheiden. Alle Betroffenen, Mitarbeitende wie Teilnehmende, haben dabei eine gleichberechtigte Stimme. Dabei geht es z. B. um inhaltliche Entscheidungen in der Jugendwerkstatt: Sollen wir nach der Pause an der Dekupiersäge oder räumliches Zeichnen üben? Wie wollen wir die neue Küche einrichten und gestalten? Und wohin geht der nächste Ausflug?

Selbstbestimmung ist ein weiteres zentrales Recht der Jugendlichen. Es gibt Bereiche, die nur von Jugendlichen entschieden werden können: Kleidung, Essen, Musikhören, Wandfarbe im Freizeitraum, Pausengestaltung usw.

Die Klärung der unterschiedlichen Rechte durch die Fachkräfte und die Information der Jugendlichen darüber sind wichtig, um Frustrationen zu vermeiden. Alle wissen so, woran sie sind. Gleichzeitig wurde dadurch für uns Mitarbeitende ein Lernprozess ausgelöst, in dem es darum ging, das hierarchische Denken hinter uns zu lassen. Wir nehmen unsere pädagogische Verantwortungsaufgabe wahr, suchen aber stets auch nach einer Ausweitung der Möglichkeiten gleichberechtigter Partizipation. So findet ein Veränderungsprozess statt: Immer mehr Mitarbeitende hinterfragen langjährige Routinen und suchen und finden Situationen, in denen mehr Partizipation der Jugendlichen möglich wird.

Aber auch die Jugendlichen müssen oft erst die Rechte und Möglichkeiten demokratischer Partizipation kennenlernen. Zu Maßnahmenstart informieren wir sie über ihre Rechte und stellen fest, dass die Jugendlichen dieses als starken Unterschied zu pädagogischen Einrichtungen und sozialen Diensten erkennen, die sie sonst erlebt haben. Es wird ihnen anfänglich noch diffus und dann an konkreten Erfahrungen immer konkreter deutlich, dass sie als berechtigte Mitglieder unseres Gemeinwesens in den Jugendwerkstätten behandelt werden. Zunehmend erkennen sie, was es bedeutet, Rechte zu haben, und nutzen diese dann auch. Zur Partizipation haben wir eine praktische Übung in den Kennlerntagen im Rahmen einer Fotorallye durch den Stadtteil gemacht: hier z. B. mit der Aufgabe, ein Foto zu machen aus einem ungewohnten Blickwinkel – nach oben/nach unten. Daraus entstanden schnell Gespräche: Ich bin der König, ich entscheide …Oder: Wer entscheidet bei uns eigentlich? Damit beginnt der Einstieg in die demokratische Partizipation: wer hat welche Rechte und kann wie konkret mitsprechen und mitentscheiden.

5.2 Auswertung des Projektes der Rechteklärung aus Sicht der Mitarbeitenden

In der letzten Sitzung des Projektes wurden zwei Evaluationsfragen gestellt. Erstens: Im Blick auf die Übertragbarkeit für andere: Was sind wichtige Erkenntnisse des Projekts, die dazu beitragen, dass andere Einrichtungen/Kolleg:innen das Projekt und die Projektergebnisse konstruktiv und effektiv nutzen können? Was sollte verändert/angepasst werden, um Demokratiebildung auf allen Ebenen der JSA etablieren zu können? Die Antworten stammen direkt aus dem Protokoll, das für alle über eine Beamerprojektion erkennbar parallel zur Diskussion erstellt wurde. Insofern konnten die Fachkräfte prüfen, ob ihre Aussagen korrekt dokumentiert wurden.

- Zentral ist es, den Partizipationsprozess mit den Jugendlichen ernst zu nehmen; das, was man zusammen erarbeitet und beschließt, muss dann auch so gelebt werden.
- Das Recht auf Information und Begründung verlangt vom Team, vorher selbst sehr genau die Rahmensetzungen, Grenzen und Regeln zu kennen, denen es selbst durch andere zuständige Stellen ausgesetzt ist. Im Team müssen die Rahmenbedingungen und Vorgaben klar sein, bevor man mit den Jugendlichen klärt, wozu und wie Mitbestimmung gehen kann.
- Die Information über die Regelungen, die das Team getroffen hat (oder denen das Team selbst durch andere Stellen und gesetzliche Regelungen unterworfen ist), dürfen nicht schwammig sein, sondern müssen sehr präzise gegenüber den Jugendlichen formuliert werden.
- Die Initiierung eines Projekts zur Einführung demokratischer Partizipation in Jugendwerkstätten muss selbst in Form einer ‚demokratischen Auftragsklärung' stattfinden. Wenn die Mitarbeitenden das Projekt durch die Leitung übergestülpt bekommen, wird es unter Umständen für einzelne Mitarbeitende schwierig, demokratische Partizipation motiviert umzusetzen. Eine Durchsetzung des Projektes ‚von oben' kann zu Widerstand bei Mitarbeitenden führen. Die Entscheidung, ob man demokratische Partizipation einführt, muss mit den jeweiligen Teams zusammen getroffen werden.
- Für Leitung und Mitarbeitende ist es einfacher, wenn Entscheidungsprozesse für das Projekt und im Projekt von außen moderiert werden. Die Leitung sollte solche Entscheidungen (über die Durchführung von Modellprojekten) nicht allein treffen.
- Das Raster der vier Rechte (Information, Anhörung, Selbstbestimmung und Mitbestimmung) ist sehr hilfreich, um damit demokratische Partizipation einzuführen und Rechte zu klären.
- Das Raster hilft dabei zu üben, wie man Rechte möglichst klar formuliert und einbringt.

- Das Raster verlangt vom Team, die Rechte und Regelungen genau zu klären und zu begründen, und das verlangt eine Bereitschaft, diese Fragen zusammen zu diskutieren und zu entscheiden.
- Wenn die Einführung solcher Rechte und Regeln mithilfe des Rasters auf eine Fluktuation unter den Mitarbeitenden trifft, stellt sich die Frage, wie Neue jeweils hereingeholt werden und die Rechte und Regeln mit vertreten können.
- Die in den Jugendwerkstätten jährlich neuen Gruppen von Jugendlichen helfen dabei, die Rechte und Regelungen immer neu zu reflektieren und ggf. zu ändern.
- Die Jugendlichen sind die Verfügung über Rechte und die demokratische Mitbestimmung nicht gewohnt. Oft muss man sie mehrfach darüber informieren und die Regelungen mit ihnen diskutieren. Es fällt ihnen manchmal schwer, Regelungen zu behalten, man muss diese verschriftlichen und so visualisieren, dass die Jugendlichen sie verstehen und als wichtig erkennen können.

Die zweite Evaluationsfrage lautete: Mit Blick auf mich und meinen Arbeitsbereich: Welches Element demokratischer Partizipation mache ich jetzt und in Zukunft in meinem Arbeitsbereich stark?

- Das Raster kann ich selbst und im Team gut nutzen, um Rechte und Regelungen sehr präzise zu klären.
- Ich habe festgestellt, dass ich mich durch das Projekt viel intensiver als früher frage, bei welchen Entscheidungen die Jugendlichen mitbestimmen können und wie wir ihnen das ermöglichen können.
- Die Einführung des Werkstattrates hilft, die Jugendlichen einzubeziehen und ihre eigenen Entscheidungen zu treffen und umzusetzen.
- In den Jugendwerkstätten mit einer geringeren Zahl von Teilnehmenden kann eine Kombination von Jugendwerkstattrat und Vollversammlung Sinn ergeben.
- Ich bemerke bei mir eine deutliche emotionale Veränderung, ich bewerte den Jugendwerkstattrat und seine Arbeit jetzt sehr positiv.
- Ich traue den Jugendlichen mehr zu, und das bedeutet auch, Fehler und Scheitern zuzulassen und damit gemeinsam umzugehen.
- Ich erinnere die Jugendlichen viel häufiger daran, den Mund aufzumachen und eigene Vorschläge einzubringen.

5.3 Die Herausforderungen der Klärung von Partizipationsrechten

Die Fachkräfte bewerten ihre strukturelle Verankerung von Partizipation durch die Rechteklärung als positiv. Ihre Leistung wird umso anerkennenswerter, wenn man sich klarmacht, wie herausfordernd und komplex die Rechteklärung grundsätzlich für Fachkräfte bzw. Teams ist. Ohne jetzt genauer auf die Erfahrungen des Gesamtteams der JWJ anzuspielen, kann man doch die grundsätzliche Anforderung der Rechteklärung für Teams in Jugendhilfeeinrichtungen folgendermaßen beschreiben: Sie verlangt, dass Machtverhältnisse offengelegt werden. Die Fachkräfte müssen vor sich selbst zugestehen, welche Macht sie haben und wie sie diese im Alltag realisieren. Sie müssen lernen zu unterscheiden: zwischen einer sozialpädagogisch sinnvollen Macht, die sie befähigt, die Bildung der Jugendlichen und die Wahrnehmung ihrer demokratischen Rechte zu unterstützen, und dem Risiko einer Machtausübung, die zur ungerechtfertigter Herrschaft wird. Damit ist das Risiko verbunden, Jugendliche zu Objekten zu degradieren, und so werden Machtmissbrauch und Gewalt begünstigt. Die selbstkritische Offenlegung und Reflexion solcher Machtverhältnisse und Machtpotenziale kann nicht nur für demokratische Partizipation aufschließen, sondern auch dazu beitragen, die Risiken pädagogischer Herrschaft zu mindern. Da die Machtstrukturen üblicherweise in den alltäglichen Routinen und gewohnten Handlungsmustern enthalten sind, bedeutet sie zu hinterfragen auch, ein Stück der Sicherheit aufzugeben, die in solchen Handlungsschemata steckt. Das, was vorher selbstverständlich war, kann es nun nicht mehr sein.

Die Rechteklärung eröffnet auch Bildungsprozesse bei Fachkräften. Sie werden angeregt, ihre pädagogischen Selbstbilder und eingeschliffenen Handlungsmuster selbstkritisch zu reflektieren und sich der Erprobung neuer Handlungsweisen zu öffnen. In der Sozialpädagogik häufig anzutreffende Selbstkonstruktionen als ‚Die Guten' funktionieren dann nicht mehr ohne Weiteres. Es kann aber auch hart und schmerzhaft sein, solche Vorstellungen offenzulegen und zu verändern. Der klassische Paternalismus bzw. Materialismus in der Pädagogik, nach dem man nur das Beste für die Jugendlichen will und es durch seine Macht herzustellen meint, kann nicht mehr reibungslos praktiziert werden. Das kann krisenhaft sein, weil an dessen Stelle ja nun andere Handlungsweisen treten müssen, die die Selbst- und Mitbestimmung der Jugendlichen ermöglichen und die ‚gut gemeinte' pädagogische Besserwisserei und Fremdbestimmung aufheben.

Daraus folgt auch potenziell, dass das konkrete Handeln der Fachkräfte im Alltag mit den Jugendlichen verunsichert wird. Ein spontanes Handeln aus Gefühl und Laune heraus wird erschwert. Entscheidungen werden komplexer, sie müssen gegenüber den Jugendlichen nun mit guten fachlichen und nachvollziehbaren Gründen begründet werden können. Immer wieder ist zu klären, welche Form der Rechte wann und wie eingeräumt wird. Und wie oben geschildert kommt hinzu, dass eine Anerkennung der Jugendlichen als Träger:innen von

Rechten dann diese auch in die Lage versetzt und motiviert, Regelungen und Routinen zu hinterfragen und eigene Vorstellungen zu formulieren. Damit werden Aushandlungsprozesse nötig, die Konflikte mit sich bringen und Zeit kosten können.

Zudem müssen all diese Prozesse gemeinsam im Team entschieden und umgesetzt werden. Das erfordert, dass sich die einzelnen Fachkräfte pädagogisch und demokratisch positionieren. Die fachlichen Argumente müssen abgewogen und gut begründete Entscheidungen gefällt werden. Das geht nicht immer ohne Konflikte aus, und diese müssen offen ausgetragen werden. Auch das ist anstrengend.

Die Leistung des Gesamtteams und der Abteilungsleitung der JWJ besteht aus meiner Sicht besonders darin, sich genau diesen Anforderungen gestellt zu haben. Die Teams haben ihre Fachlichkeit bewiesen, indem sie sich fachlichen Ansprüchen auf die Gestaltung demokratischer Partizipation ausgesetzt und diese für ihre eigene Praxis aktiv definiert und umgesetzt haben. Sie haben vor dem Hintergrund ihres Könnens und ihrer Erfahrungen in der JSA Rechte definiert und Jugendlichen Partizipation eröffnet. Dieser Prozess ist nicht abgeschlossen, denn wenn man die Rechteformen in der Praxis umsetzt, ergeben sich neue Erkenntnisse und Perspektiven, wie Partizipation ermöglicht werden könnte. Das haben die Beispiele oben gezeigt, in denen die Jugendlichen aktiv mit ihren Rechten umgehen. Der Demokratisierungsprozess wird sich also noch erweitern.

Rechteklärung hat positive Effekte

Aus meiner Sicht als wissenschaftlicher Projektbegleiter ist die Einführung der Rechte in den JWJ Köln erfolgreich gewesen. Das Gesamtteam hat den Sinn der Klärung von Rechten demokratischer Partizipation verstanden und auf eine für ihre Rahmenbedingungen und pädagogische Orientierungen passende Weise umgesetzt. Noch einmal: Es geht dabei nicht um ein für alle Mal feststehende, perfekte Regeln und Rechte, sondern darum, Jugendlichen als partizipationsberechtigte Subjekte der gemeinsamen demokratischen Regelung der Lebensverhältnisse in den Werkstätten anzuerkennen. Mit ihrer Kombination von definierten Rechten der Partizipation und dem formalen Gremium des Jugendwerkstadtrates wird eine klare Basis demokratischer Partizipation in den Werkstätten belegt. Dadurch, dass die Jugendlichen als prinzipiell berechtigt und fähig zur Mitsprache und Mitentscheidung angesehen werden, entsteht auch eine demokratische Öffentlichkeit. Im Alltag können Themen, Fragen und Konflikte über die Regelung der gemeinsamen Lebensführung viel deutlicher erkannt und benannt werden. Diskussion und Argumentation ist nicht auf die Gremien beschränkt, sondern kann überall im gemeinsamen Alltag stattfinden. Mithilfe der GeBe-Methode können diese Themen bezeichnet und dialogisch einer gemeinsamen Bearbeitung mit den Jugendlichen zugeführt werden; das kann je nach Themenstellung im Jugendwerkstadtrat geschehen oder mit einzelnen Gruppierungen (etwa in einzelnen Gewerken) auf offene Weise.

Das Projekt wurde entscheidend dadurch vorangebracht, dass das gesamte Team sich – wie von Gerlinde Bade oben geschildert – schon seit mehreren Jahren mit der Ausweitung von Partizipation auseinandersetzt. Die Einführung des Jugendwerkstadtrates und eine prinzipiell partizipative pädagogischen Orientierung im Alltag hatte bereits Kompetenzen und Einstellungen bei den Fachkräften geschaffen, die dann auch eine differenzierte Klärung von Partizipationsrechten beförderten.

Aber die Fachkräfte haben auch klargemacht, dass die Teams selbst demokratisch an der Entscheidung beteiligt werden müssen, ob und wie eine solche Partizipationsgestaltung angegangen werden soll. Die demokratische Partizipation der Jugendlichen fragt auch nach der Beteiligung der Fachkräfte an zentralen konzeptionellen Entscheidungen. Obschon aus meiner Sicht als Projektbegleiter zu Beginn des Projektes Inhalte und Arbeitsweise diskutiert und demokratisch kontraktiert wurden, gab es doch bei einigen Mitarbeitenden das Gefühl, nicht genügend an der Entscheidung der Leitung zur Durchführung des Projektes beteiligt gewesen zu sein. Das behinderte zunächst deren Bereitschaft, sich aktiv einzubringen. Im Laufe der Kooperation im Projekt haben sich die Mitarbeitenden jedoch zunehmend konstruktiv und kompetent beteiligt. Ihre fachlichen Fähigkeiten und ihr pädagogisches Engagement für Partizipation und für die Jugendlichen überwog den anfänglichen Widerstand. So entstanden Ergebnisse, die fachliche Qualität haben und aus denen Mitarbeitende in anderen Einrichtungen der JSA lernen können. Das gesamte Team hat so nicht nur für die eigene Einrichtung, sondern auch für andere Einrichtungen einen wichtigen Beitrag zur konzeptionellen Entwicklung demokratischer Partizipation in der JSA erbracht.

Eine weitere positive Folge für die Teams liegt in der Steigerung von Professionalität. Professionalität kann als ein „Wissen, was man tut" (Klatezky) verstanden werden. Sozialpädagogische Profis müssen in der Lage sein, ihr Handeln in Bezug auf die jeweils immer wieder unterschiedlichen Fälle der Adressat:innen angemessen zu planen und zu begründen. Die Rechteklärung schafft solche fachlichen Begründungen und aus ihnen abgeleitete Handlungsorientierungen für Partizipation. Eine demokratische Beteiligung der Jugendlichen hängt dann nicht mehr von der Willkür der Fachkräfte ab, sondern sie können ihre Entscheidungen begründen und zur Diskussion stellen und sie können Fragen der gemeinsamen Betroffenheit der Lebensführung in der Einrichtung mit den Jugendlichen zusammen bestimmen. Das Handeln der Fachkräfte wird transparent und im alltäglichen Dialog ebenso wie durch die Rechte und Verfahren der demokratischen Partizipation durch die Jugendlichen beeinflussbar.

Das bedeutet für die Fachkräfte selbst, dass sie klare Handlungsmuster für die Ermöglichung von Partizipation im Alltag gewinnen. Dadurch, dass Rechte und Verfahren im Team im Konsens entschieden wurden, besteht eine allen bekannte und von allen anerkannte Handlungsorientierung. Das hilft, in den immer wieder wechselnden Situationen mit den Jugendlichen und damit auch mit den ständig in Veränderung begriffenen Partizipationsfragen bewusst und kooperativ umgehen zu können.

Das Projekt zielte nicht auf eine Analyse der Wirkungen, die Partizipationsanstrengungen in den Jugendwerkstätten auf die Jugendlichen haben. Dennoch zeigen erste Erfahrungen, dass die Jugendlichen sich deutlicher als Träger von Partizipationsrechten erkennen konnten. Sie haben positiv wahrgenommen, dass ihnen klare Rechte zustehen und diese von ihnen genutzt werden können. Das erzeugt ihren Status als mitbestimmungsberechtigte Mitglieder der Jugendwerkstatt und ändert ihr Verhältnis zum gemeinsamen Leben, Lernen und Arbeiten in der ‚kleinen Gesellschaft' der Einrichtung. Sie sind dann nicht einfach nur Objekt pädagogischer Maßnahmen, sondern mitgestaltende Subjekte der gemeinsamen Praxis.

Die Jugendlichen müssen allerdings auch erkennen, dass mit den Rechten Pflichten verbunden sind. Wenn sie den Status als Mitbestimmende bekommen, ist daran auch Mitverantwortung gekoppelt. Als berechtigte Mitglieder der ‚kleinen Gesellschaft' der Einrichtung müssen die Jugendlichen selbst aktiv werden, Regelung für die gemeinsame Lebensführung finden und diese dann auch mit umsetzen. Kritik kann nur funktionieren, wenn die Mitglieder der Entscheidungsgemeinschaft sich auch aktiv für sie engagieren. Wenn die Jugendlichen z. B. Regeln zum Sozialdienst beschließen, müssen sie diese auch aktiv erfüllen sowie deren Realisierbarkeit erproben, prüfen und ggf. verändern. Die Jugendlichen können dann nicht einfach in einer Art kindlicher Passivität verharren und die Erwachsenen alles bestimmen und machen lassen, sondern sie müssen selbst anpacken. Demokratie hat den Vorteil, dass die gemeinsam getroffenen Regelungen genau an die Lebensverhältnisse der Betroffenen angepasst werden können, und dass Lösungen qualifiziert sind, weil idealerweise alle Perspektiven in sie eingegangen sind. Eine solche Mitverantwortung der Jugendlichen bringt eine positive soziale Atmosphäre in die Jugendwerkstätten. Die Fachkräfte werden weniger zu ‚Bestimmern und Controlletis', sondern mehr zu Partnern in der kollektiven Gestaltung des Zusammenlebens. Das bedeutet auch für sie weniger Stress und schafft insgesamt die Chance, den gemeinsamen Alltag so zu gestalten, dass sich alle möglichst wohlfühlen und ihre Ziele und Aufgaben gut umsetzen können.

Hier wird noch einmal deutlich, dass demokratische Partizipation auch die positive Nebenwirkung hat, grundsätzliche Ziele von JSA erreichbar zu machen. Partizipation wird hier zunächst ja nicht als eine Methode verwendet, um andere pädagogische Ziele zu erreichen. Stattdessen ist sie zunächst einmal das Recht der Subjekte auf Selbst- und Mitbestimmung. Dieses Recht darf auch nicht funktionalisiert werden, um andere Aufgaben zu erfüllen, denn dann würde es ausgehöhlt. Aber genau deshalb, weil mit der Erteilung von Rechten keine pädagogischen ‚Hintergedanken' verbunden sind, können sich positive Nebenwirkungen entfalten. So entstehen über demokratische Partizipation folgende Effekte: Die beteiligten Jugendlichen erfahren Anerkennung und eine Stärkung ihrer Selbst- und Sozialwirksamkeit. Sie üben Verlässlichkeit und Mitverantwortung. Sie können andere Menschen als Subjekte anerkennen, die – wie sie selbst – berechtigt und befähigt zur Mitentscheidung sind. Jugendliche lernen, sich und die eigenen Interessen und Positionen in ein Gemeinwesen einzubringen, und doch fair mit den anderen Beteiligten ein gemeinsames Handeln im Sinne des Gemeinwohls zu entwickeln. Sie eignen sich Fähigkeiten an, andere zu verstehen und mit ihrer Unterschiedlichkeit konstruktiv umzugehen. Sie üben, Konflikte auszuhalten und friedfertig und argumentativ zu bewältigen. Das heißt sie können Demokrat:innen werden, indem sie selbst Demokratie aus- und einüben.

Sozialpädagogischer Umgang mit Emotionen in der Demokratiebildung im Feld der Jugendsozialarbeit

> *„Wie wir fühlen, ist etwas Politisches, nichts Individuelles. Wir sind geprägt und trotzdem frei. Wir müssen selbst eine Politik der Gefühle entwickeln und uns darüber austauschen."*
> *Hilge Landweer 2022*[22]

1 Die Problemstellung: Gefühle von Jugendlichen in Demokratiebildung integrieren

Auf Gefühlsäußerungen von Jugendlichen trifft man alltäglich in der Jugendsozialarbeit (JSA). Solche Emotionen beziehen sich auch auf Themen der demokratischen Partizipation in den Einrichtungen sowie auf allgemeine politische Debatten. In einer Sozialpädagogik, die demokratische Partizipation strukturell in der Einrichtung verankern und darüber Demokratiebildung ermöglichen will, können Emotionen nicht ignoriert werden. Im Gegenteil: Sie müssen integriert werden in die politisch-demokratische Diskussion und Aushandlung von Lösungen. Auch im Sinne politischer Bildung[23] sind sie Ausgangspunkt von Auseinandersetzungsprozessen. In den Erfahrungen der Modellprojekte zur Demokratiebildung in der JSA waren dabei drei Problemstellungen zu erkennen:

- Ein erstes Problem: Fachkräfte unterstellen einen Widerspruch zwischen Emotionen und dem Anspruch auf vernünftige, demokratische Aushandlungsprozesse, und das behindert die Integration von Emotionen.
- Das zweite Problem besteht darin, dass Emotionen in der Jugendarbeit alltäglich sind, teilweise provokativ vorgebracht werden (dazu wird ein Beispiel eingeführt) und eine Vielzahl von unterschiedlichsten politischen Themen aufwerfen.

22 Hilge Landweer im Interview mit Ronald Pohl. In: Der Standard v. 11.10.2022 https://www.derstandard.de/story/2000139844699/philosophin-hilge-landweer-hass-ist-niemals-ein-gerechtigkeitsgefuehl (letzter Abruf: 28.07.2024).

23 Zu den hier verwendeten Konzepten von Demokratiebildung und politischer Bildung siehe Teilprojekt 1.

- Hinzu kommt das dritte Problem, dass aus der Berechtigung der Jugendlichen zur Mitentscheidung viele kontroverse Themen und entsprechende Emotionen zur Gestaltung der gemeinsamen Lebensführung in der Einrichtung entstehen.

Diese Problemstellungen werden nun zunächst genauer aufgeschlüsselt. Daraus folgt eine detaillierte Analyse des politischen Charakters von Gefühlen, die sich auf politische Philosophie, Emotionspsychologie und die Theorie deliberativer Demokratie bezieht. Dabei werden die referierten theoretischen Positionen immer wieder auf ein konkretes Beispiel einer geäußerten Emotion in der JSA bezogen.

1.1 Problemstellung 1: Emotionen versus Vernunft in der Praxis der Demokratiebildung

In den hier ausgewerteten Projekten zur Demokratiebildung in der JSA (und ganz ähnlich auch in der Offenen Kinder- und Jugendarbeit) tauchen in den Praxisberatungen immer wieder Behauptungen pädagogischer Fachkräfte gegenüber dem Zusammenhang von Demokratiebildung/politischer Bildung und Emotionalität auf: a) Die (benachteiligten) Jugendlichen positionierten sich im Wesentlichen mit starken Emotionen. b) Diese Emotionen seien nicht angemessen für eine vernünftige demokratische Auseinandersetzung und Entscheidungsfindung. c) Also könne man vernünftige demokratische Diskussions- und Entscheidungsprozesse mit diesen Jugendlichen nicht praktizieren.

Dem unterlegt sind alltagstheoretische Annahmen, die Heins (1999, S. 89 zit. nach Weber-Stein 2019, S. 65 f.) kritisch so zusammenfasst: „Erstens stehen Rationalität und Emotion in einem unvereinbaren Gegensatz zueinander; zweitens sind die Bewusstseinszustände von Vernunft und Emotion auf unterschiedliche Sorten von Menschen verteilt; und drittens sind die Vernünftigen legitimiert, die anderen zur Raison zu bringen." Die oben berichteten Unterstellungen der Fachkräfte lassen sich mit dieser Pointierung übereinbringen: Es wird von einem Gegensatz zwischen Emotion und Vernunft ausgegangen, und demokratische Diskussions- und Entscheidungsprozesse werden als ausschließlich (bzw. exklusiv) auf Vernunft beruhend konzipiert (a). Es gibt hier Aufteilungen ‚unterschiedlicher Sorten von Menschen' in Bezug auf den Umgang mit Emotion und Vernunft: Fachkräften und Erwachsenen wird Vernunft zugeschrieben, Jugendlichen und Benachteiligten wird Emotionalität zugeschrieben (b). Erwachsene Fachkräfte haben dann die Aufgabe, die Jugendlichen zur Vernunft zu bringen (c). ‚Zur Raison bringen' bedeutet lt. Duden ja auch: „Jemanden dazu zu bringen, sich so zu verhalten, wie es von einem erwartet, gefordert wird; einsichtig, vernünftig werden und sich [zu] fügen". Erst wenn die (benachteiligten) Jugendlichen auf diese Weise vernünftig ‚gemacht' wurden, sind sie dann mündig und befähigt, an demokratischen Verhandlungen und Entscheidungen teilzunehmen (vgl. dazu kritisch Peters/Sturzenhecker 2024).

Heins Zusammenfassung kann helfen, Fachkräfte, die sich ähnlich wie oben äußern, zu einem selbstkritischen Nachdenken über ihre voreiligen Urteile anzuregen. Obwohl sie in Praxisberatungen zunächst mithilfe solcher Vorannahmen an sie gerichtete fachliche Ansprüche der Ermöglichung von Demokratiebildung zurückweisen, erkennen sie doch beim genaueren Hinsehen, dass solche Positionen die pädagogische Herrschaftsstruktur zementieren und Jugendliche in Unmündigkeit verorten. Sie distanzieren sich dann zunehmend von der vermeintlichen Aufgabe, Jugendliche zur Räson zu bringen, bleiben aber unsicher, ob und wie denn Emotion und Vernunft in demokratischen Prozessen zusammengebracht werden könnten. Das ist eine bedeutende Frage, denn emotionale Äußerungen von Jugendlichen sind tatsächlich typisch im Alltag von JSA und Offener Kinder- und Jugendarbeit. Zusätzlich werden noch Emotionen ausgelöst durch die im einzelnen anstehenden Entscheidungsprobleme, an der demokratischen Bearbeitung Jugendliche beteiligt werden.

Im Folgenden wird (ausgehend von einem praktischen Beispiel) gezeigt, wie Emotionen in politischen Äußerungen von Jugendlichen in der JSA vorkommen. Es wird auch gefragt, inwiefern diese insbesondere auch durch demokratische Partizipation ausgelöst werden. Die weiteren Kapitel zielen darauf, sozialpädagogischen Fachkräften theoretisch-konzeptionell (und schließlich ganz praktisch) Handlungsmöglichkeiten anzubieten, die Emotionen anerkennend aufgreifen, statt die Jugendlichen, die sie vorbringen, aus demokratischen Debatten und Entscheidungen auszuschließen. Dazu werden eine Theorie aus der politischen Philosophie (von Charles Taylor) und eine aus der moderneren Emotionspsychologie (von Lisa Feldman Barrett) erläutert, um ein präziseres Bild von Emotionen und ihrer Bedeutung für politisch demokratische Entscheidungs- und Bildungsprozesse zu erhalten. Danach wird begründet, dass Emotionen keinesfalls mit Vernunft und rationaler Aushandlung in der Demokratie unvereinbar sind, sondern geradezu als Zusammenhang verstanden werden müssen. Dazu wird im Blick auf die Theorie deliberativer Demokratie von Habermas gezeigt, wie darin Vernunft konzipiert und der Eingang von Emotionen in rationale Argumentationen möglich wird.

1.2 Problemstellung 2: Emotionale Äußerungen im Alltag der Jugendsozialarbeit

„Veganer sind scheiße!", so lautete der spontane Ausruf eines 15-jährigen Jugendlichen angesichts der in der Gruppe diskutierten Forderung, dass in der Kantine seiner Jugendwerkstatt auch veganes Essen angeboten werden sollte. Gerade in Einrichtungen der JSA (wie auch der Offenen Kinder- und Jugendarbeit), in denen die Jugendlichen demokratisch darüber mitentscheiden, wie denn die gemeinsame Lebensführung in der Einrichtung gestaltet werden soll, stellt sich immer wieder die Frage nach dem Essen und Kochen. Die Diskussionen, die sich daraus ergeben, sind in der Regel sehr emotional. Im Folgenden blende ich die Beleidigung von Veganern im Ausspruch des Jugendlichen zunächst aus und konzentriere mich auf die Ablehnung veganen Essens.

Grundsätzlich ist die Frage, was wem schmeckt, häufig mit Emotionen verbunden. Gleichzeitig ist die Gestaltung des Essens zu einer politischen Frage geworden, also eine Frage der Regelung der gemeinsamen Lebensführung. Sie betrifft nicht nur die politischen Entscheidungen in den Einrichtungen, sondern auch den Umgang mit Essen in der gesamten Gesellschaft. Dabei spielt besonders die Frage nach dem Konsum von Fleisch eine große Rolle. Fleisch steht in der Kritik, zum einen wegen der negativen Folgen der Produktion sowie des Verzehrs von Fleisch (und Milchprodukten) für das Klima, zum anderen wegen der negativen gesundheitlichen Folgen von zu häufigem Fleischkonsum. Alltagserfahrung und Forschungsergebnisse zeigen, wie sehr jedoch Fleischkonsum mit (tradierten) Identitätsentwürfen von Männlichkeit verbunden ist (vgl. z. B. Flick/Rose 2012; Martin 2021a). Das Essenskonzept und das männliche Identitätsmodell „Fleisch und nur Fleisch ist männlich" (Martin 2021b, S. 25) sind aber in eine Krise geraten: Beide für sich genommen und als Zusammenhang sind nicht mehr selbstverständlich. In den Einrichtungen und in der Gesellschaft entstehen dadurch neue Regelungsbedarfe. Besonders bei fleischorientierten Jungen und Männern führt das zu teils heftigen emotionalen (Abwehr-)Reaktionen, wenn sie ihren Fleischkonsum und damit auch ihr Identitätsmodell hinterfragt sehen. Aber Vorsicht, denn die schnelle Deutung, die Aussage „Veganer sind scheiße!" muss noch lange nichts mit Männlichkeitskonstruktionen des Sprechers zu tun haben. Vielleicht liegen hinter dieser Aussage ganz andere Erfahrungen, die zu dieser starken Wertung geführt haben. Nur im Dialog mit dem Sprechenden wäre das genau herauszufinden, und darum wird es im Weiteren gehen.

Ein solcher Dialog kann aber nur zustande kommen, wenn der Ausspruch „Veganer sind scheiße!" nicht sofort zu einer pädagogischen Intervention führt, die die Beleidigung kritisiert und verbietet. Das heißt nicht, einen abwertenden Sprachstil unter den Beteiligten zu tolerieren, sondern die Auseinandersetzung darüber wird nur verschoben. Zunächst muss es darum gehen, dass Jugendliche mit unterschiedlichen Positionen (und dazu gehören auch die der Kritik an Veganern und an veganem Essen) eine Chance benötigen, überhaupt gehört zu werden. Wenn ich mich pädagogisch sofort und hauptsächlich gegen die Beleidigung wende, geht die inhaltliche Auseinandersetzung über das Essen gegenüber einer ethischen Bewertung und Regelsetzung schnell unter. Das kann von den kritisierten Jugendlichen auch als Missachtung verstanden werden. Es wird also später noch darum gehen müssen, wie gleichzeitig eine Anerkennung von Position und Person vermittelt werden, und doch ein abwertender Kommunikationsstil kritisiert und verhindert werden kann.

Jedenfalls erzeugt die Frage nach dem Fleischessen einige Emotionen und entsprechend aufgeregt bringen sich Betroffene in die Diskussion um die Regelung des Essens in JSA und Jugendarbeit ein. Auch Jugendliche anderer Geschlechter stellen, ebenfalls stark emotionalisiert, vegane, vegetarische, klimabewusste oder tierschützerische Positionen vor. Dabei passiert es durchaus häufiger, dass Emotionen (wie in unserem Beispiel) von plakativ bis aggressiv und (vermeintliche Gegner:innen) beleidigend vorgebracht werden. Das wiederum kann mit dem Risiko verbunden sein, dass die Debatte eskaliert und aus Gegnern Feinde werden, die sich unversöhnlich gegenüberstehen. Positionen können sich dann verhärten, statt den Einzelnen und den Gruppierungen Möglichkeiten zu eröffnen, sie reflexiv zu hinterfragen, sie in fairer gegenseitiger Auseinandersetzung zu prüfen und zu verändern und darüber zu für alle tragbare Handlungsentscheidungen zu kommen. Andererseits bringen die starken Emotionen aber auch Motivation mit: Die Jugendlichen engagieren sich, wollen ein Thema angehen und ausstreiten; sie wollen dazu aktiv werden und Lösungen für die Jugendeinrichtung entwickeln oder sich gesamtgesellschaftlich politisch engagieren. So entstehen Chancen für Demokratiebildung, im Sinne der reflexiven Erfahrung kollektiver öffentlicher Debatten und Prozesse der Entscheidungsfindung, und Chancen zu politischer Bildung, im Sinne der Weiterentwicklung eigener kritischer Urteilskraft und politischer Handlungsperspektiven.

1.3 Problemstellung 3: Themen der Mitentscheidung provozieren

Gerade wenn Jugendliche in Einrichtungen der JSA demokratisch mitentscheiden sollen und können, entstehen potenziell genau dadurch noch mehr Themen und Probleme, die wiederum Emotionen mit sich bringen.

Wenn Jugendliche über die gemeinsame Regelung der Lebensführung in ihren Einrichtungen der JSA oder Jugendarbeit mitentscheiden, folgt daraus, dass sie dort demokratische Politik machen. Politik wird hier im weitesten Sinne als die Herstellung, Durchsetzung und Infragestellung von kollektiv verbindlichen Regelungen der gemeinsamen Lebensführung in sozialen Gruppierungen, Institutionen und Staaten verstanden (vgl. BMFSFJ 2020, S. 47). In einer Demokratie sollen Jugendliche ebenso wie Erwachsene berechtigt sein, Themen der gemeinsamen Entscheidungs- und Regelungsfindung zu entdecken, vorzubringen, mit anderen Beteiligten zu diskutieren und gemeinsam über Lösungen zu bestimmen. Wenn die Betroffenen über das *entscheiden*, was für sie Folgen hat, wird aus Politik demokratische Politik.

Politik, und erst recht demokratische Politik, ist durch zwei Aspekte gekennzeichnet: Erstens durch die Herstellung und Durchsetzung von Regelungen, und zweitens deren Hinterfragung. „Die Unterscheidung zwischen ‚der Politik' (*la politique*) und ‚dem Politischen' (*le politique*), die aus der französischen Theoriediskussion nach Deutschland gekommen ist, kann diese Differenz erhellen. Während ‚die Politik' das politische System im engeren Sinne bezeichnet, also all jene Prozesse und Verfahren, die tatsächlich zur Herstellung oder Durchsetzung kollektiv bindender Entscheidungen beitragen, bezeichnet man mit ‚dem Politischen' ein sehr viel weiteres Feld, nämlich all jene Interaktionen, in denen es auf eine explizite oder implizite Weise um die Ausübung von Macht geht" (Heidenreich 2019, S. 28 f., Hervorheb. i. O.). Hier kommt also die ‚Infragestellung' ins Spiel und damit die Auseinandersetzung um Veränderung oder Neuschaffung von Regelungen. Im Feld ‚der Politik' werden immer wieder Ordnungen (im besten Fall demokratisch) hergestellt und durchgesetzt. Auch wenn die Machtverteilung demokratisch strukturiert ist, kommt es unvermeidbar zu Konflikten und damit zu ‚dem Politischen', in dessen Feld Ordnungen problematisiert, kritisiert und angegriffen werden.

Solche politischen Prozesse spielen sich auch in den einzelnen gesellschaftlichen Institutionen ab, wie in denen der Sozialpädagogik bzw. hier der JSA. Durch gesellschaftliche Regelungen werden sozialpädagogische Institutionen (gesetzlich, finanziell, organisatorisch) gestaltet und im Alltag werden die Regelungen des Zusammenlebens durch ihre Umsetzung von Fachkräften installiert. Es entstehen eine gesellschaftlich-feldspezifische sowie in den Einrichtungen jeweils eine eigene Ordnungsvariante (‚So machen wir das hier!'). Im alltäglichen Interaktionsprozess zwischen den beteiligten Trägern, Fachkräften und Jugendlichen (sowie Eltern, Nachbarn, Kooperationspartnern usw.) entwickeln sich aber Probleme und Konflikte, die die bestehende (Einrichtungs-)Ordnung infrage stellen. Das kann implizit, also unterschwellig geschehen oder explizit/ausdrücklich durch artikulierten Protest und Widerstand. Im besten Falle bestehen schon demokratische Rechte und Verfahren, die es erlauben, diese Hinterfragung öffentlich auszudrücken und gemeinsam zu diskutieren, um darüber zur Herstellung neuer, angemessenerer Regelungen zu kommen. Die Ermöglichung von Demokratiebildung in der JSA zielt ja darauf, dass die Jugendlichen an der Gestaltung der Regelungen der gemeinsamen Lebensführung mitentscheiden können.

Fragen und Konflikte zu Regelungen des Zusammenlebens sind selten ‚cool', also ganz sachlich zu lösen. Stattdessen sind sie so gut wie immer mit (starken) Emotionen verbunden. Wenn Regeln des Zusammenlebens infrage stehen, geht dieses häufig darauf zurück, dass einzelne Beteiligte oder Gruppierungen ein Problem haben. Ein Problem zu haben bedeutet, dass etwas, das man braucht oder sich wünscht, etwas, das man für (lebens-)notwendig oder anstrebenswert hält, nicht einfach selbstverständlich gegeben ist. Insofern sind für Einzelne oder Gruppen besonders wichtige Interessen im Spiel, und diese können zu Konflikten mit anderen Personen und Gruppen führen, wenn „wenigstens eine Partei subjektiv das Agieren der anderen Partei(en) als Beeinträchtigung erlebt und dies auf Unvereinbarkeiten im Denken, Fühlen oder Wollen zurückführt" (Glasl 1993, S. 15). Bereits die Ausgangspunkte sind emotional besetzt: Was man braucht, für lebensnotwendig und anstrebenswert hält, wird zunächst nicht irgendwie sachlich erkannt und benannt, sondern stark gefühlt und auch so ausgedrückt. Solche Emotionen motivieren, sich für eigene Interessen einzusetzen. Das kann in einem Konflikt erst recht ‚hochkochen', wenn die Umsetzung solcher Interessen als beeinträchtigt durch andere Interessen erlebt wird, denen dann Unvereinbarkeit(en) zugeschrieben werden. So etwa fühlen sich, wie in unserem Beispiel, manche männliche Fleischesser in ihrer für ihre Identität so wichtigen Essenspraxis behindert. Sie sehen ihre Interessen als unvereinbar mit den Positionen und Wünschen der Veganer und Vegetarier. Es entsteht ein politisches Problem: Wie soll zwischen den Ansprüchen der Fraktionen entschieden werden? Wie kann eine Lösung bzw. Regelung miteinander errungen werden?

Angesichts von Problemen funktionieren die alltäglich gewohnten Deutungs- und Handlungsmuster, wie man Ziele erreicht, Interessen durchsetzt oder Konflikte vermeidet also nicht (mehr). Oder sie sind noch gar nicht vorhanden/erprobt, haben problematische Nebenwirkungen oder werden von anderen Beteiligten kritisiert. Es kommt zu Hindernissen, Störungen, Irritationen, Zweifeln, Streit und Ähnlichem. Eine Auseinandersetzung mit dem Problem, seinen Ursachen und Bedingungen, sowie die Entwicklung von möglichen neuen, angemessen(eren) Deutungen und Handlungsantworten werden nötig.

Je nach Bedeutung der Zielvorstellungen, Interessen oder Beeinträchtigungen, die mit der Problemstellung und ihrer Bearbeitung für Personen und Gruppierungen verbunden sind, werden die das Problem begleitenden Emotionen intensiv und komplex sein. Es entsteht eine doppelte Betroffenheit: Das Problem ‚geht einen an' und ‚es fasst einen an'. Betroffenheit meint, dass ein Problem oder Thema Bedeutung für das eigene Leben hat, man in seinem Handeln damit konfrontiert ist, (manchmal) schon Erfahrungen damit hat und so auch über individuelles Wissen zu Aspekten des Problems und möglichen Umgangsweisen verfügt. Und was eine Person auf diese Weise angeht, löst in ihr auch Emotionen aus. So sind alle Menschen von Fragen des Essens betroffen, wie man welches Essen unter welchen Bedingungen bekommt/herstellt und verzehren kann. Die ‚Art und Weise' des Essens sind kulturspezifisch geprägt und entsprechend auch die damit verbundenen Emotionen (zum Beispiel zum Fleisch essen). Auf die Fragen des Was, Wie, Wo, Mit-wem, Wann usw. gibt es beim Essen die unterschiedlichsten kulturellen und persönlichen Antworten, die mit unterschiedlichen Gefühlen besetzt sind.

Andere Probleme betreffen nur Teilgruppen oder unter Umständen einzelne Personen: Zum Beispiel betrifft die Frage des Umgangs mit Armut Arme anders als Reiche; die Frage der Behandlung von Long Covid betrifft Kranke anders als in dieser Hinsicht Gesunde. Entsprechend be- und entstehen nicht nur unterschiedliche Emotionen aus unterschiedlicher Betroffenheit, sondern auch verschiedene Formen von Expertise. Mir fällt dazu als Beispiel eine schon ältere Studie von Gertrud Nunner-Winkler ein (2001), in der sie zeigt, dass junge Frauen komplexer über Fragen des Schwangerschaftsabbruchs argumentieren als junge Männer, letztere aber differenzierter über Fragen der Wehrdienstverweigerung. Ich argumentiere hier also, „dass Betroffenheit eine eigene Kompetenz darstellt“ (Richter 2019, S. 42) und sich in Wissen und Gefühlen zu den Fragen der konkreten Betroffenheit verbinden.

Solche aufregenden und anregenden, emotionsgeladenen und politisch relevanten Themen gibt es in der JSA und Jugendarbeit in vielfacher Weise. Zum einen bringt die politische Aufgabe der kollektiven demokratischen Regelung und Gestaltung der gemeinsamen Lebensführung in den Einrichtungen zahlreiche emotionsgeladene Fragen hervor. Nur einige Beispiele, die etwa Einrichtungen der JSA beschäftigen: Wie regelt man Geschlechtertoiletten? Wie geht man mit sexistischen, rassistischen, antisemitischen (u. ä.) Bemerkungen und Übergriffen in der Einrichtung um? Welche Kleidungsstücke sind verboten (weil zu gefährlich für Arbeit an Maschinen)? Welche Statuten gelten für Raucher:innen? Wie ist der Umgang mit Smartphones zu gestalten? Welche religiösen Regeln und Praktiken werden in der Einrichtung beachtet? Wie werden finanzielle Mittel der Einrichtung gerecht genutzt? Wie will man unterschiedliche Vorstellungen von Freizeitgestaltung vereinbaren?

Die meisten dieser Fragen sind zudem nicht eng auf das Zusammenleben in der Einrichtung begrenzt. Stattdessen bringen sie viele Inhalte und Gefühle aus den großen gesellschaftlichen Konflikten und politischen Themen mit sich. Die Einrichtung ist eben eine Gesellschaft im Kleinen, in der sich die Fragen und Probleme der Gesamtgesellschaft widerspiegeln. Damit kommen aber auch Themen herein, die nicht unbedingt aus der Lebensführung in der Einrichtung stammen, wie zum Beispiel der Ukrainekrieg, der Krieg zwischen Israel und den Palästinensern, der Krieg in Syrien, der türkische Konflikt mit den Kurden usw. (als ich dies Mitte 2024 schreibe, nehme ich nur Bezug auf einen Ausschnitt der mehr als 50 gegenwärtig tobenden Kriege auf der Welt). Die Jugendlichen beschäftigt auch die politische Entwicklung in Deutschland: z. B. die AfD und der Rechtsextremismus, die Klimakatastrophe und die damit verbundenen Risiken für die Zukunft der Jugendlichen, die Fragen zu Armut und Wohlfahrtsstaat, Alltagsrassismus und Diskriminierung von migrantischen Gruppen usw. Auch diese Themen sind gerade für die Betroffenen hoch emotional besetzt und die Jugendlichen bringen diese Gefühle in den Einrichtungen mit. Daraus ergeben sich Chancen, aber auch Probleme ihrer Behandlung in den Einrichtungen. Nur eines geht nicht: die politischen Emotionen aus den Einrichtungen und ihren Prozessen von Demokratiebildung und politischer Bildung herauszuhalten.

Fachkräfte, die Demokratiebildung und politische Bildung ihrer Teilnehmenden in Jugendarbeit und JSA fördern wollen, stehen damit vor folgenden Herausforderungen:

- Wie können Emotionen anerkannt und produktiv einbezogen werden, statt sie auszugrenzen oder sich ihrem Eskalationspotenzial auszuliefern? Das heißt: wie können die Jugendlichen mit ihren Emotionen in demokratische Auseinandersetzung einbezogen werden?
- Wie sollen politische Debatten und die Aushandlung von Lösungen zu emotional gefärbten und kontroversen Themen gestaltet werden, die sich an demokratische Regeln der gegenseitigen Anerkennung sowie vernünftigen Begründung und Abwägung von Argumenten halten?
- Wie können Fachkräfte die Jugendlichen unterstützen, sich politisch und demokratisch zu bilden? Erstens in Bezug auf die Reflexion und Erweiterung von Emotionen und Positionen zu Inhalten von politischen Regelungen (inhaltlicher Aspekt). Und zweitens durch die Reflexion der Ein- und Ausübung demokratischer Diskussionen und Entscheidungen zu solchen Themen (formaler Aspekt).

Um diese Fragen auch konkret methodisch beantworten zu können, muss man sich zunächst ein genaueres Bild über Emotionen machen, über ihre Entstehung und ihre Bedeutung für Politik.

2 Gefühle sind politisch – zum Verständnis politischer Emotionen

Um besser zu verstehen, welche Rolle Gefühle in demokratischen Debatten und Entscheidungen spielen und wie sie aufgrund ihrer Bedeutung und Formen darin integriert werden können, werden drei theoretische Konzepte zu diesem Thema erläutert. Die politische Philosophie von Charles Taylor erklärt, wie Emotionen über Sprache entstehen und als ‚Geschichten' mit starken Wertungen die Identitätsentwürfe und ‚moralischen Landkarten' der Personen prägen. Die neuere Emotionspsychologie nach Lisa Feldman Barrett geht detaillierter auf die frühkindliche „Konstruktion" von Gefühlen durch ‚Wörter'[24] ein und zeigt, wie deshalb Gefühle reflektiert und verändert werden können. Beide Positionen stellen die große politische Bedeutung von Gefühlen heraus. Wie aber kommt man vom Gefühl zu einer vernünftigen Argumentation? Das Konzept deliberativer

24 Die deutsche Übersetzung des Buches von Barrett verwendet sowohl den Plural ‚Worte' wie auch ‚Wörter'. Wo nicht durch Barrett-Zitate vorgegeben, verwende ich den Plural ‚Wörter'.

Demokratie von Jürgen Habermas zeigt, dass Vernunft durch Begründungen entsteht und wie (auch) Emotionen zu Argumentationen werden. Insgesamt lässt sich mit diesem Wissen begründen, dass kein Widerspruch zwischen Gefühl und vernünftiger demokratischer Argumentation bestehen muss, sondern dass eine Integration möglich ist. Daraus werde ich dann in einem weiteren Kapitel methodische Orientierungen für die Umsetzung dieser Aufgabe in der JSA entwickeln.

2.1 Entstehung und Rolle von Emotionen in der politischen Philosophie von Charles Taylor

Die politische Philosophie des Kanadiers Charles Taylor bietet wichtige Orientierungen zur politischen Bedeutung von Emotionen an. Taylor sieht Emotionen durch kulturelle gesellschaftliche Erfahrungen der Individuen und Gruppen bedingt. Damit legt er, stärker als die auf individuelle Prozesse fokussierte Psychologie, schon ein politisches Verständnis von Emotionen vor: Emotionen entstehen in der Polis, im Zusammenleben der Menschen in einer Gesellschaft. Diese Emotionen nehmen starken Einfluss auf den politischen Streit und die Regelungen der kollektiven Lebensführung. Ich stelle Taylors Position besonders in Bezug auf sein Hauptwerk ‚Quellen des Selbst' (1996) dar und nutze die Zusammenfassung von Taylors Philosophie durch Hartmut Rosa (1996).

Taylor versteht Menschen als sich selbst interpretierende Tiere, die sich die Frage stellen: ‚Wer bin ich?' Die Antworten darauf entstehen durch die sozial vermittelte Sprache. Die bedeutungsvollen Personen des eigenen Umfelds und der Kultur, in der man aufwächst, deuten die sozialen Situationen, auf die ein junger Mensch trifft. Das geschieht, „indem wir von unseren Erziehern in ein bereits stattfindendes Gespräch einbezogen werden" (Taylor 1996, S. 70). Die Handlungssituationen, die herausfordern, dass ein Individuum sich dazu verhält, werden mit Wörtern versehen, und so werden sie überhaupt erst benennbar und sozial verstehbar. In Situationen, die für das (junge) Individuum zunächst unverstehbar und irritierend sind, beziehen sich die sozialen Bezugspersonen mit ihm auf diese Gegenstände oder Fragestellungen, die dadurch zu einem Objekt, einem Thema des gemeinsamen Gespräches werden. Eine Situation, die eine Deutung, Bewertung oder Handlungsantwort verlangt, wird zu einer sozial geteilten Situation, „ich [kann] also nur durch die von mir und anderen gemeinschaftlich gemachte Erfahrung lernen, dass diese Dinge in einem gemeinsamen Raum Objekte für *uns* sind" (a. a. O., S. 71). So entstehen „Gewebe des sprachlichen Austauschs", und nur in diesen existiert das Selbst, und es kann in diesem Rahmen auf die Frage ‚Wer bin ich?' antworten. „Die Bedeutungen, die die Schlüsselworte zunächst für mich haben, sind eben die Bedeutungen, die sie für uns – also für mich und meine Gesprächspartner zusammen – haben." (a. a. O., S. 70).

Diese von der Kultur bzw. Gesellschaft, in der man aufwächst, geprägten sprachlichen Bedeutungen werden dabei auch mit ‚starken Wertungen' versehen. Starke Wertungen „beinhalten Unterscheidungen zwischen Richtig und Falsch, Besser und Schlechter, Höher und Niedriger, deren Gültigkeit nicht durch unsere eigenen Wünsche, Neigungen oder Entscheidungen bestätigt wird, sondern sie sind von diesen unabhängig und bieten selbst Maßstäbe, nach denen diese beurteilt werden können." (a.a.O., S. 17). Hartmut Rosa (1996, S. 108, Hervorheb. i.O.) fasst das so zusammen: „starke Wertungen [geben] Antworten auf die Frage, *was es wert ist, getan oder erstrebt zu werden.*" Starke Wertungen sind also grundsätzliche ethische Maßstäbe[25], die die Identität des Individuums prägen, es intrinsisch motivieren und Handeln orientieren.

Indem Menschen bestimmte Situationen und ihrer Bedeutung im Sinne ihrer starken Wertungen interpretieren, entstehen Gefühle[26], und erst indem sie in einer solchen Interpretation in Wörter gefasst werden können, werden sie wirksam. Indem Wertungen als Empfindungen ‚artikuliert' werden, erzeugen sie die Emotion und machen diese gleichzeitig kommunizierbar und reflektierbar. Die Produktion und der Ausdruck der Gefühle hängen also von ihren sprachlichen Möglichkeiten ab. Rosa nennt ein Beispiel: „Erst wo ein differenziertes Vokabular zur Beschreibung beispielsweise des Sich-angezogen-Fühlens in Begriffen wie Liebe, Zuneigung, sexuelle Anziehung, Bewunderung, Verehrung etc. zur Verfügung steht, können diese Empfindungen *als solche* wahrgenommen werden, wobei sie dann wiederum auch *handlungsleitend* zu werden vermögen, indem sie entsprechende *Handlungsziele* vorgeben" (a.a.O., S. 89, Hervorheb. i.O.). Anders gesagt: Gefühle entstehen durch ihren sprachlichen Ausdruck und können damit überhaupt erst durch die Person wahrgenommen werden und zum Handeln motivieren. „Was damit artikuliert wird, ist der Hintergrund, von dem wir ausgehen, auf den wir uns bei jedem Richtigkeitsanspruch berufen und den wir zum Teil deutlicher zu machen gezwungen sind, sobald wir Belege dafür ins Feld führen müssen, dass unsere Reaktion die richtigen sind" (Taylor 1996, S. 25). Die Artikulation starker Wertungen und damit verbundener Gefühle belegt also den Geltungsanspruch auf die Richtigkeit der eigenen ethischen Position und bezieht diese damit auch auf deren argumentative Hinterfragung durch andere. Artikulation verschafft die Möglichkeit der Selbstdefinition ebenso wie der Selbstreflexion und des Diskurses mit anderen.

25 Anders als Habermas unterscheidet Taylor nicht zwischen Ethik und Moral. Da ich mich mit dem hier verwendeten Konzept deliberativer Demokratie auf Habermas beziehe, folge ich – wenn Taylor nicht direkt zitiert wird – der Habermas'schen Unterscheidung von Ethik (sie bezieht sich auf Werte des guten Lebens einer konkreten Gemeinschaft) und Moral (darin geht es um Normen mit universellen Gültigkeitsanspruch). Insofern spreche ich weiter etwa von ‚ethischen Landkarten' (die bei Taylor ‚moralische Landkarten' heißen; s.u.).

26 Ich verwende die Begriffe Gefühl und Emotion synonym.

Diesen ‚Hintergrund' – Taylor nennt ihn auch „moralische Landkarte"–, mit dem die Person sich und Situationen bewertet, sich also ethisch orientiert und Handeln begründet, sieht Taylor als Narrationen, also in Geschichten organisiert. Da sich die Personen vor diesem Hintergrund selbst interpretieren, „verlangt das Verstehen meines gegenwärtigen Handelns demnach eine narrative Auffassung des eigenen Lebens: ein Empfinden für das, was ich geworden bin, dass nur durch eine *erzählte Geschichte* vermittelt werden kann. Und während ich mein Leben nach vorne projiziere und die bisherige Richtung gutheiße oder neu festlege, entwerfe ich eine Zukunftsgeschichte, also nicht bloß einen künftigen Augenblickszustand, sondern einen Kurs für mein ganzes kommendes Leben" (Taylor 1996, S. 97, Hervorheb. BeSt). Oder an anderer Stelle: „*Um zu empfinden*, wer wir sind, brauchen wir eine Vorstellung davon, wie wir es geworden sind und wohin wir unterwegs sind" (a. a. O., S. 94, Hervorheb. BeSt). Die Person beantwortet also nicht nur die Frage ‚Wer bin ich?' mit ihrer emotional besetzten ethischen Landkarte und ihren Geschichten, wie ihre starken Wertungen sich entwickelt haben – ‚Wie bin ich geworden, was ich jetzt bin?' –, sondern sie entwirft auch eine Antwort auf die Frage ‚Was könnte ich werden?'. Und kurz zur Erinnerung: Da die Antworten auf diese Fragen im sozial-kulturellen Zusammenhang entstanden sind, antworten sie gleichzeitig auch auf die Frage ‚Wer sind *wir*?'. Die emotionalen Wertungen sind also sowohl individuell als auch gruppen- bzw. kulturspezifisch.

Obwohl die ethischen Bedeutungen/Wertungen des eigenen Hintergrunds sprachlich in der Biografie und kulturellen Praxis entstanden sind, sind sie für die Personen doch aktuell nicht immer komplett ausdrückbar. „Genau diese tiefen Wertungen [sind] diejenigen, die am wenigsten klar, am wenigsten artikuliert, die am leichtesten Illusionen und Verzerrungen ausgesetzt sind. Es sind diejenigen, die dem, was ich als Subjekt bin, am nächsten stehen, in dem Sinne, dass ich, ihrer beraubt, mich als Person auflösen würde, die zu denen gehören, über die man sich am schwersten klar werden kann" (Taylor 1988, S. 51 zit. nach Rosa 1996, S. 106). Die emotionalen Wertungen werden im Alltag zunächst nicht komplex artikuliert/formuliert. Sie sind ja über die Sozialisation in sozialen Gruppen und Kulturen zwar mit Sprache verbunden (sonst könnten Wertungen gar nicht als Emotion empfunden werden), aber sie sind auch durch das gemeinsame Handeln im Körper eingeschrieben. Was Menschen durch ihre körperliche Präsenz (und unter Umständen kurzen Positionierungen wie „Veganer sind scheiße!") ausdrücken, wird „also nicht durch eine explizite, sprachlich ausformulierte Theorie gestützt […], beruht es doch auf einer sprachanalogen, expressiven Artikulation in Verhalten und Körpersprache desjenigen, der solche starken Wertungen verkörpert“ (Rosa 1996, S. 107).[27]

Dennoch ist es den Personen möglich, ihre Expressionen, also den verkörperten und sprachlichen Ausdruck ihrer starken Wertungen zunehmend zu artikulieren, also deutlich(er) auszusprechen. Das kann über ihre Narrationen/Geschichten geschehen, mit denen sie auch anderen ihre ethischen Positionen erläutern und ihr Handeln begründen können. Erst wenn die Bilder eines gelingenden Lebens artikuliert und bewusst gemacht sind, können sie mit anderen diskutiert und so auch gemeinsam hinterfragt werden (vgl. a.a.O., S. 161). Indem sich Personen (in ihren Emotionen und ihrer Identität) so zunehmend versprachlichen, können sie auch ihr Selbstverständnis reflexiv erweitern. Das gilt auch und gerade, wenn Menschen in ihrer Entwicklung unterschiedlichste kulturelle Hintergründe erlebt haben (etwa durch Migration). Denn sie müssen auf der Basis ihrer ethischen Landkarte Konflikte integrieren, damit sie handlungsfähig bleiben. „Auch multiple Identitäten müssen daher zu einem stabilen Selbstverhältnis integrierbar sein, und die Instanz der vermittelnden Integration bildet wiederum die Narration“ (a.a.O., S. 174).

Die Geschichten, in denen sich ja auch geteilte Bewertungen und Handlungsmuster einer Kultur wiederfinden, sind nicht notwendigerweise widerspruchsfrei und unveränderlich, sondern sie enthalten Möglichkeitsräume. Gerade weil sie von den Beteiligten immer wieder neu erzählt werden, dabei Interpretationsstreitigkeiten mit anderen auftreten und die Geschichten teilweise neu erzählt werden, sind ihre Deutungen offen und unterbestimmt. „Die *Unterbestimmtheit* kollektiver Werthorizonte eröffnet so auch einen Spielraum für individuelle Kreativität, die sich in innovativen Artikulationen impliziter Bedeutungen äußert und diese dabei auch umzuformen beginnt […]. Dieser fortwährende Interpretationsprozess ist dabei natürlich nicht abzukoppeln von *Machtkämpfen* innerhalb der sozialen Gemeinschaft“ (a.a.O. 1996, S. 192, Hervorheb. i. O.). Was also in der Person implizit, d.h. indirekt mitgemeint ist, wird durch das Erzählen, die Artikulation der eigenen Narrationen nicht nur für das Subjekt verfügbarer, sondern es verändert die Geschichten auch. Und das geschieht stets im sozialen Zusammenhang, aus dem die bewertenden Emotionen und ihrer Geschichten stammen und in dem sie doch in Neuerzählungen und Streitigkeiten umgeformt, geprüft, kritisiert und weiterentwickelt werden. Hier entfaltet sich ‚das Politische‘ (im Sinne der Definition oben): Bestehende ethische Landkarten, als gleichzeitig kollektive und individuelle Ordnungen, werden infrage gestellt und weiterentwickelt.

---

27 Rosa (a.a.O., S. 131) verweist darauf, dass dieses Konzept von Taylor dem Begriff des ‚Habitus‘ bei Bourdieu ähnlich ist. Viel stärker als die Habitustheorie geht es jedoch von einer sprachvermittelten Sozialisation aus, die letztlich dazu befähigt, starke Wertungen zu artikulieren, damit zu reflektieren und auch im Diskurs mit anderen zu verändern.

Das kann nur gelingen, wenn diese Narrationen zunehmend sprachlich artikuliert werden und auch Hörer:innen finden, die wiederum auf die Geschichten antworten. Die in den Geschichten integrierten Bewertungen und Handlungsentwürfe müssen sprachlich kompetenter entfaltet und anderen vorgestellt (und d.h. dann ggf. auch mit diesen diskutiert) werden. Dafür benötigt die Person die soziale Anerkennung der Gegenüber. Anerkennung ist nicht nur die Voraussetzung der Entwicklung von Emotionen und starken Wertungen in der Sozialisation in einer Gruppe oder Kultur, sondern auch eine zentrale Bedingung dafür, dass die Geschichten erzählt, also in ihren Themen und Wertungen mit anderen ausgetauscht und gegenseitig geprüft und verändert werden können. „Die Entdeckung der eigenen Identität heißt nicht, dass ich als isoliertes Wesen sie entschlüssele, sondern gemeint ist, dass ich sie durch den teils offen geführten, teils verinnerlichten Dialog mit anderen aushandle“ (Taylor 1991, S. 57 zit. nach Rosa 1996, S. 182). Diese Aushandlung benötigt die Voraussetzung der gegenseitigen Anerkennung, zum Beispiel in Form des Hörens, des Antwortens und Diskutierens.

Hartmut Rosa gibt ein für unser sozialpädagogisches Handlungsfeld interessantes Beispiel zu dem notwendigen Zusammenhang zwischen Integrität, Kompetenz (der komplexen sprachlichen Artikulation) und Anerkennung, um ethische Landkarten ausdrücken und mit anderen darüber kommunizieren zu können. „So ließe sich vielleicht vermuten, dass bestimmte Gruppen von Jugendlichen, die sich etwa durch aggressive Gewalttaten gegenüber Ausländern bemerkbar gemacht haben, tatsächlich die Chance zu einer gelingenden (narrativen) Identitätsbildung durch die Abwesenheit aller drei notwendigen Voraussetzungen verwehrt wird: Es ist ihnen aufgrund des Versagens der Erziehungsinstanzen nicht gelungen, eine kohärente ‚moralische Landkarte‘ zu erwerben, welche eine sinnhafte Integration ihre Erfahrungen und Persönlichkeitsmerkmale ermöglichen würde (dieses Defizit kommt etwa dort zum Ausdruck, wo betroffene Jugendliche zu Protokoll geben, in sich selbst nur ‚eine große Leere‘ wahrzunehmen); sie fühlen sich den Anforderungen und Erwartungen der Umwelt in keiner Weise gewachsen (*Kompetenzdefizit*); und sie machten früh und fortgesetzt Erfahrungen der verweigerten persönlichen und sozialen Anerkennung“ (a.a.O., S. 179, Hervorheb. i.O.). Selbst wenn man Rosas Defizithypothesen sozialpädagogisch problematisieren würde, wird jedoch deutlich, wie wichtig anerkennende soziale Gemeinwesen dafür sind, dass integrierte ethische Landkarten der Personen entstehen können. Auf der Basis von Anerkennung werden die Individuen unterstützt, nicht nur ihre ethischen Bewertungen und Emotionen in Geschichten zu entwickeln, sondern sie auch sprachlich zunehmend komplexer auszudrücken und zu kommunizieren. So können Personen ihre Geschichten der Emotionen und starken Wertungen wieder wirksam in das Gemeinwesen zurückspiegeln und sie dort aushandeln und weiterentwickeln.

Zusammenfassend:

(1) Identitätsentwürfe (‚Wer bin ich?') und ihre emotional besetzten starken Wertungen entstehen, indem ‚im Gespräch' für das Individuum auftauchende Situationen und Herausforderungen sprachlich gedeutet werden. Emotionen werden durch Sprache und kulturelle Lebenszusammenhänge erzeugt.
(2) Starke Wertungen sind grundsätzliche ethische Maßstäbe, die gleichzeitig individuell und doch kollektiv (von einer Gruppierung) geteilt sind. Sie prägen die Identität der Person und orientieren ihr intrinsisch motiviertes Handeln.
(3) Die Identität und ihre emotional fundierten starken Wertungen sind in Narrationen bzw. Geschichten organisiert, mit denen sie als ethische Landkarten die Entstehung der persönlichen Identität nachzeichnen, die aktuelle ethische Position bestimmen und zukünftige Selbstentwürfe ermöglichen (‚Wer will ich sein?').
(4) Die ethischen Landkarten sind neben ihrer sprachlichen Verfasstheit auch verkörpert. Sie zeigen sich sowohl in körperlichen Expressionen (Ausdrucksweisen) als auch in sprachlichen Artikulationen (deutlichen Benennungen). Im Alltag sind diese verkörperten Positionen selten in ihrer ganzen Komplexität sprachlich formulierbar. Aber da sie sprachlich konstituiert sind, können die Individuen zunehmend Fähigkeiten entwickeln, ihre ethischen Positionen differenzierter zu erzählen.
(5) Damit entsteht nicht nur ein zunehmend reflexives Selbstbild, sondern auch die Möglichkeit, die eigenen ethischen Narrationen und ihre Emotionen mit anderen auszutauschen und auszuhandeln.
(6) Das kann alles nur auf der Basis von gegenseitiger Anerkennung in sozialen Gruppierungen und in der Gesellschaft gelingen.
(7) Emotionen sind also immer sozial und damit sprachlich konstituiert. Als im Sozialen/Gesellschaftlichen entstanden und in Gegenseitigkeit in Narrationen aktualisiert und verändert, sind sie immer schon politisch. Sie betreffen die Gestaltung des Gemeinwesens und ermöglichen dem Individuum, sich darin mit seinen Vorstellungen des Guten und Richtigen einzubringen.

Was folgt daraus für den 15-Jährigen und seinen Ausruf „Veganer sind scheiße!"?

Zunächst zum Thema Anerkennung. Wenn die emotionale Expression des 15-Jährigen im sozialpädagogischen Setting aufgegriffen werden soll, wird das nur gelingen, wenn er dort auf Verhältnisse der Anerkennung trifft. Wenn er hingegen Reaktionen bekommt wie Ignoranz, Kritik oder sogar Verbote und Ausgrenzung, wird er kaum bereit sein, den Hintergrund seines Statements genauer aufzufächern. Sozialpädagogisch wäre im Weiteren zu fragen, wie eine solche Anerkennung, und zwar für alle Beteiligten, gerecht gestaltet werden müsste. Es müssen nämlich auch die von dem Ausspruch beleidigten Veganer zu ihrem Recht kommen.

Mit Taylor konnte man erkennen, dass hinter emotionalen Ausdrucksweisen komplexe ethische Landkarten stecken. Für diese würde man sich zunächst einmal tiefer interessieren und den Jugendlichen bitten, genauer zu erklären, wie er zu seiner Bewertung (und Abwertung) kommt. Sich seinen Geschichten zu widmen, sie herauszufordern und aktiv anzuhören, hieße auch, seine ethischen Maßstäbe deutlicher hervortreten zu lassen. Dazu kann man dann ins Gespräch kommen.

Wenn man sich mit Taylor klarmacht, dass es um Fragen geht wie: ‚Wie bin ich geworden, was ich heute bin; wer bin ich und wohin will ich mich entwickeln?', wird sofort spürbar, dass es hier um sozialpädagogisch Bedeutendes geht: Um den Identitätsentwurf der Person. Das stellt auch noch mal klar, dass über diese Identität nur vertiefend gesprochen werden kann, wenn sich der 15-jährige grundsätzlich als kompetenter und relevanter Gesprächsgegenüber anerkannt sieht.

Auf dieser Basis könnte er auch angeregt werden zu erzählen, in welchen sozialen Zusammenhängen seine Bewertungsmaßstäbe durch welche typischen Handlungs- und Sprachmuster entstanden sind. Wer den eigenen soziokulturellen Hintergrund und seine biografischen Erfahrungen intensiv erzählen darf, kann sich als gehört und seine Identität als anerkannt wahrnehmen. Der 15-jährige könnte unterstützt werden, seine ethische Landkarte mithilfe körperlich-ästhetischer Gestaltungsweisen differenzierter aufzuschlüsseln und sie in der Vermittlung gegenüber anderen sprachlich genauer zu bezeichnen. Das könnte ihm als gesicherte Basis dienen, sich auch mit Positionen von anderen Beteiligten auseinanderzusetzen und emotional grundierte Wertmaßstäbe von anderen und ihren sprachlichen Ausdruck kennenzulernen.

Diskussionen, die Abwertung (wie zunächst von ihm gegenüber Veganern vorgebracht) vermeiden, aber Unterschiedlichkeit erlauben, also Debatten, die Emotion von unterschiedlichsten Beteiligten und ihre Hintergründe ernst nehmen und sprachlich komplexer in den Dialog bringen, können zu einer erweiterten Reflexion führen. Das kann möglicherweise eine präzisere Bewusstheit ebenso wie eine Erweiterung oder Veränderung der ethischen Landkarte des 15-Jährigen zur Folge haben.

Damit sind schon sozialpädagogische Prinzipien demokratischer Diskurse und politischer Bildung entworfen, die von Emotionen und starken Wertungen ausgehen. Im Weiteren werden sie methodisch noch genauer ausgeführt.

Aus Taylors Konzept lassen sich Folgerungen für den sozialpädagogischen Umgang mit emotional grundieren starken Wertungen und Identitätsentwürfen in Settings der Demokratiebildung und politischen Bildung ziehen. Doch bevor ich das tue, möchte ich darauf hinweisen, dass Taylors Theorie auch mit Erkenntnissen der zeitgenössischen (empirisch fundierten) Emotionspsychologie (Barrett 2023; Urner 2024) in Verbindung gebracht werden kann.

2.2 Emotionen werden gemacht – die psychologische Perspektive von Lisa Feldman Barrett

Die kanadisch-amerikanische Neurowissenschaftlerin und Psychologin Lisa Feldman Barrett hat mit ihrer Forschung zu Entstehung und Ausdruck von Gefühlen die Emotionspsychologie verändert. Schon der Titel ihres Buches „How Emotions are made" – also direkt übersetzt: Wie Emotionen *gemacht* werden – (Barrett 2023) zeigt, dass Emotionen für sie nicht etwas sind, was schon im menschlichen Tier grundsätzlich und universell vorstrukturiert ist, sondern dass Emotionen in der sozialen (biografischen) Interaktion entstehen. Barrett kritisiert die traditionelle Auffassung, dass in allen Menschen feststehende emotionale Reaktionsmuster vorhanden seien und diese bereitstehenden Module in bestimmten Situationen abgerufen würden, etwa der „Trauer-Schaltkreis" oder der „Wut-Schaltkreis" (a. a. O., S. 15). Diese tradierte Idee meint, Emotionsmuster würden sich körperlich zeigen und etwa im Gesicht und Körperausdruck von außen erkennbar sein. Barrett referiert jedoch viele Forschungsergebnisse, die zeigen, dass nicht von äußeren Zeichen auf innere Zustände geschlossen werden kann. Dagegen stellt sie folgendes Konzept: „Wir haben herausgefunden, dass unsere Emotionen keineswegs angeboren sind, sondern aus grundlegenden Bausteinen bestehen. Es handelt sich nicht um universelle Reaktionsmuster, sondern [sie] variieren von Kultur zu Kultur. Sie werden nicht getriggert [also durch äußere Reize ausgelöst und abgespielt, BeSt], sondern erzeugt. Sie sind äußere Anzeichen einer Kombination aus den physischen Eigenschaften unseres Körpers, einem flexiblen Gehirn, das sich auf seine Umgebung einstellt, und der Kultur, in der wir aufwachsen, denn diese ist Teil unserer Umgebung. Emotionen sind [...] ein Produkt der Übereinkunft zwischen Menschen" (a. a. O., S. 16). Hier ist eine prinzipielle Übereinstimmung mit der politischen Philosophie Taylors erkennbar, die auch von der sprachlich-kulturellen Herkunft der Emotion ausgeht. Allerdings kann Barrett mithilfe psychologischer Forschungsergebnisse differenzierter erläutern, wie genau diese Emotionen sozial zustande kommen.

Emotionen dienen nach Barrett dazu, körperliche Empfindungen und Handlungssituation zu deuten. Ein Unwohlsein in der Magengegend erfährt durch die kulturell erworbenen Deutungen eine emotionale Interpretation. Je nach (kulturellem) Kontext kann dieses Unwohlsein von Individuen als Gefühl von Hunger, Unsicherheit, Angst, Verliebtheit, ‚Bestrafung' für übermäßigen Alkoholkonsum und vielerlei mehr gedeutet werden. Die diffusen Körperzustände erhalten durch solche Emotionen eine individuelle Deutung und soziale Bedeutung.

Barrett erklärt, wie sie sich auf der Basis von empirischen Forschungsergebnissen vorstellt, dass Kleinkinder ab Geburt von ihren Bezugspersonen lernen, Körperzustände als Emotionen zu deuten und dabei Sprache (‚Wörter') zu verwenden. Als Neurowissenschaftlerin erklärt sie die Funktion des Gehirns dabei so, dass es blitzartig Vorhersagen über unsere Umwelt trifft. Dafür nutzt das

Gehirn ‚mentale Konzepte', die die Dinge in der Außenwelt benennen, bewerten und bearbeitbar machen. Wir sehen Dinge in unserer gegenständlichen Umwelt, erkennen sie aber nur mithilfe der mentalen Konzepte und der mit ihnen verankerten emotionalen Bewertungen. Wir sehen nicht etwa die Kategorie ‚Pflanze', sondern verfügen über Konzepte, die diese je nach Kontext als schöne Blume, als Unkraut, als Heilmittel, als Geschenk einordnen. So entstehen ‚Vorhersageschleifen': Das Gehirn trifft eine Vorhersage darüber, was es mithilfe eines Konzeptes ‚glaubt' in der Umwelt zu erkennen. Das Hirn simuliert, um was es sich handeln könnte, und gleicht diesen Entwurf mit der Wirklichkeit ab. Kommt es zu Irritationen, kann es Irrtümer korrigieren und Situationen anders deuten oder sogar Konzepte verändern. Solche Vorhersagen koppeln die innere, mentale (Re-)Konstruktion der Außenwelt mit einer Deutung körperlicher Sensationen durch Emotionen: „Kurz gesagt: Sie fühlen, was Ihr Gehirn glaubt. Der Affekt entstammt in erster Linie Ihren Vorhersagen. […]. Alles, was Sie spüren, ist eine Vorhersage auf der Grundlage Ihres Wissens und Ihrer früheren Erfahrungen" (a. a. O., S. 113).

Doch wie entstehen diese emotionalen Konzepte? Bereits im ersten Lebensjahr entwickelt das Kind Konzepte, um Emotion zu erleben und wahrzunehmen. Das Kind lernt nicht nur durch Beobachtung und Erprobung, sondern auch durch Wörter, die seine Bezugspersonen ihm gegenüber verwenden. Mithilfe dieser Wörter kann es etwas über Ziele, Absichten und Vorlieben der anderen Menschen erfahren. Wörter können also helfen, Aspekte an Dingen und Handlungen zu benennen, die man durch einfache Sinneswahrnehmung nicht erkennen kann; zum Beispiel die kulturelle Gefühlsbedeutung von Pflanzen in bestimmten Situationen (‚Unkraut muss vernichtet werden' oder ‚Ich freue mich über die Geburtstagsblumen'). Das vergleichsfähige Hirn erlaubt dem Kind, Ähnlichkeiten und Zusammenhänge zwischen solchen Qualitäten zu bezeichnen und so ‚Konzepte' zu erstellen. „Wenn wir als Erwachsene einem Kind ein Wort vorsprechen, […] bieten wir dem Kind ein Instrument, um seine Wirklichkeit zu erweitern – das Instrument einer rein mentalen Ähnlichkeit. Das Kind webt es ein in die Muster, die im Inneren seines Gehirns ausgelegt sind, um es künftig zu verwenden. In gewisser Weise geben wir […] dem Kind damit das Werkzeug an die Hand, um Emotionen zu erzeugen und wahrzunehmen" (a. a. O., S. 137).

Die Wörter kommen durch die Bezugspersonen ins Spiel, wenn das Kind im sozialen Zusammenhang gleichzeitig in körperliche Zustände und Handlungsmuster verwickelt ist (z. B. Essen in einem Schüsselchen bekommen und zu sich nehmen). Die Erwachsenen begleiten diese Situationen mit Wörtern, die die Zustände und Handlungen des Kindes deuten: Das Kind beginnt sofort zu essen – na, du hast aber großen Hunger! Das Kind stößt der Schüsselchen weg – du bist ja richtig wütend! Das Kind verbindet dann zunehmend Körperzustände mit diesen Wörtern und den damit verbundenen Emotionskonzepten. In diesem

Zusammenspiel zwischen dem handelnden Kind und den Bezugspersonen, die Emotionsbezeichnungen verwenden, werden die emotionalen Konzepte konstruiert.

Mit zunehmender Vielfältigkeit der sozialen Situationen (einschließlich der dort verwendeten Wörter und Sätze), an denen das Kind teilnimmt, und der damit wachsenden Möglichkeit, Vergleiche anzustellen und Ähnlichkeiten zu entdecken, werden auch die emotionalen Konzepte komplexer.

Da sowohl die sozialen Situationen als auch die dort verwendeten Emotionsbezeichnungen kulturell geprägt sind, eignet sich das Kind kulturelle Emotionskonzepte an. Je vielfältiger und differenzierter die Wörter sind, mit denen Emotionen bezeichnet werden können, desto ausgeprägter ist die „emotionale Granularität" (a. a. O., S. 24), eine Art emotionaler Feinkörnigkeit oder Feinfühligkeit (im englischen bedeutet ‚granular' auch ‚detailliert und fein abgestimmt'). Je differenzierter Gefühle beschrieben werden können (statt einfach nur: ‚mir geht's gut/schlecht'), umso besser können die eigenen Zustände auch gedeutet werden. Damit können Gefühlszustände nicht nur anderen Personen detaillierter vermittelt, sondern auch der Selbstreflexion geöffnet werden. Zum Beispiel bezeichnen Wut, Groll, Trauer, Furcht, Angst, Gereiztheit, Frustration, Zorn und Feindseligkeit sehr unterschiedliche Aspekte von Emotionen; und je sprachlich differenzierter die Konzepte sind, über die ein Mensch verfügt, desto feinfühliger und komplexer kann sich diese Person deuten, sich steuern und handeln. Wenn die durch Forschungsergebnisse unterfütterte Annahme richtig ist, dass Gefühle auf beschriebene Weise konstruiert und über Wörter vermittelt sind, können sie ebenso bewusst wahrgenommen und auch erweitert werden. Komplexere Emotionsbegriffe und alternative Interpretationen können eine Selbstreflexion anregen und so Umdeutungen oder Neudeutungen ermöglichen.

Die Entwicklung emotionaler Granularität und damit das Potenzial komplexer Selbstreflexion hängt also davon ab, wie viele Wörter Kinder von ihren Bezugspersonen und sozialen Gruppen lernen konnten, um Emotionen differenziert zu benennen und damit zu erzeugen. Sprechweisen und die Vielfalt der verwendeten Wörter unterscheiden sich klassen- bzw. teilkulturspezifisch. Wenn Barrett (a. a. O., S. 241) referiert, dass Kinder aus Familien mit höherem Einkommen über mehr Wörter verfügen als solche aus einkommensschwachen Familien, entsteht schnell der Fehlschluss, dass für Kinder aus armen Familien die emotionale Selbstwahrnehmung und Kommunikation beschränkt sei. Die eigensinnige Qualität, wie sich Mitglieder einer bestimmten Teilkultur (auch über Emotionen) verständigen, muss aber zunächst einmal als solche anerkannt und gewürdigt werden. Die Quantität der Verfügung über Wörter lässt keinen Rückschluss auf die Qualität lebensweltlicher Kommunikation zu – das müssen sich gerade die Fachkräfte in der JSA immer wieder klar machen. So können benachteiligten Jugendlichen aus der JSA nicht einfach unterkomplexe emotionale Konzepte unterstellt werden. Stattdessen ginge es darum, sich in der Verständigung mit ihnen gegenseitig die spezifische Bedeutung ihrer und eigener Konzepte zu erschließen. Das gilt für alle gegenseitige Verständigung mit Adressat:innen in der Sozialpädagogik: Wie viele und welche Wörter (und emotionale Konzepte) auch immer verwendet werden, man muss sie sich einander verständlich machen. In Fällen, in den man als Fachkraft selbst aus derselben sprachlich-emotionalen Subkultur wie die Adressat:innen stammt, meint man schnell, diese deshalb direkt verstehen zu können. Wenn deshalb Verständigungsanstrengungen unterbleiben, entsteht das Risiko, damit doch die Erschließung der Besonderheiten des individuellen Ausdrucks ‚besserwissend' zu unterlassen. Wenn man jedoch, egal mit welchem Gegenüber, Emotionen und mit diesen verbundene ‚starke Wertungen' in gegenseitiger Kommunikation erkundet, dann setzt ein gemeinsamer Bildungsprozess ein. Indem man sich wechselseitig verständlich macht, werden emotionale Konzepte versprachlicht und mit möglicherweise unterschiedlichen Begriffen und Verständnis des anderen konfrontiert. Es entstehen potenziell neue Möglichkeiten der Beschreibung der eigenen Emotionen und damit auch einer reflexiven Verfügung über sie.

Zusammenfassend beschreibt Barrett (2012, S. 419) die soziopsychischen Funktionen von Emotionen:

(1) „Linking the body to the world to create meaning" – Emotionen verbinden die körperlichen Reaktionen des Individuums mit der Welt, um Bedeutung zu erzeugen.
(2) „Regulating action" – Emotion ermöglichen es, Handlungen zu regulieren.
(3) „Communication" – Emotionen dienen dazu, anderen die (subjektive) Bedeutung von körperlichen Handlungen und Körperzuständen mitzuteilen und zukünftige Absichten zu vermitteln.
(4) „Social influence" – Emotionen eröffnen Möglichkeiten, sozial Einfluss zu nehmen und die Handlungen anderer zu regulieren.

> „Infolgedessen werden mentale Kategorien niemals wertneutral sein – sie werden immer eine bestimmte Geistesphilosophie und kulturelle Weltanschauung haben, in die sie eingebettet sind, also in Bezug zu den Bedürfnissen und Werten einer bestimmten Gruppe (d. h. Kultur) von Menschen." (a. a. O. S. 424; meine Übersetzung).

Damit wird klar erkennbar, wie folgenreich die individuelle Verfügung über Wörter zur Beschreibung eigener Emotionen ist: Je differenzierter jemand seine Gefühle formulieren kann, desto komplexer können sie reflektiert werden, angemessen(er)es Handeln orientieren und soziale Kommunikation bereichern. Je feiner die emotionale Granularität, also die detaillierte Beschreibbarkeit von Gefühlen, ausgeprägt ist, desto genauer und wirksamer können Menschen das Soziale beeinflussen. Wer z. B. über kein sprachliches Emotionskonzept zur

Deutung sexueller Übergriffe verfügt, kann solche Handlungen kaum entziffern, als problematisch erkennen und gegenüber anderen öffentlich benennen und anprangern (vgl. Fricker 2023). Das mindert (oder verhindert sogar) Chancen, Unrecht anzuklagen und Gerechtigkeit einzufordern. Wenn jedoch über eine sich gegenseitig bildende Verständigung über Emotionen ein differenzierteres Selbstbewusstsein entsteht, erweitern sich die Möglichkeiten, sich selbst zu reflektieren. Das kann auch Chancen schaffen, eigene Positionen komplexer in politische Öffentlichkeit und demokratische Entscheidungsfindung einzubringen.

In Bezug auf die gegenseitige Kommunikation von Gefühlen betont Barrett, dass wir nicht davon ausgehen können, dass wir die Emotionen anderer von außen ‚lesen' könnten. Körperliche Bewegungen (etwa das Minenspiel) können nicht als Zeichen bestimmter Emotionen (Wut, Trauer, Glück usw.) entschlüsselt werden. „Vielmehr möchte ich auf die irrige Überzeugung hinweisen, dass wir die mentalen Zustände anderer Menschen ‚richtig' sehen oder auch nur sehen könnten. […] Um unsere emotionale Wahrnehmung zu verbessern, müssen wir die Fiktion aufgeben, wir wüssten, wie andere Menschen sich fühlen" (Barrett 2024, S. 252 f.). Daraus folgert sie, dass wir auf die Gegenüber und ihre Gefühle ‚neugierig sein' sollten; wir müssen sie bitten, uns ihre Gefühle zu erzählen, statt sie ihnen durch unsere Definitionen überzustülpen. Damit sind auch wichtige Hinweise für die sozialpädagogische Kommunikation gegeben: Statt zu meinen, Fachkräfte könnten die Gefühle anderer durch Beobachtung von außen ‚verstehen', müssen Gefühle in Gegenseitigkeit zur Sprache gebracht werden.

Im Unterschied zu Taylor analysiert Barrett wenig, wie die Emotionen nicht nur sprachlich entstehen, sondern auch durch die Eingebundenheit der Person (oder des Kindes) in sozialen Handlungssituation und Handlungsmustern verkörpert werden. Emotionen haben nicht nur eine sprachlichen, sondern auch einen körperlichen Ausdruck und zeigen sich als Expression, wie Taylor sagen würde. Es wäre also in der Kommunikation nicht nur auf die sprachlichen Emotionskonzepte einer Person zu achten, sondern auch auf den körperlichen Ausdruck. Wenn wir Expressionen anderer Menschen wahrnehmen, wissen wir nicht, was sie bedeuten sollen/wollen (soweit es nicht um allg. bekannte Rituale, Gesten o. Ä. geht), aber wir können sie wie Sprache befragen, wenn wir davon ausgehen, dass sie etwas (emotionales) bedeuten. Taylor kann auch besser als Barrett beschreiben, wie die verkörperten Gefühle und ihre starken Wertungen und die damit verbundenen Handlungsmuster in Narrationen/Geschichten der Person zusammengefasst sind. Insofern ginge es bei der Steigerung der emotionalen Granularität nicht einfach nur um Bezeichnungen von Gefühlen, sondern um differenzierte Geschichten: wie Gefühle entstanden sind, welche Wertungen damit verbunden sind und welche Gründe damit für Handeln angegeben werden können. Emotionen als Geschichten und Identitätskonzepte zu begreifen (wie dies Taylor tut) hilft auch, besser zu verstehen, dass Emotionen häufig gemischt auftreten und eben in und mit komplexen Narrationen verbunden sind. Identitätsentwürfe einer Person

(‚Wer bin ich?') enthalten ja ein differenziertes Gefüge von Geschichten und Emotionen, und nicht nur einzelne klare, mit einzelnen Begriffen benennbare Gefühle. Zudem kann man davon ausgehen, dass in Situationen, in denen die Identität infrage steht und behauptet werden muss, vielfältige Emotionen und ihre Hintergründe auftreten. Wie heißt es bei Facebook: „Es ist kompliziert!". Gerade die Bedeutung der Gefühle für die Identität lässt auch danach fragen, ob die Gefühlsdeutungen nicht in komplexeren sozialen Situationen entstehen, als (nur) im Benennen der kindlichen Emotionen durch Bezugspersonen, was Barrett ja zunächst einmal als das Grundmodell entwirft. Mithilfe des symbolischen Interaktionismus könnte man hier ergänzen, dass die Bedeutungen stärker in Gegenseitigkeit ausgehandelt werden, als Barrett es sich vorstellt, und dass das Kind auch aktiv daran beteiligt ist, in Handlungssituationen ‚Symbole' zu schaffen, die für die Beteiligten geteilte Bedeutungen haben, statt nur die Wörter der Bezugspersonen zu verinnerlichen. Bedeutungen werden zwar kollektiv konstruiert, aber doch immer im Sinne eines gegenseitigen „Aushandelns" (wie es im Taylor Zitat oben heißt). Die ‚Vorhersagen des Gehirns' mithilfe emotionaler Konzepte, müssen in den unterschiedlichsten sozialen Situationen angepasst werden: Oft sind sie angemessen, und helfen, sofort handlungsfähig zu werden, aber wenn Irritationen eintreten, müssen neue und komplexere Deutungen her. Ob und wie diese dann zu gelingenden Handlungen führen, bzw. mit Taylor gesagt, es erlauben, die eigene Identität mit ihren starken Wertungen zu artikulieren, hängt auch von den Gegenübern und dem gesamten sozialen Kontext ab. Die eigene, emotional besetzte Identitätskonzeption muss jeweils auch in konkreten sozialen Situationen immer wieder neu mit den anderen (intersubjektiv) realisiert bzw. ausgehandelt werden und kann darüber bewusst und verändert werden. Dazu bedarf es gegenseitiger Anerkennung, des gegenseitigen Zuhörens und des aufeinander Antwortens.

Barretts und Taylors Theorien stimmen darin überein, dass Emotionen einerseits subjektiv und andererseits kollektiv sind und grundsätzliche Werte transportieren, auch in Bezug auf das Zusammenleben in einer Gesellschaft. Insofern können sie als politisch bezeichnet werden: Emotionen betreffen das Herstellen, Durchsetzen und Infragestellen von Regelungen der kollektiven Lebensführung. Die deutsche Neurowissenschaftlerin und Medienpsychologin Maren Urner (2024) greift die Erkenntnisse von Barrett auf und betont den politischen Charakter von Emotionen: „Alles, wo etwas unser Zusammenleben ausmacht und damit den politischen Raum bestimmt, der […] immer und überall präsent ist, ist von Emotionen geprägt. […] Politik ist nichts anderes als ein Aushandlungsprozess über unterschiedliche Gefühle und damit verbundener Werte und Ideen innerhalb einer Gruppe von Menschen zu einem bestimmten Zeitpunkt. […] Politik ist eine der persönlichsten Angelegenheiten überhaupt, denn es geht darum, wie du, ich und wir leben können und möchten" (Urner 2024, S. 15 f.).

Daraus folgt, dass sich auch Demokratie nicht ohne Emotionen praktizieren lässt und dass Demokratiebildung und politische Bildung kaum umhinkönnen, sie aufzugreifen. Es „ist grundsätzlich anzuerkennen, dass Politik nicht ohne Emotionen funktioniert. Solange politische Kommunikation Grundfragen unseres Zusammenlebens verhandelt und zur Entscheidung bringt, erzeugt sie in demokratischen, auf Bürgerpartizipation beruhenden Gesellschaften starke Gefühle: Gefühle der Zugehörigkeit und des Ausgeschlossen-Seins, Gefühle des Neides, des Zorns und des Ressentiments, Gefühle des Stolzes, der Solidarität und der Empathie. Solche und andere Gefühle sind eine wichtige Ressource für unsere Demokratie: Sie verbürgen die Lebendigkeit des Politischen, kanalisieren Interesse und Aufmerksamkeit, sichern moralische Vorstellungen und Urteile“ (Frevert 2018, S. 22).

Zusammenfassend:

(1) Emotionen entstehen laut Barrett in der (frühen) Kindheit durch sprachliche Deutungen von Körperzuständen und Handlungssituationen gemeinsam mit Bezugspersonen.
(2) Mit diesen sozial erzeugten Emotionen verfügt die Person über Werkzeuge, eigene Körperzustände zu interpretieren und (soziales) Handeln zu gestalten.
(3) Je mehr und je differenzierter einer Person Wörter zur Bezeichnung von Emotionen zur Verfügung stehen (emotionale Granularität), desto komplexer kann sie eigene Gefühle ausdrücken und kommunizieren. Das hat Folgen für die soziale und politische Handlungs- und Wirkfähigkeit des Individuums.
(4) Emotionen und ihr Ausdruck sind zwar kulturell geprägt, bleiben aber doch individuell. Gefühle können nicht von außen gelesen werden (und schon gar nicht aufgrund von Deutungen körperlicher Signale, die im Individuum selbst unterschiedlichste emotionale Hintergründe haben können). Deshalb ist eine gegenseitige Verständigung über die Bedeutung von Emotionen unumgehbar.
(5) Der prinzipiell sprachliche Charakter von Emotionen ermöglicht, dass sie a) durch die Subjekte reflektiert, erweitert und verändert werden können und b) die Kommunikation mit anderen Selbstreflexion anregen und anreichern kann.
(6) Emotionen dienen dazu, die Person und ihren Körper mit der Welt, d.h. mit anderen zu verbinden. Emotionale Konzepte enthalten also schon Vorstellungen und Bewertungen zum sozialen Handeln. Insofern sind Emotionen politisch, weil sie die Regelungen des Zusammenlebens betreffen.

Was folgt daraus für den 15-Jährigen und seinen Ausruf „Veganer sind scheiße!“?

Mit Barrett lässt sich fragen, in welchen (früheren) Körperzuständen in sozialen Situationen des heute 15-Jährigen möglicherweise ‚Wörter‘ von Bezugspersonen ins Spiel gebracht wurden, die negative Sensationen als ausgelöst durch ‚Veganer‘ interpretierten.

Möglicherweise ist auch seine emotionale Granularität nicht besonders differenziert und ihm stehen nicht ausreichend Begriffe zur Verfügung, um seine Gefühle bezüglich des Veganismus und der Veganer komplexer auszudrücken. Damit würde es sozialpädagogisch wieder darum gehen, ihn zu bitten, den emotionalen Hintergrund seines Gefühls aufzuschlüsseln; also seine Geschichte(n) zu erzählen.

Barrett warnt scharf davor, zu meinen, man könne die Emotionen des Ausrufs (inklusive damit verbundener körperlicher Gesten) des 15-Jährigen von außen verstehen. Eine blitzartige Deutung seiner emotionalen Expression würde letztlich nur die eigenen emotionalen Konzepte der angeblich verstehenden Person beinhalten und das Gegenüber missverstehen.

Einen Zugang zu den Gefühlen fände man also durch Kommunikation mit dem 15-Jährigen. In den Versuch, sich gegenseitig bezüglich der Emotionen und ihrer Geschichten verständlich zu machen, könnten erweiternde ‚Wörter' einfließen und Begriffe zu Verfügung stellen, mit denen Gefühle feiner (granularer) ausgedrückt werden könnten. Das würde die Selbstreflexion beider beteiligten Seiten intensivieren können und Potenziale neuer Einsichten und emotionaler Konzepte erschließen. Es würde ein gemeinsamer Bildungsprozess möglich.

Da die emotionale Expression „Veganer sind scheiße!" sich auf einen Konflikt der Regelung der kollektiven Lebensführung bezieht (‚Welches Essen soll es geben?'), kann sie als politische Äußerung verstanden werden. Die Artikulation geschieht ja schon in einem sozialen, gesellschaftlichen Zusammenhang der sozialpädagogischen Einrichtung (der JSA) und bezieht sich auf die Problemstellungen der gemeinsamen Regelungen (des Essens).

Will man Jugendlichen wie dem 15-Jährigen die Möglichkeit eröffnen, in demokratische Auseinandersetzungen die Stimme zu erheben und sich als Person mit einer bestimmten Identität und starken Wertungen einzubringen, wäre der Ausspruch ein Element (vielleicht der Beginn) einer demokratischen Debatte. Wie oben beschrieben, müssten darin dem 15-Jährigen Chancen gegeben werden, seine Position mithilfe eigener Geschichten zu differenzieren und sie erst einmal öffentlich vorzubringen. Auch ein möglicherweise (noch) begrenztes emotionales Vokabular dürfte kein Grund sein, jemanden stillzustellen oder nicht ernst zu nehmen. Aber im nächsten Schritt bedürfte es auch der Antworten der Gegenüber, damit seine Position mit ihnen in einen Aushandlungsprozess gebracht werden kann.

2.3 Emotion und vernünftige Argumentation in demokratischen Aushandlungsprozessen

Bis hierhin ist deutlich geworden, dass Emotionen zum Politischen gehören und deshalb ein wichtiges Element demokratischer Auseinandersetzungen und Entscheidungen sind. Welche Rolle spielen sie nun im Konzept der deliberativen Demokratie nach Habermas, das hier als grundsätzliche Orientierung für die Gestaltung demokratischer Partizipation in sozialpädagogischen Institutionen genutzt wird. Deliberativ bedeutet abwägend-aushandelnd, und nach Habermas' Verständnis von Demokratie geht es darum, dass die Bürger:innen die sie betreffenden Entscheidungsfragen in der Öffentlichkeit vernünftig diskutieren und sich gegenseitig durch den ‚zwanglosen Zwang des besseren Arguments' zu überzeugen suchen (bzw. so Entscheidungen repräsentativer Gremien vorbereiten). Im Kern des Verfahrens demokratischer Aushandlung geht es also um vernünftige Argumentation. Mit Habermas kann man allerdings auch zeigen, dass Emotionen Grundlage von Argumentationen werden können.

Bevor genauer behandelt wird, wie Emotionen im Diskurs aufgenommen werden können, will ich näher erläutern, was mit ‚vernünftiger Argumentation' gemeint ist. Vernunft meint begründen: Wenn Antworten auf die Frage ‚Warum?' gegeben werden können, werden Handlungen und Positionen als vernünftig angesehen. Damit ist Vernunft an die Begründung gegenüber anderen gekoppelt: Vernunft „muß der Überprüfung durch andere standhalten können, und dazu wiederum muß Vernunft kommunikabel sein: Es reicht nicht aus, Begründungen zu haben, wir müssen sie auch vermitteln können und vermitteln wollen" (Kuhlmann 1999, S. 16). Vernunft/Rationalität kommt Aussagen zu, die den Anspruch erheben, „kritisiert und verteidigt, d. h. *begründet* werden [zu] können" (Habermas 1981 Bd. 1, S. 27, Hervorheb. i. O.). Habermas bezeichnet vier Formen rationaler Kommunikation, die auf unterschiedliche Weise gegenüber Kritiker:innen Begründungen vorbringen (vgl. a. a. O., S. 35):

(1) Begründung durch Verweis auf Evidenzen, d. h. auf (auch wissenschaftlich) belegbare Tatsachen;
(2) Begründung durch Verweis auf Übereinstimmung eigenen Handelns mit bestehenden Normen;
(3) Begründung durch „expressive Selbstdarstellung" über die jemand „einen Wunsch, ein Gefühl oder eine Stimmung aufrichtig äußert, ein Geheimnis preisgibt, eine Tat eingesteht usw. und der dann einem Kritiker gegenüber das derart enthüllte Erlebnis Gewissheit verschaffen kann, indem er daraus praktische Konsequenzen zieht und sich in der Folge konsistent verhält". Authentisch berichtete Gefühlserlebnisse werden also begründbar, wenn Kritiker:innen erkennen können, dass diese Folgen für das Handeln der sprechenden Person haben.

(4) Auch „evaluative Äußerungen“ (a. a. O., S. 36), also persönliche Bewertungen oder Urteile, werden zu Begründungen. Denn auch solche „Parteinamen und Sensibilitäten von Wünschen und Gefühlen, die in Werturteilen ausgedrückt werden können [, stehen] in einer internen Beziehung zu Gründen und Argumenten“ (a. a. O., S. 37).

Was genau bedeuten nun Argument und Argumentation? Kommunikation von Begründungen gegenüber anderen wird als Argumentation bezeichnet (vgl. a. a. O., S. 33). Der britisch-amerikanische Philosoph Stephen Toulmin (1975) hat in Bezug auf Argumentationen im Alltag ein Schema entwickelt (vgl. Abbildung 28), das die Struktur von Argumenten aufgeschlüsselt. Behauptungen werden begründet, indem aus ‚Daten‘ (also etwa Informationen, Fakten oder unterstellten Voraussetzungen) eine ‚Konklusion‘ (also Schlussfolgerung) abgeleitet wird. Dazu muss eine Regel verwendet werden, die beinhaltet, wie man einen solchen Schluss ziehen kann; sie wird als ‚Schlussregel‘ bezeichnet. Solche Schlussregelungen können durch ‚Stützungen‘ gerechtfertigt werden; diese greifen z. B. auf gesellschaftliche bzw. gruppenspezifische Regeln oder Werte oder auch universelle Normen zurück. Vereinfachend könnte man sagen: Argumente sind erkennbar an einer Satzverbindung mit ‚weil‘, ‚darum‘, ‚deshalb‘, ‚also‘, ‚wegen‘, ‚denn‘, ‚daher‘, ‚damit‘ usw. Grammatikalisch spricht man von Kausalkonjunktionen (begründenden Bindewörtern), die Kausalsätze (also Begründungssätze) kennzeichnen. Damit die Schlussfolgerung begründbar wird, sind im Prinzip Regeln anzugeben, wie man zu dem Schluss kam (Schlussregeln), und dafür können noch weitere legitimierende Stützungen zugrunde gelegt und hinzugefügt werden.

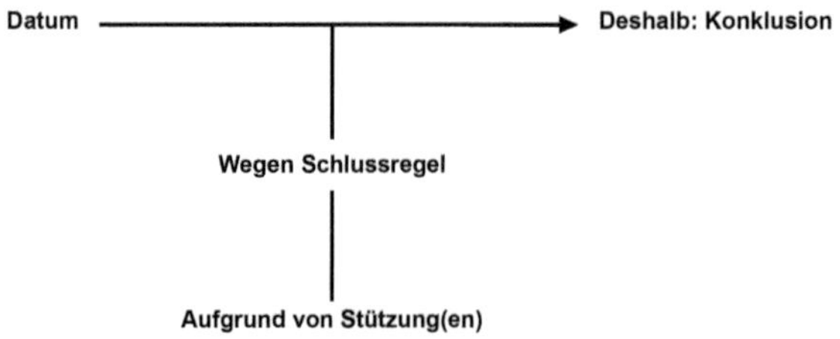

Abb. 28: Vereinfachtes Schema der Argumentation nach Toulmin 1975

Ein zentraler Unterschied zwischen Daten, Schlussregeln und Stützungen ist nach Toulmin, dass Daten immer angegeben werden müssen, wenn es sich um Argumentationen handele, wohingegen sowohl Schlussregel als auch Stützungen nicht zwangsläufig explizit gemacht werden müssten: „Es kann sein, dass die Schlußregeln ohne Angriff zugestanden werden und daß ihre Stützung stillschweigend vorausgesetzt bleibt“ (Toulmin 1975, S. 96 f. zit. nach Gintzel 2022, S. 150). Das heißt, in der Alltagssprache werden häufig zwar Datum/Information und Konklusion/Schlussfolgerung benannt, allerdings Schlussregeln und Stützungen nur ausgeführt, wenn eine vertiefte Rechtfertigung verlangt wird.

Argumentationsstruktur am Beispiel des 15-Jährigen und seines Ausrufs „Veganer sind scheiße!"

Um zu einem Argument zu werden, müsste die Behauptung mit einer Information/einem Datum begründet werden. Das könnte (von mir konstruiert) zum Beispiel lauten: „Veganer wollen mir mein Lieblingsessen verbieten." Wenn so angesprochene, andere Beteiligte diese Schlussfolgerung nicht ohne Weiteres hinnehmen wollen, könnten sie nach zusätzlichen Begründungen fragen. Entweder könnte der 15-Jährige diese liefern, oder man könnte mögliche Begründungen erschließen. Mithilfe des Argumentationsschemas lässt sich das übersichtlich darstellen (vgl. Abbildung 29).

Abb. 29: Beispiel für eine aufgeschlüsselte Argumentation mithilfe des Toulmin-Schemas

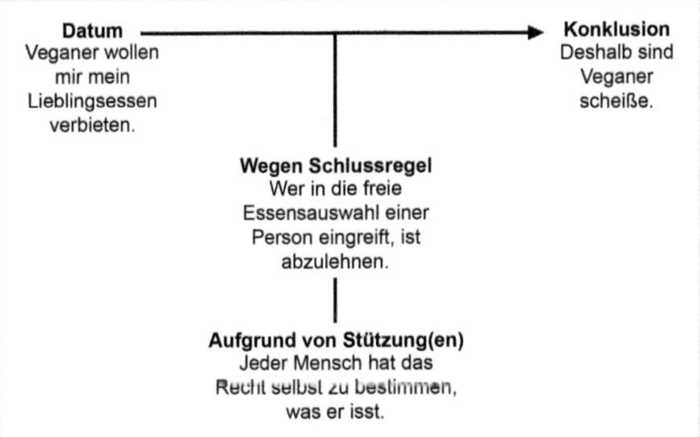

Im Sinne der Aufforderung, Handeln und Position zu begründen, könnte der 15-Jährige seine Behauptung über Veganer mithilfe dieser Argumentation ‚vernünftig' bzw. rational kommunizieren.

Dass Sprechende ihre Behauptungen gegenüber anderen mit Argumenten begründen, bedeutet jedoch nicht, dass diese die Begründungen auch nachvollziehen oder übernehmen müssen: sie können sie infrage stellen, differenziertere Argumente fordern (z. B. in Bezug auf Schlussregeln und Stützungen) und sie können widersprechen. Ob eine Argumentation Geltung erlangt, hängt also von dem Kommunikationsprozess, besser: dem Aushandlungsprozess ab, in dem alle Beteiligten die Argumente prüfen und verwerfen bzw. anerkennen können. Das werde ich noch etwas genauer erläutern.

Jürgen Habermas (1984) geht davon aus, dass im lebensweltlichen Alltagsgespräch[28] immer ‚Geltungsansprüche' erhoben werden. Das bedeutet, dass die jeweiligen Sprecher:innen beanspruchen, dass ihre Behauptungen gültig sind, also als *wahrhaftig, also* authentisch gemeint, sachlich *korrekt* und ethisch *angemessen* von den Gesprächsgegenüber (in einem konkreten Kontext) akzeptiert werden. Geltungsansprüche haben drei Dimensionen: Wahrhaftigkeit, Wahrheit und Richtigkeit (zu den folgenden Fragen vgl. Richter 2019, S. 37). ‚Wahrhaftigkeit' meint den Anspruch, aufrichtig/authentisch zu kommunizieren; die Gegenfrage eines Gegenübers würde lauten: Meinst/willst du das wirklich? ‚Wahrheit' erhebt den Anspruch, in Bezug auf die bekannten Tatsachen die Wahrheit zu sagen, also nicht Informationen vorzuenthalten oder zu verdrehen; die Gegenfrage eines Gegenübers könnte lauten: Ist es so, wie du sagst? Mit ‚Richtigkeit' wird beansprucht, dass die eigene Aussage ethisch legitim und angemessen sei; die Gegenfrage würde lauten: Darf/soll man das tun? Das wird in der folgenden Übersicht am Beispiel der Aussage unseres 15-jährigen „Veganer sind scheiße!" verdeutlicht.

Geltungsansprüche am Beispiel der Aussage „Veganer sind scheiße!"

Geltungsansprüche	*Prüffragen*	*Mögliche Antworten des 15-Jährigen*
Wahrhaftigkeit	Meinst du das wirklich?	Ja, das meine ich ganz ernst, kein Witz!
Wahrheit	Ist es so wie du sagst?	Ich kenne Tatsachen, die das belegen. Und zwar …
Richtigkeit	Darf man so handeln?	Ich habe Argumente dafür, warum man deren Handeln abwerten darf. Und zwar …

Wenn man sich das Beispiel anschaut, entstehen schnell Hinterfragungen der von unserem fiktiven 15-Jährigen erhobenen Geltungsansprüche. Besonders seine Tatsachenbelege würde man gerne erfahren, und auch einfordern, dass die Argumente für die Begründung der ethischen Angemessenheit der Abwertung von Gegnern („scheiße") genauer ausgeführt würden. Es entstünde daraus also ein Gespräch, in dem die Geltungsansprüche befragt und begründet werden müssen. Wenn die Beteiligten der Begründung eines Geltungsanspruchs zustimmen können, nennt Habermas das Verständigung. „Verständigungsprozesse zielen auf ein Einverständnis, welches den Bedingungen einer rational motivierten Zustimmung zum Inhalt einer Äußerung genügt. […] Wohl kann ein Einverständnis objektiv erzwungen sein, aber was *ersichtlich* durch äußere Einwirkung

28 Mit ‚Alltagsgesprächen' sind hier Kommunikationen gemeint, in denen in der *Lebenswelt* gegenseitige Verständigung hergestellt wird. Dabei geht es *nicht* um ‚strategische' Gespräche, etwa das Verkaufens oder Manipulierens, in denen mindestens eine Seite selektiv mit der Wahrheit umgeht.

oder Anwendung von Gewalt zustande kommt, kann subjektiv nicht als Einverständnis *zählen*. Einverständnis beruht auf gemeinsamen *Überzeugungen*. Der Sprechakt des einen gelingt nur, wenn der andere das darin enthaltene Angebot akzeptiert, indem er (wie implizit auch immer) zu einem grundsätzlich kritisierbaren Geltungsanspruch mit Ja oder Nein Stellung nimmt. Sowohl Ego [der:die Sprechende, BeSt], der mit seinen Äußerungen einen Geltungsanspruch erhebt, wie Alter [der:die Angesprochene, BeSt], der diesen anerkennt oder zurückweist, stützen ihre Entscheidungen auf potentielle Gründe." (Habermas 1981, S. 387, Hervorbeb. i. O.).

Wenn eine solche Verständigung bestimmte Kommunikationsbedingungen erfüllt, nennt Habermas sie ‚Diskurs'. Helmut Richter (2019, S. 37 f.) erklärt das so: „Diskurs meint bei Habermas das handlungsentlastete, freiwillige und gleichberechtigte Gespräch mündiger Teilnehmer zum Zwecke der wechselseitigen Überprüfung von problematisch gewordenen Geltungsansprüchen. Alle Erfahrungen, alles Wissen, alle Vorstellungen von dem, was gut und richtig ist, gelten in solchen Gesprächen grundsätzlich nur noch unter Vorbehalt: unter dem Vorbehalt, dass sie auch mit Argumenten zu begründen und einsichtig zu machen sind. *Handlungsentlastung* meint dabei, dass nicht unter dem Zwang der Frage diskutiert wird, was wollen wir tun, sondern nur unter dem Zwang des besseren Arguments. *Freiwilligkeit* will besagen, dass niemand gezwungenermaßen an dem Gespräch teilnimmt. *Gleichberechtigung* bringt zum Ausdruck, dass niemand einen Informationsvorsprung hat, den er für sich behält. Hat jemand Wissensvorsprünge, legt er sie dar, und erst dann diskutiert man weiter."

Habermas übernimmt von Robert Alexy die idealen Grundregeln eines solchen Diskurses:

„(1) Jedes sprach- und handlungsfähige Subjekt darf an Diskursen teilnehmen.
(2) a. Jeder darf jede Behauptung problematisieren.
b. Jeder darf jede Behauptung in den Diskurs einführen.
c. Jeder darf seine Einstellungen, Wünsche und Bedürfnisse äußern.
(3) Kein Sprecher darf durch innerhalb oder außerhalb des Diskurses herrschenden Zwang daran gehindert werden, seine in (1) und (2) festgelegten Rechte wahrzunehmen." (Habermas 1983, S. 99).

Dasjenige, dem die Beteiligten und Betroffenen in einem solchen Diskurs zustimmen können, hat für sie Geltung (vgl. Habermas 1992, S. 138), und zwar so lange, bis die gemeinsam erlangte Überzeugung durch jemanden mit neuen Argumenten infrage gestellt wird. Dann muss eine neue Verständigung erfolgen.

Die Diskursregeln formulieren einen idealen Anspruch. Weder geben sie die Realität in den meisten Fällen demokratischer Diskussionen (etwa zwischen Fachkräften und Jugendlichen in der JSA) wieder, noch lässt sich davon ausgehen, dass sie immer und ohne Brüche realisiert werden können. Stattdessen liefern sie einen Maßstab, mit dem man (auch bei demokratischer Partizipation in Institution der Sozialpädagogik) Verständigungsprozesse orientieren, prüfen und verbessern kann, sodass mehr Beteiligungsgerechtigkeit hergestellt wird. Für demokratische Partizipation in der JSA wird mit dem Maßstab der Diskursregeln ganz deutlich gemacht, dass die Jugendlichen (die als sprach- und handlungsfähige Subjekte anerkannt werden) Rechte haben, Behauptungen aufzustellen, Behauptungen von anderen (auch von Fachkräften) zu hinterfragen und sich mit eigenen ‚Einstellungen, Wünschen und Bedürfnissen' und ihren zugrunde liegenden Gefühlen in die Debatte einzubringen. Fachkräfte, die demokratische Partizipation ermöglichen wollen, bekommen mit den Diskursregeln ein Orientierungslinie, um zu prüfen, ob sie die Rechte der Beteiligten, gerade der Jugendlichen, eröffnen und einhalten. Aber auch die Jugendlichen sind damit gehalten, die Diskursregeln zu beachten und sich auf ihrer Basis gegenseitig als berechtigte und befähigte Diskussionsgegenüber an Diskursen zu beteiligen. Die Diskursregeln stellen also Ansprüche an alle Beteiligten, wenn auch die Fachkräfte eine besondere professionelle Verantwortung haben, die Regeln zu begründen und zu vermitteln, sie selbst einzuhalten, ihre Einhaltung durch alle Beteiligten einzufordern und Probleme der Umsetzung der Regeln zu thematisieren. Wenn man sich etwa die Besprechung einer Werkstattgruppe in der JSA vorstellt, kann man davon ausgehen, dass die Regeln nicht immer komplett eingehalten werden und auch nicht jedes Mal kritisch reflektiert und in ihrer Geltung erneuert werden können. Aber die Regeln selbst können in Situationen der Handlungsentlastung herangezogen werden und als Prüfkriterien gelten, wie demokratisch man miteinander Behauptungen erhebt, argumentativ begründet und Argumente prüft.

Was folgt daraus für den 15-Jährigen und seinen Ausruf „Veganer sind scheiße"?

Mit Habermas' Analyse der Formen von Begründungen (tatsachenbezogen, normativ, expressiv, evaluativ) ist die expressive und evaluative Aussage des 15-Jährigen als Ausgangspunkt einer Argumentation zu verstehen. Seine Emotion kann also sehr wohl Element eines deliberativ demokratischen, also gegenseitig Argumente abwägenden und prüfenden Diskurses werden. Die Emotion wird vernünftig, wenn sie zur Argumentation wird.

In einem Setting demokratischer Partizipation in der JSA würde man den 15-Jährigen bitten, seine Behauptung „Veganer sind scheiße!" in ein Argument zu verwandeln, sie also genauer zu begründen. Mit Taylor und Barrett würde man ihn auffordern, eine ‚Geschichte' zu erzählen und die in seiner Emotion enthaltenen Wörter genauer auszudrücken. Das Argumentationsschema kann helfen, ihn zu unterstützen, seine Schlussfolgerung mit Daten/Informationen (also zum Beispiel Geschichten zu seinen konkreten Erlebnissen mit Veganern) zu begründen. Er kann aufgefordert werden, Kausalsätze zu bilden, also seine Behauptung mit Kausalkonjunktionen wie ‚weil, deshalb, darum' als argumentativen Satz zu formulieren. Das kann durch die einfache Frage geschehen: Wie kommst du darauf? Wenn er daraufhin Informationen zur Begründung seiner Aussage liefern kann, können diese freundlich-interessiert weiter befragt werden – aber Achtung: Erfragen heißt hier nicht hinterfragen, sondern bedeutet, den 15-Jährigen zu unterstützen, seine ethischen Begründungen genauer und für andere besser nachvollziehbar zu erläutern. Es geht darum zu ermöglichen, vorhandene Schlussregeln und Unterstützungen einzubringen. Erst wenn sein Argument entfaltet ist, kann ihm ggf. widersprochen werden.

Das kann geschehen, indem die Geltungsansprüche auf Wahrhaftigkeit, Wahrheit und Richtigkeit befragt werden. Wahrheitsansprüche wie z. B. in „Der Körper braucht tierische Eiweiße für den Muskelaufbau“ können befragt werden, und man kann sich auf eine gemeinsame Suche nach sachlichen Begründungen für die Korrektheit dieses Anspruchs begeben. Die Behauptung der Richtigkeit der Aussage kann angezweifelt werden, wenn man z. B. kritisieren würde, dass Veganer (möglicherweise Kolleg:innen in der eigenen Einrichtung) durch seinen Ausspruch herabgewürdigt werden und man dagegen den Anspruch eines gegenseitigen Respekts erheben würde. Denn die Rechte der Diskursbeteiligten können nur zustande kommen, wenn sie sich gegenseitig in ihrer Menschenwürde und ihren Menschenrechten akzeptieren. Damit würde immer noch eine Argumentation gegen Veganismus möglich bleiben, aber für Diskurspartner würde Anerkennung eingefordert.

Damit sind wir bei den Rahmenregeln des Diskurses. Diese müssten verdeutlicht und begründet werden (auch an Beispielen von Gesprächen in den Cliquen der Jugendlichen selbst, in denen die Diskursregeln schon umgesetzt werden). Die Diskursregeln werden für die eigenen Diskussionssettings in der Einrichtung konkretisiert. Ohne eine – zumindest vorläufige und prinzipielle – gegenseitige Anerkennung und Anerkennung der Regeln kann ein fairer, d. h. gewaltfreier, gleichberechtigter, freiwilliger, ergebnisoffener und argumentativer Diskurs nicht zustande kommen. Ohne diese Regeln der Verständigung müssten die Beteiligten sonst in Streitfällen (über Behauptungen) damit rechnen, dass Beteiligte ihre Position unter Umständen mit Gewalt durchsetzen würden. Wenn Beteiligte gegenseitige Gewaltausübung oder Gewaltdrohung befürchten müssen, werden sie sich kaum an einem gegenseitigen und fairen Diskurs beteiligen.

Zu betonen ist, dass die Regeln zwar verdeutlicht werden müssen, aber mit einer Übertretung zu rechnen ist (und zwar bei Jugendlichen wie Fachkräften!). Also braucht es auch Gelegenheiten, die Umsetzung der Regeln zu reflektieren und zu prüfen, ob alle Betroffenen und Beteiligten sie einhalten und sie von anderen eingehalten sehen. Weiter unten werde ich diese Rahmenbedingungen und die methodischen Schritte, wie man von dem emotionalen Ausruf zur geregelten Argumentation gelangen kann, noch genauer entwerfen.

Wenn man als Fachkraft liest, welche Ansprüche mit einer Argumentation und diskursiven Diskussion verbunden sind, glaubt man zunächst kaum, dass diese mit den (benachteiligten) Jugendlichen eingelöst werden könnten. Schon die Nachfragen, mit deren Hilfe die emotionale Abwertung von Veganern genauer ausgeführt werden könnten, lassen befürchten, dass sie dem 15-Jährigen als Zumutung, wenn nicht als Überforderung erscheinen würden. Vielleicht fehlen ihm differenzierte Emotionsbegriffe, um sein Gefühl präziser zu erläutern und zu vermitteln (s. Barrett). Vielleicht fällt es ihm schwer, seine ethische Landkarte sprachlich zu erläutern (s. Taylor). Vielleicht erlebt der 15-Jährige eine Befragung (also noch nicht einmal die Hinterfragung) seines spontan ‚rausgehauenen' Satzes als Bedrohung seines Identitätsentwurfs (s. Taylor), ohne ihn sprachlich komplex selbst erkennen und verteidigen zu können. Es wäre also genauer zu untersuchen, wie aus einer diffusen Emotion eine sprachliche Begründung als Argumentation werden könnte und wie das sozialpädagogisch unterstützbar wäre.

2.4 Diffuse Emotionen und Meinungen können zu Argumentationen werden

Am Beispiel unseres 15-Jährigen und seinen möglichen Problemen mit der argumentativen Begründung seiner Aussage „Veganer sind scheiße!", lässt sich erschließen, dass es emotionale Erlebnisse und Ausdrucksweisen gibt, die nicht als Behauptung daherkommen, die sich einer Begründung, Aufforderung und Kritik stellen würde. Das ist wichtig, weil es gerade für sozialpädagogische Settings mit Jugendlichen naheliegt, dass diese nicht unbedingt über begründende sprachliche Argumentationen verfügen, sondern ggf. von diffusen Emotionen und Meinungen ausgehen. Wenn man solche Positionen (und die Person, die sie äußert) nicht sofort von der demokratischen Debatte ausschließen will, weil sie den hohen Vernunftansprüchen des Diskurses nicht genügen, ist zu prüfen, ob und wie nicht auch solche Gefühle und Ausdrucksweisen in eine Argumentation übergehen können.

Habermas (1984, S. 195 f.) unterscheidet zwischen ‚Erlebnissen' und „Äußerungen": Erlebnisse bleiben aus seiner Sicht im Subjekt und werden nicht an andere kommuniziert, obwohl das prinzipiell möglich wäre, da sie bereits im (emotionalen) Erleben zu sozio-kulturell konnotierten ‚Wörtern' werden (s. Barrett). Äußerungen hingegen treten aus dem Subjekt hinaus und werden „Bestandteil der Umwelt", weil sie dann durch die andern wahrgenommen (und beantwortet) werden können. Damit Erlebnisse zu Äußerungen werden, „bedarf es einer symbolischen Verkörperung in gesprochenen Sätzen, in Handlungen oder in anderen kulturellen Objektivationen" (ebd.). Das heißt, Erlebnisse müssen in Symbole oder Zeichen übersetzt werden, in Gesten, Sätze, in Tanz oder Musik oder andere ästhetische Ausdrucksformen, damit sie kommuniziert werden können. Erlebnisse, die durch Intentionen gekennzeichnet sind, also ein Streben auf etwas richten, seien einfacher auszudrücken als „Erlebnisse mit einem diffusen Gehalt" (ebd.). Solche nennt Habermas „Empfindungen oder vage Gestimmtheiten" (ebd.). Und er fährt fort „Wir können kognitive und emotive Erlebnisse nach dem Grad ihrer Äußerungsfähigkeit anordnen: von diffusen Empfindungen und Erinnerungsbildern bis zu artikulierten Wahrnehmungen, Vorstellungen und Urteilen in der kognitiven Dimension; von diffusen Antrieben und Neigungen bis zu artikulierten Wünschen und Willensverpflichtungen in der motivationalen Dimension; von diffusen Gestimmtheiten bis zu artikulierten Gefühlen und Geschmacksreaktionen in der affektiven Dimension" (a. a. O, S. 196). Gefühle, die schon sprachlich (symbolisch) ausdrückbar sind, können etwa Tatsachen beschreibende Behauptungen aufstellen, legitime Handlungsregeln und Bewertungen formulieren. Damit sind schon Übergänge in eine Argumentation gelegt. Diffuse und wenig auf eine Intention gerichtete Erlebnisse können indirekt durch körperliche Expression oder ästhetische Artikulationsweisen (etwa aus Kunst und Musik) ausgedrückt werden. Wenn Menschen solche Emotionen (wie Wünsche, Regungen, flatternde Stimmungen oder Geschmacksneigungen) äußern, tun sie das als subjektive Mitteilung ihrer Gefühlszustände, ohne damit begründbar Argumentationen zu beanspruchen, und zu erwarten, dass sich andere diesen anschließen oder sie kritisieren könnten. „[...] indem wir *Neigungen* und Wünsche äußern, statt uns auf *Gebote* zu berufen, verzichten wir auf den Anspruch, dass sich der Aufgeforderte in einer bestimmten Weise verhalten *sollte*; in dem wir *Gefühle* äußern, statt *Bewertungen* vorzunehmen, verzichten wir auf den Anspruch, dass sich andere unseren Bewertungen anschließen *könnten*" (ebd., Hervorheb. i. O.). Hier tauchen die Geltungsansprüche von Wahrheit, Wahrhaftigkeit und Richtigkeit wieder auf, die begründete Behauptungen kennzeichnen und sich damit einem potenziellen Diskurs zu ihrer Prüfung stellen. Gefühle, die artikuliert werden, aber gerade nicht eine Begründbarkeit beanspruchen, nennt Habermas ‚Meinungen'. Es lässt sich jedoch folgern, dass solche Meinungen mit Geltungsansprüchen versehen werden könnten, weil sie sich schon auf Tatsachen (Wahrheit), ethische Begründungen richtigen Handelns (Richtigkeit) und authentischen Ausdruck (Wahrhaftigkeit) beziehen. Meinungen tasten sich potenziell an Argumentation heran, probieren Begründungen, aber sie erlauben auch einen Rückzug, auf ‚das ist ja bloß meine persönliche Meinung', wenn Hinterfragungen von anderen aufkommen. Im Alltagsgespräch in der Praxis der JSA vertreten Jugendliche häufig eine Meinung, sprachlich und auch über ästhetischen Ausdrucksweisen. Da sie mit solchen Artikulationen schon Einfluss auf die soziale Umwelt nehmen, könnten sie unterstützt werden, ihre Meinungen weiter zu klären und Begründungen zu differenzieren. Damit können sie sich an Diskursen beteiligen, also Argumente prüfen, verteidigen und verändern und sich in eine vernünftigen, d. h. diskursive demokratische Auseinandersetzung einbringen

Aber gerade körperlich-expressiv verdeutlichte Emotionen können in der Alltagskommunikation auch einfach ein Gefühl ausdrücken, ohne damit Intentionen (also ein Streben oder Absichten) zu beinhalten. Unwillkürliches Weinen zum Beispiel verkörpert direkt ein Gefühl. Auch ein künstlerischer Ausdruck fällt für Habermas unter diese Kategorie (a. a. O., S. 197), weil er nicht auf eindeutige

Aussagen und Reaktionen ziele. So kann ein nicht gegenständliches Bild, das nur Farben verwendet, ebenso wie ein Tanz Emotionen ausdrücken. Als solche können sie von andern wahrgenommen und mithilfe von Sprache benannt und interpretiert werden. Gefühlsexpressionen und künstlerische Darstellungen besäßen die „eigentümliche[n] Leistung, semantische Potenziale aus vorsprachlichen Symbolstrukturen herauszubrechen und intersubjektiv zugänglich zu machen" (ebd.). Das bedeutet, vorsprachlicher Ausdruck (durch den Körper oder mithilfe künstlerischer Medien) enthält sprachliche Bedeutungspotenziale („semantisches Potenzial"), die im Verständigungsraum zwischen den Subjekten („intersubjektiv") geteilte Bedeutungen erlangen können. Gerade indem die Gegenüber, die einen Emotionsausdruck wahrnehmen und ihn (wie probeweise auch immer) sprachlich formulieren, entsteht ein Übergang zur sprachlichen Kommunikation und Verständigung zwischen den Beteiligten. Wenn körperlich oder künstlerisch ausgedrückte Emotionen so sprachliche Bedeutung bekommen können, können sie zu Meinungen werden, und Meinungen können in Argumente verwandelt werden.

Damit wird erkennbar, dass die Äußerung von Emotionen – als sprachliche Meinungen ebenso wie als verkörperte oder künstlerische Expressionen – sehr wohl Möglichkeiten mit sich bringen, Ausgangspunkt von vernünftigen demokratischen Diskursen zu werden. Das, was die Jugendlichen emotional ‚raushauen', ist ihr Material und ggf. ihre Chance, sich in demokratische Diskussionen und Entscheidungen einzubringen, argumentativ mit zu diskutieren und schließlich mitzuentscheiden.

Der in der Einleitung berichteten Position von sozialpädagogischen Fachkräften, die einen Gegensatz von Emotion und Vernunft behauptet, sich selbst Vernunft und Jugendlichen Unvernunft zuschreibt und Jugendliche erst ‚zur Räson bringen' will, kann damit widersprochen werden. Es gibt keinen Gegensatz von Emotionen und Vernunft: Emotionen sind eine Möglichkeit, Behauptungen aufzustellen und Begründungen zu benennen. Auch wenn Jugendliche Emotionen äußern, können diese zu Argumentationen in einem Diskurs werden.

Wenn Erwachsene Jugendlichen im Hier und Jetzt (etwa in Konflikten um die Regelung gemeinsamer Lebensführung in der Einrichtung) emotionale Vernunft absprechen, sprechen sie ihnen Mündigkeit ab, also die Fähigkeit, eigene Betroffenheit zu artikulieren und mit anderen Beteiligten Bedeutungen und Folgen auszuhandeln. Damit würden Erwachsene/Fachkräfte gegen Art. 1 des Grundgesetzes verstoßen, der die Würde des Menschen für unantastbar erklärt. Würde bedeutet nach Kant Selbstbestimmung bzw. Autonomie. Im sozialen, gesellschaftlichen Zusammenhang muss die Freiheit der Selbstbestimmung der Person mit der Freiheit der anderen abgeglichen werden. Das geschieht durch demokratische Aushandlungsprozesse. Wer davon ausgeschlossen wird, kann seine Würde, also die Umsetzung seiner Selbstbestimmung nicht mit den anderen Beteiligten zusammen regeln und realisieren. Es geht also nicht gerade um wenig, wenn hier verdeutlich wird, dass Emotionen sehr wohl die Beteiligung an vernünftigen, demokratischen Diskursen eröffnen und entsprechend ernst und aufgenommen werden müssen.

Was folgt daraus für den 15-Jährigen und seinen Ausruf „Veganer sind scheiße!"?

Seine spontane Gefühlsäußerung in einem Konflikt um die Einführung veganen Essens in der Kantine einer Jugendwerkstatt ist also potenziell der Ausgangspunkt seiner Beteiligung an einem demokratischen Diskurs über die Frage der Regelung des Essens (inklusive der Selbstbestimmung der Nahrungsaufnahme). Es könnte gut sein, dass der Jugendliche zunächst nur eine Meinung geäußert hat, oder sich bei Nachfragen darauf zurückzieht; er könnte allerdings unterstützt werden, seine Meinung sprachlich genauer zu fassen und zumindest probeweise darauf Geltungsansprüche zu erheben. Das würde bedeuten, zu argumentieren und auch Gegenargumente zu hören. Dafür müsste die Diskussion aber zunächst so von Fachkräften gerahmt werden, dass Jugendliche wie der 15-Jährige (emotionale) Meinungen äußern können, ohne sofort im vollen Umfang dafür in der Verantwortung zu stehen, sie zu begründen. Das könnte zum Beispiel geschehen, indem man die emotionale Expression des Jugendlichen über die Veganer von der dieser Person ablöst und sie als reine Behauptung (auch mithilfe von Medien) sichtbar macht. Dann könnten verschiedene Beteiligte daran Begründungen erproben. Sie könnten etwa auf einer Wandzeitung mit der Aussage möglicher Argumentationen inklusive von Schlussregeln und Stützungen aufschreiben, ohne sie selbst als Person schon voll vertreten zu müssen. Dafür müssen sie sich allerdings trauen, überhaupt Argumente zu verwenden und nicht nur bei Meinungen in ‚Drei-Wörter-Sätzen' zu bleiben. Dass schon ein solches Selbstzutrauen (gerade bei benachteiligten Jugendlichen in der JSA) fehlen kann, und damit Hürden oder sogar Blockaden der Beteiligung am Diskurs entstehen, wird im Folgenden noch problematisiert.

Behinderungen des Meinungsausdrucks und damit des Einstiegs in Argumentationen können aber auch gegeben sein, wenn Jugendliche wie der 15-Jährige über keinen hinreichenden sprachlichen Ausdruck für ihre Gefühle verfügen. Vielleicht sind es nur bewertende körperliche Gesten (z. B. der berühmte Finger), unartikulierte Töne oder einzelne Wörter, die auf Emotionen verweisen. Mit Habermas können wir folgern, dass es Jugendlichen helfen könnte, ihre ggf. nur rudimentär ausdrückbaren Gefühle mithilfe von ästhetischen (künstlerisch-kulturellen) Mitteln bzw. Medien zu artikulieren und anderen Beteiligten vorzustellen. Beispiele dafür wären Performances (die einfach nur aus Handlungen bestehen können); Rap Songs (die sich bereitstehender Ausdrucksmodule des Hip-Hop bedienen); Tanz (der Bewegungen für Gefühle findet) oder Ausdrucksmalerei (die vorsprachliche Symbole in Farben darstellt). In der Resonanz von anderen auf solche Darstellungen könnten Vorschläge für Begriffe aufkommen, die die einzelnen Jugendlichen unterstützen könnten, ihre Emotionen für andere nachvollziehbar oder nachvollziehbarer zu benennen. Hier kann an die Konzepte von Taylor und Barrett angeknüpft werden, dass es darum geht, mehr und bessere Wörter für die eigenen Geschichten zu finden und sich damit komplexer in Selbsterkenntnis und ggf. in demokratisch wirksame Partizipation einbringen zu können. Das wären dann wiederum Vorarbeiten für die Entwicklung von Meinungen, und von diesen kann es zu Argumentationen weitergehen. Diese Perspektive wird später noch weiter methodisch ausbuchstabiert.

Als zentrale Erkenntnis der bisherigen Argumentation ist festzuhalten, dass Emotionen (von Jugendlichen und allen Beteiligten) als berechtigter und befähigter Ausgangspunkt ihrer Beteiligung an demokratischen Aushandlungsprozessen verstanden und aufgegriffen werden müssen. Wenn ein (wie auch immer rudimentärer) Gefühlsausdruck nicht als relevant für die öffentlichen Debatten zur Regelung der Lebensführung (in den sozialpädagogischen Einrichtungen) anerkannt wird, sind solche Personen/Jugendliche von der demokratischen Partizipation ausgeschlossen. Wenn aber jeder Mensch (egal welchen Alters) das Recht hat, seine Selbstbestimmung gegenüber anderen zu vertreten und mit ihnen in Aushandlungsprozesse über deren Umsetzung einzutreten, muss der Ausgangspunkt von Selbstbestimmung und demokratischer Mitentscheidung bei den Emotionen gewürdigt, also anerkannt und aufgegriffen werden.

Das ist allerdings keinesfalls selbstverständlich, sondern häufig wird (Kindern und) Jugendlichen Vernunftfähigkeit abgesprochen (dazu später mehr), und damit werden sie aus dem demokratischen Prozess ausgeschlossen. Ausschließungsprozesse sind eine typische Erfahrung von benachteiligten Jugendlichen, und wenn ihre demokratische Partizipation gestärkt werden soll, muss zumindest in sozialpädagogischen Settings reflektiert werden, wie ihr Recht auf Mitsprechen und Mitentscheiden be- oder verhindert wird, bzw. wie freie Zugänge dazu gestaltet werden könnten. Das ist das Thema der weiteren Argumentation.

3 Risiken der Be- oder Verhinderung demokratischer Partizipation

Aufgrund von Emotionalität und angeblich mangelndem Vernunftvermögen für die Teilnahme an demokratischen Diskussionen und Entscheidungen be- oder gehindert zu werden, ist nur eine Form des möglichen Ausschlusses. Im Folgenden sollen einige weitere Phänomene und Folgen von Ausschlüssen oder Behinderungen analysiert werden, immer auch in Bezug auf die JSA.

Demokratische Partizipation ist auf die prinzipielle Beteiligung aller Betroffenen angewiesen. Das gilt besonders in sozialpädagogischen Einrichtungen, die auf die Förderung der Entwicklung ihrer Adressat:innen zu einer „selbstbestimmten, […] und gemeinschaftsfähigen Persönlichkeit" (§ 1 SGB VIII) zielen. Alle Perspektiven müssen von den Betroffenen in die öffentlichen Themenfindung und Diskussion und in die Vorbereitung und Durchführung von Entscheidungen eingebracht werden können. Damit ist nicht ein Zwang zur Partizipation gemeint, sondern die Sicherung der Chancen der Beteiligung an Diskursen und Entscheidungsverfahren für alle, und zwar in gerechter Berücksichtigung ihrer Unterschiedlichkeit.

Demokratie ist allerdings seit ihrem historischen Entstehen in den griechischen Stadtstaaten ca. 500 v. Chr. immer wieder durch Ausschlüsse bestimmter Gruppierungen vom gleichen Recht auf Beteiligung gekennzeichnet. Im antiken Griechenland waren z. B. Frauen, Kinder Sklaven, Zugewanderte und Fremde von der Mitentscheidung ausgenommen. In der Demokratie in Deutschland heute sind Kinder und Jugendlichen bis 16 bzw. 18 Jahre vom formalen Wahlrecht ausgeschlossen, ebenso wie Einwohner ohne deutsche Staatsbürgerschaft, also Einwanderer und Geflüchtete. In solchen Fällen handelt es sich um formale, rechtlich festgelegte Ausschlüsse. In demokratisch orientierten Einrichtungen der Sozialpädagogik bzw. der Jugendsozialarbeit ist deshalb zu klären, wer über den formal berechtigenden Mitgliedsstatus an der demokratischen Partizipation verfügt. Es ist zu gewährleisten, dass alle Betroffenen auch das Recht auf Mitsprache und Mitentscheidung haben, dieses kennen und aktiv nutzen können, wenn sie das wollen.

3.1 Be- oder Verhinderung des Einbezugs des Wissens bestimmter Gruppen und Personen

Ein nicht-formales Ausschlussproblem tritt in der Praxis vieler, wenn nicht aller Formen demokratischer Partizipation auf: Die Be- oder Verhinderung formal zur Beteiligung berechtigter Gruppen und/oder Personen an konkreten demokratisch Kommunikations- und Entscheidungsprozessen. Zwar ist dann ein formales Recht auf Partizipation vorhanden, wird aber für manche Personen und

Gruppierungen nicht voll nutzbar. In menschlichen Gruppen kann es immer Interaktionsprozesse geben, in denen sich einzelne gegen andere durchsetzen und ihre faire Beteiligung einschränken oder ganz zunichtemachen. Die von Habermas formulierten idealen Ansprüche an die Führung von Diskursen bieten eine Orientierung, solche Ungerechtigkeit zu erkennen und damit auch gegen sie angehen zu können. Grundsätzlich ist jedoch ist immer wieder damit zu rechnen.

Eine solche situative Übermächtigung von Einzelnen oder Gruppierungen ist zu unterscheiden von strukturellen Verhältnissen, die Partizipation be- oder verhindern. Ein wichtiger Fall struktureller Ungerechtigkeit tritt ein, wenn Angehörigen von spezifischen Gruppierungen ein Unvermögen zu angemessenem Wissen, Erkennen und (Entscheidungs-)Verantwortung zugeschrieben wird. Das geschieht zum Beispiel gegenüber Frauen, People of Colour oder von Armut betroffenen Menschen. Und es betrifft die Adressat:innen von JSA, nämlich Jugendliche allgemein und benachteiligte Jugendliche speziell. Solchen Gruppen wird dann abgesprochen, mit ihrem Wissen, ihrer Betroffenheit und ihrem Erkenntnisvermögen kompetent an demokratischen Diskussionen und Entscheidungen teilzunehmen, wenn z. B. benachteiligten Jugendlichen – wie oben diskutiert – vorurteilsvoll unterstellt wird, allein von Emotionen getrieben zu sein und deshalb an vernünftigen Diskussionen nicht angemessen teilnehmen zu können. Solche Phänomene widerfahren Betroffenen, auch wenn sie über formale Partizipationsrechte verfügen, ihnen aber von anderen unterstellt wird, dass ihre Erfahrungen, ihre lebensweltliche Expertise, ihr Wissen und Verstehen zur mündigen Realisierung von Entscheidungsrechten unzureichend seien, und dass ihnen nicht nur Fähigkeiten zur Erkenntnis, sondern auch angemessene Artikulation fehlten. Daraus kann folgen, dass bestimmten Personen und Gruppierungen Ressourcen bzw. Chancen genommen werden, sich in die Demokratie gleichberechtigt und gleichrangig einzubringen. Sie werden benachteiligt und behindert an der Ausübung ihrer Partizipationsrechte. Es geht dabei um Fragen wie „Wer hat eine Stimme und wer nicht? Haben alle Stimmen die gleiche Handlungsfähigkeit und Macht? […] Wer wird verstanden und wer nicht (und zu welchem Preis)? Wem wird geglaubt? Und wer wird anerkannt und mit wem wird verhandelt?“ (vgl. Kidd/Medina/Pohlhaus 2017, S. 1 zit. nach Hänel 2022. S. 142).

Diese Problemstellungen analysieren Theorien ‚epistemischer Ungerechtigkeit‘, die auch große Bedeutung für die kritische Reflexion von Be- und Verhinderung von Partizipation an Demokratie in sozialpädagogischen Einrichtungen haben. ‚Epistemisch‘ bedeutet erkenntnisbezogen, wissensbezogen; es geht also um Wissen, Erkennen und Verstehen und um die Kommunikation dazu. Und es geht um die Frage, ob diese Fähigkeiten bei allen Beteiligten Personen gleichermaßen anerkannt und berücksichtigt werden. Es geht um die „Art und Weise, wie man von Wissen oder kommunikativen Praktiken ausgeschlossen wird, wie man zum Schweigen gebracht wird, oder wie man falsch gehört und falsch dargestellt wird, wie man Misstrauen erfährt oder wie man keine epistemische

Handlungsfähigkeit besitzt“ (Hänel 2022, S. 142). Das kann ganz direkt und in der Interaktion geschehen (zum Beispiel, wenn Fachkräfte Jugendliche aufgrund von vorgefassten Stereotypen beurteilen) und auch in gesellschaftlichen Strukturen (wie Gesetzen oder formalen Zugängen zu demokratischen Verfahren) enthalten sein. So wird z. B. Frauen (immer noch) aufgrund von Vorurteilen über ihr Geschlecht (im Sinne von gender) relevantes Wissen und Erkenntnisfähigkeit (man könnte sagen: Verstand und Vernunft) abgesprochen. Ähnlich kann es farbigen Personen geschehen. Kindern und Jugendlichen wird z. B. strukturell-gesetzlich die mündige Kompetenz zu Wissen und Erkennen abgesprochen; etwa indem in den UN Kinderrechten in Art. 12 ihr Recht zur Äußerung ihrer Meinung von „Alter und Reife“ abhängig gemacht wird.

Es wird schnell erkennbar, dass epistemische Ungerechtigkeit angesichts des Ziels einer gleichberechtigten und gleichrangigen Beteiligung aller Betroffenen am demokratischen Prozess in der JSA nicht hingenommen werden kann. Im Folgenden werden Formen wissens- und erkenntnisbezogener Ungerechtigkeit aufgegriffen, um daraus Hinweise zu folgern, wie sie auch in demokratischen Prozessen in der Sozialpädagogik allgemein und in der JSA speziell auftreten, und wenn nicht völlig vermieden, so doch gemildert werden können.

Miranda Fricker analysiert zwei Hauptformen erkenntnisbezogener Ungerechtigkeit (vgl. zum Folgenden Hänel 2022; Betz/Bollig 2023; El Kassar 2023; Fricker 2023) die ‚testimoniale Ungerechtigkeit‘ und die ‚hermeneutische Ungerechtigkeit‘. Die Bezeichnung ‚testimoniale Ungerechtigkeit‘ kommt von dem englischen Begriff ‚testimonial‘: zeugen und Zeugnis ablegen. Damit gemeint ist eine Ungerechtigkeit, die eintritt, wenn einer Person aufgrund ihrer Zugehörigkeit zu einer Gruppierung (Geschlecht, Klasse, Ethnic, etc.), dergegenüber soziale Vorurteile bestehen, geringere (oder gar keine) Glaubwürdigkeit zuschrieben wird. Solche Personen und Mitglieder von spezifischen Gruppierungen werden dann als unglaubwürdig behandelt und man hört ihnen nicht zu.

Der Begriff ‚hermeneutische Ungerechtigkeit‘ kommt von dem philosophischen Begriff ‚Hermeneutik‘, und dieser bezeichnet ganz grundlegend die Kunst der (Text-)Auslegung, des Deutens und Verstehens. Ein solche Ungerechtigkeit tritt dann auf, wenn Menschen Ressourcen und Begriffe zur Bezeichnung ihrer Erfahrungen vorenthalten werden. So kann es Gruppierungen geben, denen buchstäblich die Worte fehlen, um ihre Erfahrungen mitzuteilen und dafür zu sorgen, dass diese für andere relevant werden. Das kann zum Beispiel bei Kindern der Fall sein, die keine Worte dafür haben, sexualisierte Gewalt zu benennen und anzuklagen. Solche Fälle können auftreten, wenn Erwachsene und Fachkräfte überhaupt nicht mit Kindern über solche Situationen sprechen und deren Wahrnehmungen nicht als relevant behandeln (sondern z. B. als Fantasien abtun). Ein zweiter Aspekt hermeneutischer Ungerechtigkeit tritt auf, wenn (randständige) Gruppen und Personen zwar ihr Wissen und ihre Erfahrungen (zum Beispiel über ungerechte Behandlung) äußern können, aber von anderen (dominanten)

Gruppen und Personen ignoriert werden. Betz und Bollig (2024, S. 15) bringen dazu folgendes Beispiel: „So wird die Fridays-for-Future-Bewegung junger Menschen – als Hauptbetroffene rücksichtsloser Zukunftspolitik – häufig im politischen Diskurs nicht ernstgenommen (‚Die sollen das den Experten überlassen.')."

Hermeneutische Ungerechtigkeit bedeutet also, dass Personen oder Gruppierungen aufgrund von Vorurteilen und ungerechten gesellschaftlichen Strukturen nicht befähigt oder daran gehindert werden, ihre Erfahrungen und ihr Wissen selbst zu benennen und zu verstehen und/oder dieses öffentlich auszudrücken und dann mit diesen Anliegen berücksichtigt zu werden. Zudem kann aus dieser strukturellen Ungerechtigkeit folgen, dass dominanten Personen und Gruppierungen in solchen Fällen selbst das Vokabular fehlt, um die Erfahrung der Randständigen oder Ausgegrenzten zu verstehen; das wird jedoch nicht als Mangel erlebt, sondern fällt überhaupt nicht auf. Wenn die Artikulationsweisen der Randständigen nicht in der Sprache der Mächtigen formuliert sind, werden sie durch diese überhaupt nicht als relevant wahrgenommen und einbezogen. Das kann zur Folge haben, dass Personen von sich aus schweigen, wenn sie schon häufiger erlebt haben, dass Zuhörende ihnen nicht die erforderliche Aufmerksamkeit schenken.

Verschärfend kann es sich auswirken, wenn für manche Personen und Gruppierungen noch eine Überkreuzung oder Verschränkung von mehreren Vorurteilskonstruktionen und Lebensverhältnissen von Ungleichheit eintritt. Solche, sich verstärkenden Kombinationen von Ungleichheit und Ungerechtigkeit bezeichnet man fachlich als *Intersektionalität*, vom amerikanischen Wort ‚intersection', Kreuzung. So können sich zum Beispiel bei Kindern, Unglaubwürdigkeitsunterstellung und Ausgrenzung aus gemeinsamer Kommunikation aufgrund von Alter kombinieren mit Vorurteilen gegenüber der Herkunft aus einer bestimmten Ethnie.

3.2 Epistemische Ungerechtigkeit in der Jugendsozialarbeit

Es ist davon auszugehen, dass auch viele teilnehmende Jugendliche in der JSA von Formen epistemischer Ungerechtigkeit betroffen sind. Verschiedene Vorurteilskonstruktionen treffen dann ggf. zusammen. Zum einen wird ihnen als Jugendlichen häufig nicht zugetraut, ihre persönlichen und gesellschaftlichen Erfahrungen selbst zu verstehen und angemessen artikulieren zu können. Wie oben beschrieben, wird oft davon ausgegangen, dass sie nur von starken Emotionen getrieben sind und ein Übergang in eine vernünftige Argumentation damit nicht möglich sei. Dem zugrunde liegt die Unterstellung, dass Kinder und Jugendliche aufgrund ihres ‚Alters und ihrer Reife' (Art. 12 der UN Kinderrechte) noch nicht angemessen in der Lage wären, sich eine eigene Meinung zu bilden und diese eigenständig zu vertreten und in Auseinandersetzungen einzubringen.

Zudem werden die Formen, in denen sich Kinder/Jugendliche artikulieren, von dominierenden Fachkräften und Institutionen häufig nicht verstanden und/ oder als relevant für Kommunikation anerkannt. Unverständnis von nonverbalen Äußerungen, Jugendslang, Szenesprachen, intensiven Emotionen, hybridem Sprechen (etwa ein jugendkulturelles Mischen von Deutsch und Türkisch), Verwendung von Fremdsprachen und nicht zuletzt Schweigen werden dann von Fachkräften nicht als eigenes Unverständnis reflektiert, sondern als Unfähigkeit des jugendlichen Gegenübers.

Die Teilnehmer:innen in der JSA haben häufig schon eine Geschichte als Klient:innen der Sozialen Arbeit hinter sich. Schulprobleme, Schwierigkeiten in und mit der Familie, gesundheitliche und psychosoziale Probleme, gelegentlich Drogengebrauch und Kleinstkriminalität etc. werden durch Dienste und Institutionen bearbeitet. Deren (bürokratischen) Handlungsmuster, ihre Diagnosen und Zugriffe ‚konstruieren' das Leben solcher Jugendlicher zu einem ‚Fall'. In ihrer Biografie sind dann häufig bereits zahlreiche Urteile über sie gefällt worden, die sich zu einer Zuschreibung als Problemfall verdichten. Solche (Vor-)Urteile lauten dann etwa: verhaltensoriginell, schulmüde, unmotiviert, lerngestört, sozial auffällig, hyperaktiv und sogar gefährdet und gefährdend.

Vorurteilsstrukturen und daraus folgende Minderungen der Beteiligung können sich auch bei Adressat:innen in der JSA intersektional überkreuzen und gegenseitig verschärfen. Die Unterstellung mangelnder epistemischer Fähigkeiten aufgrund des Alters kann sich bei machen Jugendlichen überlagern mit Vorurteilen gegenüber ihrem Geschlecht, ihrer sozialen Klasse, ihrer ethnischen Herkunft, ihrer Gesundheit etc. Beispielsweise wird bestimmten Ethnien und Geschlechtern ein Ausgeliefertsein an ihre Emotionen unterstellt, das ihre Chancen mindert, sich in vernünftige Debatten einzubringen. Jugendlichen wird ‚mangelnde Erfahrung' unterstellt und damit eine kompetente Beteiligung bei der Klärung von Entscheidungsvarianten in Partizipationsprozessen abgesprochen, als ‚Schulversager:innen' werden ihnen leicht mangelnde kognitive Fähigkeiten oder Lernbehinderungen zugeschrieben. Weitere Überkreuzungen entstehen etwa bei der Diagnostizierung als ‚Schulversager:innen', wenn sie mit Vorurteilen gegenüber Familien in Armut zusammenkommen. Vorurteile zur Armut können sich überschneiden mit Unterstellungen gegenüber Gesundheits- bzw. Ernährungsverhalten („Unterschichtsangehörige sind dick und dumm!").

Formen testimonialer Ungerechtigkeit (man glaubt ihren Aussagen nicht) können sich bei Jugendlichen überlagern mit hermeneutischer Ungerechtigkeit (man hält sie nicht für erkenntnis- und verständigungsfähig) und testimonialem Abwürgen (‚smothering'), die im Schweigen oder angepassten Sprechen der Betroffenen enden. Das Problem des Schweigens und des ‚zum Schweigen gebracht Werdens' wird unten noch näher erläutert. Besonders perfide wird es, wenn den Betroffenen sogleich die Verantwortung für Folgen solcher Ungerechtigkeiten als Schuld, Unfähigkeit oder gar Unwille zugeschrieben wird. Tatsächlich handelt es sich dann jedoch oft nicht um Versagen oder Unvermögen der Individuen, sondern um Folgen struktureller Ungerechtigkeit, die ihnen durch andere in den Strukturen gesellschaftlicher Vorurteile widerfahren.

So ‚zum Schweigen gebrachte' Jugendliche mussten zumeist vielfach erleben, dass ihre Sicht auf die eigene Lebensgeschichte, ihre Erfahrungen, Wahrnehmungsweisen und Geltungsregeln in der Kinder- und Jugendhilfe und in der Schule regelhaft ignoriert, nicht als sinnvoll aufgenommen und/oder mit Fachsprache überformt und delegitimiert wurden. Das kann so weit gehen, dass Jugendliche ihre eigene Geschichte als Echo der Fachsprache erzählen oder ganz schweigen. So werden sie von ihrer Biografie und ihren darin enthaltenen ethischen Gefühlen und Orientierungen (wie sie oben mit Taylor erläutert wurde) entfremdet und diese können als Quelle der Identität, des Wissens und Erkennens versiegen. Betroffenen wird ‚die Stimme genommen', und das kann zu Zweifeln an der eigenen Erfahrung und Artikulationsfähigkeit führen. Selbstbewusstsein und Selbstbestimmung werden dadurch vermindert und Chancen der Erfahrung von Selbstwirksamkeit eingeschränkt oder genommen. Epistemische Ungerechtigkeit kann so Folgen für eine gerechte demokratische Partizipation der Betroffenen haben. Das geschieht, wenn ihre Chancen, ihre Position gleichberechtigt und gleichrangig in institutionelle gesellschaftliche Diskussionen und Entscheidungen wirkungsvoll einzubringen, eingeschränkt werden oder gar nicht bestehen. Auch das Gemeinwesen oder die Gesellschaft werden durch solche Prozesse in gewisser Weise beschädigt, weil aufgrund epistemischer Ungerechtigkeiten Wissen und Positionen von Menschen und Gruppierungen nicht einfließen und so komplexe Diskurse und Erkenntnisgewinnung ebenso behindern werden.

Man kann vermuten, dass jugendliche Adressat:innen der Jugendsozialarbeit

- bereits in Institutionen und Diensten Erfahrungen mit epistemischen Ungerechtigkeiten (und ihrer Überlagerung) gemacht haben und
- anderseits in Schule, Familie, sozialen Herkunftsmilieus und Peergroups wenig Möglichkeiten hatten, ihre Stimme in die demokratische Aushandlungen mit anderen einzubringen und
- wahrscheinlich selten berechtigt mitentscheiden durften.

Das hat zur Folge, dass sie misstrauisch sind, ob ihnen tatsächlich in sozialpädagogischen Prozessen Mündigkeit, eigenes Wissen, Erkenntnis- und Mitsprachefähigkeit zugetraut werden. Sie sind dann oft zunächst sehr vorsichtig und prüfen, wie weit die angebliche Anerkennung als berechtigte Mitsprechende und Mitentscheidende tatsächlich reicht. Die Prüfung erfolgt manchmal durch Schweigen, durch zurückhaltende Aussagen oder aber durch besonders provokante. Klar, dass solchem Handeln keinesfalls erneut epistemische Unfähigkeit, Unlust oder Verweigerung unterstellt werden dürfen, wenn man den Jugendlichen eine demokratische Partizipation eröffnen will. Im Kapitel zu den sozialpädagogischen Umgangsweisen mit Emotionen (und den Folgen epistemischer Ungerechtigkeit) werde ich darauf zurückkommen.

Exkurs: Jugendsozialarbeit zwischen Vulnerabilität der Jugendlichen und ihrer Mündigkeit

In diesem Kapitel ist noch einmal deutlich geworden, welchen Belastungen benachteiligte Jugendliche, die an der JSA teilnehmen, oft ausgesetzt sind. Nicht nur die grundsätzlichen Krisen der Jugendphase bzw. Pubertät werden wirksam, sondern es sind die vielfältigen, sich überkreuzenden prekären Lebenslagen, die für viele dieser Jugendlichen wirksam werden. Häufig hat das negative Folgen für ihr Selbstwertgefühl, ihre Selbstwirksamkeitserwartungen und ihre soziale Handlungsfähigkeit. Gerade die Kombination oder auch Häufung von Problemlagen mindert oft ihre Fähigkeit, sie zu bewältigen. Oft sind benachteiligte Jugendliche deshalb besonders vulnerabel, also verletzlich und schwach. Das sind sie nicht nur ganz allgemein als Menschen, sondern erst recht durch ihre riskanten Lebensbedingungen. Es ist die Aufgabe der JSA, solchen Jugendlichen Schutz und Unterstützung anzubieten. Entsprechend haben in unseren Projekten zur Demokratiebildung die beteiligten Fachkräfte oft betont, dass sie besonders auf die Stärkung der Jugendlichen zielen und nicht so sehr auf deren formale Integration in Schule oder Beruf. Das bedeutet dann aber auch, die Belastungen und Verletzbarkeit der Jugendlichen im Einzelnen genau mit ihnen zu analysieren und die für sie passenden Wege von Schutz und Förderung zu entwickeln.

Konzentriert man sich zu sehr auf die unabweisbare Vulnerabilität der benachteiligten Jugendlichen, entsteht allerdings das Risiko, dass man sie zu Objekten von Hilfe macht. Frühauf und Kessl (2020) analysieren dieses Problem in Bezug auf die Vulnerabilität von Kindern, das Argument kann aber sehr wohl in Bezug auf benachteiligte Jugendliche übersetzt werden: „Denn geht man davon aus, dass Kinder sich per se in einer Position der Schwäche befinden, folg daraus logisch, dass sich die für ihr Aufwachsen verantwortlichen Personen ebenso grundlegend in einer Position der Stärke befinden. Sie verfügen in dieser Logik per se über die Entscheidungshoheit in sozialen Interaktionen und Konstellationen mit Kindern, stellen aber auch die Adressat_innen jeder Form der politischen und kulturellen Anrufung dar, was die Umsetzung von Kinderschutzzielen angeht. (Menschen-) Rechtstheoretisch lässt sich dagegen einwenden: Kinder geraten in solchen verkürzten Vulnerabilitätskonzepten nur als zu *berücksichtigende*, nicht als *anzuerkennende* Akteur_innen in den Blick […]: Kinder anzuerkennen würde ihnen keine konstitutive Position der Schwäche zuweisen, sie nur zu berücksichtigen, lässt Kinder dagegen in einer scheinbar vorgegebenen Position der Schwäche“ (Frühauf/Kessl 2020, S. 246).
In dem Zitat wird schon klar ein Bezug zu einem demokratieorientierten Blick auf Vulnerabilität deutlich. Beschreibt man die Adressat:innen strukturell als schwach, reduziert man ihre Möglichkeit der Mitentscheidung. Die Vulnerabilität der Adressat:innen

von Jugendsozialarbeit kann nicht ignoriert werden, aber ihre spezifischen Belastungen dürfen sich nicht so auswirken, dass ihre Chancen auf Selbst- und Mitbestimmung gemindert werden. Die hier vertretene Position der Demokratiebildung geht davon aus, dass Kinder und Jugendliche wie alle Menschen mündig sind. Das bedeutet in unserem Sinne, dass sie die Angelegenheiten, von denen sie betroffen sind, mit den anderen Beteiligten aushandeln können. Das darf andersherum nicht dazu führen, sie ausschließlich als stark und selbstvertretungsfähig zu adressieren. Sowohl die Vulnerabilität muss beachtet werden, als auch die Mündigkeit. Das kann letztendlich nur im Einzelfall geschehen. Es ist die Aufgabe der Fachkräfte, im Dialog mit den Jugendlichen sowohl Antworten auf ihre Schwäche zu finden, als auch ihre demokratische Mitsprache zu stärken. Ihr Recht auf Selbstbestimmung der eigenen Angelegenheiten, d.h. also auch der Bearbeitung ihrer Schwierigkeiten und Verletzbarkeit muss kombiniert werden mit ihrem Recht auf Mitbestimmung an den Regelungen der Lebensführung in der Einrichtung.

3.3 Schweigen in Prozessen demokratischer Partizipation

Demokratie beginnt damit, dass Menschen sich aus ihrer Privatheit herausbewegen und sich öffentlich mit den Angeleigenheiten, die sie betreffen, gegenüber anderen artikulieren und so kollektive Auseinandersetzungen über das benannte Thema starten. Oder man klinkt sich mit eigenen Äußerungen in Debatten zu Themen ein, die einen betreffen. Was aber, wenn diese Einstiegshürde, sich und sein Anliegen irgendwie auszusprechen, zu zeigen oder zu veröffentlichen zu hoch ist? Wenn alles auf Artikulation ankommt, wären Jugendlich, die schweigen, schon ausgegrenzt. Deshalb ist es demokratiepädagogisch nötig, sich das Problem das Schweigens klarzumachen, es zumindest ansatzweise auf mögliche Ursachen hin zu analysieren und Möglichkeiten eines Umgangs damit zu entwickeln. Dabei stellt sich die Frage, wie man auch schweigende Jugendliche in demokratische Partizipation integrieren kann. Dazu muss man sich allerdings zunächst genauer ansehen, was Schweigen bedeutet und wie es – gerade in pädagogischen Beziehungen und Organisationen – erzeugt wird. Dabei wird deutlich, dass Schweigen ein sehr komplexes Phänomen ist, das vielfältig in Erziehung und Bildung auftritt (vgl. Geiss/Magyar-Haas 2015) und sich hier nicht umfassend analysieren lässt. Ich möchte deshalb eher exemplarisch auf einige wichtige Phänomene des Schweigens in pädagogischen Einrichtungen verweisen, die demokratische Partizipation be- oder verhindern.

Schweigen ist eine Weise zu kommunizieren, denn man kann nach Watzlawicks Grundsatz Nr. 1 „nicht nicht kommunizieren". Auch Schweigen teilt anderen etwas mit, auch wenn sie kaum Anhaltspunkte haben, um Botschaften bzw. Inhalte zu entschlüsseln. Schweigen in der Kommunikation hat sogar

Machtpotenziale, denn Schweigen kann andere verunsichern, desorientieren, abweisen, ignorieren usw. Es lässt das Gegenüber im Unklaren, weil er nicht weiß, was das Schweigen ausdrückt und wie es zustande gekommen ist.

Ein solche Irritation kann Reaktionen hervorrufen, die die demokratischen Beteiligungschancen mindert. So gibt es schon z. B. im römischen Recht die Regel: Qui tacet, consentiri videtur: Wer schweigt, von dem nimmt man an, er stimme zu (vgl. Assmann 2013, S. 51). Mit dieser Regel haben die Sprechenden (z. B. bei gemeinsamen Entscheidungen) das Problem für sich einfach gelöst, sie müssen sich keine Gedanken um die Schweigenden machen und sich nicht anstrengen, sie einzubeziehen. Es kann freilich auch zum Gegenteil kommen, wenn das Schweigen einiger die anderen Beteiligten so verunsichert, dass die Diskussions- und Entscheidungsprozesse nicht weitergehen, weil sie sich nicht trauen, ohne die Stillen weiterzumachen.

Wenn man in der pädagogischen Assistenz von Demokratiebildung Schweigen weder ignorieren, noch es übermächtig werden lassen will, sollte man sich zunächst auf die Suche nach möglichen Ursachen begeben. Wenn diese im Handeln der Sprechenden begründet liegen, kann man sie unter Umständen reduzieren oder aufheben.

So kann Schweigen durch Formen epistemischer Ungerechtigkeit ausgelöst werden. Dotson (2011, S. 244) spricht auf Englisch von „testimonial smothering", einem Unterdrücken oder Abwürgen von Aussagen. Erzwungenes Schweigen tritt z. B. ein, weil es den Schweigenden zu unsicher/riskant erscheint, sich gegenüber Zuhörer:innen zu offenbaren. Das kann eintreten, wenn Betroffene ihre eigenen Aussagen verkürzen oder unterlassen, um sicherzustellen, dass ihre Aussage nur Inhalte enthält, die das Publikum aufnehmen kann oder aufzunehmen gewillt ist, oder jemand redet den Zuhörenden nach dem Munde und hält dabei sein Wissen zurück. Die Potenziale des Wissens und der Aussagen der betroffenen Person(en) wird so stillgestellt oder komplett von ihren eigenen inhaltlichen Intentionen entkleidet. So haben Jugendliche als Schüler:innen vielleicht die Erfahrung gemacht, dass sie zunächst schweigen sollen, weil das Wissen bei den Lehrenden liegt und diese es ‚verkünden'. Im Weiteren haben dann eigene Äußerungen vielleicht eine Bewertung oder gar Abwertung erfahren, die später zögern lässt, sich frei zu äußern. Und nun sollen die Jugendlichen in Partizipationssettings nicht nur als Antwort auf (Lehrer:innen-)Fragen, sondern ‚frei' sprechen. Diese wechselnden oder gar widersprüchlichen Botschaften können irritieren und weiteres Schweigen auslösen.

Nicht immer aber können Menschen, auch Jugendliche, auf Verlangen sofort artikulieren, was sie beschäftigt und wie sie sich positionieren wollen. Die eigenen Hemmungen, sich öffentlich zu äußern, zu (er-)kennen und sich mit ihnen auseinanderzusetzen, ist eine sehr hohe Anforderung. Stattdessen wird eine Selbstklärung häufig erst durch eine vorsichtige resonanzgebende Kommunikation mit anderen möglich, in der sich die eigenen Gedanken und Positionen durch das Sprechen mit den anderen erst entwickeln. Eine solche sich gegenseitig unterstützende Artikulation, hat aber die Voraussetzung gegenseitiger Anerkennung und wohlwollender und geduldiger Entfaltung sprachlicher (Selbst-)Benennungen. Damit sind schon Anforderung an eine pädagogische Kommunikation formuliert, die Jugendliche unterstützen will, sich zu klären und einzubringen.

Stattdessen kennen Jugendliche aus pädagogischen Settings oft eine Art inquisitorische oder kriminalistische Befragung: Fachkräfte spielen sich zuweilen zu Anklägern und Detektiven auf, die das Recht und die ‚Aufklärung' auf ihrer Seite wähnen. Aus dieser Machtposition ‚feuern' sie Fragen ab, die Befragte in Widersprüche verwickeln und Geständnisse provozieren sollen. Wenn jedoch alles, was man sagt, gegen einen ausgelegt wird und sich andere der eigenen Aussagen bemächtigen, kann Schweigen eine wichtige Verteidigungsstrategie werden. Juristisch ist sie sogar als Recht zur Aussageverweigerung von Angeklagten und Familienmitgliedern gesichert. Es fragt sich allerdings, ob pädagogische Situationen, in denen solchen Befragungsstrategien angewendet werden, nicht eher Beziehung, Aushandlung und Gerechtigkeitssuche zerstören, als sie zu befördern.

Wenn Jugendliche mit Sozialpädagog:innen konfrontiert sind, die mit der institutionellen Macht ausgestattet sind, durch ihre Entscheidungen das Leben der betroffenen Jugendlichen stark zu beeinflussen, entstehen Risiken, dass Jugendliche schweigen. Sie fürchten ggf., dass ihre Aussagen und Positionen gar nicht gehört werden, nicht verstanden oder gar als Widerstand gedeutet werden. „Man sagt dann bestimmte Dinge gar nicht erst mehr, weil mit Verstehen ohnehin nicht mehr zu rechnen ist" (Hahn 2013, S. 41). Schnell kann es dazu kommen, dass institutionelle Handlungslogiken und -zwänge (z. B. begrenzte Finanzmittel, Arbeits- und Leistungsdruck, Machtausübung anderer Professionen) dazu führen, dass Aussagen von Jugendlichen als Störung oder Renitenz wahrgenommen und be- und verhindert werden – Schweigen kann die Folge sein.

Das Phänomen des ‚Abwürgens' tritt auch ein, wenn Professionelle die Aussagen von Jugendlichen mithilfe unverständlicher Fachsprache in Diagnosen verwandeln, die Situationen und Handeln von einzelnen Menschen nur ihren verfügbaren fachlichen Kategorien unterordnen. Sie suchen dann ausschließlich danach, ‚Symptome' oder ‚Indizien' zu entdecken, die eine solche Einordnung zulassen. Wenn so die individuelle Perspektive, das persönliche Wissen und der Eigensinn ignoriert und/oder manipulativ entfremdet werden, ist es naheliegend zu schweigen. Das tun Betroffene, wenn sie wahrnehmen, dass sie keine Chance auf eine faire gegenseitige Verständigung bekommen, wenn man sie also gar nicht hören will. Gerade Diagnostik kann zur ‚üblen Nachrede' (Kunstreich et al. 2004) pervertieren, wenn das Wissen, die persönlichen Relevanzen und Logiken der Betroffen nicht aufgenommen werden. Solche Verletzungen der Integrität und der Bedeutung des persönlichen Wissens kann auch zu einem trotzigen Schweigen führen und nochmal verhärtend pädagogisch beantwortet werden, wenn genau das den Schweigenden dann vorgeworfen wird.

Die beispielhaft genannten Formen des ‚Abwürgens' von Aussagen gehen von den Fachkräften aus. Angesichts von Schweigen können sie reflektieren, ob und wie es durch ihr Handeln verursacht wurde. In bestimmten Fällen kann hier allerdings das Problem entstehen, dass die soziale Dynamik in der Organisation selbst die Fachkräfte in Schweigen verstrickt. Das wird z. B. in Fällen deutlich, in denen sexualisierte Gewalt in Einrichtungen nicht thematisiert wird. Das kann eintreten, wenn dafür gar keine Sprache zur Verfügung steht, sich Fachkräfte und Leitungen ‚gar nicht vorstellen können', dass solches Unrecht von Kolleg:innen ausgeht, die sie kennen und mit denen sie gut zusammenarbeiten (vgl. Wittfeld 2024, S. 378). Oder es wird angesichts von Missbrauchsvorwürfen die institutionelle Selbstsicherung so stark, „dass die Mitarbeiter*innen der Institutionen durch Dethematisierungen einen Selbstschutz aufbauen, der ‚gegen Fragen und Nachforschungen schützen soll, die zu einer öffentlichen Thematisierung der Gewalt führen könnten.'" (Lorenz 2020, S. 66 zit. nach Wittfeld 2024, S. 68).

Wittfeld verweist darauf, dass zwischen dem Bereich des überhaupt (nicht) Ausdrückbaren und dem Kommunizierbaren ein „Reich der Geheimnisse" (Assmann/Assmann 2013, S. 11 zit. nach ebd.) entstehen kann. Solche Geheimnisstrukturen behindern und verhindern eine Thematisierung von Gewalt und Unrechtsverhältnissen in den Einrichtungen. Das beschädigt besonders die Opfer, deren Leid keine Benennung erfahren kann und damit keine Gerechtigkeit. Aber es beschädigt auch die Fachkräfte in ihrer Professionalität, wenn die für die Sicherung des Wohls der Kinder und Jugendlichen zentralen Gefährdungen nicht offen thematisiert und verhindert werden können. Zudem wird die demokratische Öffentlichkeit in ihrer Aufgabe auch der reflexiven *Kontrolle* der gemeinsamen Lebensführung behindert, weil wichtige soziale Verhältnisse nicht zu einem kollektiven Konflikt gemacht werden können und (einzelne) Betroffene im Gemeinwesen starke psychosoziale Schädigungen erleiden müssen. Geheimnisstrukturen und Schweigen zeigen so ihre umfassende Destruktivität, und die demokratische Offenlegung von gewaltsamen und ungerechten Verhältnissen in den Einrichtungen muss dagegen angehen.

Geheimnisstrukturen kann es auch innerhalb der jugendlichen Peergroups geben. Die starke Normierung, die von den Gleichaltrigen-Cliquen ausgeht, kann für Mitglieder eine starke Anpassung an deren Denk- und Handlungsvorschriften mit sich bringen. Daraus kann Schweigen entstehen, wenn Geheimnisse der Gruppe durch Drohung mit Bestrafung und Ausschluss aus der Gruppe gesichert werden. Hier können sich auch Dynamiken zwischen jugendlichen Peergroups und Teams von Fachkräften aufschaukeln, besonders wenn Fachkräfte Jugendliche stark disziplinieren und unter Anpassungsdruck setzen. Das treibt die Jugendlichen in Geheimnisstrukturen, in denen sie Regelübertretungen (z. B. bei der Erfüllung von bestimmten Interessen und Bedürfnissen wie etwa dem Konsum von Alkohol und anderen Drogen) vor den Fachkräften geheim halten. Es ist offensichtlich, dass durch solche Verhältnisse die demokratische Aushandlung von Regeln und Konflikten blockiert wird. Solche Phänomene verweisen darauf, dass Schweigerordnungen meistens auch Machtordnungen sind, die der demokratischen Teilung der Macht widersprechen.

Gerade in pädagogischen Institutionen mit Zwangsverhältnissen, kann Schweigen eine Strategie sein, sich als Jugendlicher gegen die Übermächtigung zu wehren. Jugendliche können so versuchen, nicht durchschaut zu werden und sich möglicherweise – wenn auch nur minimale – Freiräume zu erhalten.

Zudem gibt es ein Schweigen, das auf den ersten Blick von Individuen auszugehen scheint, weil sie Scham empfinden, sich schuldig fühlen, verletzt oder traumatisiert wurden (vgl. A. Assmann 2013, S. 57). Die Schweigeursachen liegen in solchen Fällen also eher bei den Betroffenen, wenn auch die Reaktionen von Zuhörenden relevant dafür werden können, ob, wie und in welchem Umfang doch etwas zur Sprache kommen kann. Scham wird „als ein schmerzhaftes Gefühl definiert, dass eine umfassende negative Selbsteinschätzung aus der Perspektive anderer Menschen beinhaltet" (Schauer 2024, S. 243). Schamvoll von sich selbst anzunehmen, erwartete soziale Ansprüche nicht zu erfüllen, existiert nicht ohne einen sozialen Zusammenhang, in dem Erwartungen entstanden sind oder entstehen bzw. situativ aktiviert werden. Also muss man auch hier als Fachkraft das schamhafte Schweigen respektieren, aber durch Thematisierung alternativ möglicher, allgemeiner Werthaltungen versuchen, sie doch öffentlicher Kommunikation zu öffnen – besonders dann, wenn wichtige Anliegen der Individuen damit verbunden sind, die das Gemeinwesen betreffen. Denn dieses ist unweigerlich beteiligt: Schuld und Scham können nicht ohne Bezug auf Recht und Unrecht, gut und schlecht etc. empfunden werden, beziehen sich aber konkret auf ein kommunikatives Handeln, das von einzelnen Betroffenen ausging (wenn Schuld/Scham nicht phantasiert wurde). Eine pädagogische Einrichtung als demokratische Community wird versuchen, ein Einverständnis über Recht und Unrecht gemeinsam zu problematisieren und auszuhandeln. Das setzt voraus, dass Beschämungen vermindert oder gehindert werden (können) und der soziale Druck von Regeln und Werten kollektiv und öffentlich problematisiert werden kann.

Schweigen als das große Gegenüber demokratischer Artikulation und Diskussion verdient es also, gerade in pädagogischen Zusammenhängen genauer reflektiert zu werden (auch wenn es selbstverständlich ein demokratisches Recht bleibt). Es verweist ggf. eben auch auf Folgen sozialer Beziehungs- und Machtstrukturen, die nicht nur demokratische Auseinandersetzungen und Aushandlungsprozesse zunichtemachen können, sondern auch die Umsetzung sozialpädagogischer Aufträge zur Stärkung der Subjekte im Zusammenhang mit ihren sozialen Gemeinwesen in Einrichtung und Kommune schädigen können. Vorschläge zum Umgang mit Schweigen (in der JSA), die dieses wieder ignorieren noch brechen, werden im vierten Teil des Buches (zum Umgang mit Emotionen) noch unterbreitet.

4 Methodische Elemente eines pädagogischen Umgangs mit Emotionen in der Demokratiebildung

In den vorangehenden Kapiteln, ging es darum, ein tieferes Verständnis von Emotionen und ihrer sprachlich-kulturellen Entstehung anzubieten, die Ausgangspunkt von demokratischen Argumentationen werden. Die methodische Frage lautet also, wie man als Fachkraft Gefühle von Jugendlichen aufnehmen und mit ihnen gemeinsam in Argumentationen für demokratische Aushandlungsprozesse ‚verwandeln' kann. Im Folgenden werden dazu verschiedene Anregungen gegeben.

4.1 Containment: Gefühlen Raum, Halt und Worte geben

Wenn (auch) Gefühle der Jugendlichen und Mitarbeitenden das Ausgangsmaterial demokratischer Auseinandersetzungen in der JSA/Sozialpädagogik beinhalten, muss es im ersten Schritt darum gehen, wie diese Gefühle überhaupt einen sozialen Raum bekommen können, wie sie ernst genommen und so unterstützt werden, dass sie sich entfalten können.

Dazu kann man auf das psychoanalytische Konzept des ‚Containment' Bezug nehmen. Es wurde im Rahmen psychoanalytischer Pädagogik z. B. in der Kita (u. a. Eich 2016) verwendet. Ich orientiere mich auch an den Vorschlägen von Achim Schröder (Bimschas/Schröder 2003; Schröder 2021), wie Containment durch Fachkräfte in der Jugendarbeit praktiziert werden kann.

Den Begriff des Containments hat der englische Psychoanalytiker Wilfred R. Bion in seinem Buch „Lernen durch Erfahrung" von 1962 eingeführt. Containment beschreibt eine Tätigkeit der Mutter gegenüber ihrem Baby. Das Kleinstkind ist nach Bion von heftigen und diffusen Körpergefühlen betroffen (z. B. von Hunger, Blähungen, Kälte, Nässe), die so weit gehen können, dass es Todesangst bekomme. „Die unmittelbaren, konkretistischen Sinneseindrücke, mit denen das Kleinkind konfrontiert ist, […] sind ‚unverdaute Fakten' (Bion 1962/1992, S. 53), deren Bedeutung das Kind, das noch über keinen Verarbeitungsapparat verfügt, nicht erkennen kann" (Brunner 2011, S. 48). Eine Verarbeitung wird erst möglich durch die Hilfe der Mutter, die die beängstigenden Gefühle *aufnimmt.* Das tut sie körperlich durch das Halten des Kindes, und dann auch durch etwas, das Bion ‚Rêverie' (französisch: Träumerei) nennt, also eine Art träumerischer Ahnung darüber, was das Kind bewegt. Das ist kein ‚objektives' Wissen darüber, was genau das Kind beschäftigt und erst recht keine sofortige Abhilfe. Stattdessen geht es darum, die negativen Gefühle und Ängste des Kindes aushalten und aufnehmen zu können, um sie so dem Kind verarbeitet zurückzuerstatten. Dabei wird die Mutter auch körperliche Zeichen und sprachliche Symbole (Barrett würde sagen: Wörter, s. o.) verwenden, und so dem Kind helfen, die unvertrauten Gefühle zu verarbeiten. Das, was das Kind bedroht hat, was für es toxisch war, wird dem Kind in einer verwandelten, ‚verdaubaren' (wenngleich oft tentativen) Form zurückgegeben, sodass es zunehmend lernt, selbst darüber zu verfügen. Dieser aufnehmende, aber auch verwandelnde Fähigkeit bezeichnet Bion als Containment. „Unter Containment wird (...) die Fähigkeit der Mutter verstanden, die Affekte des Kindes – insbesondere die negativen – nicht nur zu verstehen und zu beantworten, sondern in ihrer Antwort gleichzeitig so zu verändern, daß sie für das Kind erträglicher werden." (Dornes 2001, S. 76). Nach Bion kann das Kind so zunehmend ‚Gedanken' entwickeln und, indem es seine Erfahrungen so verarbeitet, Denken lernen (vgl. Bion 1962/2002, S. 226). Durch die Unterstützung der Mutter kann das Kind lernen, Versagungen (etwa die nicht unmittelbare Lieferung von Essen) und die dadurch ausgelösten beunruhigenden Gefühle, auszuhalten. „Die Fähigkeit, Versagung zu ertragen, ermöglicht es somit der Psyche, Gedanken zu entwickeln, mittels welcher die tolerierte Versagung ihrerseits noch erträglicher gemacht wird" (a. a. O., S. 227). Die Mutter nimmt dem Kind die negativen Gefühle nicht weg, sondern erstattet sie ihm zurück, allerdings in einer symbolisierbaren, benennbaren Form, die es dem Kind ermöglicht, sie sich anzueignen. Die Traumatherapeutin Maggie Schauer (ihre Konzepte werden unten noch genauer aufgegriffen) fasst diesen Prozess so zusammen: „Kinder sind darauf angewiesen, dass ihre Bezugspersonen empathisch sind, die kindlichen Erfahrungen authentisch und wahrheitsgetreu verbalisieren und sich verlässlich, einfühlsam und zugewandt verhalten. Ihre Akzeptanz und Bestätigung der emotionalen und körperlichen Zustände ist der Schlüssel dafür, dass wir die eigenen emotionalen und körperlichen Zustände, aber auch die der anderen angemessen mentalisieren [d. h. bei sich und anderen das innere psychische Geschehen wahrnehmen zu können, BeSt] und Selbstakzeptanz entwickeln. Wenn Bezugspersonen die inneren und äußeren Geschehnisse adäquat zum Ausdruck bringen und mit dem Kind klären, wie das heißt, was es fühlt, und mit ihm darüber sprechen, warum es so fühlt, kann sich das Kind beruhigen, weil es versteht" (Schauer 2024, S. 187).

Die Fähigkeit der Mutter (heute würden wir diese auch anderen Bezugspersonen zusprechen) zum Containment sieht Bion als eine ‚Negative Capability'; es wird oft mit ‚negativer Fähigkeit' übersetzt, vielleicht besser jedoch: ‚Fähigkeit, Negatives auszuhalten'. Den Begriff übernimmt er von dem englischen Dichter John Keats, der 1817 schrieb „Negative Capability, that is, when a man is capable of being in uncertainties, mysteries, doubts, without any irritable reaching after fact and reason" (Keats 1817/1899). Meine Übersetzung: ‚Fähigkeit zum Negativen, das meint, wenn ein Mensch in der Lage ist, in Ungewissheiten, Rätseln und Zweifeln zu stecken, ohne gereizt nach Fakten und Vernunft zu greifen'. Damit wird noch einmal deutlich, dass es im Containment nicht um ein objektives Wissen der Mutter über das Kind geht, indem die Mutter es quasi besser versteht als es sich selbst, sondern um ihre Fähigkeit, negative Gefühle in sich und im

Kind aushalten zu können. So bekommen die ‚rohen, unverdauten' Gefühle eine sprachliche Form der Gedanken und des Denkens, die sozial entsteht. Sie führt nicht nur zu einer psychischen Stabilität der Person des Kindes, sondern auch zu seiner wachsenden Fähigkeit, sich mit anderen komplexer auszutauschen.

Was aber hat diese Theorie zur frühsten Kindheit mit Jugendlichen zu tun? Auf einer ganz anderen Entwicklungsebene, aber doch vergleichbar, hat die Jugendphase Ähnlichkeiten mit der frühen Kindheit. Auch sie ist gekennzeichnet durch starke Veränderungsprozesse und eine Verunsicherung der Person über eigene Gefühle, Identität und Handlungsmöglichkeiten. Ähnlich wie beim Baby, haben diese Prozesse auch eine stark körperliche Seite, die diffuse und verunsichernde Gefühle hervorruft: „Denn die Pubertät geht mit sichtbaren und unsichtbaren körperlichen Veränderungen einher, die mitunter irritierend sein können. Am und mit dem Körper werden gerade im Jugendalter Konflikte ausgetragen und bewältigt, Aggressionen ausgelebt und kanalisiert – sowohl gegen den eigenen Körper gerichtet (wie bei der Verweigerung von Nahrung oder dem absichtsvollen Zufügen von Schmerz) als auch gegenüber anderen Körpern (wie etwa bei aggressivem oder gewalttätigem Handeln) [...]. Nicht umsonst ist dieses Lebensalter auch als Krisenzeit bezeichnet worden" (Witte et al. 2021, S. 379). Anders als beim Baby, bei dem Containment die grundlegende Personalisierung fördert, sehen sich Jugendliche „mit der Doppelaufgabe der Identitätsbildung und der sozialen Integration konfrontiert" (Schulz 2010, S. 28). Erneut tritt eine Phase der Verunsicherung ein und es werden Gefühle neu- und weiterentwickelt. Die Prinzipien des Containments können Fachkräfte orientieren, wie sie Jugendliche dabei unterstützen können.

Wenn man diese Grundelemente auf ein Containment von Gefühlen in der JSA übertragen will, ergeben sich aus meiner Sicht eine Reihe von Handlungsmöglichkeiten. Dabei ist zu bedenken, dass die im Modell des Containments unterstellte Zweier-Situation von Mutter und Baby für eine Einrichtung der JSA und die Kommunikation übersetzt werden müssen. Wie kann also eine Einrichtung und die pädagogische Interaktion analoge Qualitäten des Containments von Gefühlen bereithalten, ohne im Mutter-Kind-Modell zu bleiben? Dazu werde ich im Folgenden einiges Vorschläge machen. Diese lassen sich nicht einzeln oder gar als Reihenfolge technisch anwenden, sondern bilden einen Zusammenhang von einzelnen Elementen.

4.2 Einander begrüßen

Das Konzept des Containing unterstellt eine schon gegebene intensive Kontaktsituation zwischen Mutter und Kind. Wenn Jugendliche jedoch (neu) in einer Einrichtung der Jugendsozialarbeit kommen, muss Kontakt und Kommunikation erst hergestellt werden. In den Einrichtungen leben und arbeiten viele Menschen mit unterschiedlichen Funktionen, und für einzelne Jugendliche ist bei Eintritt in die Einrichtung (besonders zu Beginn ihrer Maßnahme) unklar, wer und wo Personen sind, mit denen sie in Interaktion und Beziehungen kommen können. Das Betreten einer Einrichtung kann immer wieder ein verunsicherndes Moment mit sich bringen: Was wird dort mit mir geschehen, mit wem habe ich es zu tun und was kann ich dort mit wem tun, wird man mich respektieren und als Person anerkennen, wie gewinne ich Zugehörigkeit usw.? Für die Fachkräfte, die manchmal viele Jahre in einer Einrichtung arbeiten, zeigen sich diese Gefühle nicht mehr so stark, weil sie vertraute Beziehungen und Handlungsroutinen entwickelt haben. Für Jugendliche kann allerdings jeden Tag neu auf dem Spiel stehen, wer sie mit wem sein können. Das gilt besonders, weil sie in einer Einrichtung der JSA auf viele unterschiedliche Menschen treffen, und Differenz bringt immer auch Unsicherheiten und die Notwendigkeit gegenseitiger Orientierung mit sich. Gerade (benachteiligte) Jugendliche sind sich oft ihrer Person unsicher, ebenso wie der Handlungsweisen, die sowohl für sie selbst passend, als auch für andere angemessen sind. Es stellt sich für solche Jugendliche die Frage, ob sie in ihrer Unterschiedlichkeit anerkannt, in das Kollektiv einbezogen und mit ihrer eigenen Stimme gehört und berücksichtigt werden.

Die amerikanische Politikwissenschaftlerin Iris Marion Young hat ein Konzept inklusiver Demokratie entworfen, das verhindern will, dass aus der Unterschiedlichkeit der Mitglieder einer Entscheidungsgemeinschaft Ungerechtigkeit gegenüber manchen Mitgliedern wird. Das kann passieren, indem bestimmte Personen oder Gruppierungen in demokratischen Entscheidungsfindungen an den Rand geraten, nicht gehört oder ausgeschlossen werden. Als erstes Element einer inkludierenden demokratischen Partizipation schlägt sie „Greeting, or public acknowledgment" (Young 2002, S. 57), also „Begrüßung bzw. öffentliche Anerkennung", vor. Es geht darum, dass Teilnehmende an einer demokratischen Öffentlichkeit, in der viele unterschiedliche Menschen aufeinandertreffen, einander zunächst einmal gegenseitig anerkennend zur Kenntnis nehmen und begrüßen. Sie versichern sich damit im besten Fall gegenseitig, dass sie sich als unterschiedliche, aber doch gleichberechtigte Mitglieder der demokratischen Diskussion und Entscheidungsfindung in ihrer jeweiligen Besonderheit respektieren. Nach Young (a. a. O., S. 58) sind das tatsächlich erst einmal ganz einfach alltägliche Begrüßungen und Verabschiedungen, indem man sich guten Tag wünscht, mit Namen anspricht, sich die Hand gibt oder umarmt, ein bisschen Small Talk macht. Bei Versammlungen gehört auch dazu, dass es Essen und Getränke gibt. Noch bevor es um Inhalte geht, finden Begrüßungsgesten statt, mit denen sich der:die Sprechende dem Gegenüber öffnet und signalisiert „Hier bin ich." und „Ich sehe dich". Young schreibt „Sich begrüßen […] ist der kommunikative Moment, in dem man das Risiko des Vertrauens auf sich nimmt, um eine Vertrauensbindung zu erzeugen und zu erhalten, die notwendig ist, um eine Diskussion über die Inhalte aufrechtzuerhalten, die uns zusammen betreffen" (ebd., meine Übersetzung).

Die Begrüßung, willkommen geheißen zu werden und damit die basale Anerkennung als bedeutsames Gegenüber, sind also keineswegs trivial, weder für eine inklusive Demokratie, noch für deren Umsetzung in der JSA. Wer das übernehmen will, macht sich diese Wichtigkeit von Begrüßungen deutlich und überlegt, wie diese in der eigenen Einrichtung bewusst als Ritual inszeniert und gewährleistet werden können. Zum Beispiel hatte der Jugendarbeitskollege Michael Trödel vor Jahren in dem von ihm geleiteten Jugendhaus ‚Hanning' in Bielefeld den ‚Hanning-Handschlag' als Qualitätskriterium eingeführt. Gerade angesichts der oft diffusen, verunsichernden Eintrittssituationen in der Offenen Jugendarbeit hat das Team sich genau überlegt, welche Qualitätsansprüche der Begrüßung es an sich selbst stellen wollte. Ähnliches kann auch in der JSA eingeübt werden. Und wenn die Fachkräfte Begrüßung als ein Signal des gegenseitigen Erkennens und Anerkennens ernst nehmen und praktizieren, werden die Jugendlichen das auch übernehmen. Die Bedeutung solcher alltäglichen Signale gegenseitiger Anerkennung als Mitmenschen und Mitdemokraten sollte also nicht unterschätzt werden.

4.3 Einander anerkennen

Anerkennung ist leicht gefordert, aber nicht leicht gemacht. So konstatieren Göbel et al. (2018, S. 151, mit Bezug auf Bedorf 2010), dass Anerkennung „erst in Interaktionen hergestellt wird – jemand muss als jemand oder etwas anerkannt werden, und dies sei ein prinzipiell nicht abschließbarer Prozess. Dabei ist zu berücksichtigen, dass der ‚Andere' mit seinen Gefühlen ein Stück weit unverfügbar ist – wäre er ‚genau wie wir', wären keine Anerkennungsprozesse notwendig." Zugespitzt gesagt: Anerkennung macht ‚den Anderen' uns weder gleich, noch gefügig. Anerkennung muss in Gegenseitigkeit errungen werden. Die Anstrengungen von Differenten, sich gegenseitig als Personen und als gleichberechtigt Mitentscheidende anzuerkennen, wird deshalb als „Kampf um Anerkennung" (Honneth 1992) beschrieben. Burkhard Müller (2003, S. 242 f.) weist für die Jugendarbeit darauf hin (und das lässt sich hier auf die JSA übertragen), dass solche unvermeidbaren Kämpfe um Anerkennung eine konflikthafte, gemeinsame Herstellung von sozialen Räumen, inklusive der dafür notwendigen sozialen Regeln, bedeuten. Anerkennung ist ein zentrales Moment, um demokratische Aushandlungsprozesse zu ermöglichen; sie ist Voraussetzung solche Diskurse, wird durch diese aber auch befördert.

Damit wird auch deutlich, dass Anerkennung nicht ‚technisch' hergestellt werden kann. Anerkennung ist keine sozialpädagogische Methode, die wie eine Sozialtechnologie angewendet werden kann. Wenn Fachkräfte meinen, Jugendliche mit Anerkennung manipulieren zu können, erzeugen sie eine „Verdinglichung" (Honneth 2005), sie behandeln die eigenen Gefühle und die der Jugendlichen als etwas, das trickreich verändert und mit sozialen Selbsttechnologien angepasst werden kann. Gefühle in Beziehungsinteraktionen überkommen Fachkräfte und Jugendliche unmittelbar (vgl. Göbel et al. 2018, S. 152). Das bedeutet nicht, dass die Personen ihnen damit ausgeliefert sind, denn man kann sich Gefühle selbst und gegenseitig bewusst machen und für alle Beteiligten gute und passende Umgangsweisen mit ihren Gefühlen finden. „Kern pädagogischer Interaktionen ist [es], sie in einen interpersonalen Zusammenhang zu bringen, zu Kontext zu realisieren und mit den Gefühlen und Positionen anderer zu vermitteln" (ebd.). Wie ein anerkennender, sich gegenseitig nicht verdinglichender Umgang mit Gefühlen in demokratischer Partizipation aussehen kann, versuche ich im Weiteren zu operationalisieren.

4.4 Räume des Willkommens und der Sicherheit gestalten

Überträgt man das ‚körperliche Halten' des von diffusen Gefühlen umgetrieben Kindes auf ein institutionelles Setting der JSA, kommt mir als erstes die Raumgestaltung in den Sinn.

Es geht darum, die Räume der Einrichtung, welche die Jugendlichen nutzen, so zu gestalten, dass sich die Jugendlichen willkommen geheißen fühlen. Gerade Jugendwerkstätten sind häufig durch die Raumlogik der jeweiligen Gewerke dominiert. In Werkstätten gibt es zwar meistens eine Art Pausenecke, aber es fragt sich, ob diese jugendkulturell ansprechend und gemütlich gestaltet ist. Wenn ich eine Einrichtung der JSA betrete, frage ich mich immer, wie schon der Eingangsbereich ein Signal an die Jugendlichen sendet. Manchmal sind die Eingangsbereiche sehr sachlich kühl, fast wie Verwaltungen eingerichtet; andere demonstrieren eher die Interessen der Mitarbeitenden. Es geht auch anders: In der Jugendwerkstatt Ehrenfeld in Köln liegt z. B. rechter Hand sofort nach dem Haupteingang eine Gemeinschaftsküche mit großem Esstisch, die mit den Jugendlichen zusammen gestaltet wurde. Auf der linken Seite gibt es einen Jugendfreizeitraum, der ähnlich wie ein Jugendzentrum wirkt. Im Berufsorientierungszentrum Ahaus haben die Jugendlichen eine gemütlichere Sitzecke in der Jugendwerkstatt eingefordert, partizipativ geplant und eingerichtet. Den Jugendlichen sollte also schon räumlich deutlich werden, dass es in der Einrichtung um sie geht, dass sie hier einen Ort haben, der ihre Interessen und Gefühle ernst nimmt und berücksichtigt, z. B. auch über jugendkulturelle Einrichtungselemente. Sie müssen das Gefühl bekommen: „Hier bist du richtig, hier bist du wichtig!" (wie es im Lied des Videos zum Konzept „Die Kinderstube der Demokratie" heißt https://www.youtube.com/watch?v=vnelHg6c6dU).

Auch wenn die materielle Gestaltung von Räumen des Willkommens wichtig ist, so leben diese jedoch nur über eine soziale Praxis. Gerade im Blick auf benachteiligte, diskriminierte und ausgegrenzte Gruppierungen gibt es schon lange eine Diskussion, wie für diese ‚Safe Spaces', also sichere Orte in Institutionen geschaffen werden können. Oft wird folgende Definition der amerikanischen Organisation ‚Advocates for Youth' zitiert, um zu verdeutlichen, was solche sicheren Orte ausmacht: „Ein Platz, wo alle sich entspannen und sie selbst sein können, ohne Angst, sich unkomfortabel, unwillkommen oder bedroht zu fühlen, aufgrund ihres biologischen Geschlechts, race/Ethnizität, sexueller Orientierung, Geschlechtsidentität, kulturellem Hintergrund, Alters oder physischer oder geistigen Fähigkeiten; ein Platz[,] wo [...] die Regeln den Selbstrespekt und [die] Würde einer jeden Person schützen und alle ermutigen, sich gegenseitig zu respektieren" (H. Hansen 2012, o. S.). In pädagogischen Settings geht es nicht einfach nur um einen Schutzraum, in dem alle Risiken ausgeschlossen sind, sondern darum, sich positiv als Person in ihrer Besonderheit anerkannt zu erfahren, sich offen bilden zu können, sich frei auszudrücken und mit anderen zusammen die gemeinsamen Angelegenheiten zu bestimmen. Dieses Konzept entspricht der Vorstellung einer inklusiven Demokratie, wie sie auch Iris Marion Young eingeführt hat, und wie ich sie in meinen Hinweisen auf die Risiken von Ausgrenzungen und epistemischer Ungerechtigkeit oben formuliert habe.

Sichere Räume für alle Betroffenen in einer Einrichtung zu erzeugen, ist eine sozialpädagogische Grundaufgabe. Demokratische Partizipation ist dabei eine zentrale Methode, um sichere Räume herzustellen. Alle unterschiedlichen Jugendlichen, Erwachsene und Gruppierungen müssen in Einrichtungen der JSA befragt werden, was sie benötigen, um ‚entspannt und sie selbst sein zu können' und sich ohne Angst in das gemeinsame Handeln und besonders in die demokratischen Prozesse einbringen zu können. Eine solche Befragung muss selbst wieder so geschehen, dass alle Betroffenen sicher an ihr teilnehmen können, ohne fürchten zu müssen, lächerlich gemacht, ignoriert oder ausgeschlossen zu werden. Aus den Ergebnissen sind Konsequenzen zu ziehen, wie man zusammen die sozialen Räume der Einrichtung differenzgerecht, sicher und demokratisch für alle Beteiligten gestaltet.

4.5 Einander ansehen

Wenn Jugendliche (starke) Gefühle zeigen, ist vielleicht die erste anerkennende Antwort darauf eine körperliche. Noch bevor es um Worte geht, kommt es darauf an, wie Fachkräfte Jugendliche ansehen und wie sie mit körperlichen Haltungen und Gesten auf sie antworten. Manchmal entscheidet sich der Kontakt schon in den ersten Sekunden, und Jugendliche nehmen sehr sensibel wahr, ob und wie Fachkräfte sie *sehen*. Blicke und Gesten können Offenheit und Anerkennung für den anderen ausdrücken, können zeigen, dass man sie/ihn sieht und ernst nimmt, und bereit ist, ihre/seine Gefühle aufzunehmen. Blicke und Gesten können aber auch Angst und Unsicherheit vermitteln, den Wunsch, der Situation zu entgehen und die Konfrontation mit starken Gefühlen zu vermeiden. Sie können im schlimmsten Fall eine kalte, diagnostische Haltung von Fachkräften demonstrieren, die das Gegenüber abschätzt und letztlich missachtet. Blicke und Gesten können Desinteresse und Ignoranz ausstrahlen, oder sie können Anerkennung vermitteln und Kommunikation öffnen. Immer sind dabei Gefühle verkörpert. Sie werden körperlich über Blickkontakt, Gesichtsausdruck, Stimme, Gesten und Berührungen transportiert. Es kommt zu einer gegenseitigen, auch körperlichen Gefühlsresonanz zwischen den beiden Beteiligten. „Auf diese Weise entsteht eine *zwischenleibliche Resonanz*: ein zirkuläres Wechselspiel von Ausdruck und Eindruck, das in Sekundenbruchteilen abläuft und ständig das leibliche Befinden beider modifiziert. Die beteiligten Signale und Reaktionen erfolgen viel zu rasch, um als solche bewusst zu werden. Stattdessen entsteht bei den Interaktionspartnern ein ganzheitlicher Eindruck vom Gegenüber, ein Gefühl für seine Stimmung oder Ausstrahlung und für die spezifische Atmosphäre der Begegnung" (Fuchs 2024, S. 151, Hervorheb. i. O.). Eine positive körperliche Antwort von Fachkräften auf Gefühlsausdruck von Jugendlichen im Sinne des Containment würde signalisieren, dass man bereit ist, die intensiven Gefühle des oder der Jugendlichen auszuhalten und sich ihnen und der gemeinsamen Auseinandersetzung darüber zu stellen. Damit ist eine grundsätzliche Anerkennung des Gegenübers verbunden. Solche zwischenleiblichen Interaktionen fördern zudem das Selbstbewusstsein (im Sinne des Wissens der Person um sich selbst). Selbstbewusstsein „impliziert [beinhaltet, BeSt] nämlich das Bewusstsein, von anderen gesehen zu werden, also *für sie* sichtbar zu sein, und diese Dezentierung [die Fähigkeit, sich selbst von außen wahrzunehmen, BeSt] lässt auch den eigenen Ausdruck als solchen bewusst werden. Damit wird es möglich, sich reflexiv auf ihn zu beziehen, wir können unseren Ausdruck modifizieren" (a. a. O. S. 155, Hervorheb. i. O.).

4.6 Zuhören und antworten

Eine zentrale Annahme des Containment-Konzepts ist, dass die Bezugsperson die verunsichernden Gefühle des Babys für es verarbeitbar macht, indem sie für die Gefühle symbolische Gesten und Wörter findet und anbietet. Die Bezugsperson nimmt Impulse des Babys auf, gibt sie ihm aber in Worte gefasst und verwandelt zurück, sodass es darüber eigene ‚Gedanken' entwickeln kann. Damit ist es den Gefühlen zunehmend weniger ausgeliefert und kann sie verarbeiten. Diese Vorstellung ist anschlussfähig an das Konzept der Entstehung von Gefühlen durch Wörter bei Barrett, das ich oben referiert hatte. Sie argumentiert ganz ähnlich wie Bion: Die diffusen Körpergefühle des Babys werden durch Worte bzw. Wörter der Bezugspersonen zu eigenen Emotionen des Kindes, und damit verfügt es zunehmend über ‚Werkzeuge', eigene Körperzustände zu interpretieren und Handeln zu gestalten.

Überträgt man diese Idee auf die ja schon sprachfähigen Jugendlichen in der JSA, geht es auch bei ihnen darum, diffusen und verunsichernden Gefühlen einen Halt zu geben und Worte anzubieten, die den Jugendlichen helfen könnten, ihre Gefühle besser zu fassen, zu verstehen und selbst-bewusster damit umzugehen.

Ein anerkennendes und haltendes Aufnehmen von Gefühlen der Jugendlichen beginnt damit, sie anzusehen (s. o.) und ihnen zuzuhören. Dann können Fachkräfte die wahrgenommenen Gefühle mit einer sprachlichen Resonanz beantworten; sie können den Jugendlichen vorschlagen, um was es aufgrund ihrer eigenen Einfühlung beim Gefühl des Gegenübers geht. Die eigenen Gefühle und sozialen Erfahrungen der Fachkraft dienen als Resonanzboden für den Gefühlsausdruck der Jugendlichen. Bei den Fachkräften kommt durch die Gefühlsexpression der Jugendlichen selbst emotional etwas in Bewegung bzw. Schwingung, und sie versuchen, dafür eigene Worte zu finden. Indem sie den Jugendlichen zurückerstatten, was sie von deren Gefühlen erreicht hat, bieten die Fachkräfte ihnen nicht nur ggf. neue Worte und Geschichten an, sondern auch eine Rückmeldung, mit deren Hilfe sich die Jugendlichen selbst wahrnehmen können. Erst indem ein nonverbaler Ausdruck oder eine sprachliche Äußerung eine Antwort erhält, wird aus dieser Expression eine ‚Anrede', also der Beginn eines Dialoges „von zwei Partnern, die sich vermittels Paarung von Anrede mit Antwort gleichwertig zueinander gestellt finden und gleichwertig bleiben" (Bodenheimer 1992, S. 14). In der Reaktion der anderen auf einen Gefühlsausdruck wird für das Subjekt erkennbar, was es für das Gegenüber bedeutet und bei ihm auslöst; das Subjekt kann seine Wirkung auf andere erleben. Durch die sprachliche und gestenhafte Rückmeldung der anderen kann es erkennen, wer es in deren Augen ist. Die Person erhält so Reaktionen, die ihr helfen, ein Selbstbild zu entwickeln oder zu prüfen. Das hatte Charles Taylor schon erklärt: Wer jemand ist und sein will (sein Identitätsentwurf) entwickelt sich in der sozialen Interaktion mit den anderen – über Worte und Narrationen.

Das ‚Hören' der Gefühle der Jugendlichen ist damit ein Hören auf die eigenen, inneren Gefühlsreaktionen der Fachkraft. Man kann nicht unmittelbar, quasi unverfälscht verstehen, was andere fühlen, sondern ist in seiner Wahrnehmung und Antwort auf die eigenen Gefühle angewiesen. Die eigenen Gefühle und Gefühlsnarrationen ermöglichen es, sich in andere hineinzuversetzen, mitzufühlen. Dabei können Fachkräfte auf ihre erwachsene Erfahrung zurückgreifen, die durchaus etwas über die eigene Gefühlsgeschichte(n) und deren kulturelle und gesellschaftliche Herkunft, wissen (sollten) sowie über die sozialen bzw. gesellschaftlichen Settings, in denen sie entstanden sind.

Gerade die kulturelle Prägung von Gefühlen beschränkt allerdings auch deren Horizont denn Gefühle von Gegenübern, die in anderen kulturellen Zusammenhängen entstanden sind, können sich von denen der Fachkraft stark unterscheiden. Die Fachkräfte verfügen allerdings über kein anderes Material oder Wissen, wenn sie auf die Gefühle von anderen reagieren wollen. Es kommt jedoch nicht darauf an, dass sie deren Gefühle genau treffen, umfassend erkennen und verstehen. Wichtiger ist, dass eine Antwort gegeben wird; sie vermittelt dem Gegenüber, dass sein Fühlen bedeutungsvoll ist und aufgenommen wird. Die im Zuhörenden entstehenden Gefühlsresonanzen sind immer nur ein Angebot an das Gegenüber. Im besten Falle kann es sich darin wiedererkennen und bestätigt sehen. Aber auch, wenn die (jugendliche) Person die Gefühlsresonanz des Gegenübers (der Fachkraft) korrigiert oder ihr widerspricht, kann sie sich dadurch selbst genauer wahrnehmen. Vielleicht ist sogar eine Antwort auf eine Gefühlsresonanz des Gegenübers, die meint ‚Nein, so ist es nicht, sondern…' eine bessere Klärung des eigenen Gefühls, als es eine Zustimmung gewesen wäre.

Aber bleiben wir noch ein Moment beim Zuhören. Bion hatte versucht, mit seinem Begriff der ‚Rêverie', der träumerisch ungerichteten Aufmerksamkeit, ein Modell zu geben, wie Zuhören geschehen kann. Gerade das träumerische Element daran betont, dass es nicht um ein exaktes Verstehen und Wiedergeben des anderen geht. In der Psychoanalyse spricht man von ‚Freier Assoziation', in welcher die Analytiker:innen sich ohne bewusste Absicht und Kontrolle auf eigene, aus dem Unbewussten auftauchende Gedanken einlassen, die in ihnen durch Gefühlsgeschichten, Worte oder Bewegungen der Analysand:innen entstehen. Zu dieser Haltung gehört in der Psychoanalyse die „gleichschwebende Aufmerksamkeit" der Analytiker:innen, die vermeidet, ausgehend von eigener Voreingenommenheit in den Gefühlen und Geschichten der Analysand:in nach ihren eigenen Vorannahmen zu suchen.

Das bedeutet, auf Fachkräfte übertragen, dass sie in ihrer Antwort auf das von den Jugendlichen Gesehene und Gehörte nicht nach der ‚richtigen' Reaktion suchen sollten, sondern sich einfach auf das beziehen können, was an eigenen Resonanzen in ihnen vorgeht. Wenn Antworten gegenüber den Jugendlichen auf der Basis von Anerkennung als Mitschwingen, Begleiten und Erweitern formuliert werden, unterstützen sie die Jugendlichen, sich selbst zu finden. Bodenheimer fasst diesen Zusammenhang von Gefühlsausdruck und Antwort (im Sinne des Containments) so zusammen: „Was von dir ausgeht, wird wirklich, durch mich verwirklicht; es wird sinnvoll; es wird zu deiner Sache dadurch, dass es (von mir) an dich zurückgegeben worden ist" (Bodenheimer 1992, S. 25). In diesem Sinne gab er seinem Buch den Titel „Verstehen heißt antworten".

Und noch eine weitere Besonderheit des Zuhörens sollten sich Fachkräfte klarmachen, die mit benachteiligten Jugendlichen demokratische Partizipation gestalten möchten. Voraussetzung dafür ist ja, dass die Jugendlichen ihre Gefühle ausdrücken können und dann daraus Argumente für die Aushandlung gemeinsamer Entscheidungen werden (diese Prozesse erläutere ich unten noch genauer). Oben hatte ich mit Miranda Fricker auf das Risiko hermeneutischer Ungerechtigkeit hingewiesen. Hermeneutische Ungerechtigkeit bedeutete, dass Personen oder Gruppierungen aufgrund von Vorurteilen und ungerechten gesellschaftlichen Strukturen nicht befähigt werden oder daran gehindert werden, ihre Erfahrungen und ihr Wissen selbst zu benennen, zu verstehen und/oder dieses öffentlich auszudrücken und dann mit diesen Anliegen berücksichtigt zu werden. Javier Burdman (2021) hat in seinem Text mit dem Untertitel „Über die Rolle von Gefühlen bei dem Widerstand gegen epistemische Ungerechtigkeit" in Bezug auf Zitate von Fricker erläutert, wie ein Zuhören gestaltet werden sollte, das um die Probleme hermeneutischer Ungerechtigkeit weiß. Er schreibt: „Daher kann man hermeneutische Ungerechtigkeit nicht überwinden, indem man Individuen schlicht zuhört und ihnen glaubt. Man sollte vielmehr auf das hören, was das Individuum nicht sagen kann: ‚Diese Art des Zuhörens erfordert es, genau so sehr darauf zu hören, was nicht gesagt wird, wie auf das, was gesagt wird' (Fricker 2007, S. 171–172). Fricker zufolge besteht Zuhören in korrektiven Praktiken, die die ungleiche Verteilung epistemischer Ressourcen ausgleichen. Zuhörer sollten nicht annehmen, dass alle gleichermaßen fähig sind, ihre eigenen Erfahrungen zu beschreiben, sondern vielmehr aufmerksam dafür sein, dass einige Gruppen zu einer solchen Beschreibung weniger fähig sind als andere. Die ‚Tugend der hermeneutischen Gerechtigkeit' besteht in der Entwicklung eines Bewusstseins für diese strukturelle Benachteiligung: ‚Das Ziel besteht darin, zu begreifen, dass der Sprecher mit einer objektiven Schwierigkeit kämpft, und nicht mit einem subjektiven Mangel' (Fricker 2007: 169). Durch ein reflexives Bewusstsein hört der Zuhörer mehr als das, was ihm intuitiv verständlich ist und verleiht der Sprache jener, die epistemisch benachteiligt sind, mehr Glaubwürdigkeit. Epistemische Tugend zielt darauf ab, strukturelle epistemische Nachteile auszugleichen, so dass man allen so zuhören kann, als ob epistemische Ressourcen gleich verteilt wären (Fricker 2007: 170)" (Burdman 2021, S. 47). Diese Hinweise lassen sich gut mit einem Zuhören im Sinne des Containments verbinden.

4.7 Vom Hören des Schweigens

Oben hatte ich auf das Problem des Schweigens von Jugendlichen hingewiesen. Dem Schweigen können viele Emotionen zugrunde liegen, die dann allerdings nicht in die demokratische Auseinandersetzung eingehen können, wenn sie nicht verbalisieren werden. Es stellt sich die Frage, wie Fachkräfte mit Schweigen umgehen können, ohne die Jugendlichen zu ignorieren oder sie zu fordernd ins Sprechen bringen zu wollen.

Die Hinweise zur Gestaltung von Containment oben können auch hier Orientierungen anbieten. Im ersten Schritt geht es darum, das Schweigen von Individuen überhaupt zu bemerken, oder besser gesagt, schweigende Individuen zu erkennen und anzuerkennen. Schweigende Personen werden oft nicht in Diskussionen einbezogen. Man geht dann einfach davon aus, dass sie irgendwie zustimmen. Es besteht das Risiko, dass sie in der Wahrnehmung der Fachkräfte aus dem Blick geraten. Stattdessen sollten Fachkräfte auch die schweigenden Jugendlichen sehen und ihnen mindestens durch Blicke und Körpergesten zeigen, dass sie gesehen werden. Aber auch hier besteht das Risiko, dass ‚stille Blicke' der Fachkräfte von den Jugendlichen missverstanden werden können. Es ist eben schwer, Schweigen zu deuten.

Die Haltung des Containments lehrt, dass der nächste Schritt darin besteht mitzufühlen und Worte anzubieten. Das beginnt dabei, in konkreten Gesprächssituationen darauf hinzuweisen, dass es Beteiligte gibt, die sich nicht äußern. Man muss erklären, dass diese Personen aber ebenso wie alle anderen gleichberechtigt zur Diskurs- und Entscheidungsgemeinschaft der Einrichtung oder ihrer Untergruppen gehören. Es ist den Schweigenden selbst, aber auch allen anderen zu vermitteln, dass es weder einen Sprechzwang gibt, noch dass aus Schweigen eine Ausgrenzung aus der Mitentscheidung folgen darf. Das bedeutet, den Schweigenden zunächst eine Definition ihres Status anzubieten: Sie sind Mitglieder der Entscheidungsgemeinschaft und haben sowohl das Recht mitzubestimmen, als auch zu schweigen.

Man kann versuchen, sich in die ‚Stillen' hineinzuversetzen und ihnen eine Benennung ihrer möglichen Gefühle anzubieten. Man kann verschiedene mögliche Deutungen offerieren und gleichzeitig dabei signalisieren, dass man trotzdem nicht weiß, was mit den jeweiligen Jugendlichen los ist. Dabei können auch Hypothesen zu Gründen formuliert werden, warum jemand möglicherweise schweigen könnte.

Helfen kann auch die von Marshall B. Rosenberg (2016) entwickelte Methode der gewaltfreien Kommunikation. Er schlägt vor, im ersten Schritt die eigene *Beobachtung* der Situation zu schildern, ohne sie dabei zu bewerten. Danach gilt es, die eigenen (immer auch körperlichen) *Gefühlsresonanzen* zu beschreiben. Man spricht hier über sich und nicht über das Gegenüber. Die Gefühle stehen nach Rosenberg mit *Bedürfnissen* in Verbindung. Diese werden im nächsten Schritt formuliert und verdeutlicht, was man selber in der beschriebenen Situation angesichts der eigenen Gefühle brauchte. Daraus formuliert man eine *Bitte*, also welches konkrete Handeln im Hier und Jetzt man vom Gegenüber erbittet. Übertragen auf das Schweigen könnte das so formuliert werden: *Ich bemerke, dass du, ‚Name', schweigst (Beobachtung). Ich bin ganz unsicher, was mit dir los ist (Gefühl) und möchte nicht, dass du in unserer Diskussion nicht beachtet wirst (Übergang vom Gefühl zum Bedürfnis). Ich bitte dich freundlich, uns ein Signal zu geben, ob etwas los ist und ob wir oder ich dich unterstützen können, mitzusprechen (Bitte). Aber wie gesagt, das ist nur eine Bitte, und du entscheidest, ob du schweigen möchtest. Du gehörst zu unserer Entscheidungsgemeinschaft und hast ein Recht mitzubestimmen und ein Recht zu schweigen.*

Es kann viele Gründe für Schweigen geben, oben habe ich einige mögliche Gründe angegeben. Manchmal entscheiden sich die betroffenen Jugendlichen, im Schweigen zu verbleiben. Man kann auch immer Gelegenheiten zu ggf. anonym möglichen Äußerungen anbieten. Dazu muss es ein Verfahren geben, dass Jugendliche (ggf. auch anonyme) schriftliche Kommentare etc. einreichen. Oft arbeiten die Einrichtungen mit ‚Meckerkästen'. Die Kästen ergeben nur Sinn, wenn sie möglichst regelmäßig geleert werden und dann auch eine Antwort auf die Mitteilungen (anonym oder nicht) erfolgt. Wenn aktuelle Entscheidungen zu wichtigen Fragen des Gemeinwesens anstehen, brauchen Jugendliche, die anonym kommentieren, ja eine Möglichkeit, sich auf diese Weise einzubringen. Ebenfalls benötigen Sie eine Antwort. Deshalb müssen Kommentare in Meckerkästen immer veröffentlicht und mit Resonanzen beantwortet werden.

4.8 Negative Capability: Negative Gefühle aushalten

Wie kann man es als Fachkraft in der JSA schaffen, negative Gefühle von Jugendlichen auszuhalten, ja: sie aufzunehmen, zu halten und (möglichst) konstruktiv zurückzugeben? Dazu möchte ich ein paar Vorschläge machen. Als Einstieg sollte man sich klarmachen, dass negative Gefühle von Jugendlichen sehr vielfältig sein können und in sehr unterschiedlichen Weisen ausgedrückt werden. Manche Gefühle werden sehr expressiv, also ausdrucksstark und erkennbar präsentiert, andere wiederum sehr passiv und zurückhaltend, bis hin zum Versuch, sie völlig zu verdecken. Wie Gefühle von Frustration, Ärger, Wut, Verzweiflung, Angst, Selbstzweifeln, Trauer, Schmerz, Ekel usw. gezeigt werden, hängt von der Persönlichkeit der Jugendlichen und den gesamten sozialen Rahmenbedingungen ab. Egal, ob die Gefühle extrovertiert oder introvertiert, seh-, hör- und ggf. sogar fühlbar präsentiert werden, sie können auch bei Fachkräften starke Gefühlsbetroffenheit hervorrufen. Auch deren Reaktionen hängen von ihrer persönlichen emotionalen Geschichte, ihren beruflichen Erfahrungen und den sozialen Verhältnissen in der Einrichtung ab. Wenn man sich, wie mit dem Konzept des Containments empfohlen, aus eigenen Gefühlen Antworten des Sehens, Hörens und Fühlens formen will, braucht man einige psychische Hilfsregeln, um das zu tun. Mit ihrer Hilfe kann man ein Stück Distanz sowohl zu den eigenen Gefühlen, als auch zu denen der Jugendlichen finden. Das erlaubt fachlicher und unterstützender auf die Jugendlichen zu antworten. Folgende Hinweise können dabei helfen:

Sich die eigene Professionalität bewusst machen

Professionalität meint hier ein Doppeltes: sowohl die Fähigkeit, professionell, d. h. mit einem bewussten und reflektierten Handeln auf die Jugendlichen zu antworten, als auch das Bewusstsein über den Auftrag, die Jugendlichen auf fachlich qualifizierte Weise zu unterstützen. Mit diesem Bezug auf die eigene Professionalität versucht man, sich nicht von eigenen starken Gefühlsreaktionen überwältigen zu lassen. Man hält sich an Reflexivität und Auftrag fest. Platt gesagt: Man wird dafür bezahlt, nicht auszuflippen, sondern dafür, die (negativen) Gefühle und starken Ausdrucksweisen der Jugendlichen auszuhalten und aufzugreifen.

Sich der eigenen Rolle bewusst sein

Ein Element von Professionalität ist es, zu erkennen, dass die Jugendlichen sich emotional an den Fachkräften abarbeiten müssen. In ihrer Suche nach Orientierung benötigen sie verschiedene Gegenüber, die ihnen Halt und Rückmeldung geben können, ohne sich dabei selbst in negativen Beziehungsmuster zu verstricken. Die Jugendlichen tragen Gefühle und ungelöste Konflikte aus anderen biografischen Zusammenhängen auch an die Fachkräfte heran. Diese ‚Übertragung' entsteht dann gar nicht aus den konkreten Beziehungen zu den Fachkräften, sondern wird eben aus anderen, vergangenen Beziehungsverhältnissen darauf projiziert. Die Fachkräfte können sich also klarmachen, dass sie als Personen ‚nicht gemeint' sind. So wird eine Distanzierung von eigenen heftigen Gegengefühlen (‚Gegenübertragung') möglich. Das öffnet einen dafür, die negativen Gefühle von Jugendlichen aufnehmen zu können. Und genau das ist auch Auftrag der Fachkräfte in der Kinder- und Jugendhilfe bzw. der JSA. Die Jugendlichen sind ja gerade in den Angeboten der JSA, weil sie psychosoziale Probleme, emotionale Schwierigkeiten und/oder Lernblockaden haben. Insofern ist es genau richtig, dass sie ihre auch negativen Gefühle in die Interaktion in der JSA einbringen. Selbst wenn diese Emotionen die Fachkräfte stark berühren und verunsichern, können sich die Profis doch vor Augen führen, dass sie damit genau an ihrem Auftrag arbeiten.

Gefühle der Jugendlichen als ein Angebot verstehen

Im Sinne des gerade benannten Auftrages der JSA kann man negative Gefühlsexpressionen von Jugendlichen auch positiv deuten. Diese fachliche Denkweise des ‚Refraiming' (Umdeutung) versucht, auch negativen Gefühlen und Ausdrucksweisen etwas Positives und Konstruktives abzugewinnen. Um sich von eigenen heftigen Gefühlsreaktionen zu distanzieren, werden die Expressionen der Jugendlichen in einen anderen Rahmen (‚Frame') gesetzt. Anstatt sich etwa von ihnen angegriffen, beleidigt, ignoriert usw. zu empfinden, kann man diese

Handlungen der Jugendlichen als ein Kommunikationsangebot an die Fachkräfte deuten. Wenn sie im Rahmen der Einrichtung etwas tun, hat das meistens Bezug zu genau den Gründen, warum sie in der Maßnahme sind. Das heißt, Jugendliche und Fachkräfte arbeiten genau an dem, um was es in der Einrichtung geht: Sie kommunizieren über das, was für die Jugendlichen wichtig ist, auch wenn es sie negativ bewegt. Deutet man negativen Gefühlsausdruck als Angebot statt als Angriff o. ä., kann man sich den Jugendlichen öffnen und eine konstruktive Kommunikation fördern. Wenn die Handlungen von Jugendlichen prinzipiell als Angebot gerahmt werden, entsteht damit plötzlich die Perspektive eines reichen Fundus an möglichen positiven Arbeitsansätzen, statt sie als negative Provokation, Gefühlsüberlastung und Anstrengung wahrzunehmen.

Sich das Ausgeliefertsein der Jugendlichen an ihre heftigen Gefühle bewusst machen

Mit dem Arbeitsansatz des Containments können Fachkräfte die starken Gefühle der Jugendlichen als typisch für deren Lebensphase (und diese Lebensphase überhaupt) interpretieren. Sie können sich klarmachen, wie heftig die Verunsicherung durch Pubertät, Identitätssuche, Streben nach sozialer Integration usw. sein kann. Eine Rückerinnerung an eigene Gefühlsschwankungen in der Jugendzeit kann hier helfen. Wenn man versteht, dass die Jugendlichen oftmals ihren Gefühlen ausgeliefert sind, d. h. auch über zu wenig Worte bzw. Gefühlsgeschichten verfügen, um sie sich bewusst zu machen, fühlt man sich selbst weniger angegriffen und provoziert. Man kann heftige Auseinandersetzung über Gefühle und soziale Beziehungen als unvermeidbares Kernelemente von JSA anerkennen.

Die eigene Gefühlsgeschichten und -reaktionen reflektieren

Oben habe ich schon ausführlicher über die Aufgabe der Selbstreflexion von Fachkräften geschrieben. Wenn Fachkräfte ihre eigene emotionale Biografie kennen, und mehr darüber wissen, wann eigene frühere Konflikte unangemessen in aktuellen Situationen wirksam werden, sind sie selber nicht so sehr ihren emotionalen Reaktionen auf die Jugendlichen ausgeliefert. Dann entstehen Spielräume, offen auf die Gefühle der Jugendlichen zu antworten und ihnen damit Chancen zu geben, ihre soziale Gefühlsbildung weiterzuentwickeln.

Containment auch auf Gruppen anwenden

Das Modell ‚Containment' ist ja zunächst in Blick auf Interaktionen zwischen zwei Personen entworfen. In der JSA haben es die Fachkräfte aber meistens mit Gruppen zu tun, oder eben mit dem gesamten sozialen Gefüge einer Einrichtung. Auch dafür ist die Grundhaltung des Containments eine wichtige Möglichkeit,

Gefühle anerkennend als Ausgangspunkt von Demokratie aufzunehmen. Die theoretischen Positionen einer Radikaldemokratie (z. B. Mouffe 2014) sehen Demokratie als einen intensiven Konfliktprozess, in dem Gruppen mit unterschiedlichsten Interessen und Positionen ihre Streitigkeiten austragen. Ein solches Konzept argumentiert dagegen, Demokratie auf eine Suche nach (maximal möglichem) Konsens zu reduzieren und Konflikte durch Diskurse und Verfahren zu befrieden.

Auch sozialpädagogische Einrichtungen sind immer wieder von Konflikten zwischen unterschiedlichen Gruppierungen gekennzeichnet (vgl. Sturzenhecker 2025a). Containment bedeutet hier, dass die demokratieorientierten Fachkräfte diese Konflikte aushalten, und d. h. insbesondere zu ertragen, dass Gruppen und Positionen zunächst gegeneinander streiten und ihre Kontroversen nicht einfach zu lösen sind. Genau solche Kämpfe sind aber in einer Demokratie unvermeidbar – und gerade dafür gibt es demokratische Verfahren überhaupt –, und es ist die Aufgabe der Fachkräfte, durch ihr Handeln für Gruppen und die Einrichtung insgesamt klarzumachen, dass Konflikte aushaltbar sind und trotz allen Gegeneinanders für alle akzeptable Lösungen gefunden werden können, jedenfalls müssen. Das geht nur, wenn man zunächst dem Streit Raum gibt. Die verschiedenen ‚Parteien' müssen ihre Positionen ausdrücken können, und es muss allen Beteiligten klar werden, was da genau im Konflikt steht. Das heißt, man muss zunächst den Streit entfalten und ihn aushalten. Auch die Radikaldemokraten wissen, dass es ein Risiko gibt, dass in einem Streit eine unversöhnliche Feindschaft zwischen Personen, Gruppierungen oder ‚Parteien' entstehen kann. Wenn es nur noch darum geht, die anderen zu besiegen, wird der soziale Zusammenhang der gegenseitigen Anerkennung und der gemeinsamen Bereitschaft, sich an demokratische Verfahren zu halten, aufgelöst. Wir haben in den vergangenen Jahren in den USA erlebt, wie gerade die Partei der ‚Republikaner' die demokratischen Verfahren und Institutionen von innen beschädigt, weil sie für ihren Sieg alle ‚Tricks' einsetzten. Die Bereitschaft zur grundsätzlichen Verständigung wird so zerstört.

Die radikaldemokratische Position drückt das so aus, dass die grundsätzliche Konflikthaftigkeit von Demokratie ‚agonal' ist, also kämpferisch. Sie darf dabei auch aus Sicht dieses Ansatzes nicht in ‚Antagonismus' ausarten, also zu einem Gegensatz, der die Kontrahenten als unversöhnliche Feinde einander bekämpfen lässt, bis der Gegner besiegt ist. Da die Alternative zwischen ‚zu konsensorientiert' und ‚zu antagonistisch' aber in den Kritiken der Radikaldemokratie ohne erkennbare (theoretische oder praktische) Lösung bleibt, ist sie für die JSA nicht recht praxisanleitend.

Containment bedeutet in diesem Zusammenhang also auch, dass ein kämpferischer Streit *ausgehalten* werden muss, der verhindert, dass sich eine Seite nur gegen die andere machtvoll durchsetzen will. Für Fachkräfte hieße das, darauf zu achten, dass Streitigkeiten in und zwischen Gruppierungen in der Einrichtung (und das schließt hier alle Beteiligten und Betroffenen wie Jugendliche, Fachkräfte, Werkstattmeister:innen, Leitungen, Verwaltungspersonal, Eltern, Träger usw. ein) eine Konflikt-Arena erhalten, in der zwar gekämpft wird, aber unter Beachtung der demokratischen Regeln und des gegenseitigen Respekts. Auch wenn man inhaltlich kontrovers gegeneinandersteht, muss man sich trotzdem noch als sich gegenseitig anerkennende Mitglieder der Entscheidungsgemeinschaft erkennen können. Dabei hilft auch, wenn man sich bewusst macht, dass man zum gegenseitigen Wohl des Zusammenlebens in der Einrichtung streitet. Man streitet nicht einfach nur gegen eine Partei, sondern man streitet um eine Sache. Deshalb geht es beim Containment von Konflikten in der Einrichtung auch immer wieder darum klarzumachen, um welche Sache es eigentlich geht. Es soll *um* die Sache gestritten werden, und nicht *gegen* Personen. Man kann den Kampfcharakter mildern, indem man sich immer wieder auf die gemeinsam in der Diskussion stehende Sache bezieht und auf das Ziel, ein für alle förderliche Zusammenleben in der Einrichtung zu ermöglichen.

Jugendliche und ihre Gefühle nicht stigmatisieren

Die oft belasteten Lebenserfahrungen der Jugendlichen in der JSA haben in vielen Fällen psychische Spuren hinterlassen, das kann bis zu Traumatisierungen reichen. Aber Sozialpädagogik ist keine Therapie, schon mal gar nicht in den Gruppensettings der JSA. Einerseits sollten sich Fachkräfte im Alltag klarmachen, dass Gefühlsexpressionen von Jugendlichen auch auf psychisches Leiden zurückzuführen sein können. Das hilft manchmal, negative Emotionsäußerungen wie oben vorgeschlagen nachzuvollziehen. Jedoch sollten Fachkräfte darauf nicht mit einer stigmatisierenden Antwort reagieren, also den Jugendlichen psychische Störungen oder gar Pathologien zuschreiben und sie unter dieser Perspektive ‚behandeln'. Eine Fixierung von Jugendlichen auf psychische und soziale Defizite würde sie zum Objekt der Hilfe herabwürdigen. Das verbietet die fachliche Ethik, die fordert, dem Gegenüber als mündigem Subjekt zu begegnen. Sozialpädagogik ist eine Interaktion zwischen Subjekten, die sich in ihrer Unterschiedlichkeit verbunden sehen und dialogisch aushandeln, was sie wie zusammen tun. Solche Verständigungen müssen immer der Förderung der Selbstbestimmung der Adressat:innen und ihrer Lebensführung dienen. Dazu kann es gehören, ein Konflikt zwischen Fachkräften und Jugendlichen über die mögliche Therapiebedürftigkeit einzelner Nutzer:innen zu führen. Aber die Entscheidung darüber liegt bei den Betroffenen (und ihren Sorgeberechtigten). Damit wird erneut der Zusammenhang zwischen sozialpädagogischen Handlungsprinzipien und der Demokratieorientierung deutlich: Demokratie erkennt die Person als selbstvertretungs- und aushandlungsfähig an. Jede:r ist berechtigt, sich in Entscheidungsprozessen einzubringen; nur Gerichte dürfen entmündigen. Eine demokratisch orientierte Sozialpädagogik muss also doppelt auf eine

Stigmatisierung der Adressat:innen als ‚beschädigt' verzichten. Im Gegenteil, sie muss deren Mündigkeit anerkennen und mit ihnen streiten und argumentieren (wie in diesen Kapiteln detaillierter beschrieben), auch wenn es anstrengend ist. Die gemeinsame Bearbeitung der psychischen und sozialen Probleme der Jugendlichen läuft immer parallel zu ihrer Bemächtigung, sich gleichzeitig berechtigt an demokratischen Prozessen in der Einrichtung zu beteiligen.

Nicht besser wissen als die Jugendlichen

Es gibt noch ein anderes Risiko für sozialpädagogische Fachkräfte, sich undemokratisch über die Kinder und Jugendlichen zu erheben. Diese Gefahr tritt ein, wenn den Adressat:innen ein ‚falsches Bewusstsein' (nach dem Ideologiebegriff von Karl Marx) unterstellt wird. Daraus wird dann die Folgerung gezogen, die Adressat:innen für ihre ‚falschen' Denk- und Lebensweisen zu kritisieren und belehren zu wollen. Exemplarisch für solche Positionen beklagt Thole, dass Soziale Arbeit eine „kritische Kommentierung" (Thole 2018, S. 48) der Lebensweise ihrer Adressat:innen häufig unterlasse. Und er fährt fort: „wo von einer praktischen Kritik der alltäglichen Lebensformen abgesehen wird, wird zugleich darauf verzichtet, die sozialpädagogische Wirklichkeit als einen Erfahrungs- und Lernraum zu verstehen und auszufüllen, der über die immanente, nicht statistische Kritik den Adressat:innen ermöglicht, über erlebte und gestaltete Bildungsprozess ihre Lebensformen und -gestaltungen zu reflektieren und zu transformieren" (a. a. O., S. 49). Ich stimme zunächst mit Thole überein, dass weder die Adressat:innen, noch die Fachkräfte (und auch nicht die Wissenschaftler:innen) frei sind von entfremdeten, verdinglichenden Lebenserfahrungen und -praxen im Spätkapitalismus. Auch die Einrichtungen der Sozialpädagogik (gerade der JSA) funktionieren in diesem „System" (Habermas) der Unterwerfung unter kapitalistische Verwertungszusammenhänge. Das hat Deformationen unserer Verhältnisse zu uns selbst und zu den anderen zur Folge (vgl. exemplarisch dazu Illouz 2018). Dem können wir als Fachkräfte ebenso wenig wie die Jugendlichen entgehen.

Aber gerade eine demokratieorientierte Sozialpädagogik versucht, trotz dieses „Verblendungszusammenhangs" (Adorno) soziale Orte der lebensweltlichen Verständigung zu ermöglichen. Diese zielen darauf, Potenziale der Selbstbestimmung und kritischen Selbstreflexion zu stärken und wenigstens in den Einrichtungen die gemeinsame Lebensführung so zu gestalten, dass ein gutes und gerechtes Leben greifbarer wird. Das kann man aber nur tun, wenn es keine Besserwisser:innen gibt, die die beteiligten Jugendlichen in ihrem ‚falschen' Denken und Handeln kritisieren und zur Umkehr auffordern. Das widerspräche der demokratischen Mündigkeitsannahme, nach der nur *mit* den Adressat:innen bestimmt werden kann, was in ihrem Leben (in ihrer Einrichtung) auf welche Weise zum Thema einer geteilten kritischen Auseinandersetzung wird.

Daraus folgt nicht, die entfremdeten Lebensverhältnisse zu ignorieren, hinzunehmen oder gar zu verklären. Sie können aber immer nur durch und mit Adressat:innen zum Inhalt der Auseinandersetzung in demokratischen Prozessen werden. Die Inhalte müssen also zunächst von den Jugendlichen selbst kommen. In der Auseinandersetzung darüber kann ggf. eine gemeinsame Kritik entfaltet werden. Statt den Jugendlichen Kritik ihres Denkens und Handelns aufzudrücken, schlage ich vor, dass die Fachkräfte eher mit einer Selbstreflexion einsteigen, also an ihrem eigenen Beispiel zeigen, wie kritische Selbstreflexion gehen könnte (vgl. Sturzenhecker 2025b).

Selbstverständlich ist es den Fachkräften auch möglich, kritische Blicke auf die Lebensformen der Jugendlichen anzubieten, aber das muss an den Themen geschehen, die die Jugendlichen vorbringen und die damit zur Verhandlung anstehen. Kritik und gemeinsame Reflexion sollten sich auf die konkreten Anlässe beziehen, die im Zusammenleben der Einrichtung für die demokratische Partizipation der Beteiligten wichtig werden. Das tritt zum Beispiel ein, wenn ungerechtes Handeln von Fachkräften problematisiert wird, oder wenn rassistische Äußerungen von Jugendlichen durch Beteiligte kritisiert werden. Das Ziel, durch demokratische Partizipation die gemeinsame Lebensführung in der Einrichtung für alle gut und gerecht zu gestalten, impliziert auch, Probleme, Entfremdungen oder Ungerechtigkeiten der gemeinsamen Lebensführung zu analysieren und zu kritisieren. Im nächsten Schritt steht dann an, gemeinsam bestimmte Wege für ein anderes, besseres Leben zu suchen und sie zu beschreiten. Kritik geschieht so nicht abstrakt, sondern wird Anlass sehr konkreter Verbesserungen in der eigenen Einrichtung. Die Einrichtung ist jedoch keine Insel, sie und das Leben der Fachkräfte wie das der Jugendlichen ist vielfach mit der umgebenden Gesellschaft (besonders der Kommune) verbunden. So wird sich der kritische Blick der Mitglieder des demokratischen Kollektivs angesichts seiner konkreten Entscheidungsfragen auch auf die gesellschaftlichen Ursachen und Zusammenhänge, auf ihre Zwänge und negativen Folgen erweitern.

Ich schlage vor, auch dabei nach Inhalten, Problemen und Konflikten zu suchen, die zunächst im Handlungsbereich der Beteiligten liegen. Das ist besonders der Fall für die Kommune, in der die Einrichtung liegt und in der die Jugendlichen wohnen (die Fachkräfte meistens nicht). Es gilt zu fragen, wie sich die kapitalistischen und globalisierten Prozesse und ihre psychosozialen negativen Folgen am eigenen Lebensort niederschlagen und welche Möglichkeiten man zusammen finden kann, dagegen vor Ort (wenn auch noch so kleine) Gegenentwürfe zu entwickeln und politisch für ihre Umsetzung zu kämpfen. Noch einmal: Alles setzt bei den konkreten lebensweltlichen Erfahrungen und den durch sie bestimmten Themen der Jugendlichen an. Aber man sollte sie nicht für dumm verkaufen: Die Jugendlichen sind durchaus in der Lage, über ihre Lebensverhältnisse kritisch nachzudenken und – so gut es geht – eigene Handlungsschritte mit zu erstellen. Das hilft auch gegen die Gefühle der Machtlosigkeit und Verzweiflung, die

Jugendliche und Erwachsene überkommen können, wenn sie ihre Auslieferung an globale Herrschaftsstrukturen erkennen müssen, zum Beispiel bezüglich der Klimakatastrophe. Gemeinsam konkrete Probleme zu erkennen und demokratisch zu bearbeiten erbringt allerdings stärkende Erfahrungen für die Beteiligten. Besserwisserische Kritik an Lebensformen von Jugendlichen und Fachkräften tut das nicht.

4.9 Narration: Gefühle ausführlich erzählen

Mit den Gefühlstheorien von Taylor und Barrett (die oben dargestellt wurden), kann man Emotionen als Worte, als Geschichten bzw. Narrationen verstehen. Taylor drückt das so aus: Gefühle offenbaren sich in einer „narrative(n) Auffassung des eigenen Lebens: ein Empfinden für das, was ich geworden bin, dass nur durch eine erzählte Geschichte vermittelt werden kann. Und während ich mein Leben nach vorne projiziere und die bisherige Richtung gutheiße oder neu festlege, entwerfe ich eine Zukunftsgeschichte, also nicht bloß einen künftigen Augenblickszustand, sondern ein Kurs für mein ganzes kommendes Leben" (Taylor 1996, S. 97). Gefühlserzählungen sind also einerseits Rekonstruktionen dessen, wie Gefühle entstanden sind und wie sie sich mit der der Person und ihrer Identität verbunden haben. Gleichzeitig ist damit schon ein Entwurf zukünftigen Handelns verbunden. Narrationen sagen den anderen, was einer Person wichtig und wert-voll ist, wie diese Positionen entstanden sind und wie es damit weitergehen könnte. Damit können Gegenüber sich ein Stück weit in die erzählende Person hineinversetzen und die starken Wertungen der Gefühle erkennen und auch Vorstellungen über die Handlungsperspektiven der Person (für sich und andere) entdecken (vgl. auch den ähnlichen Ansatz von Köttig/Rätz 2021).

Hier kann man auch die Bedeutung der Geschichten für demokratische Prozesse erkennen: „In Erzählungen werden Vergangenheit und Zukunft gegenwärtig erfahr- und erlebbar. Narrative tragen zur (selektiven) Vergegenwärtigung von Vergangenem und Imagination von Zukünftigem, ebenso wie zur Selbstvergewisserung und politischen Legitimation bestimmter Handlungen und Entscheidungen bei" (Bargetz/Eggers 2023, S. 227). Über den Zusammenhang von Vergangenheit und Zukunft sowie die damit verbundenen starken Wertungen und Identitäten, entwerfen die Erzählenden immer auch Bilder des Politischen, also von der Herstellung, Durchsetzung und Infragestellung kollektiver Regelungen der Lebensführung. Narrationen beziehen sich auf das, was an Regelungen aktuell demokratisch verhandelt wird, auch in Einrichtungen der Jugendsozialarbeit.

Damit sind die Gefühlsgeschichten ein wichtiges Ausgangsmaterial, um in der demokratischen Auseinandersetzung Positionen von Beteiligten für andere hörbar und aufnehmbar zu machen. Wenn Gefühle sich auch oft nur in kurzen, ausdrucksstarken Ausrufen und Körpergesten offenbaren, stecken dahinter doch ausführlichere Geschichten und Gründe für die eigenen Emotionen. Diese in den demokratischen Diskurs einzubeziehen, beginnt damit, ausführlichere Geschichten auszulösen.

Fachkräfte sollten sich also nicht auf knappe Reaktionen gegenüber kurzen, manchmal leisen und kaum erkennbaren, manchmal provokativen Gefühlsäußerungen beschränken. Das würde bedeuten, an der Oberfläche zu bleiben und die Jugendlichen auf ihre allerersten Expressionen festzulegen. Denn – wie oben gezeigt –, es kommt schon im ersten und schnellen Austausch von Reaktionen zwischen dem emotionalen Ausdruck von Jugendlichen und der Antwort von Fachkräften dazu darauf an, dass die Jugendlichen erkennen können, dass sie, ihre Gefühle und deren Ausdruck anerkannt und aufgenommen werden.

Eine wichtige Möglichkeit, den Jugendlichen zu verdeutlichen, dass ihre Emotion relevant ist, besteht darin, sie dazu anzuregen, diese genauer in Geschichten zu entfalten. Das bedeutet sie zu bitten, den Gegenübern genauer zu erklären, um was es ihnen geht, wie diese Gefühle entstanden sind, welche Identitätsentwürfe, starken Wertungen darin enthalten sind und welche Handlungsperspektiven in den Blick genommen werden.

Diese Elemente werden immer in Gefühlsgeschichten enthalten sein (wenn Charles Taylor recht hat), aber sie werden transportiert über die Dramen und Abläufe der Erzählung. Die Jugendlichen stellen in der Regel zunächst noch nicht ausdifferenzierte Argumentationen vor, sondern Erzählungen. Diese spielen in der Vergangenheit, haben ein bestimmtes Personal und oft einen dramatischen Verlauf: von der Einleitung und Entfaltung des Themas, über einen dramatischen Höhepunkt, bis zu Folgerungen und Ausklang. Denn wer erzählt, folgt einem sogenannten „Gestaltschließungszwang", also dem Drang, dass aus der erzählten Geschichte eine „runde Sache" wird. Die Erzählenden müssen dabei so sprechen, dass die Zuhörenden die Kontexte und handelnden Personen nachvollziehen können. „Um in die ‚Welt' des Erzählers versetzt zu werden, braucht der Zuhörer jedoch mehr als das dürftige Gerippe des damaligen Geschehens. Er muß die Szene kennen, die Zeiträume, die durchlaufen wurden. Er muß sich Mitakteure und Kontrahenten vorstellen können. Er muß sich ein ‚Bild' machen von der Situation, auf die sich der Erzähler bezieht. Dazu sind Einzelheiten notwendig" (Alheit 1994, S. 4 zit. nach Rosenthal/Loch 2002, S. 4). Einerseits müssen also die Sprechenden Details erzählen, andererseits müssen sie auch für eine gewisse Rundung einer sinnvollen Gesamtgestalt ihrer Geschichte sorgen, sodass sie von anderen nachvollzogen werden kann. In dieser Formgebung müssen sie darauf achten, nur das zu erzählen, was „wirklich relevant ist. Dieser sogenannte *Kondensierungszwang* gibt uns Aufschluss darüber, was der Erzähler oder die Erzählerin für das zu erzählende Geschehen als wichtig betrachtet und was nicht. Mit anderen Worten, aus den von den Interviewten vorgenommen Kondensierungen können wir auf ihr Relevanzsystem schließen" (Rosenthal/Loch 2002, S. 4; Hervorheb. i. O.). Eine Erzählung bietet also einen detaillierten Einblick in die

Entstehungsgeschichte der Gefühle (sowie den kulturellen Zusammenhang, in dem sie entstanden) und die relevanten bzw. starken Wertungen (Relevanzsysteme) der Erzählenden. Damit liefern sie wichtiges Material, mit dem die Erzählenden ihre Emotionen anderen vermitteln und sich darüber auch in demokratische Konflikte und Aushandlungsprozesse einbringen können. Gerade im Blick auf Bewertungen enthaltende Narrationen zeigen sich auch Argumente, bzw. werden Bewertungen als Argumentationen genutzt. Das geschieht, wenn die Sprechenden wertende Stellung bezieht zu dem Handeln der Person der Geschichte oder zu den dort verhandelten Inhalten. Dann werden auch Begründungen vorgebracht (siehe oben zu Struktur von Argumenten).

Wollen Fachkräfte solche emotionalen Erzählungen aufgreifen, sollten sie dafür sorgen, dass die Erzählenden auch die Gelegenheit haben, ihre Geschichte zu entfalten. Dafür braucht es Zeit sowie eine gewisse soziale und räumliche Situation, in der man in Ruhe erzählen kann, und Zuhörende, die durch ihre Resonanzen verdeutlichen, dass sie die Erzählenden anerkennen und ihre Storys hören wollen. Das geschieht oft besser durch nonverbale und verbale Bestätigungen und Ermutigung zum Erzählen, statt durch Fragen. Wie das Geschichtenerzählen mithilfe von Medien unterstützt werden kann, wird unten etwas genauer erläutert.

4.10 Vorsicht mit Fragen

Sozialpädagogisch ist es typisch, Jugendliche zu befragen. Die Kolleg:innen meinen, so Geschichten auslösen zu können und Informationen zu bekommen. Zu fragen ist aber riskant. Der Psychotherapeut Aron Bodenheimer (1984) hat ein Buch geschrieben mit dem Titel: „Warum? – Von der Obszönität des Fragens“. Er macht darin deutlich, dass Fragende fast immer in Sicherheit bleiben und die Befragten machtvoll zu Aussagen und Rechtfertigungen zwingt. Der Befragten müssen sich ‚entblättern‘ (oder die Situation abbrechen), während die Fragenden in Deckung bleiben können. Die klassische Frage ist dabei ‚Warum?‘ Warum hast du das getan? Warum machst du dies und das nicht? Warum bist du so wütend? Warum bist du so still? Die Warum-Frage zwingt immer zu Rechtfertigungen und erzeugt ein Machtgefälle. Gerade benachteiligte Jugendliche, denen oft Probleme und problematisches Handeln unterstellt werden, erfahren häufig solches insistierendes Befragen von mächtigen Erwachsenen. Ihre Lehrer:innen, ihrer Sozialpädagog:innen, ihre Psycholog:innen/Psychiater:innen, ihre Sachbearbeiter:innen aus der Arbeitsverwaltung, Fachkräfte des Jugendamtes und unter Umständen auch Polizeibeamt:innen stellen solche Fragen, in denen die Fragenden in der Machtposition sind und bleiben. Je umfangreicher die betroffenen Jugendlichen schon eine ‚Maßnahmenkarriere‘ hinter sich haben und von vielen unterschiedlichen sozialen Diensten befragt und bearbeitet wurden, desto genauer kennen sie auch schon die Fragestrategien. Häufig haben sie sich dabei nicht als Person anerkannt gefühlt, sondern sehen sich als Fall bürokratischer Entscheidungen und Handlungen behandelt. Oft genug haben Jugendliche mit solchen Erfahrungen sich dann angewöhnt, auszuweichen, zu tarnen und andere zu täuschen, zum Schein mitzuspielen – und sich ihren Teil zu denken. Als Machtlose haben sie eine Überlebensstrategie entwickelt, die aber zur Folge hat, dass sie nicht mehr offen sprechen. Genau das will eine demokratieorientierte und Sozialarbeit vermeiden.

Deshalb sollte man eher Fragen stellen, die Geschichten auslösen, statt Rechtfertigungen. Das geschieht zum Beispiel über Wie-Fragen: Wie kam es dazu? Wie ist es dir ergangen? Wie wurdest du behandelt? Wie fühltest du dich? Es sind dann nicht so sehr die Fragen, sondern die Resonanzen auf die Antworten, die den Erzählfluss am Laufen halten. Die Erzählenden spüren, ob man mitgeht, wirklich interessiert ist und immer mehr und Genaueres wissen will. Das kann durch Körperhaltungen gefördert werden, durch Blicke und durch Resonanzen, die die geschilderten Gefühle und Geschehnisse bestätigend aufnehmen; das habe ich oben genauer erläutert.

Resonanz von Zuhörenden ermutigt die Sprechenden, ihre Geschichte zu entfalten und dabei in einen Dialog mit den Gegenübern zukommen. Wie ich oben erläutert hatte, entstehen die Gefühle in der sozialen Interaktion, und in dieser können sie sich auch verändern. Durch die Resonanzen der Gegenüber erhalten die Erzählenden ein Feedback, an dem sie sich selbst besser erkennen können. Aber sie bekommen ggf. auch andere und neue Wörter oder Worte für ihre Gefühle angeboten. So werden die Gefühlserzählungen, indem sie aufgeführt werden, zusammen neu und weiter entfaltet. Im Dialog wird also die jeweilige inhaltliche Gefühlsgeschichte re-konstruiert und erhält eine weiterentwickelte Gestalt. Die Narration bringt etwas für beide Seiten: Die Erzählenden erhalten Anerkennung, Rückmeldung und Chancen zur Weiterentwicklung. Die Hörenden kommen in Verbindung mit den Erzählenden, lernen über sich und die Gegenüber und können in der gemeinsam erzeugten Variante der Gefühlsgeschichte selbst zu veränderten Einsichten kommen. Beide Seiten bleiben nicht unverändert, sondern entwickeln sich im Dialog weiter, wie ‚klein' auch immer solche Inhalte und Veränderungen sein mögen.

4.11 Erzählungen zurück erzählen

Die narrative Expositionstherapie (Schauer 2024) wurde zwar für Menschen mit schweren psychischen Traumata entwickelt, kann aber auch Hinweise für die Sozialpädagogik geben. In dieser Therapieform wird „die Person eingeladen, ihre gesamte Lebensgeschichte mit den dazugehörigen Gedanken, Gefühlen, Körperreaktionen und Bedeutungsinhalten in einzelnen Episoden zu erzählen. Der Therapeut schreibt die Geschichte auf und – das ist der zweite und entscheidende Teil – liest sie dem Überlebenden beim nächsten Zusammensein wieder vor. Der Erzähler wird so zum Zuhörer. Er wird zum Zeugen seiner selbst in der Situation der Vergangenheit“ (Schauer 2024, S. 141). Dabei wird mit einer Schnur eine Lebenslinie gelegt, die symbolisch die Lebensgeschichte des Erzählenden darstellt. Auf der biografischen Verlaufslinie werden bedeutende positive und negative Ereignisse mit symbolischen Gegenständen (Steine für negative Elemente, Blumen für positive sowie Stöcke für aggressive Aspekte) markiert. Durch diese ‚Rückerzählung' des vergangenen Geschehens von außen, können sich die Patient:innen die eigene Geschichte neu aneignen. Sie können ihre biografische Gesamtheit rekonstruieren und die Traumasituation als spezifische Erfahrung in andere, positive Geschehnisse einordnen. „Das Vorlesen, sprich Nacherzählen, in der ersten Person (Ich-Perspektive) und Vergangenheitsform, ermöglicht es, das Erlebte zu ergänzen, zu historisieren und eventuell an Stellen, die starke Emotionen auslösen, noch einmal zu verlangsamen und zu vertiefen. Dies läd auf natürliche Weise zum Mentalisieren ein: Dadurch wird die Fähigkeit gestärkt, Gedanken, Gefühle, Absichten, also die innere psychische Welt, bei sich und anderen wahrzunehmen und zu verstehen. Diese urmenschliche Fähigkeit, sich exzentrisch [die Fähigkeit des Menschen, seine psychischen und körperlichen Zustände quasi wie von außen zu beobachten, BeSt] zu positionieren, bei gleichzeitig intensivem Wiedererfahren im Erzählen und Zuhören, ist der Kern der Traumatherapie.“ (a. a. O., S. 185). Um es ganz deutlich zu wiederholen: JSA ist keine Therapie. Die Behandlung von Traumata muss durch Spezialist:innen geschehen. Aber die Grundidee, Menschen anzuregen, ihre (Lebens-)Geschichte zu erzählen, diese Geschichte mithilfe von Materialien (Medien) sinnlich erfahrbar abzubilden und die Geschichten durch Nacherzählung zurück zu erzählen, kann auch eine Handlungsorientierung für die JSA anbieten.

4.12 Expression: Gefühle (einrichtungs-)öffentlich darstellen

Das im direkten Gespräch erzählte Wort vergeht und bleibt in der jeweiligen Gesprächssituation gefangen. Deshalb dokumentiert man in der narrativen Expressionstherapie Erzählungen schriftlich und gibt ihnen eine visuell materielle Form über die mit Objekten ausgelegte und ausgestattete Lebenslinie. So können Erzählende und Hörende beide von außen auf das Produkt schauen, das die Gefühlsgeschichte darstellt. Maggie Schauer hatte schon darauf verwiesen, dass so aus einer exzentrischen Position Distanz zu den eigenen Gefühlen hergestellt werden kann. Exzentrisch meint also eine Perspektive, die von außerhalb des Zentrums (hier der Person und ihrer Emotionen) auf sich selbst schaut und sich somit ihrer selbst reflexiv vergewissern kann. Wenn Gefühle so mithilfe von ästhetisch-kulturellen Mitteln einen Ausdruck, eine Expression erfahren, können sie als äußeres Objekt oder Produkt von den Betroffenen und anderen Beteiligten wahrgenommen und aufgenommen werden. Wenn eine solche Darstellung veröffentlicht wird, kann man zusammen darauf schauen, darüber nachdenken und die Geschichte kann Resonanzen erfahren. Rückmeldungen und Worte von anderen zu Darstellungen der eigenen Emotionen zu bekommen, öffnet die Chance, diese genauer und neu zu klären und so ggf. zu verändern. Die mediale Darstellung ist ein wichtiges Element einer demokratischen Öffentlichkeit, in der sich die Betroffenen gegenseitig sehen und hören und aufeinander antworten.

Wenn die Person ihre Gefühle entäußert, sie also außerhalb von sich selbst als Produkte gestaltet und erkennbar macht, entsteht dadurch eine ‚Objektivierung', und diese eröffnet selbstbildende, reflexive Potenziale. Michael Winkler fasst das in seiner „Theorie der Sozialpädagogik" so zusammen: „die Objektivierung erfordert also ein Darstellungsmedium in welchem die eigene Tätigkeit anschaulich zugänglich und Gegenstand der eigenen Auseinandersetzung werden kann. Das Zöglingssubjekt [wir würden heute einfach vom Jugendlichen reden, BeSt] muss sich also so entäußern, daß die von ihm […] produziert[e] objektive Gegenständlichkeit ihm die eigene Realität zurückspiegelt und wiederum angeeignet werden kann" (Winkler 1988, S. 313). Wenn Gefühle und psychische Prozesse der Person also in einem gestalteten Objekt ‚zurückgespiegelt' vor ihr stehen, kann sie sie nicht nur selbst (neu) aneignen, d. h. ihre Persönlichkeit entwickeln, sondern über das Darstellungsmedium auch mit anderen über ihre Expressionen kommunizieren. Eine medial gestaltete Expression macht nicht nur eine distanzierte Reflexion möglich, sondern hilft der Person auch, sich als Trägerin einer Position zu erkennen, die in die demokratische Debatte eingeht. Damit können Jugendliche erkennen, dass sie etwas und was sie zu sagen haben und wie andere im Diskurs darauf reagieren. Sie erfahren sich somit als bedeutungsvolle und berechtigte Diskursteilnehmer:innen. Ihre Stimme verschwindet nicht einfach nur wie die körperliche Stimme, sondern die Position bleibt öffentlich für die Person selbst und die anderen erkennbar und beantwortbar. Die Darstellungen der Gefühle können so Ausgangspunkt einer demokratischen Diskussion in Öffentlichkeiten werden.

Deshalb ist es wichtig (vgl. zum Folgenden Sturzenhecker 2008), den Jugendlichen mediale Ausdrucksmittel anzubieten, mit denen sie ihre Expressionen oder Positionen zunächst festhalten, präzisieren und anderen öffentlich mitteilen können. Eine mediale Dokumentation sollte dabei möglichst an die jugendkulturellen Ausdrucksweisen der jeweiligen Szene oder Clique anknüpfen. Das erfordert häufig auch die Verwendung von Bildern. Manche Jugendliche zeichnen z. B. gern und mit hoher Kompetenz Bildgeschichten im Stil japanischer Mangas. Das tun sie mit hohem Engagement auch in der Verbildlichung ihrer eigenen Erfahrungsgeschichten. Ganz simpel ist die Dokumentation von Geschichten und Interviews mit digitalen Rekordern oder auf Video. Manchmal ist es vielleicht einfach nur ein Plakat, auf das ein Symbol und eine einzelne Aussage geschrieben und namentlich gekennzeichnet wird. Liedtexte selbst geschriebener Rap Songs,

Tanzmomente und kurze Theaterszenen, Beiträge auf Instagram oder Tik-Tok oder auf einer einrichtungseigenen Website, Handyfotos, Fotostorys und Videofilme, selbst gemalte Bilder, Skulpturen aus Knete, Schrott und vielem mehr, Gedichte, Flugblätter, selbstgemachte Zeitungen, Blogs, besprayte oder mit Eddings beschriebene Wände, elektronische Laufbandschrift usw. können genutzt werden.

Dabei kann man den Jugendlichen auch ermöglichen, sich kulturelle Darstellungen ‚auszuleihen', d.h. ästhetische Produkte zu verwenden, die es schon gibt. So z. B. können eigene Gefühle oft mithilfe von Popmusik und ihren Texten dargestellt werden; Filmauszüge können verdeutlichen, was man meint; Zitate aus Büchern laden ein, sich damit zu identifizieren und Videos aus YouTube oder möglicherweise sogar noch aus dem TV können zitiert und dokumentiert werden. Also auch fremdes Material kann helfen, die eigene Expression dar- und vorzustellen und sie so in die demokratischen Diskussion einzubringen

Nach meiner Erfahrung greifen die Jugendlichen einfachste Materialien auf, um damit Gefühle und Aussagen zu gestalten: Zum Beispiel Materialien zum Malen oder für Collagen, Ton- oder Kneteskulpturen oder Gestalten aus Schrott. Eine mediale Gestaltung verlangt keine großen methodischen Vorbereitungen oder Materialschlachten. Und viele Jugendliche, die oft wenig sagen oder gar schweigen, nutzen solche Medienangebote häufig gern und beginnen, sich und ihre Gefühle damit zu gestalten und einzubringen.

Die Darstellungen von Gefühlen unterschiedlicher beteiligter Personen können den Einstieg in eine demokratische Debatte erleichtern. Statt nur in situativ gebundenen sprachlichen Aussagen zu verklingen, können die Darstellungen dokumentiert und erhalten bleiben. Damit werden auch der Prozess der demokratischen Diskussion und die Veränderungen der eigenen und anderer Positionen darin nachvollziehbar. Alle Beteiligten können auch im Nachhinein erkennen, dass und wie sie beteiligt waren, und sie können das Geschehen, die Qualität der Diskussion und der Ergebnisse selbstkritisch reflektieren sowie daraus für die Weiterentwicklung ihrer demokratischen Partizipation lernen. Zur Vorgehensweise der Reflexion von demokratischen Prozessen (in den Einrichtungen der JSA) siehe auch das Kapitel „Demokratiebildung in Reflexion von Partizipationserfahrungen ermöglichen".

4.13 Umgang mit (negativen) Gefühlen moderieren

Wenn Gefühle ausgedrückt werden, geht es schnell ‚hoch her'. Das passiert besonders in Konflikten, wenn unterschiedliche Gefühle aufeinanderprallen. Die Beteiligten regen sich auf, schnell gibt ein Wort das andere, und bald weiß man – außer: den Kampf gewinnen! – nichts mehr davon, um was es eigentlich geht.

Moderation

Hier besteht die Aufgabe der Fachkräfte darin, Gefühlsausdrücke und ihre Austragung zu moderieren. Im Lateinischen bedeutet ‚moderare': mäßigen, zügeln, in Schranken halten. Moderation ist also ein Versuch, mäßigend mit Gefühlen umzugehen, sodass sie für die Beteiligten noch bearbeitbar bleiben. Moderation dient dazu, die unterschiedlichen Beiträge der Beteiligten aufzunehmen, sie also zu erkennen und anzuerkennen, sie zu ordnen und thematisch strukturiert mit den Beteiligten nacheinander zu diskutieren. Deshalb ist Moderation ein wichtiges Verfahren in demokratischer Partizipation. Sie hilft den Beteiligten, die eigenen Beiträge auch in aufgeregten Situationen berücksichtigt zu sehen, und mithilfe einer Systematisierung mit den Gegenübern geordnet streiten zu können. Moderation hat nicht die Aufgabe, Konflikte zu lösen, sie muss nur dafür sorgen, dass die Betroffenen mit ihren Gefühlen auf eine Weise beteiligt werden, die für alle Mitstreitenden sichert, dass ihre Emotionen einbezogen und debattiert werden. Indem Moderation Regeln und Strukturen der Diskussion einführt, schafft sie eine Konfliktarena, in der die Beteiligten fair streiten können. Den meisten Fachkräften sind Moderationsverfahren bekannt und ich werde sie hier nicht genauer ausführen.

Mediation

Eine intensivere Form der Moderation von Konflikten und den sie erzeugenden Gefühlen stellen Verfahren der Mediation dar. „Mediation bezeichnet ein Konfliktverfahren, das durch eine von beiden Parteien akzeptierte allparteiliche dritte Person angeleitet wird. Mediation bedeutet Vermittlung. Die Mediatorin, der Mediator versucht, durch Erhellung der Hintergründe und Motive des Konflikts die Streitparteien einander näher zu bringen. Das Nachvollziehen der Perspektive des jeweils anderen und das dadurch gewonnene Verständnis für sein Handeln ermöglicht eine Arbeit an gemeinsam Lösungen. Die Konfliktparteien werden durch das Verfahren unterstützt, eigene, ihnen angemessene Lösungen zu entwickeln" (Karolczak 2013, S. 459). Klassischerweise hat die Mediation fünf Phasen. Im ersten Schritt wird die Rolle des Mediators/der Mediatorin geklärt und es werden die Regeln der Gewaltfreiheit, des Ausreden-Lassens und der Nichtbeleidigung eingeführt. Im zweiten Schritt, der Themensammlung, können die Konfliktparteien alle Themen aufbringen, die sie im jeweiligen Zusammenhang für wichtig halten. Der dritte Schritt der Interessensklärung ist zentral: es wird versucht, die hinter dem Konflikt liegenden Gefühle, Motive Bedürfnisse und Interessen offenzulegen. Hier unterstützen die Mediator:innen, dass die beiden beteiligten Seiten ihre jeweiligen Gefühle ausdrücken können und sie diese voneinander zunächst einmal in Ruhe kennenlernen. So wird das Konflikthandeln der Gegenseite oft nachvollziehbar, auch wenn es deshalb nicht gutgeheißen werden muss. Es entsteht aber zunehmend das Potenzial von Verständigung, und damit können im vierten Schritt überhaupt mögliche Lösungswege gesammelt werden. In der letzten Phase wird gemeinsam geprüft, ob und welche Lösungsideen machbar sind, und schließlich, ob sie von jeder der betroffenen Konfliktparteien akzeptiert und umgesetzt werden können. Damit zeigt sich die Mediation als ein demokratierelevantes Verfahren: Die Gefühle der Beteiligten werden ernst- und aufgenommen und mithilfe einer moderierten Vermittlung können Hinter-Gründe des Handelns und der Interessen der Beteiligten erkennbar und verhandelbar werden. So entstehen Lösungen/Kompromisse denen die Beteiligten zustimmen können.

Gewaltfreie Kommunikation

Moderation und Mediation kann helfen, sich als Fachkraft und auch den Teilnehmenden die Regeln der gewaltfreien Kommunikation nach Marshall B. Rosenberg (vgl. Rosenberg/Seil 2004) nahezubringen, ich hatte oben schon darauf verwiesen. Zwei Mitarbeiterinnen aus einem Jugendkulturzentrum, welche die Methode im Rahmen der Demokratiebildung nutzen, beschreiben deren Regeln so: „Rosenberg entwickelte zur Anwendung der gewaltfreien Kommunikation (Gfk) das ‚4 Schritte-Modell':

(1) Beobachten/wertfreie Beschreibung der Situation
(2) Befinden/Gefühle beschreiben ohne Analysen
(3) Bedürfnisse (nicht an bestimmte Personen oder Objekte gebunden): Welches Bedürfnis kommt im Moment zu kurz und will respektiert oder erfüllt werden?
(4) Bitten oder konkrete Handlungsstrategien (an bestimmte Personen gebunden): Was willst du jetzt konkret tun, um dein Bedürfnis zu erfüllen?

Ziel der GfK ist die wertschätzende Verbindung zwischen den Kommunikationspartner:innen. Diese funktioniert, indem ich die andere Person wahrnehme, ihr empathisch zuhöre und bei Unstimmigkeiten diese „Vier Schritte" durchlaufe und meiner Gesprächspartnerin so meine Befindlichkeit und Bitte als ICH-Botschaft mitteile. Die Voraussetzung dafür ist, dass ich mich selbst wahrnehme und mich aufrichtig ausdrücke. Auch für die Selbstempathie durchlaufe ich die vier Schritte" (Bühler/Henatsch 2020, S. 337). Gefühle mithilfe solcher Regeln anzuerkennen und aufzugreifen, und sie im Blick auf die Gegenseite so zu formulieren, dass sie nicht den Gegenüber abwerten und einseitig schuldig sprechen, unterstützt die demokratische Aushandlung auch in stark emotionalisierten Streitigkeiten.

4.14 Negative Gefühle ausgleichen

Der Sozialphilosoph Josef Früchtl (2021) schlägt in seinem Buch „Demokratie der Gefühle“ vor, im demokratischen Umgang mit Emotionen, negativen oder extremen Gefühle nicht nur durch Ermöglichung von Erzählungen und künstlerischen Expressionen einen ästhetischen Ausdruck zu schaffen, sondern ihre destruktiven Anteile auch im Sozialen zu kompensieren, d. h. aufzuwiegen, auszugleichen und aufzuheben. Früchtl versteht individuelle Gefühle wie Empörung, Wut und Zorn (die ja heute oft die demokratische Debatte in der Öffentlichkeit prägen) als ein Risiko für die demokratische Diskussionskultur. Oben hatte ich bereits das Risiko angesprochen, dass aus dem in der Demokratie unvermeidbaren Streit um Argumente ein nur noch von Emotionen dominierter Kampf wird. Dann kann es dazu kommen, die Gegenüber nicht mehr als Mitglieder in der Entscheidungsgemeinschaft anzuerkennen und den Streit mit Argumenten auszutragen, sondern sie als Feinde zu bekämpfen. Um Emotionen zwar vorrangig ernst zu nehmen und aufzugreifen, aber doch ihr negatives Potenzial einzuhegen, greift Früchtl auf einen Vorschlag der Sozialphilosophin Martha Nussbaum zurück. Nussbaum bezieht sich nach Früchtl (a. a. O., S. 47) besonders auf die politische Bedeutung menschlicher Gefühle wie Angst, Aggression, Neid und Scham. Sie entstünden durch menschliche Endlichkeit und Unvollkommenheit, die es auszugleichen gelte. „Unvollkommenheit kann und sollte abgefedert werden durch die Hilfe anderer. Fühlen wir uns als endliche Subjekte erst einmal aufgefangen im Netz der Intersubjektivität, müssen wir keine Angst mehr haben angesichts unserer Endlichkeit. Selbstverständlich muss dies eine Art von Intersubjektivität sein, die sich konkretisiert in Beziehungen der Freundschaft, Liebe und Solidarität. Solch ein unterstützendes soziales Netzwerk scheint aber ausreichend, um demokratiegefährdende Gefühle wie Angst, Aggression, Neid und Scham zu kompensieren und zu balancieren. Die Kompensation erfolgt also [...] durch soziale Verhältnisse und ethische Lebensformen. Im Falle der Angst etwa bedeutet dies, wie Nussbaum es in *Political Emotions* ausdrückt, dass dieses egozentrisch einengende, auf Selbsterhaltung bezogene Gefühl kombiniert werden muss mit dem, was von allgemeinem Belang (*general concern*) ist, sodass wir eine Abschwächung (*tempering*) der Angst erhalten“ (Nussbaum 2013 zit. nach ebd., Hervorheb i. O.).

Ich finde zwei zentrale Vorschläge in diesem Zitat:

(1) Negative Gefühle wie Angst, Aggression, Neid und Scham (wie wir sie auch im Alltag der JSA bei Jugendlichen und Fachkräften finden) können ausgeglichen werden, indem die Betroffenen in ein konstruktives soziales Beziehungsnetz integriert werden.

(2) Negative individuelle Gefühle können aus der Falle der Selbstbezogenheit befreit werden, wenn sie in Bezug zu einem „allgemeinem Belang" gesetzt werden. Als ‚allgemeinen Belang' verstehe ich die Sachfragen und Regelungen, die im Zusammenleben in Gesellschaft und sozialpädagogischer Einrichtung kooperativ bearbeitet werden müssen, um das Gemeinwohl zu sichern und zu fördern. Darauf komme ich noch zurück, zunächst zum ersten Vorschlag.

Integration in die demokratische Entscheidungsgemeinschaft

Das in diesem Buch vorgeschlagene Konzept demokratischer Partizipation versucht ja gerade, in sozialpädagogischen Einrichtungen (hier der JSA) eine „minature community" (Dewey) zu schaffen, also ein Kollektiv, in dem die Beteiligten sich als mitentscheidende und mitverantwortliche Mitglieder eines demokratischen Gemeinwesens erfahren können. Ihre Integration in diesen sozialen Zusammenhang einer Entscheidungsgemeinschaft fördert, dass alle Einzelnen trotz ihrer Unterschiedlichkeit doch gleichberechtigt mitbestimmen können. Sie sind Mitglieder einer solchen kleinen Kommune, die sich gegenseitig anerkennen in ihrem gleichen Recht der Beteiligung.

Hinzu kommt, dass Mitglieder gegenseitig für die Inklusion aller unterschiedlicher Beteiligter in die Gleichheit verantwortlich sind. Differenz, Aushandlung und auch Konflikte zwischen den unterschiedlichen Beteiligten werden in der Demokratie begrüßt. Daraus folgt, dass alle Anstrengungen unternommen werden müssen, dass niemand aufgrund seiner Differenz das Recht auf gleiche Mitentscheidung nicht vollumfänglich wahrnehmen kann. Denn wenn Mitglieder der Entscheidungsgemeinschaft aus ihr herausfallen oder ausgeschlossen werden, funktioniert diese nicht im demokratischen Sinne und es muss gemeinsam Abhilfe geschaffen werden.

Randständigkeit oder Ausschluss können nicht nur aufgrund von Diskriminierungsprozessen geschehen. In der Gesamtgesellschaft fühlen sich aktuell viele Menschen einsam. In der empirischen Studie „Die distanzierte Mitte" (Zick/Küpper/Mokros 2023) gaben Anfang 2023 „28 % der Befragten an, es fehle ihnen ‚öfter' oder ‚häufig' an Gesellschaft, 17 % fühlen sich ausgeschlossen, 15 % von anderen isoliert" (Neu/Küpper 2023, S. 338). Die Forschung zeigt, dass „Einsamkeit – wie die Befunde deutlich machen – mit demokratiegefährdenden Positionen einhergeht, die sich über Verschwörungsmythen, einen völkisch-rebellischen Aufruf zum ‚Widerstand' in rechtsextreme Einstellungen bis hin zu einer höheren Billigung von Gewalt steigern" (a.a.O., S. 352). Die Forschung belegt auch die These von Nussbaum, dass negative Gefühle von desintegrierten Menschen mit einem egozentrischen Bezug auf Selbsterhaltung einhergehen: „Einsame Personen meinen häufiger als Nichteinsame, ihnen stünde mehr zu als anderen, erheben also durchaus den Anspruch auf ‚Besserbehandlung'" (ebd.). Daraus lässt sich schließen, dass soziale Integration negative Gefühle kompensieren kann.

Eine weitere Wirkung von Integration in ein demokratisches Gemeinwesen entsteht durch die gemeinsame Bezogenheit auf die Problemstellungen des Zusammenlebens. In Einrichtungen der JSA leben meistens Gruppen von einer Größe zusammen, in der die Leute einander kennen, treffen und miteinander zusammenarbeiten. Alle können mitbekommen, was ein solche ‚Gesellschaft im Kleinen' betrifft. Wenn solche Themen und Fragen der gemeinsamen Lebensführung Folgen für die Beteiligten haben, können sie sich in die Suche nach und Entscheidung über Lösungen aktiv einbringen. Da sie gemeinsam für Antworten auf Problemstellungen verantwortlich sind, sind die Betroffenen auch integriertes Teil des Kollektivs, das danach suchen muss. In demokratischen Verhältnissen kann man die Verantwortung nicht auf Chef:innen und Bestimmer:innen abschieben, sondern man muss sie teilen. Daraus folgt aber eben auch, dass man ein einbezogenes Mitglied dieses Gemeinwesens der geteilten Betroffenheit und demokratischen Entscheidung ist. Das, was alle angeht, geht auch die Einzelnen an, und was die Einzelnen angeht, auch die anderen.

Demokratische Partizipation hat also Potenziale einer Integration in solidarische und kooperative Kollektive (vgl. Sturzenhecker 2019). Darin sind die Beteiligten nicht darauf reduziert, sozial isoliert um ihre (negativen) Gefühle zu kreisen, sondern die Einzelnen sind mit ihren Gefühlen unverzichtbarer Teil der Kooperation und Mitentscheidung. Das mildert ihre Auslieferung an Gefühle wie Angst, Aggression, Neid und Scham. Es eröffnet ihnen aber auch eine Wandlung solcher Gefühle durch Integration in Kooperation und Aushandlung von Lösungen. Es geht dann nicht mehr nur um die selbstbezogenen Gefühle, sondern um den Beitrag der Einzelnen zur Auseinandersetzung mit den Problemstellungen, die das Gemeinwesen betreffen. Man ist zwar als anerkanntes Individuum mit spezifischen Gefühlen integriert, aber auch gehalten, die Gefühlsegozentrik zum Wohle des Gemeinwesens zu reduzieren oder aufzugeben.

Gefühle über Sachprobleme von allgemeinem Belang abarbeiten

Das leitet über zum zweiten Vorschlag von Martha Nussbaum, nämlich der Abschwächung von negativen Gefühlen durch deren Einbeziehung in Fragen von ‚allgemeinem Belang'. Ich habe schon geschildert, dass demokratische Partizipation sich den Problemen und Themen des Zusammenlebens zuwendet, die alle betreffen und für alle Folgen haben; solche Themen haben ‚allgemeinen Belang'. Die Interaktion in ein Gemeinwesen findet nicht nur zwischen (zwei) Personen statt, sondern bezieht sich immer auch auf etwas *zwischen* den Personen, nämlich die ‚dritte Sache'. In dem berühmten Gedicht „Lob der dritten Sache" von Bertolt Brecht heißt es: „Er und ich waren zwei, aber die dritte/ gemeinsame Sache, gemeinsam betrieben, war es,/ die uns einte" (Brecht 1981, S. 1159). Im Gedicht ist mit der dritten Sache der Kommunismus gemeint, aber man kann den Begriff davon ablösen und die dritte Sache ganz allgemein als Charakteristikum menschlicher Kooperation verstehen. Das Verbindende der Interaktion besteht in dem gegenseitigen Bezug auf das Dritte, an dem die Beteiligten arbeiten. Ihre Gefühle sind nicht beschränkt auf Innerlichkeit in der Zweisamkeit, sondern konkret bezogen auf den Inhalt ihrer Kooperation und Koordination. Sie verständigen sich, um das, was sie gemeinsam betrifft, zu bearbeiten und zu lösen. Dadurch bekommt ihre Interaktion eine konkrete Basis und ihre Gefühle verbinden sich mit der Bearbeitung der Themenstellung. Es stehen also nicht die Gefühle im Mittelpunkt, sondern der gemeinsame Bezug auf die Sache. So ‚geerdet', werden auch negative Gefühle kompensierbar, Person und Gefühl finden sich aufgehoben in der sachlichen Zusammenarbeit.

Demokratische Partizipation fördert Kooperation an konkreten Sachproblemen des Zusammenlebens. In autoritären Strukturen und Beziehungen bestimmen nur wenige oder einzelne Personen, wie mit den Fragen der gemeinsamen Betroffenheit umgegangen wird. Die fremdbestimmten Einzelnen gehorchen und bleiben mit ihren Gefühlen isoliert. Demokratische Partizipation ermöglicht dagegen eine Integration in ein Gemeinwesen, das die Einzelnen, ihre Gefühle, Ideen, Argumente und Vorschläge braucht, um gute Lösungen gemeinsam entwickeln zu können. Das bedeutet aber auch für die Subjekte, dass sie sich auf diese gegenseitigen Verhältnisse und Aushandlungsprozesse einlassen müssen. Sie werden darin als Individuen mit spezifischen Gefühlen und Fähigkeiten anerkannt, müssen aber doch mit den anderen streiten und Lösungen finden.

4.15 Von Gefühlsgeschichten zum Argumentieren kommen

Ich hatte oben schon erläutert, was man unter einem Argument versteht und wie Gefühle, Geschichten und Meinungen zu Argumenten werden können. Bevor ich konkrete Handlungsvorschlägen für Fachkräfte mache, wie sie Jugendliche unterstützen können, von Gefühlsgeschichten zu Argumentationen zu kommen, will ich noch einmal kurz die Wichtigkeit solcher Narrationen betonen und dann die Verschränkung von Geschichten und Argumentationen verdeutlichen.

Die Bedeutung von Gefühlsgeschichten darf gerade für die demokratische Deliberation, also Aushandlung, in der JSA nicht unterschätzt werden. Ich hatte oben schon verschiedentlich darauf hingewiesen, wie Artikulationen von Benachteiligten (unangemessen!) als nicht relevant für vernünftige demokratische Auseinandersetzungen behandelt werden. Epistemische Ungerechtigkeit kann durch Vorurteile mächtiger Konfliktparteien die Artikulation von Benachteiligten behindern und sogar deren Selbstwahrnehmung als Expert:innen ihrer eigenen Betroffenheit stören oder zerstören. Iris Marion Young (2002) oder auch Lynn M. Sanders (1997) haben „argumentiert, dass durch den Anspruch rationaler Begründungen und der Ausklammerung des Privatlebens der Teilnehmenden eine Benachteiligung von Personen stattfindet, die weniger gut in der

Lage sind, sich rein argumentativ auszudrücken[,] und dass diese Personen eher zu den Teilgruppen in der Gesellschaft gehören, die ohnehin einen erschwerten Zugang zu politischen Prozessen haben“ (Nienhaus/Mütschele 2022, S. 240). Um demokratische Deliberationen gerechter zu gestalten wird vorgeschlagen, auch Gefühle, Gefühlsgeschichten (‚Storytelling‘), Humor und ästhetische Gefühlsausdrücke in Argumentationsprozesse einzubeziehen. Sanders hebe besonders hervor, dass das Teilen persönlicher Geschichten die Partizipation von Personen stärken könne, die aufgrund sozialer Strukturen (zum Beispiel Klassen- oder Bildungsunterschieden) andere Stile des Einbringens in Aushandlungsprozesse hätten (vgl. a. a. O., S. 241). Nienhaus und Mütschele fassen Forschungsergebnisse zusammen, nach denen Personen, denen Zwänge einer abstrakten Argumentation schwerfallen, über Erzählungen Eingang in den Kommunikationsprozess finden können. „Außerdem wurde bestätigt, dass Teilnehmende sich [dadurch] besser mit den Sichtweisen anderer identifizieren und die für diese ursächlichen Moralvorstellungen besser nachvollziehen können, auch wenn sie sich in Bezug auf das diskutierte Thema in einem inhaltlichen Konflikt zueinander befinden [...]. Narrationen können so die Inklusivität von Deliberationsprozessen stärken, weil sie keine besonderen Anforderungen an die Teilnehmenden stellen. Alle Personen sind in der Lage, Geschichten aus ihrem Leben zu teilen[,] und so können auch Mitglieder benachteiligter Gruppen Gehör für ihre Situation und ihre Moralvorstellungen finden“ (ebd.).

Weitere Forschungsergebnisse (Schwarze 2019) können zeigen, dass Erzählungen und Argumentationen sich besonders verbinden, wenn Betroffene Konflikte aushandeln. Erzählungen bekommen dann eine Funktion für die Argumentation. In der Verhandlung von Streitigkeiten muss zunächst erzählt werden, um was es geht, wie der Konflikt zustande kam. In der „*narratio* (also der Erzählung) [wird] der Sachverhalt dargelegt; dabei wird gesagt, was passiert ist. Es werden zum einen vergangene Ereignisse dargestellt, um sie später für die *argumentatio* – also das Abwägen, Gründe darlegen, Widersprechen oder Rechtfertigen von Handlungen und Perspektiven, die in den in Rede stehenden Ereignissen vorfindlich sind – aufgreifen und nutzen zu können. [...] Der Ansatzpunkt ist, dass Geschichten durch ihre Erlebnisqualität und den damit verbundenen Geltungsanspruch der Faktizität einen spezifischen Beitrag zum rhetorischen Ziel der Evidenzherstellung (also der Herstellung unmittelbarer Einsehbarkeit) leisten können; die Erlebnisperspektive ist zugleich eine Glaubwürdigkeitsressource“ (Schwarze 2019, S. 53).

Während Erzählungen immer eine Zeitperspektive haben – ‚erst passierte dies und dann passierte das‘ oder ‚und dann er so, und dann sie so‘ –, zeichnen sich Argumentationen durch die Erzeugung des *Zusammenhangs* von beobachtbaren Daten (also etwa Informationen, Fakten oder unterstellten Voraussetzungen) mit einer ‚Konklusion‘ (also Schlussfolgerung) aus, die daraus abgeleitet wird.

Die beiden unterschiedlichen Sprechformen hängen zusammen, wie die Forschung von Schwarze zeigt: „Die Bearbeitung vergangener Vorfälle wird dazu genutzt, etwas neu und auch für die Zukunft tragbar zu klären. Erzählen und Argumentieren zeigen sich hier nicht als gegensätzliche Modi des Überzeugens, es lässt sich in Bezug auf die Überzeugungskraft kein Gegensatz eröffnen [zwischen] ‚guter Geschichte' und ‚besserem Argument'. Vielmehr dient die Geschichte der Argumentation, die Narration erfährt auf diese Weise eine Rhetorisierung [also eine Funktion im Überzeugungsprozess, BeSt]" (Schwarze 2019, S. 68).

So vorbereitet, kann ich nun konkrete Vorschläge zur methodischen Einbeziehung von Narrationen in Argumentationen im Rahmen demokratischer Aushandlungsprozesse in der JSA machen. Alles beruht auf der oben differenziert aufgeschlüsselten methodischen Grundhaltung, die Gefühlsgeschichten der Jugendlichen als bedeutsam für Argumentationen und damit für die demokratische Aushandlung zu betrachten, ihre Erzählung zu ermutigen und für die Verständigung zu nutzen.

Dokumentation von Gefühlsgeschichten

Ich hatte oben beschrieben, wie durch Containment (negative) Gefühle überhaupt in Worte gefasst und wie Gefühlsgeschichten ausgelöst werden können. Für ihre Nutzung in Argumentationen hilft es, wenn die Geschichten nicht nur mündlich vorgetragen, sondern dabei auch visuell dokumentiert werden. Dann können sowohl die Erzählenden als auch die Zuhörenden die Geschichte verfolgen, und man kann die narrativen Elemente des zeitlichen Nacheinanders und der handelnden Personen von den argumentativen Elementen der Begründung trennen. Dazu werden die Elemente der jeweiligen Erzählung am einfachsten schriftlich auf Moderationskarten dokumentiert. Die dramatischen Elemente und Emotionen der Geschichte können mit verkürzten Stichworten auf Karten mit einer Farbe aufgeschrieben werden. Auf einer anderen Kartenfarbe können die Argumentationselemente notiert werden. Dafür hilft es, schon auf begründende Bindewörter (‚Kausalkonjunktionen') zu achten, wie schon erwähnt: weil, darum, deshalb, also, wegen, denn, daher, damit usw.

Ausführliches Erzählen und dringendes Entscheiden

Es macht einen Unterschied, ob einzelne Jugendliche in Ruhe gebeten werden können, ihre Geschichten ausführlich zu erzählen und dieses auch mithilfe ästhetischer Darstellungsmittel zu tun, oder ob in einem konkreten Konfliktprozess schnell Argumente herausgearbeitet werden müssen. In Sitzungen eines Jugendparlaments z. B. kann letzteres der Fall sein, denn die Sitzungen würden zu lang dauern, wenn die Geschichten unterschiedlicher Beteiligter erst ausführlich erzählt und dokumentiert würden. Gerade wenn Handlungszwang (Habermas) besteht, d. h. ein Gremium oder eine Gruppe (dringend) Lösungsvarianten diskutieren und Entscheidungen fällen muss, entsteht oft Zeitdruck. Dieser birgt das Risiko, dass Gefühlsgeschichten von Einzelnen und damit ihre Positionen untergehen. Andererseits benötigen Entscheidungen über Regelungen des Zusammenlebens ein ausführliches Streiten und Argumentieren. Was wichtig für das Gemeinwesen ist, kann meist nicht auf der Grundlage allzu kurzer, stichwortartiger Argumentationen beschlossen werden. Das bedeutet, dass Diskussionen – inklusive der manchmal zeitaufwendigen Recherchen von Sachfragen – Zeit brauchen. Sie müssen vom Handlungszwang entlastet werden, deshalb spricht man von Situationen der ‚Handlungspause' (Habermas).

Wenn also wichtige Entscheidungen für die Entscheidungsgemeinschaft anstehen, sollten Fachkräfte dafür sorgen, dass nicht nur in Gremien diskutiert und entschieden wird. Es braucht eine ausführlichere Debatte in der Öffentlichkeit. Das erfordert, sich auch die Zeit zu nehmen, Gefühlsgeschichten von einzelnen Jugendlichen gestalterisch aufzuarbeiten und in der Öffentlichkeit zu präsentieren – das ist das Moment der Deliberation. Dabei können dann, wie oben erläutert, Narrationen schon so ausgewertet werden, dass sie als Argumentationen hervortreten.

Sprachstruktur von Argumenten nutzen

Aber auch in dringenden Situationen des Entscheidungszwangs, wie etwa in einer Jugendratssitzung mit vielen Tagesordnungspunkten, können erzählte Geschichten visualisiert eingebracht werden. Narrationen, die von den Sprechenden in Streitprozessen erzählt werden, passen sich meistens bereits der Funktion des Argumentierens an. Die Erzählenden sprechen so, dass in den Geschichten der argumentative Zweck deutlich wird. Moderieren der Fachkräfte kann etwa mithilfe von Laptop und Beamer (oder auch Karten und Wandzeitung) in der Sitzung wichtige Argumente von Sprechenden für alle sichtbar machen. Dazu können wiederum auch die Kausalkonjunktionen genutzt werden. Man kann das oben eingeführte Argumentationsschema nach Toulmin verwenden und die Argumentationsstruktur von Datum und Konklusion verwenden, um Argumente darzustellen. Wenn man die Kernargumente von Sprechenden so für alle Beteiligten sichtbar macht, treten positive Wirkungen ein: Die Sprechenden sehen sich mit ihrem Argument anerkannt und einbezogen; sie können prüfen, ob die dokumentierte Aussage für sie so stimmt und sie gegebenenfalls korrigieren; alle anderen können das Argument noch einmal klar nachvollziehen, und damit entsteht die Möglichkeit, es besser zu prüfen und gegebenenfalls präziser zu widersprechen. So können unterschiedliche Argumente nebeneinandergestellt werden, und man kann ihre Überzeugungskraft abwägen.

4.16 Dranbleiben ist wichtiger als Perfektion

Es kann einem schon die Luft wegbleiben oder ein Seufzer entfahren, wenn man all die vielen Ansprüche und Vorschläge zum Umgang mit Gefühlen in demokratischer Partizipation liest. Kaum eine demokratische Debatte wird all diese Ideale einlösen können. Ich habe allerdings versucht, einmal viele methodische Elemente kleinschrittig aufzufächern, um Fachkräften überhaupt eine Orientierung zu geben, um was es gehen könnte. Im Alltag der Partizipation wird vieles davon nicht umsetzbar sein, besonders auch, weil die Emotionen mächtig bleiben und soziale Prozesse nicht durchgängig vernünftig, also auf der Basis von Begründungen gestaltet werden können. Oft herrscht in Debatten (nicht nur mit Jugendlichen!) ein ziemliches Durcheinander, viele Gefühle prallen aufeinander, der Bezug auf Argumente von Vorrednern geht verloren und man weiß kaum noch, worüber man spricht, es gibt Versuche der Manipulation und Machtausübung und es entstehen immer wieder Missverständnisse. Normal! Und trotzdem, sind es gerade die gemeinsamen und öffentlichen Diskussionen, die den Kern der Demokratie ausmachen. Man kann versuchen, sie besser zu machen, und dazu braucht man Orientierungspunkte und kritische Kriterien, um die Prozesse auszuwerten und zu optimieren. Solche Orientierung habe ich hier versucht zu geben.

Im Drunter und Drüber des demokratischen Streites im Alltag der Einrichtungen der JSA wird vieles davon verloren gehen. Man kann einander kaum einmal vollumfänglich verstehen, Missverständnisse bleiben – doch wird man immer alle Argumente auf ihre Qualität prüfen und sich für das beste entscheiden können. Dann hilft manchmal Humor: die Beteiligten erkennen, wie wenig perfekt sie demokratische Diskussionsansprüche erfüllen. Humor ist, wenn man trotzdem lacht und weitermacht. Sich über die eigene Unvollkommenheit zu amüsieren, kann dafür öffnen, es trotz aller Schwierigkeiten und Frustrationen weiter zu versuchen. Das *Dranbleiben* ist damit eine zentrale demokratische Fähigkeit. In den Versuchen der Fachkräfte in unseren Modellprojekten, die demokratische Partizipation der Jugendlichen auszubauen, haben sie immer wieder festgestellt, dass Demokratie, so unvollkommen sie sein mag, immer auch stärkende Wirkungen hat: die Beteiligten erfahren sich anerkannt und integriert; sie verstehen sich und andere besser; sie erweitern ihre sprachlichen, sachlichen und sozialen Handlungsfähigkeiten, erkennen ihre Bedeutung für die Entscheidungsgemeinschaft und ihre Selbstwirksamkeit; sie verbinden sich in geregeltem Streit und Ringen um Lösungen, erkennen sich als mitverantwortlich für die gemeinsame Lebensführung und erfahren unmittelbar den Sinn ihrer demokratischen Kooperation.

Was wollte Jugendsozialarbeit mehr erreichen? :-)

Literaturverzeichnis

Affolderbach, Friedemann (2020): Öffentlichkeit von Unten. Demokratie, Öffentlichkeit und Politische Bildung. Wiesbaden: SpringerVS.

AGJ – Arbeitsgemeinschaft für Kinder- und Jugendhilfe (2017): Politische Bildung junger Menschen – ein zentraler Auftrag für die Jugendarbeit. Positionspapier der Arbeitsgemeinschaft für Kinder- und Jugendhilfe – AGJ. Berlin.

Ahlrichs, Rolf/Maykus, Stephan/Richter, Elisabeth/Richter, Helmut/Riekmann, Wibke/ Sturzenhecker, Benedikt (2021): Demokratiebildung im 16. Kinder und Jugendbericht – kritische Kommentare aus Sicht demokratischer Kinder- und Jugendarbeit. In: deutsche Jugend, H. 10/2021, S. 426–440.

Alheit, Peter (1994): Das narrative Interview. Eine Einführung (Reprint). Roskilde: Roskilde Universitetscenter.

Assmann, Aleida (2013): Formen des Schweigens. In: Assmann, Aleida und Jan (Hrsg.): Schweigen. Paderborn: Fink, S. 51–68.

Assmann, Jan/Assmann, Aleida (2013): Einführung. In: Dies. (Hrsg.): Schweigen. Paderborn: Fink, S. 9–25.

Baader, Meike S./Böttcher, Nastassia L./Ehlke, Carolin/Oppermann, Carolin/Schröder, Julia/Schröer, Wolfgang (2024): Ergebnisbericht – Helmut Kentlers Wirken in der Berliner Kinder- und Jugendhilfe – Aufarbeitung der organisationalen Verfahren und Verantwortung des Berliner Landesjugendamtes. Hildesheim.

Bandura, Albert (1997): Self-efficacy: The exercise of control. New York, NY: Freeman.

Bargetz, Brigitte/Eggers, Nina Elena (2023): Affektive Narrative: Theorie und Kritik politischer Vermittlungsweisen. In: Politische Vierteljahresschrift 64 (2023), S. 221–246.

Barrett, Lisa Feldman (2012): Emotions Are Real. In: Emotion, Vol. 12, No. 3, S. 413–429.

Barrett, Lisa Feldman (2023): Wie Gefühle entstehen. Eine neue Sicht auf unsere Emotionen. Hamburg: Rowohlt.

Beck, Iris/Greving, Heinrich (2012): Lebenswelt, Lebenslage. In: Dies. (Hrsg.): Lebenslage und Lebensbewältigung. Stuttgart: Kohlhammer, S. 15–59.

Becker, Helle (2022): Zwischen Freiraum und Prävention – Politische Jugendbildung. In: Möller, Kurt/ Neuscheler, Florian/Steinbrenner, Felix (Hrsg.): Demokratie gestalten! Herausforderungen und Ansätze für Bildungs- und Sozialarbeit. Stuttgart: Kohlhammer, S. 29–40.

Becker, Helle (2023): Mehr politische Bildung und Demokratiebildung in der landesgeförderten Jugendsozialarbeit in NRW. Eine Arbeitshilfe. Herausgegeben vom LVR-Landesjugendamt Rheinland. Köln. https://www.lvr.de/media/wwwlvrde/jugend/jugendfrderung/jugendarbeitanortendererinnerung/dokumente_68/2023_Arbeitshilfe_Demokratiebildung_und_politische_Bildung_in_der_JSA_Becker.pdf (letzter Zugriff: 27.07.2023).

Betz, Tanja/Bollig, Sabine (2023): Kinder in Kita und Gesellschaft. 105 Reflexionskarten für die frühpädagogische Praxis. Weinheim und Basel: Beltz Juventa.

Bildungsbericht (2022): Bildung in Deutschland 2022. Ein indikatorengestützter Bericht mit einer Analyse zum Bildungspersonal. Herausgeber: Autor:innengruppe Bildungsberichterstattung. Bielefeld: wbv Media. https://www.bildungsbericht.de/de/bildungsberichte-seit-2006/bildungsbericht-2022/bildung-in-deutschland-2022 (letzter Zugriff: 31.07.2023).

Bimschas, Bärbel/Schröder, Achim (2003): Beziehungen in der Jugendarbeit. Untersuchung zum reflektierten Handeln in Profession und Ehrenamt. Leverkusen: Leske und Budrich.

Bion, Wilfred R. (1962a/1992): Lernen durch Erfahrung. Frankfurt am Main: Suhrkamp.

Bion, Wilfred R. (1962b/2002): Eine Theorie des Denkens. In: Bott Spillius, Elizabeth (Hrsg.) (2002): Melanie Klein heute. Entwicklungen in Theorie und Praxis, Bd. 1: Beiträge zur Theorie. Stuttgart: Klett-Cotta, S. 225–235.

BMFSFJ – Bundesministerium für Familie, Senioren, Frauen und Jugend (2017): Bericht über die Lebenssituation junger Menschen und die Leistungen der Kinder- und Jugendhilfe in Deutschland – 15. Kinder- und Jugendbericht. Berlin.

BMFSFJ – Bundesministerium für Familie, Senioren, Frauen und Jugend (Hrsg.) (2020): 16. Kinder- und Jugendbericht: Förderung demokratischer Bildung im Kindes- und Jugendalter. Berlin.
Bodenheimer, Aron R. (1984): Warum? – Von der Obszönität des Fragens. Stuttgart: Reclam.
Bodenheimer, Aron R. (1992): Verstehen heißt antworten. Stuttgart: Reclam.
Brecht, Berthold (1982): Lob der dritten Sache. In: Die Gedichte von Bertolt Brecht in einem Band. Frankfurt am Main: Suhrkamp, S. 1159.
Brückner, Margrit (2010): Entwicklungen der Care-Debatte. Wurzeln und Begrifflichkeiten. In: Apitzsch, Ursula/Schmidbaur, Marianne (Hrsg.): Care und Migration. Die Ent-Sorgung menschlicher Reproduktionsarbeit entlang von Geschlechter- und Armutsgrenzen. Opladen u. a.: Budrich, S. 43–58.
Brunner, Markus (2011): Trauma, Krypta, rätselhafte Botschaft. Einige Überlegungen zur intergenerationellen Konfliktdynamik. In: Psychosozial 34. Jg. (2011), Heft II (Nr. 124), S. 43–59.
Budde, Wolfgang/Früchtel, Frank (2009): Eco-Maps und Genogramme als Netzwerkperspektive in der sozialräumlichen Fallarbeit. In: sozialraum.de (1) Ausgabe 2/2009. https://www.sozialraum.de/eco-maps-und-genogramme-als-netzwerkperspektive.php (letzter Zugriff: 04.11.2024).
Bühler, Jenka/Henatsch, Anja (2020): Gewaltfreie Kommunikation als Voraussetzung für das Gelingen der GEBe-Methode: In: Sturzenhecker, Benedikt/Glaw, Thomas/Schwerthelm, Moritz (Hrsg.): Gesellschaftliches Engagement von Benachteiligten fördern – Band 3. Kooperativ in der Kommune demokratisches Engagement von Kindern und Jugendlichen ermöglichen. Gütersloh: Bertelsmann Stiftung, S. 335–345.
Burdman, Javier (2021): „Sinn für Ungerechtigkeit“ – Über die Rolle von Gefühlen bei dem Widerstand gegen epistemische Ungerechtigkeit. In: Diskurs, Ausgabe 6, S. 43–62. https://journals.uni-due.de/diskurs/article/view/422 (letzter Zugriff: 05.06.2025).
Butler, Judith (2005): Gefährdetes Leben. Politische Essays. Frankfurt am Main: Suhrkamp.
Charim, Isolde (2022): Die Qualen des Narzissmus: Über freiwillige Unterwerfung. Wien: Paul Zsolnay.
Crenshaw, Kimberlé (1994): Mapping the Margins: Intersectionality, Identity Politics, and Violence Against Women of Color. In: Fineman, Martha/Mykitiuk, Roxanne (Hrsg.): The Public Nature of Private Violence. New York: Routledge, S. 93–118.
Daum, Egbert (2011): Subjektives Kartographieren. In: sozialraum.de (3) Ausgabe 1/2011. https://www.sozialraum.de/subjektives-kartographieren.php (letzter Zugriff: 04.11.2024).
Degele, Nina/Winker, Gabriele (2007): Intersektionalität als Mehrebenenanalyse. http://portal-intersektionalitaet.de/startseite/ (letzter Zugriff: 04.11.2024).
Deinet, Ulrich/Krisch, Richard (2009): Subjektive Landkarten. In: sozialraum.de (1) Ausgabe 1/2009. https://www.sozialraum.de/subjektive-landkarten.php (letzter Zugriff: 04.11.2024).
Dewe, Bernd/Otto, Hans-Uwe (2005): Reflexive Sozialpädagogik: Grundstrukturen eines neuen Typs dienstleistungsorientierten Professionshandelns. In: Thole, Werner (Hrsg.): Grundriss Soziale Arbeit: ein einführendes Handbuch. Wiesbaden: Verlag für Sozialwissenschaften, S. 179–198.
Dewey, John (1899/1915): School and society. Chicago: The University of Chicago Press.
Dewey, John (1907): The School and Society: being three lectures by John Dewey supplemented by a statement of the University Elementary School. Chicago: University of Chicago Press.
Dewey, John (1916/2000): Demokratie und Erziehung. Eine Einleitung in die philosophische Pädagogik. Jürgen Oelkers (Hrsg.). Weinheim und München: Juventa.
Dewey, John (1933): How We Think. Boston, MA.: D. C. Heath and Co.
Dewey, John (1937/1987): The challenge of democracy to education. In: John Dewey: The Later Works, 1925–1953 (Vol. 11, 1935–1937). Carbondale, IL; Edwardsville, IL: Southern Illinois University Press, S. 181–190.
Dewey, John (1938/1997): Experience and Education. First Touchstone Edition, New York: Simon & Schuster.
Dill, Helga/Caspari, Peter/Schubert, Tinka/Könnecke, Bernard/Reising, Nicolas (2024): Grenzenlose Orte. Sexualisierter Gewalt im Bund der Pfadfinderinnen und Pfadfinder (BdP) 1976 bis 2006. München. https://www.ipp-muenchen.de/publikationen/grenzenlose-orte/ (letzter Zugriff: 20.03.2024).
Dornes, Martin (2001): Die emotionale Welt des Kindes. 2. Auflage. Frankfurt am Main: Fischer Taschenbuch.

Dotson, Kristie (2011): Tracking Epistemic Violence, Tracking Practices of Silencing. In: Hypatia, Volume 26, Issue 2, Spring 2011, S. 236–257. DOI: https://doi.org/10.1111/j.1527-2001.2011.01177.x (letzter Zugriff: 10.06.2025).
DUVK – Demokratie und Vielfalt in der Kindertagesbetreuung (2021): Dokumentation des Online-Workshops „Demokratie leben: Partizipative und inklusive Ansätze in der frühpädagogischen Praxis". https://www.duvk.de/dokumentation-des-pfd-workshops-2021/ (letzter Zugriff: 04.11.2024).
Eich, Linda (2016): Psychoanalytische Pädagogik als Kindergartenkonzept. https://www.nifbe.de/component/themensammlung?view=item&id=1164:kita-fachtext-psychoanalytische-paedagogik-als-kindergartenkonzept&catid=23 (letzter Zugriff: 09.01.2025).
El Kassar, Nadja (2023): Epistemische Ungerechtigkeit in bildungswissenschaftlichen Kontexten. Einführende Überlegungen. PFLB – PraxisForschungLehrer*innenBildung, 5 (2), S. 7–12. https://www.pflb-journal.de/index.php/pflb/article/view/6084 (letzter Zugriff: 02.06.2025).
Emmanouil-Maß, Elisabeth (2022): Dran bleiben! Die GEBe-Methode in partizipativer Theaterarbeit. In: Landesjugendamt Westfalen-Lippe (Hrsg.): Demokratiebildung in der Jugendsozialarbeit. Erkenntnisse und Arbeitshilfen aus der Entwicklungswerkstatt des LWL-Landesjugendamtes Westfalen. Münster, S. 111–119. https://www.demokratiebildung-jsa.lwl.org/de/das-vorgaengerprojekt/ (letzter Zugriff: 10.06.2025).
Europahaus Aurich/Anti-Bias-Werkstatt (Hrsg.) (2007): Power Flower (Übung). Aus: CD-ROM Methodenbox: Demokratie-Lernen und Anti-Bias-Arbeit. Aurich. http://portal-intersektionalitaet.de/forum-praxis/methodenpool/methoden-der-intersektionalen-bildungs-und-beratungsarbeit/2012/power-flower/ (letzter Zugriff: 04.11.2024).
Fachstelle politische Bildung – Transversalen (Hrsg.): Politische Bildung und Jugendarbeit. Handreichung für eine verbindende Perspektive. Essen. https://transfer-politische-bildung.de/mitteilung/artikel/broschuere-politische-bildung-und-jugendarbeit-handreichung-fuer-eine-verbindende-perspektive-1/ (letzter Zugriff: 30.10.2024).
Faltermaier, Toni (2023): Gesundheitspsychologie. Grundriss der Psychologie, Band 21. 3., aktualisierte Auflage. Stuttgart: Kohlhammer.
Faulstich, Peter/Grotlüschen, Anke (2006): Erfahrung und Interesse beim Lernen – Konfrontation der Konzepte von Klaus Holzkamp und John Dewey. In: Forum Kritische Psychologie 50, S. 56–71.
Fisher, Berenice/Tronto, Joan C. (1990): Toward a Feminist Theory of Caring. In: Abel, Emily K./Nelson, Margaret K. (Hrsg.): Circles of Care: Work and Identity in Women's Lives. Albany: SUNY Press, S. 35–62.
Fleury, Cynthia (2023): Hier liegt Bitterkeit begraben. Über Ressentiments und ihre Heilung. Berlin: Suhrkamp.
Flick, S./Rose, L. (2012): Bilder zur Vergeschlechtlichung des Essens: Ergebnisse einer Untersuchung zur Nahrungsmittelwerbung im Fernsehen. In: GENDER – Zeitschrift für Geschlecht, Kultur und Gesellschaft, 4 (2), S. 48–65.
Foroutan, Naika/Schäfer, Isabel (2009): Hybride Identitäten – muslimische Migrantinnen und Migranten in Deutschland und Europa. In: Aus Politik und Zeitgeschichte, Heft 5/2009, S. 11–18.
Forst, Rainer (2011): Kritik der Rechtfertigungsverhältnisse. Perspektiven einer kritischen Theorie der Politik, Frankfurt am Main: Suhrkamp.
Foster, Edgar (2014): Reflexivität. In: Wulf, Christoph/Zirfas, Jörg (Hrsg.): Handbuch Pädagogische Anthropologie. Wiesbaden: Springer VS, S. 589–597.
Frevert, Ute (2018): Politische Bildung – mit Gefühl? In: Aus Politik und Zeitgeschichte, 68 (2018), S. 18–24. https://www.bpb.de/shop/zeitschriften/apuz/266580/politische-bildung-mit-gefuehl/ (letzter Zugriff: 06.08.2024).
Fricker, Miranda (2023): Epistemische Ungerechtigkeit. Macht und die Ethik des Wissens. München: C.H. Beck.
Früchtl, Josef (2021): Demokratie der Gefühle. Ein ästhetisches Plädoyer. Hamburg: Meiner.
Frühauf, Marie/Kessl, Fabian (2018): Das verletzliche Subjekt als Anker politischer Korrektheit. Eine Problematisierung (sozial)pädagogischer Programme am Beispiel von Diversitätssensibilität und Kinderschutz in der bundesdeutschen Jugendhilfe. In: Jahrbuch für Pädagogik 2018 (1). Bern: Peter Lang, S. 241–256.
Fuchs, Thomas (2024): Verkörperte Gefühle. Zur Phänomenologie von Affektivität und Interaffektivität. Berlin: Suhrkamp.

Gagel, Walter (2000): Einführung in die Didaktik des politischen Unterrichts. (2. Auflage). Opladen: Leske.

Gebauer, Karl (2012): Bedeutung der Emotionen für gelingende Lernprozesse. Vortrag im Rahmen der Fachtagung für elementare Bildung, FH Joanneum Graz-Eggenberg, September 2012. https://www.coursehero.com/file/100883580/GebauerEmotionen-Vortrag-Grazdoc/ (letzter Zugriff: 28.10.2024).

Geiss, Michael/Magyar-Haas, Veronika (Hrsg.) (2015): Zum Schweigen. Macht/Ohnmacht in Erziehung und Bildung. Weilerswist: Velbrück Wissenschaft.

Gintzel, Mathias (2022): Geschlechterkonstruktionen von Erziehern in Kitas. Ergebnisse einer qualitativen Studie. Wiesbaden: SpringerVS.

Glasl, Friedrich (1993): Konfliktmanagement. Ein Handbuch zur Diagnose und Behandlung von Konflikten für Organisationen und ihre Berater. Bern und Stuttgart: Freies Geistesleben.

Göbel, Sabrina/Lochner, Barbara/Milbradt, Björn/Schäfer, Maximilian (2017): Theoretische Perspektiven auf den praktischen Umgang mit Emotionen im frühpädagogischen Kontext. In: Kommission Sozialpädagogik (Hrsg.): Wa(h)re Gefühle. Sozialpädagogische Emotionsarbeit im wohlfahrtsstaatlichen Kontext. Weinheim und Basel: Beltz Juventa, S. 141–152.

Goll, Thomas (2021): Mündige Bürger/-innen als Ziel der Politikdidaktik. In: Weißeno, Georg/ Ziegler, Béatrice (Hrsg.): Handbuch Geschichts- und Politikdidaktik, Wiesbaden. https://doi.org/10.1007/978-3-658-29673-5_8-1 (Zugriff: 16.10.2023).

Große, Jürgen (2024): Die kalte Wut. Theorie und Praxis des Ressentiments. Marburg: Büchner.

Grotlüschen, Anke (2010): Erneuerung der Interessetheorie. Die Genese von Interesse an Erwachsenen- und Weiterbildung. Wiesbaden: SpringerVS.

Habermas, Jürgen (1962/1990): Strukturwandel der Öffentlichkeit. Frankfurt am Main: Suhrkamp.

Habermas, Jürgen (1981): Theorie des kommunikativen Handelns. (Bd. 1: Handlungsrationalität und gesellschaftliche Rationalisierung, Bd. 2: Zur Kritik der funktionalistischen Vernunft), Frankfurt am Main: Suhrkamp.

Habermas, Jürgen (1983): Moralbewußtsein und kommunikatives Handeln. Frankfurt am Main: Suhrkamp.

Habermas, Jürgen (1984): Was heißt Universalpragmatik? In: Ders., Vorstudien und Ergänzungen zur Theorie des kommunikativen Handelns. Frankfurt am Main: Suhrkamp, S. 353–440.

Habermas, Jürgen (1985): Moral und Sittlichkeit. Hegels Kantkritik im Lichte der Diskursethik. In: Merkur, Nr. 442, 12/1985, S. 1041–1052.

Habermas, Jürgen (1992): Faktizität und Geltung. Beiträge zur Diskurstheorie des Rechts und des demokratischen Rechtsstaats. Frankfurt am Main: Suhrkamp.

Habermas, Jürgen (2022): Ein neuer Strukturwandel der Öffentlichkeit und die deliberative Politik. Berlin: Suhrkamp.

Hamburger, Franz (2003): Einführung in die Sozialpädagogik. Stuttgart: Kohlhammer.

Hahn, Alois (2013): Schweigen, Verschweigen, Wegschauen und Verhüllen. In: Assmann, Aleida und Jan (Hrsg.): Schweigen. Paderborn: Fink, S. 29–50.

Hänel, Hilkje C. (2022): Einleitung: Epistemische Ungerechtigkeiten. In: Zeitschrift für Praktische Philosophie, Band 9, Heft 1/2022, S. 141–154.

Hansen, Helga (2012): Von der #rp12: How to make your activist space a safe space. https://maedchenmannschaft.net/von-der-rp12-how-to-make-your-activist-space-a-safe-space/ (letzter Zugriff: 14.01.2025).

Hansen, Rüdiger/Knauer, Raingard (2016): Beschwerdeverfahren für Kinder in Kindertageseinrichtungen. Annäherung an Standards für die Umsetzung des § 45 SGB VIII. In: Knauer, Raingard/ Sturzenhecker, Benedikt (Hrsg.): Demokratische Partizipation von Kindern. Weinheim und Basel: Beltz Juventa, S. 47–73.

Heidenreich, Felix (2019): Politische Gefühle in der Demokratie: Einige hilfreiche Unterscheidungen. In: Frech, Siegfried/Richter, Dagmar (Hrsg.): Emotionen im Politikunterricht. Frankfurt am Main: Wochenschau Verlag, S. 25–44.

Heier, Jorma (2020) Democratic Inclusion Through Caring Together with Others Care Ethics, In: Urban, Petr/Ward, Lizzie (Hrsg.): Care Ethics, Democratic Citizenship and the State. Cham: Palgrave Macmillan.

Heins, Volker (1999): Demokratie als Nervensache. Zum Verhältnis von Politik und Emotion bei Max Weber. In: Klein, Ansgar/Nullmeier, Frank (Hrsg.): Masse – Macht – Emotionen. Zu einer politischen Soziologie der Emotionen. Opladen: Springer, S. 89–101.

Hildebrandt, Frauke/Walter-Laager, Catherine/Pergande, Bianka/Flöter, Manja (2021): Abschlussbericht zur Studie BIKA. Beteiligung von Kindern im Kita-Alltag. www.fruehe-chancen.de/fileadmin/PDF/Fruehe_Chancen/Bika_Studie_FH_Potsdam/Bika_Abschlussbericht-web.pdf (letzter Zugriff: 20.03.2024).

Honneth, Axel (1992): Kampf um Anerkennung. Zur moralischen Grammatik sozialer Konflikte. Frankfurt am Main: Suhrkamp.

Honneth, Axel (2005): Verdinglichung. Eine anerkennungstheoretische Studie. Frankfurt am Main: Suhrkamp.

Honneth, Axel (2023): Der arbeitende Souverän. Eine normative Theorie der Arbeit. Berlin: Suhrkamp.

Illouz, Eva (2018): Wa(h)re Gefühle. Authentizität im Konsumkapitalismus. Berlin: Suhrkamp.

Jaeggi, Rahel (2016): Entfremdung. Zur Aktualität eines sozialphilosophischen Problems. Berlin: Suhrkamp.

Jurczyk, Karin/Rerrich Maria S. (2015): Die Arbeit des Alltags. Entgrenzungsprozesse und Impulse für die Neuorganisation von Care. In: Papsdorf, Christian (Hrsg.): Gastbeiträge zur Public Sociology. http://ggv-webinfo.de/wp-content/uploads/2015/09/Public-Sociology-Karin-Jurczyk-Maria-S-Rerrich.pdf (letzter Zugriff: 26.07.2023).

Karolczak, Martin (2013): Mediation und Streitschlichtung. In: Deinet, Ulrich/Sturzenhecker, Benedikt (Hrsg.): Handbuch offene Kinder und Jugendarbeit. Wiesbaden: VS Verlag für Sozialwissenschaften, S. 459–463.

Keats, John (1899): The Complete Poetical Works and Letters of John Keats, Cambridge Edition. Boston/New York: Houghton, Mifflin and Company, S. 277.

Kessl, Fabian/Lorenz, Friederike (2016): Gewaltförmige Konstellationen in den stationären Hilfen – Eine Fallstudie. Dähre: Schöneworth.

Kidd, Ian James/Medina, José/Pohlhaus, Gaile (Hrsg.) (2017): The Routledge Handbook of Epistemic Injustice. London/New York: Routledge.

Knauer, Raingard/Sturzenhecker, Benedikt/Hansen, Rüdiger (2016): Demokratische Partizipation in Kindertageseinrichtungen – Konzeptionelle Grundlagen. In: Knauer, Raingard/Sturzenhecker, Benedikt (Hrsg.): Demokratische Partizipation von Kindern. Weinheim und Basel: Beltz Juventa, S. 31–46.

Köttig, Michaela/Rätz, Regina (2021): Talk about. Narrative Gesprächstechnik und Dialog in der Offenen Jugendarbeit. In: Deinet, Ulrich/Sturzenhecker, Benedikt/v. Schwanenflügel, Larissa/Schwerthelm, Moritz (Hrsg.): Handbuch Offenen Kinder- und Jugendarbeit. 5., völlig erneuerte Auflage. Wiesbaden: SpringerVS, S. 1141–1148.

Korczak, Janusz (1999): Sämtliche Werke. Band 4. Hrsg. v. Friedhelm Beiner und Erich Dautzenroth. Gütersloher Verlagshaus.

Kuhlmann, Christoph (1999): Die öffentliche Begründung politischen Handelns: zur Argumentationsrationalität in der politischen Massenkommunikation. Opladen [u. a.]: Westdeutscher Verlag.

Kunstreich, Tim/Langhanky, Michael/Lindenberg, Michael/May, Michael (2004): Dialog statt Diagnose. In: Heiner, Maja (Hrsg.): Diagnostik und Diagnosen in der Sozialen Arbeit. Ein Handbuch. Berlin: S. 26–39.

Landesjugendamt Westfalen-Lippe (Hrsg.) (2022): Demokratiebildung in der Jugendsozialarbeit: Erkenntnisse, Arbeitshilfen und Praxisbeispiele aus der Entwicklungswerkstatt des LWL-Landesjugendamtes Westfalen. https://www.demokratiebildung-jsa.lwl.org/de/das-vorgaengerprojekt/ (letzter Abruf: 16.07.2024).

Lenz, Albert (2006): Psychologische Dimensionen der Partizipation. Überlegungen zu einer theoretischen Fundierung eines Handlungs- und Organisationsprinzips. In: Seckinger, Mike (Hrsg.): Partizipation – ein zentrales Paradigma: Analysen und Berichte aus psychosozialen und medizinischen Handlungsfeldern. Tübingen: Deutsche Gesellschaft für Verhaltenstherapie, S. 13–34.

Lorenz, Friederike (2020): Der Vollzug des Schweigens. Wiesbaden: Springer VS.

LVR Landschaftsverband Rheinland (Hrsg.) (2019): Kinderschutz in der Kindertagesbetreuung. Prävention und Intervention in der pädagogischen Arbeit. Köln.

Marchart, Oliver (2010): Die politische Differenz. Zum Denken des Politischen bei Nancy, Lefort, Badiou, Laclau und Agamben. Berlin: Suhrkamp.

Marotzki, Winfried (1990): Entwurf einer strukturalen Bildungstheorie. Biographietheoretische Auslegung von Bildungsprozessen in hochkomplexen Gesellschaften. Weinheim: Deutscher Studien Verlag.

Maykus, Stephan (2017): Kommunale Sozialpädagogik. Theorie einer Pädagogik des Sozialen in der Stadtgesellschaft. Weinheim und Basel: Beltz Juventa.

Mecheril, Paul (2004): Andere Deutsche gibt es nicht. Zusammenhänge zwischen subalterner Erfahrung und diskursiver Praxis, in: AntiDiskriminierungsBüro Köln und cyberNomads (Hrsg.): The Black Book. Deutschlands Häutungen, IKO-Verlag: Frankfurt am Main, S. 82–90.

Miettinen, Reijo (2000): The concept of experiential learning and John Dewey's theory of reflective thought and action. In: International Journal of Lifelong Education 19 (2000): 1, S. 54–72.

Mollenhauer, Klaus (1982): Theorien zum Erziehungsprozeß. München: Juventa.

Mollenhauer, Klaus (1998): Vergessene Zusammenhänge. Über Kultur und Erziehung; 5. Auflage. Weinheim und München: Juventa.

Mouffe, Chantal (2014): Agonistik – Die Welt politisch denken. Berlin: Suhrkamp.

Müller, Burkhard (2003): Bildung und Jugendarbeit – Zwischen Größenwahn und Selbstverleugnung. In: Lindner, Werner/Thole, Werner/Weber, Jochen (Hrsg.): Kinder- und Jugendarbeit als Bildungsprojekt. Opladen: Leske und Budrich, S. 235–245.

Naddaf, Zijad/Thimmel, Andreas (2021): Kritische politische Bildung in der Jugendsozialarbeit. In: 13. Zeitschrift für Jugendsozialarbeit, Nr. 26, Dezember 2021, S. 23–26.

Nahnsen, Ingeborg (1975), Bemerkungen zum Begriff und zur Geschichte des Arbeitsschutzes. In: Osterland, Martin (Hrsg.): Arbeitssituation, Lebenslage und Konfliktbereitschaft. Festschrift für Max E. Graf zu Soms-Roedelheim. Frankfurt am Main: Europäische Verlagsanstalt, S. 145–166.

Negt, Oskar (2010): Der politische Mensch. Demokratie als Lebensform. Göttingen: Steidl.

Neu, Claudia/Küpper, Beate (2023): Einsamkeit, Feindseligkeit und Populismus. In: Zick, Andreas/Küpper, Beate/Mokros, Nico (2023): Die distanzierte Mitte. Rechtsextreme und demokratiegefährdende Einstellungen in Deutschland 2022/23, Bonn: Friedrich-Ebert-Stiftung, S. 335–353.

Nienhaus, Sarah-Michelle/Mütschele, Henri (2022): Argumentation und Narration als zentrale Bestandteile deliberativer Diskurse. In: Gerlach, Frauke/Eilders, Christiane (Hrsg.): #meinfernsehen 2021. Baden-Baden: Nomos Verlagsgesellschaft, S. 237–250. https://doi.org/10.5771/9783748928690-237 (letzter Zugriff: 26.01.2025).

Nunner-Winkler, Gertrud (2001): Weibliche Moralentwicklung? In: Edelstein, Wolfgang/Oser, Fritz/Schuster, Peter (Hrsg.): Moralische Erziehung in der Schule. Entwicklungspsychologische und pädagogische Praxis. Weinheim und Basel: Beltz Juventa, S. 141–53.

Nussbaum, Martha (2013): Political Emotions: Why Love Matters For Justice. Cambridge, MA: Harvard University Press.

Peters, Bernhard 2007: Der Sinn von Öffentlichkeit. Frankfurt am Main: Suhrkamp.

Peters, Lutz/Sturzenhecker, Benedikt (2024): Rechte oder Haltungen? Zur Sicherung der Partizipation von Kindern in Kitas. In: Widersprüche, H. 172/Juni 2024, S. 77–88.

Pfordten, Dietmar von der (2016): Menschenwürde. München: C.H. Beck.

Plößer, Melanie/Sturzenhecker Benedikt (2020): Differenz und Demokratie im Partizipationsalltag der Kinder- und Jugendhilfe. In: Sturzenhecker, Benedikt/Glaw, Thomas/Schwerthelm, Moritz (Hrsg.): Gesellschaftliches Engagement von Benachteiligten fördern – Band 3. Kooperativ in der Kommune demokratisches Engagement von Kindern und Jugendlichen ermöglichen. Gütersloh: Verlag Bertelsmann Stiftung, S. 277–308.

Prengel, Annedore (2013): Pädagogische Beziehungen zwischen Anerkennung, Verletzung und Ambivalenz. Opladen/Farmington Hills: Verlag Barbara Budrich.

Richter, Elisabeth (2004): Jugendarbeitslosigkeit und Identitätsbildung. Sozialpädagogik zwischen Arbeitserziehung und Vereinspädagogik. Eine historisch-systematische Rekonstruktion. Frankfurt am Main u. a.: Peter Lang.

Richter, Elisabeth/Richter, Helmut/Sturzenhecker, Benedikt/Lehmann, Teresa/Schwerthelm, Moritz (2016): Bildung zur Demokratie – Operationalisierung des Demokratiebegriffs für pädagogische Institutionen. In: Knauer Raingard/Sturzenhecker, Benedikt (Hrsg.): Demokratische Partizipation von Kindern. Weinheim und Basel: Beltz Juventa, S. 107–129.

Richter. Helmut (2016): Pädagogik des Sozialen – Bildungsbündnis in Demokratiebildung. In: Widersprüche 36 (142), S. 47–59.
Richter, Helmut (2019): Sozialpädagogik – Pädagogik des Sozialen. Grundlegungen, Institutionen und Perspektiven der Jugendbildung. 2., bearbeitete Auflage. Wiesbaden: Springer VS.
Riegel, Christine (2011): Intersektionalität – auch ein Ansatz für die Praxis? Perspektiven für Reflexion, Kritik und Veränderung. In: Bibouche, Seddik/Leiprecht, Rudolf (Hrsg.): „Nichts ist praktischer als eine gute Theorie" – Theorie, Forschung und Praxis im Kontext von politischer Kultur, Bildungsarbeit und Partizipation in der Migrationsgesellschaft. Oldenburg: BIS-Verlag, S. 169–196.
Rodgers, Carol (2002): Defining Reflection: Another Look at John Dewey and Reflective Thinking. In: Teachers College Record (Columbia University), Volume 104, Number 4, June 2002, S. 842–866.
Rosa, Hartmut (1996): Identität und kulturelle Praxis. Politische Philosophie nach Charles Taylor. Frankfurt am Main/New York: Campus.
Rosa, Hartmut (2019): Resonanz. Eine Soziologie der Weltbeziehung. Berlin: Suhrkamp.
Rosenberg, Marshall B. (2016): Gewaltfreie Kommunikation. 12. überarb. und erw. Auflage. Paderborn: Junfermann.
Rosenberg, Marshall B./Seil, Gabriele (2004): Konflikte lösen durch gewaltfreie Kommunikation. Freiburg: Herder.
Rosenthal, Gabriele/Loch, Ulrike (2002): Das Narrative Interview. In: Schaeffer, Doris/Müller-Mundt, Gabriele (Hrsg.): Qualitative Gesundheits- und Pflegeforschung. Bern u. a.: Huber, S. 221–232. https://nbn-resolving.org/urn:nbn:de:0168-ssoar-57670 (letzter Zugriff: 17.01.2025).
Saar, Martin (2025): Was ist Sozialphilosophie? Berlin: Suhrkamp.
Sanders, Lynn M. (1997): Against Deliberation. In: Political Theory, 25 (3), S. 347–376.
Schaarschuch, Andreas (1999): Theoretische Grundelemente Sozialer Arbeit als Dienstleistung. Ein analytischer Zugang zur Neuorientierung Sozialer Arbeit. In: neue Praxis, Heft 6, S. 543–560.
Schauer, Maggie (2024): Die einfachste Psychotherapie der Welt. Wie wir die Ursache von Stress und Krankheit behandeln und den Kreislauf von Trauma und Gewalt durchbrechen. Hamburg: Rowohlt Taschenbuch.
Scherr, Albert (1997): Subjektorientierte Jugendarbeit. Eine Einführung in die Grundlagen emanzipatorischer. Jugendpädagogik. Weinheim und München: Juventa.
Scherr, Albert (2003): Jugendarbeit als Subjektbildung. Grundlagen und konzeptionelle Orientierungen jenseits von Prävention und Hilfe zur Lebensbewältigung. In: Lindner, Werner/Thole, Werner/Weber, Jochen (Hrsg.): Kinder- und Jugendarbeit als Bildungsprojekt. Opladen: Leske + Budrich, S. 87–102.
Schickhardt, Christoph (2016): Kinderethik. Der moralische Status und die Rechte der Kinder. Paderborn: Mentis.
Schröder, Achim (2021): Beziehungsarbeit. In: Deinet, Ulrich/Sturzenhecker, Benedikt/v. Schwanenflügel, Larissa/Schwerthelm, Moritz (Hrsg.): Handbuch Offene Kinder- und Jugendarbeit. 5., völlig erneuerte Auflage. Wiesbaden: Springer VS, S. 1155–1160.
Schulz, Marc (2010): Performances: Jugendliche Bildungsbewegungen im pädagogischen Kontext. Eine ethnografische Studie. Wiesbaden: VS Verlag für Sozialwissenschaften.
Schwarze, Cordula (2019): Erzählen fürs Argumentieren. Das Verhältnis von Narration und Argumentation in Konfliktbearbeitungen im Gespräch. In: Zeitschrift für Literaturwissenschaft und Linguistik, Volume 49, S. 51–70.
Sherif, Muzafer/Harvey, O. J./White, B. Jack/Hood, William R./Sherif, Carolyn W. (1954/1961): Intergroup Conflict and Cooperation: The Robbers Cave Experiment. Norman, OK: Institute of Group Relations, University of Oklahoma.
Spiegel, Hiltrud, von (2021): Methodisches Handeln in der Sozialen Arbeit: Grundlagen und Arbeitshilfen für die Praxis. 7. Aufl. München: Ernst Reinhard.
Sting, Stephan/Sturzenhecker, Benedikt (2021): Bildung in der Offenen Kinder- und Jugendarbeit. In: Deinet, Ulrich/Sturzenhecker, Benedikt/v. Schwanenflügel, Larissa/Schwerthelm, Moritz (Hrsg.): Handbuch Offenen Kinder- und Jugendarbeit. 5., völlig erneuerte Auflage. Wiesbaden: Springer VS, S. 675–691.
Sturzenhecker, Benedikt (1993): Wie studieren Diplom-Pädagogen? Studienbiographien im Dilemma von Wissenschaft und Praxis. Weinheim: Deutscher Studien Verlag.

Sturzenhecker, Benedikt (2008): Die Stimme erheben und mitbestimmen. Politische Bildung in der Offenen Kinder- und Jugendarbeit. In: deutsche Jugend, H7-8/2008, S. 308–315

Sturzenhecker, Benedikt (2015): Gesellschaftliches Engagement von Benachteiligten fördern – Band 1. Konzeptionelle Grundlagen für die Offene Kinder- und Jugendarbeit. Unter Mitarbeit von Moritz Schwerthelm. Verlag Bertelsmann Stiftung: Gütersloh; 4. Aufl. 2021.

Sturzenhecker, Benedikt (2019): Integrationspotentiale demokratischer Teilhabe und Teilnahme – reflektiert an Konzepten und Projekten Kultureller Bildung. In: Kulturelle Bildung online. Themenfeld: Gesellschaftlicher Zusammenhalt. https://www.kubi-online.de/artikel/integrationspotentiale-demokratischer-teilhabe-teilnahme-reflektiert-konzepten-projekten (letzter Zugriff: 25.01.2025).

Sturzenhecker, Benedikt (2020a): Demokratiebildung in der Kinder- und Jugendarbeit. In: Bollweg, Petra/Buchna, Jennifer/Coelen, Thomas/Otto, Hans-Uwe (Hrsg.): Handbuch Ganztagsbildung. Wiesbaden: SpringerVS, S. 1263–1273.

Sturzenhecker, Benedikt (2020b): Evaluation erster Projektschritte: Erfolge und Probleme bei der Umsetzung der GEBe Methode. In: Sturzenhecker, Benedikt/Glaw, Thomas/Schwerthelm, Moritz (Hrsg.): Gesellschaftliches Engagement von Benachteiligten fördern – Band 3. Kooperativ in der Kommune demokratisches Engagement von Kindern und Jugendlichen ermöglichen. Gütersloh: Verlag Bertelsmann Stiftung, S. 152–197.

Sturzenhecker, Benedikt (2021): Bei Bildung assistieren in der Offenen Kinder- und Jugendarbeit. In: Deinet, Ulrich/Sturzenhecker, Benedikt/v. Schwanenflügel, Larissa/Schwerthelm, Moritz (Hrsg.): Handbuch Offenen Kinder- und Jugendarbeit. 5., völlig erneuerte Auflage. Wiesbaden: Springer VS, S. 1227–1244.

Sturzenhecker, Benedikt (2022a): Demokratiebildung in der Jugendsozialarbeit – Das Konzept der GEBe-Methode zur Förderung gesellschaftlich-demokratischen Engagements von benachteiligten Jugendlichen. In: Landesjugendamt Westfalen-Lippe (Hrsg.): Demokratiebildung in der Jugendsozialarbeit. Erkenntnisse und Arbeitshilfen aus der Entwicklungswerkstatt des LWL-Landesjugendamtes Westfalen. Münster, S. 8–24. https://www.demokratiebildung-jsa.lwl.org/de/das-vorgaengerprojekt/ (letzter Zugriff: 10.06.2025).

Sturzenhecker, Benedikt (2022b): Konkrete Arbeitsanleitungen und Übungen zu den Schritten der GEBe-Methode. In: Landesjugendamt Westfalen-Lippe (Hrsg.): Demokratiebildung in der Jugendsozialarbeit. Erkenntnisse und Arbeitshilfen aus der Entwicklungswerkstatt des LWL-Landesjugendamtes Westfalen. Münster, S. 38–81. https://www.demokratiebildung-jsa.lwl.org/de/das-vorgaengerprojekt/ (letzter Zugriff: 10.06.2025).

Sturzenhecker, Benedikt (2022c): Kernkompetenzen sozialpädagogischer Professionalität in der Offenen Kinder- und Jugendarbeit – auch in Blick auf Jugendarbeit als Care Arbeit. https://www.ew.uni-hamburg.de/einrichtungen/ew2/sozialpaedagogik/aktuelles/jugendarbeit-als-care-arbeit (letzter Zugriff: 10.06.2025).

Sturzenhecker, Benedikt (2025a): Politische Bildung als sozialpädagogische Demokratiebildung. In: Görtler, Michael/Schäfer, Stefan (Hrsg.): Soziale Arbeit und politische Bildung – Theoretische Perspektiven und Standortbestimmungen. Wochenschau Verlag: Frankfurt am Main, S. 103–119.

Sturzenhecker, Benedikt (2025b): Gestaltung von Bildung für nachhaltige Entwicklung in der Offenen Kinder- und Jugendarbeit – Vorschläge für die Praxis. In: deutsche Jugend, Heft 4/2025, S. 163–170.

Sturzenhecker, Benedikt/Glaw, Thomas/Schwerthelm, Moritz (Hrsg.) (2020): Gesellschaftliches Engagement von Benachteiligten fördern – Band 3. Kooperativ in der Kommune demokratisches Engagement von Kindern und Jugendlichen ermöglichen. Gütersloh: Verlag Bertelsmann Stiftung.

Sturzenhecker, Benedikt/Peters, Lutz (2023): Demokratiebildung in der Sozialpädagogik. In: Bokelmann, Oliver (Hrsg.): Demokratiepädagogik – Theorie und Praxis der Demokratiebildung in Jugendhilfe und Schule. Wiesbaden: Springer VS, S. 49–61.

Sturzenhecker, Benedikt/Schwerthelm, Moritz (2015): Gesellschaftliches Engagement von Benachteiligten fördern – Band 2. Methodische Anregungen und Praxisbeispiele für die Offene Kinder- und Jugendarbeit. Verlag Bertelsmann Stiftung: Gütersloh: Verlag Bertelsmann Stiftung, 4. Aufl. 2021.

Taylor, Charles (1988): Was ist menschliches Handeln? In: Taylor, Charles: Negative Freiheit? Zur Kritik des neuzeitlichen Individualismus. Frankfurt am Main: Suhrkamp, S. 9–51.

Taylor, Charles (1991): The Ethics of Authenticity. Cambridge/Mass. und London: Harvard University Press.

Taylor, Charles (1996): Quellen des Selbst. Die Entstehung der neuzeitlichen Identität. Frankfurt am Main: Suhrkamp.
Thole, Werner (2018): Verklärte Verhältnisse – Verhältnisse der Verklärung. Überlegungen zur Verdinglichung sozialpädagogischer Gefühle und Beziehungen. In: Kommission für Sozialpädagogik (Hrsg.): Wa(h)re Gefühle? Sozialpädagogische Emotionsarbeit im wohlfahrtsstaatlichen Kontext. Weinheim und Basel: Beltz Juventa, S. 36–53.
Toulmin, Stephen (1975): Der Gebrauch von Argumenten. Kronberg/Ts.: Scriptor.
Transferstelle politische Bildung (2022): OPEN – Offene Jugendarbeit und politische Bildung gemeinsam engagiert. https://transfer-politische-bildung.de/transferstelle/open/ (letzter Zugriff: 10.06.2025).
Tronto, Joan (2000): Demokratie als fürsorgliche Praxis. In: Feministische Studien 18, S. 25–42.
Tronto, Joan (2009): Ethics of Care. Sharing Views on Good Care. Interview on August 4th2009. In: Care Ethicist Network, S. 4 f. ethicsofcare.org/joan-tronto/ (letzter Zugriff: 10.01.2021).
Tronto, Joan (2013): Caring Democracy. Markets, Equality, and Justice. New York: University Press.
Urner, Maren (2024): Radikal emotional. Wie Gefühle Politik machen. München: Droemer Knaur.
Vehrkamp, Robert/Wegschaider, Klaudia (2017): Populäre Wahlen. Mobilisierung und Gegenmobilisierung der sozialen Milieus bei der Bundestagswahl 2017. Bertelsmann Stiftung: Gütersloh.
Voigtsberger, Ulrike (2017): Demokratie in Kindertageseinrichtungen – auch für Fachkräfte. In: Richter, Elisabeth/Lehmann, Teresa/Sturzenhecker, Benedikt: So machen Kitas Demokratiebildung. Empirische Erkenntnisse zur Umsetzung des Konzepts „Die Kinderstube der Demokratie". Weinheim und Basel: Beltz Juventa, S. 242–247.
Weber-Stein, Florian (2019): Wie emotional können rationale Urteile sein? Überlegungen zur Überwindung eines vermeintlichen Widerspruchs. In: Deichmann, Carl/May, Michael (Hrsg.): Orientierungen politischer Bildung im „postfaktischen Zeitalter". Wiesbaden: Springer, S. 57–68.
Winkler, Michael (1988): Eine Theorie der Sozialpädagogik. Stuttgart: Klett-Cotta.
Winkler, Michael (2006): Kritik der Pädagogik. Der Sinn der Erziehung. Stuttgart: Kohlhammer.
Winter, Martin (2021a): Ernährungskulturen und Geschlecht. Fleisch, Veganismus und die Konstruktion von Männlichkeiten. Bielefeld: Transcript.
Winter, Martin (2021b): Fleischkonsum und Männlichkeit. In: Aus Politik und Zeitgeschichte, Heft Nr. 51–52/2021, S. 20–25. https://www.bpb.de/shop/zeitschriften/apuz/fleisch-2021/344830/fleischkonsum-und-maennlichkeit/ (letzter Zugriff: 29.07.2024).
Witte, Matthias D./Schmitt, Caroline/Niekrenz, Yvonne (2021): Jugendliche. In: Deinet, Ulrich/Sturzenhecker, Benedikt/v. Schwanenflügel, Larissa/Schwerthelm, Moritz (Hrsg.): Handbuch Offenen Kinder- und Jugendarbeit. 5., völlig erneuerte Auflage. Wiesbaden: Springer VS, S. 375–384.
Wittfeld, Meike (2024): Riskante Nähe. Sexuelle Gewalt in Institutionen als Herausforderung für die Heimerziehung. Wiesbaden: Springer VS.
Wohnig, Alexander (2022): Demokratiebildung und/oder politische Bildung: Plädoyer für eine differenzfokussierte Perspektive. In: inter- und transdisziplinäre Bildung 2/2022. Sonderheft Bildung und Demokratisierung, S. 77–81.
Wyrobnik, Irit (2021): Korczaks Pädagogik heute. Wertschätzung, Partizipation und Lebensfreude in der Kita. Göttingen: Vandenhoeck & Ruprecht.
Young, Iris Marion (2002): Inclusion and Democracy, Oxford: Oxford University Press.
Zick, Andreas/Küpper, Beate/Mokros Nico (2023): Die distanzierte Mitte. Rechtsextreme und demokratiegefährdende Einstellungen in Deutschland 2022/23. Friedrich-Ebert-Stiftung (Hrsg.). Bonn: Verlag J.H.W. Dietz Nachf.